O PODER DAS METÁFORAS

Homenagem aos
35 anos de docência de
Luis Alberto Warat

Curso de Pós-Graduação da UFSC

MESTRADO e DOUTORADO

DIREITO

Coordenador: Dr. Ubaldo Cesar Balthazar
Sub-Coordenador: Dr. José Alcebíades de Oliveira Junior
(Gestão 1996 - 1998)

Universidade Federal de Santa Catarina
Centro de Ciências Jurídicas
Curso de Pós-Graduação em Direito
Campus Universitário - Trindade
88010-970 Florianópolis SC
Caixa Postal, 476
Fone: (048) 231-9287 - Fax (048) 231-9733
E-mail: pgdir@ccj.ufsc.br

P742   O poder das metáforas: homenagem aos 35 anos de docência de Luis Alberto Warat / Afonso de Julios Campuzano... [et al.]; org. José Alcebíades de Oliveira Junior. — Porto Alegre: Livraria do Advogado, 1998.
328p.; 16x23 cm.

ISBN   85-7348-084-X

1. Direito. I. Campuzano, Alfonso de Julios. II. Oliveira Junior, José Alcebíades de, org.

CDU   34

(Bibliotecária responsável: Marta Roberto, CRB 10/652)

O PODER DAS METÁFORAS

Homenagem aos 35 anos de docência de Luis Alberto Warat

Alfonso de Julios Campuzano
Ana Noemi Berezin
Aurélio Wander Bastos
David E. Kronzonas
Dilsa Mondardo
Eduardo Angel Russo
Francisco de Asis Garrido Peña
Gladys J. Mackinson
Graciela Quintana de Gómez
Ingo Voese
J. Javier Santamaría Ibeas
José Alcebíades de Oliveira Junior
(organizador)
José Eduardo Faria
José Luis Bolzan de Morais
José Luis Serrano Moreno
José Luis Solana Ruiz
José Maria Gómez
Julieta Rodrigues Saboia Cordeiro
Lenio Luiz Streck
Leonel Severo Rocha
Luiz Fernando Coelho
Maurício Batista Berni
Modesto Saavedra López
Nicolás López Calera
Nuria Belloso Martín
Olga Maria Boschi Aguiar de Oliveira
Osvaldo Ferreira de Melo
Roberto Kalnisky
Tercio Sampaio Ferraz Junior
Vera Regina Pereira de Andrade
Willis Santiago Guerra Filho

livraria
DO ADVOGADO
editora

Porto Alegre 1998

© Alfonso de Julios Campuzano, Ana Noemi Berezin, Aurélio Wander Bastos, David E. Kronzonas, Dilsa Mondardo, Eduardo Angel Russo, Francisco de Asis Garrido Peña, Gladys J. Ma-ckinson, Graciela Quintana de Gómez, Ingo Voese, J. Javier Santamaría Ibeas, José Eduardo Faria, José Luis Bolzan de Morais, José Luis Serrano Moreno, José Luis Solana Ruiz, José Maria Gómez, Julieta Rodrigues Saboia Cordeiro, Lenio Luiz Streck, Leonel Severo Rocha, Luiz Fernando Coelho, Maurício Batista Berni, Modesto Saavedra López, Nicolás López Calera, Nuria Belloso Martín, Olga Maria Boschi Aguiar de Oliveira, Osvaldo Ferreira de Melo, Roberto Kalnisky, Tercio Sampaio Ferraz Junior, Vera Regina Pereira de Andrade, Willis Santiago Guerra Filho e José Alcebíades de Oliveira Junior (organizador)

Capa, projeto gráfico e composição
Livraria do Advogado / Valmor Bortoloti

Revisão
Rosane Marques Borba

Direitos desta edição reservados por
Livraria do Advogado Ltda.
Rua Riachuelo, 1338
90010-273 Porto Alegre RS
Fone/fax: (051) 225-3311
E-mail: livadv@vanet.com.br
Internet: www.liv-advogado.com.br

Impresso no Brasil / Printed in Brazil

Sumário

Apresentação
José Alcebíades de Oliveira Junior 7

Parte I

1. Warat y yo - *David E. Kronzonas* 11
2. O mestre: sua luz e sombras - *Dilsa Mondardo* 12
3. Fragmentos de um desejo pedagógico - *Julieta Rodrigues Saboia Cordeiro* 15
4. Sobre a subjetividade no discurso utópico - *Ingo Voese* 18
5. Paradigmas ecológicos de la filosofía del Derecho en la transmodernidad -
   Nuria Belloso Martín 25
6. A revelação das "obviedades" do sentido comum e o sentido (in)comun das
   "obviedades" reveladas - *Lenio Luiz Streck* 53
7. Pós-modernismo, pós-positivismo e o Direito como Filosofia -
   Willis Santiago Guerra Filho 61
8. Ensaio acerca de uma história de Luis Alberto Warat - *Maurício Batista Berni* 68
9. Semiologia e desejo: a influência de Warat sobre a linguagem do Direito -
   Leonel Severo Rocha 83
10. O mais profundo é a pele (Valery) - *Graciela Quintana de Gómez* 90

Parte II

11. Principio y final: bioetica y democracia - *Gladys J. Mackinson* 97
12. Elogio a la perplejidad - *Roberto Kalnisky* 103
13. A universalidade do princípio da liberdade sindical - *Olga Maria B. A. de Oliveira* ... 105
14. A reconstrução do conceito liberal de cidadania: da cidadania moldada pela
    democracia à cidadania moldando a democracia - *Vera Regina Pereira de Andrade* ... 119
15. Filosofia de los Derechos Humanos - *Nicolás López Calera* 128
16. Globalização e Justiça - *José Eduardo Faria* 137
17. Cine y Antropología: La Ántropo-sociología del cine de Edgar Morin -
    José Luis Solana Ruiz 144
18. Los Derechos Humanos en la era del capitalismo transnacional -
    Alfonso de Julios Campuzano 161
19. Males civilizatorios como nuevos males del alma - *David E. Kronzonas* 178
20. Los "valores superiores" y los derechos fundamentales en la constitución
    española: significado y operatividad - *J. Javier Santamaría Ibeas* 187

21. Notas sobre moral, sicoanálisis y utopia - *Francisco de Asis Garrido Peña* 195
22. La legitimidad judicial en la crisis del imperio de la ley - *Modesto Saavedra López* ... 203
23. La complejidad del ordenamiento jurídico - *José Luis Serrano Moreno* 212
24. O homem com o tempo contado - *José Luis Bolzan de Morais* 228
25. Fundamentos fenomenológicos da crítica social - *Luiz Fernando Coelho* 246
26. Derecho y la teoría de los juegos - *Eduardo Angel Russo* 256
27. Maximalismo neoliberal, minimalismo democrático - *José Maria Gómez* 262
28. "... quien mira fijo dentro de un abismo, el abismo tambien ve dentro suyo ..." -
    Ana Noemi Berezin 267
29. Ética administrativa num país em desenvolvimento - *Tercio Sampaio Ferraz Jr.* 271
30. Os momentos político-jurídicos na busca da norma justa - *Osvaldo Ferreira de Melo* .. 277
31. O ensino jurídico no Brasil e as suas personalidades históricas - uma recuperação
    de seus destinos para reconhecer Luiz Alberto Warat - *Aurélio Wander Bastos* 311
32. A mediação do futuro e o futuro da mediação inspirado em Warat -
    José Alcebíades de Oliveira Junior (organizador) 324

Apresentação

Este livro é mais do que uma homenagem aos 35 anos de docência de Luis Warat. Recuperando o espírito de Gardel, podemos dizer que 35 anos não é nada. A vida é um sopro. Na verdade, trata-se de uma excelente desculpa para a reunião de vários grandes pensadores do Direito vinculados afetivamente a Warat. Uma festa transformada em ocasião acadêmica. Reunião de intelectuais que vivem e pensam nas três principais geografias nas quais Warat realizou sua trajetória: Argentina, Brasil e Espanha.

Para o CPGD-UFSC este momento significa ainda mais. Trata-se de uma oportunidade de reconhecimento a alguém que contribuiu de maneira decisiva para o Curso ser o que é, um Curso de excelência. Quem conhece um pouco da história do CPGD sabe o esforço que o professor Paulo Blasi fez para contar com Warat, mesmo sabendo que a genialidade do argentino poderia ser um constante estopim, em meio aos negros tempos da ditadura.

Uma da mais brilhantes "cabeças" da Filosofia do Direito, Warat desde o início imprimiu o perfil com o qual se difundiu a Pós-Graduação em Direito da UFSC: o de crítica a uma teoria jurídica que necessitava ser amplamente revisitada.

Seu espírito inovador provocou, dentre muitas revoluções, um profundo incremento da estrutura curricular. Com sua sólida formação cultural, bebida na Filosofia do Direito Argentina, em meio a vultos do porte de um Gioja ou Carlos Cossio, protagonizou a criação de disciplinas até então inéditas, tais como Epistemologia Jurídica, Lingüística e Teoria da Argumentação Jurídica, Direito e Psicanálise, Metodologia do Ensino do Direito, Ecologia Política e Direito, etc., muitas das quais hoje difundidas e incorporadas por outros importantes centros de Pós-Graduação em Direito. Mas não é só.

Warat destacou-se também por outras iniciativas pioneiras. Fundador da ALMED - Associação Latino-Americana de Metodologia do Ensino do Direito - que o transformou num filósofo errante, um transeunte das idéias pelo mundo, gerou com essa Associação um fertilíssimo meio ambiente propagador de suas metáforas, do qual são testemunhas as inúmeras pessoas cúmplices do seu pensamento. Interessante notar que mesmo sendo possível caracterizá-lo como um filósofo permanentemente em trânsito, Warat ficou 22 de seus 35 anos de docência na UFSC. Deve ser algo da magia desta Ilha. De todo modo, e mesmo sem saber o paradeiro futuro de Warat, para alegria nossa, ele pode ser considerado um filósofo catarinense. Lamentavelmente, talvez um dos últimos da comissão de frente - para usar um termo carnavalizado e tão caro a Warat - do CPGD dos primeiros tempos, formada, dentre outros, por Paulo Blasi, Alcides Abreu, Osni Régis de Medeiros, Osvaldo Ferreira de Melo, Clóvis Goulart, Ari Kardec de Melo, José Maria Gomes, Rosa Maria Cardoso da Cunha, Luiz Fernando Coelho. Trata-se de uma etapa que se encerrará no momento da despedida de Warat. Felizmente, as responsabilidades com as idéias dessa etapa estão em mãos de uma nova geração em muitos casos formada naquele excelente ambiente acadêmico e cultural.

Por que o título O Poder das Metáforas?
Inicialmente, porque as metáforas são uma constante na obra de Warat. Lembro-me da *Ciência Jurídica e seus maridos* que causou um verdadeiro furor - para não dizer mal-estar - entre os juristas tradicionais. Em segundo lugar, porque me propus introduzir também uma metáfora no título desta obra. Assim, jogando com o título de outro livro de Warat, *A Pureza do Poder*, escolhi o título desta obra.

Obviamente o emprego de metáforas na obra waratiana não se dá apenas por razões estritamente literárias. Ao lado do interesse poético de representação do mundo, elas constituem uma forma de duplicação do espaço de reflexão sociopolítica sobre o poder.

Finalmente, é muito gratificante para mim, dentre os inúmeros e destacados amigos de Warat, ter tido a oportunidade de organizar este livro de homenagens. Que Warat siga produtivo e genial, dando margem e oportunidade para outras reuniões como esta.

Ilha de Santa Catarina, março de 1998.

Prof. Dr. José Alcebíades de Oliveira Junior
Organizador

Parte I

1
Warat y yo

David E. Kronzonas

¿Quién es Warat?; ¿Cuál es el sentido de su significación?; ¿Cuál es la importancia y la actualidad de su pensamiento?; ¿Cuál es la huella de su inscripción en mí? Infinitas preguntas, quizás una respuesta: la escritura como huella evidente del deseo. Una búsqueda permanente de límite. Desorden vital, estilo fragmentario. Visionario obsesionado por el deseo, el amor, el sueño como poesía involuntaria, la multiplicidad, la autonomía, la libertad, la desconstrucción y la epistemología del conocimiento. Warat escribe en un derroche - exceso - de texto, un texto plural, según M. Blanchot que, de fragmento en fragmento se anula a sí mismo. Perseguir el exceso, romper los límites. Lugar donde la vida es traspasada por el pensamiento, el pensamiento por la escritura, la escritura por el texto.

Su obra nace de un testimonio personal. Donde la intensidad está definida como valor. Libertad vertiginosa, de elegir equivocarse infinitamente. De éste modo, ser única. La poesía que niega y destruye el límite de las cosas, es la única que tiene el poder de devolvernos a su ausencia de límite; el mundo en una palabra. El pensamiento transgrede la vida personal y se convierte en impersonal, imaginación, sentimiento, intuición, sensación, metáfora. Despertar el sentimiento de lo imposible. Donde la libertad es la esencia de la poesía, ya que sólo la conducta libre, soberana, merece una "búsqueda sollozante".

Turbulencia de fiesta, demolición insurreccional de una prisión soberana: la razón. Desenfreno por esencia de donde procede la soberanía inflexible.

Unidad formada de ecos, de llamados, de entrecruzamientos, de temas más que de líneas claramente dibujados. Estoy hablando de una unidad que queda siempre abierta, que nos sugiere un estado inconcluso, inherente a todo acto de conocimiento. Esa ventana a lo desconocido es la condición misma del conocimiento, la abertura por la cual se percibe el infinito, una necesidad impuesta a todo escritor que trata de asir algún fragmento del misterio que nos rodea más bien que elaborar un objeto de contemplación estética.

Unidad del sujeto y del objeto, identidad en el rebasamiento de los límites entre los seres del objeto del deseo y del sujeto que desea. Un libro, dice G. Deleuze, no tiene objeto ni sujeto. Esta hecho de materias y de velocidades muy diferentes. Hay líneas de articulación, de fuga, movimientos desterritorializados y destratificados, todo esto está presente en su obra. Un lugar donde el pensar se divorcia de la verdad en sentido clásico. Lo que importa, dice nuevamente Deleuze, no es la verdad sino si hay algo interesante. La filosofía tiene que ver con esta invención. El filósofo no es aquel que utiliza la razón para destruir la esencia de la nada. Es un inventor. Construye ideas, cartografías, situaciones, rizomas, direcciones.

Finalmente mi amigo, mi maestro que autorizó en mí un lugar de pensamiento. Me autorizó al azar, el caos, la incertidumbre, la literatura, la poesía, a la fiesta del conocimiento - "su carnavalización" -, me permitió juntar, relacionar, actuar. Autorizó la fuga mental y le dio un destino. Pensar con las ideas en fuga. Por todo esto, muchas gracias.

2
O mestre: sua luz e sombras

Dilsa Mondardo
Mestre e doutoranda em Direito – UFSC/ Profa. no Curso de Graduação em Direito/UNIVALI

A princesa que me prometeram meus mestres, cumpriu novecentos anos e já aposentou sua paixão. Deu no que deu: uma utopia que fracassou ignorando que a vida é política, que a vida é criatividade transformadora (Warat).

1996: ano 23 da existência do Curso de Pós-Graduação em Direito/UFSC, de cuja trajetória faço parte há vinte anos. Sinto-me, pois, honrada em participar da oportuna e justa homenagem que o CPGD, através de seu Colegiado, presta a um de seus ilustres professores, por seus 35 anos de docência: o sempre surpreendente Luis Alberto WARAT.

Um mestre que propõe idéias renovadas e inovadoras, enfoques ousados, concepções instituintes e que, malandramente, faz de conta que nada propõe. Tantos anos (17) de convívio com o sábio "pedagogo" me estimularam a escrever sobre sua inquestionável influência na produção do saber jurídico brasileiro, especialmente no que se refere ao(s) método(s) de ensinar o Direito. Tais reflexões compõem a minha dissertação de mestrado em Direito/UFSC, intitulada: "Vinte anos rebeldes: o Direito à luz da proposta filosófico-pedagógica de L. A. Warat".

Hoje, portanto, não resisto ao impulso de recolocar nesta obra alguns pontos fundamentais que definem o trabalho do mestre provocador, chamado Warat. Ele sabe e consegue tocar fundo na alma daqueles que o acompanham. Atenta aos seus ensinamentos e criatividade, foi possível aprender no dia-a-dia a arte de como ensinar. Confesso que a maior parte da minha formação jurídica, em seu aspecto filosófico-pedagógico, se deve a ele.

Naquele meu trabalho conclusivo do mestrado, dizia eu que Warat se destaca por ter procurado sempre não ser um "rebelde solitário", convocando outros para gerar uma corrente de rebeldias, de saberes instituintes, à margem do instituído.

Há duas décadas, a dogmática jurídica permitia que uma série de crenças emergissem falsificadamente dos conceitos. E é precisamente contra essa falsificação que Warat se levantava, propondo uma nova atitude de ensino, um vínculo não-autoritário entre professor e alunos; pregava condições menos arbitrárias e subjetivas de avaliação; enfim, queria instaurar um processo pedagógico mais participativo e menos apegado às famosas e estéreis aulas magistrais.

Warat sempre provocou os dogmáticos e professores tradicionais, ironizando, por exemplo, sobre a ingênua pressuposição de que um bom juiz e um bom promotor, só pelo fato de sê-los, poderiam atribuir-se a qualidade de excelentes pedagogos. Diz ele que se deveria dar um "basta" ao equivocado entendimento que confunde a metodologia dos códigos com uma competente metodologia do ensino. É óbvio que, nessa desmistificação, o que emerge são as cumplicidades e o comprometimento que parte desses profissionais do Direito mantém com o poder.

A teoria é feita nos espaços não instituídos; a verdade é dita fora dos lugares para ela estabelecidos (neste caso, ela é todo um ato de profanação). É um pouco a gênese do que se chamou a carnavalização. A entrada de Warat para o Curso de Pós-Graduação em Direito/UFSC (1979) foi um marco importante na trajetória desse pensador, pois ali encontrou uma base acadêmica receptiva e um ambiente físico de paz e magia para a sua produção intelectual, intensa e criadora.

Naquele momento estava muito claro que o Mestrado em Direito de Santa Catarina precisava de Warat para atingir uma grande meta: renovar o pensamento jurídico, oxigená-lo, enfim, buscar maiores fundamentos teóricos com o escopo de aproximar o jurídico do político.

Neste particular, pode-se afirmar que os primeiros contatos do mestre com o CPGD/UFSC foram sísmicos, e por dois motivos: – por suas propostas inovadoras acerca do papel da Filosofia do Direito e das novas formas de fazê-la e pela quebra do formalismo nas relações institucionais.

Warat surpreende com seu jeito próprio de ser, aberto ao novo, ao criativo, sempre a compartilhar sua proposta de quebra do monopólio do saber, ou seja, sua proposta descontraída e democrática de ensinar.

Quando ele chegou ao CPGD/UFSC, já possuía uma sólida formação em Filosofia, Semiologia e Teoria Jurídica. Dominava uma informação filosófico-jurídica que àquela época não era comum circular no Brasil. Conhecia intimamente os fundamentos teóricos do que questionava. O desnudamento das forças alienantes, das vozes que constituíam os mandatos institucionais do saber estabelecido do Direito (o famoso senso comum teórico dos juristas – expressão criada por ele mesmo), era feito a partir de dentro destes mandatos, com extrema competência.

Em todas as suas obras perseguiu, através de uma fabulosa colagem de saberes (teoria da linguagem, psicanálise, estética, ecocidadania), uma nova maneira de conseguir tornar-se intelectual do Direito. Ele não está preocupado com a questão do passado ou do futuro da Teoria Jurídica. O que ele sempre quis colocar foi a questão de suas transformações. Ensina a pensar o sentido do devir, a ética deste devir.

Visto assim, pode-se afirmar que Warat não faz discípulos, faz cúmplices. E isto significa indagar: qual o valor e a diferença entre formar discípulos e formar cúmplices? Na distinção entre formar discípulos e formar cúmplices, pode ser identificado um dos rasgos mais notáveis, enquanto originalidade, na proposta pedagógica waratiana. Ele nunca usou a sala de aula para a submissão, para contar com repetidores de seus discursos, senão cúmplices para poder retomar os vínculos do saber com a vida, como a única arma afetivo-intelectiva capaz de superar a crise de civilização que encerra o segundo milênio da cultura cristã-ocidental.

Sem dúvida, a cumplicidade, com seu componente mágico, pode seduzir a muitos a aproximarem-se do mestre. Contudo, quando a magia revela a dimensão de incerteza e "incompletude" como partes de uma proposta de saber, alguns fogem por não terem estrutura suficiente para poder viver e sustentar as tais incertezas, à margem da ficção de plenitude.

A pedagogia tradicional pretende a transmissão de um saber rigorosamente completo. A pedagogia waratiana baseia-se na atitude de começar mostrando que aquela plenitude é impossível, que o seu efeito não é outra coisa que a ideologia funcionando no interior da própria educação; a plenitude como dimensão ideológica da pedagogia.

Algo na esfera do Direito ultrapassa as questões meramente pedagógicas para situar-se no lugar da própria gramática de produção do sentido do Direito. Para Warat, a intensidade da expressão pedagógica é um fluxo de crenças que reforçam o credo juridicista da completa significação desse Direito. Por esta razão, os pontos de vista waratianos sempre tiveram muito claro o fato de que ao questionar as atitudes de onipotência e de consciência dos professores e dos filósofos do Direito, também se estará gerando um processo que pode servir para desaprender a perfeição das próprias significações jurídicas.

A forma waratiana de conceber a prática filosófica como uma incessante criação de conceitos, de idéias, de imagens, acaba se identificando com as concepções a respeito do ensino. É impossível diferenciar em Warat o professor e o filósofo. Os professores copiadores, não-criativos, repetitivos, não seriam professores. Para ele, a sala de aula é sempre um momento coletivo de reelaboração singular e original de pensamentos, inclusive de pensamentos alheios, que encontrariam em cada aula uma fala que os renova.

No ato de ensinar, há sempre uma tentativa de libertar a vida daquilo que a enclausura. Neste sentido, a criatividade do ato pedagógico é muito mais o de resistir aos aprisionamentos, às alienações da vida, que o de comunicar algo, racionalmente afastado da vida. É preciso ver e vivenciar as aulas como um sistema de coordenadas e de dinamismos que nos servem para pensar (que não é outra coisa do que se orientar no pensamento).

Como bom ilusionista, ele lança jogos de luz e sombra sobre as verdades consagradas pela ciência, desmitificando e desmistificando ao mesmo tempo.

Muito se teria a dizer sobre o grande mestre Warat e suas obras, mas prefiro concluir com as palavras que alguém pronunciou, algum dia, em algum lugar, cujo eco ainda hoje ressoa: pode-se amar ou odiar Warat; pode-se aceitar ou repudiar a sua obra; pode-se aplaudi-lo ou apedrejá-lo. O que não se pode, simplesmente, é ignorá-lo ou ficar inerte diante de seus desafios à insana realidade.

15 de outubro de 1996: dia do Professor. Parabéns, sábio mestre. (A palavra "mestre" sempre será empregada referindo-se ao prof. Warat).

3
Fragmentos de um desejo pedagógico

Julieta Rodrigues Saboia Cordeiro

Para Warat, o guardador de sonhos, por sua paixão pela vida e por sua imensa capacidade de amar e de buscar o outro.

Porque o estar aqui é muito, e porque tudo daqui nos necessita em aparência, o evanescente, o que de uma maneira delicada nos comove.
A nós, os mais evanescentes. Uma vez cada coisa. Somente uma vez. Uma vez e não mais. E nós uma vez. Nunca de novo. Mas este haver sido uma vez, ainda uma vez; haver sido terrestre, parece irretocável.
E estas coisas cujo viver é desfalecimento, compreendem que tu as elogiavas, perecíveis, confiam em nós, os mais efêmeros, como capazes de salvar.
Querem que nos obriguemos a transformá-las de todo, em nosso coração invisível- oh infinitamente - em nós, quem quer que sejamos ao fim.
Terra, não é isso o que tu queres: tornar a brotar em nós invisível? Não é o teu sonho ser invisível? Terra. Invisível. Pois que outra coisa senão transformação é teu urgente mandamento? (Rilke)

Escrever sobre Luis Alberto Warat resulta especialmente difícil. Há sempre o risco de percorrer inquietantes territórios. Seu universo de infinita diversidade e cintilantes idéias, mais apropriadamente poderia ser descrito com caracteres chineses. A estrutura e complexidade de seu pensamento pode, em um só conceito, reunir um sentido universal.

Professor afetuoso, fazedor de realidades desejadas, transformando o giz em cartola, cria na sala de aula um espaço vazio, mágico, onde insere o não-sabido. Intelectual abusado e atrevido, transgride o tempo todo, sabendo que sua fala é um eterno convite para mergulharmos em um espaço de perguntas abertas ao infinito.

O seu trabalho e a sua história pessoal estão de tal modo interligados que, falar sobre o homem Warat, é falar sobre o poeta, o mestre, o intelectual e o jurista. Todos irremediavelmente constituídos de inevitáveis rupturas, múltiplos deslocamentos e dolorosas despedidas.

Warat não possui discípulos nem seguidores; é o que costuma dizer. Talvez porque entenda que para deixar de ser seu aluno e tornar-se seu discípulo, é preciso ser capaz de entender a sua alma sem tentar capturá-la. Como se fosse possível capturar a alma de ... "alguém que sente a liberdade como uma necessidade biológica, rebelde aos dogmatismos sociais opressores e resistente à tirania da engrenagem niveladora" (L. Cipriano).

Marco histórico instalado no pensamento jurídico brasileiro, sua obra é resultado de diferentes deslocamentos: Direito, Filosofia do Direito, Psicanálise, Filoestética, Cinesofia, Ecologia. Vestindo-se pela vida afora com roupagens diferentes, o sábio amigo segue sempre ornado com dignidades.

Assim como Albert Schweitzer, que já falava em uma ética de dimensões universais, Warat fala de uma megaética, onde a opção por um compromisso de concessões recíprocas pode levar o homem a um consistente comprometimento social. De fato, uma ética baseada exclusivamente na consciência pessoal é insuficiente, porque leva o sujeito a viver artificialmente, compartimentado em um mundo conceitual no qual, em benefício da pureza, oculta a realidade da vida.

Ao deslocar a experiência de seu lugar atribuindo-lhe um conceito, o professor passa a viver e a transmitir noções. As noções não obrigam ninguém, não comprometem, ao contrário, prometem sempre nos proteger, fazendo-nos permanecer neutros e subtraídos das experiências que nos possibilitam participar do abismo de angústias e esperanças do outro.

Suas reflexões sobre o ensino, o Direito, a vida e a sociedade colocam a realidade da vida ao nosso alcance, fazendo com que o nosso espírito reaja e não mais suporte viver de conceitos. Suas provocações teóricas possibilitam-nos pensar um modo de conciliar os conhecimentos jurídicos com a nossa capacidade de sonhar; de ensinarmos com mais emoção, mais sensibilidade, mais comprometidos em resgatar o sentido comum da humanidade.

Warat pensa em alternativas de vida em comunidade que conduzam o homem ao encaixe de diversas concepções e interesses, gerando combinações sólidas, múltiplas e abertas. Acenando com a possibilidade de chegarmos à harmonia interna e ao estabelecimento de um mundo mais justo, desafia-nos a assumir a tarefa de escolher, não a segurança e as certezas, "mas a possibilidade de sermos capazes de tolerar a insegurança e as incertezas sem temor nem pânico indevidos". Ministrando sempre uma lição de amor ... "provoca e teatraliza um território de carências, onde ludicamente, se amalgamam todas as ausências afetivas".

Tenho comigo que Warat é envolvido e sustentado por este mistério que é o amor entre as pessoas. Este mistério, que permanece vibrando apesar de tantos desencantos, é o que lhe permite, ainda, ter a alma estremecida diante dos encontros.

Sua consciência de solidariedade, enquanto aceitação do diferente, mostra que o passo inaugural da liberdade é o respeito pela sala de aula, espaço onde se vivenciam as contradições. Esta consciência, que o fez preferir uma espécie de mundo à outra, levou-o a denunciar a inutilidade de culpar as instituições, responsabilizando as exigências acadêmicas por nossa deliberada adequação à realidade que nos angustia.

Reivindicando o ambíguo, o devir permanente do território de significações, com sua enorme capacidade de garimpar o saber, seu discurso é, às vezes, um aceno de brisa, às vezes, uma rajada de metralhadora que atinge bem no centro de nossas vaidades pessoais.

A linguagem waratiana fascina porque descreve e constitui a realidade. Warat constrói o sentido, a ordem e a racionalidade do que diz. As suas descrições da realidade, assim que enunciadas, tornam-se partes constitutivas da realidade descrita, realizando um pensar em um grau de racionalidade que não aceita a idéia de um destino inafastável da condição humana.

"Num regime que esconde segredos, provoca alguns medos e encerra verdades em discursos arrogantes", ele nos ensina que é necessário sonhar com uma vida na qual, submetendo-nos aos abismos da idealidade, podemos entender e aceitar o outro.

Mas é nos recortes, através de fragmentos cuidadosa e carinhosamente alinhados, que se torna possível conhecer a biografia intertextualizada de Warat ... "é a partir do grande jogo dos fragmentos que pode ser possível perturbar o encadeamento infinito das réplicas, das fingidas consistências dos estereótipos, do lugar do dever que as instituições arranjam para os intelectuais".

"... pelo fragmento posso mostrar-me em migalhas, sem nenhum centro de gravidade, procurando a inteligibilidade do instante, marcando a preferência do fugaz frente à ordem e ao dever que deformam o desejo".

Enquanto jurista, libertou-nos da crença de um possível saber teórico cientificamente contemplativo sobre o Direito, principalmente no sentido de pensar que este conhecimento teórico seria a condição prévia para uma prática correta da justiça, mostrando-nos que o ensino do Direito, "superando os efeitos alienantes, pode transformar-se em um território de significações abertas, em um devir permanente".

Arrebatou-nos da ilusão de um conhecimento neutro sobre o Direito, de um conhecimento distante dos antagonismos da realidade social e das subjetividades daqueles que o interpretam. Derrubou o mito kelseniano que no saber jurídico há que se assimilar de forma transparente as significações normativas.

Ensinou-nos a fugir da certeza do valor em si do saber e de suas verdades, a mergulhar nos desejos ampliando os limites de nossas possibilidades, a apelar à didática do imaginário.

Reinaugurando a vida cotidianamente, poeticamente, como conteúdo de uma aula magna, deixou-nos como legado uma pedagogia, na qual nos tornamos, em sala de aula, um pouco bandeirantes e muito, muito garimpeiros.

"Porque únicamente los poetas, hurgando en sus corazones, encuentram a veces el lazo entre lo que es y no es. Y tal vez conozcan lo que los dioses, en el más alto cielo, no saben".

4
Sobre a subjetividade no discurso utópico

Ingo Voese

Escolho, para minha reflexão, o discurso utópico porque o considero um acontecimento interessante para se observar a atividade do indivíduo, constitutiva de sua subjetividade, especialmente porque aí as dimensões do único e do novo se apresentam com cores muito vivas, tão vivas que doem aos olhos da maioria dos homens.

São alguns textos de Luís Alberto Warat, especialmente "As Ciências Jurídicas e seus dois Maridos" e "O Amor Tomado pelo Amor", que considero exemplos de um discurso da utopia, entendido como uma fala radical do desejo. Por isso, são eles que orientarão minhas observações sobre a atividade do sujeito utópico.

Para começar, tentarei demarcar, suscintamente, o lugar de fala de onde partirei para aventurar-me a observar o que há de fascinante e complexo no processo de individuação no discurso utópico.

1. Sobre as noções de cultura, sistema de referência e ideologia

As noções de cultura, sistema de referência e ideologia, assim como as assumo, não podem ser explicitadas separadamente. Numa sociedade como a nossa, não se pode mais aceitar a idéia de que o produto que resulta do trabalho humano seja homogêneo, porque a divisão da sociedade em classes e em grupos, e o conflito que se instala dentro desse complexo, levam a que se adote a concepção de que isso se reflete na cultura: há conflitos sociais que revelam uma divisão que vai resultar em diferenças de ordem cultural, quer seja a nível de bens materiais, quer seja a nível de valores, crenças e concepções de mundo.

Se se entender que a cultura vai constituir-se em orientação para a conduta dos homens, as diferenças que se dão entre os inúmeros segmentos sociais vão, pois, gerar diferentes marcos ou sistemas de referência. A diversidade de sistemas de referência tem a sua gênese, portanto, nos produtos diferenciados do trabalho de uma sociedade multifacetada. Esses sistemas orientam a produção dos sentidos e, por isso, as condutas humanas.

Uma formação social não se divide, porém, apenas em grupos e classes a partir de determinações ântropo-culturais e econômicas: há também uma divisão social do trabalho, o que dá lugar a que as práticas dos homens sejam valoradas diferenciadamente. Quando falo de práticas, eu me situo a nível do que se entende na Análise do Discurso da escola francesa por formação discursiva. Considero que junto às diferentes práticas sociais organizam-se subsistemas de referência (também de enunciabilidade) que, embora caracterizem e distingam as práticas, não estão livres da orientação dos sistemas mais gerais de referência.

Para chegar à noção de ideologia, é preciso observar que uma formação social multifacetada culturalmente, isto é, com diferenciados sistemas de referência que constituem diferentes representações de sociedade, só pode manter-se se for controlado o permanente risco de confronto. E isso se dá especialmente através de um processo que tenta homogeneizar o heterogêneo, o que vem a ser a função da ideologia, entendida como uma representação de sociedade e de mundo construída a partir de um sistema de referência ligado a um determinado segmento social. Em outros termos, um sistema de referência possibilita a constituição de uma determinada concepção de sociedade e de mundo que, em função dos conflitos sociais, se presta como orientação ao processo de homogeneização que controlará as dimensões do risco de uma ruptura social.

A gênese da ideologia se dá, pois, no conflito social que a divisão de uma sociedade instaura, e que precisa ser controlado ou reduzido ao nível do suportável. A ideologia, ao proceder à homogeneização, intervém no conflito social com o objetivo de impedir a implosão da sociedade.

A dinâmica desse processo de homogeneização é relativamente simples e se dá sempre a partir da hierarquização dos elementos culturais em termos de "bom x mau" ou "certo x errado", o que significa obrigatoriamente uma atividade de inclusão e outra de exclusão. É evidente que esse processo, assim como o expus resumidamente, não representa nada de inocente ou de pacífico. Ele só se dá no exercício de um poder e, por isso, quem vai determiná-lo privilegiadamente é aquele segmento social que é dominante à medida que detém as melhores condições de acesso e de controle dos meios que possibilitam a circulação e a atuação da ideologia. Isso, porém, não quer dizer que se deva falar apenas de uma ideologia dominante, porque também os sistemas de referência oriundos do que produzem os segmentos sociais dominados impõem processos de homogeneização. Convivem, pois, na sociedade, diferentes ideologias que se (re)configuram incessantemente pelas relações (embora conflitivas) que mantêm entre si. É, por isso, equivocado conceber uma ideologia como algo acabado, ou que, num movimento realizado sobre si mesma, pudesse configurar-se e realizar suas funções. O que convém lembrar é que a cada ideologia corresponderá um processo diferente de homogeneização, ou seja, haverá diferentes hierarquizações e, por isso, diferentes inclusões e exclusões. A cada ideologia, enfim, corresponde uma localização diferente do poder na sociedade, porque, através da hierarquização, ela é sempre instrumento de imposição de um determinado modelo de sociedade.

Se se entender que o produto do trabalho de um segmento social constitui lingüisticamente um sistema de referência que possibilita que o(s) indivíduo(s) construa(m) uma concepção de sociedade e de mundo que, afinal, orientará a(s) sua(s) conduta(s), chega-se à conclusão de que a função da ideologia, à medida que busca a homogeneização, executa uma tarefa necessária e útil ao exercício do poder instituído.

Ao assumir que a ideologia tem por função controlar os conflitos sociais, admito também que isso deverá se dar de forma a não explicitar nem o processo, nem os objetivos dele, visto que a revelação levaria à realimentação do que deve ser apagado. Para que a ideologia possa efetiva e eficazmente preencher a sua função, necessita de uma mediação que possa produzir generalizações, valorá-las, hierarquizá-las e fazer com que circulem na sociedade como as únicas possíveis, de tal modo que, no entanto, não pareçam em uma imposição, nem o resultado de uma lógica. E essa mediação é o discurso. Ele é o espaço/processo de que se vale a ideologia precisamente porque tanto a ambigüidade e o caráter generalizante da língua, como a polissemia e as estratégias discursivas concorrem para que se possa realizar a homogeneização e, ao mesmo tempo, esconder o ato.

2. Sobre as noções de língua, discurso e subjetividade

Considero o discurso um acontecimento lingüístico e social, único e irrepetível. Pode produzir vários sentidos porque se constrói com o material lingüístico, e é heterogêneo porque reflete a multifacetação cultural do tecido social: há diferentes sistemas de referência que possibilitam múltiplos sentidos numa dada formação social.

Não é por nada que o discurso, pois, tem a sua produção controlada por regras e procedimentos institucionais, o que remete à concepção de que o(s) sentido(s) de todo e qualquer discurso precisa(m) ser controlado(s) em função dos conflitos sociais. Por isso, o discurso é ideologicamente determinado.

O discurso, porém, não é apenas produto determinado pelo que é e ocorre no complexo social, como também, num movimento refratário, viabiliza que sistemas de referência e, por conseguinte, a(s) ideologia(s) se (re)configure(m), se objetive(m) e se modifique(m) constantemente. É, pois, o discurso, como a ideologia, um produto e um processo, ou seja, é instituído, enquanto fruto da atividade dos homens, e instituinte, enquanto possibilidade e condição de atividade. E é nessa relação de produto e processo que entendo a relação de língua e discurso: a língua é o produto que resulta do processo discursivo, e é o que se faz imprescindível para que ele possa realizar-se sempre de novo nas interações intersubjetivas, o que leva a que se entenda a língua como um produto inacabado e de contornos formais e semânticos pouco definidos.

Considero, em função da descontinuidade social determinante - e que se inscreve na língua - o discurso heterogêneo, o que é preponderante para que possa servir como mediação e como espaço de atuação dos indivíduos. É a sua heterogeneidade o alvo da ideologia porque a homogeneização do discurso significa a univocidade e a morte do conflito dos sentidos.

A língua, como o discurso, não pode ser considerada como acabada à semelhança de um sistema fechado: é, por determinação do que ocorre a nível do social, uma sistematização aberta. Ela (como também o discurso o faz) reflete, enquanto realidade inacabada e em construção, o que ocorre na formação social, e, ao mesmo tempo, como tal, num processo refratário, alimenta o movimento social e possibilita o novo a cada acontecimento discursivo. Enfim, língua e discurso, em função das suas características determinadas pela sociedade humana e enquanto mediações que possibilitam as interações intersubjetivas, são noções que não excluem, mas convocam as noções de História e de subjetividade.

Interessa-me, aqui, observar que o sujeito constitui-se como uma singularidade através de sua atividade - uma das quais é a discursiva - que comporta sempre dois momentos distintos, mas inseparáveis: o da apropriação do que o gênero humano já produziu, e o da objetivação, quando o indivíduo produz a partir do que se apropriou e reelaborou. O sujeito constitui-se, pois, ao se inserir na História, como um ser genérico/humano, o que, porém, nunca se dá como um processo de justaposição simples do exterior para o interior: a noção de apropriação envolve a idéia de transformação. Assim, a objetivação obrigatoriamente manifestará tanto traços das determinações sociais como também da atividade do sujeito.

O discurso, enquanto produto da atividade dos homens, é uma realidade da qual, a cada atividade discursiva de qualquer enunciante, é preciso apropriar-se. Como na apropriação está contida a noção de transformação, cada acontecimento discursivo viabiliza o novo e o único.

3. Sobre as noções de utopia e subjetividade

Se entendo que todo o discurso é único e contém o novo, no utópico essa dimensão alcança um grau máximo. No discurso utópico propõe-se radicalmente o novo, porque só há o desejo. Embora o desejo também se faça presente no discurso em geral, é no utópico que ele radicaliza a sua libertação - liberdade sem adjetivos restritores.

No discurso utópico, as determinações sociais sofrem permanentes investidas do desejo no afã de superá-las: não há instituído que não precise ser imediata e permanentemente superado. E se a sociedade, dividida como se fosse um tecido multifacetado, requer o processo redutor que realiza a ideologia, o discurso utópico, embora esteja preso obrigatoriamente a algum ponto dessa realidade heterogênea, constitui-se como uma radicalização da manutenção dos espaços que a homogeneização busca eliminar.

Em outros termos, se a tentativa de homogeneização é uma dimensão do discurso em geral, o utópico instaura uma rebeldia radical contra ela: a atividade do sujeito é uma luta complexa e inegavelmente dramática que se instala entre o posto e o novo, entre aquilo que é objeto de apropriação e a criação.

É por isso que a língua, enquanto produto significante e significado constituído por seus usuários, vai - e precisa ser - superada no discurso utópico, não como ocorre no discurso em geral, mas de forma mais contundente porque o sujeito não se satisfaz com os pequenos espaços que a heterogeneidade social gera como possibilidade de atuação. O sujeito utópico não aceita obstáculos, nem regras, nem leis - nada que possa impedir a explosão do desejo.

Paradoxalmente, porém, é o instituído a origem do desejo, precisamente porque são os limites e as regras a revelação da clausura e da proibição do novo. Isso significa que, no discurso utópico, a origem precisa ser incessantemente superada para que se institua apenas o momento fugaz da liberdade, o acontecimento.

Negar, porém, o instituído que é origem da utopia, torna-se um problema bastante complexo: como pode o discurso constituir-se negando não só aquilo de que o enunciante teve que apropriar-se, mas também a si próprio, porquanto, uma vez enunciado, o discurso já é o instituído que se torna instituinte de outro discurso porque, e isso é fundamental, ele é ponte em permanente processo de (re)configuração, e da qual se valem os homens nas suas relações e atividades.

Por isso, assumo que o novo (que é objeto do desejo) já se encontra, de certa forma, ancorado no instituído, o que significa que o homem, mesmo ao alçar-se aos vôos mais altos na busca do novo, continuará - ainda assim - preso ao que representa, como referência, o produto do trabalho dos homens. A tentativa de superação da origem reflete sempre a existência dela.

E a liberdade absoluta, visada maior do desejo, resume-se, então, ao momento muito - muitíssimo - fugaz que é o do acontecimento. Por isso, uma eventual semântica do discurso terá que dar conta dessa efemeridade do novo que se dá no acontecimento e que segue/antecede sempre o instituído.

O discurso, enquanto mediação, é a ponte em cujas extremidades postam-se indivíduos - consciências únicas porque fruto de histórias de interações irrepetíveis - que vão atuar para constituir um sentido possível, o que assume dimensões e contornos dramáticos no discurso utópico exatamente porque, aí, a ponte não se dá à negociação, ela desaparece no seu aparecer porque é preciso fugir do instituído.

Assim, a partir do que desenvolvi de forma muito resumida, pretendo, daqui por diante, confundindo o meu texto com o de Warat (propositadamente sem outra localização que não as aspas), deixar-me envolver por algumas questões que verbaliza e que são fruto de suas radicalizações. Enfim, tentarei acompanhar as angústias e as soluções que a utopia gera para quem nela se joga sem qualquer tipo de restrição ou medo.

Parto do pressuposto de que o sujeito de um discurso utópico situa-se diante de um dilema que ele próprio não consegue resolver: é que o grau elevadíssimo de percepção da realidade que tem a sua consciência - e, por isso, tem uma elevada capacidade de apropriação e transformação do instituído - leva a que as suas objetivações se localizem, para a maioria dos homens, no limite do ininteligível. Mais: são sujeitos inquietos os do discurso utópico, movendo-se em permanente deslocamento para fugir das amarras do que uma cristalização ou uma homogeneização dos sentidos poderia significar para o desejo. Compreendem a vagueza e a efemeridade dos sentidos e, por isso, se rebelam contra qualquer tipo de imposição ou limitação: os seus desejos falam sempre - e sobremodo - no limite do (in)tolerável.

Warat anseia ser *"um militante, um combatente de minha própria vida, um criador de mim mesmo, disposto a romper a densa capa de submetimentos que eu e os outros alinhávamos para isolar-me da vida"*.

Encontro, nesse tipo de projeto, em função do que assumi até aqui, toda a complexidade da atividade de quem se joga por inteiro nas correntezas da utopia: de um lado, fala o desejo que leva à radicalização contra qualquer tipo de submetimento; e, *"isolar-me da vida"*, por sua vez, significa uma acusação ao instituído, quando - se viver significa não estar só - é precisamente o instituído que dá suporte às interações: é a ponte que nega a solidão porque precisa, sempre, e permanentemente, ser (re)construída pelos indivíduos que se buscam para não isolar-se da vida. O dilema do desejo não se resolve com o *"romper a densa capa de submetimentos"* porque, sem os submetimentos, não há nem desejo, nem o Outro. Haverá liberdade onde não houver o Outro, o encontro? Haverá desejo sem haver o Outro?

A negociação que se faz presente nas interações - sem as quais não há vida humana, precisamente porque o homem não se reduz à sua dimensão animal - dá-se basicamente através do discurso, o que leva Warat a considerar que *"o ser humano e a linguagem se constituem sobre o fundamento de uma relação inaugural colocada como provocação perpétua de uma incompletude infinita. Como o desejo, o sentido é um desafio às conotações infinitas que os significantes veiculam."*

Não se pode, porém, esquecer que é essa incompletude, espaço difuso ou vazio de sentidos, e resultado da diversidade dos sistemas de referência que atravessam a língua (e o discurso), que possibilita a atividade do sujeito. É o discurso, então, um desses espaços raros e diminutos de liberdade? É a incompletude a vertente do processo de busca do que não existe e, ao mesmo tempo, condição de caminhada porque remete à noção de espaços a serem ocupados?

Quando Warat diz *"preciso escrever para encontrar-me"* evidentemente não está lembrando as amarras que a língua estabelece na escritura, pois entende que *"esse livro me libertou"*. Ao escrever, porém, estará o utópico aguardando que alguém atravesse a ponte/discurso, leia o que escreveu, juntos - escritor e leitor - iniciarem o processo de construção amorosa dos sentidos, entre eles, o da liberdade?

A utopia de Warat - a de escrever para encontrar-se e, assim, se libertar - obriga o sujeito a esquivar-se da armadilha que arma a solidão: não há libertação no isolamento. Onde estão as vozes dos sujeitos em direção dos quais se construiu a ponte (o texto)? Não poderiam dar eles a Warat as mãos e os corações, também aflitos e carentes, e juntos iluminarem a travessia da ponte e, entre gestos lúdicos e não-autoritários, refazê-la num processo sem-fim. Num eterno refazer de sentidos?

Penso que localizo em Warat todo o drama do utópico, especialmente quando busca a libertação através do discurso: fala o desejo, há o sonho de caminhar sobre uma ponte que existe e não existe ao mesmo tempo - ponte que é abandonada no ato da sua construção para que não se torne um submetimento na construção de nova ponte. Está, pois, o sujeito utópico condenado à solidão? Não vai além da sedução a sua relação com o Outro?

Parece-me que - e em Warat isso fica verbalizado - o sujeito utópico busca ansiosamente o Outro através das frágeis e sempre novas pontes que constrói, mas encontra, em função das determinações sociais que castram a coragem dos homens, poucos - quase ninguém - que se arriscam a compartilhar da experiência radical para a qual é convidado. A sedução do utópico não é, como talvez poderia parecer, um processo de anulação do Outro, mas de estímulo ao impulso de superação dos medos introjetados.

Além do mais, o que ainda colabora para o estado de angústia do utópico é o seu elevado grau de consciência da realidade, inclusive dos paradoxos e armadilhas que podem estar contidos no discurso, pois diz que *"a linguagem reflete sempre a falta do homem frente ao mundo, nunca o mundo."*

O discurso, como já afirmei, possibilita uma representação do mundo. Ela, contudo, não é construída do nada, fora de qualquer submetimento: um determinado sistema de referência, ligado à cultura de um determinado segmento social, é que, apesar de seus contornos vagos e imprecisos, aparentemente frágeis, vai orientar a constituição da representação. E isso o discurso utópico não suporta. Pior: apesar de toda a luta, ele não consegue fugir da prisão do instituído. Entende-se, assim, quando Warat afirma, ao buscar a escritura, quase desesperadamente, como espaço de libertação, que *"fascinados, caímos na tirania do simbólico."* E é essa a tragédia de todo e qualquer sedutor, ou seja, é ele também seduzido - e pelo discurso. Agora, é a sedução a prisão, a morte do sujeito?

O utópico reage. A sua luta, aparentemente inglória, mas torturante, com certeza, leva-o a ser *"um eterno errante, sempre de partida de todos os submetimentos".* Ah! novamente a perspectiva da solidão amarga e a falta de oportunidade para cumplicidades e amorosidades que as interações, embora raras vezes, podem construir. Então, num desespero crescente, o utópico - a consciência como que embaralhada apesar de seu grau de percepção - passa a desejar, paradoxalmente, o lugar da prisão do desejo (contra o qual lutou até aqui) e admite que quer *"a serenidade de um descanso sem ressacas, a vida transcorrendo como um sentimento, a experiência com o outro, o impulso de compartilhar tudo que eu sou."* O querer compartir significa, agora, apenas um impulso, nada mais do que isso, porque o sujeito utópico, embora cansado da luta e da solidão, sabe que, aí, no descanso junto do outro e no deixar transcorrer a vida, o desejo arma para si próprio a prisão que pode representar a estabilidade do cotidiano. Não existe cotidiano sem ao menos alguma regra, sem alguma domesticação do desejo. O sujeito utópico, porém, quando busca a liberdade para o desejo, fora de qualquer submetimento, constrói um outro tipo de prisão, tão castradora e mortal como a da tranqüilidade do cotidiano, que é o isolamento, a solidão. E ele sabe disso, sabe do dilema, mas onde encontrar a solução? Será possível redefinir as relações pessoais de forma que não signifiquem o aniquilamento, mas a construção conjunta, num gesto amoroso, de pontes, espaços e processos de libertação? Será que o utópico consideraria possível repensar o instituído não como uma prisão, mas como uma provocação do novo e da libertação do gesto?

Parece, pois, não haver descanso para os sujeitos do discurso utópico: a luta e a peregrinação continuam, e os deslocamentos se fazem de utopia a utopia, de ponte a ponte. O deslocamento não pode parar, o novo está sempre além do conquistado. E, assim, o sujeito torna-se um errante solitário, precisamente, porque não vê espaços, na tecitura dos submetimentos sociais, para o encontro e o compartir com o Outro.

É essa luta, incessante e paradoxal, que se faz origem das angústias (muitas) e também das alegrias (raras) do homem que vive a produzir utopias. Ela é, enfim, seu sentido de vida à medida que o impulsiona, o inquieta, o desassossega sem parar. Mais ainda: a dor da solidão - com certeza, muito grande - é o sacrifício que impõe ao sujeito utópico a sua genialidade. Ele vai ser muito amado, mas quase sempre incompreendido; vai semear infinitos sonhos e não poderá vivenciar nenhum deles; será construtor permanente de pontes para a vida, mas não encontrará nenhuma para si próprio.

A humanidade, contudo, se beneficia enormemente da atividade do sujeito utópico. Na verdade, ela deve a sua vida e a sua História à genialidade dele porque, embora o rejeite, é ele que, construindo utopias, impede que os homens se encerrem nos muros altos e intransponíveis da acomodação que levam à estagnação e ao aniquilamento. É o sujeito utópico que, andando nos limites e sobre eles construindo pontes, convida os homens para o impulso de viver, de buscar o novo, de acreditar na transformação e na concretização dos sonhos. E isso eu considero a semeadura da vida.

Diante disso, é impossível não compreender a solidão do sujeito *"como um exercício de valentia. A coragem de saber* que se vive e não a simples coragem de viver."* Não há lugar para a covardia na utopia: as frágeis interações que o discurso utópico possibilita requerem a radicalização, o jogar-se por inteiro no vazio do novo e na aventura de viver. E nisso reside a riqueza da interação: a efemeridade da relação é proporcional à intensidade do gesto de viver.

E é desse modo que, na minha incompletude, amo, admiro e busco caminhar até Warat, errante já não tão solitário, pois, e beber dos sonhos de sua genialidade e da sua coragem para viver sem covardia porque *"o risco do imprevisível é parte da vida"*, o que requer que se tenha *"a esperança de transformar a realidade sem angustiar-nos por anular o que já foi."*

5
Paradigmas ecológicos de la Filosofía del Derecho en la transmodernidad

Nuria Belloso Martín
Universidad de Burgos (España)

Al Profesor Luis Alberto Warat, genial provocador y simultáneamente desmitificador de sueños y utopías dormidas que todo iusfilósofo guarda en lo más profundo de su ser.

A intuição me leva a dizer que o mundo no terceiro milênio presenciará ao triunfo da mentalidade cobiçosa, de uma vida onde o bem-estar do Terceiro Mundo continuará a ser confundido com a caridade (...) Tudo sob ameaça de um mercado imperial que tem a pulsão para a omissão econômica dos grandes riscos ecológicos que nos afetam. Lamento conferir que a única audácia insinuada para a próxima década seja econômica.

L. A. WARAT (O amor tomado pelo amor. Crônica de uma paixão desmedida. São Paulo, Editora Acadêmica, 1990, p. 6).

Introducción

Constituye un gran motivo de satisfacción contribuir con este pequeño trabajo a realizar un Libro Homenaje al Profesor LUIS ALBERTO WARAT y a sus largos años dedicados a la Universidad. Y lo es especialmente porque escribir sobre un filósofo del Derecho que tiene verdadera vocación en su faceta tanto de docente como de investigador es siempre una labor grata.

Bien sea en la Universidade Federal de Santa Catarina como en la mía propia, la Universidad de Burgos (España), he tenido oportunidad de asistir y participar en las clases, Seminarios, Cursos de Mestrado y Doctorado junto al Profesor WARAT. Debo decir que el planteamiento, contenido, forma de exposición, debates y discusión con los alumnos, resulta "atípico". Su "provocación" a los estudiantes hace que esas clases de Filosofía del Derecho - que a veces duran hasta cinco horas- pasen rápidas porque lo que realmente se hace es un examen de nuestro "interior" y de nuestras posiciones hacia lo "exterior", hacia todo lo que nos rodea.

L. A. WARAT sabe aprovechar muy bien esa capacidad de "admiración" hacia todo lo que le circunda. La realidad, los hechos, los libros, el cine, una simple conversación, no pasan simplemente ante él sino que lo sabe observar, analizar, asimilar e incorporar a esa especial forma de hacer filosofía. Conjugar el psicoanálisis y el Derecho puede ser la llave que nos permita abrir nuestro propio inconsciente que considerábamos dormido y el saber el por qué de nuestras respuestas a las diversas situaciones, de nuestra actitud ante la vida en sociedad y ante las normas jurídicas.

Las tertulias - en las que hemos tenido oportunidad de participar - después de haber disfrutado de un determinado film, seleccionado por el tema que queríamos tratar (derechos humanos, realidad virtual, etc.), o la propia Revista *CineSofia*[1], ideada y dirigida por WARAT, constituyen una buena muestra de su intento de aprovechar los medios que ofrece la técnica actual (video, cine, informática) utilizándolos como instrumentos - evitando así que ellos nos instrumentalicen a nosotros - para poder

---
[1] El primer número vio la luz en el verano de 1994, en Florianópolis.

hacer un nuevo tipo de filosofía. Temas como cine, filosofía, psicoanálisis, Derecho, política o ecología tienen cabida. Se trata de un "*(re)encantamento com o mundo (...), de uma nova forma de fazer filosofía que não tem nada a ver com o que, por tanto tempo, fizeram os que se arrogaram o papel de filósofos-professores. A tarefa do filósofo que consegue começar a manifestar-se, desconfiando de uma larga história de covicções, entendendo que o pensamento não pode ser exercido senão em contato direto com os acontecimentos, colocando o corpo no mundo para interpretá-lo vibratilmente, não aqui e agora. Enfim, a filosofía mais adequada à cultura 'imago-eletrônica' que nos circunda*"[2].

A esta labor por parte del Profesor WARAT hay que sumar sus construcciones innovadoras en la filosofía jurídica, siendo precursor de algunas corrientes y conceptos filosóficos. *Direito e Psicanálise, Filoestética e Direito, Epistemologia da Complexidade, Semiologia jurídica e trasmodernidade*, entre otros, son algunos tópicos especiales con los que ha trabajado cuando aún nadie se interesaba por ellos. Hay que apuntar que estos tópicos no han sido igualmente utilizados a lo largo de los años porque la investigación waratiana es creativa y permanece en una dinamicidad constante. En la que podríamos denominar la producción científica de su "primer espíritu"[3], WARAT elaboró, entre otras, las categorías de *heteronimia significativa, sentido común de los juristas, variable axiológica, condición retórica de sentido* o incluso nuevas disciplinas como la *Semiología política* o *Semiología do Poder*[4].

El WARAT del "segundo espíritu" se ha interesado por construir una tabla de salvación para el discurso alienante de la modernidad y poder llegar a una semiología de la autonomía en la transmodernidad. Su labor se desarrolla en el denominado "Tercer Mundo" pero, paradójicamente, ha sabido captar, antes que otros muchos iusfilósofos del "Primer Mundo" la alienación a que estamos sometidos por el excesivo individualismo, mercado dinerario y dominación de la realidad virtual. Frente a toda esta "realidad imaginaria" intenta reivindicar, en este período de la transmodernidad, una recuperación de los valores y de la alteridad, de tal forma que justicia, autonomía y solidaridad puedan conjugarse armónicamente y permitan "hacer" una verdadera Filosofía del Derecho. Las páginas que siguen deben ser interpretadas en clave de apoyo a este proyecto waratiano que - aunque sabemos no estará exento de dificultades -, auguramos mucho éxito.

1. Filosofía moderna y filosofía postmoderna

A veces se nos acusa a los filósofos del Derecho de echar la vista atrás con dema-

---

[2] *Ibidem*, p.1.
Cinesofía sería "*o 'estamento' imagosófico-libertário vinculado com o cinema*".
La magia del cine es interpretada por WARAT como uno de los mejores antídotos contra la hemorragia de sueños monótonos propuestos por la utopía capitalista, que adquieren la forma de anuncio publicitario: utopías publicitadas como perfectas, que tienen como misión colonizar todos los espacios imaginarios de nuestra vida. De esta forma, a través de una selección de películas se puede utilizar el cine como un punto de referencia que permita repensar los malestares del final del siglo.

[3] El Prof. Dr. Ugo Ottavio Visalli ha sido quien ha acuñado este término cuando en un debate con los alumnos del Curso de Doctorado en la Universidad Federal de Santa Catarina, en agosto de 1996, el propio Warat optó por esta terminología frente a otras expresiones tales como obras de su "primera juventud" o producción de su "primera etapa". Este primer espíritu abarcaría los libros y artículos publicados hasta el inicio de la década de los 80.

[4] Esta Semiología Política sería "*um espaço disciplinar deslocado (contradiscursivamente) da semiologia oficial, para favorecer, a partir de um novo ponto de vista teórico, um modo diferente de compreensão e diagnóstico dos fenômenos políticos da significação na sociedade* (WARAT, L.A. (com a colaboração de L. Severo Rocha). *O Direito e sua linguagem*. 2ª versão (2ª edição aumentada). Porto Alegre, Sérgio Antonio Fabris Editor, 1995, p.100 ss.).

siada frecuencia, de permanecer anclados en la historia de las ideas filosófico-jurídicas y de conformarnos con repetir las soluciones propuestas por los anteriores "ilustres filósofos" a problemas propios de nuestros días. Entendemos que no es así y que cuestiones como la ecología, la ciudadanía, las nuevas formas de democracia y tolerancia, la marginación y la polarización entre ricos y pobres preocupan profundamente.

De la modernidad y su defensa de la razón y de la autonomía hemos pasado a la época que se denomina de la postmodernidad[5]. Propiamente, el término utilizado ya nos puede dar idea del escaso significado con que se quiere revestir a los tiempos en que vivimos: después de la modernidad. ¿Es sólo eso, un "después de"? ¿acaso no tiene un significado propio? De ahí que optemos por utilizar la terminología de LUIS ALBERTO WARAT, la "transmodernidad", en el sentido de que queremos destacar que se está transitando, pasando de la etapa de la modernidad a otra etapa que aún se está conformando, intentando obtener una identidad propia y que, más adelante, cuando esté más definida, recibirá su propia denominación.

Distinguir entre filosofía moderna y postmoderna nos hace prestar especial atención al segundo término que es el que más dificultades terminológicas puede ofrecer, quedando prisioneros por la misma vaguedad del término "post"[6]. Los que han elegido considerase postmodernos se encuentran, en primer lugar, después de la "gran narrativa", es decir, después de la historia completa, con su origen mitológico y sagrado, su secreta teleología, su omnisciente y trascendente narrador, y su promesa de un final feliz, ya sea en un sentido cósmico o histórico. Se trata de un "estar después", lo que genera un énfasis especial sobre el presente (así como sobre "el-pasado-del-presente" y "el-futuro-del-presente") que es, salvo en caso de una catástrofe nuclear, nuestra única eternidad. Este vivir el presente hace que la condición política postmoderna se sienta incómoda con las ideas utópicas, las cuales la hacen vulnera-

---

[5] BOAVENTURA DE SOUZA SANTOS ha señalado que: "*el paradigma socio-cultural de la modernidad aparece antes que el modo de producción capitalista llegue a ser dominante y desaparecerá antes de que este último cese. Esta desaparición es compleja, porque es, en parte, un proceso de abandono y, en parte, un proceso de obsolescencia. Es abandono en la medida en que la modernidad ha cumplido algunas de sus promesas, en algunos casos incluso en exceso. Supone un proceso de obsolescencia en cuanto que la modernidad ya no es capaz de cumplir otras promesas. Tanto el exceso como el déficit de realización de las promesas históricas explica nuestra difícil situación actual que aparece, en la superficie, como un período de crisis, pero que, en un nivel más profundo, constituye un período de transición. Desde el momento en que todas las transiciones son parcialmente visibles y parcialmente ciegas, resulta imposible designar con propiedad nuestra situación actual. Probablemente esto explicaría por qué la inadecuada denominación "postmodernidad" ha llegado a ser tan popular. Mas por la misma razón este nombre es auténtico en su inadecuación*" (SOUZA SANTOS, B., *La transición postmoderna: Derecho y Política*. Traducción al castellano de Mª. J. Añón Roig. En: "Doxa". Alicante, 6 (1989) p.225.

Considera SOUZA SANTOS que el paradigma de la modernidad emerge como un proyecto socio-cultural entre el siglo XVI y el final del siglo XVIII y que a partir de entonces es cuando comienza la prueba de su puesta en práctica. En concreto, distingue tres períodos en esta evolución: el primero, la fase del capitalismo liberal, cubre el siglo XIX en su totalidad, aun cuando las últimas tres décadas tienen un carácter de transición; el segundo período, el período del capitalismo organizado, comienza al final del siglo y alcanza su pleno desarrollo en el período de entre guerras y en las dos décadas que siguieron a la guerra; finalmente, el tercer período, el período del capitalismo desorganizado, comienza a finales de los sesenta y todavía estamos en él (*Ibidem*, p.226).

1950 es el año fijado por LYOTARD para el comienzo de la postmodernidad, tomando para ello el acontecimiento de la bomba de Hiroshima. Otros autores consideran que dos son los acontecimientos que determinan la quiebra de la modernidad: el exterminio realizado por el nazismo y la experiencia fatal del stalinismo.

[6] El cambio de *ethos* se manifiesta en el uso y abuso del prefijo *post* (-modernidad, -estructuralismo, -metafísica, -industrial, -capitalismo, -democracia). Incluso el título del conocido libro de F. LYOTARD, *La condición postmoderna*, refleja bien la primacía de la nueva praxis: se trata de una nueva "condición humana" en la fase actual de la modernidad (Cfr. RUBIO CARRACEDO, J., *Educación moral, postmodernidad y democracia. Más allá del liberalismo y del comunitarismo*. Madrid, Trotta, S.A., 1996, p.90).

ble a los compromisos fáciles con el presente y a los miedos colectivos que se derivan de la pérdida de futuro[7].

Por todo ello, el prefijo "*post*" tiene una especial importancia. Desde hace ya largos años se habla de una crisis y del "final de". Hemos vivido el "final de la ideología", el "final del marxismo", el "final de la cientificidad", etc. Es como si se tratara de un carrusel de teorías y prácticas "eternamente perdidas" y más tarde recuperadas.

A ello hay que añadir que la condición postmoderna tiene como premisa la aceptación de la pluralidad de culturas y discursos. La caída de la "gran narrativa" es una invitación directa a la cohabitación entre varias narrativas pequeñas (locales, culturales, étnicas, religiosas, ideológicas), aunque sí se suele aceptar la relativización de los universales. Así por ejemplo, un factor importante que favorece el universalismo relativo de la condición postmoderna es el hecho de que ya no exista *terra incognita* en nuestra geografía política. El llamado "Tercer mundo" ha sido ya grabado - unas veces positivamente, otras negativamente - en la conciencia del "Primer mundo". Incluso la sociedad soviética ha perdido ya su condición de "misterio envuelto en un enigma"[8].

En conclusión, lo que se hace es reaccionar a la unilateralidad del programa de la modernidad (universalidad, identidad, racionalidad, necesidad) con otra unilateralidad: no existe más que lo variable, particular, diferente, irracional y contingente. Parece no quedar claro si la filosofía postmoderna ha quedado prisionera del denostado programa de la modernidad, limitándose a denunciar su falsedad global y sus malas consecuencias sin llegar a ofrecer un programa alternativo sólido, es decir, si se ha limitado a transformar una metanarrativa del progreso por otra de la decadencia.

Cabe preguntarse pues, qué significado encierra la edad transmoderna. Como señala L. A. WARAT, "*extraña mezcla de una modernidad transformada en informidad, que generó nuevos dueños del mundo, poderosos por haber desarrollado a la perfección una tecnología de la información y de la muerte. Nuevos dueños del planeta - por tener la televisión y las armas -. Sociedades de hombres que se consumen los unos a los otros, mientras unos pocos devoran las tierras y la capa de ozono*"[9].

En este sentido apunta VATTIMO, en su obra *La società transparente*[10], que hoy se habla mucho de postmodernidad. Es más tanto se habla que en ocasiones se con-

---

[7] Cfr. HELLER, A., y FEHÉR, F., *Postmodern Culture and Politics.* Traducción al castellano de M. Gurguí. *Políticas de la Postmodernidad. Ensayos de crítica cultural.* Barcelona, Península, 1989, p.149 ss.

[8] Cfr. HELLER, A., y FEHÉR, F., *ibidem*.
Entendemos que la postmodernidad no es simplemente la expresión de la "lógica cultural del capitalismo avanzado", sino que, como S. WHITE señalaba, la problemática postmoderna abarca cuatro grandes núcleos, como son: la "creciente incredulidad respecto de las metanarrativas", "nueva conciencia de los peligros de la racionalización de la sociedad", "nuevas tecnologías informativas" y "nuevos movimientos sociales", caracterizando así más un nuevo *ethos* que una nueva "lógica cultural" (*Vid.* WHITE, S.K., *Politikal Theory and Postmodernism*. Cambrigde Uni. Press, 1991).

[9] WARAT, L.A., *Del discurso alienante de la modernidad a la semiología de la autonomía en la transmodernidad. Elementos para una semiología ecológica del Derecho. Hacia una teoría lingüística de la transmodernidad* (Conferencia pronunciada en la Universidad Hispanoamericana de Santa María de la Rábida (Huelva. España). 15-26 de agosto de 1996.
La modernidad agotó sus sentidos. Eso nos hace sentir vacíos, capturados por el vacío. Lo que llamamos "transmodernidad" es ese sentido vacío. Una modernidad agotada a la espera de otra sensibilidad (sentidos) organizadora del mundo. Un "entretiempo" únicamente marcado por la huída hacia la nueva mirada que no llegó (WARAT, L.A., *Por quién cantan las sirenas. Informe sobre eco-ciudadania, género y Derecho. Incidencias del barroco en el pensamiento jurídico.* Universidade do Oeste de Santa Catarina. Universidade Federal de Santa Catarina. Coordenação de Pós-Graduação em Direito, 1996, p.40).
La mayor parte de los pensadores postmodernos parecen haber desplazado en los últimos años su preocupación hacia las cuestiones ético-políticas, lamentándose del escaso interés que despiertan los valores y la *res publica*.

[10] VATTIMO, G., *La società transparente*. Traducción al castellano de T. Oñate. *La sociedad transparente*. Barcelona, Paidós, ICE de la Universidad Autónoma de Barcelona, 1996.

sidera más conveniente distanciarse de ese concepto. Se le considera como una moda pasajera o un concepto superado. Para VATTIMO, por el contrario, este término sí tiene sentido a la vez que lo enlaza con que la sociedad en la que vivimos sea una sociedad de la comunicación generalizada, la sociedad de los *mass media*. Por ello, considera que la modernidad, conforme a las tesis que sustenta, se acaba cuando debido a múltiples razones, hace que deje de hablarse de la historia como algo unitario. En efecto, esta visión de la historia se ordenaba en torno a un término. Nosotros pensamos la historia a partir de un momento determinado, en concreto del nacimiento de Cristo, que marca el año 0, y lo relacionamos con el concadenarse de las vicisitudes protagonizadas por los países occidentales. Más allá quedan los pueblos bárbaros, primitivos o en vías de desarrollo. La filosofía, en los siglos XIX y XX ha sometido a una crítica radical la idea de una historia unitaria, viniendo a desvelar el carácter ideológico de tales representaciones.

Como defendía VATTIMO, el gran relato de la modernidad se desenvolvía en una dirección única (baste recordar a DESCARTES y como situaba al sujeto como centro de la realidad y a partir de ahí se explicaba todo: razón, sujeto, historia, tenían un sentido unidireccional). La postmodernidad, por el contrario, está caracterizada por esa ruptura de la dirección única, apareciendo una multiplicidad de direcciones: la totalidad está fragmentada[11].

Se dice que hemos llegado al final de la modernidad, de las ideologías, del sujeto. La modernidad, como hemos ya indicado, entendió la historia como un trayecto de dirección única. Conforme a esa concepción, todos nos movíamos en una única dirección: una sociedad sin clases, como decía el marxismo, o una racionalidad común, como defendían los partidarios de la razón científico-técnica. Ahora, cada uno de nosotros tenemos nuestra dirección y tenemos legitimidad para reivindicar esa diferente dirección. Esa ruptura provoca una fragmentación de la historia. Cuando estábamos en la etapa del denominado "equilibrio del terror", representado por el modelo soviético y el modelo americano, había una unidad que ahora ya se ha roto. El espacio cultural se ha roto y fragmentado. Tal vez se pueda tener un cierto dominio sobre alguno de los fragmentos pero no sobre todos. Naturalmente, ese fenómeno de la fragmentación implica un cierto caos. Ahora estamos con unos o con otros, o contra otros.

El mito de la torre de Babel puede caracterizar adecuadamente la postmodernidad. Es un "extrañamiento". Nos sentimos extraños en un mundo que no podemos llegar a pensar que es nuestro mundo. Los in-

---

[11] Si observamos la sociedad que nos rodea, podemos comprobar que es la sociedad de la comunicación generalizada, que resulta muy difícil que de los múltiples lugares de interpretación de la sociedad contemporánea pueda erigirse una como centro de la misma. Los mismos medios de comunicación están fragmentados. No hay nadie dueño de los mismos: hay varios periódicos, varias cadenas de radio, varias cadenas televisivas. La postmodernidad así entendida implica que ha habido un cambio con respecto a la forma de vivir y pensar que comenzó a desarrollarse en el siglo XV. Escribe VATTIMO que estos medios - diarios, radio, televisión, y en general eso que hoy se llama telemática - han sido determinantes para producir la disolución de los puntos de vista centrales: de lo que J. LYOTARD llama grandes relatos. Este efecto de los *mass-media* es justamente lo contrario de la imagen que de ellos se hacía un filósofo como THEODOR ADORNO. Sobre la base de su experiencia de vida en los Estados Unidos durante la segunda guerra mundial, ADORNO, en obras como '*Dialéctica de la Ilustración*' (escrita en colaboración con MAX HOEKHEIMER) y '*Mínima moralia*', preveía que la radio (y la TV más tarde) suscitaría una homologación general de la sociedad, permitiendo e incluso fomentando, por una especie de tendencia demoníaca interna, la formación de dictaduras y gobiernos totalitarios capaces de ejercer, como el Gran Hermano de 1984 de Orwell, un control capilar sobre los ciudadanos, por medio de la distribución de slogans, propaganda (tanto comercial como política) y visiones del mundo estereotipadas. Lo que en realidad ha ocurrido, sin embargo, - apunta VATTIMO - es que pese a todos los esfuerzos de los monopolios y de las grandes centrales capitalistas, ha sido más bien que la radio, la televisión y los diarios se han convertido en elementos de una explosión y una multiplicación generales de concepciones del mundo.

dividuos, las culturas, los grupos, son libres para expresarse como son. Nos experimentamos libres para expresar nuestra pecularidad. Pero al mismo tiempo, junto con el principio de identificación (feministas, ecologistas, pacifistas, ateos) nos sentimos extraños. Hay una dialéctica entre la pertenencia y el extrañamiento. Es la dialéctica del amo y del esclavo, como apuntaba HEGEL en su *Fenomenología del espíritu*. Cada individuo, cada cultura, cada grupo, lucha por ser reconocido por el otro y que así pueda considerarse legitimado. En la postmodernidad, cada uno es reconocido en su diferencia, y estamos oscilando continuamente en la experiencia de la inquietud, dada la multiplicidad de sensaciones que se desencadenan continuamente sobre nosotros (en una sociedad de los medios de comunicación, cada momento estamos recibiendo una multiplicidad de sensaciones). Vivimos inquietos porque no estamos seguros de nada, porque continuamente estamos recibiendo impresiones. Los medios de comunicación son precisamente sensacionalistas con el fin de producir impresiones.

La experiencia fundamental en la que se basaba la filosofía de la modernidad era la certeza y la seguridad. Así lo indicaba DESCARTES en sus *Meditaciones metafísicas* o en el *Discurso del método*. La experiencia moderna de la filosofía parte de la seguridad y de la certeza. Aunque me equivoque en lo que estoy pensando, tengo certeza, "estoy seguro de que estoy pensando". La filosofía cartesiana se dirigía buscar la certeza. En cambio, la filosofía postmoderna nos ofrece incertidumbre. Parece ser que mientras viva, el hombre será inquietud, preocupación, no es certeza de sí mismo, como pensaban los modernos. A HEIDEGGER le importa la sentencia que da Saturno (dios del tiempo). El ser del hombre es constitutivamnete temporal, el ser es tiempo, y mientras viva en el tiempo no será abandonado por la inquietud, por la preocupación. Es pues, una teoría crítica de la modernidad sobre el fundamento y la totalidad. La fábula heideggeriana está criticando que la realidad esté fragmentada. Pero ante la fragmentación de la realidad pueden buscarse unas respuestas, que a su vez traerán consigo distintas formas de hacer filosofía en el contexto de la postmodernidad.

Se distingue también el espacio ideológico desde el siglo XIX y segunda mitad del XX (socialistas, marxistas, liberales, partidos políticos), y el espacio de la moda que sustituye a éste desde los años cincuenta. El espacio ideológico permanece, el espacio de la moda está sometido a cambio permanente. No se construye para que perdure sino para que cambie. Uno y otro espacio genera dos medios de comunicación diversa: la propaganda (que intenta convencer) y la publicidad (que intenta asombrar, seducir). La publicidad actual es muy creativa porque aspira a dar a las marcas una personalidad. La publicidad personaliza. Ese predominio de las marcas ejerce su atracción sobre el espectador porque humaniza, lo acerca al yo de cada uno porque está personalizado. Las marcas no buscan abstracciones sino concreciones. El lenguaje de la publicidad actual está dominado por la personalización de las apariencias y por la lógica de la seducción. Pasa a primer plano la estética y la imaginación que suspenden las leyes de lo real y de lo personal. Es así que el lenguaje de la publicidad está muy en consonancia con la individualidad del hombre postmoderno. El hombre moderno tenía sueños y utopías. El hombre postmoderno duda que tenga un futuro y de ahí su arraigo en el presente y su escasa visión del porvenir[12].

---

[12] Podrían cuestionarse algunas de las interpretaciones modernas que se han hecho con respecto a la publicidad. Por ejemplo, MARCUSE, en los años sesenta, consideraba que los *mass media* llevarían a la unidimensionalidad. Por el contrario, se ha llegado a una pluralidad. Por su parte, FOUCAULT, basándose en el panóctico de BENTAHAM, consideraba que las sociedades modernas iban a tener una visión panóctica, donde habría un centro desde el que se vería todo.

En un sentido semejante debe entenderse el aspecto económico. Las estructuras fundamentales que había generado la modernidad se basaban en un poder central. Sin embargo, en la postmodernidad, se renuncia al poder total y totalizador que la burocracia había impuesto en las sociedades modernas. Se rompe ahora el espacio público de la ideología y se abre un espacio nuevo en el que predomina una ideología localista y minimalista y no los valores máximos y universales.

La figura que gráficamente podría representar esta condición postmoderna no es la del panóctico de FOUCAULT sino el archipiélago de LYOTARD. Hay muchas islas, cada cultura es una isla, pero tenemos el mar común que posibilita la comunicación entre las diversas islas. Aunque en un principio puede parecer que masifica, sin embargo, en la realidad produce una desstandarización, se pretende y se posibilita las decisiones del individuo, engendrando en los particulares la búsqueda de la personalidad y de la autonomía (que es lo que pretendía la ilustración). De esta forma, la cultura postmoderna abandona el espacio ideológico de los maestros pensadores y abandona el espacio ideológico del tribunal de la razón y de la historia y se ubica en el espacio fluido del archipiélago en el que la reflexión se ejerce a través de la ironía, que pasa a ser un instrumento fundamental en la filosofía postmoderna.

Se trata de hacer despertar de la postmodernidad entendida como indiferencia pura. No podemos, como señala WARAT, conformarnos con el cadáver de una historia sin deseo, sin sentido, sin acontecimientos, en la que el problema ya no es cambiar la vida, que era la utopía máxima, sino sobrevivir inercialmente, que es la utopía mínima, la utopía del simulacro, la no utopía. Es como si la razón moderna hubiera producido un saber que nos transportaba hacia la alienación y no hacia la autonomía. Estamos entrando en una concepción del mundo que nos coloca la virtualidad como futuro. Pero se debe tratar de que esa "hiper-realidad" virtual pueda ser adecuadamente aprovechada sin que en ningún momento intente sustituir o eliminar la verdadera realidad. Es un mecanismo, un instrumento más que el hombre ha creado y que debe saber cómo utilizar de forma que no sea el hombre el que quede instrumentalizado por él.

Bajo la etiqueta de la postmdernidad se agrupan autores diversos y con teorías bastante diferenciadas. Ante un contenido tan disperso, el intento de ofrecer una clasificación se presenta como una tarea ardua. En general, se suele adoptar una tipología binaria. Así, por ejemplo, FOSTER nos habla de un postmodernismo de "resistencia" y otro de "reacción". Por su parte, BOYNE y RATTANSI se han referido a las "dos caras del postmodernismo", la izquierda intelectual desencantada, que busca nuevas señas de identidad, y los autores de varias procedencias que tienden a ser confundidos con los tradicionalistas, comunitaristas o neoconservadores. P. ROSENAU diferencia entre "postmodernistas escépticos" y "postmodernistas afirmativos" -algunos han trocado "afirmativo" por "epicúreo". Entre los postmodernos escépticos podrán situarse a FOUCAULT y BAUDRILLARD; entre los "epicúreos" a RORTY y LYOTARD.

Pero hay otros muchos que se resisten a la clasificación y que no responden a este modelo binario. La mayoría serían casos mixtos y, además, de modalidades diferentes. Baste recordar a ciertos autores como los de la Escuela de Franckfurt (actualmente representada por HABERMAS), la hermenéutica crítica (P. RICOEUR e incluso H. G. GADAMER) o los socialistas demócratas como A. HELLER, que hoy son clasificados como defensores del programa moderno cuando en realidad fueron pioneros de su crítica y plantearon seriamente su renovación. A juicio de J. RUBIO CARRACEDO, son estos los genuinos representantes del *ethos* postmoderno "afirmativo", ya que tras contribuir a demoler las ilusiones del pensamiento logocéntrico, han procedido consecuentemente a intentar reconstruir la razón socioculturalmente encarnada[13]. En nuestro caso, y adoptando también el criterio binario, nos decantamos por la dicotomía propuesta por J. BALLESTEROS: la postmodernidad como "decadencia" o "resistencia", utilizando los argumentos que siguen.

Los rasgos que hemos visto caracterizan la cultura postmoderna están pues acompañados de una degradación del medio ambiente, de la depauperación del tercer mundo, del aumento de riesgo de una guerra nuclear y de la generalización de la alienación. Ha fracasado el capitalismo, llevando consigo la ruina de la tesis del progreso necesario como postulado fundamental de la filosofía de la historia. Pero el fracaso de la ideología del progreso inevitable es afrontada hoy en día de un modo diverso. Lo que el sistema hegemónico de la economía-mundo se empeña en presentar como única forma de postmodernidad, el postestructuralismo francés y el llamado *pensiero debole*, expresa simplemente el decadentismo, el abandono de la racionalidad, de la comunicación, e incluso de la misma idea del hombre.

Sin embargo, existe otra postura alternativa a la del decadentismo. La que se empeña en resistir contra la injusticia, inhumanidad y cretinismo creciente de nuestro mundo, y que sitúa como metas fundamentales la lucha en favor de la paz, la defensa de la ecología contra el despilfarro consumista y la solidaridad contra la indiferencia individualista. Es la postmodernidad como resistencia, que sigue creyendo en la razón, en el progreso y en la democracia. De ahí que J. BALLESTEROS, frente a la postmodernidad como decadencia, situe la postmodernidad como resistencia[14].

De ahí también la crítica de J. BALLESTEROS a calificar como postmodernistas a BAUDRILLARD, DELEUZE, DERRIDA, FOUCAULT y LYOTARD, entre otros, quienes por su postestructuralismo, convendría calificar de "tardomodernistas". El postestructuralismo surge en Francia en un clima de escepticismo respecto a las posibilidades de "cambiar el mundo", producido por el doble fracaso del mayo francés y de la primavera de Praga. A juicio de J. BALLESTEROS, la vinculación del postestructuralismo con respecto al modernismo presenta una triple dimensión: a) Epistemológica: se niega la realidad en el proceso interminable de la interpretación. En este aspecto han insistido principalmente BARTHES y DERRIDA; b) Antropológica: se diluye lo consciente en lo inconsciente, y hay una negación de la persona en un número indefinido de máscaras. En este aspecto han insistido, especialmente, DELEUZE[15] y FOUCAULT; c) Política: se diluye la política en simulacro y la democracia en dictadura. En este aspecto han insistido BAUDRILLARD y LYOTARD[16].

A ello hay que añadir que los postestructuralistas, entre otras razones, por su incomprensión de lo institucional, derivada del primado de lo inconsciente y de lo instantáneo, no entienden la política. No se trata de una labor que sería legítima - la crítica a las instituciones, en las que el individuo es moldeado enteramente (cárceles, psiquiátricos, cuarteles) -, sino que todo lo institucional es criticado en la medida en que implica la categoría de la duración. Lo jurídico y lo político serían pura represión, ya fuesen el fruto del arbitrio individual, ya de la reflexión y el consenso colectivo. A ello hay que añadir su negación de la democracia, por su apelación al bien común.

---

[13] Cfr. RUBIO CARRACEDO, J., *op.cit.*, pp. 91-92.

[14] Cfr. BALLESTEROS, J., *Postmodernidad: decadencia o resistencia*. Madrid, Tecnos, S.A., 1989, pp.12-13.

[15] El libro que nos proporciona una clara muestra del primado incondicionado del placer sobre el principio de la realidad es el de DELEUZE, escrito en colaboración con GUATTARI, *El Antiedipo, Capitalismo y Esquizofrenia* (Traducción al castellano de F. Monge. Barcelona, Barral, 1973).

[16] Cfr. BALLESTEROS, J., *op.cit.*, p. 86.

Así, de acuerdo con NIEZTSCHE, lo que es común a todos es ya de por sí algo que no puede ser bueno: "lo común no es nunca un bien", por lo que la búsqueda misma de un consenso es ya algo negativo en sí mismo. Las palabras no son más que máscaras y simulacros[17].

---

[17] J. BALLESTEROS critica el gigantesco eco dado actualmente a los autores postestructuralistas en todo el mundo occidental entendiendo que sólo puede estar justificado como un modo de distraer a la opinión pública de la atención al nuevo paradigma de la "calidad de vida", y del modo de pensar alternativo (eco-pacifista-feminista) único que, en verdad, merece el nombre de postmoderno (Cfr. BALLESTEROS, J., op.cit., p.98).
Una de las diferencias fundamentales entre la cultura moderna y la postmoderna se encuentra en la ideología (retórica del convencimiento) y la publicidad (retórica de la persuasión). Ahora se identifica acontecimiento y noticia. Sin embargo, la noticia no es un acontecimiento. El escritor empaqueta el acontecimiento en una narración. De ahí que una de las principales formas de hacer filosofía en una sociedad en la que predominan los medios de comunicación, como ha señalado C. FLORES MIGUEL (en su Conferencia pronunciada el 7.03.1997 en la universidad de Burgos: "*Modernidad y Postmodernidad: un planteamiento actual de la filosofía*") sea a través de la hermenéutica, aunque hay otras diversas respuestas filosóficas a la problemática que se plantea en este contexto postmoderno:
a) Una de esas respuestas es la *trágica*, ejemplificada por UNAMUNO en el "sentimiento trágico de la vida". La base de la filosofía no es la certeza sino la inquietud de saberse temporal y finito. Por ello crea una obra literaria, y su vida tendrá un sentido. Se trata de dotar la existencia de buenas obras literarias antes de morir, con el fin de que en cada acto de lectura, pueda volver a la existencia.
b) Otra respuesta es la de R. RORTY, en su obra *Contingencia, ironía y solidaridad*. En la misma nos presenta la figura del *ironista liberal*, del filósofo postmoderno. Esta sería una respuesta alternativa a la de UNAMUNO y también a la de HABERMAS, ya que este último sigue manteniendo la posibilidad de una modernidad y de la ilustración. RORTY propone una utopía liberal (no liberalismo) en la que la ironía sea un componente fundamental. Porque si nos preguntamos cómo se puede ser racional en un mundo como el nuestro, UNAMUNO nos ofrecería una salida trágica. RORTY propone una salida irónica. Ambas niegan que haya una teoría general, como diría LYOTARD no hay un único relato. Y para hacer filosofía, proponen los géneros literarios como una forma de comunicación. RORTY señala que esa es la razón por la cual, la novela, el cine y la televisión han ido sustituyendo poco a poco, pero ininterrumpidamente, al sermón y al tratado como principales vehículos del cambio y del programa moral. Hoy son los medios de comunicación los que transmiten ese programa moral.
Se ha producido un giro de la ciencia hacia los géneros literarios, hacia la narrativa. Es el símbolo de la renuncia al intento de reunir todos los aspectos de nuestra vida en una visión única, de redescribirlos como un único léxico. La forma postmoderna de hacer filosofía abandona el interés propiamente de hacer filosofía y se ha desplazado al terreno de la literatura, es un mundo de incertidumbre, no de certeza, y esto lleva a una forma diferente de construir la filosofía.
c) Una tercera forma de hacer filosofía podría ser la de UMBERTO ECO: su obra es *abierta*, ofrece distintas y diversas posibilidades de lectura. De un texto no pueden hacerse infinitas lecturas pero sí muchas. Por ejemplo, su obra *El nombre de la rosa*, se puede leer como una obra policíaca, como una obra de filosofía medieval o como una obra religiosa. No hay ningún método que predetermine cómo debe hacerse. Esto genera un inquietud en el que filosofa.
d) Otra forma de hacer filosofía es la *cínica*, donde domina la inquietud, no la razón ni la lógica, ni la irónica. Así, DIÓGENES provocaba para hacer reflexionar. Las respuestas cínicas son una forma de hacer filosofía porque, si nada me admira en el mundo, si no hay respuestas claras ni trascendentales, ¿como me puedo orientar? Si los dioses se han retirado y me han dejado solo, ¿cómo puedo orientarme si tampoco sé cómo leer un texto? El dogma sí que nos lo resolvía, indicándonos que había que leerlo de una determinada manera. Si ahora los textos son abiertos y tenemos diversas perspectivas para leerlos e interpretarlos, ¿como puedo encontrar el sentido? Le corresponde a la insolencia hablar (como cuando DIÓGENES le dijo a CARLO MAGNO: ¡apártate, que me quitas el sol!).
e) VATTIMO, desde la postmodernidad, responde desde una teoría general de la *representación*. Si tenemos tal abundancia de medios de comunicación y de signos, lo importante es saber cómo interpretar adecuadamente esos signos. La sociedad postmoderna puede ser caracterizada como sociedad del espectáculo, donde ha triunfado la comunicación generalizada de los *mass media*. Por ejemplo, una noticia es una narración y es necesario saber interpretarla. La consecuencia inmediata de este fenómeno es que la sociedad actual ha perdido transparencia porque tanta información opera el efecto contrario, haciéndola opaca. Recibimos tantos signos que no somos capaces de interpretarlos. De la luz de la razón hemos pasado a la opacidad. Las tecnologías informáticas son como el órgano de los órganos en el cuerpo, es el lugar donde está su dirección, donde el sistema tecnológico encuentra su centro (es como el piloto de la nave del que nos hablaba PLATÓN, o como el alma platónica).
f) La filosofía *hermenéutica* da predominio a la posibilidad de que cada sujeto pueda interpretar la información

2. La filosofía ecológica en la transmodernidad: la eco-ciudadanía waratiana

WARAT, haciendo suyo un ejemplo de JEAN BAUDRILLARD, señala que los iconólatras de Bizancio querían representar a Dios para que pudiera ser querido y contemplado por todos pero que, al simular a Dios en las imágenes, disimulaban con ello el problema de su existencia. Detrás de cada imagen, de hecho, Dios no había muerto, había desaparecido. De esta forma, ya no se planteaba el problema sino que quedaba resuelto con la simulación[18]. Lo mismo puede decirse de la verdad, de la constitución de la objetividad, o de los saberes de la modernidad. Llenos de simulaciones y virtualidades, cargados de simulaciones técnicas y apelando a una profusión de imágenes en las que no hay nada que ver, ni tan siquiera puede plantearse ya la pregunta de la existencia de lo real. Para BAUDRILLARD vivimos en un mundo en el que la más elevada función del signo es hacer desaparecer la realidad, y enmascarar al mismo tiempo esa desaparición (la fantasía de perfección que se niega a sí misma)[19].

Confiesa WARAT su *"temor delante de un mundo convertido en el espectáculo de un viaje sin objetivos. Una cultura fascinada por las trivialidades, los simulacros y el consumo de un tiempo sin puntos de referencia"*[20]. No se trata de presentar una visión esencialmente pesimista de la forma de vida actual. Por el contrario, pretendemos ser conscientes de las carencias odiernas y buscar una forma de superación. WARAT considera que la respuesta puede encontrarse en la "*eco-ciudadania*", representando ésta un cambio ético, estético, político y filosófico profundo. Se trata de la génesis de la nueva historia: una actitud en la producción de la subjetividad y de la realidad, que se identifica con lo nuevo emancipatorio, con lo "otro joven" que la gente lleva dentro de sí como si fuera una reserva salvaje[21]. La eco-ciudadania actuará a través de tres objetos de análisis: la ecología, la ciudadania y el deseo. Se trata de tres puntos de vista que, funcionando integrados, permitirán recomponer los objetivos del conjunto de los movimientos sociales (como redes) en las condiciones irreversibles de la transmodernidad (el hombre nunca volverá a ser lo que era en la modernidad)[22].

La eco-ciudadania viene a representar nuestro derecho al futuro, para comprometer al hombre en la preservación de la existencia en todas sus modalidades y la supresión de una forma de sociedad que acelera la invisible actuación de las tendencias destructivas. Se trata de entender la eco-ciudadania como un derecho al mañana[23]. La ecología como cuidado de la vida; la ciudadania como cuidado frente a los poderes que fundamentan la explotación y la alienación; la subjetividad como cuidado que permite liberar los afectos reprimidos.

La alienación que en parte nos dejó la modernidad está siendo sustituida por la *imagología* (término de KUNDERA), la *trivialogía* (término de WARAT) y la *vi-*

---

que cada día llegue hasta él. Las apotaciones de H. G. GADAMER, P. RICOEUR y E. BETTI, entre otros, han sido fundamentales a la hora de construir una nueva forma de hacer filosofía y Derecho.
[18] BAUDRILLARD, J., *La ilusión del fin. La huelga de los acontecimientos*. 2ª ed., Barcelona, Editora Anagrama S.A., Colección Argumentos, 1995. *Vid*. también del mismo autor, *El crimen perfecto*. Barcelona, Editora Anagrama S.A., Colección Argumentos, 1995.
[19] Cfr. BAUDRILLARD, J., *Ibidem*.
[20] WARAT, L.A., *op.cit.*, p.14.
[21] WARAT, L.A., *Eco-ciudadania e Direito. Alguns aspectos da modernidade, sua decadência e transformação*. Traducción de J. L. Bolzan de Morais. En: "Seqüência". Complexidade, Direito e Sociedade, 28 (1994) pp. 96-110.
[22] Cfr. WARAT, L.A., *Por quién cantan las sirenas, cit.*, pp.20-21.
[23] Cfr. *Ibidem*.

deomática, en el sentido de que son nuevas formas de seducción (representación ilusoria y brillante de lo no vivido), dentro de un proceso general de personalización artificial y multiforme. Esta trivialogía (un imaginario que trata de intervenir directamente en el control de los sentimientos, trata de provocar la ausencia de las ilusiones que los realizan y los renuevan, para construir una realidad virtual) permite presentar un importante rasgo distintivo de la transmodernidad: la falta de ilusiones y deseos. La expresión "*ciberespacio*" es cada vez más utilizada y comprendida. La revolución de las redes de información está haciendo desaparecer las pautas básicas con las que hasta ahora trabajábamos: el espacio y el tiempo. Estas redes de información no tendrán propietarios y por ello serán incontrolables. De ahí que se corra un gran riesgo de que sirvan para la destrucción (redes dedicadas al tráfico de órganos, al blanqueo de dinero, etc.). Ello hace que WARAT se pregunte si se trata de una crisis terminal para el Derecho, sin ningún poder de policía o intervención.

Todos estos factores han provocado una mayor complejidad al Derecho, de forma que se ha vuelto multidimensional, en el sentido de que tiene que hacerse presente en la política, la ética, la economía, etc. Como indica WARAT, "*es el Derecho enfrentando la complejidad planetaria, los logros informáticos y la pérdida del futuro como esperanza. Así tenemos que hablar de una ecología del Derecho*"[24]. Se trata de ser conscientes de que del humanismo iluminista estamos caminando hacia el brutalismo mediante los medios de comunicación que glorifican la violencia, el horror y la muerte del otro (los llamados *reality-shows*, la realidad más cruda expuesta como un espectáculo ante los ojos de todos, y si es más dura mejor, para conseguir un mayor índice de audencia en las televisiones, radios, revistas, etc.); son miedos que transforman en héroes a los protagonistas de esos brutalismos. La envidia, las tendencias destructivas y la búsqueda desenfrenada de prestigio y bienes dominan la escena existencial de la transmodernidad, dando lugar a la criminalidad, racismo y terrorismo. Y el Derecho, ¿nos puede proteger de esa violencia y horror?

¿Se ha perdido la ilusión o la esperanza en el futuro? "*Hombres sin ideales no pueden ser manipulados con idealizaciones*". Pero de todo lo aquí expuesto no podemos deducir que WARAT esté invadido por el pesimismo. Por el contrario, tiene buen cuidado en llamar la atención sobre los aspectos aquí mencionados para reivindicar el importante papel que, en este entramado, juega la Filosofía del Derecho. Entiende que la riqueza del trabajo filosófico consiste en anticipar los acontecimientos emancipatorios, evitando nuevas oportunidades perdidas de la historia. Ciertamente, si miramos al pasado puede detectarse que la historia ha dejado pasar muchas ocasiones, en parte, por no contar con filósofos preocupados por el futuro.

Algunos filósofos son eruditos del pasado y no podemos enfrentarnos al siglo XXI con la óptica del siglo XIX. Se hace necesario cambiar los esquemas de la filosofía política, de la filosofía de la ciencia, de la filosofía del Derecho. Hay un *plus* ignorado (al que WARAT llama eco-ciudadanía), una exigencia de ética, de justicia y de estética que no puede ser simplemente reducido a la instancia instituida del Derecho. El Derecho pensado como fantasía de la esperanza: un saber que estimule la creación de nuevos vínculos y valores. Un amplio conjunto de juristas consideran que proponer una reflexión sobre el estado del mundo escapa al objeto de la Filosofía del Derecho. Como si no se necesitara entender la vida para interpretar las leyes. "*El que piensa fuera de la ley sigue siendo, para muchos, un 'filósofo marginal'*"[25].

---

[24] Cfr. *op.cit.*, p.73.
[25] *op.cit.*, p.138.

Estamos entrando en un período marcado por la decadencia de gran parte de la mitología jurídica. Todas las grandes construcciones sobre los Derechos humanos, la democracia y la ciudadania no parecen haber producido los resultados esperados. Incluso, la concepción del "Estado de Derecho", que fue la gran ética jurídica de la modernidad, está siendo fuertemente cuestionada, - como subraya WARAT - tanto por parte de los que se benefician de él, como por los que están haciendo una tardía apología del uso alternativo del Derecho.

El pensamiento waratiano tiene confianza en que un acercamiento (con aproximaciones, distancias y bifurcaciones forzosas) entre lo psicoanalítico, lo jurídico y lo político podría dar lugar a la creación de nuevas formas de ser en el mundo (la intensificación de la subjetivación), nuevas modalidades de pensamiento (alteración de las apuestas filosóficas-estéticas), el retorno de la ética y de la estética (en lo político, en el trato con los otros) así como de la cooperación en el descubrimiento de problemas que la dominación trata de reprimir[26]. Considera que el Derecho precisa de un componente no juridicista, que el psicoanálisis y la filosofía política le pueden otorgar. Y ello principalmente para hacer de la fuga de lo jurídico un estilo, algo que desequilibra el pensamiento acomodado, haciéndonos ver, sentir y pensar lo que permanecía oculto, liberando la vida de aquello que la aprisiona. Se trata de llegar a la posibilidad de un pensamiento jurídico que no se preocupe con los derechos codificados, sino con todo aquello que constituye un problema para el Derecho[27].

Lo que la propuesta waratiana nos señala es el intento de buscar una nueva Filosofía del Derecho, de revestirla de una función que vaya al compás de las nuevas necesidades que la vida actual presenta. "*Sin desmerecer el valor de la filosofía del Derecho ocupada en la ley y en sus aplicaciones, quiero preocuparme por hacer la filosofía de un Derecho visto desde la óptica de la subjetividad y sus transformaciones. La filosofía que quiere considerar al Derecho desde el lugar de los acontecimientos: los puntos de fuga, o transgresión, de los que emergen virtuales nuevos destinos*". Y continúa, "*Puedo decir que quiero invocar la necesidad de un nuevo hacer filosófico para el Derecho, que tenga por objeto los procesos individuales y colectivos de subjetivación: la filosofía que tenga por destino (más que por objeto) el 'devenir-Derecho'. Una filosofía del Derecho que no transcurra por la producción de los sentidos de la ley y sus alrededores de poder, para pasar a interesarse por los estados de subjetividad que nos territorializan en cuanto indentidad societaria: el transcurso cartográfico de la solidaridad. En términos guattarianos: la cartografía de todos los "extraños en la ley", los que permiten hacer decir lo que no se puede decir, lo que opera como vía de escape para un nuevo punto de inflexión "individuo-colectivo" en la totalidad del orden social*"[28].

En este nuevo hacer filosófico no cabe duda de que los Profesores y los estudiantes juegan un importante papel. Se trata de "*um ensino giuridico como prática preventiva dos processos de pós-alienação*"[29]. En ocasiones, amparado en una tradición de utopías fracasadas, el Profesor de Derecho esconde su idealismo vencido por el peso de la ley, es como si actuara para guardar así el secreto de una sumisión sublimada al

---

[26] Cfr. WARAT, L.A., *A puertas abiertas: Intensidades sobre el plano inconsciente en la Filosofía del Derecho*. En:"Seqüência". número especial conmemorativo de 20 años CPGD, 27 (1993) p.36 ss.

[27] Cfr. WARAT, L.A., *op.cit.*, pp.44-45.

[28] WARAT, L.A., *Por quién cantan las sirenas, cit.*, pp.170-171.

[29] WARAT, L.A., *Incidentes de ternura. O ensino jurídico, os Direitos Humanos e a democracia nos tempos de pós-totalitarismo. Ensino jurídico: o fracasso de um sonho*. En:"Direito, Estado, Política e sociedade em transformação". Porto Alegre, Sergio Antonio Fabris Editor/CPGD-UFSC, 1995, p.112.

poder[30]. El discurso del docente del Derecho ignora sus faltas políticas y existenciales, ofreciéndonos el espectáculo de una lucha sin ardor y con muchas culpas que ocultar.

Se trata de intentar acabar con la presencia soterrada de una *tecnologia da alienação* porque hay que advertir que el poder se está invistiendo de nuevos ropajes. Entiende WARAT que el sentido de la actual forma de sociedad podría comenzar a ser calificado de pós-totalitario[31], por lo que se hace necesario reaccionar contra estas formas de sociedad cada vez más despolitizadas y deshumanizadas. En las aulas, estudiantes y Profesores se estimulan recíprocamente para permanecer instalados confortablemente al servicio de los poderes dominantes. La lucha por una verdadera democracia[32], una real solidaridad[33], y una efectiva defensa de los Derechos humanos[34] deberían inscribirse entre los objetivos de una enseñanza del Derecho actual.

3. Nuevas perspectivas en la filosofía jurídica

Esta filosofía postmoderna, entendida no como decadencia sino como resistencia, ha dado lugar a nuevas perspectivas, a renovadas coordenadas significativas en las que se desarrolla la Filosofía del Derecho actual. En ellas encontramos el intento de superación de dos de las notas dominantes en la modernidad y que se han considerado inconvenientes: el individualismo y el economicismo. Esa noción individualista de emancipación, llevada hasta actitudes excesivas, ha provocado un resultado tal vez contrario a lo que se pretendía. De ahí que temas como la no violencia, la ecología, los Derechos humanos, sean revisados.

Con respecto al individualismo, hay un rechazo total de la universalización del mundo, argumentando que ésta implica masificación de los hombres, uniformidad incolora e insípida, destrucción de los variados y coloridos particularismos. Entendemos que el verdadero enemigo del individuo no es la humanidad universal sino los particularismos, nacionales, biológicos, raciales, sexuales, clasistas. Estos son los que realmente coartan la libertad y uniforman a los hombres. Las utopías sobre el mundo masificado, sobre el modelo único de hombre no se han cumplido; vivimos en un mundo unificado por la economía transnacional, por las comunicaciones, por los viajes, y el individuo es más libre que cuando vivía en una pequeña aldea vigilado y

---

[30] Vid. FERNÁNDEZ ESCALANTE, M., *LOS IMPERANTES (y su séquito) Y EL IMPERIO de la -"su"- ley. (Con un discurso de circunstancias "sopra il Governo Misto")*. Granada, Adhara, 1991.

[31] Para Warat el pós-totalitarismo y la pós-alienação son las dos notas que mejor sirven para caracterizar la forma de sociedades que se dice llamar pós-moderna (*Ibidem*, p.122). Entiende que este pós-totalitarismo demandará al hombre una lucha por su lenguaje, por su imaginación y su creatividad, como condiciones imprescindibles para su supervivencia.

[32] "*A democracia é a luta permanente e renovada pela dignidade: um ato colectivo da sociedade que permite lutar pela dignidade dos outros, reconhecendo que suas vidas não são inúteis e que não podem ser iguais à nossa. Ver, sentir, lembrar que a dignidade do outro se preserva respeitando suas diferenças*" (*op.cit.*, p.128).

[33] "*A solidaridade é uma forma do sair do narcisismo, aceitando que o outro exista*" (*op.cit.*, p.127).

[34] Las prácticas políticas de los Derechos humanos precisan inaugurar sus luchas, en el orden simbólico, transgrediendo los efectos de producción institucional de un hombre negado por las significaciones que pretenden ser la racionalidad general de esta época. Significaciones que no hacen otra cosa que prescribir un lugar de saber que ordena que no se nos puede robar la instancia más radical de nuestro derecho a la vida, un derecho superficialmente consagrado como prioritario en todas las declaraciones universales de los derechos del hombre. Reconoce WARAT, con mucho pesar, su sorpresa de comprobar la necesidad de que exista, en el inicio de estas declaraciones internacionales sobre los Derechos del hombre, un artículo expreso sobre la preservación de la vida. Entiende que la existencia de este artículo habla por sí sola de la profunda perversión de nuestra capacidad d convivencia. Cuidar solidariamente la vida debería ser algo tan obvio que no fuera necesaria la referencia jurídica (Cfr. *op.cit.*, p.116).

controlado por sus convecinos, por la familia o el clan. Nunca ha habido tantas posibilidades de elegir, de cambiar, de movilizarse, de expresar diversas opiniones, creencias, formas de vida, de modas, de educarse, etc. Nunca el individuo llegó a ser tan independiente si lo comparamos con las etapas anteriores; obsérvese la situación de las mujeres, de los homosexuales, de las parejas de hecho, de las minorías raciales. Es el siglo XX el que ha confirmado la concepción de la modernidad que encuentra la realidad última en el individuo y al mismo tiempo en la humanidad, que muestra la libertad del individuo para superar las limitaciones de las particularidades y poder trascender así a la universalidad.

Como señala B. de SOUZA SANTOS, hay notas que nos hacen percibir la aparición de un nuevo paradigma que supera al paradigma de la modernidad. La modernidad ha cumplido algunas de sus promesas, en algunos casos incluso en exceso. Por otro lado, supone un proceso de obsolescencia en cuanto la modernidad ya no es capaz de cumplir otras promesas. Considera que el paradigma de la modernidad se basaba en dos pilares, el de la regulación y el de la emancipación, cada uno de ellos constituido a su vez por tres principios. El pilar de la regulación está integrado por el principio del Estado, formulado principalmente por HOBBES; el principio del mercado, desarrollado por LOCKE y ADAM SMITH, y el principio de la comunidad que inspira la teoría social y política de ROUSSEAU. Por su parte, el pilar de la emancipación está constituido por las tres lógicas de racionalidad tal como las identifica M. WEBER: la racionalidad estético-expresiva de las artes y la literatura, la racionalidad cognitivo-instrumental de la ciencia y la tecnología y la racionalidad práctica-moral de la ética y el Estado de Derecho[35]. Concretamente, considera que el paradigma de la modernidad está vinculado al desarrollo del capitalismo, distinguiendo tres períodos en esa evolución: la fase del capitalismo liberal, que cubre el siglo XIX; el período del capitalismo organizado, que comienza al final del siglo, se extiende en el período de entre guerras y en las dos décadas siguientes, y, el tercer período, el del capitalismo desorganizado, que comienza a finales de los sesenta y todavía estamos en él[36].

---

[35] Cfr. SOUZA SANTOS, B., (de), *La transición postmoderna: Derecho y política*. En: "Doxa", 6 (1989) p.225.

[36] Con respecto al primer período, para B. de SOUZA SANTOS, en cuanto se descompone el pilar de la regulación, la idea de un desarrollo equilibrado y combinado de los principios del Estado, del mercado y de la comunidad se resquebraja, produciéndose un vacío ideológico en el que se producen tres fenómenos. En primer lugar, el desarrollo sin precedentes del principio del mercado, como se muestra en la primera oleada de industrialización, en la expansión de las ciudades comerciales, y en la aparición de nuevas ciudades industriales. En segundo lugar, la atrofia del principio de la comunidad, reduciéndose ésta a una estructura dualista compuesta por dos elementos abstractos: la sociedad civil, entendida como una agregación competitiva de intereses particulares, y el individuo, entendido formalmente como individuo libre e igual. El tercer fenómeno lo constituye el desarrollo ambiguo del principio del Estado así como el enfrentamiento con las exigencias contradictorias del *laissez-faire*, que implica la idea tanto de un Estado máximo como de un Estado mínimo (Cfr. *op.cit.*, pp.227-237).
En el segundo y tercer período se agudiza esta situación. M. WEBER ha mostrado muy bien las antinomias del proyecto de la modernidad en el primero y segundo período del capitalismo y HABERMAS se ha ocupado especialmente de mostrar las antinomias del tercer período, entendiendo que la modernidad es un proyecto inacabado.
Señala también SOUZA SANTOS que la idea moderna de una racionalidad global de la vida social y personal acaba por desintegrarse en una multitud de mini-racionalidades al servicio de una racionalidad global incontrolable e inexplicable. Entiende que es posible reinventar las mini-racionalidades de tal forma que dejen de ser partes de una totalidad para convertirse más bien en totalidades presentes en muchas partes. A su juicio ésta es la tarea de la teoría crítica postmoderna. Ello lo justifica acudiendo a la evolución de los tres fenómenos anteriores: el mercado, la comunidad y el Estado. El principio del mercado se hace más ambiguo dada su expansión a la vez que esta época de la realidad televisiva y de información facilitan las oportunidades para un consumo más democrático. En lo que se refiere al principio de la comunidad, la relativa debilidad de

a) El primero de esos puntos de interés podríamos considerar que es la *no violencia*, y más concretamente, la nueva justificación que se exige a la validez del Derecho y el tratamiento de las subsiguientes posibilidades de la desobediencia al Derecho. La destrucción masiva de seres humanos ha sido uno de los hechos más graves de nuestra reciente historia. El modelo tecnocrático, basado en el incremento de la producción con el menor coste económico, parece tener cada día más fuerza. A ello hay que sumar el aumento de las desigualdades sociales, de la marginación que sufre el Tercer Mundo, de la degradación del medio ambiente, del peligro de un holocausto nuclear y tantos otros. De ahí que convenga buscar un adecuado marco jurídico en el que pueda eliminarse toda esta problemática. Tener un Derecho válido - revestido de la adecuada legitimación - puede facilitar la utilización de unas vías pacíficas en el intento de solventar estas dificultades. En cualquier caso, si hay una desobediencia al Derecho, se trata de que su instrumentalización sea pacífica.

Conviene partir de la diferenciación entre el criterio de validez adoptado por un sistema jurídico, y el fundamento de esa validez jurídica, que vendría a implicar la búsqueda de criterios de legitimidad del propio sistema jurídico, es decir, razones que fundamenten la obligatoriedad del mismo. El primero será un concepto descriptivo de validez, referido a los procesos legítimos de producción y reconocimiento de las normas jurídicas, y que ha de estar prefijado en una Norma básica del sistema. El segundo es un concepto más propiamente valorativo del Derecho[37].

La desobediencia civil puede ser legitimada desde tres perspectivas: la política, la jurídica y la moral. En lo que se refiere a la justificación política, no plantea dificultades si estamos pensando en un sistema dictatorial, pero sí es más compleja en el caso de sistemas políticos liberal-democráticos, donde pueden ejercerse libremente y están garantizados jurídicamente los derechos relativos a la posibilidad de participación legislativa y de modificación de las leyes por parte de los ciudadanos. Por ejemplo, si partimos de la concepción de J.J. ROUSSEAU acerca de la democracia y la sociedad, resultará muy difícil poder justificar la desobediencia civil.

La posibilidad de justificar jurídicamente la desobediencia civil resulta más

---

prácticas de clase y políticas de clase han sido compensadas por la aparición de nuevos espacios antagonistas que proponen nuevos programas sociopostmaterialistas y políticas (paz, ecología, igualdad sexual y racial). Por último, el principio del Estado parece desempeñar un papel secundario con respecto a los otros dos principios.
En definitiva, SOUZA SANTOS acaba reivindicando *"una nueva teoría de la subjetividad que explique el hecho de que nos encontramos en una compleja red de subjetividades que va incrementándose. Más allá de las ruinas del colectivismo social, está emergiendo el colectivismo del yo. La lucha frente a los monopolios de interpretación debe orientarse de tal forma que lleve a la proliferación de comunidades interpretativas políticas y jurídicas. El control disperso de la esfera jurídica contribuirá a descanonizar y trivializar el derecho. El fin del fetichismo legalista marcará la aparición de un nuevo minimalismo jurídico y de prácticas micro-revolucionarias"* (Ibidem, p.247).

[37] Las diversas concepciones o intentos de clasificar la validez han sido muy numerosos y han contribuido a ahondar las dificultades de su comprensión. Algunos autores, por ejemplo, han diferenciado tres tipos de validez: una *axiológica* (el valor, la justicia, la conformidad a un *Sollen* trascendente al ordenamiento en el cual una norma es formalmente válida); una validez *formal* (como la *Geltung* de *Reine Rechtslehre* de KELSEN); y una validez *material* (que podría hacerse coincidir con la eficacia).
Resumiendo las diversas posibilidades, cabría destacar la concepción iusnaturalista de validez, la positivista (normativista-formalista de H. KELSEN, de H.L.A. HART), una concepción alternativa como la de R. DWORKIN, una concepción realista como la de A. ROSS y, por último, una concepción filosófica, que es la que nosotros defendemos, es decir, una justificación que sólo pueda ser dada desde el campo de la Ética o de la filosofía, puesto que se trata de buscar una justificación moral o política a la obligatoriedad del Derecho, de porqué hay que obedecer al Derecho, conectándolo con un sistema político. Esta perspectiva filosófica nos hace entrar en el mundo de los valores pues son estos los que sustentan el orden jurídico y los que permiten al sujeto que encuentre una justificación moral a su obediencia o posible desobediencia al Derecho.

difícil pues no se trata de aducir violaciones de las reglas del juego del compromiso político ni de buscar argumentos morales. Si se admitiera que una conducta está jurídicamente prohibida cuando es penada por la ley y quienes obedecen la ley lo saben, sería una contradicción sostener que es jurídicamente correcta, a la vez que el propio sistema jurídico estaría abriendo una peligrosa vía hacia su destrucción. Asimismo, se viene a considerar que si bien tenemos obligación moral de obedecer la ley, en algunas y especiales ocasiones esta norma general se ve contrapesada por una obligación moral más fuerte de desobedecerla[38].

Por último, hay que resaltar el carácter específico de este tipo de conductas: son pacíficas, no violentas. Como ejemplos de desobedientes civiles históricos más relevantes podemos citar a H.D. THOREAU, M.K. GANDHI y M. LUTHER KING, pues todos ellos justificaron su postura sin hacer nunca uso de la violencia. En definitiva, con esta paz universal, nos referimos a un concepto que va más allá de la simple ausencia de guerra, y en la que se incluyen como elementos fundamentales la eliminación de la indiferencia y la promoción de la solidaridad, la tolerancia y la lealtad.

b) En segundo núcleo de interés de la Filosofía jurídica es la *ecología*. Hay cada vez más una conciencia acerca del importante papel que juegan los recursos ecológicos en nuestro planeta. De esta forma, para salvaguardar la vida humana y natural, amenazada por los malos hábitos adquiridos y que ha dado lugar a una crisis ecológica, se hace necesario un cambio en el estilo de vida de las sociedades occidentales. Se ha hablado mucho de las aportaciones que ha realizado la modernidad y se ha hecho hincapié en las rígidas categorías de la modernidad, premodernidad y postmodernidad. Sin embargo, estos tres momentos culturales no pueden ser considerados como compartimentos estancos ya que entre ellos había cierta relación.

A partir de la Conferencia de las Naciones Unidas sobre el Medio Ambiente, reunida en Estocolmo del 5 al 12 de junio de 1972, comienza a tenerse en cuenta este aspecto. La conciencia de los desastres provocados por las bombas atómicas lanzadas por los Estados Unidos en Japón, así como la creciente contaminación ambiental debida a la utilización o al vertido de productos tóxicos, especialmente durante la guerra del Vietnam, o incluso en usos civiles (fertilizantes, insecticidas). En definitiva, se toma conciencia de que los recursos son limitados y que no pueden malgastarse irracionalmente. Por el contrario, debe buscarse un criterio de justa distribución. Se procura, por consiguiente, un cambio de paradigma en la ciencia económica. Se pretende una toma de conciencia de la existencia de recursos no renovables que debe llevar a la conciencia de lo inalienable, de lo que no puede ser vendido, de lo que no se puede disponer.

Como señala J. BALLESTEROS, lo postmoderno, en cuanto ecológico, viene a subrayar los límites de lo mercantil y, por consiguiente, también de la capacidad de disponer. Lo que el hombre ha creído durante la modernidad que era de su *tener* (el agua, el aire, el ozono; en otro nivel, nuestro cuerpo), el pensar ecológico ha puesto de relieve que forma parte de nuestro *ser*, y que es, por tanto, indisponible. La recuperación de lo inalienable conduce a la recuperación de lo sagrado y de lo religioso. Y subraya BALLESTEROS, "*ese es precisamente el mensaje más hondo el modo de pensar ecológico: recuperar la unidad perdida del hombre con los otros hombres, con la naturaleza, consigo mismo y con Dios*"[39].

---

[38] En cualquier caso, convendrá hacer una valoración adecuada tanto de los argumentos en contra (mal innecesario, violencia, universalidad, etc.), como de los argumentos a favor (centrados en la conservación de la integridad moral, en el deber de combatir la inmoralidad o en ser un medio de progreso social).

[39] BALLESTEROS, J., *op.cit.*, p.143.
Lo que en definitiva sustenta BALLESTEROS es un ecologismo personalista. Sobre esta cuestión, *vid.* BALLESTEROS, J., BELLVER, V., FERNÁNDEZ, E., y MARTÍNEZ-PUJALTE, A.L., *Las razones del ecolo-*

c) Con respecto al tema de los *Derechos Humanos*, una vez superada la clásica referencia a los derechos de la primera generación (derechos civiles y políticos) y derechos de la segunda generación (derechos económicos, sociales y culturales), ya se habla de los derechos de la tercera y cuarta generación (derecho al medio ambiente, derecho al desarrollo, derecho a la autodeterminación de los pueblos, derecho de propiedad sobre el patrimonio común de la humanidad). Lo importante ya no es la lucha contra la posible represión por parte del Estado, ni siquiera sólo contra la explotación del mercado, sino contra la alienación del individuo. Lo inalienable constituye el eje a proteger como ya hemos indicado: el derecho a un ambiente ecológico sano, el derecho al respeto al patrimonio común de la humanidad, el derecho al desarrollo, el derecho a la paz, no pueden considerarse sólo como derechos subjetivos sino como derechos morales. Lo prioritario es el uso responsable, y no la disponibilidad ilimitada.

En un sentido ecológico, el cuerpo no es una mercancía de la que puedo disponer, no es algo que tengo, sino algo que soy. De ahí que no pueda hablarse de derechos sobre mi propio cuerpo - como tampoco se podría hablar de derecho sobre la naturaleza -, en el sentido de libre disponibilidad, sino un derecho-deber de uso y cuidado diligente y responsable.

Este carácter irrenunciable de los derechos fomenta a su vez la participación política como forma de proteger nuestros Derechos humanos. En el fondo, el paso de los derechos subjetivos a los derechos inalienables en el plano jurídico tiene su correlato en el paso de la economía a la política. Si los postestructuralistas habían potenciado la política como un puro espectáculo de masas, basado en el engaño y la manipulación - mientras que las minorías conscientes deberían gozar sólo con el arte -, el nuevo paradigma postmoderno requiere la sustitución de la falsa disyuntiva arte (élite, minoría dirigente) y política (masa, mayoría manipulada) por un arte comprometido con la justicia y la promoción popular, como ya hicieran en su momento poetas como A. MACHADO y F. GARCÍA LORCA.

Los Derechos humanos han constituído objeto de especial atención a lo largo de la extensa y cuidada obra waratiana. WARAT parte de la angustia de una especie (el hombre) que tiende a desaparecer. Es por ello que se hace necesaria una práctica política de los Derechos humanos dirigida a la preservación de la especie. Tratar el Derecho a partir de la óptica de los Derechos humanos es el resultado forzoso de una concepción jurídica comprometida con las prácticas de autonomía del individuo y de la sociedad.

WARAT confiesa que, preocupado por la radicalización de la democracia, de los Derechos humanos y del malestar ecológico, llegó a la conclusión de que no podía avanzar en la problematización de estas cuestiones sin la ayuda de la meta-psicología freudiana. Teniendo una especial predilección por la sociología, se sentía necesitado de una orientación psicoanalítica para prolongar sus reflexiones sociológicas. Las lecturas de FREUD le confirmaron su intuición acerca de la importancia de un psicoanálisis del vínculo social, como forma de abordaje de una subjetividad dominada por los conflictos. De esta forma, inició una investigación sobre las configuraciones democráticas y la práctica política de los Derechos humanos que estaría centrada en la reivindicación del predominio cultural del principio de realidad. Trata de mostrar cómo la problemática de la democracia y de los Derechos humanos se encuentra predeterminada por el senti-

---

gismo personalista. En: "A.F.D.". Madrid, Nueva Época, XII (1995) pp.667-678; también, de BALLESTEROS, *Ecologismo personalista. Cuidar la naturaleza, cuidar al hombre*. Madrid, Tecnos, 1995; el tema ecológico, pero desde otra perspectiva, SERRANO, J.L., SOLANA, J.L., GARRIDO, A., y PEÑA, A.M., *Ecologismo personalista: ecos de premodernidad*. En: "A.F.D." XII (1995) pp.653-665.

miento de alteridad. Un sentimiento que considera debe ser recuperado como límite ético y condición epistemológica[40].

A juicio de WARAT, nos encontramos en una cultura que sustituye la ideología por la hiper-realización de utopías, confundiendo la autonomía con un espectáculo publicitario y un aparente bienestar de consumo. Se trata de una nueva forma de sensibilidad (transmoderna), con hombres perdidos entre objetos y signos sin configuraciones, con afectos comunicacionales que niegan el psiquismo como productor de sentidos (eliminando totalmente la capacidad de establecer una relación entre deseo y lenguaje). Advierte que la modernidad se encuentra amenazada por un proceso de desintegración del hombre centrado en una neutralización de la líbido como realización significativa. En estas circunstancias, los militantes de los Derechos humanos, como fuerzas de realización histórica de la autonomía, precisan abandonar su lenguaje cargado de ideales inflexibles, reivindicando el derecho a la transferencia amorosa. De esta forma, los Derechos humanos surgirán como prácticas tendentes a la preservación del hombre por la recuperación de una capacidad de auto-significarse a través del otro. Una batalla que también serviría para la recuperación del espacio social y político, partiendo de la forma más íntima y privada de construcción de identidad: el amor como sentimiento creativo y solidario para el otro[41].

WARAT advierte que un arsenal de conceptos vagos e indeterminados revisten de una aureola incuestionable la excesiva influencia del juridicismo en la visión predominante de los Derechos humanos. Se trata de una visión perversa que los esclaviza políticamente en la medida en que es el propio Estado el que regula su ejercicio jurídico y el que los sumerge en un mundo de legisladores y jueces. Y por ello recuerda que en nombre del juridicismo se han desenvuelto prácticas políticas abiertamente antidemocráticas. Se mistifican los conceptos de democracia y de Derechos humanos dotándolos de un sentido suprahistórico, apolítico y supuestamente protector que le imponen la llamada a las salvaguardias jurídicas y a la función ideológica del principio de "Estado de Derecho"[42].

4. Liberalismo, comunitarismo y democracia en la transmodernidad

El destacado papel que el hombre va a desempeñar en la modernidad comienza a partir del Renacimiento. Si en la cúspide del pensamiento se encontraba hasta entonces la figura de Dios y el hombre era dejado en un segundo plano, a partir del siglo XVI este esquema se va a invertir, y el teocentrismo se sustituye por el antropocentrismo. El hombre, desde entonces, intenta desligarse de la pretendida dependencia de la ley eterna y busca cómo hacerse dueño de sus propios actos. La libertad religiosa y de conciencia será uno de los primeros signos de ese nuevo inicio en el camino abierto de la búsqueda de la libertad. La privacidad y la autonomía es una nueva forma de entender la relación del ser con su entorno, de la toma de conciencia de la alteridad y de la autovaloración de la propia existencia que se desarrolla en el ámbito social pero siempre desde la perspectiva individualista[43].

Así pues, a partir del Renacimiento comienza a instaurarse el modelo democrático liberal - hoy denostado por los comunitaristas. Se comienza por una revolución comercial (con la ruptura del modelo feu-

---

[40] WARAT, L.A., *Introdução Geral ao Direito*. Vol. III. *O Direito não estudado pela teoría jurídica*. Porto Alegre, Antonio Fabris Editor, 1997, p. 31 ss.
[41] Cfr. WARAT, L.A., *ibidem*.
[42] Cfr. *op.cit.*, p.76.
[43] Cfr. *Ibidem*, pp.248-249.

dal de producción y distribución de bienes) que preparó e hizo posible las subsiguientes revoluciones religiosa (reforma protestante) y científica (desarrollo de las ciencias naturales). A la vez se había producido una revolución política: de un lado, el paso del estado feudal poliárquico al estado centralizado con monarquía absoluta que garantizaba la seguridad colectiva e individual mediante el monopolio de la violencia legal (como exponente, T. HOBBES); en el otro lado opuesto, la reivindicación de libertades individuales, iniciada a partir de la revolución religiosa y científica, pero exigida aún más por la revolución comercial. Esto culminó en la revolución británica y, un siglo más tarde, en las revoluciones americanas y francesa, a partir de las cuales tiende a universalizarse en Occidente la democracia liberal como único sistema político legítimo y racional (LOCKE, MONTESQUIEU, ROUSSEAU, HUME, BURKE, KANT, CONSTANT y TOCQUEVILLE, presentan diferentes versiones de este nuevo modelo de legitimación)[44].

La filosofía de la burguesía revolucionaria - el Iluminismo y el Enciclopedismo - retomaba la idea de unidad y universalidad de la historia basándose en principios racionales válidos para todos los hombres, todas las naciones, todas las épocas, todas las culturas. Como señalaba KANT, se imponía progresivamente la necesidad racional de una paz universal y de una sociedad de naciones que permitiera a los individuos ser legisladores y sujetos en un reino de fines. Pero desde finales del siglo XVIII se desarrolló paralelamente una corriente contraria al Iluminismo, por la que muchos intelectuales repudiaban los ideales de la Revolución francesa. Los románticos antiiluministas oponían al universalismo las particularidades nacionales, étnicas y culturales; a la razón abstracta, la emoción; al progreso, la tradición; al control social, la familia; a la sociedad, la comunidad. El Iluminismo buscaba todo lo que los hombres tienen en común, mientras que el romanticismo antiiluminista enfatizaba todo lo que tienen de diferente: la nacionalidad, la raza, la religión.

Con todo, el verdadero precursor del particularismo universalista fue el prerromántico HERDER, quien comparaba la luz de la Ilustración con un cáncer que lo devoraba todo. En su *Filosofía de la historia para la educación de la humanidad* (1774), fue el primero en defender el espíritu de los pueblos frente al universalismo, en usar la palabra "culturas" en plural, distinguiéndolas de una dirección unívoca de civilización. De esta forma se llegaba al relativismo cultural que es la consecuencia inevitable de todo particularismo. Incluso le lleva a defender la incomunicabilidad: no debemos preocuparnos por la búsqueda de fines ajenos a los que nos son inherentes, sino ensimismarnos en nosotros mismos, indiferentes y hasta hostiles con respecto al lo que pasa fuera de nosotros mismos.

Después de la Segunda Guerra Mundial surgió una nueva corriente irracionalista que retomó con nuevas argumentaciones el ataque a la idea de universalidad y unidad de la historia. Años más tarde, M. FOUCAULT llegará incluso a relativizar la propia idea del hombre. Agotada la sorpresa que la revelación de NIETZSCHE sobre la muerte de Dios había provocado en su momento, FOUCAULT trae la buena nueva de la muerte del hombre, que no ha sido más que una fugaz aparición en una determinada circunstancia. Se llega a señalar, como uno de los lamentos más comunes contra la universalización, que ésta implica masificación de los hombres, uniformidad incolora, destrucción de los particularismos.

Estos defensores del particularismo tienen otra visión del mundo, especialmente de la evolución de la sociedad en los últi-

---

[44] Cfr. RUBIO CARRACEDO, J., *Educación moral, postmodernidad y democracia. Más allá del liberalismo y del comunitarismo*. Madrid, Trotta, S.A., 1996, p.155.

mos años. La ciudad industrial de la gran fábrica "fordista" ha sido el espacio donde cobró cuerpo el "obrero masa" de los años sesenta y el mando capitalista de las jerarquías empresariales rígidas, el espacio en el que la contraposición entre centro y periferia mostraba las desigualdades económicas y sociales. En la ciudad moderna se formaron los especialismos correspondientes a las funciones del gobierno social, político y administrativo; en ella el asociacionismo obrero tomó conciencia de su condición de explotación y elaboró su propia política. La ciudad continuó siendo la ciudad de los obreros y de la burguesía.

Ha sido con la tercera revolución industrial, con su transformación de la empresa, con la intromisión masiva de los *mass media*, cuando se ha producido el advenimiento de la ciudad del consumo, de la ciudad electrónica y telemática, de la sociedad virtual. En la sociedad postmoderna parece que el destino de la ciudad es que desaparezcan sus funciones tradicionales. Al individuo se le ha liberado de sus vínculos comunitarios: se ha disuelto toda forma de pertenencia estable y duradera a una clase, a un rango, a un partido o a una idea. Parece que la ciudad se ha convertido en una suma de individuos aislados que se mueven en todas las direcciones sin otra meta que los flujos del consumo y del espectáculo. Se deja atrás el paisaje urbano anterior de los barrios obreros, de la periferia, y también de las villas de la alta burguesía. Hay un nuevo paisaje urbano hiper-realista de las grandes superficies comerciales, de los altos rascacielos de vidrio y de las autopistas de doble carril. La mercantilización, el consumo, ha introducido una nueva dimensión en la alienación de la vida cotidiana de la ciudad. Los nuevos elementos que han aparecido: escaleras mecánicas, ascensores, puertas giratorias, tarjetas de crédito, internet, etc. constituyen un emblema de ese cambio. Para el individuo postmoderno lo importante es el movimiento, no el resultado. Lo decisivo es vivir aquí y ahora. Todos estos espacios no han sido creados por una comunidad o colectividad, reproduciendo su interés colectivo: son, por el contrario, itinerarios individuales, imprevisibles, propiedad del individuo y no de la colectividad. Es como si el individuo postmoderno hubiera emprendido un viaje, sin llevar consigo equipaje (la historia, la tradición, la memoria, la identidad, etc.)[45].

Hemos señalado que una de las características que ofreció la modernidad fue la del individualismo[46]. El individualismo liberal dio lugar a un desarrollo del individualismo capitalista, basado en la propiedad privada y, por consiguiente, en la libertad económica. La función del Estado debía limitarse al reconocimiento de las facultades que los derechos concedían y el

---

[45] Cfr. BARCELLONA, P., *Il ritorno del legame sociale*. Traducción al castellano de H.C. Silveira Gorski, J.A. Estévez Araujo, J.R. Capella. *Postmodernidad y comunidad. El regreso de la vinculación social*. Madrid, Trotta, s.A., p.29 ss.

[46] Como señala F.J. LAPORTA, el liberalismo es una filosofía moral individualista. Pero "individualismo" es una expresión que tiene al menos tres usos teóricos distintos. 1º) Hay un individualismo "metodológico" que pretende que las decisiones colectivas son una función de, o pueden ser interpretadas en términos de, las decisiones individuales; 2º) Hay un individualismo "ontológico" que pretende que la realidad humana sólo es definible como agregado de individuos separados; 3º) Hay un individualismo ético que mantiene que los sujetos, destinatarios o receptáculos de los principios, normas y valores morales, son las pertsonas individuales separables.
Advierte LAPORTA de la posibilidad del error de trasladarse insensiblemente de un tipo a otro, y suponen que dado que las reglas morales han de inspirarse en la separabilidad de los individuos, el grupo social o la decisión colectiva sólo son concebibles o interpretables en términos individuales. Desde el punto de vista del comunitarismo se tiende a hacer la operación inversa: como se considera a la realidad humana como una entidad comunitaria de, anterior a, los individuos, se infiere de ello que el sujeto de la norma moral es la comunidad y el individuo sólo lo es derivativamente. Es decir, que a partir de un comunitarismo "ontológico" se desemboca en un comunitarismo "ético" (Cfr. LAPORTA, F.J., *Sobre la teoría de la democracia y el concepto de representación política: algunas propuestas para debate*. En:"Doxa". Alicante, 6 (1989) pp.124-125).

mercado determinaba quiénes podían gozar efectivamente de las libertades que la ley contemplaba. La libertad quedaba pues, subordinada a la dinámica del mercado.

Es un individualismo que asienta la cooperación social sobre los intereses egoistas privados de los individuos a la vez que resalta el valor de la independencia individual como límite a la soberanía del hombre. Subordina los fines de la comunidad a los intereses particulares concretados como derechos negativos absolutos. La libertad se concibe como derivación de la individualidad y ello tiene una importante repercusión en la configuración de lo público: la determinación de los fines colectivos y la gestión de los asuntos públicos no se hace depender de instancias superiores a los individuos sino que son éstos, en cuanto ciudadanos y miembros del cuerpo político, los que otorgan legitimidad al gobierno instituido mediante el consenso[47].

Con todo, ese individualismo y autonomía llevados al extremo pueden provocar efectos dañinos en otros ámbitos. En parte, en la actualidad - en la transmodernidad - estamos sufriendo las consecuencias negativas de los excesos de la modernidad. El espacio público se ha visto dominado por el desinterés, la apatía, el aislamiento. Libertad e igualdad, los derechos básicos reclamados a lo largo de los años, no están siendo defendidos como sería deseable. El capitalismo y la democracia han venido acompañados de unos vientos muy fuertes de forma que se ha producido un deseo igualitario desmedido: búsqueda del materialismo, de riquezas, e incluso de igualdad y homogeneidad en opiniones, formas de vida, etc., con la consiguiente constitución de un estado de opinión muy semejante. En definitiva, una gran atmósfera de mediocridad que lo envuelve todo. Cabe preguntarse pues, dónde queda la dimensión trascendente del hombre, los ideales y proyectos por los que lucha y por los cuales sacrificaba - antes sí - todo.

Este desinterés por la alteridad, por "el otro" y por el espacio público tiene también su repercusión en el plano moral. La ética contemporánea parece ser la ética de la relajación y de la permisividad, la ética de la indeferencia. El individuo y sólo él es lo que cuenta. ¿Y donde quedan los valores? Como señala WARAT, el narcisismo tan fuerte que nos acompaña, la auto-contemplación satisfactoria de nosotros mismos, de nuestro culto al cuerpo, de nuestro bienestar, produce un tipo de hedonismo que nos impide descubrir al otro (los enfermos, los pobres, los marginados, no guardan la "estética" requerida y por eso molestan). En esta línea GREGORIO ROBLES MORCHÓN señala que la causa de la crisis de valores actual no es otra cosa que el relativismo moral y el predominio de una concepción utilitaria de la felicidad, lo que conlleva que, en el ámbito psicológico, se produzca una pérdida del sentido del deber con un correlativo fortalecimiento del sentido de los derechos, de tal manera que se acaba desembocando en un "utilitarismo capitalista"[48].

Ante este penoso producto de la modernidad, más allá del individualismo se está pretendiendo buscar un "terreno común". Para PIETRO BARCELLONA, la modernidad ha constituido una fase más en la historia de la alienación humana. Reclama pues la reconstrucción del vínculo social a través de la reconstrucción del sujeto único en un espacio de reciprocidad y de relaciones intersubjetivas simétricas donde el dinero no sea el elemento principal. Esto es lo que, a su juicio, podría convertirse en la alternativa moral de Occidente. Debe buscarse una adecuada armonización entre la

---

[47] Cfr. JULIOS CAMPUZANO, A. (de), *Individualismo y modernidad. Una lectura alternativa.* En:"A.F.D." Madrid, Nueva Época, XII (1995) p.247.
[48] Cfr. ROBLES MORCHÓN, G., *Los Derechos Fundamentales y la Ética en la sociedad actual.* Madrid, Civitas, 1992, p.89.

individualidad, la comunidad, la recuperación del espacio público y de los valores colectivos[49].

Parece pues haber consenso en la crítica que se hace a la forma histórica bajo la que se ha manifestado el individualismo. En nuestros días la economía dineraria ha hecho ahondar aún más en esa diferencia hacia "el otro". Quien se pone en contacto con otra persona mediante el dinero no sólo no tiene necesidad de hablar sino que, aunque quiera, no puede hacerlo. Por otro lado, el universalismo jurídico construido como el formalismo de la igualdad de todos ante la ley también ha contribuido a esta indiferencia hacia "el otro", provocado por el derecho abstracto y por la indeterminación de las formas de vida. Y, como señala P. BARCELLONA, "*no sólo se elimina la comunidad; también se niega la promesa de una vida individual más rica*"[50]. Y es que no cabe renunciar a la alteridad, "al otro". Incluso en nosotros mismos, conforme avanzan los años, descubrimos un "otro yo" distinto a como era en los años de adolescencia o de juventud.

Las críticas sobre la economía dineraria y el individualismo jurídico se pueden resumir, para algunos autores, en el peligro de que la crítica a la modernidad pueda llevar a una revalorización de elementos premodernos e, incluso, a una rehabilitación de las visiones organicistas y comunitarias que sirvieron de base al totalitarismo experimentado trágicamente en los países del Este. Consideran que se pueden denunciar los incumplimientos del proyecto ilustrado de la modernidad (entre los que sitúan las promesas incumplidas de la democracia) pero entienden que ese proyecto sigue siendo el único punto seguro para, a partir de ahí, iniciar una búsqueda que permita superarlo.

Ciertamente la modernidad, concebida esencialmente como liberación de los vínculos de dependencia personal, de las jerarquías y de los poderes absolutos, mediante la construcción de un ordenamiento jurídico fundamentado en la primacía de la ley, en la igualdad formal - no pudo conseguirse la igualdad material - y en la generalización de las relaciones dinerarias de mercado, constituyó no sólo una etapa más, sino un punto de partida para iniciar una serie de cambios importantes. Sin embargo, el "precio" pagado por estos cambios ha sido la mercantilización generalizada de las relaciones entre los individuos, la construcción de un gran aparato neutralizador de las diferencias y la disolución de todo vínculo de solidaridad personal.

Como indica P. BARCELLONA, "*La abstracción del derecho y del dinero y la actual diferenciación funcional de las funciones, pese a haber desempeñado un papel necesario en la creación de la riqueza, al suscitar una aceleración inaudita al desarrollo económico, no son compatibles con el reconocimiento de las diferencias personales y con la constitución de relaciones personales entre individuos concretos. La abstracción de la relación monetaria no permite hacer valer las diferencias ni posibilita integración comunicativa alguna*"[51]. Se produce así una gran separación y distancia entre los individuos, acentuada hoy en día con la revolución informática. Incluso, ahora está menos justificado porque antes se trataba de luchar contra la escasez de bienes. Hoy, la actividad productiva se basa en gran medida en los bienes inmateriales (espectáculos, turismo, nuevas formas de ocio, etc.).

La publicación en 1981 de *After Virtue*, de A. MACINTYRE, marcó el punto de partida de la ofensiva comunitarista contra las teorías liberales de la justicia lideradas por RAWLS y por DWORKIN en Norteamérica y por HABERMAS y APEL en Alemania. Los comunitaristas han recuperado

---

[49] Cfr. BARCELLONA, P., *op.cit.*, p.103 ss.
[50] *op.cit.*, p.114.
[51] BARCELLONA, P., *op.cit.*, p.23.

el concepto de comunidad para contraponerlo a la excesivamente unilateral concepción asociativa del liberalismo y su planteamiento contractualista de la ética centrada, casi exclusivamente, en la justicia en cuanto virtud omnicomprensiva tanto de la moral como de la política. Sus críticas sobre el formalismo, la abstracción y la estrechez del concepto de justicia han sido certeras y de hecho han provocado ciertas rectificaciones en las teorías liberales de la justicia (como en J. RAWLS y en J. RAZ). Por su parte, las tendencias postmodernas han presentado más bien una "enmienda a la totalidad" del programa de modernidad liberal - y no sólo a la teoría de la justicia -, considerando ambas posturas - comunitarismo y postmodernidad - que se había producido una quiebra de la racionalidad liberal en ética y política.

El comunitarismo se presentaba así como una alternativa a los modelos tanto marxistas como liberales. Sus críticas se dirigían al individualismo - como ya hemos mencionado - y atomización de las sociedades postindustriales. Se insiste en recuperar la idea de comunidad, de la sociabilidad como algo esencial en el desarrollo de la identidad humana, propugnando a la vez una mayor y directa participación de los ciudadanos en la vida pública. El espacio público pertenece y concierne a todos por lo que debe ser dirigido entre todos. Mediante pequeñas asociaciones y corporaciones, se puede ir llegando a la puerta de la *res publica* para, por último, poder traspasar su umbral[52].

La democracia juega un papel relevante en toda esta concepción de la eco-ciudadania. Se trata no sólo de expresar un conjunto de garantías jurídicas sino de presentar al otro, la alteridad, la aceptación de "otro" diferente. La amenaza de pérdida de identidad a la que antes hemos hecho referencia se encontraría encarnada en el "Derecho electrónico" y el dominio de los aparatos técnicos. El actual sentido de la democracia es el de presentar al hombre en su proyecto identificatorio contra todas esas amenazas. La democracia no puede reducirse a una simple libertad negativa, a la protección contra el poder arbitrario, ni tampoco puede ser identificada con el apego a la ley del Derecho y su eficacia (la ley

---

[52] *A Theory of Justice* de RAWLS fue el detonante de las primeras críticas antiliberales. M. ELÓSEGUI ITXASO se refiere en concreto a cinco tesis en torno a las que se agruparon las principales discrepancias: 1º) La *concepción de la persona*: el comunitarismo rechaza la concepción de la persona que sustenta el planteamiento liberal, ya que diferencia entre la persona y sus valores y sus fines o concepciones del bien. Para los comunitaristas no existe la persona como algo separado de su concepción del bien; 2º) Los comunitaristas denuncian el *individualismo asocial* que preside el liberalismo, tanto más cuando ignora hasta qué punto es la propia sociedad, en la que el individuo se inserta, la que modela lo que él es y los valores que posee; 3º) *Multiculturalismo versus universalismo*: los comunitaristas critican la pretendida universalidad del liberalismo y presentan como alternativa una propuesta multiculturalista. El liberalismo no atiende al hecho de que diferentes culturas incluyan diferentes valores y diferentes formas sociales e instituciones a la vez que todo ello implica unas consecuencias que conviene sean reflejadas en la teoría política. La idea fundamental del comunitarismo es pues la defensa de la cultura particular de cada grupo social o étnico. Cada persona está enraizada en sus orígenes, en su tradición, en su pasado, en su lengua y en los valores del grupo; 4º) El *subjetivismo u objetivismo*: la posición original representa un modelo en el que se prioriza o se sitúa como máximo interés para las personas su capacidad de decidir libremente, perseguir racionalmente y fundar personalmente su propia concepción del bien. De ahí que el comunitarismo se cuestione si esta hipótesis no responde de hecho a una determinada concepción sobre las creencias y los valores morales. La sospecha de que sea el individuo quien deba elegir su propio plan de vida significa que para los liberales esas elecciones son arbitrarias y constituyen expresiones de las preferencias personales; 5º) El *antiperfeccionismo y la neutralidad*: en el caso de RAWLS, en la esfera pública se deben encontrar criterios unitarios y reservar a la esfera privada la práctica de las distintas concepciones de la moral. Los comunitaristas por su parte, consideran que esto es una ficción irrealizable desde el momento en que determinadas visiones morales incluyen como parte de esa ética una visión global del individuo, en el que no se puede escindir sus actuaciones y elecciones públicas de sus concepciones éticas. Esto ataca el principio liberal de una pretendida neutralidad del Estado y de las leyes (Cfr. ELÓSEGUI ITXASO, M., *Comunitarismo versus liberalismo. Estado de la cuestión*. En:"A.F.D.". Madrid, Nueva Época, XII (1995) pp.618-632).

entendida como poder sin límites y no como límite al poder).

La democracia[53], uno de los mecanismos de defensa con los que el individuo cuenta - al menos eso cree - no puede prescindir de lo que H. KELSEN dejó a un lado: el problema de los valores y el de la soberanía democrática (el poder constituyente). Conviene intentar revestir a la democracia de aquellos contenidos que la conviertan en un instrumento efectivo en el intento de consecución de los "ideales" de los ciudadanos - ¿o es que ya no tienen ideales? Los intentos de hacer de la democracia una aliada han sido variados. Así, mientras se producía la reacción neoliberal frente a los excesos del estatalismo y de la partitocracia (que derivará en los neocorporativismos actuales), se producía también otra reacción - en lugar de intentar reducir la intervención estatal sobre la ciudadanía - tratando de incrementar la intervención de los ciudadnos sobre el Estado.

Esta línea (que se ha denominado "neodemocracia" - (¿podría también denominarse postdemocracia?) intenta impulsar las reformas legislativas necesarias para facilitar la participación ciudadana en la política, criticando las viejas formas de representacionismo demoliberal. En cualquier caso, las deficiencias en nivelación social, económica y cultural, que pueden falsear el ejercicio de la democracia, se consideran una de las "promesas incumplidas" del modelo representativo, a lo que se une el interrogante de quién educará a los educadores de la democracia. Una democracia perfecta no se puede conseguir pero al menos sí se puede luchar por una mejora de la democracia.

Podría empezarse con una mejora del sistema de representación, intentando buscar un sistema adecuado de representación directa. Más que un problema teórico se trata de un problema práctico y, más concretamente como señala RUBIO CARRACEDO, un problema de voluntad política[54]: sabemos *qué* democracia queremos, pero lo difícil es *cómo* llegar a ella ante la oposición de una clase política que se ha reservado la posibilidad de cualquier reforma y que se niega a perder su monopolio vital y profesional de la misma.

Se debería promover un sistema de iniciativa popular, fomentar el referendum popular, etc. aprovechando las formas renovadas que los nuevos medios de comunicación hacen posible, y además, de una forma barata y fiable. La informática actual, los nuevos sistemas de telefonía, o la "teledemocracia" a la que estamos tan habituados. Estos diversos sistemas pueden muy bien sustituir las papeletas monotemáticas por tarjetas multitemáticas, permitiendo conocer con costes relativamente bajos y en breve espacio de tiempo el voto

---

[53] A. RUÍZ MIGUEL define la democracia como: "*el método de gobierno que se caracteriza por el consenso de los ciudadanos expresado en un sistema de libertades y a través del derecho efectivo a la participación popular en la adopción de las decisiones políticas según la regla de mayoría*" (RUÍZ MIGUEL, A., Problemas de ámbito de la democracia. En:"Doxa". Alicante, 6 (1989) p.100.
Señala que la concepción de la democracia lleva aparejados ciertos problemas y preguntas relativos a la justificación de quién, cómo y dónde se deben adoptar las decisiones democráticas (el de *qué personas* deben decidir políticamente y sobre quienes se debe decidir, el de *dónde*, en qué territorio -¿estatal, supraestatal?- y el de *cómo* gobernar, sobre qué materias tomar las decisiones). Y es que hay muchos ejemplos en los que se entremezclan estos tres ámbitos: la agresión armada o la incitación al golpe de Estado en un país por parte de otro, la emisión de polvo radiactivo tras las pruebas nucleares, la negación o limitación de los derechos políticos a una minoría racial, la supresión de un mínimo de bienestar para ciertas minorías como ancianos, minusválidos, etc. Porque, aun en el caso de que todas esas decisiones fueran tomadas por órganos y procedimientos democráticos, ¿no pondrían de manifiesto una mala interpretación y aplicación del principio democrático, o al menos ciertas limitaciones al mismo?
Así pues, no cabe admitir que el principio democrático agote los criterios de legitimidad y de justicia a lo que hay que sumar que la justificación de la democracia y de su ámbito depende del contenido de tal justificación y no de la forma o método utilizado, sea democrático o no, ya que en el mejor de los casos tal método sería insuficiente, y en el peor, injusto (Cfr. RUÍZ MIGUEL, A., *op.cit.*, pp.107-108).
[54] Cfr. RUBIO CARRACEDO, J., *op.cit.*, pp.150-151.

matizado de los ciudadanos. Ciertamente, este sistema también entrañaría un cierto riesgo en la medida en que podría dar lugar a cierta manipulación (bien de carácter informático, bien por influencias o presiones en la intención de voto por parte de los más poderosos u organizados).

Cabe preguntarse si el Estado de Derecho y la democracia liberal puedan aún ofrecer un paradigma eficaz para gobernar las profundas transformaciones que han caracterizado el derrumbe de los regímenes comunistas del Este y, a la vez, los procesos de concentración de ciencia, economía e información que en Occidente han trastocado las jerarquías existentes y han configurado nuevos poderes supranacionales y transnacionales.

Como apunta RUBIO CARRACEDO, existe un único paradigma moral que se articula en base al principio justicia-solidaridad-autonomía, en el sentido de que la justicia (Derechos humanos) marca el mínimo moral prioritario y universalizable, a la vez que garantiza que la solidaridad sea auténtica (es decir, que no viole los derechos); la solidaridad, por su parte, se revela como el sentido último de la justicia, además de marcar la vía del perfeccionismo moral; por último, la autonomía marca la madurez moral tanto en la justificación como en la aplicación ética en su triple nivel: autonomía de la razón práctica, autonomía del grupo deliberativo y autonomía irrenunciable del sujeto personal en su elección final. No es posible una moralidad auténtica sin el cumplimiento de este principio: la justicia no es completa sin la solidaridad y la autonomía; la solidaridad no es completa sin la justicia y la autonomía; y la autonomía no es auténtica sin la justicia-solidaridad[55].

WARAT ya advierte la existencia de dos concepciones de la democracia, formal y sustancial. Para los filósofos positivistas la cuestión de la democracia se resuelve en el plano formal, definiendo las reglas generales y abstractas que garanticen el valor de la seguridad jurídica, haciendo previsibles y controlables las decisiones emanadas de los órganos dotados de autoridad. Esta caracterización formal de democracia se contrapone a la sustancial, que propone entender sus significaciones a través del contenido y de los valores en los cuales el Estado debería inspirarse para ser calificado como democrático. Para WARAT, las propuestas de ROSS, KELSEN o BOBBIO establecen un sentido formal de democracia que no coincide con el que pretende defender. En primer lugar, porque la democracia concebida como sentido normativo de un consentimiento en torno a decisiones colectivas termina siendo reducida a un sistema de legalidad donde el consentimiento se convierte en una necesidad de obedecer disciplinadamente la ley. En segundo lugar, porque no le parece adecuado fundar un entendimiento en torno a la democracia negando la posibilidad de dejar abierto el futuro y determinando anticipadamente los fines del orden social. El sentido democrático waratiano no acepta hablar de democracia dando un valor a un tipo imaginario que no acepte que la sociedad precisa estar expuesta a una indeterminación permanente, y expuesta también, a conflictos de todo tipo (valores, opiniones, deseos, saberes), además del conflicto de clases. Hablar de control normativo como condición de democracia implica no admitir que la resistencia frente a una forma social totalitaria pasa por la pérdida de fundamentos seguros para definir los lugares sociales, lo que es lícito o ilícito, lo que es justo o injusto, lo que es moral o inmoral[56].

En definitiva, la democracia puede ser entendida como un acontecer simbólico, como la transgresión permanente de una realidad ya dominada y de un futuro anticipadamente interpretado. La democracia no es otra cosa que una ruptura simbólica

---

[55] RUBIO CARRACEDO, J., *op.cit.*, p.133.
[56] Cfr. WARAT, L.A., *Introdução Geral ao Direito*, cit., pp.101-102.

del tiempo instituido, un territorio de significaciones sin garantías. Es decir, *"uma forma de semiotização, que, renunciando a uma concepção individualista da sociedade, e descartando as visões congeladas do mundo, possibilite um desenvolvimento ilimitado do homen e da sociedade"*[57]. La modernidad caracterizaba al hombre como un ser pleno y autosuficiente. Pero nadie puede ser así porque, como advierte WARAT, entre nosotros hay algo que demanda la relación con los demás: los deseos. No tenemos plenitud sino deseos. Y si la plenitud no es posible, para alcanzar la autonomía se hace necesario convivir con los límites. La regeneración democrática de la que tanto se habla hoy en día forma parte de la no-plenitud democrática. Por ello debemos aprener a administrar los conflictos.

¿Qué pretenden pues los denominados postmodernos? Entendemos que no se limitan a una mera crítica de la modernidad sino que, a partir de ella, intentan solucionar los excesos que se han producido y cubrir las deficiencias que se han puesto de manifiesto con el tiempo. Como señala WARAT, la transmodernidad intenta presentar una nueva etapa que permita conjugar la justicia, la solidaridad y la autonomía. Ello es consecuencia de que en la cultura occidental la idea de libertad no contempla la dignidad, ni la solidaridad, ni el amor y la autonomía como condiciones para su funcionamiento efectivo. La libertad permanece como una imagen virtual que sirve para adquirir la facilidad técnica de vivir y consumir: la libertad de mercado, el psicodrama universal del liberalismo y su distribución de los valores. En el mercado se venden fetiches democráticos y confort, *"toda uma mitologia da inocência cultural"*. Cuando se escriba la historia de esta década tal vez se la califique de *glasnost*, como un proceso que permitió comprar de segunda mano los fantasmas de la modernidad, sus banalidades y alucinaciones prefabricadas[58]. *"Seria bom começar a entender que Deus não é republicano nem conservador, nem comunista, tampouco consumista. Ele é simplesmente o nome de nossas possibilidades para o intercâmbio (criativo) dos afetos. Não existirá nunca a perestroika com Coca-Cola. O amor é a transparência necessária. O déficit astronômico da dignidade unicamente poderá ser uma radicalização da democracia, que deverá ser uma radicalização do amor e do socialismo"*[59].

Bibliografía

BALLESTEROS, J., *Sobre el sentido del Derecho*. Madrid, Tecnos, 1984.
——. *Postmodernidad: decadencia o resistencia*. Madrid, Tecnos, 1989.
——. *Razones a favor de una postmodernidad alternativa (Respuesta a Javier de Lucas)*. En: "Doxa", 6 (1989) pp.301-306.
——., BELLVER, V., FERNÁNDEZ, E., y MARTÍNEZ-PUJALTE, A.L., *Las razones del ecologismo personalista*. En: "A.F.D.". Madrid, Nueva Época, XII (1995) pp.667-678.
——. *Ecologismo personalista. Cuidar la naturaleza, cuidar al hombre*. Madrid, Tecnos, 1995.
BARBERÁ DEL ROSAL, A., *Versiones de lo otro*. En: "Doxa", 6 (1989) pp.265-289.
BARCELLONA, P., *Il ritorno del legame sociale*. Traducción al castellano de H.C. Silveira Gorski, J.A. Estévez Araujo y J.R. Capella. *Postmodernidad y comunidad. El regreso a la vinculación social*. Madrid, Trotta, S.A., 1992.
——. *L'individualismo propietario*. Traducción al castellano de J.E. García Rodríguez. *El individualismo propietario*. Madrid, Trotta, S.A., 1996.
BAUDRILLARD, J., *L'illusion de la fin ou la grève des événements*. Traducción al castellano de T. Kauf. *La ilusión del fin. La huelga de los acontecimientos*. Barcelona, Editorial Anagrama S.A., Colección Argumentos, 1993.
——. *Le crime parfait*. Traducción al castellano de J. Jordá. *El crimen perfecto*. Editorial Anagrama S.A., Colección Argumentos, 1996.
BELLVER, V., *Ecología: de las razones a los derechos*. Granada, Comares, 1994.

---

[57] Cfr. WARAT, L.A., *op.cit.*, p.106.
[58] WARAT, L.A., *O amor tomado pelo amor, cit.*, p.6.
[59] *op.cit.*, p.7.

DELEUZE y GUATTARI, *El Antiedipo, Capitalismo y Esquizofrenia*. Traducción al castellano de F. Monge. Barcelona, Barral, 1973.

ELÓSEGUI ITXASO, M., *Comunitarismo versus liberalismo. Estado de la cuestión*. En:"A.F.D.". Madrid, Nueva Época, XII (1995) pp.618-632.

FERNÁNDEZ ESCALANTE, M., *LOS IMPERANTES (y su séquito) Y EL IMPERIO de la -"su"- ley. (Con un discurso de circunstancias "sopra il Governo Misto")*. Granada, Adhara, 1991.

FOUCAULT, M., *Saber y poder*. Madrid, 1985.

FOSTER y otros, *La postmodernidad*. Barcelona, Kairós, 1985.

GARRIDO PEÑA, F., (Editor), *Introducción a la ecología política*. Granada, Comares, 1993.

HABERMAS, J., *El discurso filosófico de la modernidad*. Traducción al castellano de M. Jiménez Redondo. Madrid, Taurus, 1989.

HELLER, A., y FÉHER, F., *Políticas de la postmodernidad*. Barcelona, Península, 1989.

HORKHEIMER, M., y ADORNO, T.W., *Dialektik der Aufklärung. Philosophische Fragmente*. Traducción al castellano de J.J. Sánchez. *Dialéctica de la Ilustración. Fragmentos filosóficos*. Madrid, Trotta, S.A., 1994.

JULIOS CAMPUZANO, A. (de), *Individualismo y modernidad. Una lectura alternativa*. En:"A.F.D." Madrid, Nueva Época, XII (1995) pp.239-268.

LAPORTA, F.J., *Sobre la teoría de la democracia y el concepto de representación política: algunas propuestas para debate*. En:"Doxa". Alicante, 6 (1989) pp.121-141.

LIPOVESKI,G., *L'Empire de l'éphèmére. La moda et son destin dans les sociétés modernes*. Traducción al castellano de F. Hernández y C. López. *El imperio de lo efímero*. 5ª ed., Barcelona, Editorial Anagrama S.A., 1990.

——. *L'ère du vide. Essais sur l'individualisme contemporain*. Traducción al castellano de J. Vinyoli y M. Pendanx. *La era del vacío. Ensayos sobre el individualismo contemporáneo*. 9ª ed., Barcelona, Editorial Anagrama S.A., 1996.

LUCAS, J., (de), *Individualismo y economicismo como paradigmas de la modernidad (A propósito de Postmodernidad: decadencia o resistencia, de J. Ballesteros)*. En: "Doxa", 6 (1989) pp.291-299.

LYOTARD, F., *La condición postmoderna. Informe sobre el saber*. Traducción al castellano de M. Antolín. 5ª ed., Madrid, Cátedra, 1994.

PICÓ, J., (Editor) *Modernidad y postmodernidad*. 2ª reimpresión, Madrid, Alianza Editorial, 1994.

RIESMAN, D., y otros, *The lonely crowd. A Study of the changing American character*. Traducción al castellano de N. Rosemblat. *La muchedumbre solitaria*. Barcelona, Paidós, 1981.

ROBLES, G., *Los Derechos Fundamentales y la Ética en la sociedad actual*. Madrid, Civitas, 1992.

RORTY, R., *Contingency, irony and solidarity*. Traducción al castellano de A.E. Sinnot. *Contingencia, ironía y solidaridad*. Barcelona, Paidós, 1988.

RUBIO CARRACEDO, J., *Ética constructiva y autonomía personal*. Madrid, Tecnos, 1992.

——. *Educación moral, postmodernidad y democracia. Más allá del liberalismo y comunitarismo*. Madrid, Trotta, S.A., 1996.

RUÍZ MIGUEL, A., *Problemas de ámbito de la democracia*. En:"Doxa". Alicante, 6 (1989) pp.97-120.

SERRANO, J.L., *Ecología y Derecho*. Granada, Comares, 1993.

SERRANO, J.L., SOLANA, J.L., GARRIDO, A., y PEÑA, A.M., *Ecologismo personalista: ecos de premodernidad*. En: "A.F.D." XII (1995) pp.653-665.

SOUZA SANTOS, B., *La transición postmoderna. Derecho y política*. Traducción al castellano de Mª.J. Añón Roig. En: "Doxa", 6 (1989) pp.223-263.

THIBEAUT, C. (Editor) *La herencia ética de la Ilustración*. Barcelona, Crítica, 1991.

TOURAINE, A., *Crítica de la modernidad*. Madrid, Temas de hoy, 1993.

VATTIMO, G., *La società trasparente*. Traducción al castellano de T. Oñate. *La sociedad transparente*. Barcelona, Paidós. ICE de la Universidad Autónoma de Barcelona, 1996.

WARAT, L.A., *O amor tomado pelo amor. Crônica de uma paixâo desmedida*. São Paulo, Editora Académica, 1990.

——. *A puertas abiertas: Intensidades sobre el plano inconsciente en la Filosofía del Derecho*. En:"Seqüência", número especial conmemorativo de 20 años CPGD, 27 (1993) pp.30-48.

——. *Eco-ciudadania e Direito. Alguns aspectos da modernidade, sua decadência e transformação*. Tradução de J.L. Bolzan de Morais. En:"Seqüência". Complexidade, Direito e Sociedade, 28 (1994) pp.96-110.

——. *Incidentes de ternura. O ensino jurídico, os Direitos Humanos e a democracia nos tempos de pós-totalitarismo. Ensino jurídico: o fracasso de um sonho*. En:"Direito, Estado, Política e sociedade em transformação". Porto Alegre, Sergio Antonio Fabris Editor/CPGD-UFSC, 1995.

—— *Del discurso alienante de la modernidad a la semiología de la autonomía en la transmodernidad. Elementos para una semiología ecológica del Derecho. Hacia una teoría lingüística de la transmodernidad* (Conferencia pronunciada en la Universidad Hispanoamericana de Santa María de la Rábida (Huelva. España). 15-26 de agosto de 1996.

——. *Por quién cantan las sirenas. Informe sobre eco-ciudadania, género y Derecho. Incidencias del barroco en el pensamiento jurídico*. Universidade do Oeste de Santa Catarina. Universidade Federal de Santa Catarina. Coordenação de Pós-Graduação em Direito, 1996.

—— *Introdução Geral ao Direito*. vol. III. *O Direito não estudado pela Teoría Jurídica Moderna*. Porto Alegre, Sergio Antonio Fabris Editor, 1997.

——. (com a colaboraçâo de L. Severo Rocha). *O Direito e sua linguagem*. 2ª versão (2ª edição aumentada). Porto Alegre, Sergio Antonio Fabris Editor, 1995.

6
A revelação das "obviedades" do sentido comum e o sentido (in)comum das "obviedades" reveladas

Lenio Luiz Streck
Professor do Mestrado em Direito da UNISINOS - RS.

Caminante, son tus huellas el camino, y nada más;
Caminante, no hay camino
se hace camino al andar.
Al andar se hace camino,
y al volver la vista atrás
se ve la senda que nunca
se a de volver a pisar.
Caminante, no hay camino,
sino estelas en la mar.
Antonio Machado

Dedico este texto a Luis Alberto Warat, o "caminante" com o qual tento, cotidianamente, aprender a "caminar" pelas "sendas" da crítica do direito. Com especialíssimo carinho!

O antropólogo Darci Ribeiro, no livro Ensaios Insólitos[1], fala de uma espécie de tratado de obviedades que nos são impostas, ideologicamente, no cotidiano. Aparentemente, Deus é muito treteiro, diz ele, pois faz as coisas de forma tão recôndita e disfarçada que se precisa desta categoria de gente - os cientistas - para ir tirando os véus, a fim de revelar a obviedade do óbvio.

Sem dúvida Luis Alberto Warat faz parte dessa "categoria de gente" de que fala Darci Ribeiro. Desde seus primeiros escritos, Warat vem desvelando as máscaras do "óbvio", mostrando/denunciado, no âmbito da teoria do Direito, que as "obviedades, certezas e verdades" transmitidas pela dogmática jurídica não passam de construções ideológicas. Para esse desiderato, elabora um conceito de ideologia muito próprio, conceituando-a como uma forma de paixão que pressupõe a renúncia ao prazer de pensar - o prazer de sentir que se pode enfrentar a realidade com respostas imprevisíveis pela construção de um campo simbólico assumido como objeto de necessidade.

Resolvido a desvendar "as obviedades" do óbvio, bem como a denunciar o processo de construção/produção desse tipo de discurso, Warat elaborou um precioso conceito - *o sentido comum teórico dos juristas* - que vem a ser a maneira pela qual a dogmática jurídica instrumentaliza tais "obviedades"! Pode-se dizer que, a exemplo de Peter Sloterdijk, que, na Alemanha propôs a *Kritik der zynischen Vernunft* (crítica da razão cínica)[2], Warat elabora, para a América Latina, com o seu *sentido comum teórico*, uma espécie de *crítica da razão cínica* acerca do funcionamento do Direito e da dogmática *stricto sensu*.

Que as palavras da lei não possuem um sentido unívoco, Kelsen já nos ensinara de há muito. Mas, com Warat, com sua semiologia política, o Direito passa a ser linguagem, com referência a alguma coisa. Detectar o sentido do Direito passa pela aferição do problema pela regras da língua, do cotidiano e da história. Daí que, por exemplo, enquanto Sercovich[3] denunciava

---
[1] Ribeiro, Darci. *Ensaios Insólitos*. Porto Alegre, L & PM Editores Ltda., 1979, pp. 11 e segs.
[2] Ver Sloterdijk, Peter. Kritik der zynischen Vernunft, Frankfurt, 1983, *apud* Zizek, Slavoj. Como Marx inventou o sintoma? In: *Um mapa da ideologia*. Zezek, Slavoj (org). Rio de Janeiro, Contraponto, pp.312 e 313.
[3] Consultar Sercovich, Armando. *El discurso, el psiquismo y el registro imaginário*. Buenos Aires, Nueva Vision, 1977.

que um discurso é transparente quando seus significados perdem sua densidade semântica (sócio-histórica), transformando-o numa imagem, Warat[4] chama(va) a atenção para o fato de que campos inteiros do saber são eliminados para remeter os homens a uma esfera simbólica altamente padronizada, instituída e capitalizada a favor do modo de semiotização dominante.

Por tudo isso, as presentes reflexões pretendem discutir a atualidade do conceito waratiano de *sentido comum teórico dos juristas*. Warat, sem qualquer dúvida, além de cunhar a expressão sentido (ou senso) comum teórico dos juristas[5], foi quem melhor trabalhou a relação dos juristas - inseridos numa espécie de "*corpus* de representações" - com a dogmática jurídica e a lei em suas práticas cotidianas.

Claro que Warat tem presente, hoje, os limites de uma teoria semiológica ou semiótica. De qualquer maneira, porém, é inegável que (a semiologia) contribuiu (e continua contribuindo), sobremodo, para a desmi(s)tificação do imaginário gnosiológico dos juristas. A crítica ao *sentido comum*, nesse ponto, vivifica! Fere! Produz fissuras! E parece que Warat continua se importando com isso, tanto é que, em seu trabalho mais recente, afirma que "*os juristas sostienen la eficacia social de la ley en la ficción de sus sentidos. Una lógica compulsiva de la pura apariencia de sentidos, que opera como una especie de garantia de obtención, en forma retroactiva, de un significado que ya estaba en la ley desde sua promulgación. Si salva así la pureza de la ley y se niega a la producción de subjetividad su valor jurídico*".[6]

Ou seja, com essa aguda crítica, diante do fato de que, no âmbito da dogmática jurídica, há uma constante busca do "correto" sentido, um sentido "dado", um "sentido-em-si", enfim, uma espécie de "sentido-primevo", tudo está a indicar que Warat continua, de forma incansável, em guerra com os onomaturgos platônicos do Direito e da dogmática jurídica, enfim, (contra aqueles) que, atribuindo à linguagem um papel absolutamente secundário, acreditam que é possível buscar um sentido que esteja na norma, *como se esta fosse o veículo de essências de coisas e de fatos sociais* e que no Direito existem verdades apofânticas... Isto porque Warat sempre teve em mente a importância da viragem lingüística da filosofia (*linguistic turn*) deste século, quando a lingüística invadiu o terreno da filosofia. Livre das concepções metafísicas e das ontologias - que são concepções de uma determinada realidade que se apresenta ao sujeito como definitiva do mundo como ele é - Warat, assim como Stein,[7] nunca acreditou na existência de "um significante primeiro, que se buscava tanto em Aristóteles como na Idade Média, como ainda em Kant; significante que nos daria a garantia de que os conceitos em geral remetem a um único significado". Conseqüentemente, o Direito deve ser compreendido não como um conjunto de normas com sentidos em-si-mesmos, latentes, pré-construídos, mas, sim, como um conjunto de normas que, permanentemente, (re)clamam sentidos, onde o processo de produção de sentido é assumido como inexorável.

Denunciando as "obviedades" do *sentido comum teórico dos juristas*, Warat colocou/coloca a lume a miséria do Direito e o Direito da miséria. Desnudando esse imaginário que surge das entranhas da dogmática jurídica, Warat construiu/constrói imagens desestabilizadoras sobre o Direi-

---

[4] Warat, Luis Alberto. *Introdução geral ao direito II*. Porto Alegre, Fabris, 1995, pp. 61 e 62. Originalmente, tais observações de Warat foram publicadas em livros como *Mitos e Teorias na Interpretação da Lei*, Porto Alegre, Síntese, 1979, entre outros.

[5] Em algumas obras, Warat usa a expressão "senso comum teórico" em vez de "sentido comum teórico". Prefiro o uso da segunda modalidade.

[6] Cfe. Warat, Luis Alberto. *Por quien cantan las sirenas*. Unoesc/CPGD-UFSC, 1996.

[7] Cfe. Stein, *Racionalidade e Existência*. Porto Alegre, L&PM Editores, 1988, p. 39.

to. Imagens que tinham (e têm) o condão de indignar, criando "incômodas" inconformidades. O *sentido comum teórico dos juristas* vem a ser, assim, esse conjunto de crenças, valores e justificativas por meio de disciplinas específicas, legitimadas mediante discursos produzidos pelos órgãos institucionais, tais como os parlamentos, os tribunais, as escolas de direito, as associações profissionais e a administração pública. Tal conceito traduz um complexo de saberes acumulados, apresentados pelas práticas jurídicas institucionais, expressando, destarte, um conjunto de representações funcionais provenientes de conhecimentos morais, teológicos, metafísicos, estéticos, políticos, tecnológicos, científicos, epistemológicos, profissionais e familiares, que os juristas aceitam em suas atividades por intermédio da dogmática jurídica.[8]

Difusamente, o *sentido comum teórico* é o conhecimento que se encontra na base de todos os discursos científicos e epistemológicos do Direito. Pode ser entendido, ainda, como uma racionalidade subjacente, que opera sobre os discursos de verdade das ciências humanas. Tal racionalidade aparece de vários modos e maneiras e configura a instância de pré-compreensão do conteúdo e os efeitos dos discursos de verdade do Direito, assim como também incide sobre a pré-compreensão que regula a atuação dos produtores e usuário dos discursos do e sobre o Direito.[9]

No âmbito da teoria crítica do Direito, é com Warat que começamos a refletir acerca das condições de possibilidades para a realização de um discurso que pudesse evitar/ultrapassar aquilo que Sercovich chamou de "transparência" de um discurso. Ou seja, pode-se dizer, apropriando-nos das lições do mesmo Sercovich, que o discurso dogmático é transparente porque as seqüências discursivas remetem diretamente à "realidade", ocultando as condições de produção do sentido do discurso. Daí que o discurso dogmático se transforma em uma transparência, na tentativa (ilusória) de expressar a realidade social de forma imediata[10]. Ocorre, desse modo, uma espécie de *"fetichização do discurso jurídico"*, é dizer, através do discurso dogmático, a lei passa a ser vista como sendo uma-lei-em-si, abstraída das condições que a engendraram, como se a sua condição-de-lei fosse uma propriedade "natural". No fundo, o discurso jurídico transforma-se em um "texto sem sujeito", para usar a terminologia de Pierre Legendre.

Warat sempre lutou, em seus escritos, para que o processo de produção de sentido não ficasse escondido/guardado sob um hermético segredo, como se sua *holding* fosse uma abadia do medievo. Isto porque sempre nos ensinou que o que rege o processo de interpretação dos textos legais são as suas condições de produção, as quais, devidamente difusas e ocultadas, aparecem como se fossem feitas de um "lugar-virtual", ou de um "lugar fundamental". Por isso, a dogmática jurídica, ao elaborar um discurso interpretativo sobre uma norma, produz sentido, cujo efeito ideológico é alcançado na exata medida em que esse processo (de produção de sentido) é negado. Dito de outro modo, somente negando/escondendo esse processo de produção de sentido é que a dogmática jurídica alcança o seu desiderato.

Graças a Warat, ficou mais fácil perceber/detectar, no âmbito da teoria crítica sul-americana, que um dos aspectos que instrumentalizam a crise de paradigma da dogmática jurídica baseia-se na circunstância de que, no Direito, não se contam os limites precisos entre o saber comum e a ciência. Na sua arguta percepção[11], apesar dos esforços dos últimos anos para aproxi-

---

[8] Warat, Luis Alberto. *Introdução geral ao direito I*. Porto Alegre, Fabris, 1994, p. 57.
[9] Conforme Warat, *Introdução geral ao direito I, op.cit*, pp. 14 e 15, e *Introdução geral ao direito II, op.cit*, p. 71.
[10] Cfe. Sercovich, *op.cit*.
[11] Warat, *Introdução geral ao direito I, op.cit*, p.16.

mar o conhecimento do Direito a uma lógica formal das ciências, a epistemologia jurídica é inexistente fora dos círculos reduzidos e de escassa penetração dentro dos círculos clássicos, o que dificulta a diferenciação entre "doxa" e "episteme".

Nesse contexto, diz o mestre argentino-brasileiro, a epistemologia do Direito não passa de uma "doxa" privilegiada. Ou seja, por detrás das regras do método e dos instrumentos lógicos da dogmática existe uma mentalidade difusa que constitui a vigilância epistemológica pela servidão do Estado. Mais ainda, a ordem epistemológica de razões é substituída por uma ordem ideológica de crenças que preservam a imagem política do Direito e do Estado. Essa ilusão epistêmica, composta pelo conjunto de opiniões compartilhada pela comunidade de juristas, é o que Warat denomina de *sentido comum teórico dos juristas*.

Quatro são as funções do *sentido comum teórico dos juristas* especificadas por Warat: a função normativa, por intermédio da qual os juristas atribuem significação aos textos legais, estabelecem critérios redefinitórios e disciplinam a ação institucional dos próprios juristas. A segunda função é ideológica, uma vez que o *sentido comum teórico* cumpre importante tarefa de socialização, homogeneizando valores sociais e jurídicos, de silenciamento do papel social e histórico do Direito, de projeção e de legitimação axiológica, ao apresentar como ética e socialmente necessários os deveres jurídicos. Num terceiro momento, o *sentido comum teórico* cumpre uma função retórica, que complementa a função ideológica, pois sua missão é efetivá-la. Neste caso, o sentido comum teórico opera como condição retórica de sentido, proporcionando um complexo de argumentos (lugares ideológico-teóricos para o raciocínio jurídico). Por último, o *sentido comum teórico* cumpre uma função política, como derivativa das demais. Essa função se expressa pela tendência do saber acumulado em reassegurar as relações de poder. Por isso, acrescenta, é fácil perceber como o conhecimento jurídico acumulado consegue apresentar os dispositivos do poder, plurais, dispersos e dependentes de tendências, como um conjunto unívoco e bem ordenado aos fins propostos.

A partir de tais premissas, Warat vai afirmar que a realidade do cotidiano dos juristas - a sua relação com a lei e o Direito - por si só não é significativa. Porém, ela se apresenta dessa maneira graças ao *sentido comum teórico* no ato de conhecer. O que determina a significação dessa realidade é toda a faculdade cognoscitiva, institucionalmente conformada com todos os seus elementos fáticos, lógicos, científicos, epistemológicos, éticos e de qualquer outra índole ou espécie. A significação dada ou construída via *sentido comum teórico* contém um conhecimento axiológico que reproduz os valores, sem, porém, explicá-los. Conseqüentemente, essa reprodução dos valores conduz a uma espécie de conformismo dos operadores jurídicos.

Daí a dificuldade para a obtenção de algumas respostas que exsurgem de perguntas do tipo "o que significa a norma *todos são iguais perante a lei* para a imensa maioria da população brasileira? O que significa a "*pacta sum servanda*" em um conflito sociojurídico entre ricos e pobres? Não é difícil ou temerário dizer que os paradoxos originários da sociedade repleta de conflitos e contradições acabam sendo, exatamente, diluídos no interior desse *corpus* denominado por Warat de *sentido comum teórico do saber jurídico*.

Por exemplo, um funcionário público de alto escalão engaveta um processo (administrativo ou judicial) durante 3 ou 4 anos. Dentro dos cânones estabelecidos pela dogmática jurídica, para processá-lo pelo crime de prevaricação é muito difícil, pois exige-se o dolo, uma vez que o "legislador" não previu a hipótese de prevaricação culposa. Desse modo, se o acusado alegar, em sua defesa, que "o processo ficou parado tanto tempo" porque foi preguiçoso, desleixado ou até mesmo negligente, fatalmente será absolvido (se denunciado for e a denúncia for recebida). Tudo porque a preguiça, a negligência ou o desleixo são consideradas causas que excluem o dolo (aliás, como se diria na dogmática tradicional, *"nesse sentido a jurisprudência é mansa e pacífica":RT 451/414; 486/356; 565/344; 543/342...*). Registre-se que há a exigência de uma espécie de "dolo de engavetamento". Como contraponto, veja-se o caso de um indivíduo que furta uma galinha e a leva para sua casa. Neste caso, basta que com ela (com a *res furtiva*) fique alguns minutos, para que, em sendo preso, esteja caracterizado o crime de furto (cuja pena, aliás, é várias vezes superior do que a da prevaricação). Isto porque, *"nessa linha existe copiosa jurisprudência"*, dando conta de que *"o furto atinge a consumação no momento em que o objeto material é retirado da esfera de posse e disponibilidade do sujeito passivo, ingressando na livre disponibilidade do autor, ainda que este não obtenha a posse tranqüila.*[12]

Que tipo de visão têm, pois, os operadores jurídicos - mergulhados na imensidão do *sentido comum teórico* - sobre a aplicação e a eficácia das leis existentes no Brasil? Segundo Warat, o *sentido comum teórico* é instrumentalizado por uma racionalidade positivista, que atua como fetiche de sua razão cotidiana, além de atuar como mediadora dos conflitos sociais. Exatamente por isso que os operadores do Direito trabalham em uma instância de julgamento e censura - uma espécie de "superego da cultura jurídica -[13] *que os impede de produzir decisões autônomas em relação a esse nível censor.* Não conseguem se dar conta do *fumus* ideológico que, de forma inexorável, está por detrás de cada interpretação da lei, de cada sentença, enfim, de cada discurso acerca do Direito.

O que não pode ser esquecido é que, como lembra Warat, no dia-a-dia quer da vida social, quer no universo do Direito, não há dúvida de que a prática cotidiana do *sentido comum teórico* reforça a adesão dos juristas a um determinado paradigma. Esse paradigma é exatamente o paradigma dogmático, que, para sua consecução e manutenção, utiliza-se de um artifício que Ferraz Jr.[14] denomina de *astúcia da razão dogmática*, que atua mediante mecanismos de deslocamentos ideológico-discursivos. Esta astúcia da razão dogmática, explica o jusfilósofo paulista, "põe-se, assim, a serviço do enfraquecimento das tensões sociais, na medida em que neutraliza a pressão exercida pelos problemas de distribuição de poder, de recursos e de benefícios escassos. E o faz, ao torná-los, conflitos abstratos, isto é, definidos em termos jurídicos e em termos juridicamente interpretáveis e decidíveis". Ou seja, a partir desse deslocamento, não se discute, por exemplo, o problema dos direitos humanos e da cidadania, mas sim, sobre (e a partir) deles. Como muito bem ilustra Claude Lefort, uma das operações fundamentais do processo ideológico consiste na passagem do discurso de ao discurso sobre. Marilena Chauí[15], nesse sentido, lembra que "é assim que podemos quase detectar os momentos nos quais ocorre o surgimento de um discurso ideológico: por exemplo, quando o discurso da unidade social se tornou realmente impossível em virtude da divisão social, surgiu o discurso sobre a unidade; quando o discurso da loucura tem que ser silenciado, em seu lugar surge um discurso sobre a loucura; onde não pode haver um discurso da revolução, surge um outro, sobre a revolução; ali onde não pode haver o discurso da mulher, surge um discurso sobre a mulher, etc".

---

[12] Consultar JTACrimSP 78/423 e 81/348, *apud* JESUS, Damásio E. de. *Código Penal Anotado*. São Paulo, Saraiva, 1993, p. 462.

[13] Cfe. Warat, *Introdução geral ao direito II, op.cit*, p.82.

[14] Consultar Ferraz Jr, Tércio Sampaio. *Introdução ao estudo do direito*. São Paulo, Atlas, 1987, p. 280.

[15] Ver, para tanto, Chauí, Marilena de Souza. *Ideologia e educação*. In *Educação & sociedade* n.5. São Paulo, CEDES, Cortez Editores e Autores Associados, 1980, p. 26.

Graças a isso, no contexto da dogmática jurídica, os fenômenos sociais que chegam ao Judiciário passam a ser analisados como meras abstrações jurídicas, e as pessoas, protagonistas do processo, são transformadas em autor e réu, reclamante e reclamado, e, não raras vezes, "*suplicante e suplicado*", objetivações essas que, convenhamos, deveria envergonhar (sobremodo) a todos nós. Isto quer dizer que a luta de classes não entra nos foruns e nos tribunais, graças às barreiras criadas pelo discurso (censor) produzido pela dogmática jurídica dominante. Nesse sentido, pode-se dizer que ocorre uma espécie de "coisificação" das relações jurídicas.

O *sentido comum teórico*, operando no interior de um imaginário que trabalha mediante o constante deslocamento ideológico-discursivo, permite que no âmbito do direito penal, em face de um conflito de normas (Lei 8069 v. Lei 8072), seja possível defender a tese (sem qualquer drama de consciência) de que quem estupra uma criança pode/deve receber uma pena mais branda do que aquele que estupra uma mulher adulta (existe jurisprudência a respeito, sim).

Na verdade, nesse caso, em vez de discutirem *a lei*, os juristas que defenderam tal posição discutiram *sobre a* e *a partir da lei*, como se esta (a lei) fosse fruto de um legislador racional.[16] Esse deslocamento discursivo, de cunho ideológico, é próprio do *sentido comum teórico dos juristas*, que produz os *standards* a serem utilizados pela comunidade jurídica. Resulta disso uma interpretação totalmente alienada/afastada das relações sociais. Ou seja, pouco importa ao jurista, inserido no *sentido comum teórico*, o conteúdo das relações sociais. Pouco importa a teratologia resultante do paradoxo que é a imposição de uma pena mais branda a quem estupra uma criança em comparação com aquele que estupra uma mulher adulta...O que importa é fazer uma "boa hermenêutica"; o importante é "resolver, com competência dogmática, "neutralmente", as antinomias" do sistema...Vale lembrar, nesse contexto, o dizer de Russo, para que qualquer estudante sabe que a verdade, em lógica formal, se adquire ao preço de renunciar ao conhecimento do mundo.[17]

No mesmo rumo, preso nas amarras do sentido comum teórico, um juiz de direito concedeu liminar de reintegração de posse em favor de fazendeiro que ocupava terras de propriedade do governo, para desalojar centenas de sem-terras, sem examinar se eram ou não particulares. Resultado disso é que morreram dezenas de pessoas... Para o magistrado, não se tratava de um conflito social, mas apenas um problema decidível no âmbito da juridicidade.

Do teratológico ao surrealismo, os caminhos do *sentido comum teórico* são labirínticos e tortuosos. O art. 196 da Constituição Federal diz que "a saúde é um direito de todos e um dever do Estado...". Uma criança com Aids precisava de remédio. Advogado ingressou com mandado de segurança e o juiz deferiu. O Estado interpos recurso para impedir a entrega do remédio, alegando, para tanto, "*periculum in mora*" a favor dele - Estado. O relator da matéria, no segundo grau de jurisdição, deferiu o pedido do Estado, sustando, *incontinenti*, o fornecimento do remédio.[18] Um dos argumentos usados pelo relator, calcados em conhecida doutrina constitucional brasileira, dava conta que "onde o art. 196 da Constituição Federal diz que a saúde é um

---

[16] Tamanha é a dimensão da crise, que o *establishment*, na impossibilidade de ver resolvido o "problema hermenêutico", teve que recorrer ao "legislador racional" que, mediante a edição da Lei Federal nº 9.291, de 4 de junho de 1996, *revogou os parágrafos únicos em questão*.

[17] Cfe. Russo, Eduardo Angel. *Sobre ciertos abusos de la analiticidad*. In Warat, Luis Alberto e Russo, Eduardo A. *Interpretación de la ley*. Buenos Aires, Abeledo-Perrot, 1987. p. 14.

[18] Registre-se que, muito embora o Superior Tribunal de Justiça tenha sedimentado a tese da não auto-aplicabilidade do art. 196 da Constituição Federal, o Tribunal Pleno do Tribunal de Justiça do RS, em alguns casos, tem decidido a favor da concessão de remédios e assistência médica.

dever do Estado, não se pode ler *obrigação...*". Ou seja, o problema *sub judice*, o conflito concreto, foi transfigurado em termos jurídicos e em termos juridicamente decidíveis, é dizer, o Poder Judiciário "resolveu" o conflito jurídico, mas não o conflito social, mediante o artifício do deslocamento ideológico discursivo.

No mesmo diapasão, nos contornos estabelecidos pelo *sentido comum teórico*, torna-se perfeitamente viável e possível, no campo da dogmática jurídica - quando da interpretação da dicção do art. 213 do Código Penal, que trata do estupro contra mulher - comentários do tipo "...sempre que a mulher não consentir na conjunção carnal e o marido a obrigar ao ato, com violência ou grave ameaça, em princípio caracterizar-se-á o crime de estupro, *desde que ela tenha justa causa para a negativa*". Dito de outro modo, parece não interessar para a dogmática jurídica a situação da mulher na sociedade, o seu papel na família, etc. Mas isso somente é possível, porque, ao invés de discutir a mulher e o estupro, suas conseqüências físicas e psíquicas, passa-se a discutir sobre a mulher abstratamente colocada como sujeito passivo do crime de estupro a partir de uma visão linear do tipo penal. Nem tampouco parece que importa discutir o porquê do estupro estar inserido no Código Penal como sendo um "crime contra os costumes" (Título VI do Código Penal), e não contra a pessoa (Título I).

Também não se discutem no âmbito da dogmática, ficando, por conseguinte, escondidas nas brumas do *sentido comum teórico*, as condições de possibilidade que tem o juiz para *avaliar a personalidade do réu por ocasião da aplicação da pena*, em conformidade dos ditames do art . 59 do Código Penal. Diz esse dispositivo que o juiz, ao aplicar a pena, entre outras coisas, deve atentar para a personalidade do réu...

Destarte, diante da dificuldade da aferição do que seja "personalidade do delinqüente", resta ao magistrado buscar/colher subsídios no campo da dogmática jurídica, onde descobrirá, por exemplo, que "personalidade é todo complexo, porção herdada e porção adquirida, com o jogo de todas as forças que determinam ou influenciam o comportamento humano".[19]

Daí a atualidade e a operacionalidade do conceito waratiano de *sentido comum teórico*. Com ele, e a partir dele, há que se (re)pensar o Direito com urgência, porque cada decisão judicial, cada interpretação de uma lei, tem uma necessária e inexorável inserção social. Não é uma simples abstração. E o jurista (juiz, promotor, advogado) deve entender que não está lidando com ficções. Caso contrário, correrá o risco de confundir as ficções da realidade com a realidade das ficções.

Respaldado na funcionalidade de suas próprias ficções e fetiches, o *sentido comum teórico* dos juristas renuncia a ser um meio de compreensão do mundo para ser um modo de aumentar a autoridade de alguns homens sobre outros. Os discursos de verdade não são o resultado de um emissor isolado, estando vinculados a uma prática comunitária organizada em torno de uma subjetividade específica dominante[20]. Por isso Warat diz que nenhum homem pronuncia legitimamente palavras de verdade se não é filho (reconhecido) de uma comunidade "científica", de um monastério dos sábios.[21]

É desse monastério de sábios que emana a "fala autorizada" que (re)produz o *sentido comum teórico*. Os eleitos recebem o *skeptron* (da obra de Homero) de que fala Bourdieu. Estão, assim, autorizados a fazer "extorsões de sentido". E quem se rebelar responde pelo crime de "porte ilegal da fala"...[22] Por isso, insisto na atualidade e na

---

[19] Cfe. *Código Penal e sua Interpretação Jurisprudencial*. Alberto Franco *et alli*, p. 276, citando Anibal Bruno.
[20] Warat, Luis Alberto. *Introdução geral ao direito II, op.cit.*, pp. 67 e 68.
[21] Warat, *ibidem*, p. 68.
[22] Ver Bourdieu, Pierre. *A economia das trocas linguísticas*. SP, USP, 1996, pp. 39, 63 e 89.

presença do conceito e da crítica de Warat acerca dessa temática. Ele nos diz que é necessário fazer a terapia do conhecimento. Existem poucas ousadias e muitas fantasias que recobrem as teorias sobre o Direito. Há um mundo a ser despertado, um mundo mostrando que as contradições íntimas são as que levam à claridade do saber[23].

Aprende-se, conforme Warat, na magia das contradições. E a prática dos juristas unicamente será alterada na medida em que mudem as crenças matrizes que organizam a ordem simbólica desta prática. A pedagogia emancipatória do Direito passa pela reformulação de seu imaginário instituído. Por isso, a interrogação sobre a adequação do Direito à realidade se torna uma questão inóqua. A realidade do Direito, segundo Warat, é a sua própria representação[24]. Com Boaventura de Souza Santos, que diz que o grande modo de inserir o sofrimento humano no currículo escolar é através de imagens desestabilizadoras, acredito que, para uma reformulação do imaginário jurídico, são necessárias imagens que questionam, que indignam e que podem criar subjetividades rebeldes e inconformistas, até porque imagens não se criam com idéias. Imagens criam-se com imagens![25]

---

[23] Warat, Luis Alberto. *Manifesto do surrealismo jurídico*. São Paulo, Acadêmica, pp. 21 e 98.
[24] *Ibidem*.
[25] Entrevista de Boaventura de Souza Santos à *Zero Hora*, ed. de 6.7.96, Caderno de Cultura, p. 6.

7
Pós-modernismo, pós-positivismo e o Direito como Filosofia

Willis Santiago Guerra Filho
Prof. da Faculdade de Direito da UFC

Para Luis Alberto Warat, por seus fecundos anos de docência, de um atento seguidor, cúmplice e amigo.

I

Inicialmente, cabe frisar que não se pretende aqui expor idéias que sejam "antimodernas" ou "antipositivistas". Fazer isso seria colocarmo-nos em uma posição ante-rior àquelas defendidas na modernidade e pelo positivismo, quando na verdade se pretende buscar o que está mais para além de ambos.

Se quiséssemos acrescentar mais uma etiqueta, usaríamos o prefixo "trans", como propõe explicitamente LUIS ALBERTO WARAT. Esse significante, porém, instituiria um novo campo de significações, abdicando da luta no campo já estabelecido. Compremos a briga, que não é, propriamente, com os "modernistas" - se é que isso existe, ou se vamos chamar assim os "antipós-modernistas". A briga é mesmo com alguns dos que se dizem "pós-modernistas": aqueles que usarem a expressão normativamente, condenando quem não compartilha com seu ideário, o qual termina sendo o ideário ou ideologia dominante, aquela que teria restado com o "fim das ideologias" e o "fim da história", a qual se alia à doutrina neoliberal, no terreno político-econômico - note-se que aqui o prefixo utilizado não é "pós", o que implica ultrapassagem, mas sim "neo", o qual implica retorno, re-ação.

O emprego que se propõe para o termo "pós-moderno" é no sentido de se resgatar uma periodização, algo que o modernismo, por definição, impede - o atual, o presente, é sempre o moderno. Trata-se, portanto, de buscar um resgate da história, de dizer que houve um momento em que o "espírito do tempo" (*Zeitgeist*) se considerou "moderno", tanto na filosofia, com HEGEL, como nas artes, com BAUDELAIRE, e, principalmente, nas ciências, com o advento do positivismo de A. COMTE - vide sua teoria dos três estágios de desenvolvimento da sociedade, o teológico, das sociedades arcaicas, o filosófico, das civilizações antigas, e o científico, dos tempos modernos.

II

Em Teoria do Direito - usando aqui a expressão da forma mais abrangente possível, de modo que nela se possa incluir desde as teorias sociológicas até a filosofia do direito - há duas propostas que se assumem como pós-modernas: a do português BOAVENTURA DE SOUZA SANTOS, da Universidade de Coimbra, e a do alemão KARL-HEINZ LADEUR, da Universidade de Bremen.

A proposta de BOAVENTURA se situa mais no campo epistemológico. Ele propõe uma ciência pós-moderna, que supere a mitologia da superioridade da ciência enquanto forma de conhecimento, especialmente de quando se trata de conhecer a realidade social, onde sujeito e objeto do conhecimento confundem-se inexoravelmente. Ele propõe, então, uma re-articulação da ciência como o senso comum, no âmbito de um paradigma hermenêutico, no qual nós, estudiosos do Direito, já nos situamos desde que surgiram textos normativos para serem aplicados na regulação da conduta social.

A proposta de LADEUR seria, primeiramente, "ontológica". Ele se ocupa da descrição das características do Direito tal como ele hoje se apresenta nas sociedades hipercomplexas em que vivemos, prestes a formarem - se já não formaram - uma sociedade mundial. Nesse contexto, nota-se a falência do modo tradicional de regulamentação jurídica, através de leis ou normas do mesmo gênero, portadoras de um padrão geral e abstrato, para solução dos problemas jurídicos, padrão esse fixado pela experiência acumulada na resolução desses problemas. Na pós-modernidade, o ineditismo dos problemas ensejados pela dinâmica social com sua velocidade estonteante requer o aparecimento de um "paradigma da proporcionalidade (*Abwägung*)", pelo qual se enfatiza o papel de *procedimentos* para fornecer soluções com base na ponderação ou sopesamento (*Abwägung*) dos mais diversos valores e interesses, consagrados em normas jurídicas que não são *regras*, como as leis, mas sim, *princípios*.

III

Pós-positivista, em Teoria do Direito, no âmbito do que tradicionalmente - isto é, na tradição positivista - se chama "Teoria Geral do Direito", é a Teoria (ou Doutrina) Estruturante do Direito (*strukturiende Rechtslehre*), de FRIEDRICH MÜLLER. Ele, na verdade, não denomina sua teoria de "pós-positivista" - literalmente, em alemão, "post-positivistisch" ou "transmodernistisch".

Nessa teoria se consuma a desconstrução do objeto por excelência das teorias positivistas normativistas, *à la* KELSEN - reconhecidamente, quem melhor elaborou uma teoria desse tipo. A norma não é mais identificada com o texto normativo (*Normtext*); ela se constrói a partir do texto que, portanto, fica fora dela, para aplicá-lo à realidade - igualmente exterior -, no processo de sua concretização, o qual se finaliza com a elaboração da "norma-decisão" (*Normentscheidung*). Dos textos normativos se extrai uma "norma-programa" (*Normprogramm*), que, projetando-se na realidade social, no processo de interpretação/aplicação, demarca, circunstancial e topicamente (localizadamente), o "âmbito (de incidência) da norma" (*Normbereich*).

A teoria estruturante levanta a pretensão - de vital importância para a realização de um Estado de Direito que não seja apenas formal, mas sim um Estado Democrático de Direito - de ir além da simples demarcação de uma "moldura" (*Rahmen*), a partir dos textos normativos, dentro da qual caberiam diversas interpretações, dentre as quais não haveria meios de se optar, cientificamente, por nenhuma, determinando, se não a interpretação correta, pelo menos a melhor, a mais adequada ao cumprimento dos imperativos maiores de uma ordem jurídica.

IV

Aqui tocamos um ponto fundamental, que merece ser explorado com mais vagar, onde se questiona o estatuto epistemológico da ciência dos juristas, a *jurisprudentia* dos antigos latinos, a Dogmática Jurídica dos modernos. Para mim, essa é uma questão antes de mais nada *política*, ao invés de teórica. Em nome da democracia, é preciso repelir aquelas posições que negam a possibilidade de se praticar o estudo do Direito atendendo aos requisitos (modernos) da cientificidade, tornando esses estudos meros exercícios de retórica, ou seja, exercícios de poder através do manejo das palavras, de chavões, de pontos de vista argumentativos, os *topoi*. É inegável a origem retórica da chamada ciência do Direito, origem que lhe informa até hoje, mas se queremos, enquanto juristas, sermos mais que meros agentes de conservação da ordem jurídica - o que não é benéfico nem para ela própria, que não pode apenas conservar, mas também viabilizar a transformação da sociedade, evitando o necrosamento do corpo social -, então temos que desenvolver parâmetros capazes de balizar a produção de um conhecimento confiável, para auxiliar-nos na realização dos objetivos a serem alcançados pelo Direito.

É assim que o estudo do Direito deve se pautar por métodos que lhe incrementem o grau de cientificidade, investigando o direito comparado, a história, a sociedade, enfim, em que surgem os problemas a serem solucionados por nossa ciência, uma ciência prática, mas, ainda assim, também uma ciência. Além disso - e talvez, acima de tudo - a linguagem em que se manifestam as regulações jurídicas deve ser por nós estudada, valendo-nos dos resultados alcançados por disciplinas já pós-modernas, ou "transclássicas", como a semiótica e a teoria dos sistemas, que não mais individualizam um objeto do seu estudo, dentre os diversos existentes, mas são antes uma perspectiva de estudo da realidade como um todo.

V

Dito isso, chegamos então ao ponto em que se pode vislumbrar porque alguém que estude Direito haveria de se interessar por um livro como esse que hoje eu lhes apresento, "conceitos de Filosofia". Inicialmente, notem o traço da pós-modernidade já no próprio título, que numa primeira leitura sugere haver diversos conceitos de filosofia, sem levantar a pretensão de estabelecer *o* conceito de filosofia, como se tentou em vão, até a modernidade - que em filosofia se encerra com NIETZSCHE e seu perspectivismo. Há, porém, uma segunda leitura desse título, nele subjacente, onde se expressa o que seria próprio da filosofia, enquanto atividade intelectual: produzir conceitos. E é aí que ela se aproxima da nossa disciplina, o Direito. Nós também estamos sempre às voltas com conceitos, com a diferença que as nossas célebres disputas para determinar a "natureza" dos institutos jurídicos repercutem diretamente no modo como são solucionados, concretamente, com apoio em leis, jurisprudência e também na doutrina, problemas gerados na convivência social.

Eis que a natureza da nossa disciplina parece revelar-se como sendo mais que retórica e menos que científica, no sentido "duro" do termo - de resto, um resquício da modernidade, no qual os próprios cientistas, em geral, não mais acreditam -, como sendo uma *natureza filosófica*. O Direito é filosofia aplicada. Ele, enquanto técnica de solução de conflitos sociais, já existia antes do surgimento da filosofia e da ciência do Direito, assim como as técnicas de cultivo antecedem a agronomia, mas é com o aparecimento da Filosofia, atestado pela luta de Sócrates contra a retórica dos sofistas, advogados a serviço do poder político e econômico, preparando o advento desse monumento da inteligência humana institucionalizada, que foi o Direito Romano, origem desse direito que hoje se torna planetário, e que é, também, o nosso.

Assim, penso que para nós que estudamos Direito é tão importante nos dedicarmos à Filosofia como é para o físico ou para o engenheiro conhecer as matemáticas.

VI

O que é ainda de se esperar dA Filosofia em uma época de predomínio do pensamento técnico-científico? Uma reflexão sistemática, em sintonia com o pensamento que outros manifestaram, sobre *temas residuais*, dos quais não pode dar conta o pensamento científico, por algum dos seguintes motivos:

a) Por não ser matéria adequada à reflexão levada a cabo pelas ciência, em virtude do modo mesmo como essa se estrutura, enquanto forma de produzir conhecimento. Entre essas matérias, aparecem aquelas que podem ser consideradas centrais em filosofia do Direito, envolvendo toda problemática relativa aos *valores* e, especificamente, aquele da *justiça*.

b) Por cuidar de problemas criados para o homem pelo desenvolvimento das ciências e técnicas delas extraídas, tais como a destruição do meio ambiente e a produção de armas de extermínio, que ameaçam a própria vida sobre a Terra, ou a manipulação genética do material biológico, humano ou não, e a crescente interferência médica na constituição natural do ser humano (inseminação artificial, mudança de sexo, transplante de órgãos etc.).

c) Por envolver o questionamento a respeito do próprio conhecimento científico, das condições que o possibilitam e do balizamento de seus limites, demarcando o seu território, hoje tão vasto, mas ainda circundado (e influenciado) por outros modos de aquisição de conhecimento, mais antigos como são a filosofia, a arte, a religião, a mitologia e, pelo menos em (grande) parte, o Direito.

d) Por demandar uma meditação globalizante sobre o momento histórico em que vivemos, para se poder alcançar um entendimento sobre nosso presente e dos possíveis mundos futuros que se nos apresentam. Essa perquirição do futuro e o caráter indiviso de seu objeto são características que, reconhecidamente, são incompatíveis com o pensamento científico. Vale notar, aqui, ser o desenvolvimento desse ponto que fornece a "quadratura" dentro da qual se há de desenvolver a reflexão sobre os demais.

A partir de cada um desses pontos é que se pretende indicar direções para se trabalhar em filosofia do direito e do Estado, de uma forma que esteja à altura do momento histórico que vivemos.

VII

Iniciando pelo último dos pontos acima mencionados, partiremos da pressuposição de que, na segunda metade do século em curso, ingressamos em uma fase histórica diversa daquela que HEGEL, no princípio do século passado, chamou de *moderna*. Estaríamos, então, vivendo na *pós-modernidade*, devido ao modo radicalmente diverso como se organiza, econômica e politicamente, a sociedade egressa da modernidade, com uma correlata mudança no conjunto de crenças e pressuposições que formam a mentalidade dos que a compõem, bem como pela natureza dos problemas que nela se apresentam, alguns dos quais já foram referidos aqui. Assim, com referência ao ponto (c), tem-se a falência da idéia, tipicamente moderna, de que o conhecimento científico forneceria ao sujeito a *verdade* sobre os objetos que se colocavam diante dele, como se estivessem radicalmente separados, o sujeito cognoscente e os objetos cognoscidos, e fossem esses últimos independentes das determinações das faculdades cognitivas e afetivas do primeiro. Isso acarretou não só a revalorização de formas "pré-modernas" de pensamento, como a retórica, enquanto doutrina do discurso razoável e persuasivo, e a hermenêutica, com seu intuito de compreender, mais do que explicar. Deu-se também o aparecimento de novas propostas para se trabalhar cientificamente, enfatizando a interdisciplinariedade, o aspecto "holístico", como o emprego de modelos em que a oposição básica entre sujeito/objeto é substituída, por exemplo, por aquela entre "sistema" e "ambiente", como na teoria dos sistemas, descendente da cibernética, formas tipicamente pós-modernas de pensamento científico. Assumem maior destaque, igualmente, nesse contexto, posturas científicas que não descuidam da inserção do conhecimento produzido pela ciência em dada sociedade, com estruturas de poder que determinam essa produção, tal como fazem aquelas que se apresentam como *críticas*, frente ao positivismo reinante no terreno científico. Também se pode mencionar como um signo da "mudança de paradigmas" em ciência o aparecimento e importância crescente das investigações psicanalíticas do inconsciente, o qual não se pode deixar de levar em conta para entender concretamente o sujeito cognoscente, que só enquanto abstração está livre de suas determinações.

Tais colocações fornecem indicativos para aquela que seria a primeira tarefa a enfrentarmos em nosso estudo de filosofia do Direito, correspondente ao ponto (a), acima referido, que se pode qualificar como um estudo de *epistemologia jurídica*. Nesse se haverá de abordar, em suas co-implicações, diversos modos de conhecer o Direito, a começar pela própria filosofia do Direito, passando pela teoria do Direito, entendida como diversa da teoria "geral" do Direito, chegando ao questionamento de como se poderia configurar uma *ciência* do Direito, definindo seu objeto de estudo e a metodologia a ser empregada para efetivá-lo, a partir de diversas propostas a respeito.

Pode-se, então, diferenciar entre *posturas analíticas*, de tradição positivista e neopositivistas, sendo próprio dessas últimas o tratamento do Direito como fenômeno linguístico, a ser estudado por disciplinas recentes como a teoria da comunicação, a semiótica e a lógica deôntica - exemplo desse tipo de abordagem se encontraria no teórico argentino ROBERTO VERNENGO - ou por outras, não-formais, isto é, *materiais*, já antigas, como a retórica e a tópica, preferidas por quem, abandonando a postura meramente analítica, assume o caráter prático da ciência jurídica, enquanto disciplina que se presta não só a compreender, mas também, e principalmente, a orientar a conduta humana, através das normas que estuda: nessa linha se situariam jusfilósofos como THEODOR VIEHWEG.

A essas posturas analíticas, formais e materiais, podem-se acrescentar *posturas críticas*, que sugerem uma concepção da ciência do Direito como transformadora da sociedade onde ele se insere, bem como aquela postura que defende como legitimamente científico apenas o estudo do Direito na forma de uma *ciência social*.

No âmbito dessa reflexão epistemológica cabe também estudar a *hermenêutica*, por ser a interpretação o meio pelo qual o jurista conhece o Direito. Nesse passo, deve-se buscar situar a hermenêutica especificamente jurídica - cujo principal sistematizador, não por acaso, foi aquele que com primazia defendeu a necessidade de se constituir uma ciência jurídica, ou seja, F. C. VON SAVIGNY - em um contexto mais amplo, onde a hermenêutica aparece como uma tradição filosófica extremamente antiga, que remonta aos gregos, mantida viva em disciplinas outrora de importância capital, como a teologia, ganhando novo impulso, após a vitória do racionalismo cartesiano, com a tentativa de se desenvolver uma metodologia específica das chamadas ciências humanas, diversa daquela das ciências naturais, ao que se associa nomes como os de WILHELM DILTHEY e MAX WEBER. A hermenêutica vem ocupar um lugar central no pensamento de filósofos contemporâneos, como HEIDEGGER e, principalmente, de seu discípulo, H.-G. GADAMER, ou o filósofo francês PAUL RICOUER, bem como em concepções epistemológicas "pós-modernas", a exemplo daquela apresentada pelo português BOAVENTURA DE SOUSA SANTOS, sociólogo do Direito, em obra recente. Também não se pode ignorar os desenvolvimentos da hermenêutica nos estudos de crítica literária, que muito bem podem refluir para o estudo do Direito, não sendo a toa que o mais recente movimento jusfilosófico nos E.U.A. propõe uma aproximação entre o Direito e a Literatura.

Um aspecto do Direito na pós-modernidade que necessariamente haverá de ser examinado é o de sua crescente *procidimentalização*. Isso significa que a natureza dos problemas que se colocam para serem resolvidos pela regulamentação jurídica seriam de um ineditismo e complexidade tais que o modo principal de resolver problemas jurídicos na modernidade, através da legislação, com suas normas gerais e abstratas, feitas a partir de espécies de fatos ocorridos no passado e para regular toda uma série indeterminada de fatos semelhantes a ocorrerem no futuro, se mostra como disfuncional. Daí a necessidade crescente de se desenvolver a *dimensão processual* do Direito, em que se tem normas para permitir, em toda e qualquer hipótese, a aplicação de outras normas, para solução dos problemas jurídicos, ainda que se tenha de lançar mão de normas sem uma referência direta a espécies de fatos, mas sim a valores, como é o caso das normas constitucionais consagrando direitos fundamentais.

Nesse ponto, tocamos em problemas cruciais, colocados para o pensamento filosófico sobre o Direito e o Estado, na medida em que a forma judicial de atuar o Direito passa a ter mais importância, diante da forma legislativa, exigindo uma maior reflexão sobre aspectos processuais do Direito, ao ponto de se propor desenvolver uma *filosofia do processo*. Também se é levado a repensar a concepção tradicional sobre como se organiza o poder estatal, onde o processo adquire maior relevância no exercício das demais funções, além daquela judicial, enquanto essa última, ao mesmo tempo, passa a assumir um peso bem maior do que aquele que tradicionalmente se lhe atribui, na divisão e equilíbrio com as demais.

Nesse contexto, vale retomar um dilema, já tradicional na moderna filosofia jurídica, entre a *decisão* ou a *norma* como forma principal de manifestação do Direito. Importante, nesse contexto, é a contribuição da filosofia do direito anglo-americana para a compreender a diversidade de normas que compõem o ordenamento jurídico, sendo aqui de se lembrar os nomes de H. L. A. HART e RONALD DWORKIN.

Também caberia, nesse momento, uma reflexão sobre como o ordenamento jurídico se estrutura enquanto um sistema *autoreferencial* e *autopoiético*, onde se produz normas aplicando outras normas. O marco teórico para essa reflexão é a teoria dos sistemas desenvolvida por NIKLAS LUHMANN, que em seu estado atual toma de empréstimo a noção de "autopoiese" à "biologia do conhecimento" do chileno HUMBERTO MATURANA.

Finalmente, não se pode descurar de uma possível conseqüência epistemológica do maior destaque assumido pela função judicial e decisória em geral, no Direito, que representaria a preocupação crescente com o *raciocínio* jurídico.

No que diz respeito ao tópico (b), acima indicado, tem-se como exemplo do que pode ser tratado, em primeiro lugar, a chamada "questão ambiental", para o que se sugere a discussão do livro de MICHEL SERRES, *O Contrato Natural*. Inseminação artificial e aborto são outros temas, situados nesse campo, que atualmente demandam uma reflexão ética para solucionar problemas colocados para o Direito.

Quanto à temática suscitada em (a), *supra*, surge como tema de estudo a chamada *teoria da justiça*, recentemente revificada pela importante obra de JOHN RAWLS, *Uma Teoria da Justiça*. Em correlação aos novos estudos de teoria da justiça é importante que se estude os desenvolvimentos contemporâneos da chamada "metaética", onde se toma a ética como objeto de um estudo analítico, fundamentado pelo racionalismo crítico de POPPER, pela doutrina do agir comunicativo de HABERMAS ou por teorias da argumentação, como a de ALEXY. Uma exposição sumária do *status discussionis* a respeito se tem em *El Constructivismo Ético*, de CARLOS SANTIAGO NINO.

Esses estudos de teoria da justiça e metaética repercutem no tratamento de dois temas que se pode muito bem colocar no centro de um curso sobre filosofia do direito e do Estado hoje: os Direitos Humanos e a Democracia. Ambos podem ser abrangidos por tema mais amplo, de cujo tratamento estamos a necessitar mais do que qualquer coisa, especialmente no Brasil pós-Constituição de 1988: o *Estado Democrático de Direito*. É legítimo esperar que a filosofia do direito e do Estado explicitem a significação dessa fórmula político-jurídica, com base na qual deve se configurar nosso ordenamento jurídico. A simples leitura de nossa Constituição não deixa dúvida quanto ao papel central que ocupa nessa fórmula a defesa dos direitos fundamentais da pessoa, que seriam uma transposição, no plano do direito positivo, da problemática, comum à jusfilosofia e à filosofia política, em torno dos Direitos Humanos.

8
Ensaio acerca de uma história de Luis Alberto Warat
(um depoimento a quatro mãos e dois pensamentos: minhas cumplicidades)

Maurício Batista Berni
Doutor em Direito. Procurador do Estado do RS. Prof. na UFRGS e na UNISINOS

1. Para contar sobre o nascimento deste ensaio

Este ensaio é uma tentativa de reconstrução de uma das tantas caminhadas que andei com Luis Alberto Warat. Caminhadas que me fazem pensar em mais de vinte anos até seu momento atual, o momento de "por quien cantan las sirenas", onde demonstra uma profunda preocupação com uma ecologia abordada a partir da Ecocidadania.

Antes disso, é preciso lembrar, andou preocupado com a filoestética, e, antes ainda, com a carnavalização.

Tomando os vários desdobramentos do pensamento de Warat (não falarei aqui de sua fase argentina, que deverá ser melhor estudada), especialmente a partir desses temas, gostaria de interpretar e avaliar os momentos anteriores de seu pensamento: o presente teórico de Warat dotando de sentido a seus conceitos e concepções do passado. O atual deslocamento como fundamento, justificativa e compreensão de suas propostas do passado.

Tudo isto fruto de uma profunda reflexão e de um apaixonamento por suas idéias que dão a coragem de declarar: foram anos de convivência que resultaram neste depoimento. Considero-o como um intenso diálogo mantido através de uma viagem por todos esses anos junto com Luis: como se uma longa entrevista agora estivesse sendo publicada. Esses atravessamentos me permitem, também, tentar reinventar um pouco[1].

Neste sentido, começo a pensar que a sua madura e serena reflexidade, momentos mais sólidos e ousados aparecem nas suas duas últimas fases, quando ele decidiu perguntar-se sobre sua própria memória, tentando ser criativo e inovador (mais uma vez), pensando o futuro a partir de uma reinterpretação de suas narrativas e deslocamentos do passado. Um olhar na memória de seus discursos sem tentar fazer uma biografia melancólica.

São momentos muito especiais de sua produção, quando mais claramente parece estar elaborando (e mais intensamente) sua própria fundamentação epistemológica. Ou seja, uma espécie de "biografia epistemológica", como um livro de memórias sobre a produção de seus conceitos. Talvez uma tentativa de dar razões sobre os porquês de suas propostas e fundamentos do passado.

Nos momentos em que Warat ia provocando, diria, "os acontecimentos" de sua narrativa, muitos sentiam-se provocados, perturbados, agredidos, desconcertados ou desconsolados: abalava os modelos dominantes sobre o saber jurídico, e as pessoas não entendiam nem "porque" nem "para que": era como um estrangeiro na língua dos outros, e a alguns desses interessava exilá-lo.

Falar em "acontecimentos narrativos" significa forçar um pouco a expressão. Isto porque penso que o "devir" waratiano tem uma "rostridade" (como ele mesmo diria) com alguns traços que o aproximam (metaforicamente) à idéia de uma linha de fuga

---

[1] Como se trata de um depoimento, no qual muitas das suas afirmações não estão publicadas, optei por colocá-las entre aspas, prescindindo das citações.

dos conflitos simbólico-imaginário-político-ideológicos da cotidianeidade dos juristas.

Um discurso que multiplica angústias e conflitos para transformá-los. Momentos fora do cotidiano que contribuem para repensá-lo. Um trabalho em aberto que questiona o presente antecipando (num lugar fora da história) o tempo, as problemáticas e os conceitos que estão por vir. É, e sempre foi, um "antecipador". E, como todo "antecipador", um corpo vibrátil que marca, sem que os marcados tenham consciência dessa marca.

Muitos dos amigos de Warat (dentre os quais me incluo) já comentaram que ele é um jurista incompreendido, porque avançou seu pensamento em muitas décadas, do que é exemplo a "Ciência Jurídica e seus dois Maridos", que muito recentemente começou a ser vista seriamente pelo mundo jurídico.

Um exemplo esclarecedor dessa sua característica nós encontramos nas suas diversas passagens, desde há vinte anos, por São Paulo, Bagé, Santa Maria, Rio de Janeiro, Florianópolis e, depois, por tantos outros lugares, quando apresentava suas teorias (naquela época sobre a interpretação da lei) e escandalizava a maioria dos que o escutavam. Escândalos que hoje são moeda-corrente no imaginário dos juristas de ofício.

Naquela época, e disto não devemos esquecer, estávamos no auge de nosso último regime ditatorial, e as teorias de Warat eram consideradas subversivas, um atentado à lei de segurança nacional. Não se podia sequer falar que os juízes eram sensíveis, e que não eram semideuses. Exagerando, poderíamos hoje falar em alguns juízes corruptos sem que aconteça nada. Ao contrário, hoje há juízes que citam os velhos textos de Warat como se eles fossem novidade (outros não citam, mas apresentam como a boa nova que eles inventaram).

2. O nascimento da trilogia: A Ciência Jurídica e seus dois maridos

Desde a elaboração da "trilogia" que nasceu com a "Ciência Jurídica e seus dois Maridos", passando pelo "Manifesto do Surrealismo Jurídico" e que culminou com o "Amor Tomado pelo Amor", registrou-se mais um escândalo, fruto de suas provocações.

Na "Ciência Jurídica e seus dois Maridos", propôs a "carnavalização" do discurso jurídico, e isto molestou os juristas tradicionais do Brasil, apesar de tudo o que significa o carnaval para o inconsciente coletivo brasileiro. E se assim foi no Brasil, imagine-se na Argentina, um país que nunca teve notícias do que pode ser um imaginário carnavalizado.

A teoria da carnavalização ressoava a delírio, no mínimo. Uma "imprudência científica".

Hoje, aceita-se com mais tranqüilidade a possibilidade de aplicar os conceitos waratianos ao Direito.

Numa outra face (mas que é face de um mesmo rosto), surpreendia falando do amor e do direito. E os juristas talvez estivessem inclinados a pensar que ele falava do amor porque era um sujeito mais passional que filosófico, esquecendo que a filosofia, na sua origem, significa "amor ao saber".

Warat sempre teve consigo a manifestação de uma força que possibilitou que ele mostrasse como outra forma de fazer filosofia do Direito era possível. Uma filosofia que significa que algo está por vir. É, no fundo, um "devir" que após mais de vinte anos está chegando e, por isso, deve significar uma parada e um "olhar" para trás e uma tentativa de entender os momentos que agora estão por acontecer. Ou seja, entender o que Warat foi e o que é hoje.

Numa retrospectiva da obra de Warat, é possível pensar que ela mostra uma rejeição ao paradigma cientificista-juridicista que dominou a produção dos saberes do Direito: tentou deslocar-se para um plano estético-ético, para a produção de seus conceitos e, ainda, como complemento, a rejeição de uma filosofia do Direito universitariamente enclausurada, pensando mais na filosofia como uma pedagogia vital que possa ajudar ao homem a encontrar-se no mundo, "com ele mesmo, com os outros e com um coletivo que aceite o outro como multiplicador."

Nesta perspectiva, os autores que trabalham (ou fazem fortes referências ao trabalho de Warat) propuseram diferentes periodizações para sua obra. Quase todos levaram em consideração o pano de fundo que acabo de assinalar.

No meu caso vou considerar, neste ensaio, três (ou talvez quatro!) períodos, sem deixar, evidentemente, de concordar com as periodizações que foram estabelecidas por outros autores.

Creio que Warat teve um período anterior à elaboração da "Ciência Jurídica e seus dois Maridos"; um segundo, com a trilogia que começou exatamente pela "Ciência Jurídica e seus dois Maridos" e acabou com o "Amor Tomado Pelo Amor"; e, um terceiro momento, no qual Warat reflete sobre seu próprio passado para reinterpretá-lo, quando ele vai pensar a partir da ecologia.

Tenho algumas dúvidas sobre o seu momento dedicado à Ecocidadania: se está inserido nas suas reflexões sobre o passado ou, se, a partir dessas reflexões, mais uma vez avança algumas décadas...

De qualquer modo, creio que é importante, para examinar a obra de Warat, não perder de vista sua "trilogia", dialetizando-a nas intensidades derivadas do que ele produziu com relação à filoestética.

Em algum sentido, como já me reconheceu o próprio Warat, é possível afirmar que a filoestética é a justificação da trilogia.

Ou seja, não se pode desconsiderar que sua proposta de carnavalização culminou numa multiplicação de razões sobre a função do amor na filosofia do Direito. Isto significa, quero crer, um relevamento filoestético do devir de seu discurso sobre a carnavalização, surrealismo e os efeitos do amor no discurso jurídico.

Ele nunca foi fiel aos métodos de interpretação derivados dos paradigmas dominantes das verdades jurídicas.

Warat, num determinado momento, interpretando a "cartografia" de Guattari, diria que ela estaria a substituir um trabalho de historização sobre a própria obra waratiana por um diagrama de fluxos de intensidades de sentido, uma multiplicação de um discurso enunciado e que tivesse em conta os atravessamentos daí possíveis. Este ensaio, de uma certa maneira, também é um atravessamento de minha própria história sobre Warat. Um "devir" waratiano antes que uma história sobre Warat.

Tento, de uma certa maneira, levantar a maior quantidade possível de interrogantes com relação a sua obra, e, como ele mesmo considera, deva ser uma filosofia do Direito.

Isto me leva a pensar sobre o sentido do presente ensaio.

3. Voltando um pouco para antes da Ciência Jurídica e seus dois maridos

O sentimento que ficou das minhas impressões, nos meus diálogos com ele, sobre a filosofia do Direito no Brasil me levam, sem pretender segmentar e nem estereotipar, a pensar pelo menos duas experiências além da de Warat. Uma primeira, com forte influência dogmático-formal, da qual Miguel Reale ainda é o principal representante. Por aí passaram e passam gerações de juristas.

Houve, depois disso, uma tentativa de rompimento, um pouco equivocada na opinião de Warat, representada por Roberto Lyra Filho. Porém, um momento importante de rompimento com certos valores da tradicional filosofia do Direito, mas que não conseguiu romper totalmente com os conceitos tradicionais. Foi uma filosofia militante que cumpriu um importante papel filosófico-político na história jurídica brasileira.

Faltava, pareceu a ele, alguma coisa. A filosofia de Lyra Filho, se, por um lado, conseguiu romper com a filosofia tradicional, não foi além disso. Não conseguiu superar o positivismo lógico e nem fugir de suas conseqüências. Foi, enfim, uma filosofia de militância.

Aliás, neste sentido já escreveu José Alcebíades de Oliveira Júnior que "Warat e Lyra foram naquele momento dois marginais que recorreram caminhos aparentemente diferentes, porém demonstraram, para um leitor atento de suas obras, um frutífero jogo de contrastes, finalmente conciliáveis".

Concordo com a opinião de Alcebíades Júnior neste sentido. Apenas gostaria de acrescentar um elemento certamente polêmico, mas que me parece importante para entender a dimensão e as conseqüências do que disseram esses dois pensadores.

Sem desconhecer e reconhecer a imensa contribuição de Lyra Filho, especialmente considerando o momento em que formulou suas idéias (que a mim tocaram profundamente) diria hoje, que elas, por si só, deixam uma falta não percebida pelos grupos que agora pretendem exercer militâncias à sombra do que ele não chegou a realizar.

Lyra Filho certamente teria avançado nas suas idéias. Porém, morreu antes. Do que ficou, com profundo respeito ao que significou e significa, é preciso dizer que hoje não se diferencia, no método, daquilo que fez e faz a filosofia tradicional...

Parece-me que a obra de Lyra Filho, resguardadas suas historicidades, pecou por um ataque mais profundo à filosofia do direito tradicional. Lyra Filho, afinal de contas, não deixou de utilizar-se da lógica-formal, na medida em que as categorias marxistas são, fundamentalmente, formais.

Warat rompeu com isto.

O pensamento de Lyra Filho encontrava-se subordinado a uma das duas ideologias progressistas da modernidade. Ideologias que se esgotam neste final de milênio, embora não se possa dizer, na minha opinião, que se tenham terminado, senão que devam ser reconstruídas a partir de novos paradigmas.

A morte de Lyra nos deixa um interrogante que nunca se vai preencher: de que teria dificuldades de enfrentar, avaliar, interpretar e antecipar as complexidades do "vir-a-ser" das sociedades deste fim de século. Creio até que ele superaria tal interrogante: não superaram muitos daqueles que pararam no tempo de sua morte.

Nos tempos atuais, mais que a destrutividade do pensamento opositor, importa a criatividade. E a criatividade nunca se desenvolve a partir do banal, e por isso comparto com Warat de que "toda filosofia ingressa na sua própria zona de risco, no seu próprio pantanal, quando se deixa levar por tendências trivializadoras ou destrutivas".

O pensamento de Lyra, segundo Warat, entrou nessa zona de risco. Se Warat cometeu erros, não foram estes, pois não caiu nestes abismos (da trivialização e banalidade), conseguindo renovar suas forças para repensar o Direito no tempo de uma modernidade em declínio. A partir da trivialização, hoje ele está falando na trivialogia, que, numa conceitualização mínima pode ser vista "como una imagología de lo melodramático, como la organización, em imágenes, de las banalidades (Em seu mais recente livro, *Por Quien Cantam Las Sirenas*).

Parece-me que Warat conseguiu isto graças à sua percepção no sentido de enfatizar o registro estétito-ético como um lugar de seu pensamento, porque, dito por ele mesmo, "Só desde uma estética eticamente condicionada se pode evitar os riscos da banalização e dos impulsos destrutivos: o belo nunca é destrutivo".

Por outro lado, o pensamento de Warat nunca foi militante, porque ele sempre foi, como definiu-se, um cronópio, e um "cronópio nunca é militante de coisa alguma, sequer de sua própria loucura".

Pensa ainda Warat que os militantes tentam criar um pensamento que postulam como questão fechada e, portanto, não-criativa.

Parece-me que Warat não caminhou por aí. Ao contrário, tentou estabelecer linhas de fuga, como abalos, brechas no pensamento instituído.

Brechas, abalos, que são, ao mesmo tempo uma linha de fuga e encerram sempre uma dimensão de criação em estado nascente: "Uma linha de fuga das certezas, na procura da criatividade". Warat pensa na filosofia sempre como um ato de invenção, de criação. E ele pensou, no momento em que estava voltado à filoestética, não existir criatividade sem um componente estético.

Nesse momento, passa a refletir que toda uma concepção de direito, da filosofia e do Estado de direito, acabou com a modernidade. Tudo tem de ser repensado na condição transmoderna (que, diferentemente da "pós-modernidade, reconhece as contradições do "velho" e do "novo").

4. O Warat da semiologia e outros temas

Lembro do Warat que escreveu textos inconformados sobre Kelsen, produzindo uma rebelde teoria pura do Direito. Tempos também em que ele procurou desenvolver uma semiologia também rebelde do Direito quando muitos filósofos do Direito argentino (sua evidente influência) faziam análises semiológicas apontando para Karnap, Von Right, Tarski ou Wittgenstein. Ele construiu sua semiologia a partir de Barthes, "tentando uma releitura bartheana de Saussire e do neopositivismo lógico".

Enquanto seus colegas de tribo direcionavam a filosofia do Direito para o plano da lógica, ele a encarava desde o plano pragmático, preocupando-se mais com as "intensidades e os fluxos intencionais que pelas determinações lógico-semânticas, preocupando-se mais com as ressonâncias conotativas que pelos balizamentos referenciais".

Nesta época, também sob o ponto de vista pedagógico, ele tentava quebrar as formas tradicionais do ensino do Direito, a pomposidade das aulas magistrais, gerando encontros vibráteis com seus alunos. Um "entrenós" afetivo que foi seu maior gosto de rebeldia.

Uma intimidade afetiva que soava para os militares de turno no poder como provocativos e perigosos gestos de subversão. Na verdade eles perceberam (e com toda a razão!) que a afetividade waratiana era uma arma revolucionária. Laura Cipriano, uma das suas primeira alunas, ainda no tempo em que estava na Argentina ensinando Introdução ao Direito, confessou-lhe que surpreendeu-se desde a primeira aula, pois já naquele tempo ele tomava como referência o cinema, relacionando os filmes com o Direito. Talvez os primeiros passos daquilo que depois veio a chamar de cinesofia.

Desta maneira, introduziu o apelo ao cinema e às vivências cotidianas de cada um como uma Metodologia do Ensino do Direito. Porém, sem sair do enclausuramento universitário. Levou o cinema e a vida para o interior do espaço universitário, mas não tentou levar a filosofia do Direito para a vida e para o cinema (e esta, segundo ele mesmo, seria uma diferença básica com relação à sua moderna proposta filoestética, a filoestética como uma superação da neurose waratiana, superação que seria dada pela inversão de seu método inicial de ensino).

Para reforçar essa idéia, é significativo lembrar que, naquela época, tentava mostrar que os métodos de interpretação da lei eram recursos retóricos e que na verdade a interpretação da lei não era outra coisa que um processo de redefinição das palavras da lei.

Dizia existirem técnicas diretas e indiretas de redefinição. As expressões como "ordem pública", "estado de necessidade", "abuso de direito", etc., cumpriam, na interpretação da lei, as mesmas funções que os super-heróis das histórias em quadrinhos. Isto quase custou-lhe a vida, porque um colega que ouviu tais observações o denunciou aos organismos de segurança argentinos, que na mesma hora mandaram vinte policiais para executá-lo. Conseguiu escapar e até hoje vive no Brasil.

Isto me leva a pensar novamente na *Ciência Jurídica e seus dois Maridos*, onde estabeleceu o conceito de carnavalização para o campo da epistemologia do Direito, recriando um conceito que Bakthin propôs para análise no território da teoria literária. Mas, é preciso ter presente, também, que esta atitude de recriação dos conceitos já estava presente embrionariamente nos trabalhos anteriores à *Ciência Jurídica e seus dois Maridos*. Num certo sentido, é possível dizer que a tentativa de reler Saussire, a partir de Barthes, é uma forma criativa de ler Saussire, o que passa a ser muito mais "Warat" que "Saussire".

Warat confessou-me suspeitar que o que estava faltando nessa época era um deslocamento do plano de imanência instituído por este autor. Recém na "Ciência Jurídica" tentou construir seu próprio plano de imanência. Era uma releitura de Saussire feita no interior do plano de imanência. Aí estaria a diferença essencial. Vale o mesmo para o que fazia no campo jurídico, onde o plano de imanência era kelseniano.

A carnavalização é o conceito inaugural da filosofia waratiana. É o momento no qual ele consegue sua linha de fuga em relação à epistemologia do Direito. Seu ponto de ruptura em relação à teoria kelseniana. Até esse momento ele já havia começado a questionar a proposta acerca da "pureza do poder" (isto porque achava que a filosofia jurídica se desenvolvia a partir de todos os elementos que Kelsen rejeitava).

Não aceitava a idéia de um discurso de uma ciência jurídica pura, despolitizada, eticamente indiferente e isenta de qualquer risco de contaminação ideológica. Tanto que procurou uma espécie de instância política no registro epistemológico, questões que foram problematizadas na 4ª Jornada da "Associação Latinoamericana do Ensino do Direito" (ALMED), realizada no México, e muito bem registrada na dissertação de mestrado apresentada no curso de Pós-Graduação em Direito da Universidade Federal de Santa Catarina por Dilza Mondardo.

Rapidamente, no entanto, constatou que isto era impossível. Percebeu os limites de uma leitura política no interior da episteme, e que esse tipo de leitura só pode ser feita desde a filosofia política.

É importante registrar que, desde a semiologia (como uma leitura interior) até chegar à filosofia política (quando passou a discutir a questão da democracia), teve a seu lado Leonel Rocha, com quem escreveu inicialmente sobre a semiologia e depois discutiu os conceitos de Claude Lefort sobre a democracia.

5. A carnavalização

É nessa oportunidade que Warat realiza seu primeiro salto, indo da epistemologia jurídica para a filosofia política. Este salto, com o ingresso na filosofia política, tem suas marcas singulares: com fortes atravessamentos estéticos. E a carnavalização surge como o conceito a partir do qual ele tenta desenvolver esse percurso. A carnavalização é um conceito através do qual procura exprimir os limites de qualquer tentativa para pensar epistemologicamente o Direito.

Tenta fundamentar o ocaso desse modelo de pensamento jurídico, de um modelo de narrativa neutralizador das "vozes" e dos "personagens" do Direito: surge sua proposta de um outro tipo de relato sobre o Direito.

Segundo Warat, Bakthin introduziu o conceito de carnavalização na teoria literária para contrapor dois tipos de narrativa presentes na literatura russa: de Tolstói e Dostoiévski.

Nos romances de Tolstói dar-se-ia ênfase à presença de um narrador que funde em sua voz todas as vozes dos personagens, neutralizando-as. Em Dostoiévski, o narrador é um lugar vazio onde todos os personagens podem sucessivamente ocupar esse lugar. É um romance democrático.

Incursionando pela carnavalização bakthiana, Warat percebeu que a "novela jurídica" acompanhava o modelo de Tolstói. O jurista dogmático é sempre um narrador que neutraliza as vozes do Direito em nome da segurança, "um simulacro de verdades que consegue manipular a produção dos sentidos jurídicos sobre a miragem de que estes se encontram previamente fixados nos aspectos legais, uma forma anterior a qualquer interpretação. A voz do narrador dando fé ao simulacro dos sentidos instituídos: a narração que aparenta ser preestabelecida. Os atores jurídicos negados em sua função de participar do espetáculo do Direito".

Sempre aparece em Warat uma linha de fuga, uma quebra, uma brecha, um abalo desse simulacro. A opressão fora do seu lugar estabelecido, como no carnaval, onde o oprimido sai de seu lugar para ocupar, num instante imaginário, o lugar do rei. "A carnavalização como um lugar fora do cotidiano que instala no imaginário as marcas de uma esperança e de uma alegria que não vingou. A representação cênica do que não se consegue viver. Uma forma de situar o pensamento em movimento. A carnavalização como uma totalidade aberta".

Na carnavalização, tratar-se-ia de inventar uma forma imaginária de subjetivação de um modelo de existência como obra de arte capaz de resistir e profanar ao poder e aos saberes que os sustentam, traçando caminhos sempre inesperados.

É a carnavalização como o "lugar de fuga", onde se estabelece imaginariamente uma espécie de "plano de expressão" do "ainda mais" do desejo. Ou seja, um lugar onde se formula o desejo de ampliação do próprio desejo. Uma metáfora do desejo onde o sinistro que castra uma esperança é esteticamente transformado num estético gesto de rebeldia, uma denúncia poética que tem uma força multiplicadora muito mais consistente que qualquer análise intelectual de uma estrutura opressiva.

Uma forma de transformar o mundo, de endurecer-se no protesto sem perder jamais a alegria. Warat dá um bom exemplo disso, vendo na força expressiva dos "carapintadas" que saíram às ruas para exigir a saída de Collor, comandando uma atuação carnavalizada com "acontecimento" político: "a barricada trocada pela batucada".

Warat refere seu conceito de carnavalização como instância "imaginária" do "ambivalente imaginário" de dona Flor. A carnavalização exprimindo uma tensão entre o instituinte e o instituído. Uma tensão entre o masculino e o feminino do desejo. O masculino como o instituído; o feminino como instituinte.

É possível pensar que uma dialética do instituinte e do instituído abriria sempre a penetração do instituinte no instituído, assim como haveria sempre a possibilidade de penetração do feminino no masculino: o feminino, ou instituinte, tomando conta do masculino, ou instituído, para subvertê-lo. Este o momento de "dar conta" seria o momento da carnavalização.

Warat usa *Dona Flor e seu dois maridos* para tentar mostrar metaforicamente isto, que fica claro quando ele propõe que se veja Vadinho como o feminino e Teodoro como o masculino, dentro de uma história onde Vadinho, desde um lugar da fantasia, vai tomando conta de Teodoro para alterá-lo. Ou seja, existe sempre no jogo do mundo a possibilidade de gerar uma fantasia que vá tomando conta do cotidiano para modificá-lo irreversivelmente: a fantasia do "ainda mais".

É aí que Warat estabelece um paralelismo entre o conceito de carnavalização e a fantasia do "ainda mais". A carnavalização como uma forma de atuação dessas fantasias no real e que, apesar de ser real, se conserva como pura fantasia. Uma temporalidade, um "acontecimento" que se realiza no mundo como fantasia (sem ser um simulacro). É um "acontecimento fantástico". Um real "fantástico". Um pequeno momento de vida como obra de arte, mas também um jogo do imaginário que se prolonga no tempo como uma indicação de existência imaginária.

Warat perguntou muito como poderia funcionar essa idéia da carnavalização para o Direito. Confesso que também me perguntei muito, como devem ter feito todos aqueles que leram seus textos.

A *Ciência Jurídica* é um longo exercício reflexivo que pode servir como resposta, pelo menos provisória. Nele, Warat coloca uma possível indicação incidental da carnavalização para o ensino do Direito. Explicitamente nega pronunciar-se sobre outros lugares de uma "possível" utilização do conceito de carnavalização. Limita-se a sugerir que pode ser pedagogicamente útil gerar lugares imaginários para aprender a pensar o fenômeno e os envolvimentos jurídicos: "a carnavalização como uma atuação na qual se aprende alguma coisa. Uma fantasia que multiplica a realidade do direito para entendê-la melhor. A carnavalização como psicodrama de aprendizagem".

Assim, a *Ciência Jurídica* é uma obra de filosofia que deve ser vista como pedagogia. Basta percorrer um pouco suas páginas para sentir que se está diante de uma proposta de trabalho que pretende, antes de mais nada, sustentar cumplicidades na aceitação das diferenças.

6. O manifesto do surrealismo jurídico e a ecologia dos desejos

Da *Ciência Jurídica*, Warat chegou ao *Manifesto do Surrealismo Jurídico*, que ele começou afirmando que "juntar o direito à poesia já é uma provocação surrealista". E o manifesto não deixa de ser uma longa reflexão sobre esta afirmação inaugural.

O *Manifesto* representa uma forma proposta de elevação dos atos, das atuações e dos textos jurídicos à condição de poema e, como tal, uma busca erotizada dos sentidos, nunca das formas: imaginação pedagógica que começou a ser esboçada na *Ciência Jurídica* e que retorna com mais vigor no *Manifesto*. Os dois textos imbricados para "condenar os deuses do saber ao seu crepúsculo".

A poesia: um ato estético como uma forma de protesto contra as modalidades eruditas de ignorância. Como os juristas ignorantes que ditam sentenças ou ensinam burocraticamente nos enclausuramentos chamados faculdades de Direito.

Um interessante exercício para ensinar, longe da vida, a certas pessoas. Para que tenham capacidade de tomar decisões sobre a existência do outro: o afastamento da vida como fonte do Direito.

Warat sempre teve claro que seus alunos não poderiam ver isto a partir de razões. Os argumentos racionais são inócuos para provocar reações diante das misérias da vida. As razões de uma palavra universitária são sempre lucrativas para o docente e não substanciais para quem tenha de reagir.

As deformações ideológicas do direito só podem ser entendidas por estimulantes impactos emocionais. Para transformar o mundo, às vezes basta um poema...

Porém, é sempre insuficiente os mil e um desdobramentos analíticos que se possa fazer. O impacto de uma força poética é insubstituível.

O manifesto do surrealismo jurídico é um livro que não pode ser analisado de forma separada da *Ciência Jurídica*. São dois textos complementares.

Neste último, Warat tenta mostrar a estética surrealista como um mundo de realização de certas formas instantâneas de carnavalização. Pequenos incidentes do cotidiano ampliados como uma forma que havia permanecido levada de carnavalização.

Juntou ao surrealismo a carnavalização, porque vê em ambos uma proposta de fundir, pela estética, os sonhos com a vida.

Relendo o *manifesto*, penso poder afirmar que é um manifesto contra a produção de conceitos em geral e os jurídicos em particular, e a favor da assunção do lugar "plano-estético" para criação de conceitos filosóficos": a possibilidade de ser feliz é um ato estético, pois é uma possibilidade de encontrar-se com a beleza da vida.

Escrevi, a respeito, na segunda versão do *Manifesto* (*Manifestos para uma ecologia do desejo*), que não é por acaso que poesia e política, desejo e solidão, socialismo e capitalismo, estão reunidos nestes manifestos, encontrando no segundo, não a conclusão do primeiro, mas a prova veemente de que o autor não busca um porto seguro. Deslocou-se novamente e nos convida a navegar outros mares: sempre com a nau dos desejos e dos piratas, jamais com a nau dos reis.

Já estava apontando para a ecologia, uma ecologia dos desejos que vai desembocar na Ecocidadania. Dizia ele, no *Manifestos Para Uma Ecologia Do Desejo*, que, "trocando em miúdos, como cantaria Bethânia, a ecologia do desejo está sendo apresentada como uma ecologia do reconhecimento do Outro".

Já estava anunciando uma ecologia voltada para a cidadania.

7. O amor tomado

O amor tomado pelo amor é seu próximo momento. E tenho muita tranqüilidade para afirmar que no *Amor tomado* está o embrião de sua proposta filoestética. Para começar, na forma: um filósofo que aderiu à filoestética é um filósofo que renuncia a ser filósofo para continuar a ser filósofo.

Warat faz esta alusão lembrando Guattari, que, reiteradamente sustentou que um intelectual deve renunciar a ser intelectual para continuar sendo um intelectual. Sempre pensou que nos tempos atuais não haveria lugar para um filósofo enclausurado. Hoje não existem mais estilos filosóficos definidos. Misturam-se os lugares da escrita. O romancista é um pouco filósofo, e o filósofo é um pouco romancista. O cineasta é filosófico, e o filosófico está diante do desafio de fazer cinema. Um pouco de cinesofia.

Na forma, no amor, se dá essa mistura de gêneros: é um romance, é um texto de psicanálise. Fragmentos de discursos filosóficos, sem deixar de ter momentos nos quais Warat aproxima-se dos "melodramas mexicanos". Ele mesmo brinca com o "kitsch". E, sobre todas as coisas, *o amor tomado* é uma confissão amorosa frente à vida, ao feminino e, principalmente, diante do outro como coletivo. É uma instituição do amor como conceito imaginário de sua filosofia. Sua forma de expressar o amor pela filosofia e a filosofia como amor. Ecologicamente falando: o amor como cuidado.

Num certo momento, Warat definiu o amor como um ato de cuidados. De si mesmo, do mundo e do outro. O amor como um intercâmbio de cuidados: o cuidado conceitualizado como todos os meios pelos quais se impede o maltrato.

O amor como uma forma de ajudar o outro a colocar limites no maltrato que se pode receber de si mesmo ou dos outros. Uma forma de tentar vincular o amor à filosofia. Uma filosofia como criação de conceitos que ajudem a humanidade a cuidar-se. Um sentido diferenciado da filosofia que Warat incorpora e rescreve. E isto, pensa ele, é básico na filosofia, porque a idéia de cuidado serve para definir várias coisas: a ética como uma normatividade dos cuidados; a democracia como os cuidados que devemos ter diante do poder, ou seja, com os cuidados que coletivamente devemos exercitar para não sermos maltratados pelo poder; a cidadania como um cuidado que controla os "maus-tratos" que o Estado nos pode impingir; o Estado de direito com uma legalidade que nos cuide; a ecologia como um cuidado mental, ambiental e social, e os direitos humanos como uma reivindicação do direito ao cuidado, enfim, uma pedagogia dos cuidados.

Esta pedagogia dos cuidados, é, sem dúvida, uma mensagem silente do "amor tomado": "se não te cuida do outro, o outro te contamina. Caem as defesas imunológicas, pois há muitas defesas imunológicas que caem, não só aquelas que advêm da AIDS".

No *Amor tomado*, fala-se do amor em diferentes registros. Warat tenta apreendê-los em sua dimensão política, estética, pedagógica, sexual, ecológica, jurídica como componentes do vínculo psicanalítico, chegando até a explicar, desde o *Amor tomado*, a ideologia e a democracia.

Warat resgata, no *Amor tomado* um triplo sentido do amor: estético, ético e filosófico. Nessa articulação, Warat encontra seu conceito de filoestética, que passa a significar "um modo de articulação desses três sentidos. A filoestética como simultâneo amor pela filosofia, ética e estética".

Neste ponto, Warat lembrou de Paulo Bisol, que uma vez lhe disse, "as pessoas querem viver num mundo onde as coisas sejam éticas e bonitas, porque no fundo, sabemos que é na união dessas demandas que encontramos os instantes de felicidade".

Ninguém se transforma nem transforma o mundo desde o sinistro. As transformações do mundo pareceriam sempre requerer a presença da beleza. Os ressentimentos nunca transformaram a sociedade. Os ressentimentos não mudam o mundo.

Warat comentou-me acreditar que a transformação do mundo precisa de estética porque precisa da abertura, ou seja, de um sentido aberto. E, não há sentidos abertos sem o ato poético, porque o sentido poético tem sempre um componente de determinação.

Não existe, assim, uma ato poético sem um componente de imprevisibilidade, porque a forma poética em um ato é esse componente de imprevisibilidade. Ao discurso, ao ato ou ao acontecimento que falta esse componente, só pode representar uma estética simulada, um simulacro de estética. Deixa de ser estética passando a ser um "kitsch". E na história contada no *Amor tomado* isto é muito claro. O personagem masculino tem uma paixão desmedida, uma compulsão, uma compulsão pelo objeto amoroso que o impedia de aceitar qualquer gesto de imprevisibilidade do outro. Perdeu a dimensão estética do vínculo amoroso e, por isto, também perdeu o objeto. Quando desaparece a dimensão filoestética do vínculo amoroso, perde-se o enamoramento. O amor contém um elemento áurico que é estético, e essa áurea está sustentada na imprevisibilidade. Se a imprevisibilidade falta, no lugar da áurea, emerge o "kitsch". Porque o "kitsch" precisamente é a negação da imprevisibilidade do ato estético.

Nesse componente de imprevisibilidade é que a estética se torna "estética", porque se erotiza.

Warat sempre disse que o amor é um exercício estético. É uma estética de cuidados. E uma estética dos cuidados também é uma estética do amor. Para Warat, se um não se cuida esteticamente no amor, o descuido estético é um "mau-trato" ao outro: a tua negação estética é um "mau-trato" ao outro.

O interessante no *Amor tomado* é que Warat construiu um simulacro de amor entre dois personagens que, no fundo, nunca se amaram.

Cada um, por diferentes determinações, maltratou ao outro. Quando um cuida do outro, se auto-impõe limites, não invade ao outro. Invadindo ao outro, se ultrapassam os limites.

Sem dúvida, *O Amor tomado* é o livro menos jurídico de Warat. Existem referências jurídicas no texto, porém, elas são periféricas. Creio que é um livro mais de filosofia que de Direito. É realmente uma passagem para toda uma outra forma de fazer filosofia (evidentemente que o livro permite fazer uma passagem para o Direito, mas esta passagem ele não enfrentou).

Nos nosso diálogos, ficou claro seu pensamento de que os personagens do Direito são uns grandes simuladores que criam toda uma aparência de previsibilidade, quando o Direito tem uma alta dose de imprevisibilidade. Jogamos com uma previsibilidade simulada que nega a imprevisibilidade e acaba sendo o discurso jurídico de uma interpretação da lei, um discurso "kitsch".

Abrindo-se o jogo estético do Direito, o ato interpretativo da lei seria mais lindo. Pareceu-me, num determinado momento, que se abria uma importante questão, talvez a que mais interessaria a ele, de tentar conceitualizar, encontrar outro conceito de criatividade.

Desde há muito os juristas falam em criatividade. A partir dos anos sessenta, os juristas se perguntavam muito se os juízes criavam ou não Direito. A ele, não é este sentido de criatividade que importa.

Não se trata, na verdade, do sentido de criatividade do juiz. Trata-se de encontrar o "sentido" da criatividade. A criatividade como dimensão estética da democracia.

O imprevisível como ato de justiça. Assim como a filosofia do Direito como didática do ensino está enclausurada na Universidade, a produção dos sentidos normativos está enclausurada no Judiciário. Assim como o professor de Direito deve ganhar o cotidiano da vida, as produções de significações como instância da realidade devem ser emergências do coletivo.

É importante aclarar que as produções criativas do Direito não podem ser confundidas com o uso alternativo do Direito, que é um simulacro de criatividade.

Não se trata de termos juízes que interpretam ou garantam a multiplicação dos sentidos das palavras da lei. Esta é uma fórmula bastante gasta e inócua, porque a criatividade deverá fundamentalmente no Direito ser como constituição do imaginário, de um limite que se torne tolerável.

A interpretação da lei, segundo Warat, na aparente reconstrução de um novo conceito, só tem um uso retórico desses conceitos. Segundo ele disse no *Amor tomado*, "a capacidade de pensar (um ato de criatividade) fica substituída pela idealização de um discurso que é fantasiado como um retorno do porta-voz originário".

Na *Comuna do Brasil*, Warat diz existirem "cuidados" sem cuidadores". Se quem "cuida" se erige em "cuidador", chega-se ao totalitarismo. A democracia exige "cuidados" sem "cuidadores". Isto se percebe na ecologia: todos devemos cuidá-la, sem sermos os "cuidadores". Para Warat, esta forma de "cuidar" quando um diz que é o "cuidador" do outro, é uma "forma mafiosa" pois a máfia cobra para "cuidar".

8. A filoestética

Warat é um filósofo, principalmente do Direito, que pode ser situado na trilha de Guattari, Deleuze, Folcault, Barthes. Paramos um dia para refletir juntos sobre essas questões. E eu não só concordava com algumas de suas reflexões com acrescentava outras, como, por exemplo, que dele se podem dizer coisas parecidas com o que Stern disse a respeito desses autores. Como Deleuze, de Warat se pode dizer que é um grande pensador, e como todo grande pensador "precisa do inesperado como lugar para respirar e viver", e na busca do inesperado ele não parou de surpreender: aos juristas pela irreverência com que desmanchou seus principais registros ilusórios; aos filósofos pelo vigor com que introduziu seus atravessamentos interdisciplinares no discurso jurídico; aos psicanalistas, pela originalidade de seus "entrecruzamentos"; aos poetas pela força com que juntou literatura, cinema e lugares estéticos e a estética em geral como lugar de compreensão do Direito.

Sua obra, talvez comparando um pouco com Deleuze, é uma prodigiosa criação de conceitos e de lugares desde onde pensar o inesperado das interpretações. Sempre tentando mostrar que o pensamento é muito mais uma questão de vida do que de teoria (a teoria rejeitada por ser uma arquibancada da vida), para ver a vida passar sem compromissos e comprometimentos: a "mirada" de um corpo quieto. Uma "mirada" triste, sem alegria, sem criatividade. Ele, como Deleuze e também Guattari, afirmou que a vida tem que ser vivida como uma obra de arte, e a filosofia realizada de um modo nada abstrato, como uma forma de reinventar a vida (já dizia isto no *Manifesto*). A filosofia como uma maneira de viver, como uma estética da existência, uma arte de si mesmo e da aceitação do outro como diferente.

Em sua arte de viver, Warat incorporou a filosofia como uma forma de sua própria existência. Seu amor à filosofia nunca esteve desligado de seu amor pelos outros.

O certo é que Warat pode ser caracterizado como o filósofo dos múltiplos deslocamentos. De deslocamentos que sempre surpreendem (até o ponto em que a maioria das pessoas levam anos para compreender o sentido desses deslocamentos), se bem que, sempre são ousados e inesperados sem serem fortuitos nem gratuitos. Em cada livro de Warat há um deslocamento. Ou, ao contrário, é efeito de um deslocamento: carnavalização, surrealismo, filoestética, e, mais recente a Ecocidadania.

Como ele mesmo confessa, o deslocamento da filoestética é produto de um mergulho mais intenso na obra de Guattari. Um mergulho que vinha fazendo quando o surpreendeu a morte deste filósofo francês três textos sobre sua vida e obra (nas *Revistas Contradogmáticas, Seqüência e Actualidad Psicológica*).

Por outro lado, propõe o nome de filoestética para a obra de Guattari pensando em si mesmo. Isto falando da filoestética guattariana para conceitualizar sua própria filoestética: o sentido de um novo deslocamento. Poderíamos, assim, preliminarmente dizer que Warat caracteriza sua proposta filoestética repensando Guattari, reinventando Guattari. E reinventando Guattari para reinventar-se, no melhor estilo deleuziano.

A filoestética waratiana "é um chamamento à criatividade e às práticas de singularização das subjetividades. Uma ecologia da vida cotidiana que questiona as crenças preestabelecidas, os desejos manipulados e as arrogâncias dos grandes princípios. Uma estética da ética, que problematiza nosso presente, fugindo das universalidades, esses confortáveis mosteiros da modernidade. Uma auto-exclusão da academia para tomar conta da vida, da mídia e fazer a guerra contra a época, em praça pública".

Warat gozou licença-prêmio da Universidade Federal de Santa Catarina no primeiro semestre de 1992. Foi a Buenos Aires. Voltou com vários textos nos quais esboçava a filoestética e também uma proposta disciplinar de criar uma cadeira de filoestética. Desse projeto quero destacar a proposta de repensar o direito explorando a cultura brasileira, o que ele faz há mais de vinte anos.

Trafegando pela música popular (Chico, Caetano, Gal, Bethânia, Gil, tropicália...), mergulhando nos efeitos da semana de arte moderna (Oswald e Mário de Andrade e todos), buscando inspiração e trabalhando a dramaturgia do teatro do oprimido de Augusto Boal e encarando o cinema como um modo de fazer filosofia. - E encarando ao cinema e aos cineastas como uma forma de fazer filosofia -, com sua proposta de fazer cinesofia.

Antes de dizer algumas coisas sobre a cinesofia, não quero deixar de dizer, abrindo um pequeno parêntesis, que Warat, sendo um brasileiro por adoção, é um dos filósofos do Direito que mais tentou refletir e repensar o Direito atravessando-o com a cultura brasileira. Apesar de ser estrangeiríssimo, é um dos juristas que talvez mais brasileiramente pensou o Direito. Basta lembrar o atravessamento de *Dona Flor* na *Ciência Jurídica*. Também é de lembrar o impacto, anos atrás, no Curso de Direito da Pontifícia Universidade Católica do Rio de Janeiro, quando repensou o Direito acompanhando as peripécias de *Roque Santeiro*, novela de sucesso à época. Em muitos seminários, também utilizou da temática de Nelson Rodrigues e Glauber Rocha.

Fica bastante óbvio que para Warat o cinema é importante "porque vivemos imersos numa cultura onde a imagem domina, acima da palavra". Ele parte da idéia de Deleuze, sobre a "imagem em movimento" no cinema, que nos coloca diante de uma totalidade aberta e infinita: o universo como cinema em si.

Warat pensa com Deleuze, "que a idéia de uma totalidade aberta tem um sentido propriamente cinematográfico (embora o cinema não se confunda com um modelo de uma totalidade aberta), o que permite encontrar-se com uma proposta de sentidos que se possa desenvolver fora das alterações e das clausuras derivadas de paradigmas cientificistas". Um filme, para Warat, é sempre uma obra aberta.

Já faz um tempo, anterior à filoestética, que Warat começou a tomar a imagem como objeto de análise, porque sentia que o discurso das imagens estava substituindo ao discurso na formação das ideologias. Na mesma direção aberta por Kundera, Warat denunciava a mutação ideológica que se vinha (e vem) promovendo na condição transmoderna, onde os sistemas de representação ideológica acabam reduzidos a um repertório simplista de imagens: "A imagologia de Kundera", que Warat recria através do conceito de "trivialogia".

Warat reconheceu-me que Kundera também o inspirou nas suas reflexões sobre o "kitsch" - *Insustentável leveza do ser* -, onde uma de suas personagens, Sabrina, pretendia realizar esteticamente sua vida e seus amores repudiando (fugindo) de qualquer manifestação "kitsch" da vida, ou seja, qualquer postura "kitsch" frente ao mundo.

O homem é alienado pelo estabelecimento de um conglomerado de imagens "kitsch" que funcionam como um plano de imanência da alienação. Imagens "kitsch" que sustentam a previsibilidade, o repúdio ao imprevisível. Ao invés de gerar conceitos, criam estereótipos.

O "kitsch" das imagens cinematográficas, um plano de imanência alienante, "que corresponde ao que Deleuze atenta, quando alerta para os cuidados que devemos ter (quando no plano de imanência), de não corrermos ao longo da linha do horizonte, pois aí impeliremos o plano para mais longe". A recriação de Warat, apontando para o plano de imanência alienante, insere-se na perspectiva deleuziana que simula o plano, pois permanece fora do horizonte.

E por isto é importante intervir nele, tentando a substituição de um plano de imanência alienante por um plano de imanência transformador, "um plano de imanência composto por imagens do pensamento. Assim, o plano de imanência é, de alguma maneira, como um filme internalizado na estrutura psíquica".

Há que distinguir imagens do pensamento e imagens do cinema. As imagens do pensamento são como imagens do cinema, porém, nem toda imagem de cinema é uma imagem do pensamento (serão, na medida em que forem internalizadas). Isto porque nem todas as imagens de cinema estão no plano de imanência, porque funcionam como conceitos (correndo ao longo da linha do horizonte).

Não está internalizada. Uma coisa são as imagens que circulam dentro de nós, e outra coisa a do cinema, que já estão produzidas: "quando produzo ou vejo meu filme, não estou diante de imagens do pensamento".

Warat pensa em Guattari, para dizer que o paradigma estético tem tudo a ver com a criatividade indispensável ao deslocamento. Para que o homem possa sair de uma subjetividade institucionalmente pré-programada e exercite uma pragmática de singularidade, um "ir-e-voltar" que ingressa no horizonte absoluto (plano de imanência): "É ainda Guattari que alerta para a importância de um dia não termos duas escolas ou classes iguais, porque, aí, passaríamos dos paradigmas burocráticos ou pseudocientíficos a paradigmas de singularização, que evocam o paradigma da criatividade estética, que passa pelo poético".

Vislumbro nas obras de Warat essa função poética, não no sentido de uma mera transmissão de mensagens, mas no sentido de catalizar operadores existenciais suscetíveis de adquirir consistência e persistência.

Vejo, especialmente a partir da *Ciência Jurídica e seus dois Maridos* Warat colocando seu olhar estético sobre o mundo: desde a poesia, do amor e da paixão. Tentando romper, desde a filosofia do Direito, além e acima dela.

Disse-me ele, num momento em que pensávamos sobre estas questões que *"perderam-se os espaços existenciais. O homem enfraqueceu-se territorialmente. Há um universo nômade, uma globalização do mundo onde somos nômades de todos os lados. De alguma maneira somos turistas acidentais. Transitamos pela vida desterritorializados: não há um lugar no mundo para o homem. Estamos condenados a ser como judeu errante, que tinha um território na cabeça. Mais até como um judeu errante, somos um gueto errante, tribo de solitários. Em cada tribo há um jeito de ser agressivo com os outros.*

Mas é difícil recuperar esse território. As futuras territorializações não significam buscar um lugar para ficar. O novo território deve ser construído no plano de imanência. A reterritorialização do homem sempre vai ser estética".

Esta sua preocupação "territorial" o levou ao seu mais atual momento: a Ecocidadania, que, sem dúvida, flui de suas preocupações anteriores e aponta para mais um de seus deslocamentos, no qual ele fala da Ecocidadania.

9. A ecocidadania (ou, "por quien cantan las sirenas")

Quero crer que mais este deslocamento waratiano não foge da sua "lógica de deslocamentos". A Ecocidadania, para ele, coloca três tipos de questões, que ele aborda no seu último livro (*Por Quien Cantan las Sirenas*), que se referem à ecologia, à cidadania e à subjetividade.

Parece-me que ele desenvolve, neste seu novo momento, uma série de idéias que já vinham sendo gestadas nos seus momentos anteriores. Não é por acaso que, para ele, a Ecocidadania aponta para a promoção de "una investidura afectiva en diferentes territorios (prácticas y saberes) colectivamente considerados (principalmente en redes y movimientos sociales).

A ética e a estética permanecem como um preocupação, pois, para ele, a Ecocidadania representa uma alteração ética, estética, política e filosófica profunda. A possibilidade de criar um novo eixo emancipatório (para a autonomia individual e coletiva) que possa ocupar, na tarefa de recomposição permanente da sociedade, o lugar dos antigos e trivializados valores emancipatórios.

De uma certa maneira, na sua preocupação com a Ecocidadania, Warat retoma mais intensamente suas preocupações com o Direito.

Afirma ele em seu último trabalho que "Los juristas sostienen la eficacia social de la ley en la ficción de sus sentidos. Una lógica compulsiva de la pura apariencia de sentidos, que opera como una especie de garantía de obtención, en forma retroactiva, de un significado que ya estaba en la ley desde su promulgación. Si salva así la pureza de la ley y se niega a la producción de subjetidad su valor jurídico".

Mas, é preciso ficar bem evidente que a sua preocupação com o jurídico não chega ao ponto de ele aceitar, tanto a visão juridicista que nega a subjetividade com a dos alternativos tardios (como ele mesmo designa) que "están entrando en le misma trampa que apriosionó a muchos intelectuales latinoamericanos: no se dan cuenta que Europa produce para sí misma pensamientos de conyuntura, que no pueden ser fetichizados como criterios universales de análisis".

Ao contrário. A filosofia do Direito que a ele continua a interessar ainda é de inspiração deleuziana-guattariana: despreocupada com a reflexão, a crítica, a verdade e o sistema. Uma filosofia do Direito interessada em trabalhar os sinais do novo que emancipa. A filosofia como fuga para o futuro.

Quando Warat utilizou a carnavalização, o surrealismo e a filoestética, já estava apontando, porque falava, desde esses momentos, na subjetividade e no desejo, na poesia e nos afetos, para uma nova maneira de encarar a filosofia do Direito como esse ponto de fuga que hoje ele indica como sendo o da Ecocidadania.

No *Manifesto Para Uma Ecologia Do Desejo*, ele concluiu dizendo que "A ecologia tem que pronunciar-se num discurso que tente impedir a destruição da condição humana pelo retorno da horda oprimida".

Alertava ele que "A maior questão de uma ecologia social é a constante possibilidade de dissolução do social".

Por aí anda, me parece, a questão da Ecocidadania que ele muito bem está apontando. Uma Ecocidadania que passa pelos desejos de todos nós, pelo Ecoambiente, pela Ecometrópole, pelo Ecodireito e, certamente, pela Ecotributação tema para o qual me despertou).

Certamente ele não vai parar por aí.

Contrariamente ao que já pensaram alguns no passado, o pensamento waratiano não só não morreu como continua nos desafiando. Permanentemente.

Desafiando com seus deslocamentos que surpreendem e acalentam nossos afetos e nossos sonhos.

Permitindo que possamos, também, enveredar por caminhos de sensibilidades que tornem mais ameno o nosso cotidiano de advogados e juristas aprisionados nas amarras do saber instituído.

9
Semiologia e desejo
a influência de Warat sobre a linguagem do Direito

Leonel Severo Rocha

---

1. A análise dogmática do Direito oscila tradicionalmente entre uma perspectiva interna, típica da Teoria Geral do Direito, centrada na construção de um sistema normativo baseado na simples reprodução de seu objeto, como ocorre na Teoria Pura do Direito de Hans Kelsen, e uma perspectiva externa, voltada aos seus aspectos sociais, como é o caso, entre tantas, da Sociologia Jurídica de Jean Carbonnier.

A grande contribuição de Luis Alberto Warat para a Teoria Jurídica Brasileira foi demonstrar que estas duas posturas estão equivocadas ao considerarem como fundamental e único, aspecto parcial do fenômeno jurídico. A sua proposta teórica parte, assim, do pressuposto de que é necessário conciliar-se analiticamente a teoria e a prática do Direito. Para a obtenção de resultados eficazes nesta tarefa extremamente difícil, Warat propõe (já há algum tempo) a necessidade de efetuar-se uma verdadeira revolução epistemológica na metodologia da pesquisa jurídica: esta revolução defende a adoção da Semiologia como uma das matrizes teóricas privilegiadas para a investigação jurídica.

Um tal projeto para produzir resultados positivos está ligado à tarefa de elaboração de um novo espaço teórico denominado Semiologia Jurídica. É claro que as tentativas de construção de uma Semiologia Jurídica dependem, evidentemente, da constituição da própria Semiologia. O projeto de elaboração de uma ciência dos signos e suas influências sobre a teoria jurídica foi analisado por Warat, com a nossa colaboração, no livro *O Direito e sua Linguagem*.

O presente texto procura retornar a algumas questões já debatidas naquela obra, na qual nossa grande proposta foi a constituição de uma Semiologia crítica: a Semiologia do Poder. A exposição está dividida em duas partes: em primeiro lugar, relatamos os primeiros passos dos lingüistas para a elaboração de uma ciência dos signos (Semiótica ou Semiologia); em segundo lugar, comentaremos brevemente as suas principais manifestações no âmbito da teoria jurídica brasileira, visando a expor a influência de Warat na Semiologia jurídica.

2. Histórico: semiologia e semiótica

A Semiologia é o estudo empírico dos signos e dos sistemas de signos verbais e não-verbais da comunicação humana. Teve historicamente dois momentos principais: o primeiro procurou ultrapassar a instância pré-científica das reflexões sobre a linguagem; o segundo é caracterizado pela tentativa de adotar o padrão estrutural da ciência dos signos como modelo ideal para a produção da unidade epistemológica para as ciências humanas. A Semiologia Estruturalista deveria tornar-se a metodologia utilizada para a unidade dos saberes.

O movimento inicial, que pretendeu construir uma ciência dos signos em sentido estrito, teve suas origens nos estudos dos lingüistas sobre a linguagem natural e nos estudos dos lógico-matemáticos a respeito das linguagens artificiais formalizadas.

Ao mesmo tempo, mas independentes entre si, na Europa e nos Estados Unidos, o lingüista Ferdinand de Saussure e o lógico Charles Sanders Peirce sugeriram a construção de uma teoria geral dos signos. O primeiro nomeou-a Semiologia, e o segundo, Semiótica. Esta ciência deveria dedicar-se ao estudo das leis e conceitos metodológicos gerais que pudessem ser considerados válidos para todos os sistemas sígnicos.

Tratava-se de um estudo dirigido à determinação das categorias e das regras metodológicas necessárias para a formação de um tal sistema, sendo o signo a sua unidade mínima de análise. Na atualidade, usamos indistintamente no estudo do Direito, os signos Semiologia e Semiótica quase como sinônimos. A Semiótica divide-se tradicionalmente, segundo Carnap, em três partes: Sintaxe, Semântica e Pragmática.

O segundo momento, chamado de estruturalismo, também inspirar-se-ia em Saussure. No entanto, o estruturalismo, a partir da idéia de que o conhecimento é formado por estruturas interdependentes, enfatizaria muito mais o discurso do que os signos, como seu eixo metodológico para a análise das ciências sociais. Neste sentido, a Semiologia seria quase como uma ciência das ciências, uma Epistemologia dos diferentes discursos sobre o mundo.

A análise dos signos permitiria à Saussure estudos multidisciplinares, direcionando a sua preocupação fundamental para determinar critérios que possibilitassem a autonomia e pureza de uma ciência dos signos. Neste sentido, Saussure procura reconstruir no plano do conhecimento um sistema teórico que explique o funcionamento dos diferentes tipos de signos. Este projeto semiológico, ao orientar-se para as diversas linguagens naturais, colocou em evidência a função social do signo. Desta maneira, a Semiologia nos daria as leis que regem os signos e a sua natureza, onde a condição mínima de análise fundamenta-se na possibilidade da constituição de unidades significantes diferenciáveis.

Na construção dos diversos sistemas de signos das linguagens naturais, Saussure escolheu, como modelo analítico, a Lingüística – teoria dos signos verbais. A Lingüística tem em Saussure duas funções: por um lado, ela é vista como um parte da Semiologia, ligada a um domínio mais vasto e definido do conjunto dos signos da comunicação humana; por outro lado, ela é o eixo em torno do qual se formam as categorias translingüísticas, que constituem o princípio ordenador para a compreensão dos outros sistemas de signos.

A Lingüística em Saussure ocupa uma função primordial, pois é graças a suas categorias analíticas que a constituição da Semiologia torna-se possível, como estudo dos signos na comunicação humana. Saussure parte das linguagens verbais para a descrição dos distintos sistemas sígnicos. O privilégio dado à Lingüística provém do fato de que todo o conjunto de signos não-lingüísticos deve buscar as suas possibilidades de sistematização a partir da linguagem natural logicamente ordenada.

Ultrapassando Saussure, podemos afirmar que, na realidade, existe somente uma Lingüística dos signos verbais e uma outra dos signos não-verbais, sendo a Semiologia uma lingüística geral. Do mesmo modo, concordamos com Barthes quando assinala, que a Semiologia de Saussure apresenta-se como uma linguagem das linguagens, ou seja, como uma metalinguagem que toma as diferentes linguagens como a sua linguagem-objeto. Assim, Saussure vê a Semiologia como um nível lingüístico diferente daquele das linguagens analisadas e, assim, ele se afasta da materialidade social que forma a significação. Isto é, desde uma perspectiva que reivindica também uma análise das condições político-sociais que influem na significação. No entanto, Saussure deixou incompleto o seu projeto no tocante às relações dos signos com a ideologia e a História.

Peirce, por sua parte, sublinha a função lógica do signo para a constituição da Semiótica. Para ele, a lógica, num sentido lato, seria quase sinônimo da Semiótica, constituindo-se numa teoria geral dos signos, reconhecida como disciplina na medida em que o processo de abstração produziria os julgamentos necessários para a caracterização lógica dos signos empregados na prática científica. A Semiótica deveria conter num cálculo lógico o conjunto dos sistemas significantes. Ao contrário de Saussure, que estava preocupado com o tratamento científico das linguagens naturais, Peirce se voltaria para as práxis lingüísticas das ciências.

De qualquer maneira, mesmo que Peirce não nos tenha deixado uma obra sistematizada, parece-nos razoável a opinião de Nagel, que encontra coincidências entre as suas idéias e às do Círculo de Viena, ambos contrários a qualquer transcendentalismo. Nesta perspectiva, existe uma idéia fundamental do Círculo, com a qual Peirce estaria plenamente de acordo: as condições semânticas de verificação (cuja abrangência Carnap reduziria com o passar do tempo). Para Peirce, uma idéia é sempre a apresentação de certos efeitos sensíveis. Com ele se inicia um projeto semiótico mais preocupado com a correção lógica e com as retificações sucessivas da sistematização dos diferentes discursos da ciência do que com a própria ciência dos signos. Temos então uma outra coincidência entre Peirce e o neopositivismo lógico, no tocante à função de dependência atribuída à Semiótica em relação às linguagens da ciência. Entretanto encontramos uma diferença marcante entre Peirce e o neopositivismo: o fato de que para o americano o signo ocupa um lugar de destaque, enquanto para os austríacos o mais importante são os discursos.

Para os membros do Círculo de Viena, ciência e Lingüística são dois termos correlatos: a problemática científica depende da construção de uma linguagem rigorosa apta a explicar os dados do mundo. Assim, o positivismo lógico assume o rigor discursivo como o paradigma da pesquisa científica. Afirma ainda que nenhuma proposição isolada fornece um conhecimento efetivo sobre o mundo. Toda proposição é significativa na medida em que possa ser integrada num sistema. Conseqüentemente, se podemos desconhecer as regras de funcionamento da linguagem da ciência, sob pena de termos nosso conhecimento obscurecido por certas perplexidades de natureza estritamente lingüística. Eis por que o Círculo de Viena erigiu a linguagem como objeto de sua investigação e como instância fundamental do discurso científico. Desta forma, a Semiótica é o nível de axiomatização dos sistemas de significação, vistos como modelos matemáticos das diferentes linguagens da ciência.

A ambição principal era criar um modelo logicamente garantido contra "as perversões das ideologias e da história" (Warat). Desta maneira, tanto a Semiologia como a Semiótica, apesar de suas diferenças na forma de abordagem das questões e, em parte, do objeto temático, apresentam traços epistemológicos similares: ambas se ligam a uma concepção de objetividade exterior à história e à política e submetem-se aos imperativos de sistematicidade. Na realidade, as linguagens não se esgotam nas informações transmitidas, pois elas engendram uma série de ressonâncias significativas que têm a sua origem também nas contradições da materialidade social.

Deste ponto de vista, estas concepções epistemológicas, como é o caso do positivismo lógico, ao identificarem a ciência com a linguagem, a partir de uma atitude reducionista que pensa a linguagem como uma estrutura textual auto-suficiente (autopoética na linguagem de hoje), descobrindo a significação no interior do próprio sistema por ela criado, esquecem as outras cenas de produção da significação. Isto é, a influência da sociedade na produção dos sentidos é ignorada. Esta concepção axiomatizante da Semiótica é ligada, assim, a uma filosofia cientificista que obedece a uma concepção ontológica da verdade. E, nessa lógica, todo o enunciado que não possa passar pelo critério semântico de verificação não teria sentido. Nesta ontologia as funções persuasivas das linguagens não teriam nenhum espaço. O simbólico, os níveis de mediação dos discursos, e a especificidade política dos discursos não seriam abordados.

Estas concepções baseadas na construção de proposições axiomatizantes das linguagens, foram contestadas por várias correntes teóricas contemporâneas. Duas das posturas que as criticaram, procuraram acentuar a importância da análise contextual para a explicitação do sentido dos signos: foram a *Filosofia da Linguagem Ordinária* (inspirada no segundo Wittgenstein – *Investigações Filosóficas*) e a *Nova Retórica*.

A *Filosofia da Linguagem Ordinária* procurou demonstrar, que o objeto da Semiótica deveria ser a análise das imprecisões significativas originadas nas distintas significações expressas pelas intenções dos emissores e receptores na comunicação. Uma tal postura deveria então investigar as ambigüidades e vaguezas dos discursos a partir de suas funções pragmáticas (diretivas, emotivas e informativas). Entretanto, podemos dizer que esta atitude não chegou a ultrapassar as incertezas significativas, culminando em um certo psicologismo, no sentido de que se reduziu demasiadamente a relação emissor-receptor.

Os Novos Retóricos, tais como, Perelman e Viehweg, também criticam a redução da Semiótica aos níveis da Sintaxe e da Semântica, a partir de um retorno a Aristóteles para recuperar a noção de Tópica. Na tópica, Aristóteles explica que existem raciocínios demonstrativos, baseados na idéia de verdade, e raciocínios persuasivos, baseados na verossimilhança. Os raciocínios persuasivos articular-se-iam desde uma cadeia de argumentação tópica, constituída por pontos de vista geralmente aceitos, chamados topoi. Os topoi seriam uma espécie de elementos calibradores dos processos argumentativos. No entanto, assim como na *Filosofia da Linguagem Ordinária*, os Novos Retóricos também não ultrapassaram um certo sentido psicologista na análise dos discursos.

Uma outra vertente contemporânea que também está revisando as contribuições da Semiótica do início do século é a Lógica Deôntica, que tem procurado elaborar, com muitas dificuldades, análises lógicas dos discursos do Direito e da moral. De grande importância é também a análise dos Atos de Fala proposta por Austin e Searle que valoriza os Atos Ilocucionários da comunicação. Austin, como se sabe, distingue entre Ato Locucionário, Ato Ilocucionário e Perlocucionário. O Ato Locucionário: é o conteúdo das orações enunciativas. Isto é, com os Atos Locucionários, o emissor diz algo; já no Ato Ilocucionário: o emissor realiza uma ação dizendo algo. Exemplos: afirmação, promessa, mandato, confissão. É típica de verbos realizativos do tipo: prometo, te ordeno, te confesso, te condeno. Os Atos Perlocucionários reúnem os dois momentos dos atos já citados; nesse sentido, um bom exemplo são as decisões judiciais. Desde as teses de Austin surgiram as atuais propostas de Habermas de criação de uma Teoria da Ação Comunicativa e suas conseqüentes polêmicas com Niklas Luhmann.

3. A Semiologia jurídica no Brasil

3.1. A Semiologia Jurídica até os anos setenta era quase inexistente no Brasil, já que os estudos jurídicos semiológicos, teóricos ou aplicados, são raros no nosso meio. Assim, somente há pouco tempo começou-se a falar, ainda de maneira insuficiente, de Semiologia, ou Semiótica Jurídica. Esta possibilidade de se realizar análises relativamente sistematizadas sobre os signos jurídicos foi provocada fundamentalmente por três tipos de influências:

a) a Lógica Jurídica;
b) a Nova Retórica;
c) a Escola Analítica de Buenos Aires.

3.2. No entanto, antes de aprofundarmos um pouco mais nossas observações sobre estas três principais fontes, vamos examinar brevemente a problemática da hermenêutica jurídica desenvolvida pela dogmática jurídica brasileira. Pois, como se sabe, uma das contribuições possíveis da Semiótica diz respeito à hermenêutica.

No Brasil, ainda que os estudos semióticos do Direito sejam recentes, a questão da interpretação tem um relativa tradição. Com efeito, existe uma conduta metodológica interpretativa dominante na hermenêutica dogmática, voltada sobretudo para o problema da interpretação com vista à aplicação da lei pelos juízes. Neste sentido, o ato interpretativo das normas gerais, nos casos concretos de produção das normas individuais, é visto como uma ação isolada do juiz. Por conseqüência, a interpretação da lei é considerada como um silogismo na qual cabe ao juiz adaptar o fato normativo ao conteúdo significativo preexistente na moldura legal. A lei teria sempre, nesta ótica, um sentido preciso. Isto é, na linguagem semiológica teria sempre uma denotação pura, restando ao juiz poucas opções interpretativas autônomas.

Esta concepção hermenêutica foi postulada por Carlos Maximiliano, defensor da interpretação rigorosa das leis. Aqui podemos recordar a afirmação lapidar de Pimenta Bueno: "as leis não servem que pela sua exata e rigorosa aplicação." Assim, na linha dominante da hermenêutica brasileira, "interpretar a lei é determinar seu sentido objetivo, fixando as suas conseqüências" (Pimenta Bueno).

Segundo o contexto histórico analisado, existem diferenças teóricas e políticas na doutrina. Por exemplo, nós tivemos durante o Império uma linha doutrinária jusnaturalista (que foi criticada por Teixeira de Freitas e Tobias Barreto). Já na época da Proclamação da República, houve por parte de Floriano Peixoto uma tentativa de uma maior uniformização da interpretação. Contudo, a versão que finalmente vingou foi a da dogmática liberal, que acabamos de reproduzir anteriormente.

Uma honrosa exceção foi o debate entre Rui Barbosa e Clóvis Beviláqua, travado durante a discussão do projeto do Código Civil Brasileiro. Nesta ocasião, Rui Barbosa, que era contrário à adoção do Código Civil nos moldes do Código de Napoleão (por preferir uma interpretação da lei mais livre no sentido britânico), levantou as dificuldades interpretativas que poderiam gerar signos jurídicos imprecisos. Assim, Rui Barbosa demonstrou a necessidade de uma preocupação com a estrutura lingüística normativa. Provou, a partir de vários exemplos na sua famosa Réplica, que a opção por um signo equivocado poderia engendrar cadeias associativas inatendidas na interpretação da lei.

Certamente a posição de Rui Barbosa não era tão diferente daquela de Carlos Maximiliano, mas este debate constituiu a primeira manifestação séria a respeito das possibilidades significativas da lei. Neste momento, nós gostaríamos de observar que o desejo de Rui Barbosa e de Maximiliano de obter signos jurídicos com uma denotação pura é impossível. Ao contrário do que pensa a dogmática jurídica, é justamente pela sua capacidade de ser redefinida e reinterpretada que a lei possui o seu sentido de universalidade, dentro de um certo Estado. Ou seja, se a lei tivesse sempre a mesma relação paradigmática associativa, ela não poderia prever a infinidade de situações existentes no quotidiano do Judiciário.

A universalidade da lei pode ser paradoxalmente percebida, no momento que se verifica a não-universalidade de sua significação sintática e a sua capacidade de redefinição pragmática. Aproveitamos também para salientar que a interpretação da lei ultrapassa a figura do juiz, assim como dos participantes dos processos judiciários, complementado-se com fatores ideológicos, institucionais e políticos. De todo modo, para uma maior compreensão da significação jurídica, é necessário estudar-se as distintas linguagens que a co-constituem: linguagem da lei, linguagem do advogado, linguagem do juiz, assim como a linguagem da doutrina e da Teoria do Direito. Na nossa opinião, a problemática da hermenêutica jurídica teria muito a ganhar se adotasse como padrão metodológico a Semiótica, pois somente assim poder-se-ia aprofundar todo o arsenal lingüístico do discurso jurídico. Entretanto, mesmo as modernas correntes realistas de interpretação da lei, pecam por não utilizarem o instrumental semiológico. Pois, existe toda uma gama de técnicas redefinitórias dos sentidos da lei que ainda não foram utilizadas eficazmente. De toda maneira, esta questão tem sido bastante reestudada desde os trabalhos de Herbert Hart, principalmente em seu livro *O conceito de Direito*, onde Hart vê o Direito como uma união de regras primárias e secundárias, indicando para existência de uma textura aberta no Direito, a qual permitiria um contato do sistema jurídico com a sociedade, sem romper totalmente com o paradigma legal.

3.3. Desta maneira, podemos perceber facilmente a inexistência de estudos mais sofisticados das palavras da lei na história do Direito brasileiro. Somente nestes últimos anos, como já salientamos, que se começou a falar de Semiologia jurídica. Estes trabalhos, que ainda não marcaram a prática jurídica de maneira mais sistemática, têm sua origem, conforme assinalamos, em três fontes principais. A primeira destas fontes é a Lógica Jurídica. Os estudos da Lógica Jurídica, originados principalmente pela obra do amigo de Wittgenstein – Von Wright (*An Essay in Modal Logic*, 1951) e pelos trabalhos de Georges Kalinowski (*Études de Logique Déontique*, 1972); *Introduction à la Logique Juridique* (1965) –, foram introduzidos no Brasil por vários juristas. Em destaque, podemos citar o professor Lourival Vilanova (*As estruturas lógicas e o sistema do Direito Positivo*, 1977), que sublima a necessidade de que sejam elaborados estudos lingüísticos do Direito, a fim de que se encontrem as suas formas lógicas. Pois, como afirma Husserl (*Recherches Logiques*), as investigações lógicas ligam-se à linguagem como ponto de apoio, se não como objetivo, mas como meio de chegar a seu próprio objeto. A experiência da linguagem é o ponto de partida para a experiência das estruturas lógicas (*Estruturas lógicas e sistemas do Direito*, 1977, p.2). Neste sentido, Vilanova (mesmo observando que a Lógica é somente um dos níveis possíveis da análise do Direito – pois este autor influenciado por Miguel Reale diz que o Direito possui também níveis axiológicos) se associa às teses que identificam ciência e linguagem, como havia pregado o Círculo de Viena.

A segunda fonte de estudos semiológicos foi a Nova Retórica.

Introduzida notadamente pelo professor Tércio Sampaio Ferraz Junior (*Direito, Retórica e Comunicação*, 1973; *A ciência do Direito*, 1977), que após ter analisado os conceitos neopositivistas de ciência, acaba por conceber um novo campo designativo para o signo ciência do Direito, concluindo que ele é inadaptado para o interior do paradigma positivista dominante. A ciência do Direito teria para este autor como objeto a decidibilidade. A ciência do Direito seria uma atividade que utilizaria os diferentes modelos teóricos do Direito (analítico, hermenêutico e empírico) combinados, tendo como critério de base a sua função heurística, visando à problemática da decidibilidade (e não àquele da decisão concreta). Pois, para ele "a decidibilidade é um problema e não uma solução, uma questão aberta e não um critério fechado, dominado por aporias como aquelas da justiça, da utilidade, da certeza, da legitimidade, da eficácia, da legalidade, etc... a arquitetônica jurídica (combinatória de modelos), ela depende da maneira de colocar problemas" (*A ciência do Direito*, 1977, p.108). Para Ferraz Jr., o caráter persuasivo, retórico, do discurso jurídico, centrado sobretudo no nível pragmático da Semiologia, é de grande importância para a definição da ciência do Direito.

A terceira fonte que pretendemos tratar é aquela engendrada sob a influência da Escola Analítica de Buenos Aires. Esta escola, como se sabe, procurou projetar ao máximo as contribuições do neopositivismo lógico sobre o Direito. Isto foi feito principalmente a partir da análise da Teoria Pura do Direito de Hans Kelsen. Contudo, com o esgotamento da problemática do Círculo de Viena para os estudos do Direito, em razão de sua omissão aos aspectos históricos e políticos do Direito, a Escola Analítica de Buenos Aires dividiu-se em várias tendências: de um lado, ficaram os juristas que mantiveram a tradição neopositivista, principalmente, enfatizando-se os estudos da Lógica; de outro lado, ficaram os juristas que pouco a pouco, a partir dos estudos da Filosofia da Linguagem Ordinária e da Epistemologia francesa contemporânea (Bachelard, Barthes, Foucault, Lyotard...) começaram a apontar os problemas políticos da linguagem jurídica. Alguns membros deste grupo iriam unir-se aos movimentos dos juristas críticos, influenciados por Althusser e Gramsci, relidos por Miaille. Foram os juristas deste segundo grupo que lançaram, no Brasil, o debate sobre a Semiologia Jurídica.

3.4. Em especial, gostaríamos de remarcar a participação, e liderança, nesse grupo, de Warat (*El Derecho y su Lenguaje*, 1976; *Mitos e Teorias na Interpretação da Lei*, 1979), que trouxe de fato para o Brasil estas teses em 1977, chegando posteriormente, em 1980, a criar na pós-graduação em Direito da UFSC, a disciplina Teoria da Argumentação Jurídica. Mais tarde, num segundo momento crítico, Warat passaria a acentuar a importância da análise textual e da literatura para a compreensão do Direito, colocando de maneira inovadora, desde trabalhos polêmicos como *A Ciência Jurídica e seus dois maridos* e *O manifesto do Surrealismo Jurídico*, 1986, sempre insistido na crítica ao mito positivista da denotação pura, a proposta, também pela primeira vez, de uma leitura psicanalítica dos discursos do Direito. Esta postura acentua a importância do desejo nos processos de compreensão do jurídico. Por fim, Warat complementaria essa última postura acrescentado, em seu livro *Por Quien Cantan Las Sirenas*, 1996, a importância de uma Semiologia Ecológica. 2ª versão, Porto Alegre: Sergio Antonio Fabris Editor, 1984. Que pregam a adoção, pelo juiz, de uma postura fundada na eqüidade, na hermenêutica sociológica, em oposição ao dogmatismo do formalismo, fundado no legalismo. Esta, a partir da linha de Theodor Viehweg e da análise sistêmica de Niklas Luhmann.

89

10
O mais profundo é a pele
(Valery)

Graciela Quintana de Gómez
Psicanalista, Doutoranda no Instituto de Medicina Social (UERJ./RJ)

Este texto é fruto do encontro com o pensamento de Joel Birman, de sua leitura singular da obra freudiana preocupada por resgatar o valor do corpo e da pulsão no campo da teoria e prática psicanalítica.

"Para Espinosa, não existem bem e mal; o que existe é bom e mau encontro... No caso de um mau encontro, a potência de agir de um corpo diminui porque ela é direcionada para minorar ou anular o efeito destrutivo ou nocivo do outro corpo; no caso de um bom encontro, ela aumenta porque a potência de agir dos dois corpos se combinam". Ao ler esta frase de R. Machado, lembrei-me de você, Luis, de teu dom de fabricar misturas e combinações que aumentam a potência de outros corpos. Tua intensidade, tua capacidade de te deixar tocar pelo outro em suas mais diversas formas, revelam a porosidade de um pensar encarnado e vivo, capaz de se encontrar com o acaso de uma palavra que brota de um "movimento" constante "entre" dois idiomas.

Luis mergulhou num mar brasileiro que lhe cantava outras músicas, músicas que o seduziam com um som que ele desconhecia. Ele mergulhou, mas sem abandonar seus tangos do passado. Tarefa difícil cujo fruto é ele mesmo. Alguém que não pára de criar e de pensar, mas que se deixa surpreender por uma palavra que sabe ir às origens, à raiz das coisas para pescar o elementar, o ainda não humano que não por isso é inumano. Alguém que não contempla o mundo movido pelo desejo de dominá-lo, mas que se deixa interpretar e interpelar porque sabe suportar a confusão com o objeto, para dela extrair algo dizível. O mundo das idéias, me parece, é para ele como as imagens de um filme ou de um quadro que o toca no mais profundo que é, ao mesmo tempo, o mais próximo do outro: a própria pele. Superfície do corpo aberta ao outro, superfície encharcada de uma profundidade que respira, fala, pensa, chora. E que não sabe esquecer o riso e a ternura.

Barulho, excesso que ultrapassa qualquer tentativa de redução ao registro biológico-anatômico, o corpo irrompe sem pedir autorização, incomoda e angustia porque coloca em questão o registro fálico da identificação e sempre renasce, entre palavra e palavra pronunciada para tentar aplacar sua força. Apesar da ferida narcísea que isso possa significar, é bom que assim seja: o outro ainda nos toca; há um retorno; alguém, ou algo, bloqueia a descarga absoluta, estimulando novas produções.

Que fazer com essa dor descontínua, que concede tréguas de quietude mas nunca se apaga totalmente? Interpretá-la negativamente, como falha de um ego fraco e atravessado pelo conflito, incapaz de encontrar representações adequadas que tamponem rapidamente esse buraco no simbólico produtor de tanta angústia? Ou escutá-la, conceder-lhe direito de existência, saber frear a máquina fálica em que tantas vezes nos transformamos?

Saber parar ou diminuir o ritmo de nossa corrida para poder sentir, sem disfarces, a dor que pode emanar do corpo no confronto com o outro não significa fazer o elogio do masoquismo nem o culto da dor. Significa apostar na possibilidade de um olhar desprovido das muletas "sustentatórias" do narcisismo. Significa apostar na possibilidade de uma palavra, pensamento encarnado que escute o barulho do corpo pulsátil e a intensidade de um afeto que possibilita transformar nossa relação com o inevitável: a dor, marca do humano, que não exclui o direito ao prazer. Há uma intensidade que escapa ao campo da representação

Pensamos que esta idéia permeia e orienta o pensamento de Birman, que toda sua riqueza e força surge dela. Longe de se lamentar por uma barreira que surge mostrando um limite – algo que escapa ao campo da representação – ele resgata e enfatiza a positividade desta descoberta freudiana. É a partir dela que vários conceitos introduzidos por Freud desde os ensaios metapsicológicos de 1915 adquirem maior força e se articulam para configurar uma visão singular da teoria e prática psicanalítica. A idéia de corpo, por exemplo, bastante excluída da psicanálise atual, ganha presença quando se fala da pulsão como força (*drang*) que surge no interior do organismo e busca a descarga da excitação.

Num primeiro momento, a pulsão interessava por sua possibilidade de inscrição no campo da representação, mas, a partir de 1915, ela é reconhecida através de sua condição primordial, isto é, como "força" anterior a qualquer inscrição na ordem simbólica. O indeterminismo das pulsões com seu "excesso" não-representável restitui ao corpo seu valor como categoria que não pode ser reduzida ao registro biológico, mas que interessa a partir de sua relação com a problemática relativa à constituição do sujeito; isto é, como corpo-desejo que estimula a necessidade de trabalho, como corpo-força marcado pela intensidade de traços que não formam conjunto, como corpo-diálogo que se constitui a partir do encontro com o outro.

Resulta difícil dividir a obra de Freud em dois momentos ou períodos diferentes, porque seu pensamento é descontínuo e contraditório, muitas vezes metafórico, possibilitando, portanto, diversas interpretações. Dizer que o Freud da primeira tópica, do primeiro dualismo pulsátil e dos dois princípios do funcionamento mental privilegia o qualitativo, o "representacional" e o interpretativo e se interessa pela pulsão na medida em que ela possa ser representada não significa, por exemplo, que em alguns escritos correspondentes a este primeiro período de sua obra não existam provas explícitas de um corpo que não se reduz ao biológico. A transformação do discurso freudiano e seu afastamento dos parâmetros científicos deterministas da época não ocorre de um dia para outro. Reflexo do desejo da histérica, do desejo que produz o sonho e a alucinação do seio, esta idéia de "corpo-desejante" como produção que ultrapassa o registro biológico-anatômico aparece num primeiro momento como intuição que antecipa a necessidade de uma outra conceituação do conceito de pulsão. Com efeito, a descoberta da autonomia da força pulsátil em relação aos representantes da pulsão desloca toda a ênfase para o registro quantitativo e confronta Freud com a necessidade de pensar a pulsão e o corpo de um outro modo.

A pulsão como força não totalmente absorvida no campo da representação, o corpo como superfície encarnada que vai além da idéia de organismo produtor de excitações controláveis via representação.

O corpo não é origem nem dado. O corpo advém de outro corpo, diz Birman, apoiando-se no seguinte enunciado freudiano: "o ego é antes de mais nada corporal, sendo não apenas superfície mas projeção de uma superfície.

Esta idéia de corpo como 'superfície' e 'projeção' é fundamental para insistir no corpo como autônomo a idéia de organismo e intrinsecamente ligado à idéia de sujeito, isto é, como 'corpo-sujeito' que surge do entrechoque entre duas superfícies". Queremos destacar a força deste momento inaugural que ultrapassa uma visão histórica ou geneticista, revelando-se a cada instante em que o sujeito é atingido pela força da pulsão que não pode ser totalmente absorvida, porque consideramos que este é o ponto mais obscuro da psicanálise, que demanda um esforço contínuo de reflexão para não cair na tentação do esquecimento.

Esquecer ou recalcar a força do corpo como destino da pulsão que surge do encontro com o outro significaria colocar novamente toda a positividade na necessidade de um pensamento que só deixaria lugar para o racional e objetivo, excluindo, portanto, qualquer coisa que escape ao controle instaurado pela ordem fálica. Não se trata de diminuir a importância deste registro, pois sem passar por ele é impossível se constituir enquanto sujeito. Trata-se da necessidade de ultrapassá-lo para poder reencontrá-lo revestido de uma outra máscara. De uma nova máscara que supõe o atravessamento de uma experiência única: o embate do corpo pulsátil.

Este novo pensar produz frutos ao mesmo tempo que é fruto de um modo diferente de ver e sentir o mundo. Um mundo onde o belo que mantém o sujeito no registro da harmonia e da autoconservação deixa lugar à força transgressora do sublime; onde se prefere falar em termos de cultura mais que em termos de civilização, em termos de diferença e intensidade mais que em termos de identidade e representação; onde a verdade como risco a ser produzido e não decifrado através da interpretação surge além do campo do sentido.

A vida só é viável porque há retorno: sobre a importância do outro.

A vida só é viável porque há "retorno". O ponto de retorno é uma primeira organização oferecida pelo objeto para aplacar a inquietude pulsátil, retorno da excitação corporal que volta para o corpo (corpo l) porque "outro" corpo (corpo 2) bloqueia a descarga absoluta. Assim se constitui o "corpo-sujeito". O outro aplaca a inquietude pulsátil e possibilita o retorno. Retorno que supõe vida, porque se opõe à descarga absoluta, mas que também supõe dor.

Esta angústia-dor que a mãe passa inevitavelmente para o filho se inscreve como experiência "excitatória", como traços dispersos que devem ser distinguidos de qualquer idéia de representação. Trata-se de uma primeira "territorialização" do organismo que corresponde ao "eu real originário", conceito introduzido por Freud em 1915 para referir-se a essa força pulsátil autônoma que volta para o organismo transformando-o em corpo. O aparelho psíquico surgiria, assim, como defesa ou necessidade de trabalho para dominar as excitações que são fontes de angústia.

Poderíamos dizer que o momento originário que acabamos de descrever, se repete a cada vez que o sujeito é atingido pela angústia da pulsão sem representação? Sem dúvida que existem diferenças marcantes entre estas duas experiências que impossibilitam qualquer tentativa de identificá-las. No caso do recém-nascido, não se pode falar em termos de uma força pulsátil que "desorganiza" um sistema instituído de representações porque o efeito do entrechoque com o outro materno constitui uma primeira tentativa de "organização". Organização no sentido em que, como vimos anteriormente, sem o outro materno que bloqueia a descarga absoluta, a vida não seria viável.

A força da pulsão que irrompe desorganizando o sistema de crenças instituídas supõe, ao contrário, um sujeito já inserido nesta ordem. No entanto, e apesar desta diferença, pensamos que existe algo em comum entre estas experiências. Na segunda parte do texto "As Pulsões e seus destinos" (1915), Freud desenvolve uma genealogia do sujeito a partir do impacto pulsátil, que ultrapassa um registro genético-evolutivo pois as três figuras do sujeito por ele enunciadas – 1) eu real originário; 2) eu prazer/desprazer; 3) eu realidade definitiva – não correspondem a três momentos consecutivos do sujeito. Neste sentido pode-se dizer que o "eu real originário", primeira modalidade de subjetividade enunciada por Freud neste texto para destacar a importância do choque originário das pulsões, não representa só o momento originário de constituição do sujeito. Ele também representa uma forma de subjetividade que se revela a cada momento em que o sujeito se vê atingido pela força pulsátil que desorganiza o sistema de representações instituído.

Experiência de desamparo que impõe uma exigência de trabalho ao psiquismo e que demanda novas formas de simbolização, a pulsão que irrompe sem encontrar representantes adequados instala uma forma de funcionamento psíquico – a que corresponde ao "eu real originário" – representativa de uma luta entre força e representação. O sistema fálico exige que ganhe a representação; que se encontrem representantes custe o que custar, mesmo quando o efeito deste triunfo resulte em palavras vazias, corpos anestesiados e saberes semimortos negadores de qualquer afeto que possa desestabilizar o equilíbrio de um "bom" discurso. Para Birman, a aposta é outra: que ganhe a força para que, como ele diz, o sujeito possa se abrir a um destino não mais marcado pela repetição do Mesmo. Sempre se podem escrever mais traços no psiquismo, sempre é possível encontrar novos arranjos para os traços já existentes, porque "o fundamental ainda não foi escrito".

Falar em termos de afetação e de traços que podem futuramente se transformar em significantes supõe a possibilidade de acesso a uma verdade produzida através de um trabalho que tem como ponto de partida o desejo. Mas não basta "desejar", é preciso "trabalhar" para construir sua própria existência. Invenção de novos traços e sentidos que não tamponem o campo da intensidade, deixar-se afetar pelo outro, não fugir da dor inevitável e acreditar na possibilidade de prazer, confrontar-se com a angústia do real, são algumas idéias importantes para compreender a positividade do "eu real originário" como experiência de afeto que pode ser vivenciada dentro ou fora da experiência psicanalítica. O real pode provocar angústia, mas é a partir dele que algo novo pode ser criado. A possibilidade de transformar a relação com a palavra e desequilibrar a ordem simbólica na qual estamos inseridos surge deste confronto que torna possível um viver marcado pela singularidade. Como o artista que sabe colocar em suspenso a ordem cultural instituída, despojar-se momentaneamente dela para tornar dizível o indizível, o confronto com o real do corpo pulsátil também possibilitaria a emergência de uma palavra viva, semelhante à fala-gesto do artista que se inscreve como "instituinte" de uma singularidade.

Hector Bianchioti, filho de imigrantes italianos, é um escritor argentino que mora em Paris há muitos anos e foi recentemente aceito na Academia Francesa de Letras. Ele esteve em Rio de Janeiro há três semanas. Escutando-o falar sobre o tema "Pensar em dois idiomas", senti rechaço e respeito ao mesmo tempo. Rechaço pelo culto à palavra, cada uma tão pensada, tão trabalhada; pela idealização desmedida dos franceses e da cultura francesa. Respeito e ternura porque em certos momentos, *malgré lui*, ele se deixava afetar, ficava em silêncio e à procura de palavras que não conseguiam dizer a dor e o prazer de pensar em dois idiomas. Tentando responder à minha pergunta (se ele também sonhava em dois idiomas), ele conta um sonho repetitivo: seus pais olham intensamente para ele e tentam falar, abrem a boca mas não sai som nenhum, estão mudos. Alguém lhes roubou a palavra. É um sonho repleto de intensidade. E sem palavras.

Bibliografia

BIRMAN, J. Style d'être, manière de pâtir et de bâtir. À propos de l'hysterie, de la feminité et du masochisme en Psychanalyse, Intervenção realizada na Journées d'etudes de l'espace analytique, Paris, 13-14 maio de 1995, Texto mimeografado, p.10.

———. La Psychanalyse, une stylistique de l'existence? Conferência realizada em L'espace analytique, Paris, 18/3/1995, Texto mimeografado, p.32.

———. Style d'être, manière de pâtir et de bâtir. À propos de l'hysterie, de la feminité et du masoquisme en Psychanalyse, Intervenção realizada na Journées d'études de l'espace analytique, Paris, 13-14 maio de 1995, Texto mimeografado.

———. Eu não sou nada mas posso vir a ser, sobre a luminosidade e a afetação, entre a pintura e a psicanálise. Texto mimeografado, 1995, p.131.

———. Le corps dans la cure, cahiers du cercle freudien, nouvelle série, vol. II, Paris, maio de 1996.

CHAUÍ, M. Merleau-Ponty. Obra de arte e Filosofia, In: Artepensamento, Rio de Janeiro: Companhia das Letras, 1995.

FREUD, S. Tres ensayos para una teoria sexual (1905), Obras Completas, T. II, Madrid: Ed. Biblioteca Nueva, p. 1191: "..la pulsión es la representación psíquica de una fuente de excitación".

———. Los instintos y sus destinos (1915), op. cit., p. 2040.

———. Proyecto de una Psicologia para neurólogos (1895); Estudios sobre la histeria (1893/95); La interpretación de los sueños (1900), cap. VII., op. cit., T. I.

———. El yo y el ello (1923), op. cit., t. III, p.2079.

MACHADO, R. Deleuze e a Filosofia, Rio de Janeiro, Ed. Graal, 1990, pp. 66 e 69.

Parte II

11
Principio y final: bioetica y democracia

Gladys J. Mackinson

La medicina ha progresado, aceleradamente, desde la finalización de la Segunda Guerra Mundial. El hecho de mayor trascendencia radica, a mi criterio, en la profunda transformación del sector (fundamentalmente en las áreas de organización y atención de la salud) y en la revalorización de la libertad del paciente (autonomía, autodeterminación) como consecuencia de una marcada tendencia de las sociedades industrializadas hacia el pluralismo.

Pese a ello existen, hasta la actualidad, acalorados debates acerca del origen de estos avances: los defensores de dicho progreso, perciben este desarrollo como consecuencia de los descubrimientos cientifico-tecnológico, en tanto los detractores de esa tesis cuestionan la legitimidad de la experimentación con seres humanos como mecanismo único y exclusivo de acceso al conocimiento médico.[1][2]

Esta polémica no impidió, sin embargo, que tales adelantos continuaran su curso y fuesen acompañados por la implementación de técnicas sofisticadas, cruentas, mortificantes, intrusivas, frecuentemente muy costosas y de alta complejidad.

Tales circunstancias conmueven, en ocasiones, las creencias religiosas y morales de las diversas sociedades, las cuales culturalmente disocian entre el proceso vital y la muerte, como si se tratase de cuestiones sin vinculación alguna. Se define comúnmente "*vida*" como "la fuerza o actividad sustancial mediante la que obra el ser que la posee" y presenta entre sus acepciones la del "espacio de tiempo que transcurre desde el nacimiento de un ser vivo hasta su muerte".[3] En los últimos tiempos y con el creciente auge de las técnicas de fertilización asistida, se observan diferencias religiosas, médicas, jurídicas y éticas en cuanto al criterio que indique el momento en que se inicia una vida".[4][5]

Respecto de la noción de "muerte", las definiciones imperantes enfatizan la "cesación o término de la vida" y también que "en el pensamiento tradicional es la separación del cuerpo y del alma".[6]

Surgen divergencias teórico-prácticas aquí, con respecto a las pruebas confirmatorias para diagnosticarla, ya sea biológica, cerebral, cardíaca, súbita[7].

Esta evidencia acerca de las creencias dominantes en el imaginario social permite inferir la operación asociativa, realizada por los sujetos, respecto de los conceptos de vida-salud y muerte-enfermedad como conceptos opuestos y antónimos binomiales, que reflejan la ausencia de un ciclo

---

[1] De Simón, Gladys: Conferencia dictada en el marco del "Curso de Bioética". Directora: Gladys Mackinson. Depto. de Graduados. Facultad de Derecho y Ciencias Sociales. U.B.A. 1996.

[2] Hooft, Pedro: "Ciencia y razón. Experimentación con seres humanos y ética de la responsabilidad".

[3] Real Academia Española: "Diccionario de la Lengua Española". XXI ed. Madrid. 1992. pág. 2087.

[4] Véase Blanco, Luis: "El preembrión humano. Apostillas acerca de una falacia y sus consecuencias". págs. 155-581.

[5] Véase Martínez, Stella Maris: Status jurídico del fruto de la concepción en "Manipulación genética y derecho penal". Edit. Universidad. Bs.As. 1994.

[6] Real Academia Española: "Diccionario de la Lengua Española". XXI ed. Madrid. 1992. pág. 1413.

[7] Shoemaker, Ayres, Grenvik, Holbrok,Thompson: "Tratado de medicina crítica y terapia intensiva". Edit. Panamericana. Bs. As. 1991.

o proceso compartido por ambos pares de conceptos.

La agonía prolongada como instancia cuasiobligada e intermedia entre la vida y la muerte, permite reflexionar acerca del proceso de salud-enfermedad como un acontecimiento resultante de diversas relaciones que lo trascienden, sean éstas económicas, políticas, sociales, históricas, simbólicas, etc.

La Organización Mundial de la Salud (OMS), caracteriza a la "*salud*" como el estado de completo bienestar bio-psico-social y no meramente como la ausencia de afecciones o enfermedades[8].

La definición de "*enfermedad*" se contrapone con la precedente, al atribuirle el sentido de "alteración más o menos grave de la salud"[9], lo cual fortalece los mitos que aluden a ciertas dolencias como "males", con la carga axiológica y moral que ello significa.

El proceso de salud-enfermedad es objeto de construcciones sociales, al considerarse la relación entre representaciones sociales (saberes, conocimientos, ideas, creencias) y prácticas (históricas, inherentes al contexto socio-cultural). Implica, también, la apropiación de áreas de la vida cotidiana, dado que estos procesos salud-enfermedad son biológicos y psicológicos, sin ser unilineales.

Por lo tanto, los procesos de salud-enfermedad son procesos (y no situaciones aisladas de salud total o de enfermedad total) que constituyen la vida cotidiana, organizan la vida individual, familiar y social y constituyen identidades en los sujetos.

La presentación en el Poder Legislativo Nacional de la República Argentina de proyectos de ley para el tratamiento de la cuestión de los denominados "enfermos terminales" y los alcances de su capacidad resolutiva, requiere reformular conceptos tales como "calidad de vida" o "muerte digna", pero básicamente impone un replanteo previo acerca del concepto de "enfermo terminal".

Si el derecho es el instrumento de control social que normatiza nuestra existencia, desde su inicio hasta su final, no le sería ajeno todo aquello que se halle vinculado con el buen morir. Pero, se enfrenta con diversos obstáculos debido a que las distintas posturas identifican la cuestión (difundida mediáticamente como "muerte digna") con la eutanasia, el homicidio o el suicidio. A ellas deben sumarse mitos, estereotipos y prejuicios extrajurídicos que intentan dar respuesta a la cuestión, desde planteos teóricos, sin lograr acuerdos fundamentales[10].

Ello impide al paciente que padece una "enfermedad terminal", morir lo más confortable y naturalmente posible en una unidad de cuidados paliativos o en su hogar; asimismo autoriza a los profesionales tratantes a prescribir procedimientos más o menos inútiles y medicamentos o terapias desproporcionadas que prolongan la vida del paciente (futilidad), supliendo las funciones alteradas, sin posibilidad alguna de recuperación orgánica, siendo además causales de mayores sufrimientos que los asociados a la misma enfermedad para éste y para su grupo familiar[11] [12].

Es importante delimitar, entonces, si con la noción de "*paciente terminal*" se hace referencia a una persona próxima a la muerte, al fracaso de la tecnología aplicada a la medicina o al tope del conocimiento profesional de los médicos tratantes.

¿Es la condición de *paciente terminal* inhibitoria de su entidad de sujeto de derecho?

---

[8] Véase Mackinson, Gladys: "Derecho a la salud" en Estudios sobre la Reforma Constitucional de 1994. Instituto de Investigaciones "Gioja"-Depalma. Buenos Aires. 1995.

[9] Real Academia Española: "Diccionario de la Lengua Española". XXI ed. Madrid. 1992. pág. 832.

[10] Véase Niño, Luis: "Eutanasia, morir con dignidad". Ed. Universidad Bs. As. 1994, cuyo exhaustivo análisis de los conceptos vida y muerte enriquece el debate y plantea nuevas perspectivas de estudio.

[11] Estevez, Agustín V: Ob. cit 1.

[12] de Simone, Gustavo. Ob.cit 1.

¿Pierden los enfermos en el momento de diagnosticarles una enfermedad de carácter irreversible (para la cual los avances científico-tecnológicos aún carecen de respuestas curativas o paliativas), su capacidad de autodeterminación para resolver respecto de cómo morir dignamente?

El concepto de "paciente terminal" se construye a partir de la unión de los vocablos: paciente y terminal.

El contenido atribuido socialmente a la noción de "*paciente*" trasciende el mero marco etimológico (*patiens* y *pathos*). Se representa al paciente, entonces, como quien debe tener paciencia en la cura, manteniendo una actitud de espera pasiva, la que será satisfecha por el saber médico y/o por la tecnología disponible[13].

En tanto, el vocablo "terminal" es sustituido habitualmente por otros tales como: "incurable", "muriente", "agonizante", "desahuciado", "gravemente enfermo", "moribundo", entre otros, imputable tanto a pacientes críticos como a pacientes graves u otros cuya patología excede dichos encuadres clínicos.

Sin ser sinónimos, los conceptos precedentes se refieren a situaciones visualizadas y/o concebidas teóricamente como análogas.

La utilización de la terminología "paciente terminal", por su carácter impreciso y ambiguo, ubica a aquella persona rotulada como tal, en una posición de inferioridad, en la que su esfera decisoria se halla restringida a su mínima expresión, o directamente anulada.

En una sociedad pluralista secular, las acciones que involucran a los sujetos (jurídicos y psicológicos) se originan en el derecho personalísimo a decidir. El Principio de Autonomía determina un ámbito de prioridad decisoria, en el cual la esfera individual conforma la entidad de elegir de acuerdo a la propia voluntad y según las convicciones más profundas[14].

Cada cuerpo de conocimiento, como por ejemplo los saberes de especialistas, conforman un campo definido, que es patrimonio y responsabilidad de aquellos que lo utilizan como código esotérico, y que los legitima individual e institucionalmente, al no ser compartido por los "legos"; y porque construye una realidad en su entorno y a la vez determina la virtualidad de la misma sobre el restante marco social. Ello haría a la medicalización de la realidad[15].

Esta medicalización se encuentra sostenida por Parsons[16], cuando entendía la medicina como sistema de control social, a partir de los roles muy estereotipados de médico y enfermo, contribuyendo a la reproducción, estabilidad, supervivencia y funcionamiento al hallarse todas las partes en equilibrio. Lavados y Serani, consideran "enfermo terminal" a quien tiene una condición patológica diagnosticada con certeza...y cuyo pronóstico, sobre la base de la información existente, es una muerte próxima[17]. La condición de "terminalidad" de una persona impone expectativas diferenciales. Es dable resaltar que en la lengua castellana, todas las acepciones de la palabra "terminal" se refieren a cosas, nunca a personas: "final, que pone término a una cosa"[18]

La categorización de "terminal" atribuída a ciertas personas, desconociendo la finitud como cualidad inherente a la vida, conlleva la adjudicación de otros atributos

---

[13] Sorokin, Donzis y Armendariz: "El derecho en el límite: consideraciones bioéticas acerca del paciente terminal". Jornadas Interdisciplinarias de Bioética. Cátedra UNESCO-AABA-Instituto Gioja U.B.A. Facultad de Derecho y Ciencias Sociales. Universidad de Buenos Aires. 19 y 20/10/95.
[14] Hooft, Pedro: Fallo Parodi.
[15] Conrad, P: "Sobre la medicalización de la anormalidad y el control social". Ed. Crítica. Barcelona.1982.
[16] Parsons, Talcott: "El sistema social". Revista de Occidente. Madrid.1976.
[17] Lavados, M. y Serani, A: "Etica clínica: Fundamentos y Aplicaciones". Ed. Universidad Católica de Chile. Colección Textos Universitarios. Santiago de Chile. 1993. pág. 348.
[18] Real Academia Española: "Diccionario de la Lengua Española". XXI edic. Madrid. 1992. pág. 1965.

asociados: "no vive, dura"; "no muere, termina"; "no decide, es incapaz"; "no sufre, es un pobrecito".

El estigma, cuyo disvalor vergonzante, objetiva a la persona, significa un deterioro de su identidad (se pierden datos filiatorios e historia vital, para convertirse en una historia clínica despersonalizada) y una negación de la capacidad decisoria[19].

La representación del sujeto estigmatizado simplemente como "terminal", dejando de ser percibido como "paciente", se traduce en significados sociales que mediatizan instancias penosas y de exclusión, que lo orientan directamente a situaciones de mayor vulnerabilidad y a una mayor inflexibilidad de los roles médico-paciente y de enfermo-sano.

Si el lenguaje es un vector de discriminación y, asimismo, no es suficiente la existencia de normas positivas para la modificación de conductas individuales, pareciera imprescindible, construir un nuevo cuerpo significativo que dé cuenta de este fenómeno de manera descriptiva y emotivamente neutra; atento que el vocablo "terminal" connota un reduccionismo, ya que no describe y a la vez valoriza negativamente una situación biológica y cultural..

La sobrecarga informativa (cuantitativa, pero no cualitativamente) que circula últimamente tiende a confundir más que a aclarar la noción de "paciente terminal", al incorporar nuevos conceptos, tales como eutanasia y muerte digna, los cuales tienen entidad propia sin necesidad de ser adheridos a la noción de terminalidad.

Eutanasia: Etimológicamente deriva de las voces griegas *eu (bueno) y thanatos (muerte)*. En sentido figurado o metafórico se asocia con la idea de *muerte dulce, buena muerte o muerte piadosa*.

Clínicamente se la entiende como la acción u omisión de la ciencia medica, dirigida a eliminar cualquier dolor físico, causado por una enfermedad incurable y que culminara con la muerte. No es lo mismo *provocar la muerte* que *dejar que suceda* según el orden natural de los acontecimientos[20].

Muerte digna: Es el derecho de un enfermo que se halla en la etapa final de una patología irreversible e incurable, en la cual el desenlace inminente es la muerte a negarse a ser sometido a toda maniobra de reanimacion o prolongación de su existencia, apelándose a medios artificiales, extraordinarios o desproporcionados.

Una expresión genuina del principio de autonomía adquiere relevancia en el momento que tales opciones se refieren a decisiones respecto de la propia vida y de la propia muerte.

La conceptualización dominante del término "consentimiento informado", hace referencia a la circunstancia descripta. Este concepto abarca todas las instancias en las que una persona se ve sometida a la praxis médica.

Resulta de fundamental relevancia en tanto es probable el compromiso de la estructura valorativa con la cual la persona ha modelado su criterio de dignidad humana.

La magnitud de las decisiones involucradas en un consentimiento informado, revisten especial énfasis en el caso de los comúnmente denominados "pacientes terminales".

Quien se encuentra en un "estado clínicamente irreversible", habitualmente no es consultado por considerarlo incapacitado de formular una decisión válida, por él deciden su entorno familiar y el plantel médico que lo asiste. Atento que en ese acuerdo de voluntades no tiene participación real y efectiva el principal involucrado, estaríamos frente a un "asentimiento" con dudosa comprensión de la información suministrada.

---

[19] Goffman, Erwing: "Estigma. La identidad deteriorada". Amorrortu. Buenos Aires. 1988.
[20] Ob. cit. 8.

La Real Academia Española define al "asentimiento" como: "admitir como cierto o conveniente lo que otro ha afirmado o propuesto antes".

Hipócrates dice: "declara el pasado, diagnostica el presente y pronostica el futuro; practica estas acciones. En cuanto a la enfermedad, habitualmete remite a dos cosas: a ayudar, o por lo menos a no dañar. Nuestro arte lo componen tres factores: la enfermedad, el paciente y el médico. El médico es el servidor de nuestro arte y el paciente debe cooperar con él en su lucha contra la enfermedad".[21]

Según Katz, "informar es una práctica extraña a la tradición médica, la cual ha sido guiada desde Hipócrates y su juramento por una historia de silencio".

El mismo autor entiende que el consentimiento informado involucra un proceso de decisión compartida entre el paciente y el médico, el que supuestamente resulta de un acuerdo entre ambos.

En el caso de las personas en estado clínicamente irreversible, al verse limitada su capacidad decisoria, no es dable suponer un acuerdo común de voluntades respecto del procedimiento a seguir.

La determinación del médico y su sistema axiológico, tanto como la organización aplicada al sistema de salud, tienen fácticamente un mayor peso ya que determinan las opciones a considerar y condicionan la voluntad de quien está en situación decisoria, avalados por el consenso social acerca del prestigio asignado al saber médico[22].

El respeto de los derechos humanos de los enfermos estigmatizados como "pacientes terminales" hace imprescindible la construcción interdisciplinaria de un concepto preciso y valorativamente neutro que incorpore en su definición el derecho a decidir, lo cual implicaría una modificación en las actitudes y en las expectativas sociales respecto de dicho rol.

Para ello se considera imprescindible generar acuerdos básicos acerca del alcance del Principio de Autonomía y del Consentimiento Informado (determinando claramente qué sentido se atribuye a las variables involucradas *"persona razonable"* y *"decisión inteligente"*).

Si el acceso a la salud - tanto pública como privada - se halla cada vez más sujeto a las leyes del mercado, situando a la salud como una mercancía, al prestador como agente y a quien consume (paciente) como principal, debiera "recontratarse" esta relación médico-paciente a los efectos de que ambos puedan satisfacer sus necesidades. La demanda más solicitada por los pacientes es la de ser escuchados, sin importar tanto la prescripción posterior; en tanto los médicos requieren un sistema más flexible que el de capitación o prestación al momento de cobrar sus honorarios, a fin de lograr una atención más eficiente y una asignación de recursos con mayor eficacia.

Esta inter-relación médico-paciente podría basarse en la preservación del respeto a la *dignidad humana* (del paciente y del médico) en tanto personas y en un consentimiento informado que surja de un diálogo y no de la sóla formalidad contractual del asentimiento.

Sin embargo, resulta difícil proponer el diálogo como mecanismo prioritario de atención, sostenido en una escucha recíproca y un lenguaje compartido, habida cuenta que en este fin de siglo "no hay tiempo" y como el tiempo ha pasado a ser un bien escaso, las relaciones interpersonales se van deteriorando "por falta de tiempo" ....o de diálogo.

Es por ello que para revertir la discriminación - explícita o inplícita - hacia quienes se les diagnosticó una enfermedad de carácter irreversible, no son suficientes el cambio de conceptos y/o definiciones, dado que si no se modifican actitudes,

---

[21] Citado por Engelhardt, Tristram en "Los fundamentos de la bioética". Ed. Paidós. Barcelona. 1995. pág. 312.
[22] Ob. cit.

comportamientos y conductas altamente estigmatizantes no podrá haber diálogo posible; porque al quitarle a quien padece una enfermedad, su condición y calidad humana se le estaría negando el derecho a tomar sus propias decisiones, aún a riesgo de la pérdida de su propia vida. Pero, para dialogar hace falta tiempo y es aquello de lo que carecen los "enfermos terminales" a los cuales un diagnóstico clínico acercó a su terminalidad, olvidando que todos somos mortales, y por tanto finitos y terminales. Tal vez, a fines del milenio, sea el momento de comenzar a considerar que la muerte es parte de la vida, y que cada ser humano tiene derecho, en tanto tal, a elegir cómo vivir y cómo morir y que toda sociedad democrática se basa en dos pilares fundamentales: tolerancia y respeto unidas a una ética de responsabilidad pero también de convicción.

Estas líneas fueron escritas en homenaje a una docencia - la de Luis Warat - que desde el principio estuvo comprometida con la democracia, y que no implica un final porque nuestra amistad compartida desde la adolescencia sigue vigente.

12
Elogio a la perplejidad
Em homenagem ao Professor Luis Alberto Warat

Roberto Kalnisky

Cada víspera de año nuevo es sentido como el fin de todos los pesares y la concreción de los mejores deseos.

Ante cada pequeño o gran cambio en su vida - la escuela, el empleo, la compañera, el gobernante, cualquier mudanza o el más simple viaje -, el hombre reacciona con mayor o menor dosis de ansiedad, sino de angustia.

Las generaciones actuales se hallan ante el infrecuente privilegio de presenciar nada menos que un cambio de milenio.

Si ante cada cambio, el individuo efectúa un balance de su pasado inmediato, en esta instancia es la humanidad entera la que evalúa lo hecho en el pasado y la que se interroga a sí misma sobre su incierto futuro.

El mundo se ha convertido en una gigantesca autopista, una especie de túnel en la que se circula a una velocidad cada vez mayor.

Una suerte de tubo iluminado con luz incandescente, adornado con enormes pantallas de televisión que penden al frente y a los costados, que brindan toda la información existente: sobre el estado del tiempo, la cotización del dólar, el sorteo de la lotería, el crimen, el incendio o la guerra que se está produciendo en ese mismo momento, el infaltable partido de fútbol de cada día, la denuncia de corrupción, la desmentida de corrupción, el último juicio político, el rostro de la madre que llora, el obrero que amenaza, el niño que mira la cámara.

La velocidad de desplazamiento permite ver todas las imágenes sucesivamente, casi en forma simultánea, una suerte de Aleph tecnológico, un afuera omnipresente e indetenible.

Circulando a tan altas velocidades, el peligro es indisimulable.

El control de la agenda de citas - electrónica desde luego -, debe confeccionarse con particular minucia para no omitir o trastocar alguna.

Suelen cometerse errores muy serios, propios de quienes organizan sus horarios en un estado de hiperventilación emocional, sometido a una invasión permanente de exigencias laborales, compromisos sociales y deberes familiares.

La velocidad es tan grande que ya no se puede disfrutar de una plácida comida, sino que debe aprovecharse ese "espacio de tiempo" para discutir un negocio, resolver sobre la continuidad de una relación o contestar una petición de los hijos.

Es común que en la apretada agenda se ubique un encuentro amoroso al final de un día agobiante, o peor aún, que se lo intercale entre dos citas tensionantes.

Los momentos que se dedican al amor, son cada vez menores, en tiempo y en calidad.

Son detenciones obligadas, paradas técnicas, oasis efímeros que permiten continuar con lo otro, aquello que llamamos vivir.

Esta autopista no parece tener salidas a calles laterales, tranquilas y arboladas.

Las únicas bajadas solo sirven para tomar otras vías de acceso rápido hacia destinos igualmente inciertos.

Es conocido el riesgo que se corre al detenerse en las autopistas por el peligro de originar colisiones múltiples.

El hecho es que el hombre vive a plena marcha, sin otra alternativa a la vista que las pantallas que penden a su derredor.

Este entubamiento de absorción rápida tiene la grave particularidad de impedir la reflexión profunda; el bombardeo de imáge-

103

nes, palabras y sonidos obliga prestar toda la atención a lo que sucede en cada instante.

Los momentos de reflexión se ven atenuados, adormecidos por la exigencia de continuidad, por el apuro, por el manejo situacional.

En este pasadizo de escape hacia el futuro, van quedando las ruinas de ideologías e instituciones; meros recuerdos de tiempos idos, películas mudas de un pasado reciente y tan lejano, banquetes para melancólicos que no se habrán de reeditar.

En esta carrera loca y desenfrenada, recta sin curvas ni paradas, la aceleración es creciente, como lo es el aislamiento y la lejanía, y la indiferencia de las miradas.

La juventud se encierra en sus *walkman* y avanza a tientas en su mundo de sonoridad virtual, ignorante de viejos ideales, ajena a antiguos sueños grandilocuentes de inmortalidad y trascendencia.

La humanidad se acerca al tercer milenio y hace su balance, pero ya no sueña.

Tanto progreso tecnológico ha superado su propia imaginación, y ya nada le parece imposible.

Se vive sin sorpresas.

¿Qué hecho o circunstancia podría sorprender al hombre de fin de milenio?

El estado de perplejidad ha quedado en la banquina, acosado por los faros y flashes informativos, la desmesura musical de bares y confiterías y el ulular de las ambulancias.

El hombre próximo al tercer milenio vive en estado de parpadeo epiléptico: de día ante la pantalla de su PC; de noche ante la de su TV.

Asaltado en todo lugar y momento por alarmas digitales y el saturnal frenesí de los teléfonos celulares.

Pero por otra parte, el hombre fórmula uno ha ganado muchos premios que están a la vista: una enorme gama de derechos tienen hoy raigambre constitucional hasta en los países menos propicios. La circunstancia de que aún no tenga el goce pleno de esos derechos depende de cuestiones meramente culturales y circunstanciales.

Pero hay una tendencia inocultable.

Es cierto que algunas señales inequívocas y preocupantes permiten especular con el acrecentamiento y consolidación más o menos permanente de enormes masas marginadas de la sociedad, que por lo demás siempre han existido.

Es cierto que se notan muchos retrocesos en el campo de lo social y que se avizoran otros.

También que los grupos de poder persisten en sus designios de voluntad omnímoda y que la corrupción no encuentra respuesta en el poder judicial.

Pero también hay que rescatar que el poder - como todo lo demás - es cada vez más efímero, más transparente y que sobre esto tampoco hay retorno.

La sociedad ilumina los espacios más recónditos del poder y nada escapa a su conocimiento. A su turno, aunque no tan rápido como sería de desear, los pueblos podrán hacer los recambios necesarios.

Siempre hubo mafias enquistadas en el poder, pero nadie podrá negar que en todo tiempo se les ha dado batalla, y no hay motivo para suponer que su avance sea inexorable

El problema mayor sigue siendo esa suerte de fosa móvil en la que el hombre ha sido sepultado a una velocidad de disgregación.

Pero no sólo es cuestión de conducto sino de conductor; si intenta evitar los carriles más rápidos, si circula por los más moderados, podrá disponer de tiempo para maniobrar ante cada nuevo acceso y decidirse a husmear en la búsqueda de pasajes más apacibles.

Estará más atento a las salidas que a las pantallas.

Si es necesario podrá detenerse en la banquina y comprobar el despropósito de la velocidad sin destino.

Hallará sin duda callecitas con memoria y plazoletas asoleadas.

Se encontrará con miradas afines.

Podrá redescubrir el amor por la especie.

Y hasta trabajará por ella.

Es primordial, claro, que triunfe el instinto de conservación.

13
A universalidade do princípio da liberdade sindical

Olga Maria Boschi Aguiar de Oliveira
Professora do Curso de Graduação e Pós-Graduação em Direito da UFSC.
Vice-Diretora do Centro de Ciências Jurídicas da UFSC.

Ao Prof. Dr. Luiz Alberto Warat, amigo de todas as horas, colega do Departamento de Direito Público e Ciência Política, do curso de mestrado e doutorado do Centro de Ciências Jurídicas da Universidade Federal de Santa Catarina, dedicamos este artigo como preito de reconhecimento pela profundidade e seriedade de seu trabalho como doutor e pesquisador.

O seu ensino inovador, questionador e crítico tem contribuído decididamente na formação de novos operadores do Direito, que, graças ao seu exemplo de dedicação, tem galgado posições de destaque na sociedade catarinense e nacional.

Prof. Warat, não poderia deixar de dedicar-lhe este trabalho, como demonstração da convivência acadêmica que sabe irradiar.

1. Considerações Preliminares

O objetivo deste trabalho consiste em fazer uma apresentação sucinta dos principais documentos internacionais, a nível de organizações mundiais, européias e latino-americanas, os quais estabeleceram, em seus convênios e recomendações, direitos e garantias individuais e sociais para todos os cidadãos, destacando-se principalmente aqueles direitos específicos reconhecidos à classe trabalhadora, ou seja, aqueles que se referem ao *princípio da liberdade sindical*.

Também procura-se mostrar, apenas como ilustração, a evolução do movimento sindical a partir do século XVIII, quando de suas lutas e reivindicações pelo reconhecimento de direitos individuais e coletivos de trabalho, evidenciando o direito de livre formação e organização sindical sem a interferência do poder estatal.

A análise dos documentos internacionais referentes ao reconhecimento de direitos e garantias individuais e sociais dos trabalhadores, permite observar as influências que alguns documentos exerceram na ordem constitucional e legislação ordinária sobre os países-membros participantes das várias organizações que têm procurado estabelecer o mais amplamente possível, a universalidade dos direitos fundamentais do homem.

2. Aspectos da evolução do princípio de liberdade sindical

Os movimentos da classe trabalhadora, por um reconhecimento mais amplo de seus direitos individuais e sociais, foram e ainda são, em alguns países, uma realidade bem presente.

A história do sindicalismo tem demonstrado, nos seus vários períodos, as lutas e reivindicações dos trabalhadores para assegurar melhores condições de vida, tentando, através do reconhecimento de direitos fundamentais, diminuir a exploração do homem pelo homem.

O estabelecimento dos chamados direitos fundamentais do homem, como a liberdade, a igualdade e a fraternidade, foram ratificados pela Assembléia Nacional da França, quando da Declaração dos Direitos do Homem e do Cidadão em 1789, como forma de assegurar à burguesia o exercício de seus direitos, principalmente o de propriedade sem interferência por parte de qualquer pessoa ou entidade, inclusive o próprio Estado.

Com relação à defesa dos direitos individuais do trabalho, não houve por parte da Declaração francesa qualquer tipo de regulamentação que restringisse o princípio de liberdade do homem para contratar os serviços de outro homem, o que romperia com as idéias individualistas e liberais predominantes neste período, e que se estenderiam também ao século XIX.

Em realidade, a Declaração dos Direitos do Homem e do Cidadão, em 1789, fixou os princípios do direito individual e do liberalismo econômico e político. Dentro desta Filosofia "*o indivíduo é colocado no centro do ordenamento estatal, sendo ao mesmo tempo fonte de ordenamento mesmo (princípio da soberania popular) e destinatário das suas normas, normas destinadas sobretudo a garantir a liberdade e a igualdade dos particulares perante o Estado.*"[1]

As normas de direito presentes na Declaração dos Direitos do Homem e do Cidadão protegiam os interesses da nação e dos indivíduos particulares, mas não reconheciam a liberdade geral de associação para fins políticos, religiosos, culturais, desportivos, etc.

Exceção foi feita com relação à liberdade de coalizão, devido às pressões exercidas pela classe trabalhadora que mais tarde tiveram este direito proibido pela Lei Le Chapelier, de 1791.

As condições de exploração em que viviam os trabalhadores, entre elas os salários injustos, as jornadas intermináveis de trabalho, o rompimento do contrato de trabalho por parte dos patrões sem qualquer indenização, o péssimo estado dos locais de trabalho que afetava a saúde do trabalhador, principalmente mulheres e crianças, entre outras, levaram aqueles a lutar pelo reconhecimento de seus direitos fundamentais, não apenas no aspecto formal, mas pela garantia de princípios que resultassem, na prática, em melhores condições de vida e de trabalho.

Para isso, o individualismo radical do século XVIII teve que ceder espaço a uma nova visão de sociedade, baseada na solidariedade social, que abriria o caminho para a conquista dos direitos sociais dos trabalhadores, influenciados, então, pelo pensamento socialista que caracterizaria o século XIX, destacando-se, em 1848, a publicação do Manifesto Comunista.

Assim, o século XIX é conhecido também pelas lutas sociais dos trabalhadores que atingiram os vários países europeus, latino-americanos e influenciaram também os movimentos da classe trabalhadora nos Estados Unidos da América. Dentre as reivindicações conquistadas pelos trabalhadores, que vão variar de acordo com a política e a economia de determinados países, encontra-se o reconhecimento dos direitos sociais, que tiveram abrangência internacional a partir dos documentos resultantes das várias organizações criadas durante a Primeira e a Segunda Guerras Mundiais.

De acordo com Recaséns Siches, citado por Floriano Corrêa Vaz da Silva, em sua obra *Direito Constitucional do Trabalho*, a definição de direito social refere-se àqueles direito que

"*(...)versam sobre contribuições, assistências, ajudas ou condições que são subministradas pelo Estado ou outros entes públicos. O trabalho, a livre escolha do trabalho, as condições eqüitativas, e satisfatórias do trabalho, a proteção contra o desemprego, o direito a igual salário por trabalho igual, a remuneração justa, o descanso e a utilização do tempo livre, a limitação razoável da jornada de trabalho, as férias anuais remuneradas, um nível de vida adequado, as condições que propiciem e defendam a saúde, os seguros contra acidentes sociais, os cuidados e assistência especiais à maternidade e infância, etc., são possíveis apenas em virtude de*

---

[1] SILVA, Floriano Corrêa Vaz da. *Direito Constitucional comparado*, p. 13.

*condições ou de contribuições subministradas pela organização jurídica da sociedade".*²

3. A Lei de Chapelier

A luta dos trabalhadores pelo reconhecimento de alguns direitos fundamentais teve na França um marco muito importante. A situação de exploração e miséria em que eles se encontravam demonstra a sua condição de coisa, pois eram tratados como uma mercadoria qualquer.

O liberalismo francês não podia permitir que alguma coisa ou pessoas interferissem no livre desenvolvimento da manufatura e do comércio. Assim, apesar de a Declaração dos Direitos do Homem de 1789 ter regulado a liberdade de coalizão, esse direito foi proibido pela Lei Le Chapelier, de 14 de junho de 1791, que proibia também o direito de associação e o direito de greve.

A burguesia justificava tal medida alegando que *"a lei pode proibir o que é prejudicial à sociedade, circunstância que correspondia às associações, porque contrariavam a concepção individualista da sociedade e porque eram organizações de luta contra a liberdade da indústria e do comércio".*³

O eminente jurista mexicano Mário de La Cueva, ao referir-se à Lei Le Chapelier menciona que, com esta lei,

*"(...) a burguesia fez a declaração de que o Estado ficava ao serviço da ideologia individualista e liberal e, em conseqüência, ao da classe social que a exercia e defendia. Portanto, tudo que perturbasse a nova ordem seria um crime contra a ordem jurídica. Foram em vão protestos dos trabalhadores e seus pedidos, para que lhes fosse permitido associar-se e ajudar-se uns aos outros, pois a burguesia respondeu que o Estado ajudaria aos necessitados através de instituições beneficentes".*⁴

Apesar de a Lei Le Chapelier considerar ilícita toda e qualquer coalizão de trabalhadores, proibir a associação profissional e considerar a greve como delito, a ordem jurídica não parou por aí, também se utilizaram do Código Penal em 1810 e do Código Civil para sancionar severamente as coalizões e as greves dos trabalhadores.

De acordo com o Código Penal, a tentativa de greve era punida com uma pena que poderia variar de um a três meses de reclusão, e para os dirigentes da greve a pena poderia ser de dois a cinco anos de reclusão, *"a proibição era absoluta, e de acordo com as crônicas os tribunais aplicaram a norma com refinada crueldade."*⁵

Ainda com referência ao Código Penal francês, na parte específica sobre as coalizões de patrões, o jurista Mário La Cueva indica que aquelas realizadas

"para procurar uma redução injusta e abusiva dos salários, seguida de uma tentativa ou princípio de execução, se castigará com prisão de dez dias a um mês e uma multa de duzentos a três mil francos. (...).

*O Código Penal era um direito da classe empresarial, e o princípio de igualdade não funcionava no regime individualista e liberal da burguesia. E, por outra parte, por que haveriam de coalizar-se os patrões para diminuir os salários, se cada um podia reduzi-los livremente em qualquer momento?"*⁶

Neste período de lutas e reivindicações os trabalhadores

"(...) exigiam que lhes reconhecessem a mesma liberdade de que desfrutavam as Forças econômicas, isto é, exigiam a universalização da regra de não intervenção

---
² SILVA, F. C. V. da. Idem, p. 14.
³ CUEVA, Mário de La. *El Nuevo Derecho Mexicano del Trabajo*, vol. II, p. 201.
⁴ CUEVA, M. de La. Idem, p. 202.
⁵ CUEVA, M. de La. Idem, p. 203.
⁶ CUEVA, Mário de La. *El Nuevo Derecho Mexicano del Trabajo*, vol. II, p. 203.

do estado nas relações econômicas, o que equivaleria ao reconhecimento das liberdades de sindicalização, de negociação e contratação coletiva e de greve.

A proposta implicava a superação da concepção individualista da vida social e do homem e das normas da Lei Le Chapelier, cuja essência consistia na proibição de qualquer ação ou pretensão de trabalho que de alguma maneira estornava o desenvolvimento livre do capital".[7]

Assim, a duras penas, a classe trabalhadora levava adiante seus movimentos em busca de uma igualdade de direitos que na prática não existia, pois os trabalhadores viviam em estado de permanente necessidade, frente à burguesia dona do capital.

4. O período de tolerância.

O movimento da classe trabalhadora continua, sendo que alguns acontecimentos importantes vão marcar profundamente a ação dos trabalhadores. Este período é denominado pelos autores do Direito do Trabalho, como de "tolerância," pois as leis promulgadas não proibiam mais as coalizões, a greve e a associação sindical, mas tampouco reconheciam esses atos como direito legítimo. Entre os acontecimentos que merecem destaque, estão os seguintes:

A Lei Inglesa de Francis Place de 1824, que eliminou o caráter delituoso das associações sindicais e da greve;

A publicação do Manifesto Comunista;

A Revolução Francesa de 1848.[8]

Com a promulgação da Lei de Francis Place, o Estado passa a tolerar informalmente a coalizão, a associação sindical, e a greve deixa de ser considerada delito. Mas vários anos tiveram que passar até que os trabalhadores conquistassem o princípio da liberdade sindical, tanto nos países europeus como latino-americanos, e em alguns casos com certas limitações.

Durante o período de "tolerância", o movimento dos trabalhadores europeus, principalmente na Inglaterra, França, Itália e Alemanha, sofreu varias influências do pensamento socialista, entre elas a do Manifesto Comunista de 1848, elaborado por Friedrich Engels e Karl Marx. Segundo Elimar Szaniawski, o Manifesto Comunista *"(...)pregava a luta de classes, (...) onde comunistas do mundo inteiro se uniram para destruir a ordem social e derrotar a burguesia, que seria substituída pela ordem social. Com a publicação do Manifesto Comunista principiou-se, na França, uma revolução social, onde, pela primeira vez na história, a classe proletária participou de um movimento com reivindicações próprias a fim de conquistar o poder".*[9]

A força do pensamento socialista, oriunda do Manifesto Comunista, e a nova concepção de vida social produziram nos países da Europa, Estados Unidos da América e América Latina, uma mudança muito forte sobre os princípios individuais e liberais que impregnavam a ordem jurídica vigente, e que levaria, de acordo com os movimentos sociais de cada país, ao reconhecimento de direitos individuais e coletivos de trabalho, principalmente aquele que preconizava o princípio da liberdade sindical.

Os fatos mais marcantes neste período são as revoluções ocorridas na Europa. Inicia-se na França, com a revolução de 1848, estendendo-se depois a outros países da Europa Ocidental.

Em fevereiro de 1848, depois de vários acontecimentos anteriores, os franceses derrubam o monarca Luiz Felipe, fazendo estalar a Revolução de 1848. Menciona o jurista mexicano Trueba Urbina,

"(...) que, antes da revolução, a situação dos trabalhadores era miserável; jornadas

---

[7] CUEVA, M. de La. Idem, p. 254.
[8] CUEVA, M. de La. Idem, p. 205.
[9] SZANIAWSKI, Elimar. *O Sindicato e Suas Relações com a Justiça do Trabalho*, p. 13.

fatigantes e reduzidos salários que originaram um ódio de classes, a depauperação e a imoralidade. Importantes greves, que tiveram lugar nos anos de 1844 - 1845, provocaram a intervenção do Estado nos conflitos entre o capital e o trabalho e contribuíram também para criar um clima favorável à revolução".[10]

Apesar de considerada pelos seus princípios como um texto muito importante, a Constituinte de 1848 continuou regendo-se pelo individualismo e liberalismo, *"... a liberdade de trabalho e indústria, assim como o princípio de igualdade e alguns de alcance social, tiveram precária duração. Na prática não vigoraram. Se converteram em simples discurso político".*[11]

Só a partir do ano de 1864, as coalizões e associações de trabalhadores na França passaram a ser toleradas, e o Código Penal de 1810, apesar de ter sofrido algumas reformas quanto à liberdade de coalizão e à liberdade de greve, mantinha ainda dispositivos proibindo a liberdade de associação. Portanto,
"a coalizão, a greve, a associação profissional foram toleradas, mas não constituíam direitos dos trabalhadores. Conseqüentemente, os empresários podiam continuar os trabalhos utilizando novos trabalhadores e solicitar o apoio da força pública, a fim de evitar qualquer intento para impedir ou dificultar a continuação das atividades das empresas. O estado continuou respeitando o princípio "laissez faire, laissez-passer", se bem com um sentido novo e bilateral: sem reconhecer oficialmente o fato, o estado aceitou a realidade da luta de classes e deixou a cada uma que atuasse livremente com a condição de que não influíssem os direitos da outra".[12]

Com a Lei de 21 de maio de 1884 é que o Estado reconheceu aos trabalhadores a liberdade sindical. Portanto, foram necessários vinte anos até que este princípio recebesse proteção formal por parte do poder estatal, como um dos aspectos primeiros do direito social.

Não se tem a intenção de fazer uma análise da evolução dos direitos sociais, principalmente do princípio da liberdade sindical, porém, a nível de Direito Constitucional, é importante destacar que com a Constituição francesa de 27 de outubro de 1946, da IV República, foi estabelecido entre os princípios econômicos e sociais o direito de ação sindical para todos o trabalhadores, inclusive os funcionários, fazendo exceção às forças armadas e aos magistrados.

Anos depois, na Constituição de 4 de outubro de 1958 (período do general Charles de Gaulle), o povo francês, através de um Referendum[13], ratificou os princípios estabelecidos pela Carta de 1946, reconhecendo como norma constitucional os direitos sociais dos trabalhadores, entre eles, o de exercer livremente a atividade sindical.

Neste quadro, a evolução dos direitos sociais, que abrange direitos individuais e coletivos do trabalho, mostra a luta dos trabalhadores para conquistar e garantir alguns direitos fundamentais, através da legislação ordinária e da ordem constitucional.

Para Octávio Bueno Magano, liberdade sindical significa
"(...) o direito dos trabalhadores e empregados de não sofrerem interferências, nem dos poderes públicos nem de uns em relação aos outros, no processo de se organizarem bem como o de promoverem interesses próprios ou de grupos a que pertençam".[14]

---

[10] TRUEBA URBINA, Alberto. *Nuevo Derecho Internacional Social*, pp. 87-88.

[11] TRUEBA URBINA, A. Idem, p. 89.

[12] CUEVA, M. de La. Op. Cit., p. 206.

[13] O termo *Referendum* significa: "votação direta pelo eleitorado, de uma lei ou de uma alteração da Constituição - É instituição presente nas democracias semi diretas, que confere ao povo o poder de sancionar ou rejeitar leis". Cf. Osvaldo Ferreira de Melo, Dicionário de Direito Político, p. 110.

[14] MAGANO, Otávio Bueno. *Manual de Direito do Trabalho*, vol. III, p. 24.

De acordo com esta definição, tanto trabalhadores como patrões têm o direito de formar e ingressar livremente em um sindicato, e este de viver e atuar livremente sem interferência do Estado.

Portanto, este direito fundamental deve estar consagrado na ordem constitucional, tendo em vista, que, desde 1948, com a Convenção n.º 87 da Organização Internacional do Trabalho, esse se tornou um princípio universalmente aceito pelos países membros das Nações Unidas. Exceção, entre outras, feita ao Brasil, que até a data de hoje, não ratificou a referida Convenção, pois vários pontos da legislação trabalhista e da própria Constituição Federal entram em choque com o princípio da liberdade sindical reconhecido mundialmente.

É conveniente salientar que, internacionalmente, o princípio da liberdade sindical engloba: o direito à livre constituição de sindicatos, sem autorização prévia do Estado; liberdade de estabelecer os próprios estatutos; impossibilidade de as organizações sindicais serem dissolvidas ou suspensas por via administrativa; o direito de constituir federações e confederações, podendo tanto as entidades de 1º e 2º grau, filiarem-se a organizações internacionais.

O reconhecimento deste princípio a nível internacional passou por uma evolução normativa, que variou de acordo como momento político e econômico de cada país, da postura do Estado frente às reivindicações da classe trabalhadora, e, a forma utilizada por aquele para solucionar os conflitos de classe existes.

A seguir, apresentam-se, de forma breve, os documentos internacionais que no âmbito mundial europeu e latino-americano, reconheceram o princípio da liberdade sindical e consagraram tal princípio em suas Constituições políticas.

5. Os documentos internacionais

É de todo importante ressaltar que o objetivo deste trabalho não é efetuar uma transcrição completa de todos os documentos internacionais que legislaram sobre o princípio da liberdade sindical, e sim destacar algumas das normas de direito internacional que acabaram universalizando este princípio fundamental para os trabalhadores.

Tratado de Paz de Versailles, 28 de junho de 1919, assinado ao término da primeira guerra mundial. Neste aparecem importantes cláusulas sociais que vieram a se internacionalizar através das Constituições políticas de vários países.

Em sua parte XIII, o Tratado de Versailles criou a Organização Internacional do Trabalho (O. I. T.), com sede em Genebra, transformada anos mais tarde em um organismo especializado das Nações Unidas, de acordo com o estabelecido no art. 387, que previa: "(...) *uma organização permanente encarregada de trabalhar para a realização do programa exposto no preâmbulo" (do Tratado de Versailles)*[15].

A assinatura do Tratado de Versailles entre as várias nações e a criação da Organização Internacional do Trabalho tiveram como "... *objetivo conseguir a paz social universal entre trabalhadores e empregadores de todos os países como ponto de partida para a paz duradoura a que se refere o preâmbulo do tratado no concernente às relações de trabalho.*"[16]

No art. 388 do Tratado de Versailles ficou estabelecido que a Organização Internacional do Trabalho estaria composta de uma Conferência Geral dos Representantes dos Membros e uma Oficina (*Bureau*) Internacional do Trabalho.

Assim sendo, a estrutura da O. I. T. está composta de três órgãos principais:

---

[15] TRUEBA URBINA, Alberto. *Nuevo Derecho internacional Social*, p. 58.
[16] TRUEBA URBINA, A. Idem, p. 245.

1º) A Conferência Internacional do Trabalho - Assembléia-Geral dos Representantes de Todos os Estados Membros.

2º) O Conselho de Administração e órgão executivo da Conferência, composta por representantes dos Estados-Membros, trabalhadores e empresários, que fixa a ordem do dia e vigia as atividades da Oficina *Bureau* Internacional do Trabalho.

3º) A Oficina Internacional do Trabalho - órgão de trabalho técnico e científico que intervém diretamente nas relações entre a O. I. T. e os governos dos Estados-Membros, assim como as Organizações Profissionais dos Trabalhadores e dos Empregadores, que se encarrega também da preparação das conferências.

Com relação ao princípio da liberdade sindical, o Tratado de Versailles de 1919, em seu art. 427, reconhece
"(...)*o direito de associação para todos os objetivos não contrários as leis, tanto para os assalariados como para os patrões*".[17]

A constituição alemã de Weimar de 11 de agosto de 1919. O autor Floriano Corrêa Vaz da Silva menciona
"(...) *a influência da Constituição de Weimar nas várias Constituições do pós-guerra, ou seja, nas Constituições elaboradas nas décadas de 20 e de 30, (...) provavelmente porque se tratava da primeira tentativa feita por uma nação de construir uma social democracia, procurando conciliar princípios liberais e princípios socialistas, e almejando fugir ao mesmo tempo do exemplo, então bem próximo e bem presente em todos os espíritos, da revolução soviética, e dos excessos do capitalismo e do liberalismo, com duras condições de vida impostas a uma imensa parcela da população*".[18]

A Constituição de Weimar, além de estabelecer as normas da convenção coletiva de trabalho, garantiu o direito de coalizão, e em seu art. 159, dispõe que: "*a liberdade de coalizão para defesa e melhoramento das condições de trabalho e de vida econômica está garantido a cada uma das profissões. Todos os acordos e disposições tendentes a limitar ou travar esta liberdade são ilícitos.*"[19]

Assim, trabalhadores e patrões tinham constitucionalmente protegidos vários direitos coletivos de trabalho, que entretanto vão se modificar quando no ano de 1934, já no período do nacional socialismo, a convenção coletiva de trabalho fica proibida, e os sindicatos são extintos. Anos mais tarde, com a queda do nacional socialismo, os trabalhadores voltam a ter garantidos os seus direitos coletivos de trabalho, entre eles a liberdade de coalizão.

A Organização Internacional do Trabalho tem realizado, desde sua criação em 1919, um trabalho de grande importância para os Estados-Membros, trabalhadores e empresários, divulgando, através de conferências, reuniões e resoluções, princípios e normas fundamentais de conteúdo sociais, que desde os seus primórdios tem tido repercussão mundial através de vários tratados internacionais e de suas publicações.

Os tratados internacionais assinados pelos Estados-Membros, têm buscado como objetivo principal a melhoria nas relações de trabalho entre os Estados, trabalhadores e patrões. De acordo com Antônio Truyol, "*podemos dizer que, por definição, é a O. I. T. em razão de sua missão promotora de direitos humanos no campo do trabalho*".[20]

Numerosos são os convênios internacionais, que os Estados Membros da O.I.T. celebraram no âmbito das relações de trabalho, mas tendo em vista o tema desenvolvido neste trabalho menciona-se apenas

---

[17] TRUEBA URBINA, Alberto. *La Constitución Mexicana de 1917 se reflete dans le Traite de Paix de Versailles de 1919*, p. 20.

[18] SILVA, F. C. V. da. Op. cit., p. 52.

[19] BUENO LOZANO, Nestor de. *Derecho del Trabajo*, vol II, p. 566.

[20] TRUYOL, Antonio. *Los Derechos Humanos*, p. 39.

aqueles referentes à liberdade sindical, a saber:

1º) Convenção n. 11, sobre o direito de associação e coalizão dos trabalhadores agrícolas de 1921;
2º) Convenção n. 84, sobre o direito de associação (territórios não-metropolitanos) de 1947;
3º) Convenção n. 87, sobre liberdade sindical e proteção sindical, de 1948;
4º) Convenção n. 98, sobre o direito de organização e de negociação coletiva, de 1949;
5º) Convenção n. 110, sobre as condições de emprego dos trabalhadores nas plantações, de 1958;
6º) Convenção n. 135, sobre a proteção outorgada a representantes dos trabalhadores na empresa, de 1971;
7º) Convenção n. 141, sobre a organização dos trabalhadores rurais, de 1975;
8º) Convenção n. 151, sobre o direito de Sindicalização na administração pública, de 1978;
9º) Convenção n. 154, sobre a promoção de negociação coletiva, de 1981;"
10º) Convenção n. 158, sobre a terminação da relação de trabalho por parte do empregador, de 1982[21].

Com referência às convenções celebradas pela O.I.T., desde a sua criação, a que merece destaque neste trabalho é a que preconiza o princípio da liberdade sindical e a proteção ao direito de sindicalização, ou seja, a Convenção n. 87, de 9 de julho de 1948, já ratificada por mais de noventa e oito países, conforme quadro ao lado:[22]

A Convenção n. 87, em seu preâmbulo, estabelece a afirmação do princípio da liberdade sindical, assim como a liberdade de expressão e de associação, princípios estes que foram adotados por unanimidade pelos Estados-Membros participantes, para constituírem a base da regulamentação internacional. Na Parte referente à liberdade Sindical, destacam-se os seguintes artigos:

"Art. 2º - Os trabalhadores e empregados, sem distinção de qualquer espécie, terão direito de constituir, sem autorização prévia, organizações de sua escolha, bem como o direito de se filiar a essas organizações, sob a única condição de se conformar com os estatutos da mesma.

Art. 3º - 1 - As organizações de trabalhadores e empregadores terão o direito de elaborar seu estatutos e regulamentos administrativos, de eleger livremente seus representantes, de organizar a gestão e a atividade dos mesmos e de formular seu programa de ação.

2 - As autoridades públicas deverão abster-se de qualquer intervenção que possa limitar esse direito ou entravar o seu exercício legal.

"Art. 4º - As organizações de trabalhadores e de empregadores não estarão su-

CONVENÇÕES DA OIT SOBRE LIBERDADE SINDICAL

CONVENÇÕES	N./RATIFICAÇOES	SITUAÇÃO DO BRASIL
11	107	Ratificou em (25.IV.1957)*
84	4	Não ratificou
87	98	Não ratificou
98	114	Ratificou em (18.XI.1952)*
110	11	Denunciou**
135	44	Ratificou***
141	29	Não ratificou
151	22	Não ratificou
154	12	Não ratificou
158	14	Não ratificou

Fonte: OIT. "Cuadro de ratificaciones 1. Enero. 1991".
* Datas dos depósitos dos instrumentos de ratificação.
** Havia ratificado a 01.3.1996 e denunciou pelo Decreto n. 67.499, de 6.9.1970.
*** Promulgada pelo decreto n. 131 de 22.5.1991.

---

[21] FRANCO FILHO, Georgenor de Souza. *Liberdade Sindical e Direito de Greve no Direito Comparado*, pp. 26-27.
[22] FRANCO FILHO, G.de S. Idem, p. 28.

jeitas à dissolução ou à suspensão por via administrativa.

"Art. 5º - As organizações de trabalhadores e de empregadores terão o direito de constituir federações e confederações, bem como de filiar-se às mesmas, e toda organização, federação ou confederações terá o direito de filiar-se às organizações internacionais de trabalhadores e empregadores."[23]

Na Parte correspondente à Proteção do direito sindical, encontramos o art. 11 que preceitua que *"cada membro da O.I.T., para o qual a presente Convenção está em vigor, se compromete a tomar todas as medidas necessárias e apropriadas a assegurar aos trabalhadores e aos empregadores, o livre exercício do direito sindical."*[24]

O Brasil, apesar de ter assinado o convênio, ainda não ratificou a Convenção n. 87, pois,

"(...) pelo nosso sistema jurídico, mesmo aprovada pela Assembléia da O. I. T., uma convenção só terá eficácia em nossa ordem interna se ratificada pelo governo. A ratificação é o ato de aprovação. Depende das duas casas do Congresso e da Confirmação do Poder Executivo.

Nesse caso, as normas contidas na Convenção passam a valer em nosso País com a mesma força de uma lei federal."[25]

6. A Organização das Nações Unidas e a Declaração Universal dos Direitos do Homem de 1948.

A Carta da Organização das Nações Unidas foi assinada na cidade de São Francisco, no dia 26 de junho de 1945, e os governos ali representados estabeleceram uma organização internacional que se denominou de Organização das Nações Unidas (O.N.U.).

As nações participantes estabeleceram, na mencionada Carta, propósitos e princípios sobre a cooperação econômica e social, assim como cooperação nos campos da cultura, educação e saúde.

Mais tarde, no dia 10 de dezembro de 1948, a Assembléia Geral das Nações Unidas, reunida em Paris - França, aprovou a Declaração Universal dos Direitos Humanos. Apesar de buscar promoção e proteção dos direitos humanos, a O.N.U. tem encontrado dificuldades para sua efetivação em vários países, pois como órgão político internacional, só tem competência para fazer recomendações através de Resoluções.

"(...) Ninguém discute a obrigatoriedade moral da Declaração Universal dos Direitos Humanos. Juridicamente, sua significação não é outra (ao igual das declarações de direitos nos ordenamentos internos) que a de uma pauta superior de inspiração e critério superior de interpretação para os órgãos chamados a configurar, desenvolvendo-o convencional e consuetudinariamente e em todo caso aplicando-o por via judicial ou arbitral, o direito internacional positivo."[26]

As dificuldades encontradas pelas Nações Unidas com referência à tutela e proteção dos direitos humanos são inúmeras, pois vários assuntos referentes ao tema necessitam de conciliação entre os representantes dos Estados-Membros, principalmente aqueles que dizem respeito à justiça social, ao papel do homem na sociedade e à atuação do Estado, este último, inspirado em princípios liberais, sociais democráticos e socialistas. Entretanto, observa-se que o reconhecimento de direitos e liberdades fundamentais consagrados universalmente pela O.N.U, só consegue se efetivar quando da ratificação pelos governos dos convênios pactuados.

---

[23] GENRO, Tarso Fernando. *Direito coletivo do trabalho*, pp. 62-63.
[24] GENRO, T.F. Idem, p. 64.
[25] NASCIMENTO, Amauri Mascaro. *A Política Tabalhista e a Nova República*, p. 59.
[26] TRUYOL, Op. Cit. , p. 31.

É importante destacar que os Estados Membros da Organização das Nações Unidas, apesar de assinarem a declaração dos direitos humanos, nem sempre cumprem com os propósitos e princípios ali constantes.

Na prática, o descumprimento dos preceitos internacionais por parte dos governos, no que se refere aos direitos individuais e sociais, não implica sanções internas, tendo em vista que seu cumprimento, ou não, fica ao arbítrio dos chefes de Estado em cujas mãos o poder está concentrado. A situação seria distinta, se aqueles preceitos fizessem parte do direito interno positivo de cada Estado, tanto na esfera constitucional como na de legislação ordinária, respeitando-se os limites de desenvolvimento e capacidade econômica de cada Nação. Estes direitos fundamentais reconhecidos universalmente não devem fazer parte apenas de uma declaração, e sim, uma garantia dada a todo o cidadão de exercer plenamente suas liberdades individuais e sociais.

Outro problema observado é o que diz respeito a "(...) *coercitividade judicial internacional de uma lei internacional, em relação com Estados de diferente estrutura econômica, nível de vida e tradição cultural.*

Isto não significa que o reconhecimento destes direitos em um instrumento internacional devam ser reduzidos a uma mera declaração que não é legalmente obrigatória para os Estados ou que devem ser ignorados por completo.

A dificuldade que circunda este problema pode resolver-se dando aos direitos econômicos e sociais um lugar dentro de uma ata de direitos de aplicação forçosa sem que tenha esta aplicação principalmente um caráter judicial".[27]

Para o jurista Alberto Trueba Urbina, as obrigações contidas nesta Ata de Direitos poderiam tornar-se reais e positivas, desde que constituíssem uma obrigação legal do Estado "(...) *uma obrigação sujeita ao interesse internacional, a discussão e recomendação de organizações internacionais, e em caso de violações graves e constantes e negligências, da ação internacional adequada*".[28]

Quando da comemoração dos vinte anos da aprovação da Declaração Universal dos Direitos Humanos em 1978, este ano se transformou no Ano Internacional dos Direitos Humanos. Para tanto, a Assembléia Geral das Nações Unidas escolheu entre as recomendações e convenções da O.I.T. aquelas que deveriam receber por parte dos Estados-Membros, tratamento especial. E entre elas estão:

1º) A Convenção relativa à liberdade de associação e à proteção do direito de organização sindical (num. 87), de julho de 1948;

2º) A Convenção relativa a uma igual remuneração para os trabalhadores masculinos e femininos (num. 100), de 21 de junho de 1957;

3º) A Convenção relativa à abolição do trabalho forçado (num. 105), de 15 de junho de 1957;

4º) A Convenção relativa à discriminação em matéria de emprego e ocupação (num. 111) de 25 de junho de 1958;

5º) A Convenção relativa ao direito de organizar-se e à negociação coletiva (num. 98), de 1949;

6º) A Convenção relativa a normas e objetivos básicos de política social (num. 117), de 1962.[29]

Observa-se que todas as convenções da O.I.T. escolhidas pela ONU para comemorar a aprovação da Declaração dos Direitos Humanos referem-se fundamentalmente aos princípios de direito coletivo do trabalho, que englobam a liberdade sindical, de trabalhadores e patrões organizarem livre-

---

[27] TRUEBA URBINA, A. *Nuevo Derecho Internacional Social*, p. 336.
[28] TRUEBA URBINA, A . Idem, p. 337.
[29] TRUYOL, A . Op. Cit. , p. 39.

mente suas entidades sindicais, de negociarem coletivamente suas diferenças e de evitarem a desigualdade de remuneração, por diferença de sexo, ocupação etc., na tentativa de proteger internacionalmente os direitos sociais dos trabalhadores.

Além disso, quando da aprovação da Declaração dos Direitos Humanos, em 1948, ficaram tipificados vários direitos e garantias individuais e vários direitos e garantias sociais e econômicas, que incluem, também, o direito à previdência social, o direito ao trabalho em condições justas, o direito à educação e outros.

Destacam-se a seguir, aqueles preceitos de direitos sociais presentes na Declaração, que dizem respeito à liberdade de organização sindical de trabalhadores e patrões:

"Art. 23 - 1 - Toda pessoa tem direito ao trabalho, à livre eleição de seu trabalho, a condições eqüitativas e satisfatórias de trabalho e à proteção contra o desemprego.

2 - Toda pessoa tem direito, sem discriminação alguma, a igual salário por trabalho igual.

3 - Toda pessoa que trabalha tem direito a uma remuneração eqüitativa e satisfatória, que lhe assegure, assim como a sua família, uma existência de acordo com a dignidade humana e que será completada, em caso necessário, por qualquer outros meios de proteção social.

4 - Toda pessoa tem direito a fundar sindicatos e a sindicalizar-se para a defesa de seus interesses".[30]

7. A Carta da Organização dos Estados Americanos (O.E.A.)

Representada pelas nações americanas aprovou em Bogotá, Colômbia, no período de 20 de março a 2 de maio de 1948, importantes convênios de cooperação industrial e econômicos, como também normas de direitos sociais que levaria sua internacionalização no continente americano.

Com referência ao Capítulo VII, sobre as Normas Sociais, merece destaque nesta Carta, aqueles artigos que dispõem sobre livre exercício da liberdade sindical, a saber:

"Art. 29. Todos os Estados membros estão de acordo com a conveniência de desenvolver sua legislação social sobre as seguintes bases:

b) o trabalho é um direito e um dever social, não será considerado como um artigo de comércio; reclama respeito para a liberdade de associação e a dignidade de quem o presta e tem de efetuar-se em condições que assegurem a vida, a saúde e um nível econômico decoroso, tanto nos anos de trabalho como na velhice e quando qualquer circunstância prive o homem da possibilidade de trabalhar".[31]

"Art. 43 c) os empregadores e os trabalhadores, tanto rurais como urbanos, tem o direito de associar-se livremente para a defesa e promoção de seus interesses, incluindo o direito de negociação coletiva e de greve por parte dos trabalhadores, o reconhecimento da personalidade jurídica das associações e a proteção de sua liberdade e independência, tudo de conformidade com a legislação respectiva".[32]

Ainda durante a Conferência em Bogotá, em 1948, as nações americanas presentes firmaram dois documentos importantes:

1º) *A Declaração Americana dos Direitos e Deveres do Homem*, que no art. 22 estabeleceu o seguinte: *"toda pessoa tem o direito de associar-se com outras para promover, exercer e proteger seus interesses legítimos de ordem política, econômica, religiosa, social, cultural, profissional sindical ou de qualquer outra ordem".*[33]

2º) *A Carta Internacional Americana de Garantias Sociais* teve vários objetivos,

---

[30] TRUYOL, A. Op. Cit., pp. 66-67.
[31] TRUEBA URBINA, A. Op. Cit., p. 313.
[32] BUEN LOZANO, Nestor de. *Derecho del Trabajo*, vol. II, p. 567.
[33] BUEN LOZANO, N. de. Idem, Ibidem.

entre eles, proteger amplamente os trabalhadores através da cooperação entre os vários Estados com o intuito de dar solução aos problemas de trabalho, e expedir uma legislação social internacional mais completa possível, com garantias e direitos já reconhecidos nas convenções e recomendações da O.I.T..

Dentre os vários direitos sociais reconhecidos ao trabalhador pela Carta Internacional Americana, merece atenção especial, o capítulo denominado Direito de Associação, que dispõe o que segue:

"Art. 26 - Trabalhadores e empregadores, sem distinção de sexo, raça, credo ou idéias políticas, têm o direito de associarse livremente para a defesa de seus respectivos interesses, formando associações profissionais ou sindicatos que, a sua vez, possam federar-se entre si. Estas organizações têm o direito de gozar de personalidade jurídica e ser devidamente protegidas no exercício de seus direitos. Sua suspensão ou dissolução não pode impor-se senão em virtude de procedimento judicial adequado.

As condições de fundo e de forma que se exijam para a constituição e funcionamento das organizações profissionais e sindicais não devem limitar a liberdade de associação.

A formação, funcionamento e dissolução de federações e confederações estão sujeitos às mesmas formalidades prescritas para os sindicatos."* [34]

8. A Convenção Européia dos Direitos do Homem e das Liberdades Fundamentais

Reunida em Roma, no dia 4 de novembro de 1950, estava composta pelos governos membros do Conselho da Europa, que decidiram, através desta Convenção, assegurar o reconhecimento e a aplicação de direitos e liberdades universais anteriormente proclamados pela Declaração Universal dos Direitos do Homem, dando ênfase à garantia de alguns direitos coletivos.

Dentre eles, destaca-se o que estabelece o direito de associação, preceituando no art. 11, fração l, que *"toda pessoa tem direito a liberdade de reunião pacífica e a liberdade de associação, incluindo o direito de fundar, com outros sindicatos e de filiar-se a sindicatos para a defesa de seus interesses".* [35]

A Declaração de Caracas (Venezuela), realizada de 1 a 28 de março de 1954, correspondente à Décima Conferência Interamericana sobre declarações sociais à complementares, contou com a participação dos Estados Americanos (O.E.A.) que decidiram adotar várias resoluções e recomendações de conteúdo social, entre elas, a de n. XIV, referente ao estímulo e desenvolvimento dos Sindicatos livres, declarando que *"(...) é intenção dos governos dos Estados americanos continuar estimulando o desenvolvimento de sindicatos livres e genuinamente democráticos".* [36]

9. A Carta Social Européia, de 18 de outubro de 1961

Elaborada em Turim, teve como participantes os governos, membros do Conselho da Europa, que reunidos, decidiram *"realizar em comum todos os esforços para melhorar o nível de vida e promover o bem estar de todas as categorias de suas populações, tanto rurais como urbanas, por meio de instituições e de realizações apropriadas."* [37]

Na Carta Social Européia, os membros do Conselho da Europa decidiram adotar

---

[34] TRUEBA URBINA, A . Op. Cit., p. 325.
[35] TRUYOL, A . Op. Cit., p 138.
[36] TRUEBA URBINA, A . Op. Cit. p. 356.
[37] TRUYOL, A . Op. Cit., p 139.

alguns preceitos que dizem respeito às garantias e direitos fundamentais dos trabalhadores, e que são os seguintes:
"Parte I - Direitos e princípios

Todos os trabalhadores e patrões tem direito a associar-se livremente em associações nacionais ou internacionais para a proteção de seus interesses econômicos e sociais.

"Parte II
Art. 5 - Direito Sindical

A fim de garantir ou de promover a liberdade dos trabalhadores e dos patrões para constituir organizações locais, nacionais ou internacionais para a proteção de seus interesses econômicos e sociais e de aderir a essas organizações, as Partes Contratantes se comprometem que a legislação nacional não diminua essa liberdade, nem seja aplicada de maneira que possa diminui-la. As leis ou regulamentos nacionais determinarão a medida na qual as garantias previstas neste artigo se aplicarão à polícia. As leis e os regulamentos nacionais determinarão igualmente o princípio destas garantias aos membros das forças armadas e a medida na qual se aplicariam a essa categoria de pessoas."[38]

10. O Pacto Internacional de Direitos Econômicos, Sociais e Culturais das Nações Unidas

Realizado em Nova Iorque, no dia 16 de dezembro de 1966, admitiu que para a realização dos direitos humanos não basta apenas o seu reconhecimento por parte das nações, é necessário, também, que se criem condições que possibilitem aos cidadãos o seu pleno exercício.

Entre os vários dispositivos aprovados, encontra-se na Parte III, artigo 8º fração I, o seguinte:

"a) o direito de toda a pessoa a fundar sindicatos e a filiar-se ao de sua escolha, com sujeição unicamente aos estatutos da organização correspondente, para promover e proteger sues interesses econômicos e sociais. Não poderão impor-se outras restrições ao exercício deste direito que aquelas prescritas na lei e que sejam necessárias numa sociedade democrática no interesse da segurança nacional ou de ordem pública, ou para a proteção dos direitos e liberdades alheios;

b) o direito dos Sindicatos de formar federações ou confederações nacionais e destas fundarem organizações sindicais internacionais ou a filiar-se as mesmas;

c) o direito dos sindicatos a funcionarem sem obstáculos e sem outras limitações que aquelas prescritas em lei e que sejam necessárias em uma sociedade democrática no interesse da segurança nacional ou da ordem pública ou para a proteção dos direitos e liberdades alheias."[39]

Neste mesmo encontro, os Estados Membros das Nações Unidas celebraram o *Pacto Internacional de Direitos Civis e Políticos*, com o objetivo de *"(...) impor aos Estados, a obrigação de promover o respeito universal e efetivo dos direitos e liberdades humanas."*[40]

Sendo assim, na Parte III do Pacto, estabeleceram os princípios da liberdade sindical, especificamente no art. 22, que recebeu a seguinte redação:

"1. Toda pessoa tem direito a associar-se livremente com outras, inclusive o direito a fundar sindicatos e a filiar-se a eles para a proteção de seus interesses.

2. O exercício de tal direito só poderá estar sujeito às restrições previstas por lei que sejam necessárias em uma sociedade democrática, no interesse da segurança nacional, da segurança pública ou da ordem pública, ou para proteger a saúde ou moral pública ou dos direitos e liberdades

---

[38] TRUYOL, A. *Los Derechos Humanos*, pp. 140-143.
[39] TRUYOL, A. Op. Cit., p. 72.
[40] TRUYOL, A. Idem, p. 81.

dos demais. O presente artigo não impedirá a imposição de restrições legais ao exercício de tal direito quando se trate de membros das forças armadas ou da polícia."[41]

11. A Convenção Americana sobre Direitos Humanos (O.E.A.)

Que se reuniu em San José da Costa Rica, em 22 de novembro de 1969, foi firmada pelos seguintes países: Colômbia, Costa Rica, Chile, Equador, El Salvador, Guatemala, Honduras, Nicarágua, Panamá, Paraguai, Uruguai e Venezuela. Até o ano de 1977, haviam ratificado esta Convenção apenas Costa Rica, Colômbia e E.U.A.

É provável que a Convenção de San José da Costa Rica, quando de sua elaboração, tenha sido influenciada por outra Convenção similar, realizada pelos países europeus em 1950, e já mencionada anteriormente.

A Convenção Americana sobre Direitos Humanos reconheceu amplamente o princípio da liberdade de associação para todos os cidadãos, estipulando no art. 16, fração I, que *"todas as pessoas têm direito a associar-se livremente com fins ideológicos, religiosos, políticos, econômicos, trabalhistas, sociais, culturais, desportivos ou de qualquer outra índole."*[42]

Portanto, nesta breve análise dos documentos internacionais mencionados, procurou-se demonstrar a evolução do princípio da liberdade sindical, assim como de seu reconhecimento e proteção pelos vários países que o consagram em suas legislações internas.

Referências Bibliográficas

BUEN LOZANO, Nestor de. *Derecho del Trabajo.* 5a. ed. México: Porrúa, vol. II, 1983. 871 p.
CUEVA, Mário de La. *El Nuevo Derecho Mexicano del Trabajo.* 2a. ed. México: Porrúa, Tomo II, 1981. 682 p.
FRANCO FILHO, Georgenor de Souza. *Liberdade Sindical e Direito de Greve no Direito Comparado.* São Paulo: LTr, 1992. 136 p.
GENRO, Tarso Fernando. *Contribuição à crítica do Direito Coletivo do Trabalho.* Porto Alegre: Síntese, 1981. 139 p.
MAGANO, Octávio Bueno. *Manual de Direito do Trabalho.* São Paulo: LTr, vol. III, 1984. 224 p.
NASCIMENTO, Amauri Mascaro. *A Política Trabalhista e a Nova República.* São Paulo: LTr., 1985, 88 p.
SILVA, Floriano Corrêa Vaz da. *Direito Constitucional do Trabalho.* São Paulo: LTr, 1977. 224 p.
SZANIAWSKI, Elimar. *O Sindicato e suas relações com a Justiça do Trabalho.* São Paulo: LTr, 1986. 136 p.
TRUEBA URBINA, Alberto. *La Constitución Mexicana de 1917 se refleje dans le traite de Paix de Versailles de 1919.* Paris, 1974. 31 p.
———. *Nuevo Derecho Internacional Social.* México: Porrúa, 1979. 733 p.
TRUYOL, Antonio. *Los Derechos Humanos.* 9a. ed. Madrid: Tecnos, 1977. 187 p.

---

[41] TRUYOL, A. Idem, p. 90.
[42] BUEN LOZANO, N. de . Op. Cit, p. 567.

14
A reconstrução do conceito liberal de cidadania: da cidadania moldada pela democracia à cidadania moldando a democracia

Vera Regina Pereira de Andrade
Doutora em Direito. Professora nos Cursos de Graduação e Pós-Graduação em Direito da UFSC

1. Introdução

Muito mais do que deixar sua marca em sucessivas gerações de juristas e outros tantos personagens transdisciplinares ou anônimos que têm alcançado com a sala de aula, a escritura e a voz, em sua riquíssima travessia acadêmica, Luis Alberto Warat é símbolo de uma genialidade intelectual e filosófica para a qual os signos convencionais - palavras, gestos, sinais, intensamente lastreados em sua obra - dizem muito pouco. Porque é um grande filósofo da contemporaneidade, a homenagem a ele tem que ser, reiteradamente, feita aqui e por nós. Mas porque está além do nosso tempo e enxerga para além da percepção mediana, a homenagem a ele será sempre transcendental.

Quando, recém-graduada, cheguei à Universidade Federal de Santa Catarina para cursar o Mestrado em Direito no CPGD/UFSC, não imaginava a intensidade da transformação que iria me proporcionar. Se é certo que vinha em busca do novo, também não é menos certo que desconhecia, relativamente, a sua direção. O eco do novo que buscava encontrei, retumbante, em Warat, meu inaugural Professor na instituição. Daí por que, quando conclui minha dissertação sobre cidadania, em 1987, referi-me a ele como "um divisor de águas na minha vida acadêmica", encontrando no convite para prefaciá-la, quando da publicação em 1993, a forma de homenageá-lo pela significação deste marco.

Honra-me pois, singularmente, participar desta coletânea num tributo simbólico à genial contribuição de Warat que, dentre as tantas virtualidades de sua pedagogia emancipatória, enraizou definitivamente em nós, seus alunos, a "hermenêutica da suspeição"; uma hermenêutica que reconduzimos da academia para o cotidiano da vida, eternizando sua capacidade transgressora.

No Prefácio que por sua vez escrevi à referida publicação, sob o título "Cidadania: do Direito aos direitos humanos", afirmei que a atualização e continuidade crítica do tema remetia para o debate, importante e permanentemente inacabado sobre a cidadania, no qual se inseria e com o qual pretendia contribuir.

Com efeito, a década que então transcorreu se encarregou desta atualização e na qual ressalta, em importância, a teorização de Warat (1993, 1994,1996a e 1996b) sobre uma *Ecocidadania* concebida, em sua mais recente obra a respeito, como "referência globalizante de uma resposta emancipatoria sustentable, baseada en la articulación de la subjetividad en estado naciente, de la ciudadanía en estado de mutación y de la ecología en el conjunto de sus implicaciones". (Warat, 1996b, p. 20)

Nesta concepção, vejo radicalizada a importância que, à época, procurei atribuir à cidadania. Pois é elevada à condição de categoria fundante, conjuntamente com a Ecologia e a subjetividade, de um projeto emancipatório para a transmodernidade. Um elo fundamental existe, pois, entre minha pretérita abordagem e a proposta waratiana: o elo da emancipação, pano de fundo que, embora não expressamente decodificado, assumi como premissa da formulação.

É que nesta dissertação trato de demonstrar, precisamente, a existência de um conceito liberal de cidadania, fortemente consolidado na cultura jurídica brasileira, que necessita ser superado face a suas limitações para dar conta das exigências que a cidadania implica as sociedades em geral e a brasileira em particular. E apontando os limites analíticos e democráticos deste conceito, bem como suas funções políticas conservadoras, delineio as condições de possibilidade para a formação de um novo conceito na cultura brasileira, a partir de sua materialidade social. E, ao fazê-lo, enfatizo que a cidadania moderna, sendo uma dimensão política ambígua, apresenta, simultaneamente, potenciais políticos conservadores e potenciais políticos transformadores, dependendo do uso (ou desuso) que dela fazem o Estado e os sujeitos sociais em dado momento histórico. No marco de seus potenciais transformadores destaco, particularmente, seus potenciais democráticos; ou seja, a importância da práxis da cidadania para a construção democrática no Brasil para além da democracia representativa, situando as exigências de uma cidadania assim perspectivada.

Retorno, desta forma, ao elo antes referido. É que uma cidadania fundante da emancipação - uma ecocidadania - passa, necessariamente, pela superação da visão liberal. De modo que mantendo minha abordagem originária reencontro para ela uma nova inserção.

Nesta perspectiva reproduzo aqui[1], em suas linhas essenciais, este movimento desconstrutor do velho conceito, reconstrutor de um novo conceito de modo que minha exposição seguirá três passos, nos quais estão também inscritos seus objetivos.

Primeiramente, delimitarei o conceito liberal de cidadania reproduzido pela cultura jurídica dominante no Brasil[2], apontando suas limitações, isto é, desconstruindo-o desde os seus próprios pressupostos. A seguir delimitarei as bases para a reconstrução do conceito de cidadania para além do liberalismo, ou seja, projetarei um conceito ampliado de cidadania, salientando suas potencialidades políticas democráticas para, enfim, ancorar o tema da cidadania no tema da democracia e da relação entre ambas, especialmente na sociedade brasileira. E, neste deslocamento conceitual, procurarei demonstar como há uma inversão de perspectiva na relação cidadania-democracia: inversão que dá nome ao subtítulo deste texto. É importante ainda referir que embora se trate de uma abordagem teórica e conceitual procurarei, na medida do possível, apontar o fundamento histórico desta conceptualização.

2. Delimitando o conceito liberal de cidadania reproduzido pela cultura jurídica dominante no Brasil

O conceito liberal de cidadania se institucionaliza no bojo do Estado de Direito capitalista de tal modo que referi-lo é recortar o conceito moderno de cidadania que encontra seu marco mais emblemático ou simbólico - pela repercussão universal que alcançou - na Declaração Francesa dos Direitos do Homem e do Cidadão, de 1791.

A cultura jurídica dominante no Brasil é herdeira de duas grandes matrizes (alienígenas) das quais deriva suas condições de produção e possibilidade: do positivismo normativista, em nível epistemológico

---

[1] O que segue é, assim, uma derivação dos dois textos de minha autoria citados nas referências bibliográficas remetendo, para uma melhor fundamentação teórica, à bibliografia aí trabalhada. Mais especificamente ainda, trata-se da versão final de Palestras proferidas na abertura da "1ª Conferência Estadual dos Advogados", promovida pela OAB (Seção Pará / Subseção Santarém) em março de 1996 na cidade de Santarém e na "XIX Semana de Estudos Jurídicos", promovida pelo DALCLOBE (Diretório Acadêmico Clóvis Beviláqua) do Curso de Direito da FURB, em agosto de 1996, na cidade de Blumenau.

[2] Refiro-me ao saber jurídico dominante no Brasil, à Dogmática Jurídica e sua reprodução através das Escolas de Direito; refiro-me, portanto, ao saber e ao ensino jurídico dogmáticos.

e do liberalismo, em nível político-ideológico, donde resulta sua caracterização como uma cultura jurídica positivista de inspiração liberal.

Desta forma, o conceito de cidadania, que é um elemento constitutivo de tal cultura, é tributário de suas matrizes e, em especial, do liberalismo, razão pela qual é concebida (tal como nesta matriz) com o direito à representação política, e o cidadão definido como indivíduo nacional titular de direitos eleitorais (votar e ser votado) e do direito de exercer cargos públicos. Tal conceito vincula-se, por sua vez, a um modelo específico de democracia, fazendo com que a cidadania seja dela dependente e inexista fora do seu interior. Trata-se da democracia representativa ou indireta, originada da mesma matriz liberal. O conceito moderno de cidadania aparece, assim, umbilicalmente ligado ao conceito de democracia e por ele moldado.

Na realidade, contudo, não estamos diante de um conceito dominante apenas na cultura jurídica, pois se encontra de tal forma enraizado no imaginário social e político (que, por sua vez, ela também co-constitui) que pode ser tido como paradigmático na modernidade ocidental exercendo, inclusive, uma função pedagógica na medida em que este mesmo conceito é que nos ensinou a nos emocionar diante de símbolos nacionais evocativos de um forte patriotismo como o hino, a bandeira ou o escudo nacional.

3. Desconstruindo o conceito liberal de cidadania a partir de seus pressupostos: limites do conceito como limites da matriz liberal

Tendo delimitado o conceito liberal de cidadania, procurarei demonstrar como seus limites derivam de limitações enraizadas nos próprios pressupostos liberais básicos que o condicionam, os quais passo a abordar. E, para fazê-lo, tomo por referente a já mencionada Declaração Francesa dos Direitos "do Homem e do Cidadão", que a partir de sua expressiva denominação vai consolidar a dicotomia, que até hoje não parece ter sido superada, entre os direitos do homem e os direitos do cidadão.

Marx, em "A questão judaica", vai interrogar esta dicotomia, indagando quem é o homem distinto do cidadão. Em sentido complementar, indaga-se aqui quem é o cidadão distinto do homem.

Nos limites deste interrogante, é necessário perceber, antes de mais nada, que a separação homem/cidadão tem por pressuposto outra dicotomia estrutural do liberalismo, que é a separação Estado/sociedade civil (arcabouço institucional e discursivo do Estado de Direito capitalista), segundo a qual o Estado é identificado com o espaço público; ou seja, com o lugar do poder e da política, e a sociedade civil identificada com o espaço privado da vida, a saber, com o lugar da economia ou das relações econômicas (mercado) e domésticas.

Partindo desta dicotomia, o liberalismo sustenta uma postura antiestatal e antipolítica que o conduz não apenas a postular a atuação mínima do Estado (o Estado reduzido ao mínimo necessário), mas também a subestimar a existência do poder e da política na sociedade civil. Desta forma, produz uma drástica redução do escopo do político, que tem sua contrapartida na defesa da ampliação das fronteiras do mercado, desaconselhando a ação social e política com base na suposição de que apenas a ação econômica privada conduziria ao bem-estar social.

Ao mesmo tempo, o liberalismo tem por pressuposto a valorização do indivíduo como categoria abstrata, atomizada; isto é, com autonomia referida a si e não à classe, grupo ou movimento social a que pertença, sendo concebido à margem das condições de existência e produção em que se insere.

É devido justamente a estes pressupostos que a opção democrática liberal vai ser pela democracia representativa ou indireta (que se reduz à democratização do Estado ou a uma forma de regime político), e não pela democracia participativa, direta ou outra, que abrangeria a democratização da sociedade civil. E é por isto, enfim, que o correlato modelo de cidadania vai ser o direito à representação política.

Chega-se, assim, ao interrogante formulado: quem é o cidadão distinto do homem? No que seus direitos diferem? O homem, no liberalismo, é aquele indivíduo atomizado, que deve exercer seus direitos (direito à vida, à liberdade, à propriedade, a contratar, etc.) individualmente no espaço privado da vida: a sociedade civil. O cidadão, o *status* de cidadania, vincula o homem ao espaço público. O homem, transformado periodicamente em cidadão, transforma-se em fonte e objeto último do Estado de Direito, através de cujo *status* registra sua presença no espaço público - ao mesmo tempo em que o legitima - para, em seguida, despindo-se do *status*, retornar à condição de homem, restrito ao espaço privado e à domesticidade da vida.

Ao reduzir o exercício da cidadania ao fenômeno eleitoral, ou seja, ao instante periódico do voto, reduz o fazer política, na sociedade civil, ao momento eleitoral, designando aos cidadão, onde, como e quando estão autorizadas a fazê-la e a ter acesso ao espaço público.

Explica-se, assim, porque o conceito liberal de cidadania circunscreve-se ao âmbito da representação em detrimento da participação. É que esta implica a necessidade de associação dos cidadãos (o que fere o pressuposto liberal do homem atomizado) e implica, também, a politização da sociedade civil (o que fere o pressuposto liberal da sociedade civil como lugar destinado às relações econômicas privadas), pois significa introduzir a política num lugar onde é indevida nesse modelo, minando por sua vez a pureza da separação Estado/Sociedade civil. Socializar ou politizar o espaço privado implica, enfim, diluir os limites que o separam do espaço público.

Em síntese, pois, o que estamos a sustentar, é que o Estado de direito sedimentou um conceito restrito de cidadania por- que traz em seu bojo um conceito também restrito do poder, da política e da democracia. Identificado o poder com o poder político estatal, a política é vista como uma prática específica, cujo lugar de manifestação só pode ser o Estado e as instituições estatais e cujo objetivo só pode ser a ocupação do poder estatal (Governo/Parlamento). Identificada a democracia com uma forma de regime político, a democracia é reduzida à democracia político-estatal ou à democratização do Estado. E identificada a cidadania com a representação política, é ela reduzida a um epifenômeno da democracia representativa.

O Estado detém, desta forma, o monopólio do poder, da política e da democracia e a cidadania aparece como instrumento para a materialização deste tripé. Por aí se percebe que a cidadania liberal não é uma dimensão que possua um fim em si mesma - como a emancipação humana - mas que ela foi moldada a partir das exigências institucionais do modelo liberal de sociedade e de Estado, possuindo, em primeira instância, um valor instrumental. Mais especificamente, foi moldada de acordo com as exigências do modelo de democracia representativa, sendo, por um lado, dele dependente, e, por outro lado, elemento indispensável ao seu regular funcionamento.

A cultura jurídica dominante no Brasil, ao reproduzir tal concepção, e a ela permanecer aprisionada, produz conseqüências práticas tangíveis, funcionando como um obstáculo à percepção e à tematização ampliadas do fenômeno da cidadania no âmbito do Direito - e das Escolas de Direito - o que só se explica por uma postura política conservadora.

4. Reconstruindo o conceito de cidadania para além do liberalismo com fundamento histórico no desenvolvimento dos direitos humanos e da democracia: quatro deslocamentos fundamentais

O que parece fundamental, então, sem subestimar a validade e importância dos "direitos políticos" é pluralizar a univocidade de sentido em que o liberalismo jurídico aprisionou a dimensão da cidadania, dinamizá-la e resgatar sua historicidade e dimensão política em sentido amplo, pois são evidentes seus limites, se olhada a democracia da perspectiva participativa, substantiva e pluralista.

Com efeito, assim como a democracia é modernamente identificada com a democracia representativa, a cidadania igualmente o é com as noções de nacionalidade e elegibilidade e com o gesto mítico e simbólico da prática eleitoral. O cidadão é o protótipo do eleitor. E assim como a construção democrática requer a ultrapassagem da democracia representativa, a construção da cidadania requer a ultrapassagem do cidadão-eleitor e, mais do que isto, a própria construção democrática para além da democracia liberal, requer a construção da cidadania para além do liberalismo.

Penso, neste sentido, que os pressupostos liberais apontados (visão limitada do poder, do político e da democracia e visão individualista do homem e da sociedade) constituem o obstáculo liberal com o qual se deve romper de modo a produzir uma ruptura epistemológica com a forma tradicional de conceber a cidadania, para apreendê-la como o fenômeno muito mais amplo e complexo que é, a partir de sua materialidade social.

Por sua vez, a apreensão deste dado fenomênico também é complexa, porque depende de um esforço transdisciplinar que, obviamente, não pretendo esgotar. O que segue é, pois, um exercício exploratório que, reindagando pelo significado do moderno conceito de cidadania, busca, na esteira deixada pelo conceito liberal, rediscutir suas condições de produção e possibilidade.

Pois bem, qual momento devemos ter por referente ao reconstruir o moderno conceito de cidadania? Qual seu momento fundacional?

A meu ver, este referencial é, igualmente, simbolizado na Declaração Francesa: o reconhecimento jurídico-formal (legal) da liberdade e igualdade de todos perante a lei; a conversão do homem em sujeito de direitos e obrigações formalmente iguais.

Assim, sendo definida inicialmente na modernidade pela igualdade perante a lei - o que a constitui em tensão permanente com a desigualdade inerente à sociedade de classes - e pela titularidade de direitos civis, a dimensão da cidadania vai tendo seu conteúdo paulatina e conflitivamente ampliado para incorporar direitos políticos, econômico-sociais, culturais, difusos e coletivos, etc., na medida em que o fenômeno do crescimento industrial vai tornando a sociedade cada vez mais complexa, especialmente a partir do século XIX. Nascendo, pois, do reconhecimento jurídico-formal de que todos os homens são livres e capazes de gozar igualmente de direitos e deveres, desenvolveu-se toda uma história de ampliação da cidadania transgredindo as fronteiras dentro das quais o Estado de Direito capitalista pretendia defini-la e definir-se.

E o que importa ainda salientar é que o processo histórico constitutivo da institucionalização desses direitos (o seu reconhecimento pelo Direito estatal e suas instituições) tem sido marcado por uma profunda ambigüidade (que permeia a dimensão da cidadania) concorrendo para tal institucionalização, tanto seus potenciais transformadores (emancipatórios) quanto seus potenciais conservadores (legitimadores/reguladores), pois nela se condensam tanto as necessidades estruturais da lógica de funcionamento e reprodução do Estado capitalista, quanto uma história de luta dos sujeitos sociais. Em outras palavras, na base do reconhecimento jurídico desses direitos e da conseqüente ampliação da dimensão da cidadania está a articulação ambígua entre este duplo potencial.

Trata-se, pois, de uma história inscrita na dialética legitimação/contestação; dominação/libertação; concessão/conquista e que permanece aberta, uma vez que o conteúdo instituído da cidadania não o esgota;

ao contrário, o entreabre. É isto o que parece mostrar a dinâmica das sociedades modernas: como resultado da confluência tensa e contraditória entre institucionalização e formas emergentes de participação, os direitos adquiridos têm impulsionado os sujeitos sociais à reivindicação de novos direitos, de forma que direitos novos podem ser enunciados sempre que houver novos enunciadores. A cidadania traz consigo, pois, a possibilidade permanente de sua reinvenção.

Por outro lado, os protagonistas da luta através da qual o conteúdo da cidadania vem historicamente se ampliando, não são apenas os "agentes tradicionais da política", ou seja, os partidos e, a seguir, as organizações sindicais. Paralelamente a estes, movimentos sociais ou comunitários de base, organizações profissionais, comitês de bairro, associações de moradores e de defesa dos direitos humanos, comunidades eclesiais de base, organizações de auxílio mútuo, fazem parte de uma longa lista de organizações que têm encontrado, na micropolítica, uma nova forma de politizar o tratamento das questões sociais.

Na sociedade brasileira contemporânea configura-se, por exemplo, uma pluralidade de formas de organização, mobilização e luta política que, fragmentadas e desiguais, no tempo e no espaço, encerram uma extraordinária diversidade de demandas, interesses e situações de vida, as quais expressam diferentes lutas pela conquista/ampliação da cidadania, colocando em pauta tanto a reivindicação de velhos direitos, de efetividade nula ou relativa (sejam civis, políticos, econômico-sociais, culturais) quanto novos direitos e reivindicações, desenvolvendo-se tanto perante o Estado quanto à margem dele e suas clássicas instituições de mediação.

Ilustram uma tal constatação a luta dos trabalhadores (que não é nova) situada no âmago do conflito capital x trabalho e das classes sociais; a luta das mulheres, dos negros, dos índios, das minorias sexuais, dos sem-terra, dos sem-teto e tantas outras, as quais encontram o sentido de suas reivindicações determinado pela forma concreta de desigualdade, sujeição e discriminação a que estão submetidos certos indivíduos enquanto associação e não apenas individualmente. Com efeito, o que essas diferentes formas de luta revelam é que classes, grupos e movimentos sociais tornam-se, cada vez mais, os protagonistas da ação social e política, e que as necessidades e os conflitos extrapolam uma dimensão individual ou interindividual para alcançar uma dimensão interclassista e intergrupal. O processo a que assistimos é, assim, o da coletivização dos conflitos. Desta forma, ao lado da luta pela construção individual, desenvolve-se a luta por construções coletivas da cidadania, cuja conciliação inscreve-se no seu horizonte de possibilidades.

Desta forma, faz-se necessário pensar a cidadania de indivíduos histórica e socialmente situados. E situados em categorias, classes, grupos, movimentos sociais, e não de indivíduos atomizados, com autonomia referida a si, como no liberalismo, pois é desse *locus* que se engendram as identidades, as diferenças e os conflitos e se criam as condições para a emergência do(s) sentido(s) da cidadania. Em uma palavra, é fundamental a percepção do pluralismo na base da cidadania, pois suas formas de expressão são múltiplas e heterogêneas.

Assim, o horizonte de possibilidades da cidadania na contemporaneidade é extremamente complexo e, ao extrapolar os limites da cidadania liberal e seus pressupostos fundantes, revela o profundo descompasso desta com as exigências históricas naquela implicadas. Explicitando tal descompasso, é possível sustentar que: 1º) enquanto o conceito liberal de cidadania tem por pressuposto um conceito limitado do poder, da política e da democracia, subestimados na sociedade civil, a percepção da cidadania aqui delineada implica a superação destes pressupostos, uma vez que aponta para a dimensão micro (não estatal) do poder, da política e da democracia, na sociedade civil; 2º) enquanto o conceito liberal de cidadania tem por pressuposto um conceito individualista da sociedade, que somente vislumbra uma cidadania individual e conflitos interindividuais, a percepção aqui delineada busca apreendê-la, também, como construção coletiva que, expressando a coletivização dos conflitos, tem por protagonistas centrais categorias, classes, grupos e movimentos sociais, e não apenas indivíduos atomizados; 3º) enfim, e correlativamente, para além da representação política, postulada pela matriz liberal como conteúdo da cidadania - no bojo de um modelo específico de democracia - a cidadania, tal como aqui concebida, aponta para a participação política e o conjunto dos direitos humanos em sentido amplo.

Nesta perspectiva, situaria três indicações e deslocamentos que constituem, a meu ver, uma base necessariamente histórica para a reconstrução deste conceito paradigmático de cidadania. Reconstrução que significa, na perspectiva enunciada, dinamizar, historicizar e pluralizar o conceito, ampliando seus limites.

Em primeiro lugar, o deslocamento da apreensão da cidadania como categoria estática, de conteúdo definitivo, para sua apreensão como processo histórico e dimensão política de conteúdo mutável, mobilizado pela participação política.

É que apreendida a partir de sua materialidade social, a cidadania não pode ser concebida como categoria monolítica, de significado cristalizado, cujo conteúdo tenha de ser preenchido de uma vez e para sempre (tal como no liberalismo) pois se trata de uma dimensão em movimento que assume, historicamente, diferentes formas de expressão e conteúdo, e cujo processo tem se desenvolvido nas sociedades centrais e periféricas com amplas repercussões sociais e políticas.

Repetiria com MOLL (1995), resenhando meu livro, que "posto que a problemática da cidadania não é fundamentalmente uma questão de forma, mas de conteúdo que carrega a forma do que se trata aqui é de operar a metamorfose da categoria estática e cristalizada da cidadania em uma noção passível de conhecimento somente por via do conteúdo, da prática, do processo."

Este deslocamento implica dinamizar e historicizar o conceito, que se revela na práxis.

Em segundo lugar, o deslocamento da cidadania como dimensão que engloba unicamente os direitos políticos para dimensão que engloba o conjunto dos direitos humanos, instituídos e instituintes; da cidadania reduzida à representação ou nela esgotada, à cidadania centrada na participação como sua alavanca mobilizadora, o que envolve uma conscientização popular a respeito de sua importância ou, em outras palavras, uma pedagogia da cidadania.

Com este deslocamento, busco romper com a dicotomia homem-cidadão, tal como tematizada pelo liberalismo, através de uma unificação de temáticas que permita pensar os direitos humanos como núcleo da dimensão da cidadania e o problema de sua (ir)realização como problema relativo à construção da cidadania, numa perspectiva política em sentido amplo. E, no mesmo movimento, busco relativizar os direitos políticos e a representação que aparece, aqui, como espécie do gênero participação; como microcosmos do macrocosmos participativo. Tal nível implica, por sua vez, o deslocamento da univocidade à pluralidade de sentido da cidadania.

Em terceiro lugar, o deslocamento da construção da cidadania individual (que remete à realização de direitos em condições de igualdade) às construções coletivas e plurais de classes, grupos e movimentos sociais (que reenviam à realização das diferenças e o respeito às minorias)

Trata-se de ampliar o conceito para incluir aí não mais apenas os direitos construídos na esteira da afirmação da igualdade jurídica como também a integração criativa das diferenças, pois "... a base da cidadania assentada no contrato social entre supostos iguais não mais se sustenta. Resgatar a autonomia e a pluralidade na distribuição dos direitos e deveres é uma necessidade imposta pela modernidade contemporânea." (Spink, 1994, p. 13)

E em se tratando da diferença, a condição feminina ocupa aqui um lugar central, pois revisitando a fundação do moderno conceito de cidadania emblematizado na Declaração Francesa dos Direitos do *homem e do cidadão* vimos como "foi construído, no curso dos últimos dois séculos, também pela expulsão do elemento feminino, expulsão que parece fundadora do próprio conceito." (Spink, 1994,p.10)

Tematizar a construção de uma nova cidadania implica, pois, tematizar a construção de um espaço público não-estatal e de uma nova relação de verticalidade (cidadão-Estado) e transversalidade (homem-categorias-grupos-classes-movimentos-cidadão, etc.) políticas. Implica engajar-se, em definitivo, num esforço transdisciplinar de apreensão de uma cidadania pós ou transmoderna ou, como disse a genialidade waratiana, de uma "Ecocidadania".

5. A relação cidadania-democracia: da cidadania modelada pela democracia (representativa) à cidadania moldando a democracia (possível e sem fim)

Enfim, é a visualização dos potenciais políticos democráticos da cidadania (concebida sob um novo prisma) que nos conduz a salientar sua importância para a construção democrática, especialmente no Brasil contemporâneo. Por isto, o quarto e último deslocamento proposto - através de uma projeção e dentro dos limites dos argumentos até aqui desenvolvidos - é o da cidadania moldada pela democracia (representativa) à cidadania moldando a democracia (possível e sem fim); da cidadania instituída pela democracia à cidadania instituinte da democracia: esta é a inversão de perspectiva a que aludi introdutoriamente.

Assim, diversamente do modelo liberal, onde a cidadania existe como epifenômeno da democracia representativa, sendo moldada de acordo com suas exigências e não existindo fora dela, no Brasil contemporâneo esta diretriz necessita ser invertida, e a cidadania pensada como dimensão fundante ou instituinte da democracia possível, para além do liberalismo. Trata-se, pois, de pensar as condições de possibilidade da democracia no Brasil a partir das exigências que as diferentes lutas pela cidadania expressam e demandam.

E se a construção (plural) da cidadania não é o único desafio e a única problemática implicada na construção democrática ela é, sem dúvida, um desafio e uma problemática central, cujos desdobramentos são decisivos para responder ao interrogante sobre qual democracia é possível em dado momento histórico. Desta forma, o conteúdo da democracia (e de suas instituições) deve encontrar sua legitimidade, entre outros elementos, no conteúdo da cidadania. E, ao invés da cidadania moldar-se às exigências das instituições, estas é que devem moldar-se às exigências da cidadania, sob pena de, em face de sua ambigüidade constitutiva, produzir-se a hegemonia de seus potenciais reguladores sobre seus potenciais emancipatórios. O desafio da cidadania está, ininterruptamente, posto, para a teoria e a práxis, o conhecimento e a ação, a academia e a rua, conjuntamente.

Referência bibliográficas

ANDRADE, Vera Regina Pereira de. *Cidadania: do Direito aos direitos humanos*. São Paulo: Acadêmica, 1993.

——. Cidadania e democracia: repensando as condições de possibilidade da democracia no Brasil a partir da cidadania. *Revista Jurídica da UNOESC*. n. 1, Chapecó, pp. 10-14, 1991-2.

MOLL, Luisa Helena Malta. A construção da cidadania para além do liberalismo. Resenha. *Seqüência*. n. 28, Florianópolis, pp. 116-119, jun.1994.

SPINK, Mary Jane Paris (Org.) *A cidadania em construção*. Uma reflexão transdisciplinar. São Paulo: Cortez, 1994.

WARAT, Luis Alberto. La ciudadania sin ciudadanos: tópicos para una ensayo interminable. *Seqüência*. Florianópolis, n.26, jun.1993, pp.1-17.

——. Eco-cidadania e direito. Alguns aspectos da modernidade, sua decadência e transformação. *Seqüência*. Florianópolis, n.28, jun.1994, pp. 96-110.

——. Malestares ecológicos y ecologia política. *Seqüência*. Florianópolis, n.32, jul.1996a, pp.15-29.

——. *Por quien cantan las sirenas*. Joaçaba, UNOESC/CPGD-UFSC, 1996b.

15
Filosofía de los Derechos Humanos
Dialéctica y paz social

Nicolás López Calera
Catedrático de Filosofía del Derecho - Universidad de Granada (España)

1. ¿Es posible y necesaria una filosofía de los derechos humanos?

Norberto Bobbio escribió no hace muchos años un interesante ensayo titulado "L'età dei diritti", el tiempo de los derechos, donde consideraba que el problema del reconocimiento de los derechos del hombre es, junto al aumento incontrolado de la población, la creciente degradación del medioambiente y la potencia destructora de los armamentos, uno de los grandes problemas y preocupaciones del futuro de la humanidad[1].

Bobbio ha dicho que los hombres de finales del siglo XX, que han conocido dos guerras mundiales, no tienen la misma seguridad que Kant, cuando afirmaba su entusiasmo por la Revolución Francesa y más particularmente por la aparición en la escena de la historia del "*derecho* que tiene un pueblo de no ser impedido por otras fuerzas a darse una constitución civil que él crea buena", una constitución "en armonía con los *derechos naturales* de los hombres"[2]. Bobbio cree que el progreso científico y el progreso moral no han caminado paralelamente. Hoy no tenemos dudas sobre el progreso triunfal de la ciencia y de las técnicas, pero sobre el progreso moral habrá por los menos que sopesar el juicio. Sin embargo, al lado de tanto signos contrarios a la esperanza, hay también motivos para la esperanza.

El hecho de afirmar la existencia de derechos humanos, tanto teórica como prácticamente, representa una cambio radical de la historia de la moral. Ha sido una auténtica "revolución copernicana", como Kant decía de la nueva filosofía de su tiempo. Porque la historia milenaria de la moral ha sido un código de deberes, no de derechos. Aunque deber y derecho son términos correlativos, como padre e hijo, en el sentido de que no puede haber un padre sin un hijo y viceversa, esto vale sólo desde un punto de vista lógico, no cronológico, como el padre viene antes que el hijo, así los deberes han venido antes que los derechos. Las grandes obras de moral y de derecho han sido tratados sobre las leyes que imponen deberes. Las "Leyes" de Platón, el "De legibus" de Cicerón o de Suárez, el "Espíritu de las leyes" de Montesquieu, etc. El hecho de que el derecho y el deber sean como el haz y el revés de una medalla, depende del modo en que la medalla se presente o sea mirada. En la historia del pensamiento moral y jurídico esta medalla ha sido girada y mirada del lado de los deberes más que del lado de los derechos. Ha dominado el punto de vista de la sociedad, porque se trataba de salvaguardar al grupo social. El precepto de no matar no era tanto para proteger al individuo como para impedir la disgregación del grupo.

Pero las cosas comenzaron a cambiar. Para pasar de un código de deberes a un código de derechos fue necesario cambiar

---

[1] N. Bobbio, "El tiempo de los derechos", en su obra titulada *El tiempo de los derechos*, Madrid: Ed. Sistema, 1991, p. 98.
[2] I. Kant, "Replanteamiento de la cuestión de si el género humano se halla en continuo progreso hacia lo mejor" (1797), en I. Kant, *Ideas para una historia universal en clave cosmopolita y otros escritos sobre Filosofía de la Historia*, Madrid: Tecnos, 1987, pp. 88-89.

la perspectiva, esto es, ver los problemas desde el punto de vista del individuo, proceso que se expresa de manera paradigmática en la tesis kantiana de "se persona y respeta a los otros como personas". Locke, en su "Ensayo sobre el gobierno civil", fue uno de los que comenzó a cambiar la perspectiva, cuando decía que para hablar del poder político se debe considerar el estado en que naturalmente se encuentra el hombre como el estado de perfecta libertad. En el principio, pues, no estaba la miseria o el daño, sino la libertad. La doctrina de los derechos naturales presupone una concepción individualista de la sociedad y del Estado. Primero es el individuo y luego es el Estado. Por ello el art. 2º de la Declaración de Derechos del hombre y del ciudadano de 1789 decía: "La meta de toda asociación política es la conservación de los derechos naturales e imprescriptibles del hombre"[3].

La historia efectivamente ha cambiado y en la actualidad se puede constatar un importante progreso histórico, que se manifiesta en cuatro procesos particulares y sucesivos de afirmación de los derechos humanos: el proceso de su *positivación* (esto es, el paso de los derechos fundamentales del ámbito de la filosofía a su reconocimiento en el derecho positivo y sobre todo en la constituciones), el proceso de su *generalización* (esto es, la introducción de elementos igualitarios), el proceso de su *internacionalización* (su declaración y protección internacionales) y finalmente el proceso de su *especificación* (concreción y ampliación de los sujetos y materias de los derechos humanos)[4]. No todo ha sido, pues, tan negativo.

De todos modos debo reconocer que los derechos humanos son hoy quizás más *un problema práctico* que un problema teórico. El reto de nuestro tiempo es *qué hacer o cómo hacer* para que efectivamente acaben los grandes conflictos humanos y se pueda decir que realmente reina la paz, se vive en paz, porque se respetan los derechos humanos. El gran reto de nuestro tiempo no está en conceptualizar o incluso fundamentar los derechos humanos, sino buscar y encontrar las medidas eficaces para su efectiva realización a nivel planetario.

Sin embargo, estoy convencido de que *una correcta praxis de los derechos humanos* depende en gran medida de *una rigurosa teoría de los derechos humanos*. El fracaso de tanto voluntarismo en este ámbito se debe, entre otras cosas, a la falta de rigor conceptual y rigor argumentativo en torno a lo que son y deben ser los derechos humanos. En este orden de cosas se debe mantener también *la esperanza en la teoría*. Conviene seguir reflexionando sobre los derechos humanos, más aun en un mundo en que nuevos y grandes poderes, muchas veces ocultos y siempre inmisericordes amenazan a la humanidad. Si bien tratar los derechos humanos desde una perspectiva teórica o filosófica tiene los riesgos de caer en unas propuestas abstactas e inoperantes, quisiera reafirmar mi convicción en la fuerza de la razón, en la virtualidad de la palabra. Ya Hegel dijo que la Revolución Francesa tuvo su primer impulso de la filosofía[5]. Lo que a continuación se expone sobre los derechos humanos nace de una decidida apuesta por la teoría, por la palabra, por la razón. "El filósofo afirma que la exigencia de la palabra, la necesidad del discurso son capaces de suprimir o, al menos, de reducir y de canalizar la realidad de la violencia"[6].

2. El deber ético de negar el pesimismo teórico

Sin embargo, en nuestro contexto cultural existe un pesimismo teórico que debe

---

[3] N. Bobbio, "Dalla priorità dei doveri alla priorità dei diritti", en *Mondoperaio*, 1988/3, pp. 57-59.
[4] G. Peces-Barba, *Curso de Derechos fundamentales (I)*, Madrid: Eudema Universidad, 1991, pp. 134-167.
[5] Hegel: *Vorlesungen über Philosophie der Geschichte*, Ed. Glöckner, t. 11, p. 556.
[6] F. Châtelet, *Hegel según Hegel*, Barcelona: Ed. Laia, 1973, p. 61.

ser rechazado por dogmático y reaccionario. Efectivamente: a nivel teórico, hay fuertes reticencias sobre la virtualidad de una filosofía de los derechos humanos, porque se relaciona la teoría de los derechos humanos con una filosofía social y una antropología que han fracasado. Macintyre ha argumentado sobre el fracaso del proyecto ilustrado[7] y una de los pruebas de ese fracaso han sido los derechos humanos, entendidos como "aquellos derechos que se dicen pertenecientes al ser humano como tal y que se mencionan como razón para postular que la gente no debe interferir con ellos en su búsqueda de la vida, la libertad y la felicidad"[8]. Ya es raro - escribe Macintyre - que "el concepto no encuentra expresión en el hebreo, el griego, el latín o el árabe, clásicos o medievales, antes de 1400 aproximadamente, como tampoco en el inglés antiguo, ni en el japonés hasta mediados del siglo XIX por lo menos"[9]. La verdad es sencilla: no existen tales derechos y creer en ellos es como creer en brujas y unicornios. La mejor razón contra los derechos humanos es la misma que para afirmar que no hay brujas o unicornios: "el fracaso de todos los intentos de dar buenas razones para creer que tales derechos existan"[10]. Los derechos humanos son *ficciones morales*, en el sentido de que "se proponen proveernos de un criterio objetivo e impersonal, pero no lo hacen". "El concepto de derechos fue generado para servir a un conjunto de propósitos, como parte de *la invención social del agente moral autónomo*"[11].

Tales tesis de Macintyre se explican, según Adela Cortina, por su convicción de que se ha perdido esa teleología, propia del pensamiento clásico griego, que justificaba las reglas morales, como aquéllas que se deben cumplir para alcanzar el *telos* propio del hombre. Sin embargo, el protestantismo y el jansenismo incorporan un nuevo concepto de razón, el de una razón caída, que es incapaz de comprender el verdadero fin del hombre. Esta imposibilidad de desvelar racionalmente el fin del hombre hace que del proyecto ilustrado de fundamentar racionalmente la moralidad un *proyecto fracasado*. El emotivismo irracionalista se incorpora así a nuestra vida social. El retorno a la racionalidad moral pasa, para Macintyre, por el retorno a la premodernidad, es menester regresar a algo similar al aristotelismo. Hume, Kant y Mill no proporcionan una tercera alternativa viable. Según Adela Cortina, el emotivismo no es la resultante necesaria del proyecto moral ilustrado, sino una desviación. El fracaso de la modernidad procede tal vez su infidelidad a los objetivos de algunas de sus propuestas, y no de la propia lógica de las mismas[12].

3. La problematicidad de los derechos humanos: egocentrismo y dialéctica

Como decíamos, parece que el gran problema o reto de los derechos humanos no es teorizar sobre ellos sino realizarlos, hacerlos efectivos. Ya hace muchos años (1965) Norberto Bobbio sostenía que el problema más grave de nuestro tiempo respecto a los derechos humanos no era el de fundamentarlos, sino el de protegerlos[13]. En este sentido pienso que es necesario reflexionar sobre la problematicidad de los derechos humanos para dar una nota de realismo teórico y práctico sobre tan compleja

---

[7] A. Macintyre, *Tras la virtud*, Barcelona: Ed. Crítica, 1987, p. 87.
[8] A. Macintyre, *Tras la virtud*, op. cit., p. 95.
[9] A. Macintyre, *Tras la virtud*, op. cit., p. 95.
[10] A. Macintyre, *Tras la virtud*, op. cit., p. 96.
[11] A. Macintyre, *Tras la virtud*, op. cit., p. 97.
[12] A. Cortina, *Etica sin moral*, Madrid: Tecnos, 1990, pp. 239-241.
[13] N. Bobbio: "Sul fondamento dei diritti dell'uomo", en *Rivista Internazionale di Filosofia del Diritto*, 1965, pp. 302-309.

cuestión que evite en lo posible el voluntarismo, el utopismo y el ingenuismo con que frecuentemente se rodea el tema y el problema de los derechos humanos.

Evidentemente hay una primera *problematicidad existencial*, radicalmente dramática de los derechos humanos, que es su no realización en más de dos tercios de la población mundial y su realización muy limitada en las sociedades avanzadas, donde las estructuras de los sistemas económicos y de los mismos Estados, enormemente burocratizados y complejos, aun siendo democráticos, limitan gravemente la universalización y la plena realización de los derechos y libertades fundamentales[14].

A nivel teórico, se podría hablar de una *problematicidad constitutiva* de los derechos humanos, que procede de causas muy profundas, casi ontológicas, como puede ser *un irreductible egocentrismo* de individuos y colectivos, que se manifiesta en unas tendencias insaciables e inagotables a ser-más, tener-más, poder-más, que llevan a la negación de lo más elemental de otros seres humanos. Ese egocentrismo engendra una conflictividad en razón de que el hombre es un ser social, que no sólo vive, sino que con-vive, pero también y al mismo tiempo esa conflictiva nace de que esas tendencias a ser-más son inagotables y porque los bienes disponibles son siempre limitados en cantidad y en calidad. En definitiva, la vida humana tiene *una conflictividad inevitable*, que recuerda "die ungesellige Geselligkeit" de Kant.

Ante esa profunda conflictividad de la existencia social se engendra una genérica necesidad de racionalizarla, pero como no hay una sola racionalización de los conflictos, siempre se engendran nuevos conflictos. Ni todo el egocentrismo humano puede ser eliminado, ni toda la conflictividad puede ser reducida, al menos con los datos antropológicos e históricos que actualmente disponemos. En cualquier caso "pax est quaerenda", había escrito Thomas Hobbes o siempre se está a la búsqueda de una "cierta paz social". *La paz siempre será siempre un proceso*, una lucha inacabada e inacabable.

Pero hay otra razón quizás todavía más profunda de esa problematicidad constitutiva de los derechos humanos: *su inevitable naturaleza dialéctica*. El mundo de los derechos humanos es un lugar lleno de contradicciones. Y una explicación de que la paz es un proceso inacabable e inacabado se puede encontrar en *la inevitable contradictoriedad de los derechos humanos*[15]. Esta naturaleza dialéctica de los derechos humanos se manifiesta principalmente en los siguientes niveles de contradicciones:

a) *Primer nivel dialéctico*: se trata de las contradicciones que engendra *la identificación de la identidad humana*, la búsqueda de lo que hace que el hombre sea hombre. El ser-hombre (en opinión de unos) es a veces un no-ser hombre (en opinión de otros). Hay inevitablemente conceptos contradictorios del hombre. El hombre es un lobo para el hombre, pero el hombre es un buen salvaje (Hobbes-Rousseau). La necesidad y dificultad de determinar *la identidad humana*, lo que es del hombre en cuanto hombre, para delimitar lo que son e implican los derechos humanos, llena de contradicciones el mundo de estos derechos. No es posible lograr un consenso universal sobre lo humano fundamental o constitutivo o sólo se consiguen consensos sobre aspectos muy abstractos o genéricos. Tal diversidad de concepciones antropológicas hace que los derechos humanos entren inevitablemente en contradicción.

b) *Segundo nivel dialéctico*: se trata del *conflicto entre idealidad e historicidad*. El problema de la identificación de lo humano de todo hombre se complica, si se tiene en cuenta que lo constitutivo o fundamental

---

[14] A. Cassese: *Los derechos humanos en el mundo contemporáneo*, Barcelona: Ed. Ariel, 1991, pp. 260-261.
[15] N. M. López Calera, "Naturaleza dialéctica de los derechos humanos", en *Anuario de Derechos Humanos* (Madrid), núm. 6, 1990, pp. 86-97.

de todo hombre, aun en el supuesto de que haya un consenso generalizado al respecto, necesita en cada momento, en cada circunstancia ser concretado o determinado. Esto es, la determinación de lo constitutivamente valioso del hombre tiene una dimensión relativa al tiempo y al espacio, que lleva a conceptuaciones muy diversas de lo que puede ser objeto de un derecho fundamental. Los derechos humanos parecen referirse a lo fundamental y constitutivamente valioso del hombre. Pero los derechos humanos son también exigencias fundamentales del hombre concreto e histórico. Hay un ser humano medieval, un ser humano moderno, un ser humano a finales del s.XX, que exige determinaciones de los derechos que los harán muy distintos según épocas y según lugares.

c) *Tercer nivel dialéctico:* se trata del conflicto entre *la simultánea absolutez y relatividad de los derechos humanos*. La absolutez de los derechos humanos viene dada por ser un referente de lo más propio y constitutivo del ser humano. Pero su absolutez está contradicha por su relatividad, por su relación a otros hombres. Esa relatividad nace peculiarmente de *la inevitable socialidad de los hombres* que lleva también a inevitables contradicciones entre los derechos humanos, como las siguientes:

1ª. Entre dos derechos de igual contenido, pero de sujetos distintos (mi derecho a la vida y tu derecho a la vida).

2ª. Entre dos derechos de diverso contenido y propios de sujetos distintos (libertad de información y derecho a la intimidad).

3ª. Entre derechos (con igual o distinto contenido) de sujetos individuales y sujetos colectivos (Derecho a la información de los ciudadanos y derecho del Estado a sus secretos).

Es muy difícil armonizar derechos cuando todos se presentan como muy importantes y todos tienen que ser al mismo tiempo limitados para que puedan existir para todos los sujetos. No es posible, pues, determinar un jararquización universal y absoluta de valores y sujetos y no será posible su armonización total. Por ello se suelen dar las siguientes contradicciones:

Esta naturaleza dialéctica expresa un motivo fundamental de la problematicidad constitutiva de los derechos humanos, pero sirve también para plantear más correctamente el objetivo de su mejor defensa y para reconocer con cuánta prudencia deben resolverse los conflictos entre los derechos humanos. Esa naturaleza dialéctica expresa, en definitiva, el carácter utópico de los derechos humanos, cuya total realización es una lucha incabada e inacabable y muestra también la necesidad de síntesis históricas, aunque sean inestables y no definitivas.

4. Los derechos humanos como base de la paz

Aun siendo conscientes de las dicultades que tiene una teoría y una praxis correcta de los derechos humanos, apostamos por la esperanza y por la utopía y en este sentido pretendemos ahora mantener la siguiente tesis

la paz como situación social e incluso como proceso social, depende del reconocimiento, de la tutela y, sobre todo, de la efectiva realización, de los derechos humanos.

La apuesta por la teoría obliga, aunque sea elementalmente, a hacer algunas precisiones conceptuales sobre la paz. En este sentido quisiera decir, en primer lugar, que la paz es ante todo *una situación social*, más específicamente es un determinado sistema de organización social, en el que todos los individuos disfrutan de los mínimos que exige su dignidad y en el que por consiguiente no hay grandes conflictos (conflictos que impliquen a grandes masas de población o que afecten a derechos fundamentalísimos de la persona humana).

La paz, al menos tal como quiero entenderla aquí, es un problema colectivo. Así pues, la paz es *un determinado orden social*, o también la tranquilidad - como escribió Agustín de Hipona- que produce el orden y el orden se entiende como *la atribución a cada cosa del lugar que le corresponde*[16]. Si es válida la identificación agustiniana entre ser y orden, la guerra en cuanto destrucción sería el puro desorden, un proceso hacia la nada. Desde una perspectiva ontológica, Agustín de Hipona llegó a sostener que si algo no estuviera en paz no existiría: "nullo modo essent, si non qualicumque pace subsisterent"[17]. No sigo el argumento agustiniano, que se dispara a partir de aquí hacia regiones celestes para fundamentar ese orden en la ley natural y, en última instancia, en la ley divina. La definición de la paz como un determinado orden social, o la tranquilidad que deriva de un determinado orden social, en el que cada uno tiene lo que corresponde se equivale con aquel otro concepto de la paz como *opus iustitiae*.

Así pues, la paz que interesa aquí no es cualquier clase de paz. Los sentidos de la paz son muy diversos, porque también son muy diversos *los medios* para alcanzar un determinado orden, una determinada tranquilidad. Para alcanzar la paz se ha acudido desde el amor, sobre el que se ha querido construir la paz de las familias o de los coventos, hasta la violencia física, que termina con el conflicto porque destruye al contrario y genera una paz trágica, la paz de los cementerios.

No, aquí *la paz que se propone es la que resulta de la justicia*, aun con todas las difilcutades que comporta, como acabamos de decir, el asumir el reto de responder nada más y nada menos a qué es lo justo. La paz es *una cierta armonía social*, que no es fruto del amor, de la caridad o de la amistad. La paz es el resultado de cumplir las exigencias de la justicia, esto es, es el orden justo, el orden social en el que todas las partes están en el lugar que les corresponde, tienen lo suyo, ni más ni menos, es decir, "lo justo". Cuando las partes de un todo no están "ajustadas", no están en su sitio, como sucede en una gran maquinaria, no hay armonía, hay estridencias, hay ruidos, lo que en una sociedad significa que hay violencias, que no hay paz. La paz, como ha afirmado Galtung, "es una situación, un orden, un estado de cosas, caracterizado por un elevado grado de justicia y una expresión mínima de violencia"[18].

Evidentemente relacionar la paz con la justicia obliga a afrontar la pregunta de *qué justicia*. Porque lo dicho hasta ahora rodea la definición de paz de un formalismo vacío, que aclara algo pero no concreta. Las preguntas definitivas sobre la paz se centrarían, pues, en qué es lo suyo de cada uno, en quién decide y en cómo se decide lo que es cada uno. Y lamentablemente la historia de la justicia es una historia llena de respuestas insatisfactorias. Sin embargo, el hombre no renuncia a responderse a qué es lo justo, porque el hombre no soporta vivir en permanente y radical conflicto con sus semejantes. La justicia como orden social sólo puede nacer de una organización social, en la que la democracia sea el método de su constitución y funcionamiento y en la que se respeten, pues, los derechos humanos, al menos esos derechos fundamentales que la conciencia histórica internacional ha plasmado en un texto de vocación universal como es la Declaración de Naciones Unidas de S.Francisco de 1948.

Este concepto de paz como obra de la justicia se concreta, pues, en la siguiente tesis: *la paz es la realización de los derechos humanos*. Que haya justicia significa que se respetan los derechos humanos, entendidos como lo más propio de todo ser humano. En consecuencia toda la problemática de la paz se confunde necesariamente con la problemática o, tal vez mejor,

---

[16] San Agustín, *De civitate Dei*, XIX, 13, 1.
[17] San Agustín, *De Civitate Dei*, op. cit., XI, 38.
[18] Vd. J. Galtung, *¡Hay alternativas!. Cuatro caminos hacia la paz y la seguridad*, Ed. Tecnos, Madrid, 1984; Vicens Fisas Armengol, *Introducción al estudio de la paz y de los conflictos*, E. Lerna, Barcelona, 1987, p. 75.

con la problematicidad misma de los derechos humanos.

En cualquier caso, la paz depende, desde una perspectiva radical o filosófica, de un correcto tratamiento o enfrentamiento de esas razones últimas ya aludidas que impiden o dificultan la realización de los derechos humanos (injusticias estructurales, egocentrismo, su naturaleza dialéctica o su contradictoriedad constitutiva).

5. Propuestas para una filosofía de la paz y de los derechos humanos

Dada la radicalidad de los obstáculos, resulta iluso proponer soluciones definitivas, pero es posible proponer "cauces de solución", esto es, políticas sociales, legales, económicas y culturales que sigan, entre otras, las siguientes sendas:

1) Habrá que asumir la convicción, que evite la frustración, de que *el proceso de pacificación humana no es lineal ni siempre progresivo*, sino que tendrá siempre interrupciones y retrocesos.

2) La lucha por los derechos humanos y la paz exigirá siempre *una acción continua, continuada e incluso cotidiana*, ya que sólo actuaciones de esta clase podrán servir a derrumbar los más sólidos pilares de los sistemas totalitarios y violentos.

3) Habrá que extender y asumir la convicción de que la efectiva realización de los derechos humanos ha de ser, en definitiva, *empresa de muchos individuos y grupos.*

4) Los derechos humanos, aun dependiendo de la práctica de la solidaridad, *no se dan, sino que se conquistan*, esto es, son los mismos sufridores de su negación los que, aunque sea dramático reconocerlo, tendrán que dar la más importante batalla para su reconocimiento y efectiva realización.

5) No deberá olvidarse que todos los derechos humanos, en mayor o menor medida, *son interdependientes*, por lo que su efectiva realización exigirá una lucha global que no descuide ningún aspecto fundamental de la compleja realidad del ser humano.

6) Es necesario promover una civilización y una cultura que faciliten la *educación en la solidaridad*. Es necesario *fomentar la virtud de la solidaridad* en un mundo en el que unos pocos tienen muchos derechos y muchos tienen pocos derechos o casi ninguno. Como ha dicho Victoria Camps, "la solidaridad es una virtud, que debe ser entendida como condición de la justicia, y como aquella medida que, a su vez, viene a compensar las insuficiencias de esa virtud fundamental"[19]. Ser solidario es ensanchar el ámbito del "nosotros"[20].

7) Es decisiva la "construcción" del *homo democraticus*, educado en la tolerancia, como deber ético de respeto a la dignidad y, en definitiva, de la libertad del otro[21]. Especialmente importante es educar para la *tolerancia*, esto es, para la construcción de una sociedad donde más hombres tenga más libertad y entiéndase la tolerancia como el respeto a la dignidad del otro y las exigencias o necesidades que derivan de la propia autocomprensión. Los choques excluyentes de concepciones de la vida llevan al enfrentamiento de derechos.

8) Promover aquellas *reformas de los sistemas socio-económicos* que permitan niveles de igualdad superiores a los existentes o eliminen las desigualdades más graves. Sin caer en cualquier clase de materialismo histórico, la paz deberá comenzar por la existencia de unos niveles razonables de *igualación económica* que eviten al menos aquello que decía Rousseau de que "ningún ciudadano sea bastante opulento como para poder comprar a otro, y

---

[19] V. Camps, *Virtudes públicas*, Madrid: Espasa-Calpe, 1990, p. 35.
[20] V. Camps, *Virtudes públicas*, op. cit., p. 35.
[21] N. Bobbio, *Las razones de la tolerancia*, en "El tiempo de los derechos", op. cit., pp. 243-256.

ninguno tan pobre como para verse obligado a venderse"[22].

9) Producir *leyes*, por vía de consenso y por vía democrática, que intenten *resolver algunas de las contradicciones radicales* que pueden darse en la determinación de lo fundamental de la identidad humana.

10) Asumir la convicción de que, aun siendo tal vez imposible el triunfo total de la paz, *la disminución de una fracción infinitesimal de sufrimiento* en el mundo merecerá siempre cualquier esfuerzo individual o colectivo[23].

11) Toda actuación o medida que contribuya a *evitar cualquier clase de concentración de poder* será positiva para la paz;

12) Se debe promover *un nuevo orden jurídico internacional*, democrático, que sirva eficazmente al control del poder de los Estados y del capital internacional. La sociedad internacional no tiene tribunales, cárceles ni parlamentos para intervenir en este sentido: "Mientras los Estados no renuncien a su soberanía, mientras no se consiga crear una autoridad sobreordenada y centralizada (pero que actúe según reglas democráticas), no se podrá tener la certeza de poder asegurar un mínimo *respeto universal* hacia la dignidad humana"[24].

13) Se debe promover el perfeccionamiento de los sistemas de protección jurídica. En este sentido es necesario potenciar el derecho a la jurisdicción. El respeto y realización de los derechos humanos dependen, en gran medida, de otro derecho humano o fundamental: el derecho a la jurisdicción, como derecho a acudir a la administración de justicia para la defensa de esos derechos (art. 24.1 de la CE: "Todas las personas tiene derecho a obtener la tutela efectiva de los jueces y tribunales en el ejercicio de sus derechos e intereses legítimos, sin que, en ningún caso, pueda producirse indefensión"). La falta de protección de los derechos económicos y sociales es un ejemplo de las insuficiencias reales del respeto de los derechos. En este sentido conviene subrayar la importancia de los jueces en la resolución de los conflictos de derechos, porque las leyes no pueden resolver abstractamente todos los conflictos posibles, aunque para unas resoluciones judiciales más justas de los conflictos entre derechos humanos sería necesaria una mayor o mejor legitimación democrática del poder judicial.

6. Algunas conclusiones

A uno le duele el alma ver todos los días cómo las noticias centrales de los informativos se centran en guerras regionales que destruyen miles de vidas humanas y en violencias estructurales que condenan al hambre a millones de personas. Incluso en las mismas sociedades avanzadas los derechos humanos sufren serias amenazas. La estructura de los Estados modernos -ha escrito Cassese-, por su tamaño, burocratización, por la existencia en su seno de grupos subversivos, aun con estructuras democráticas, no están en condiciones de asegurar plenamente la realización de los derechos y libertades[25]. Evidentemente, pues, no corren buenos tiempos para la democracia y a veces resuenan en nuestros oídos aquellas palabras de Rousseau en "El Contrato social": "Si existiera una nación de dioses, estaría gobernada democráticamente. Pero un gobierno tan perfecto no cabe entre los hombres"(III, 4).

Ahora bien, yo creo que hay razones para mantener la esperanza. A mi manera y con mis modestas fuerzas he intentado contribuir a mantener esa esperanza, siguiendo

---

[22] J. J. Rousseau, *Del contrato social*, II, 11. Y añadía en nota: "no sufráis, ni gentes opulentas, ni mendigos. Estos dos estados, naturalmente inseparables, son igualmente funestos para el bien común; del uno salen los factores de la tiranía, y del otro los tiranos".

[23] A. Cassese, *Los derechos humanos en el mundo contemporáneo*, op. cit. , p. 263.

[24] A. Cassese, *Los derechos humanos en el mundo contemporáneo*, op. cit. , p. 259.

[25] A. Cassese, *Los derechos humanos en el mundo contemporáneo*, op. cit. , pp. 260-261.

aquellas palabras de Ernst Bloch: "la razón no puede florecer sin la esperanza, pero la esperanza no puede hablar sin la razón". Creo que después de más de 20 siglos oyendo hablar nada más que de deberes y de filosofía y teologías del deber, es positivo que se hable ahora mucho de derechos y que nuestro tiempo sea, pues, la "edad de los derechos", aunque a veces se caiga en exageraciones criticables.

Por otro lado reconozco lo que de utópico tiene una filosofía de los derechos humanos. Pero estoy convencido de que el hecho de que una cosa no exista, no quiere decir que no deba existir, y que el deber-existir (en este caso de los derechos humanos y, consecuentemente, de la democracia) es una forma de ser que tiene una virtualidad capaz de transformar la realidad, porque los seres humanos no se mueven sólo por lo que existe, sino también por lo que debiera existir. Ahí está el ejemplo del pueblo vietnamita que, luchando por sus derechos que no existían, derrotó al ejército más fuerte del mundo. No, los derechos humanos como fundamento de la democracia no son "un disparate con zancos", como decía Jeremy Bentham en el siglo XIX.

En un mundo, donde "todo se desvanece en el aire", como reza el título de la obra de Marshall Berman[26] y donde el descreimiento general sobre la posibilidad de que las injusticias más graves pueden evitarse, donde donde el hogar y lo privado son los refugios a que conduce la ideología del "fin de la historia"[27] y donde se han acabado los grandes relatos y sólo crecen las historias menores y sólo queda, como dijo Foucault, una estetización de la existencia, hay que seguir reivindicando la utopía de los derechos humanos y de la democracia a partir sobre todo de la fuerza la razón y no de la razón de la fuerza.

Es el "sueño hacia adelante" (*Traum nach Vorwärts*). O "el sueño soñado despierto de una vida perfecta, un sueño mediado objetivamente, y precisamente por ello no resignado, supera así tanto su proclividad al engaño como la misma falta de sueños". Hay que reivindicar la utopía de los "derechos humanos" como "Noch-nichtsein" o su "sueño diurno o con los ojos bien abiertos" de que hablaba Ernst Bloch[28].

Por último habría que recordar aquellas palabras de Macpherson en su "La realidad democrática": "sólo sobrevivirán las sociedades que mejor puedan satisfacer las demandas del propio pueblo, en lo referente a la igualdad de derechos humanos y a la posibilidad de que todos sus miembros puedan alcanzar una vida plenamente humana"[29].

---

[26] M. Berman, *Todo lo sólido se desvanece en el aire. La experiencia de la modernidad*, Madrid: Ed. S. XXI, 1988.

[27] M. Berman, *Todo lo sólido se desvanece en el aire. La experiencia de la Modernidad*, op. cit., pp. 350-351. F. Fukuyama, "¿El fin de la historia?", en *Claves*, 1990/1.

[28] E. Bloch, *El principio esperanza*, Madrid: Ed. Aguilar, 1980, t. III, núm. 55, pp. 489-490.

[29] C. B. Macpherson, *La realidad democrática*, Barcelona: Fontanella, 1968, pp. 86.

16
Globalização e Justiça

José Eduardo Faria
Professor-associado de Filosofia do Direito e Sociologia Jurídica dos Cursos de Graduação e Pós-Graduação em Direito da Universidade de São Paulo.

Por desconhecer limites de tempo e espaço, reduzir as fronteiras jurídicas e burocráticas entre as nações, tornar os capitais financeiros imunes a fiscalizações governamentais, fragmentar as atividades produtivas em distintos países, regiões e continentes e reduzir a sociedade a um conjunto de grupos e mercados unidos em forma de "redes", o fenômeno da globalização econômica levou a política a ser substituída pelo mercado como instância máxima de regulação social, esvaziou os instrumentos de controle dos atores nacionais e tornou sua autonomia decisória vulnerável a opções feitas em outros lugares sobre as quais têm escasso poder de influência e pressão. Ao gerar formas de poder e influência novas e autônomas, a globalização também pôs em xeque tanto a centralidade quanto a exclusividade das estruturas jurídicas modernas, baseadas no princípio da soberania, no primado da territorialidade, no equilíbrio dos poderes, na distinção entre o público e o privado e na concepção do direito como um sistema lógico-formal de normas abstratas, genéricas, claras e precisas. Por fim, esse fenômeno disseminou uma nova ideologia político-jurídica, alicerçada na crença - ou ilusão- de que os interesses privados e os mecanismos de oferta e procura poderiam subsistir apenas com base no respeito aos contratos, contestando assim o poder que, vinha dando desde as revoluções burguesas vitoriosas no século XVIII, vinha dando eficácia e sentido prático à noção de direito positivo: o estatal.

Como uma das instituições básicas do Estado constitucional moderno, em cujo âmbito tem a função de aplicar uma ordem jurídica previamente estabelecida por outro poder igualmente independente, o Judiciário não ficou imune a todas essas transformações. Originariamente, como é sabido, ele foi concebido para conferir eficácia aos direitos individuais, assegurar os direitos fundamentais, garantir as liberdades públicas e afirmar o império da lei, protegendo os cidadãos contra os abusos de poder do Estado. Mais tarde, o Judiciário também passou a implementar direitos sociais, de algum modo condicionando a formulação e execução de políticas públicas com propósitos compensatórios e distributivistas, por parte do Executivo. E, agora, ele se vê diante de um cenário novo e cambiante, no qual o Estado vai perdendo sua autonomia decisória, e o ordenamento jurídico vê comprometida sua unidade, sua organicidade e seu poder de "programar" comportamentos, escolhas, e decisões. Por causa das pressões centrífugas da desterritorialização da produção e da transnacionalização dos mercados, o Judiciário, ao menos sob a forma de uma estrutura fortemente hierarquizada, operativamente fechada, orientada por uma lógica legal-racional e obrigada a uma rígida e linear submissão à lei, tornou-se um poder com os dias contados.

Em termos de *jurisdição*, por exemplo, como foi organizado para atuar dentro de limites territoriais precisos e no contexto de centralidade da atuação estatal, seu alcance tende a diminuir na mesma proporção em que as barreiras geográficas vão sendo superadas pela expansão da informática, das comunicações e dos transportes, e os atores econômicos vão estabelecendo múltiplas redes de interação, parceria e independência. Quanto maior a velocidade desse processo, mais o Judiciário passa a ser atravessado pelas justiças inerentes, quer aos espaços infra-estatais (os locais, por exemplo), quer aos espaços supra-estatais. Os espaços infra-estatais estão sendo crescentemente polarizados por regras, formas e práticas "inoficiais" ou não-oficiais de resolução dos conflitos (como usos, costumes, diferentes estratégias de mediação, autocomposição de interesses e auto-resolução de divergências, arbitragens privadas ou até mesmo a imposição da lei do mais forte nas favelas, morros e periferias miseráveis dos centros urbanos, convertidos em guetos inexpugnáveis controlados pelo crime organizado). Já os espaços supra-estatais têm sido crescentemente polarizados pelos mais diversos organismos multilaterais (Banco Mundial, Fundo Monetário Internacional, Organização Mundial do Comércio, Organização para a Cooperação e Desenvolvimento Econômico, etc.), por grandes conglomerados empresariais, por instituições financeiras com atuação transnacional e por organizações não-governamentais.

Em termos *organizacionais*, o Poder Judiciário foi estruturado para "administrar" os processos civil, penal e trabalhista, cujos prazos e ritos são incompatíveis com a multiplicidade de lógicas, ritmos e horizontes temporais presentes na economia globalizada. O tempo do processo judicial é, basicamente, o tempo diferido. Já o tempo da economia globalizada é real, ou seja, o tempo da simultaneidade. Além disso, o Judiciário também não costuma dispor nem de meios materiais nem de condições técnicas, nem de *expertize* para tornar possível a compreensão, em termos de racionalidade substantiva, dos diferentes litígios inerentes a um contexto econômico cada vez mais complexo e transnacionalizado. Não é por acaso que, enquanto o Banco Mundial e o Banco Interamericano de Desenvolvimento vão abrindo linhas de financiamento para a reforma do aparelho judicial dos países em desenvolvimento, estimulando-os a encurtar o alcance e a abrangência de seus tribunais a pretexto de "racionalizá-los" em termos organizacionais e de prepará-los para a harmonização e padronização dos mecanismos regulatórios e m nível mundial, as corporações empresariais e financeiras transnacionais costumam fugir deliberadamente dos burocratizados e ineptos tribunais - e, por conseqüência, do direito positivo por eles aplicado. Trata-se de uma fuga com três dimensões complementares: primeiramente, essas corporações tendem a acatar de modo seletivo as distintas legislações nacionais, optando por concentrar seus investimentos apenas nos países onde elas lhes são mais favoráveis; em segundo lugar, tendem a se valer de instâncias alternativas especializadas, seja no âmbito governamental (por meio de autoridades administrativas independentes com poder de decisão, regulação, controle e fiscalização e com capacidade técnica tanto para apreciar litígios quanto para aplicar sanções), seja no âmbito privado (por meio de mediações e arbitragens); e, por fim, tendem a acabar criando, elas próprias, as regras de que necessitam e a estabelecer mecanismos de auto-resolução dos conflitos.

Em termos *funcionais*, como foi concebido com a prerrogativa exclusiva de aplicar o direito positivo do Estado-nação, sob a forma de uma ordem jurídica postulada como completa, lógica, coerente e livre de ambigüidades, lacunas ou antinomias, o monopólio adjudicatório do Poder Judiciário hoje é desafiado pela expansão de inúmeros direitos paralelos ao oficial. São direitos autônomos, com normas, procedimentos, recursos e regras hermenêuticas próprias, entreabrindo a coexistência - por vezes sincrônica, por vezes conflitante - de diferentes normatividades; mais precisamente, de um pluralismo jurídico de natureza infra-estatal e/ou supra-estatal. No âmbito econômico, por exemplo, é esse o caso, por um lado, da *Lex Mercatoria*, o corpo autônomo de práticas, regras e princípios espontaneamente constituído pela comunidade empresarial para autodisciplinar suas atividades; e, por outro, o *Direito da Produção*, o conjunto de normas técnicas formuladas para atender às exigências de padrões mínimos de qualidade, durabilidade e segurança dos bens e serviços em circulação no mercado transnacionalizado, de especificação de seus componentes, da origem de suas matérias primas, etc.

tragens privadas. Nos Estados Unidos, por exemplo, a *American Arbitration Association*, uma entidade privada, conta com 57 mil árbitros inscritos em 35 filiais. Nesse mesmo país, há ainda 1.200 programas de Resolução Alternativa de Disputas, com participação de setores governamentais, profissionais de diferentes áreas e Universidades. Sediada na França, a *Chambre In-*

TIPOS DE ORDENS NORMATIVAS

TIPOS DE ORDEM CARACTERÍSTICAS	LEX MERCATORIA E DIREITO DA PRODUÇÃO	DIREITO INOFICIAL	DIREITO POSITIVO	DIREITO MARGINAL
O que está em jogo	Tensões não declaradas publicamente	Conflitos materiais	Litígios jurídico-processuais	Agressões e transgressões
Objetivos	Continuidade das Relações	Soluções substantivas	Soluções formais	Disciplina
Tipos de norma	Pragmático e casuísta	Soluções *ad hoc*	Direito codificado	Lei do mais forte
Racionalidade	Procedimental	Material	Formal	Irracional
Modo de formalização	Contratual	Negociação	Aplicação	Ausência de formalização
Tipo de procedimento	Transação e mediação	Conciliação e arbitragem	Decisão	Repressão
Grau de institucionalização	Organização flexível e Sistemas auto-regulados	Campo social semi-autônomo	Campo normativo estatal	Marginalidade
Efetividade do Direito	Por aceitação e inclusão	Por adaptação ao contexto	Pretensão de aplicabilidade universal	Desafio e contestação

O resultado é, no plano infra-estatal, o advento de justiças "profissionais" (especializadas em arbitragem) e "não-profissionais" (comunitárias, por exemplo), ambas operadas basicamente com critérios de racionalidade material e circunscrevendo sua atuação a conflitos intragrupos, intracomunidades e intraclasses; e no plano supra-estatal, a proliferação de foros descentralizados de negociação e a multiplicação de órgãos técnico-normativos - como a *International Organization for Standardization* - criados especialmente para fixar parâmetros, homologar pesquisas, dar pareceres e também promover arbitragens (quase sempre mais rápidas e eficientes do que as sentenças judiciais). Atualmente, a resolução de mais de 80% dos conflitos mercantis no âmbito da economia globalizada vem sendo feita por mediações e arbi-

ternational du Commerce, igualmente privada, coordena mais de 750 arbitragens em 30 diferentes países, envolvendo partes de 90 nacionalidades.

Diante da crescente autonomia dos diferentes setores da vida social propiciada pelo fenômeno da globalização, com suas racionalidades específicas e muitas vezes incompatíveis entre si levando à ampliação dos sistemas auto-organizados e auto-regulados, o Poder Judiciário foi levado a uma crise de identidade. Por um lado, o Estado do qual faz parte, ao promulgar suas leis, cada vez mais tem de levar em conta o contexto internacional para saber o que pode realmente regular e quais de suas normas serão efetivamente respeitadas. Por outro lado, o Judiciário e os demais Poderes do Estado-nação também já não podem mais almejar disciplinar sociedades complexas por meio de seus instrumentos, categorias e procedimentos jurídicos tradicionais. Daí as polêmicas estratégias de descentralização, desformalização, deslegalização e desconstitucionalização hoje adotadas no mundo inteiro, paralelamente aos programas de privatização dos monopólios públicos e à substituição dos mecanismos estatais de seguridade social por seguros privados, ampliando assim o pluralismo de ordens normativas.

O que estimula e fundamenta a proliferação dessas estratégias é, entre outros fatores, uma espécie de cálculo de custo/benefício pragmaticamente efetuado pelo legislador. Com mecanismos jurídicos excessivamente simples para lidar com questões extremamente complexas e sem condições de ampliar a complexidade de seu ordenamento normativo e de seu aparato judicial em nível equivalente de complexidade dos problemas socioeconômicos, o legislador, pensando politicamente, não tem hesitado em optar pela desregulamentação e pela desconstitucionalização. Afinal, se quanto mais tenta disciplinar e intervir, menos consegue ser eficaz e obter resultados satisfatórios, o que ficou evidenciado desde a crise "fiscal" e pela crise de "ingovernabilidade sistêmica" do *Welfare State*, não lhe resta outra alternativa para preservar sua autoridade funcional: quanto menos disciplinar e intervir, menor será o risco de ser desmoralizado pela inefetividade de seu instrumental regulatório.

A conseqüência desse processo tem sido uma intrincada articulação de sistemas e subsistemas internos e externos, nos planos micro e macro. Uma parte significativa dos direitos nacionais, por exemplo, hoje vem sendo internacionalizada pela veloz e abrangente expansão da *Lex Mercatoria* e do *Direito da Produção* e por suas relações intersticiais com as normas emanadas dos organismos multilaterais. Uma outra parte, por sua vez, vem sendo esvaziada pelo crescimento de normas privadas, no plano infranacional, na medida em que cada corporação empresarial, valendo-se do vazio normativo deixado pelas estratégias de desformalização, desregulamentação e deslegalização, cria as próprias regras de que precisa e jurisdiciza suas áreas e espaços de atuação, segundo suas conveniências. A desregulamentação no nível do Estado significa, desta maneira, a rerregulamentação e a relegalização ao nível da sociedade - mais precisamente, ao nível das organizações privadas capazes de fixar os preços das *commodites* e dos títulos, estabelecer os níveis de investimentos produtivos, oferecer empregos, impor comportamentos, etc.

Contribuindo assim para acelerar a crise de identidade do Poder Judiciário, o direito positivo que ele aplica encontra-se com sua estrutura lógico-formal quase inteiramente erodida. Vê destruída a tradicional *summa divisio* entre o público e o privado em torno da qual foi organizado. Tem sua organicidade fragmentada por uma multiplicidade de ramos jurídicos altamente especializados, o que provoca a ruptura da unidade conceitual da cultura legal (com inspiração eminentemente privatística) da magistratura. E ainda acaba sendo obrigado a responder às exigências de caráter social e econômico de modo casuístico e *ad hoc*, conforme o poder de pressão, influência e mobilização desta ou daquela empresa, deste ou daquele sindicato, desta ou daquela ONG, etc. O que resta daquele ordenamento originariamente estruturado com base no dogma da completude, no princípio da coerência e no postulado da inexistência de lacunas e antinomias acaba sendo substituído por uma legislação "descodificada". Uma legislação que, cada vez mais, parece caminhar na direção de diferentes cadeias normativas, bem como na substituição dos "interesses gerais" (enquanto princípios "totalizadores" do sistema jurídico) por interesses corporativos conflitantes entre si. No limite, essa seria a legislação típica de um Estado que, não mais ocupando com exclusividade uma posição central de controle da sociedade, é reduzido a um de seus sistemas funcionais, entre tantos outros.

Esse cenário conduz ao desaparecimento do Poder Judiciário? Obviamente que não. Ele perde seu monopólio adjudicatório, é certo. Mas não sai de cena, tendo pela frente pelo menos três importantes áreas de atuação. A primeira delas diz respeito às conseqüências da globalização. Como ela é um fenômeno perverso, aprofundando a exclusão social à medida que os ganhos de produtividade são obtidos às custas da degradação salarial, da informatização da produção e do subseqüente fechamento de postos de trabalho, a simbiose entre marginalidade econômica e marginalidade social torna o Estado responsável pela preservação da ordem, da segurança e da disciplina. Com a globalização, em outras palavras, os "excluídos" do sistema econômico perdem progressivamente as condições materiais para exercer seus direitos fundamentais, mas nem por isso são dispensados das obrigações e deveres estabelecidos pela legislação. Com suas prescrições normativas, o Estado os integra ao sistema jurídico basicamente em suas feições marginais - isto é, como devedores, invasores, réus, transgressores de toda natureza, condenados, etc. Diante da ampliação da desigualdade, dos bolsões de miséria, da criminalidade e da propensão à desobediência coletiva, cabe assim ao Estado - e, dentro dele, ao Judiciário - funções eminentemente punitivo-repressivas. Para tanto, ele vem mudando a concepção de intervenção mínima e última do direito penal, tornando-a cada vez mais simbólica, promocional, intervencionista e preventiva, mediante a disseminação do medo no seu "público-alvo" (os excluídos) e a ênfase a uma pretensa garantia de segurança e tranqüilidade social. Enquanto no âmbito do direito econômico e trabalhista vive-se hoje um período de refluxo e "flexibilização", no direito penal se tem uma situação inversa: uma veloz e intensa definição de novos tipos penais; uma crescente jurisdicização e criminalização de várias atividades em inúmeros setores na vida social; o enfraquecimento dos princípios da legalidade e da tipicidade, por meio do recurso a normas com "textura" aberta; a ampliação do rigor de penas já cominadas e da severidade das sanções; a aplicação quase irrestrita da pena de prisão; e o estreitamento das fases de investigação criminal e instrução processual.

Uma segunda área de atuação diz respeito às conseqüências do desequilíbrio dos Poderes provocado inicialmente pela expansão do Estado intervencionista e, mais tarde, pela relativização de sua soberania, com o advento do fenômeno da globalização. Se, num primeiro momento, o Executivo foi avocando a titularidade da iniciativa legislativa, "publicizando" o direito privado, "administrativizando" o direito público e "tecnicizando" a política, num segundo momento seu choque de competências com o Legislativo levou o Judiciário a ser acionado como instância capaz de promover o desempate institucional e superar a paralisia decisória. Como o juiz é obrigado a julgar com base no ordenamento jurídico os casos que lhes são apresentados, essa obrigação ganha especial relevância em face, justamente, das já mencionadas transformações em andamento nesse mesmo ordenamento. Seja por causa do conflito de competências entre os Poderes, seja por causa da resistência de determinados setores da sociedade à revogação dos direitos fundamentais e sociais pelos processos de deslegalização e desconstitucionalização, o fato é que, quanto mais cambiante é esse cenário, mais o Poder Judiciário é levado ao centro das discussões políticas e mais tem de assumir papéis inéditos de gestor de conflitos - fenômeno esse hoje conhecido como "tribunalização da política" e considerado altamente disfuncional na economia globalizada, em cujo âmbito os protagonistas concentram decisões de investimento em países sem tribunais congestionados, com ritos processuais simples e baixíssimo potencial de intervenção.

Por fim, a terceira área de atuação diz respeito aos problemas tradicionais de justiça "corretiva" ou "retributiva". Foi para manter sua jurisdição sobre eles que, nos últimos tempos, o Poder Judiciário optou por se transformar organizacionalmente, procurando informalizar-se e "desoficializar-se" por meio de juizados de negociação e conciliação para as pequenas causas de natureza civil - ou seja, para os litígios de massa, abundantes e rotineiros, com pequeno valor material e já suficientemente "jurisprudencializados". Embora tenham a aparência de uma justiça de 2ª classe para cidadãos de 2ª classe, não se pode, é evidente, subestimar a contribuição desses juizados para viabilizar o acesso de contingentes expressivos da população aos tribunais. Ocorre, porém, que a perversa distribuição de renda e as distorções por ela geradas estão levando muitos desses problemas tradicionais a serem progressivamente contaminados por conflitos distributivos - o que, por conseqüência, converte "simples" questões corriqueiras de direito em questões de caráter inequivocamente político.

Essa contaminação tem sido evidenciada pela instrumentalização ideológica de temas como aposentadoria, seguro-saúde, previdência, inquilinato, mensalidades escolares, rescisão de contratos trabalhistas, etc. E também tem sido explicitada pelas próprias dissensões internas no âmbito da magistratura, sob a forma de movimentos de "juízes para a democracia", de juízes favoráveis ao "direito alternativo" e de juízes exclusivamente preocupados com sua situação funcional e com a preservação de suas prerrogativas corporativas. Diversamente destes últimos, os dois primeiros movimentos revelam consciência de que a ruptura da unidade do ordenamento jurídico em inúmeras cadeias normativas, ao provocar um significativo aumento das possibilidades de escolha e decisão, abriu caminho para a politização da categoria. Divergem, contudo, quanto à orientação política a ser adotada, estimulando desta maneira o retorno ao debate jurídico do antigo e tradicional problema relativo ao alcance e aos limites da interpretação. Num contexto social estigmatizado por dualismos profundos e num contexto jurídico fragmentado por normas contraditórias e fracamente articuladas por princípios gerais muito abertos (como os constantes dos cinco primeiros artigos da Constituição brasileira de 1988), de que modo - eis o eixo central do debate - a interpretação pode resumir-se a um simples ato de conhecimento (e não de decisão, ou seja, não-política) e de descrição de normas (e não de criação)?

A primeira grande dúvida, portanto, é saber se o Poder Judiciário conseguirá dar conta desses dois papéis colidentes entre si - um, de natureza essencialmente punitiva e repressiva, aplicável sobre os segmentos marginalizados; outro, de natureza eminentemente distributiva, o que implica, além da necessária coragem e determinação política, a adoção de critérios compensatórios e protetores em favor desses mesmos segmentos, tendo em vista a instituição de padrões mínimos de integração e coesão sociais. A segunda grande dúvida é saber se os integrantes desse poder têm consciência não só do alcance e das implicações dessa contradição, mas, igualmente, do fato de que seu enfrentamento e sua superação exigem uma discussão preliminar sobre a democratização da instituição - sob a forma, por exemplo, de algum controle externo efetivo. Afinal, como pode almejar ser o depositário da legitimidade democrática um poder que controla de modo quase total e absoluto o acesso aos seus quadros funcionais e que, na maioria das vezes, se exime de responder a cobranças por desqualificar *a priori* seus críticos, considerando-os tecnicamente despreparados e desinformados? A terceira grande dúvida é saber se a corporação terá humildade e sensibilidade para extrair lições do debate acima mencionado, optando por reciclar, atualizar, modernizar e adaptar à nova realidade uma cultura técnico-profissional assentada em princípios e postulados tornados anacrônicos pelo fenômeno da globalização.

Eis aí, enfim, a encruzilhada em que esse poder se encontra. Por um lado, o Poder Judiciário faz parte de um Estado cuja soberania, cuja iniciativa legislativa e cuja autonomia decisória são postas em xeque pela transnacionalização dos mercados e subseqüente conversão das economias nacionais numa "economia-mundo". Por outro, está situado em contextos sociais contraditórios e explosivos, que nada lembram aquela idéia de sociedade (típica da cultura jurídica tradicional) como uma pluralidade de cidadãos livres, independentes e encarados a partir de sua individualidade; um contexto em que a cidadania, quando não é excluída e condenada ao universo da informalidade, é integrada e submetida à lógica avassaladora do capital transnacionalizado. Acionado pelos "excluídos" para dirimir conflitos que afetam o processo de apropriação das riquezas e dos benefícios sociais, mas desprezado e ignorado pelos setores "incluídos" na economia transnacionalizada, que têm suas próprias normas, ritos e justiças, o Judiciário, desde o advento da globalização, vive um dilema de feições pirandellianas: é um poder em busca não propriamente de um autor, mas de espaços mais nítidos de atuação, de uma identidade funcional e de maior legitimidade política.

17
Cine y Antropología
La Ántropo-sociología del cine de Edgar Morin

José Luis Solana Ruiz
Doctor en Filosofía, Profesor de la Universidad de Jaén (España), Investigador en el Centre d'Études Transdisciplinaires (CETSAH-CNRS) de París.

1. Introducción

El cine puede ser estudiado desde dos grandes perspectivas. Una perspectiva - que podríamos llamar interna - desde la que se elaboran discursos propiamente cinematográficos sobre el cine (Estética del cine, Historia del cine, Técnicas de análisis fílmico, etc.); y otra perspectiva - que podríamos denominar externa - constituida por las reflexiones que diversas disciplinas (Psicología, Sociología, Política. etc.) han realizado sobre el cine. Situándose en esta segunda perspectiva, el sociólogo y "pensador" Edgar Morin ha desarrollado una Antropología del cine, un análisis del cine desde la óptica de la Antropología; más en concreto - pues las teorías y métodos antropológicos son disímiles - ha intentado elucidar el fenómeno del cine a partir de una antropología socio-histórica de lo imaginario.

¿Cómo es posible una Antropología del cine, una reflexión antropológica sobre el cine? ¿Por qué los análisis de Morin sobre el cine constituyen "ensayos de antropología"?. El estudio de los pueblos y mentalidades calificadas como "primitivas" y el establecimiento de una teoría general sobre el ser humano han sido dos temáticas tradicionalmente consideradas como propias de la Antropología. El análisis que Morin acomete sobre el cine es un análisis antropológico porque se enmarca dentro de estas dos temáticas clásicas de la Antropología. Morin intenta mostrar cómo los caracteres fundamentales de toda visión mágica del mundo (las cualidades propias del doble, la metamorfosis, la ubicuidad, la fluidez de un espacio-tiempo circulable y reversible, los traslados incesantes entre el hombre-microcosmos y el macrocosmos, el antropomorfismo y el cosmomorfismo) son también caracteres del universo del cine, fundamentos de la visión del cine. Esta relación entre cine y pensamiento mágico nos ilumina sobre determinados rasgos fundamentales del ser humano. Según Morin, el cine nos muestra cómo la personalidad se constituye mediante un proceso de intercambio con el ámbito de lo imaginario, nos revela la unidad dialéctica existente entre subjetividad y objetividad, nos muestra la realidad semi-imaginaria del hombre, pone de manifiesto la profunda unidad que existe entre sentimiento, magia y razón (el "Arkhé-Espíritu"). Las estrellas de cine son analógicamente consideradas por Morin como semidivinidades y mitos modernos y, así consideradas, nos ilustran sobre los procesos imaginarios de proyección-identificación a través de los cuales el hombre constituye su personalidad. No se trata de equiparar el cine a la magia (sus diferencias, así como las características estéticas propias de la imagen fílmica, son puestas de manifiesto por Morin), sino de indagar sus posibles analogías con el fin y la esperanza de que semejante comparación nos ilumine a la vez sobre el fenómeno fílmico y sobre la realidad humana. Además, hay una tercera razón por la que los estudios morinianos sobre el cine son estudios antropológicos: Morin estudia el cine aplicando lo que el llama un método de "antropología genética". Morin intenta pergeñar un método antropológico (que el denomina "antropología genética") mediante el cual conjuntar dialécticamente la perspectiva antropológico-universalista y la perspectiva histórico-social.

El fenómeno fílmico fue desde su origen relacionado con la magia. ¿A qué se debe esta relación, por qué fue establecida? Como hemos dicho, según Morin, el universo del cine puede aproximarse al de la percepción primitiva porque los rasgos propios de la visión mágica del mundo coinciden con los caracteres constitutivos del universo del cine (1956: 90). Expondremos, en primer lugar, la descripción que Morin ofrece del pensamiento mágico. En segundo lugar, veremos cómo se manifiestan en el cine los rasgos propios de este pensamiento. Pasaremos, luego, a ver los rasgos fundamentales del ser humano que el cine nos permite atisbar. Finalmente, veremos la aplicación de la antropología genética al cine.

2. El pensamiento simbólico/mitológico/mágico

Las nociones de símbolo, mito y magia se implican mutuamente constituyendo un pensamiento y un universo simbólico/mitológico/mágico, por lo que, para que cada una de estas tres nociones adquiera plena significación, hay que unirlas en un macroconcepto. No obstante, estas nociones pueden existir de manera relativamente autónoma y son distinguibles (1986: 181). Al mismo tiempo que lo engloba, el mito sobrepasa el ámbito de lo simbólico en dos aspectos esenciales: mientras que el pensamiento estrictamente simbólico descifra símbolos, el pensamiento mitológico teje los símbolos para constituir relatos, narraciones y, además, el pensamiento mitológico está organizado y regido por principios paradigmáticos (el paradigma antropocosmomórfico y el paradigma del doble) (1986: 174). La magia puede ser considerada como la praxis del pensamiento simbólico-mitológico. La acción mágica sobre los seres y las cosas se realiza mediante operaciones sobre símbolos (por ejemplo, quemar una estatuilla). La magia se funda tanto en la existencia mitológica de los dobles (por ejemplo, invocación de los espíritus con el fin de que se haga efectiva la acción mágica) como en las analogías ántropo-socio-cósmicas (por ejemplo, utilización de la mímesis en los ritos de caza). Vista la autonomía relativa de los términos que constituyen el pensamiento simbólico/mítico/mágico, para abreviar, nos referiremos - como hace Morin - a este pensamiento nombrándolo sólo con uno de sus rasgos.

Los rasgos configuradores de la visión mágica del mundo (dobles, metamorfosis, antropocosmomorfismo, etc.) son, en su fuente, procesos de participación, procesos de proyección e identificación. Debido a su originaria y fundamental indeterminación biológica, el hombre debe abrirse al mundo y participar en él. El hombre establece *participaciones* con el mundo y a través de ellas se produce el ámbito de lo imaginario. La participación es fuente permanente de lo imaginario. Las participaciones se llevan a cabo a través de dos procesos humanos fundamentales: los procesos de proyección e identificación.

En la proyección transferimos sobre cosas y seres exteriores nuestras necesidades, aspiraciones, deseos, obsesiones, temores. En la identificación, el sujeto, en lugar de proyectarse en el mundo, absorbe el mundo en él, incorpora en el yo el ambiente que le rodea, y lo integra afectivamente. Proyección e identificación no son procesos separados. Toda proyección constituye una identificación. Por esto no son aislables sino que, más bien, constituyen conjuntamente un *"complejo de proyección-identificación"* (1956: 103).

Según opere o se aplique, el complejo de proyección-identificación puede dar lugar a dos tipos de fenómenos: los fenómenos psicológicos subjetivos o los fenómenos mágicos. Las proyecciones-identificaciones pueden interiorizarse en el sujeto para constituir, así, el ámbito de la subjetividad, de los sentimientos y de las participaciones afectivas; o bien, como ocurre en los fenómenos mágicos, pueden sustancializarse, reificarse, ser tomadas como reales, como realmente existentes, de manera que "se cree verdaderamente en los dobles, en los espíritus, en los dioses, en el hechizo, en la posesión, en la metamorfosis" (1956: 103). De este modo, la vida subjetiva (alma interior, sentimientos, afectos) no está desligada de la magia; entre ellas se dan ósmosis y transiciones: "donde está manifiesta la magia, la subjetividad está latente, y donde la subjetividad está manifiesta, la magia está latente" (1956: 105-106). Existe una continuidad entre la subjetividad y la magia. La magia surge cuando nuestros estados subjetivos se alienan hasta cosificarse o reificarse, se separan de nosotros y pasan a formar parte del mundo de manera que la visión subjetiva pasa a creerse real y objetiva. Históricamente, la visión mágica es la visión cronológicamente primera tanto del niño como de la humanidad. Los rasgos configuradores de la visión mágica del mundo (dobles, metamorfosis, etc.) son universales de las conciencias primitiva, onírica, poética, neurótica e infantil. A través de la evolución del individuo y de la humanidad la visión mágica es sustituida progresivamente por una visión racional y objetiva y la magia se interioriza para convertirse en alma, en sentimiento, en afectividad.

En los procesos de proyección-identificación podemos distinguir dos etapas o momentos fundamentales: el antropocosmomorfismo[1] y el desdoblamiento. Estos dos fenómenos constituyen los dos paradigmas claves que han venido organizando el pensamiento mitológico[2]. En las "grandes categorías" del pensamiento mitológico, como las de lo divino, el sacrificio, y la afirmación de una vida *post-mortem*, los dos paradigmas aparecen asociados.

En el antropomorfismo, el hombre se proyecta en el mundo, de modo que le asigna a éste rasgos o tendencias propiamente humanos, con lo que carga a las cosas de presencia humana. Antropomorfizar la naturaleza consiste en darle determinaciones humanas. El animismo constituye un claro ejemplo de proceso antropomórfico. En él, el mundo es percibido "como animado de pasiones, de deseos, de sentimientos casi humanos" (1951: 97). En el animismo los seres y fenómenos del universo están habitados por espíritus.

Por su parte, el cosmomorfismo constituye un proceso de identificación. La identificación puede ser con otros seres o con el mundo. Esta última puede ser llamada cosmomorfismo cuando "el hombre se siente y cree microcosmos" (1956: 103). Mientras que el antropomorfismo inocula "la humanidad en el mundo exterior", el cosmomorfismo inocula "el mundo exterior en el hombre interior" (1956: 101). En el cosmomorfismo, el hombre se siente análogo al mundo, se carga de presencia cósmica y se concibe como habitado por la naturaleza. Los hombres, sin dejar de saberse hombres, se sienten habitados por el cosmos (poseídos por un animal, animados por fuerzas cósmicas) al que imitan. El hombre se identifica con el mundo, se con-

---

[1] Mientras que Maurice Leenhaardt, en *Do Kamo*, distinguió cronológica y lógicamente el cosmomorfismo y el antropomorfismo, para Morin ambos procesos, aunque distinguibles, resultan indisociables y por esto debe hablarse de antropo-cosmomorfismo. Así, por ejemplo, el papagayo totémico de los bororos posee rasgos humanos (está, pues, antropomorfizado), pero constituye también una fijación cosmomórfica con la que los bororos se identifican y a la que imitan (1956: 88-89) (véase también 1951: 101).

[2] En el tercer volumen de *El método* Morin se refiere, respectivamente, a estos dos paradigmas como "paradigma antropo-socio-cosmológico de inclusión recíproca y analógica entre la esfera humana y la esfera natural o cósmica" y "paradigma de "unidualidad" tanto personal como cósmica" (1986: 175 y 176). Dado que con estas denominaciones Morin se está refiriendo, claramente, a los fenómenos que en sus obras anteriores (especialmente en *El hombre y la muerte* y en *El cine o el hombre imaginario*) calificaba como antropocosmomorfismo y desdoblamiento o fenómeno del doble, utilizaremos estas calificaciones por ser más breves.

cibe como una especie de espejo del mundo, como un microcosmos y, como tal, imita el mundo. El hombre posee una enorme capacidad mimética, "es el animal mimético por excelencia" (1951: 90). Cosmomorfizar es impregnarse de la riqueza del cosmos, de la naturaleza. En el antropocosmomorfismo se establecen analogías entre el hombre, entendido como un microcosmos, y el mundo o macrocosmos (analogías micro-macrocósmicas): el hombre se concibe como análogo al mundo y éste es concebido como análogo al hombre.

Mediante el desdoblamiento, el hombre arcaico "se concibe como siendo él mismo y, a la vez, otro, un doble que es "otro sí mismo". El *doble* es una imagen proyectada, alienada, objetivada hasta el punto de considerarla como un ser o espectro autónomo dotado de realidad propia. El doble no es "alma" o "espíritu" puro, no es inmaterial; aunque con frecuencia es invisible, tiene empero - a la manera del hombre invisible de H. G. Wells - una naturaleza corporal y siente las mismas necesidades, pasiones y sentimientos que los vivos. El doble es un *alter-ego* (un *yo* que es *otro*) que acompaña al individuo durante toda su vida y que se manifiesta en sus sueños, en su sombra[3], en su reflejo en el agua o en el espejo[4], en su eco e, incluso, en sus gases intestinales. Poseedor de inmortalidad, el doble sobrevive a la muerte de su cuerpo y a la descomposición del cadáver. Los síncopes y desvanecimientos indican la fuga del doble, su abandono del cuerpo. Originariamente, los dobles no abandonan del todo el mundo de los vivos, sino que se hallan presentes en él pululando por todas partes, viven con los vivos. Posteriormente, se irán separando de ellos (en parte debido al temor que inspiran) y pasarán a tener su reino, su mundo propio, al que suelen llegar tras realizar un viaje. Por el poder que se les atribuye y por el temor y el culto que inspiran, los dobles ostentan potencialmente los atributos de la divinidad. Con el devenir histórico y la evolución de las creencias los dobles irán desapareciendo. Por un lado, de los dobles surgirán los dioses. Por otro, con el progreso de la noción de alma, el doble se atrofiará e interiorizará.

Para la visión mágica el universo es un *"universo fluido"*, en movimiento, en el que las cosas y los seres pueden trocar su identidad, por lo que están sometidas a continuas metamorfosis regidas por el mecanismo de la muerte-renacimiento.

Critica Morin la creencia, difundida por los antropólogos de principio de siglo, de que el pensamiento arcaico es un pensamiento mítico carente de racionalidad. Para Morin, el pensamiento arcaico no es sólo un pensamiento mítico-mágico, sino que es un pensamiento "unidual", a la vez simbólico/mitológico/mágico y empírico/técnico/racional. Los hombres arcaicos no carecen de pensamiento racional, empírico y técnico (frabrican herramientas, trazan estrategias de acción, adquieren conocimientos observando y experimentando, etc.) y distinguen perfectamente entre sus actividades empíricas/técnicas/racionales y sus actividades simbólicas/mitológicas/mágicas. Lo que ocurre es que, aunque distingan, muchas de sus actividades tienen un carácter unidual, son tanto actividades prácticas como mitológicas (así, por ejemplo no es posible distinguir los ritos de caza del hecho de la caza). Por otro lado, en el mundo arcaico no se ha constituido aún (como ocurrirá en Grecia con el surgimiento de la filosofía) una esfera autónoma en la que se desarrolle un pensamiento y un conocimiento teórico, sino que estos están ligados de modo instrumental a finalidades prácticas.

---

[3] En Amboine y en Ulias, dos islas ecuatoriales, sus habitantes nunca salen a mediodía (cuando desaparece la sombra) por temor a perder su doble. En Grecia, el muerto resucitado se reconoce por su carencia de sombra (1951: 143-144).

[4] De aquí que los vampiros (muertos vivientes) no reflejen su imagen en el espejo: carecen de doble porque, en algún modo, ellos mismos son ya dobles vivientes.

Con el surgimiento y desarrollo de las civilizaciones históricas los dos tipos de pensamiento, así como su dialéctica, evolucionaron y el pensamiento simbólico/mitológico/mágico se transformó en pensamiento religioso. En los últimos desarrollos de la historia occidental, se estableció una oposición entre razón y mito, entre ciencia y religión. En el siglo XIX y a comienzos del XX se creía en la evolución necesaria y progresiva del mito a la razón, de la religión a la ciencia hasta llegar a su desaparición final, que correspondería con el triunfo de las verdades positivas, racionales y científicas. Esta concepción fue claramente formulada por Augusto Comte. Según Morin, es cierto que los mitos y las religiones han retrocedido y se han modificado con el surgimiento y la expansión de la ciencia, la filosofía y las ideologías, pero no han desaparecido. La ley comtiana de la sucesión de los tres estadios noológicos (mítico, religioso y racional) es errónea y constituye ella misma un mito. El formidable desarrollo científico-técnico en modo alguno ha supuesto la desaparición de las religiones y del mito, sino que se ha visto acompañado del surgimiento de nuevos mitos, de nuevas supersticiones y de nuevas creencias religiosas. Como ya viera, entre otros, Marx Weber, el proceso de laicización es un proceso de secularización de ideas mítico-religiosas. Las formas noológicas antiguas persisten: las grandes religiones permanecen, en las grandes ciudades proliferan los curanderos y los adivinos. Los mitos y la visión mágica del mundo se desarrollan en la "noosfera estética": las analogías antropo-socio-cosmológicas perviven en la poesía y los esquemas míticos operan en los fenómenos estéticos. El mismo proceso de modernización ha generado el surgimiento de nuevas mitologías, como la mitología del Estado/Nación y la mitología y la religión comunista de la salvación terrestre; las grandes nociones soberanas de las ideologías modernas (Libertad, Democracia, Razón, Ciencia, etc.) constituyen nuevos mitos y muchos de sus principios explicativos (*el* capitalismo, *la* burguesía, etc.) constituyen reificaciones y personalizaciones de carácter mítico; se ha producido una mitologización de la Razón, una degeneración del pensamiento racional en racionalización. Por tanto, en el mundo contemporáneo los dos pensamientos (el racional y el mitológico) coexisten, se mezclan y mantienen entre sí relaciones complejas[5]. La racionalidad moderna no ha expulsado los mitos ni podrá expulsarlos ya que la insondabilidad de lo real y el misterio radical del ser constituirán siempre fuentes de las que el mito manará. En definitiva, para Morin, es falsa la concepción antropológica que afirma que hubo una vez un hombre arcaico, mitológico, irracional al que habría sucedido el *homo rationalis*. *Homo* es de manera compleja (complementaria, concurrente, antagonista e incierta, a la vez) *sapiens-demens*.

La desmitificación es necesaria, pero no podemos prescindir del mito. El mito forma parte de la realidad humana y sin él ésta se hundiría. No podemos prescindir de idealizaciones ni de imaginaciones que expresen nuestras aspiraciones antropológicas y nos impelan a realizarlas propulsando, así, nuestra humanidad. El amor y los ideales políticos de justicia, libertad, fraternidad, igualdad son para Morin mitos[6]. A pesar de su carácter imaginario, el mito no puede ser recluido en la alternativa verdadero/falso. Los mitos pueden ser, a la vez, ilusorios, falsos (por no ajustarse a la realidad) y verdaderos (por las profundas aspiraciones humanas que expresan). Es imposible prescindir de mitos. Lo que debemos hacer, a juicio de Morin, es establecer una nueva relación con nuestros mitos basada en el reconocimiento de su carácter mítico en vez de en su afirmación dogmá-

---

[5] Cf. 1986: 167-169 y 181-183; 1991: 145-146 y 155.
[6] Cf., por ejemplo, 1957: 38 y 1991: 255.

tica. Debemos poseer y controlar nuestros mitos en lugar de que ellos nos controlen.

3. El cine y la experiencia mágica del doble

Para Morin, la imagen fílmica posee la cualidad mágica del doble - si bien, como veremos, con la crucial diferencia de que en el cine esta cualidad se encuentra "*interiorizada, naciente, subjetivada*" -.

El cinematógrafo nos permite reproducir la realidad con mayor fidelidad que la fotografía ya que restituye a los seres y a las cosas su movimiento natural y porque, al proyectarlos sobre la pantalla, en alguna medida los autonomiza. Pero ocurrió que la pretensión de captar objetivamente la vida cotidiana supuso ya su espectacularización. Las personas se maravillaban al ver en la pantalla las cosas y sucesos habituales (su casa, su rostro, la salida de una fábrica, el tren entrando en la estación) que en la vida cotidiana no les maravillaban. Lo que causaba maravilla y estupefacción no era, pues, la realidad, sino el reflejo de la realidad; no era lo real, sino la imagen de lo real (1956: 22).

A esta cualidad o capacidad del cinematógrafo para producir fascinación mediante la imagen de los seres y de las cosas se le denominó "fotogenia". Morin define la fotogenia como la cualidad de la imagen objetiva para producir efectos "surrealistas" y "sobrenaturales", como la cualidad de la imagen-reflejo para irradiar lo fantástico (1956: 23). En 1839 la fotografía dio origen a la palabra "fotogenia". Si, ciertamente, la fotogenia del cinematógrafo no puede reducirse a la de la fotografía, no obstante, para elucidar la fotogenia propia del cinematógrafo, Morin considera necesario partir de la imagen fotográfica. La fotografía nos trae a la presencia la persona o la cosa que están ausentes. En la fotografía parece como si el original se hubiese encarnado en la imagen. Cuando mostramos a otros nuestras fotografías no decimos, por ejemplo, "ésta es la imagen de mi mujer", sino "ésta es mi mujer"; la fotografía trae a la presencia lo que representa, es "presencia perpetuada". Es esta capacidad para ser portadora de "presencia real" la que hizo que desde 1861 - casi desde su nacimiento - la fotografía fuese utilizada por el ocultismo. Según Morin, esta función o propiedad de la fotografía para evocar presencia no es una propiedad de la fotografía como objeto, sino que resulta de lo que nosotros mismos fijamos o proyectamos sobre ella. Evidentemente, la fotografía no hace realmente presente lo que reproduce, sino que es el espíritu humano quien proyecta sobre la imagen *material* esa *cualidad mental de doble* que la imagen parece poseer. El que la "cualidad psíquica" se proyecte en la fotografía proyectando, así, un doble se debe a la "mezcla de reflejo y de sombra" que constituye "la naturaleza propia de la fotografía" (1956: 41). La fotografía nos muestra "el valor afectivo" que el espíritu humano vincula a la sombra y al doble. En virtud de las consideraciones anteriores, Morin define la fotogenia como la cualidad de sombra, reflejo y doble (reproducción) que permite a las potencias afectivas proyectarse y fijarse sobre la imagen fotográfica.

El cinematógrafo hereda y transforma la fotogenia de la fotografía. Las potencias afectivas y mágicas presentes en la fotografía lo están también, pero de modo acentuado, en la cinematografía. La proyección y la animación (al menos hasta la aparición del color) acentúan conjuntamente las cualidades de sombra y de reflejo implicadas en la imagen fotográfica. La imagen de la pantalla se ha hecho impalpable, inmaterial, pero al mismo tiempo ha adquirido una corporeidad acrecentada (gracias al movimiento, como veremos). Las condiciones de emisión del film (oscuridad de las salas y relajación paraonírica que el espectador adopta en ellas) resultan favorables a la proyección y, correlativamente, a la magia de la sombra (cf. 1956: 46-47 y 113-119).

La visión cinematográfica nos provee de una experiencia del doble mucho más rica y emotiva que la que nos proporcionaba la fotografía. Morin muestra cómo esto se ve de modo especialmente claro en las propuestas de "cine total". El cine total constituye "la resurrección integral del universo de los dobles" (1956: 56) y en su desarrollo termina expresando la misma necesidad subjetiva de inmortalidad a la que obedece el doble. Se comenzó por conferirle a las imágenes diversas cualidades sensibles (en *Un mundo feliz*, Aldous Huxley describe la película hablada, en colores y olorosa). Dovjenko profetizó que los personajes se liberarían de la pantalla y que los espectadores asistirían a la película como si se encontraran insertos en ella; en esta etapa el mundo de la película se ha convertido ya en el mundo de los espíritus o fantasmas, tal como se manifiesta en muchas mitologías antiguas. Luego, el cine intenta absorber el mundo real; así, en *Cinelandia* de Ramón Gómez de la Serna, los espíritus de los espectadores son succionados por la máquina de proyecciones y, mientras que los cuerpos permanecen adormecidos en la sala, nuestro doble está integrado en la película. Finalmente, para suprimir la muerte, el Morel de *La invención de Morel* de Bioy Casares idea un invento que permite la absorción del hombre en el universo eterno y desdoblado del cine; dicho invento nos revela cómo el cinematógrafo total es una variante de la inmortalidad imaginaria.

4. Cine, metamorfosis mágicas, animismo y cosmoantropomorfismo

Hasta ahora hemos visto cómo el estudio de la imagen-reflejo cinematográfica nos conducía hacia ese ámbito de la magia constituido por el doble. Pero el universo de la magia no está constituido sólo por los dobles, sino que también está abierto a todas las metamorfosis, al animismo y al cosmoantropomorfismo. El doble y la metamorfosis constituyen "los dos polos de la magia" (1956: 65); y, a su vez, la supervivencia del doble y la metamorfosis mediante la muerte-renacimiento constituyen los dos modos de concebir la inmortalidad.

Según Morin "para comprender el cine hay que seguir el paso del cinematógrafo al cine" (1956: 60). La mutación que da lugar al nacimiento del cine puede simbolizarse admirablemente con Méliès - aunque no la realizó solo él - y consiste en el trucaje y lo fantástico. Con Méliès, en vez de desarrollar la fidelidad realista de la imagen, el cinematógrafo se orientará hacia la fantasmagoría y la irrealidad. A partir de 1897 Georges Méliès inserta el trucaje en el seno del cinematógrafo (técnicas de sobreimpresión, de desdoblamiento de imágenes, fundidos, encadenados, etc.).

Para Morin, si el cinematógrafo Lumière es esencialmente desdoblamiento, el cine Méliès es fundamentalmente metamorfosis. La metamorfosis (transmutaciones, transformaciones) constituyó el primer truco cronológico, el truco principal de Méliès y "*el acto operatorio mismo que atrae la transformación del cinematógrafo en cine*" (1956: 65)[7]. Los trucos o técnicas que generan la transformación del cinematógrafo en cine se reúnen y conjugan en el *montaje*. El montaje realiza el paso definitivo del cinematógrafo al cine. Las técnicas propias del montaje dotan al espacio y al tiempo de ubicuidad operando, así, una metamorfosis del tiempo y del espacio; metamorfosis que genera, a su vez, la metamorfosis de los objetos. Los objetos

---

[7] "A finales de 1896 (...) es decir, apenas un año después de la primera representación del cinematógrafo, Méliès, como cualquier operador de la casa Lumière, filma la plaza de la Ópera. La película se atasca y vuelve a ponerse en marcha al cabo de un minuto. Mientras tanto, la escena ha cambiado: el ómnibus Madeleine-Bastille, arrastrado por caballos, ha dejado lugar a un coche fúnebre. Nuevos peatones atraviesan el campo visual del aparato. Al proyectar la película, Méliès vio de repente un ómnibus transformado en coche fúnebre y a los hombres cambiados en mujeres: se había encontrado el truco de las metamorfosis." (1956: 65-66).

pueden metamorfosearse, pueden aparecer y desaparecer, dilatarse y contraerse, pasan de lo microscópico a lo macroscópico. Las transformaciones del espacio, del tiempo y de los objetos que producen las diversas técnicas del montaje vienen a coincidir con las metamorfosis propias de la visión mágica del universo.

Mientras que el tiempo del cinematógrafo "era exactamente el tiempo cronológico real" (1956: 69), el cine reconstruye un tiempo nuevo, un tiempo compresible, dilatable y reversible. Mediante el acelerado y el "ralenti" el tiempo se comprime y dilata. Las películas dilatan o detienen los momentos intensos; por el contrario, los momentos vacíos se comprimen. Determinados efectos especiales de aceleración indican el paso del tiempo (hojas del calendario que vuelan, agujas de reloj que giran). El fundido disuelve gran cantidad de tiempo sobrentendiéndolo. Mediante el montaje (*flash back* y *cut back*) se consigue la recuperación, actualización y reversión del pasado. A juicio de Morin, este tiempo nuevo constituido por el cine es tiempo mágico. Mediante técnicas como la paronámica y el *travelling* el cine pone la cámara en movimiento y la dota de ubicuidad operando así una metamorfosis del espacio. La "ubicuidad temporal (circulación en un tiempo reversible)" y la "ubicuidad espacial" hacen del film "*un sistema de ubicuidad integral que permite transportar al espectador a cualquier punto del tiempo y del espacio*" (1956: 75)

Hemos visto cómo las metamorfosis implican un "universo fluido". Pues bien, en el nuevo universo creado por el cine el tiempo adquiere la circulabilidad del espacio y el espacio los poderes transformadores del tiempo; se crea un tiempo-espacio y un espacio-tiempo que hacen del universo del cine un "*universo fluido*" (1956: 77). Pero Morin pone también de manifiesto las diferencias entre el cine y la visión mágica. Los trucos cinematográficos son de la misma familia que la brujería o el ocultismo, sin embargo al brujo se le cree mientras que al prestidigitador se le considera truquista. En los espectáculos de prestidigitación, al igual que en los trucos de Méliès, lo fantástico ha dejado de ser tomado literalmente como real. No obstante, Morin opina que, aunque estetizada y desvalorizada, la visión mágica del mundo se perpetúa a través de ellos.

Algunos analistas han mostrado cómo en el cine los objetos inanimados adquieren un "alma", poseen "vida"; cómo el cine *reanima* una sensibilidad animista o vitalista; cómo el sentimiento del espectador de cine *tiende* hacia el animismo[8]. Hay que entender este animismo en un sentido evidentemente metafórico, ya que concierne al estado del alma del espectador; la vida de los objetos no es real, sino subjetiva. Con el dibujo animado el animismo se desarrolla hasta el extremo de convertirse en antropomorfismo (los animales, plantas y objetos poseen rasgos humanos). Pero este antropomorfismo se hallaba latente en el cine: "El film revela la fisonomía antropomorfa de cada objeto"[9]. En el cine los estados anímicos (*anthropos*) se convierten en paisajes (*cosmos*) y viceversa[10]. La proyección "se prolonga" en antropomorfismo de las cosas (los objetos "expresan" sentimientos y toman vida) y en cosmomorfismo de los rostros (los rostros adquieren presencia cósmica, se convierten en paisajes).

---

[8] "El animismo universal es un hecho filmológico que no tiene equivalente en el teatro" (Étienne Souriau); "El cine es el más grande apóstol del animismo" (B.Bilnsky); para J. Epstein, el cine lleva al espectador "al viejo orden animista y místico" (cits. por Morin en 1956: 82-83).

[9] B.Balázs, *Theory of the film*, Dennis Dobson, Londres, 1952: 92 (cit. por Morin en 1956: 83).

[10] "Constantemente el rostro de la tierra se expresa en el del labrador y el alma del campesino aparece en la visión de los trigos agitados por el viento. Del mismo modo, el océano se expresa en el rostro del marino y éste en el del océano. Porque, en la pantalla, el rostro se convierte en paisaje y el paisaje en rostro, es decir, *en alma*. Los paisajes son estados de alma y los estados de alma paisajes" (1956: 85).

5. Las estrellas de cine como mitos modernos. Identificaciones con la estrella y construcción de la personalidad

Si bien la gama de posibles identificaciones es en el cine prácticamente ilimitada, polimórfica (el espectador no sólo se identifica con personajes sino también con objetos, paisajes, situaciones), no obstante las identificaciones con las estrellas cinematográficas constituyen el sistema de identificaciones más importante de entre los que tienen lugar en la experiencia fílmica. Morin establece diversas analogías entre las estrellas de cine y los fenómenos mítico-mágico-religiosos. Las estrellas de cine son consideradas por Morin como "semidioses", "semidivinidades", como mitos modernos, y el *star-system* como una "nueva religión". Como los héroes mitológicos, las estrellas son semi-dioses (se encuentran a medio camino entre lo humano y lo divino) y "suscitan un culto, e incluso una especie de religión" (1957: 9-10). Pero semejante analogía no debe considerarse como una burda equiparación en la que no se distinguen diferencias ni especificidades entre los fenómenos analogados. Para Morin, el fenómeno de las estrellas se sitúa en una zona mixta y confusa entre la creencia y la diversión, es a la vez estético, mágico y religioso, sin llegar a ser nunca completamente lo uno o lo otro. Las estrellas pertenecen, a la vez, a lo profano y a lo laico, a lo estético y mágico y a lo divino y sagrado.

Morin relaciona las estrellas con el doble primitivo. Así como los dioses surgieron de los dobles (espectros o fantasmas), del mismo modo las estrellas cinematográficas surgen de la duplicación de la realidad que supone la imagen fílmica. Según Morin, con la estrella resucita el doble primitivo (1957: 56).

La analogía con los dioses la lleva nuestro autor hasta el extremo de considerar que el *star system* ha pasado históricamente por las mismas dos fases por las que pasó la adoración de los dioses[11]: por un lado, la estrella "divina" inaccesible, distante, adorada pero inimitable; por otro, la estrella más humana, con la que se puede conectar y a la que se imita (cf. 1957: 79-80).

Las estrellas no sólo son objetos de admiración, sino también "objetos de culto" alrededor de los cuales "se constituye una religión embrionaria" (1957: 59). En todo culto, el fiel desea que su dios le escuche y le responda. La estrella debe responder al correo que sus seguidores le mandan para enviarles consuelo o consejo e, incluso, ayuda y protección. De esta forma la estrella "se hace similar a los santos tutelares, a los ángeles custodios" (1957: 68), se convierte en una especie de "santo patrón a quien el fiel se consagra" (1957: 71). Como cualquier otro culto, el culto a las estrellas está cargado de fetichismo. Las fotografías y los autógrafos son los fetiches claves del culto a la estrella, pero todo objeto que haya estado en "contacto" (magia simpática) con la estrella puede fetichizarse. El admirador de la estrella es como el fiel religioso. Ambos pueden convertirse en fanáticos, en "fans". Morin muestra cómo es posible establecer múltiples paralelismos entre la vida y la personalidad de James Dean y la vida y personalidad de los héroes de las mitologías (cf. 1957: 117-125) y considera y analiza a Charlot como "una variante del héroe purificador, del mártir redentor" (cf. 1957: 149-151).

El espectáculo del cine implica un proceso de identificación psíquica entre el espectador y la acción representada. El es-

---

[11] Para Morin, según la virulencia de la proyección o de la identificación se pueden distinguir dos grandes tipos de dioses, los dioses-padres y los dioses-hijos. El "padre" es una proyección a tal punto distante y grandiosa de los terrores y ambiciones humanas que sus fieles no se atreven a identificarse con él. El culto de los grandes dioses trascendentales no implica más que debilísimas prácticas de identificación. Por el contrario, el dios-hijo facilita la identificación vivida.

pectador vive psíquicamente la vida de los héroes de las películas, es decir, se identifica con ellos. La estrella es el fruto de un complejo de participación (proyección-identificación) del espectador. Toda participación afectiva es un complejo de proyecciones e identificaciones. Transferimos sentimientos e ideas sobre los otros. Estos fenómenos de proyección-identificación están estrechamente asociados a procesos que nos identifican más o menos a otro y son excitados por cualquier espectáculo. Vivimos el espectáculo integrándonos mentalmente en los personajes y en la acción (proyección) e integrándolos mentalmente a nosotros (identificación). Los admiradores mantienen con su admirada estrella "identificaciones imaginarias" que, a su vez, son "fermentos de identificaciones prácticas" o "mimetismos" (imitación de ademanes, vestidos, hábitos). Por esta razón la estrella es publicitaria, constituye un buen cebo para la venta de productos, pues el comprador cree que consumiendo los productos de la estrella se impregnará de sus virtudes. El admirador intenta incorporar a sí la estrella imitando sus formas, ademanes, peinados, haciendo lo que ella hace y consumiendo lo que ella consume. De este modo, el fans pone en acción mecanismos propios de la magia simpática. La relación del espectador con la estrella nos muestra con claridad cómo la individualidad humana se afirma y constituye mediante el proceso de imitación de patrones o modelos ideales (dioses, héroes, estrellas) con los que el ser humano se identifica y a los que procura igualar. La estrella es uno de esos patrones-modelo:

Ahora bien, los procesos de identificación a patrones-modelo afectan al problema mismo de la personalidad humana. ¿Qué es la personalidad? Mito y realidad al mismo tiempo. Cada uno posee su personalidad, pero cada uno vive el mito de su personalidad. Dicho de otro modo, cada uno se fabrica una personalidad de confección, que es en un sentido lo contrario de la personalidad auténtica, pero también es el medio por el cual se accede a la verdadera personalidad. La personalidad nace tanto de la imitación como de la creación. La personalidad es una máscara, pero que nos permite hacer que se oiga nuestra voz, como la máscara del teatro antiguo (1957: 108).

Toda individualidad es el producto de una afirmación de sí y desencadena un flujo de afirmaciones imaginarias. La realidad (personalidad, individualidad) humana "se alimenta de lo imaginario hasta el punto de ser ella misma semi-imaginaria" (1957: 113). El espectador realiza una "mímesis" de la estrella mediante la cual forma parte de su personalidad. De este modo, la estrella interviene en la dialéctica de lo imaginario y lo real mediante la que se elabora y transforma la personalidad. La imitación de la estrella tiene como objeto la afirmación de la propia individualidad, la conquista del éxito y de la realización personal.

6. Diferencias entre magia y cine. La intensificación de las participaciones afectivas

Morin no identifica el cine con la magia, sino que se limita a poner de relieve las analogías o correspondencias existentes entre cine y magia. Del mismo modo, cuando compara el cine con el sueño no pretende igualarlos, sino atisbar sus analogías relevantes. La vinculación que Morin establece entre cine y magia no quiere decir que sea la magia primitiva la que resucita en el cine, sino "una magia reducida, atrofiada, sumergida en el sincretismo afectivo-racional superior que es la estética" (1956: 244). Para Morin, la estética procede por evolución de la magia y de la religión. Pensar que es la magia primitiva la que resucita en el cine sería prescindir de la evolución histórica y de las especificidades propias del cine, lo que sería contradictorio con el método antropológico que Morin intenta desarrollar y que pretende hacerse cargo de la historicidad y de las especificidades de los fenómenos estudiados.

Para el primitivo, la magia está "cosificada". En el cine está transmutada en sentimiento; la percepción de los primitivos es "real", la percepción del film se efectúa en el seno de una conciencia que sabe que la imagen no es la vida práctica. El espectador vive el film afectivamente, no como algo real. Como hemos visto, para Morin, en el origen de la percepción cinematográfica hay un mecanismo de proyección-identificación mediante el cual se le concede determinado grado de realidad a las imágenes cinematográficas (los espectadores del cinematógrafo Lumiére creyeron que un tren se les venía encima, se asustaron y huyeron). Pero este realismo de la imagen no anula la conciencia de irrealidad de la imagen. A diferencia de los primitivos, que se hubiesen adherido totalmente a la realidad de la visión (dobles), el mundo evolucionado únicamente "sintió" la "impresión" de realidad.

La visión mágica y la percepción práctica están mucho menos diferenciadas en los primitivos que en los "civilizados". Lo que para Morin no significa, como ya hemos visto, que la percepción práctica esté subdesarrollada en los primitivos - en algunos casos puede, incluso, estar más agudizada que la nuestra -; lo que ocurre es que en éstos la visión mágica posee la misma fuerza que la percepción práctica. La estética y, por consiguiente, también el cine, es resultado de un largo y progresivo proceso de interiorización de la magia primitiva. La evolución histórica ha ido disociando los dos órdenes, la estética y el arte, por un lado, y la magia y la religión, por otro, hasta constituirlos en dominios separados. La obra cinematográfica está abierta al mito, al sueño, a la magia. "Pero esta obra es estética, es decir, destinada a un espectador que *sigue siendo consciente de la ausencia de realidad práctica de lo que es representado*: la cristalización mágica se vuelve a convertir, pues, para este espectador, en subjetividad y sentimientos, es decir, en participaciones afectivas" (1956: 115)

Sin embargo, la diferenciación entre la visión mágica y la percepción práctica "no es ni ha sido nunca absoluta, completa, radical" (1956: 180). Los marcos de la percepción práctica no están ausentes de la visión imaginaria, lo real sigue presente en ella. Inversamente, "la percepción práctica implica aún, atrofiados, los procesos imaginarios y está parcialmente determinada por ellos" (1956: 180).

Ahora bien, si la realidad práctica de la imagen cinematográfica se encuentra "desvalorizada", su realidad afectiva (encanto de la imagen, fotogenia) es muy grande, por lo que suscita las proyecciones-identificaciones imaginarias con muchísima mayor fuerza que la vida práctica. Esta intensa participación afectiva es debida a la ausencia de participación práctica motora o activa, a la que está sometido el espectador; al no poderse expresar en actos, la participación del espectador se torna interior, sentida. De este modo: "El espectáculo ilustra una ley antropológica general: nos volvemos sentimentales, sensibles, lacrimosos cuando se nos priva de nuestros medios de acción" (1956: 112-113).

7. El cine como unidad dialéctica de lo real y lo irreal. La realidad semiimaginaria del hombre

En su origen el cinematógrafo nace como un instrumento de investigación del movimiento y de reproducción objetiva ("ojo objetivo") de la realidad. Pero, ya también desde su nacimiento, el cinematógrafo se apartó de sus fines científico-técnicos para convertirse en espectáculo irreal y sobrenatural. Sin estar necesariamente ligado a la ficción (recuérdese el documentalismo de R.J.Flaherty y el cine-ojo de Vertov), no obstante, el paso del cinematógrafo al cine se produce a través de la ficción, de lo fantástico y de lo imaginario (G. Méliès) y, desde sus orígenes, el cine ha sido frecuentemente relacionado con el sueño[12] y con la magia; de este modo: "El cine refleja la realidad, pero es también algo que se comunica con el sueño" (1956: 15); "el cine es un *complejo* de realidad y de irrealidad; determina un estado mixto, que cabalga sobre el estado de vigilia y el sueño" (1956: 177). Por tanto, el cine se caracteriza por desarrollar un "sincretismo dialéctico" entre lo irreal y lo real (formas objetivas), por constituir una "*unidad dialéctica de lo real y lo irreal*" (1956: 197)

Morin muestra cómo es mediante el movimiento[13] como "el cine se ha hecho más real y más irreal que el cinematógrafo" (1956: 152-153). Mediante el movimiento el cine consigue una enorme sensación de realidad objetiva y de vida, consigue dar una completa ilusión de realidad, "puede insuflar alma a todo lo que él anima" (1956: 151). Es porque restituye realidad por lo que el cine, mediante el movimiento, puede dotar de realidad a la irrealidad. Pero el movimiento tiene una doble cara: no es solamente potencia de realismo, sino también potencia afectiva o *cinestesia*. La sensación de realidad objetiva despierta las participaciones subjetivas que, a su vez, acrecientan la sensación de objetividad y de realidad. El cine es el producto de una dialéctica entre la verdad objetiva de la imagen y la participación subjetiva del espectador. En la visión fílmica, subjetividad y objetividad no se oponen, sino que la objetividad "necesita de nuestra participación *personal* para tomar cuerpo y esencia" (1956: 173). Los procesos fundamentales del cine corresponden "*al mismo tiempo a fenómenos de percepción práctica y a fenómenos de participación afectiva*" (1956: 149).

Gracias a todos estos caracteres el cine constituye un fenómeno privilegiado para el análisis y esclarecimiento de la naturaleza semi-imaginaria del hombre; y lo constituye porque "la actividad inconsciente del hombre" "se ha alienado en el cine" afreciéndosenos, así, al análisis. El cine es "espejo antropológico" porque "refleja" la realidad imaginaria del hombre (1956: 245); porque, máquina que refleja el mundo, imita también maquinalmente los mecanismos psíquicos del espíritu humano. Como hemos visto, el film no existiría sin la actividad del espíritu del espectador; por ello, el cine nos ofrece el reflejo del espíritu humano.

La doble y sincrética (objetiva y subjetiva) naturaleza del cine nos desvela "la función y funcionamiento del espíritu humano en el mundo", el proceso de penetración del hombre en el mundo y el modo como el hombre se asimila el mundo: "*El cine refleja el comercio mental del hombre con el mundo*" (1956: 238). El estudio genético del cine nos revela que la penetración del espíritu humano en el mundo es inseparable de la actividad psíquica del espíritu humano, es inseparable de las *participaciones imaginarias*. El análisis del cine nos revela la unidad primera y pro-

---

[12] Michael Dard afirmó que "el cine es sueño", Ilya Ehrenburg y Hortense Powdermaker calificaron al cine como "fábrica de sueños", para J. Epstein (*L'Intelligence d'une machine*, París, Jacques Melot, 1946: 142): "Los procedimientos que emplea el discurso del sueño y que le permiten su profunda sinceridad, tienen sus analogías en el estilo cinematográfico" (cits. por Morin en 1956: 93). Según Morin, el cine está emparentado con el sueño, entre otras razones, porque las estructuras del film "responden a las mismas necesidades imaginarias que las del sueño" (1956: 176).

[13] Como revela su etimología (kinema), el movimiento es la esencia del cine. También la música contribuye, según Morin, a incrementar la sensación de movimiento de las imágenes: "Balázs ha visto muy bien que la música es un *factor de realidad*. Pero no ha captado que si la música "hace aceptar la imagen de la pantalla como una verdadera imagen de la realidad viviente", se debe precisamente a que es "un instrumento adicional para expresar el tono afectivo". Debido a que da un suplemento de vida *subjetiva*, fortifica la vida *real*, la verdad convincente, objetiva, de las imágenes del film" (1956: 154). En la película la música nos trasmite afectos, estados anímicos, y posee "un carácter antropo-cosmomórfico latente" (1956: 96) ya que, acompañando a determinadas imágenes, puede establecer equivalencias entre nuestros sentimientos interiores y el mundo natural.

funda del conocimiento y del mito, de la inteligencia y del sentimiento. Para Morin, el pensamiento racional y el mitológico tienen la misma fuente, a saber: "los principios fundamentales que gobiernan las operaciones del espíritu/cerebro humano" (1986: 184).

Morin defiende la existencia de un "Arkhe-Pensamiento", "Arkhe-Espíritu" o "Espíritu-Raíz" que correspondería a "las fuerzas y formas originales, principales y fundamentales de la actividad cerebro-espiritual, *allí donde los dos pensamientos todavía no se han separado*" (1986: 184). Este Arkhe-Espíritu es "un nudo gordiano cerebro-espiritual" en el que lo subjetivo y lo objetivo todavía no se hallan disociados, en el que la representación se confunde con la cosa representada, en el que la imagen y la palabra son a la vez signos, símbolos y cosas, y en que el lenguaje no se ha disociado aún en prosaico (indicación) y poético (evocación)[14]. En virtud de este nudo gordiano arkhe-espiritual en toda actividad mental en estado naciente habrá siempre una tendencia a la reificación (sustancialización) de la representación, una tendencia a la coagulación simbólica entre imagen/palabra y cosa, y una tendencia a la participación, es decir, a los procesos de proyección/identificación. Se trata de "tendencias espontáneas" y de "principios fundamentales" de cualquier pensamiento, sea éste mitológico o racional. Lo que ocurre es que el pensamiento mitológico desarrolla estas tendencias y principios en una dirección y de una manera y el pensamiento racional en otra y de otro modo (cf. 1986: 185-171):

a) El conocimiento por semejanza y analogía no sólo es utilizado por el pensamiento simbólico, sino que también lo pone en práctica el conocimiento racional (la inducción, por ejemplo, está basada en la repetición de lo semejante). Lo que ocurre, según Morin, es que en el pensamiento simbólico-mitológico la analogía no está sometida al estricto control empírico y lógico que la somete al pensamiento racional.

b) Tanto en el universo mitológico (fenómeno del doble) como en el universo empírico (la representación como imagen analógica de lo real) se establecen relaciones uniduales entre la representación y lo real. Pero mientras que el pensamiento racional distingue entre imagen y realidad, el pensamiento mitológico unifica analógica y simbólicamente la realidad y su imagen, reifica las imágenes y les otorga realidad.

c) La objetividad y la subjetividad del conocimiento no proceden de dos fuentes diferentes, sino que ambas surgen a partir del mismo circuito de relaciones entre el sujeto y el mundo. La diferencia está en que el pensamiento empírico-racional se polariza en la objetividad de lo real y el pensamiento mitológico lo hace en la realidad subjetiva.

d) En todo signo/símbolo, sea este lingüístico o icónico, podemos distinguir dos sentidos. Un sentido indicativo e instrumental, en el que predomina la idea de signo; en función de este sentido las palabras

---

[14] Ya en *El cine o el hombre imaginario* se refería Morin a éste Arkhe-Espíritu, pero bajo la denominación de "la visión psicológica". Esta "visión psicológica" está constituida por procesos de proyección e identificación y es el "tronco común" de donde brotan tanto los fenómenos perceptivos (prácticos) normales como los procesos perceptivos afectivos (mágicos) y los procesos patológicos (alucinaciones); tanto las objetivaciones como las subjetivaciones; tanto lo real como lo imaginario; tanto los procesos prácticos como los procesos imaginarios: "Los mismos procesos psíquicos nacientes conducen tanto a la visión práctica, objetiva, racional, como a la visión afectiva, subjetiva, mágica" (1956: 149). Este origen común permite comprender los intercambios y la coexistencia (como pasa en los pueblos primitivos) existentes entre la visión práctica y la visión mágica. Las similitudes entre la "visión psicológica" de *El cine o el hombre imaginario* y el Arkhe-Pensamiento de *El conocimiento del conocimiento*" son evidentes. No obstante, mientras que la visión psicológica tiene - como su nombre indica - un claro carácter psicológico y está estrechamente ligada a los procesos psicológicos de proyección e identificación, el Arkhe-Pensamiento tiene un carácter menos psicológico, apenas depende de los mecanismos de proyección e identificación y aparece ligado al aparato biocerebral ("actividades cerebro-espirituales").

son indicadores, designadoras de las cosas. Un sentido evocador y concreto, en el que predomina la idea de símbolo, bajo el cual las palabras son evocadoras de la presencia y de la virtud de lo que es simbolizado y suscitan la representación de la cosa nombrada. Ambos sentidos se encuentran potencialmente en todo nombre y en toda figuración icónica de manera que indicación y evocación se contienen entre sí, si bien pueden ser separados y opuestos. Así, el pensamiento-lenguaje cotidiano utiliza las palabra en su ambivalencia indicativo-evocadora. En el pensamiento científico-técnico, domina el poder indicativo de las palabras que, además, suelen ser sustituidas por signos matemáticos carentes de poder simbólico. En el lenguaje poético prima el valor simbólico de las palabras[15].

De este modo, vemos cómo Morin consigue concebir tanto la unidad de los dos pensamientos (Arkhe-Espíritu) como su complementariedad y su antagonismo. Al igual el Caos es la fuente indistinta de la que brotan orden y desorden, el Arkhe-Espíritu es la fuente indiferenciada de la que surgen mito y logos. A partir de una fuente común los dos pensamientos pueden *divergir* hasta devenir *opuestos*[16].

Por lo que a la unidualidad entre las acciones propias de cada uno de los dos pensamientos (la magia y la técnica) incumbe, siguiendo al Morin de *El hombre y la muerte*, podemos decir que magia y técnica brotan de una "arque-acción originaria" (la expresión es nuestra) consistente en procesos antropo-cosmomórficos. Según Morin, tanto en la técnica como en la magia se lleva a cabo un doble movimiento de cosmomorfización de lo humano y de antropomorfización de la naturaleza a través del cual el hombre se afirma en el mundo. Como hemos visto, la magia está basada en el establecimiento de analogías antropocosmomórficas entre el hombre (microcosmos) y el mundo (macrocosmos) y supone una afirmación del hombre puesto que a través de las acciones mágicas el hombre intenta controlar los fenómenos del mundo para utilizarlos en su favor. Por lo que a la téc-

---

[15] Estas ideas las desarrolló ya Morin en *El cine o el hombre imaginario*, si bien aquí - en lo que a las fuentes de los diversos lenguajes se refiere - otorgada al símbolo un cariz más radical y originario, más "arqueológico". Para el Morin de *El cine o el hombre imaginario* el lenguaje originariamente no es sólo un sistema de signos arbitrarios, sino que las palabras-signos son también símbolos. El símbolo es, a la vez, signo abstracto y representación de una presencia concreta; en algún modo, es una "abstracción concreta" (1956: 199). En un principio, las palabras no son, como afirma la concepción nominalista, simples etiquetas, sino símbolos cargados de la presencia, concreta y afectiva, de la cosa nombrada; el lenguaje "arcaico", al designar por medio de la analogía y la metáfora, constituye un auténtico sistema de relaciones y proyecciones antropo-cosmomórficas (1956: 216-217). El símbolo "está en el origen de todos los lenguajes" (1956: 212). Lo que ocurre es que cada una de las vertientes del símbolo se especializará y aislará desarrollando sus virtualidades y dando lugar a lenguajes distintos (lenguaje poético, lenguaje cotidiano, lenguaje científico) - pero que, en su origen, comparten la misma raíz (1956: 217).

[16] Cf. las tablas reproducidas en 1986: 188 y 189. De modo semejante a un ying-yang, los dos pensamientos se complementan y relacionan tanto en las sociedades arcaicas como en las contemporáneas. La complementariedad y la relación entre los dos pensamientos posibilitan el establecimiento de bucles dialógicos entre lo concreto y lo abstracto, lo subjetivo y lo objetivo, lo personal y lo impersonal, lo singular y lo general (1986: 189).Tanto el pensamiento mitológico como el pensamiento racional comportan "carencias". El primero, se halla desprovisto de controles empírico-lógicos que le permitan acceder a la objetividad; el segundo, es ciego para con lo singular y estéril para la creatividad (1986: 190). Ante estas carencias, no es posible "una superación totalizante que englobara armoniosamente" a los dos pensamientos. Lo que es posible es comprender las carencias de cada pensamiento y hacerlos dialogar con el fin de que cada uno comprenda y aplique las virtudes del otro. Así, por un lado, el pensamiento racional debe desarrollarse hacia una "racionalidad compleja", hacia una "razón abierta" capaz de autocriticarse y, por tanto, capaz de reconocer lo singular, reconocer los límites de la racionalidad, evitar la racionalización, dialogar con lo irracionalizable, comprender la necesidad del pensamiento simbólico (compresión, proyección-identificación, simpatía) para la comunicación subjetiva y para la creatividad; por el otro, el pensamiento simbólico-mitológico debe, igualmente, ser capaz de autocriticarse y de razonarse, para tomar consciencia de su carácter, de sus carencias y de sus límites (1986: 191).

nica concierne, también en ella se desarrolla un antropocosmomorfismo. Mediante la técnica el hombre se abre al mundo y lo transforma, le da configuraciones humanas, lo humaniza; humanización que para Morin supone una *antropomorfización* del mundo. Al controlar el mundo y servirse de él, el hombre - mediante la técnica - utiliza en su provecho las potencias y fuerzas telúricas, lo que, según Morin, supone de algún modo una *cosmomorfización* de las potencias humanas. Mediante la apropiación de las potencias cósmicas y la transformación del mundo el hombre se afirma a sí mismo. La diferencia entre los dos antropocosmomorfismos - el de la magia y el de la técnica - está en que mientras que el primero es fantástico e irreal, el segundo es real puesto que la técnica "da realmente forma humana a la naturaleza y fuerza cósmica al hombre" (1951: 97).

8. Inteligibilidad universal del lenguaje fílmico y unidad del género humano

Diversas experiencias han puesto de manifiesto que el lenguaje del cine es "universalmente inteligible" (1956: 220). La comprensión inmediata que los primitivos (experiencias de Julian Huxley y Ombredane), los niños y los niños retrasados (experiencias de René Zazzo y de A. Marzi) tienen del lenguaje fílmico constituye la prueba de esa universalidad.

Morin reconoce que también se han comprobado dificultades de comprensión entre los africanos y entre los niños, pero cree que estas incomprensiones son explicables. Las incomprensiones vendrían causadas por dificultades ópticas (confusiones causadas por la cualidad defectuosa de las imágenes: los congoleses ven caer la lluvia donde nosotros reconocemos las estrías de desgaste de la película), dificultades sociológicas (el film, como producto social determinado que es, expresa costumbres y objetos desconocidos para otros grupos sociales), dificultades que sobrevienen cuando el lenguaje propiamente dicho del film se sitúa a un nivel de abstracción al cual todavía no ha llegado el espectador por su edad.

Las dificultades de comprensión del lenguaje fílmico son, pues, explicables y no invalidan la afirmación de la inteligibilidad universal de dicho lenguaje. Esta inteligibilidad universal se debe a que el lenguaje del cine "está fundado" en una "doble universalidad": por un lado, los datos y formas objetivos de la realidad reproducidos por la imagen fotográfica; por otro, "los procesos universales de participación" (1956: 220). Esta universalidad pone de relieve "la unidad humana" (1956: 228), la unidad de la especie humana[17].

9. Lenguaje fílmico y simbolismo

En el cine la sucesión de los planos desarrolla una narrativa. Como "sistema narrativo" el film puede convertirse en discurso, desarrollar un sistema de abstracción o de ideación y segregar un lenguaje, es decir, una lógica, una razón. Las diversas técnicas del cine (*travelling*, sucesión de planos, movilidad de la cámara, etc.) "ponen en acción y solicitan procesos de abstracción y de racionalización que van a contribuir a la constitución de un sistema intelectual" (1956: 203).

Según Morin, al abarcar en unidad dialéctica la magia, el sentimiento y la razón[18], el cine nos revela la unidad profunda existente entre sentimiento, magia y razón. Eisenstein teorizó y puso en práctica esta posibilidad unificadora del cine. Para él,

---

[17] Sobre el modo como Morin acomete y plantea la clásica cuestión de la unidad de la especie humana, véase Solana 1995.

[18] Los films que consiguen aunar las tres perspectivas (magia, sentimiento e idea) suelen ser escasos. La mayoría de las veces la unidad dialéctica de las tres perspectivas no se consigue y cada perspectiva tiene determinado su género (film fantástico, film novelesco y film pedagógico, respectivamente) (1956: 215-216).

las imágenes fílmicas son portadoras de "atracciones" (a las que Morin equipara con procesos mágicos) y provocan sentimientos capaces, a su vez, de provocar ideas, pensamientos y conocimientos. El lenguaje fílmico restituye, así, a la inteligencia sus fuentes afectivas y muestra cómo el sentimiento no es pura irracionalidad, sino que también posee una componente cognitiva (1956: 213-214).

Morin relaciona con las cualidades simbólicas de la imagen fílmica la capacidad de ésta para reunir en sí tanto lo mágico-afectivo (la imaginación, el sentimiento) como lo racional (el discurso, la inteligencia). La imagen fílmica es símbolo. Los diversos planos del cine (primer plano, picado, contrapicado, etc.) poseen una "carga simbólica". Y, como hemos visto, el símbolo reúne en sí la magia, el sentimiento (los afectos) y la abstracción.

10. Aplicación de la antropología genética al cine

Morin intenta "considerar el contenido de los films en su triple realidad antropológica, histórica, social, siempre a la luz de los procesos de proyección-identificación" (1956: 251), estudiar el cine como un "proceso antropo-histórico (onto-filogenético)" (1956: 249).

La antropología genética "aprehende al cine en su nudo onto-filogenético" de modo que "nos permite aclarar tanto su propia ontogénesis por la filogénesis como la filogénesis por su ontogénesis" (1956: 248). El análisis del proceso de surgimiento y evolución del cine (ontogénesis) nos permite comprender mejor "las estructuras comunes a todo arte" (filogénesis) y, recíprocamente, el conocimiento de estas estructuras comunes, de esta "realidad filogenética", nos permite comprender mejor el séptimo arte.

Hemos visto que el film constituye un sistema de ficción constituido por el sincretismo dialéctico entre realidad e irrealidad. Pues bien, todo sistema de ficción es un producto histórico y social determinado y tanto la realidad (la objetividad fotográfica) como la irrealidad (por ejemplo, la subjetividad musical) fílmicas están socio-históricamente determinadas. Hemos visto que el cine responde a las necesidades humanas que la vida práctica no puede satisfacer. Pero las necesidades están determinadas socio-históricamente, por lo que los films intentan responder a las necesidades humanas propias de la época en que estos se realizan. Hemos visto cómo el cine imita los mecanismos psíquicos del espíritu humano. Pues bien: "Del mismo modo que el recién nacido vuelve a comenzar el desarrollo de la especie pero modificada por la determinación de su medio social - el cual no es más que un momento del desarrollo de la especie -, el desarrollo del cine vuelve a comenzar el de la historia del espíritu humano, pero sufriendo desde el comienzo las determinaciones del medio, es decir, la herencia adquirida por el tronco biológico (*phylium*)" (1956: 248)

La "antropología del cine" nos remite a la "historicidad" del cine. El film ha de ser contemplado tanto desde "el punto de vista antropológico" como "desde la perspectiva de sus determinaciones socio-históricas" (1956: 196). Morin destaca brevemente algunos rasgos de la historicidad del cine. El *carácter visual* del cine debe ser comprendido y examinado en su historicidad. Un lenguaje basado en la imagen solamente ha podido desarrollarse y afianzarse en el seno de una civilización en la que la preeminencia del ojo se ha afirmado progresivamente a expensas de los otros sentidos. El cine refleja las necesidades y los problemas de la individualidad humana del período histórico en el que ha surgido. Como máquina, el cine es un producto más de la *era maquinista*. Mientras que otras máquinas reemplazan el trabajo material o el trabajo mental (calculadoras) que antaño realizaba por sí mismo el hombre, el cine nos permite soñar sin esfuerzo, imaginar sin poner a trabajar a nuestra imaginación. Mientras otras máquinas están dedicadas, a la fabricación de bienes, el cine lo está a "la satisfacción de necesidades imaginarias". Las determinaciones económicas del sistema capitalista han presidido el nacimiento y desarrollo del cine.

Bibliografía[19]

CASETTI, Francesco
1987 "Edgar Morin et le cinéma", *Revue européenne des sciences sociales. Cahiers Vilfredo Pareto* (monográfico sobre E. Morin), vol. XXV, nº 75: 217-224.

FAGES, Jean-Batiste
1980 *Comprendre Edgar Morin*, Toulouse, Privat.

MORIN, Edgar
1951 *L'homme et la mort*, París, Corréa. (Segunda edición corregida y aumentada: París, Seuil, 1970. Nueva edición: París, Seuil, 1977. Trad. cast.: *El hombre y la muerte*, Barcelona, Kairós, 1974*; 2ª ed., 1994).

1952 (y Georges Friedmann): "Sociologie du cinéma", *Revue Internationale de Filmologie* (París), t. III, nº 10, abril-junio: 95-112.

1953 "Le problème des effets dangereux du cinéma", *Revue Internationale de Filmologie*, nº 14-15: 217-232.

1954 "Sociologie du cinéma", en *Eventail de l'Histoire vivante. Hommage à Lucien Febvre*, París, Colin. (Recop. en *Sociologie*, 1984*).

1956 *Le cinéma ou l'homme imaginaire. Essai d'anthropologie sociologique suivi d'une bibliographie classeé*, París, Minuit. (Nueva edición, 1978. Trad. cast.: *El cine o el hombre imaginario*, Barcelona, Seix Barral, 1972*).

1957 *Les stars*, París, Seuil. (Nueva edición revisada y aumentada: París, Seuil, 1972. Trad. cast.: *Las estrellas de cine*, Buenos Aires, EUDEBA, 1966. Trad cast. de la reedición francesa de 1972: *Las stars. Servidumbres y mitos*, Barcelona, Dopesa, 1972*).

1962 "Cinéma et sciences sociales", *Rapports et Documents de Sciences Sociales*, nº 16, París, UNESCO.

1962 (en colaboración con Jean Rouch): *Chronique d'un été* (texto de la película del mismo nombre realizada por Morin y Rouch, y producida por *Argosfilms, Francinor y Sigmadis* en 1961), *Inter-Spectacles* (Intercontinental du spectacle), Losfeld Diffusion.

1969 "Pour une sociologie du cinéma", en *La Communication audio-visuelle*, París, L'Apostolat des Editions.

1984 *Sociologie*, París, Fayard. (Nueva edición revisada y aumentada: 1994*. Trad. cast.: *Sociología*, Madrid, Tecnos, 1996).

1986 *La méthode, 3: La connaissance de la connaissance. Livre premier: Anthropologie de la connaissance*, París, Seuil. (Nueva edición: 1992. Trad. cast.: *El método, III: El conocimiento del conocimiento*, Madrid, Cátedra, 1988*).

1991 *La méthode, 4: Les idées. Leur habitat, leur vie, leurs moeurs, leur organisation*, París, Seuil. (Trad. cast.: *El método, IV. Las ideas. Su hábitat, su vida, sus costumbres, su organización*, Madrid, Cátedra, 1992*).

SOLANA, José Luis
"La unidad y la diversidad del hombre en la antropología compleja de Edgar Morin", *Gazeta de Antropología* (Granada), nº 11: 12-16.

---

[19] Marcamos con un asterisco (*) las ediciones por las que citamos en el texto. Las páginas (que no el año, que corresponde siempre al de la primera edición original) corresponden a las ediciones marcadas con el asterisco.

18
Los Derechos Humanos en la era del capitalismo transnacional
En homenaje al profesor Luis Alberto Warat

Alfonso de Julios Campuzano
Universidad de Sevilla (España)

1. Los Derechos Humanos como concepto resbaladizo

Son los derechos humanos una materia especialmente resbaladiza, difícilmente abordable desde el punto de vista teórico - problema éste debido a la ambigüedad conceptual[1] y al desacuerdo general en torno a sus fundamentos y extensión - y, lo que es peor aún, difícilmente realizable en la práctica política de nuestras democracias contemporáneas. He aquí los dos problemas claves que afectan a los derechos humanos en nuestros días, dificultades que proceden de diversos ámbitos y que, sin embargo, tienen una conexión inmediata. Por eso, frente a quienes sostienen un discurso reivindicativo basado en la necesidad urgente de actuar para hacer efectivos los derechos humanos sin reparar en la imprescindibilidad de un trabajo teórico riguroso, pienso que los derechos humanos precisan, en primer lugar, de una actuación teórica rigurosa que salve las zonas pantanosas de la indefinición, la ambigüedad y el escepticismo. Y frente a aquellos que agotan sus fuerzas en discusiones académicas sin repercusión en el diseño de prácticas emancipadoras, sostengo que el discurso teórico no puede prescindir de las luchas históricas concretas en que los derechos se hallan insertos, a riesgo de perder la batalla decisiva de su realización en aras de la justicia. Necesitamos urgentemente una praxis emancipadora[2] comprometida en la tarea de construir una sociedad más humana - o mejor, menos salvaje -, pero este objetivo sólo podrá alcanzarse desde una reflexión teórica rigurosa que contribuya a clarificar los contenidos teóricos sobre los que la teoría de los derechos humanos descansa.

Sobra decir que no pretendo abordar tan ingente labor teórica en el reducido espacio de este pequeño trabajo. Mi objetivo, por el contrario, es mucho más modesto. No pretendo descubrir nada nuevo pues sería demasiado pretencioso proponer cualesquiera soluciones a problemas que son, sin duda, cuestiones capitales de la reflexión jurídica de nuestro tiempo. Lo que sí pretendo es algo tan sencillo como necesario:

---

[1] La imprecisión con que la expresión "derechos humanos" es utilizada es puesta de relieve por el profesor Pérez Luño quien dedica el capítulo I de su obra *Derechos humanos, Estado de Derecho y Constitución* a constatar este problema para realizar a continuación un estudio en términos de análisis lingüístico de la fórmula "derechos humanos". A juicio del autor el contenido emotivo de la expresión ha trascendido desde el lenguaje vulgar y la práctica política hacia la teoría política, ética y jurídica provocando equivocidad - pues la expresión ha sido empleada con muy diversas significaciones - y vaguedad - al ser notable el grado de indeterminación e imprecisión (p.22) (Cfr. Pérez Luño, A.E., *Delimitación conceptual de los Derechos humanos*, en *Derechos humanos, Estado de Derecho y Constitución*, Tecnos, Madrid, 1990, pp. 21-51).
[2] En este sentido Luiz Fernando Coelho arguye: "A dimensão política da práxis pressupõe um *projeto político* que tanto pode ser um programa de metas quanto uma utopia, tanto pode consistir na definição de objetivos imediatos do grupo social, quanto num ideal valorativo mais amplo.
Para a definição do projeto, considero muito importante as contribuições da chamada filosofia dos valores bem como as reflexões sobre os ideais políticos de liberdade, igualdade e direitos humanos, desde que não se deixem exaurir por meras palavras e não se desvaneçam em noções abstratas e vazias, mas se integrem à práxis como instrumento de libertação" (Coelho, L. F., *Teoria crítica do direito*, cap. IV, texto inédito de la tercera edición).

situar el debate sobre los derechos humanos en las encrucijadas que constriñen su realización práctica pues, como recuerda López Calera, se ha repetido hasta la saciedad que de los cuatro grandes problemas que afectan a los derechos humanos (conceptuación, fundamentación, determinación y realización) el problema más grave y con respuestas más insatisfactorias es el que se refiere a su realización[3], para desenmascarar con ello algunos de los equívocos generalmente aceptados en el imaginario social como axiomas sin discusión posible. De otra parte, de la exposición de estos aspectos pretendo extraer algunas conclusiones sobre cuáles son las coordenadas en las que la discusión sobre los derechos humanos debe moverse, consciente de que toda praxis emancipadora necesita de un punto de partida teórico suficientemente definido.

Se trata, en definitiva, de comprender cuáles son los problemas que afectan a la práctica de los derechos humanos de una enfermedad que bien podemos llamar indolencia o resignación y que tiene mucho que ver, sin duda, con las estrategias del capitalismo tardío, con la crisis de la modernidad y del discurso universalista y con las insuficiencias del Estado-nación como elemento articulador de un modelo de sociedad justa en una economía globalizada. Son todos problemas de difícil respuesta que afectan a la médula de nuestra concepción del mundo que comienza a hacer aguas ante la constación de la crisis de instituciones, prácticas e ideas; problemas que tienen su raíz en el triunfo de una concepción truncada de la ordenación social que escapa a un control auténticamente democrático y que entrega los espacios de lo público a un capitalismo depredador cuya autosuficiencia se nutre de un consenso difícil de comprender. ¿Es el fin de las ideologías lo que nos afecta? Entiendo que no, porque se trata de algo mucho más grave e inaprensible: la mansedumbre definitiva de la ciudadanía que conlleva el fin de la política, esto es, el fin de los espacios de lo público, apresados por una razón instrumental que privilegia la eficacia a los valores y que otorga salvoconducto a la realización indiscriminada de los intereses económicos más aborrecibles.

La gran paradoja de todo ello es que, mientras los derechos humanos son el gran tótem de los sistemas constitucionales contemporáneos, la mayor dificultad que encuentran en su realización es precisamente el diseño de sociedad que esos sistemas posibilitan. En esta encrucijada los derechos humanos han quedado convertidos en un elemento retórico de fácil adaptación y manejo tanto por ideologías conservadoras contrarias a la plena realización de contenidos igualitarios y favorables a las tesis del "reparto equitativo del mercado", como por ideologías reivindicativas que aún luchan contracorriente en las turbulentas aguas del capitalismo pos-industrial[4].

Algunas de estas cuestiones han sido abordadas, desde el punto de vista de la fi-

---

[3] López Calera, N. M., Teoría crítica y derechos humanos. ¿Por qué no se realizan plenamente los derechos humanos?, en Muguerza *et alii, El fundamento de los derechos humanos*, ed. a cargo de Gregorio Peces-Barba, Debate, Madrid, 1989, p. 209.

[4] La imprecisión conceptual en torno a los derechos humanos ha sido abordada por gran número de autores. En el contexto iusfilosófico español las palabras de Luis Prieto resultan especialmente alertadoras, especialmente en relación con los derechos económicos, sociales y culturales que son los más afectados por la celebrada victoria del capitalismo internacional: "Tal vez sea por su fuerte carga emotiva, pero lo cierto es que los derechos humanos, y los sociales en particular, se hallan sometidos a un abuso lingüístico que hace de ellos una bandera de colores imprecisos capaz de amparar ideologías de cualquier color. Todos los credos políticos se proclaman adalides de los derechos humanos, pero la realidad es muy distinta: algunos sacrifican la libertad precisamente en nombre de los derechos sociales; otros prescinden de los derechos sociales para salvar esa libertad; y no falta, en fin, quien vulnera todos ellos, pero, eso sí, sin que de sus labios desaparezca una encendida defensa de los "auténticos" derechos del hombre" (Prieto Sanchís, L., *Sobre el fundamento de los derechos económicos, sociales y culturales*, en el volumen colectivo *El derecho al desarrollo o el desarrollo de los derechos*, Universidad Complutense, Madrid, 1991, p. 65).

losofía moral, por Charles Taylor en su obra *The Malaise of modernity* (el malestar de la modernidad), traducida al español con el título *La ética de la autenticidad*[5]. En ella el autor hace un diagnóstico de los principales problemas que afectan a las sociedades capitalistas de nuestro tiempo a partir del debate sobre la crisis de la modernidad, cuyo contenido en buena medida comparto. Comienza el autor afirmando que el malestar de la modernidad está provocado por tres fenómenos distintos e interrelacionados. En primer lugar, el individualismo, cuyas formas degradadas[6] conllevan la pérdida de finalidad, el angostamiento de los horizontes vitales, el atomismo y la ruptura de los vínculos de solidaridad; fruto de ello, los espacios de encuentro interindividuales, como las asociaciones y comunidades, adquieren una condición puramente instrumental lo cual convierte a la ciudadanía política en algo cada vez más marginal. A la radicalización de esta tendencia contribuye la propia forma de habitar las ciudades que entraña contactos mucho más superficiales y casuales, frente al modo de relación humana más intenso de épocas anteriores.

El segundo fenómeno es la primacía de la razón instrumental, entendida como la racionalidad del cálculo coste/beneficio, hasta el punto de supeditar todos los fines humanos a la lógica del máximo rendimiento[7], lo cual nos lleva, dado el protagonismo de las fuerzas del mercado, desde el plano político al ético, a conceder un lugar importante al criterio de la eficiencia en nuestras vidas, de modo que la racionalidad instrumental termina por imponernos sus exigencias, tanto en la esfera pública como en la privada, en el ámbito político como en el económico.

El tercer fenómeno se refiere a las implicaciones políticas de esta situación ya que, como consecuencia de lo anterior, es nuestra propia cultura democrática la que está en crisis, pues la anomia disolvente del individualismo terminó por agostar la participación democrática, al tiempo que el predominio de la razón instrumental llevó a una pérdida efectiva de libertad. El funcionamiento del mercado y del Estado burocrático tienden a debilitar la iniciativa democrática, fortaleciendo los entramados de una posición atomista e instrumental, dando lugar a una sociedad fragmentada en la que los individuos encuentran cada vez más difícil identificarse con su sociedad política como comunidad[8].

Ante estos males, el autor parte de que "el pesimismo cultural sistemático anda tan errado como el optimismo cultural global"[9], por lo que no se trata de desechar del todo esta cultura, sino de elevar su práctica. Se trata de aprender a combinar en nuestras sociedades las complejas a la vez que necesarias formas de vida que hemos creado. No podemos vivir sin el mercado[10]

---

[5] Taylor, C., *La ética de la autenticidad*, Paidós, Barcelona, 1994.

[6] El autor se refiere explícitamente a este individualismo degradado como "individualismo de la anomia o de la descomposición" que no tiene por supuesto ética social alguna ligada a él y que debe contraponerse al "individualismo como principio o ideal moral" que conlleva, sin duda, una cierta perspectiva sobre cómo debe vivir un individuo entre los demás (cfr. Taylor, C., Op. cit., p. 78).

[7] Muestra de este predominio de la razón instrumental es la forma en que se utiliza el crecimiento económico para justificar la desigual distribución de la riqueza, así como la justificación de los desastres ambientales en base al paradigma del beneficio económico cuantificable (Taylor, C., Op. cit., p.41).

[8] Sobre estas tres causas del malestar de la modernidad puede verse más específicamente, Taylor, C., Op. cit., pp. 37-47, aunque los argumentos se exponen a lo largo de toda la obra.

[9] Taylor, C., Op. cit., p. 121.

[10] En concreto dice el autor: "los mecanismos de mercado son de algún modo indispensables para una sociedad industrial, por su eficiencia económica y, probablemente también, por su libertad" (Taylor, C., Op. cit., p. 135). Y más adelante: "No podemos abolir el mercado, pero tampoco podemos organizarnos exclusivamente mediante mercados. Restringirlos puede resultar costoso; no restringirlos en absoluto podría resultar fatal" (Taylor, C., Op. cit., p. 136).

pero hemos de reconocer que tampoco podemos organizarnos exclusivamente mediante mercados, pues ésto podría resultar fatal. Buena parte de esta crisis se debe sin duda al dominio del Estado tecnocrático y de las fuerzas del mercado. Hemos, pues, de aprender a combinar estos elementos con los derechos humanos y con los mecanismos de control democrático. Por ello, expone la necesidad de desarrollar una estrategia, pues no se trata sólo de cambiar los corazones y las mentes, sino que el cambio debe ser también institucional. El objetivo es recuperar una vida democrática vigorosa desde una política de resistencia, entendida como política de formación democrática de voluntades. Se trata de recuperar el poder democrático a través de una acción en común que revitalice los vínculos comunitarios y recupere el poder para la sociedad[11].

En el complejo mundo del capitalismo contemporáneo, los problemas adquieren también magnitudes insospechadas. La crisis de nuestro tiempo es una crisis de grandes incertidumbres pues aprendimos a vivir con ellas a cuestas y parece que ahora comienzan a devorarnos. Son tantas que tendremos que conformarnos no tanto con descubrir verdades que sean aceptables de modo general sino con desenmascarar algunos de los mitos que constituyen obstáculos insalvables para la teoría y la práctica de los derechos humanos, pues toda lucha debe comenzar, sin duda, por conocer quien es nuestro enemigo.

2. Los derechos sociales como coartada del capitalismo

Si se trata de deshacer algunos equívocos, de espantar algunos fantasmas instalados en el imaginario social, resulta necesario hacer referencia a la victoria del neoliberalismo economicista[12] como única ideología y del modelo de organización social que representa como único modelo posible. El capitalismo ha conseguido crear un falso consenso social que descansa sobre el reconocimiento del valor prioritario de la razón instrumental, de modo que el discurso ético de lo público ha quedado desplazado de la política. Las razones son buenas razones si están avaladas por un positivo cálculo económico coste/beneficio, y los derechos se someten también a este simulacro de racionalidad que no encubre sino la sinrazón del sistema. Se podrá argumentar que este problema afecta casi exclusivamente a los paises subdesarrollados y que su incidencia es bastante menor en las democracias del capitalismo avanzado. Creo que resulta necesario poner esto en discusión, entre otras razones porque resulta bien evidente cuál es la estrategia defensiva del capitalismo en el seno del Estado social de Derecho: como los desequilibrios estructurales son irresolubles desde el propio sistema, se pretende restablecer el equilibrio a través de los mecanismos redistributivos del Welfare State, sin reparar en que las políticas orientadas a este fin salvan la posibilidad de amotinamiento general pero no resuelven el problema fundamental de la exclusión y la miseria. Estamos, pues, ante *problemas estructurales del sistema capitalista* y no ante disfunciones esporádicas o puntuales que pueden ser resueltas con actuaciones concretas. De ahí, la crisis del propio Estado social de Derecho que ha sido mezquinamente aprovechada por los adalides del paradigma de la "utilidad/eficacia" para

---

[11] Cfr. Taylor, C., Op. cit, pp. 135-146.
[12] Utilizo esta expresión para referirme a las corrientes de neoliberalismo económico tan en boga en nuestros días. Sin embargo, como ya puse de relieve en mi trabajo *La dinámica de la libertad* prefiero denominar a esta corriente liberismo para diferenciarla del liberalismo político que, aunque comprometido también con la defensa de la propiedad privada y del modo de producción capitalista, otorga a las libertades negativas una configuración puramente instrumental de modo que el capitalismo - cierta forma de capitalismo - deviene una forma de organización económica posible pero no la única utilizable (Cfr. Julios Campuzano, A. de, *La dinámica de la libertad. Tras las huellas del liberalismo*, Universidad de Sevilla, Sevilla, 1997).

desenterrar el hacha de guerra contra las medidas redistributivas. He aquí la cuadratura del círculo: si el Estado social sirvió en su día como elemento restablecedor del equilibrio y garante de la paz social, ahora es esa misma paz social la que se invoca para dar sepultura a un modelo de Estado que años atrás fue el elemento pacificador de las relaciones sociales. Ante esta situación tenemos que preguntarnos qué está ocurriendo. ¿Asistimos al fracaso de los mecanismos de justicia material que el Estado social de Derecho representa, o más bien el fracaso se debe al capitalismo y a las fallas estructurales que éste provoca en el diseño de una sociedad justa? ¿No será que el Estado social es la víctima propiciatoria de un capitalismo devorador y autosuficiente? Me temo que la realidad discurre por este camino y que una vez más se puede adivinar que de toda esta confusa situación el capitalismo saldrá fortalecido por una victoria sin parangón frente a la democratización de las formas económicas que personificó el Estado social.

Hoy podemos comprobar con estupor el retroceso de las exigencias democráticas en la ordenación del ámbito económico, la reducción de los espacios de lo público y de las materias sometidas a la decisión colectiva de la ciudadanía y el continuo arrinconamiento de los contenidos sociales del Estado ante la cada vez más acentuada mercantilización de la vida social. Esta es, sin duda, una pugna matenida durante décadas y cuyo final comienza ya a vislumbrarse. Atrás quedaron conceptos como planificación, autogestión, reparto equitativo de las cargas sociales, progresividad impositiva, justicia social, que fueron progresivamente suplantados por conceptos de naturaleza económica como P.I.B., inflación, deuda externa, tipo de interés, libre competencia o exigencias técnico-productivas. Paralelamente, el Estado social se vio forzado a reducir su margen de actuación, dejando cada vez menos espacio al ámbito de las decisiones colectivas y a los procesos democratizadores de la economía, al tiempo que cedió terreno en su funcionamiento al someter su propia dinámica decisoria a los paradigmas de la producción capitalista, incorporando una nutrida red de expertos-tecnócratas[13] de cuyos análisis depende la viabilidad de las decisiones en base a un riguroso cálculo coste/beneficio, con lo que la posibilidad de apertura democrática en el proceso de toma de decisiones quedaba efectivamente mermada.

Desde entonces los objetivos del *Welfare State* fueron ya mucho más modestos: no se trataba ya de la reorganización del modo de producción capitalista en aras de una sociedad más justa en términos de igualdad real de todos sus miembros, sino de administrar recursos comunes en la órbita de la productividad del sistema capitalista, intentando subsanar las fracturas estructurales del sistema con medidas concretas de contenido redistributivo, ya no más orientadas al diseño de contenidos de justicia sustantiva sino a garantizar el desarrollo progresivo de un capitalismo absorbente. El Estado social se supeditaba así a la lógica del capitalismo y reducía el ámbito de sus competencias a la redistribución parcial e insuficiente de los beneficios del capital.

¿Qué decir, entonces, del futuro de los derechos sociales? Pues que éstos quedaron también supeditados a la propia supervivencia del capitalismo y a la lógica de la "utilidad/eficacia". Se trató así de mantener un dificil equilibrio entre las exigen-

---

[13] Sobre la tecnocracia como forma de poder en el Estado brasileño subordinada a los intereses económicos de la producción capitalista, puede verse el trabajo de Manzini-Covre, M. L., *A fala dos homens. Estudo de uma matriz cultural de um Estado do Mal-Estar*, seg. edic., Brasiliense, São Paulo, 1993, en el que la autora expone cómo la "razón tecnificada" constituyó el hilo conductor de una cultura tecnocrático-militar que aún en nuestros días continúa orientando el desarrollo político, económico y social brasileño e impide la construcción más efectiva de la democracia. La persistencia de la cultura tecnocrático-militar está centrada en la persistencia de la no distribución, del no acceso a los derechos, de la no ciudadanía.

cias de "racionalidad instrumental" inherentes a la productividad del sistema y los contenidos de una justicia social supeditada a las posibilidades técnicas de esa "racionalidad instrumental".

Pero este dominio de la "racionalidad instrumental" no se produce únicamente en los paises industrializados, sino que afecta con mayor virulencia, sin duda, a los países en vías de desarrollo. Este fenómeno ha sido objeto del excelente trabajo de Faría titulado *Eficácia jurídica e violência simbólica*. En los Estados modernizadores, nos recuerda el autor, la efectividad es identificada con las exigencias de disciplina y orden, concentración del capital y ampliación de la productividad, convirtiéndose en condición básica de la modernización y el desarrollo, independientemente del costo social que pueda acarrear. Como consecuencia de ello y de la influencia creciente de grupos de presión de los segmentos tecnocráticos, el patrón de industrialización acaba determinando las pautas de actuación del sistema decisorio, de modo que la heterogeneidad económica, las contradicciones sociales y las tensiones aparecen como resultantes de una determinada estrategia de crecimiento. Como consecuencia de los desequilibrios provocados por la industrialización, la diversidad social de los canales de representación política hace que el acceso al poder quede limitado a los detentadores del capital, a las minorías políticamente articuladas, a las élites culturales, etc. La viabilidad de las actuaciones regidas por el paradigma de la "efectividad" queda condicionada, así, a la consecución de un mínimo de consenso, a fin de que las facciones y grupos contestatarios sientan que sus intereses vitales no están suficientemente amenazados para justificar el riesgo de derrota en acciones violentas y desestabilizadoras. Quedan así esbozados, los trazos burocráticos y corporativistas del Estado modernizador en el cual se produce una despolitización de la política justificada en nombre de la eficiencia gerencial y de la racionalidad material[14].

Los fines - las exigencias de igualdad y libertad reales - quedan, por tanto, subordinados a los medios - la afirmación de estructuras, mecanismos y modos de producción - en modo tal que los derechos sociales, aún reconocidos de modo general como imperativos de la política estatal, se someten a la "racionalidad técnica" del mercado. Y en vez de adaptar las estructuras a la sastifacción democrática de las necesidades, los derechos adquirieron un carácter instrumental como objetivos nunca plenamente alcanzables a través de las inamovibles estructuras de producción y mercado. Pero eso sí, al tiempo que la lógica del capitalismo imponía la renuncia a su plena consecución, los derechos sociales quedaron integrados en el engranaje del sistema como instrumentos de pacificación social, no como fines imperativamente considerados a cuya realización debía someterse la determinación de las estructuras económicas, sino como estrategias de pacificación cuya deficiente realización, siempre parcial e incompleta, permite no sólo la pervivencia del capitalismo dentro de las estructuras del Estado-nación, sino también la expansión de la producción capitalista en un mundo globalizado. De ser fines pasaron a ser instrumentos, cuya satisfacción depende no de poderes concretos e identificables sino de la difusa instancia de las grandes magnitudes económicas. Los administradores del beneficio social quedaron así libres de responsabilidad al cubrir sus rostros - los rostros nauseabundos de los grandes intereses económicos nacionales e internacionales- bajo la bandera de los grandes conceptos y magnitudes que rigen la lógica expansiva del capitalismo internacional, siendo que estos conceptos, bastantes difíciles de comprender para la

---

[14] Cfr. Faría, J. E., Eficácia jurídica e violência simbólica. O direito como instrumento de transformaçao social, Universidade de São Paulo, São Paulo, 1988, pp. 113-121.

gran masa de ciudadanos, fueron administrados inteligentemente de modo subliminal, inyectados en la conciencia social, a través de los medios de propaganda del sistema[15], a modo de anestesia frente a los cada vez más escasos focos de resistencia de la ciudadanía que quedaron convertidos en grupos reivindicativos marginales sin repercusión social.

Estaban ya creadas de este modo las bases para un falso consenso social construido sobre los mitos del capitalismo, de su productividad y de sus beneficios. Mitos que penetraron en la conciencia social y que se constituyen en justificativas de las decisiones democráticas. El consenso social es, también, por tanto, un producto del capitalismo que llenó los estómagos de grandes masas de población del Occidente desarrollado sin satisfacer los espíritus y arrasó con las irresistibles armas del consumismo y la propaganda las más nobles aspiraciones de justicia, igualdad y libertad de la ciudadanía. En su lugar, frente a los grandes ideales de la política fueron colocados en el imaginario social las grandes magnitudes económicas, cuyas exigencias de productividad son el catecismo de este nuevo credo democrático descafeinado. Y así se consigue invertir la realidad en la conciencia colectiva, de modo que el bienestar social consiste en la satisfacción de las exigencias productivas porque sólo éstas pueden garantizar las aspiraciones de bienestar cifrado en términos económicos. Los desequilibrios, como el desempleo y la inflación, son atribuidos en el imaginario social al "intervencionismo distorsionador" del Estado social y a esporádicas crisis de la expansión mercantil y no a las fallas estructurales del modo de producción que salva su responsabilidad en la debacle de final de siglo. Ocurre con ello que se abre paso en el imaginario social la convicción de que el bienestar económico sólo puede realizarse desde el desmantelamiento del Estado social como mecanismo distorsionador del funcionamiento "regular y neutro" del mercado, no advirtiéndose que lo que se precisa es resolver los problemas estructurales del modo de producción para adecuarlo a las aspiraciones de una sociedad auténticamente democrática. El imperativo sobre el que descansa ese falso consenso social no es otro que la paz social, el mismo que, en otros tiempos, dio luz verde a las demandas de justicia social que encarnó el *Welfare State*.

Ahora bien, ese engañoso credo del capitalismo posindustrial no pretende suprimir las apariencias porque siempre se ha servido de ellas para perpetuarse. No se trata de eliminar sin más al Estado social, sino de adaptarlo, o mejor, de absorverlo dentro de sus propias estructuras como mecanismo de legitimidad y poder, para convertirlo en un fiel aliado y, de ahí que los nuevos dictados del capital no se dirijan a la supresión radical del Estado del bienestar sino a la asunción de las magnitudes económicas y reglas de eficacia por el propio Estado, en modo que la satisfacción de las demandas de justicia social no dependan de un control efectivamente democrático del modo de reparto y distribución de los bienes sino de las propias exigencias técnicas de funcionamiento del sistema. De este modo los derechos sociales se transfoman en instrumentos para la preservación del sistema, en la medida en que convertidos ya, como consecuencia de este proceso de precarización de las demandas sociales, en

---

[15] Conviene recordar aquí que "las nuevas tecnologías de que dispone el poder hacen posible la modelación de la opinión pública, ya que permiten la reproducción y transmisión hasta el infinito de contenidos de consciencia a costes muy bajos" (Capella, J.R., *Los ciudadanos siervos*, Trotta, Madrid, 1993, p.110). Por otra parte, sin adscribirnos a posiciones milenaristas ni apolípticas, hemos de reconocer que la ficción reflejada por Orwell en *1984* es cada vez menos una situación imposible. Hace ya más de cincuenta años el estratega de la propaganda nazi llegó a decir que *una mentira repetida mil veces es una verdad*. El avance de las nuevas tecnologías, de los medios de propaganda y control social nos hace temer que estas conquistas no sean usadas en beneficio de la humanidad sino todo lo contrario. Las técnicas subliminales de control psicológico de grandes masas de población comienzan a ser, en nuestros días, algo más que una amenaza.

meras concesiones dependientes de razones técnicas de eficacia, su satisfacción aislada, esporádica y siempre circunstancial, constituye la anestesia que, administrada regularmente y en pequeñas dosis en la conciencia colectiva, obtura las posibilidades de democratización de los cauces de decisión colectiva y apacienta las más indómitas reivindicaciones de los focos marginales de resistencia al poder.

Estamos, pues, ante la crisis del capitalismo como forma adecuada de resolver el problema de la distribución y el acceso a los bienes, invertido en el imaginario social en perjuicio del Estado del bienestar que asume un papel instrumental de aliado de la productividad capitalista[16], a partir de la manipulación de los derechos sociales no como concreciones de justicia material sino como concesiones circunstanciales de un difuso poder económico. En este proceso los derechos sociales pierden fuerza normativa desde su mermado reconocimiento constitucional pero, lo que resulta aún más preocupante es que esa pérdida de normatividad se produce en la conciencia social de la ciudadanía, más proclive que en el pasado a ceder espacios de participación y gobierno en beneficio de expertos, tecnócratas y políticos, y convencida, a través de la labor de propaganda del sistema, de que la satisfacción de los derechos sociales depende no tanto de una voluntad política explícita cuanto de la difícil conjunción de magnitudes económicas imprevisibles.

Más aún, como la conciencia social imperante es favorable a la preservación de este difícil equilibrio, las demandas sociales que ponen en riesgo el mantenimiento de la situación tienden a ser marginadas por la ciudadanía, que no las apoya pese a que pueden repercutir en su propio beneficio, y a ser soslayadas en el discurso político. Ahora bien, como se trata de seguir manteniendo la apariencia de un capitalismo domesticado, ocasionalmente las demandas a cuya satisfacción la ciudadanía se muestra más sensible son absorbidas por el sistema, incorporándose así al discurso público, pero no para satisfacerlas en su totalidad sino tan sólo para sofocar el malestar de una conciencia social aún no del todo hipnotizada. Con ello, el equilibrio vuelve a restablecerse, el reino de la apariencia sigue incólume y todos, gobernantes y gobernados, duermen tranquilos pensando que se dio un paso más en la consecución de la justicia. Y así continúan las cosas, como si nada ocurriese, cuando en realidad la democracia está siendo expoliada a manos de un capitalismo depredador internacional, la ciudadanía cayó en la resignación y en la indolencia tras algunas luchas y muy pocas victorias y acabó por convencerse de que hay una esfera superior a lo político, donde se dirimen diariamente los problemas de todos y a la cual jamás se puede llegar. Simultáneamente comenzó a hacerse sentir el "individualismo del bienestar" que ya fuera pronosticado por Tocqueville hace más de ciento cincuenta años y que tiene como efectos inmediatos la disolución de los vínculos sociales, el extrañamiento del individuo con respecto al otro y su consiguiente retirada a la esfera privada - al reducido círculo de familia y amigos -, la pérdida de los grandes ideales y el goce desenfrenado de los pequeños y más inmediatos placeres de la vida material. Seducido por los logros del capitalismo y por la producción masiva

---

[16] Esto implica a nivel fáctico una pérdida de soberanía del propio Estado que queda sometido a instancias superiores de poder y decisión, de modo que la soberanía queda convertida muchas veces en mera apariencia ante las sutiles maniobras del capitalismo internacional. De este modo, como señala Capella, la soberanía suprema de los Estados ha quedado mermada al ser los Estados receptivos e influenciables por múltiples instancias externas, tales como el Fondo Monetario Internacional, el Banco Mundial, el G.A.T.T., y por las empresas multinacionales y la normativa por ellas creadas mediante acuerdos recíprocos (lex mercatoria) a través de los cuales se fijan objetivos, se distribuyen mercados y zonas de influencia, se unifican los objetivos políticos del capital y se programan los cambios tecnológicos (Cfr. Capella, J. R., Op. cit., p. 107).

de nuevos productos, los individuos se aíslan, se retiran de la esfera pública y abandonan las responsabilidades públicas en un Estado omnisciente y tentacular, que reduce al mínimo el espacio de responsabilidad individual, atribuyéndose tareas propias de los sujetos y que "se lamenta - son palabras de Tocqueville - de no poder evitarles el trabajo de pensar y la pena de vivir"[17].

Cerrados los cauces de participación ante los grandes problemas de la sociedad no tarda en cundir la impotencia en quienes son conscientes de cuanto ocurre, al advertir que la ciudadanía no sólo perdió muchas batallas sino que, en verdad, dejó de ser protagonista del drama político, fue expulsada de la escena por difusos poderes económicos que se apropiaron de los espacios públicos de decisión democrática, sometiendo a la ciudadanía de forma sutil, precarizando los derechos e instrumentalizando las estructuras estatales con dosis letales de racionalidad instrumental.

Se constata así, como pone de relieve Capella, que "...las personas quedan subordinadas al mantenimiento de esa estructura (cuando no son sacrificadas directamente a la reproducción de capitales particulares), y la autonomía relativa del poder político se reduce drásticamente o se ensancha según las pulsiones estructurales. Ello constituye el límite último del proceso de democratización del capitalismo. No es posible gobernar democráticamente los procesos sociales en la (variable) medida en que pueden entrar en contradicción con la lógica de la valorización del capital (...).

La sociedad capitalista genera un proceso de democratización real que no puede consumarse. El impulso del proceso de democratización queda frenado para establecer la prioridad del componente social autoritario acorde con las pulsiones económicas. El proceso de democratización parece ser aún meramente epidérmico. Y es el poder político, hasta ahora el Estado pero ya no solamente el Estado, el que realiza las funciones de conservación de las estructuras de poder extrapolítico que impide el desarrollo de las tendencias emancipatorias. Estas, frente a todos los avances de la cooperación objetiva, existen sólo como una posibilidad"[18].

De este modo el poder económico acaba superponiéndose al plano de lo político y determinando los ámbitos de decisión democrática en las políticas nacionales, hasta el punto de hacer del ámbito político una esfera dependiente de las pulsiones (dilataciones y contracciones) de la economía internacional. Y el destino de los ciudadanos queda, cada vez más, al arbitrio de poderes que no pueden controlar porque no son siquiera identificables - los flujos comerciales internacionales, las recesiones, los aumentos indiscriminados de precios en los mercados internacionales, etc.-.

Los fenómenos económicos terminan por invadir todos los espacios de la decisión pública de modo que la razón instrumental acaba sugiriendo sumisión absoluta a los dictados de la economía. Con ello la resignación ciudadana aumenta en dosis que ni siquiera hubieran podido mínimamente preverse y los vínculos de solidaridad social quedan también resquebrajados por obra de la labor machaconamente seductora del conformismo consumista. Por ende, se pierde también la inmediatez de las relaciones sociales espontáneas, no mediadas por el dinero, sino fundadas en los vínculos naturales de solidaridad, amistad o cooperación; el extrañamiento de la ciudadanía con respecto al otro, la pérdida del

---

[17] Me he ocupado de todas estas cuestiones en un trabajo anterior en el que analizo el origen y desarrollo del individualismo contemporáneo - al que denomino "individualismo del bienestar" por su relación lógica y cronológica con el modelo de Estado del bienestar -, sus raíces teóricas y sus efectos así como su relación con el individualismo liberal y con el individualismo capitalista (Cfr. Julios Campuzano, A. de, *Individualismo y modernidad. Una lectura alternativa*, en Anuario de Filosofía del Derecho, Madrid, nueva época, Vol. XII, 1995, pp.239-268).

[18] Capella, J. R., Op. cit., p. 91.

sentimiento de alteridad en las relaciones sociales y la reducción consecuente de los espacios públicos de encuentro en el capitalismo maduro son fenómenos que terminan por dispersar así las posibilidades de reacción democrática de la ciudadanía, impidiendo recobrar el pulso de las luchas emancipatorias en la construcción de una sociedad más justa.

Los derechos quedan así desdibujados en la conciencia ciudadana y reducidos en el ámbito jurídico-político a pretensiones de contenido utópico, tanto más inalcanzables cuanto mayor sea su contenido positivo en aras de la dignidad humana[19]. En cuanto que los derechos sociales exigen una prestación activa del Estado que debe proveer los medios para su cumplimiento, éstos quedarán siempre supeditados a las posibilidades económicas del Estado que deba satisfacerlos, de modo que su fuerza normativa queda reducida a la categoría de máximas de orientación de la actuación política, y como la política es el arte de lo posible, todos podrán comprender que es imposible luchar contra las grandes instancias económicas internacionales.

En definitiva, lo que aquí se revela es la propia insuficiencia del sistema capitalista tal como está actualmente estructurado para generar un modelo de organización social acorde con las demandas de los individuos, en condiciones de igualdad y libertad reales. La lógica de nuestro modelo capitalista es contraria a las pretensiones de democracia real, también en el ámbito económico de la ciudadanía, pues si las demandas sociales exigen un incremento de la presión fiscal, este incremento, a su vez, repercute en un aumento de precios y en un descenso de la competitividad y, con ello, de los beneficios, lo cual hará caer también la capacidad recaudatoria del Estado, quedando así mermada la posibilidad de satisfacer los derechos que exigen una prestación económica del Estado. Con ello se pone de manifiesto que esta lógica de la productividad basada en el predominio del cálculo coste/beneficio no deja espacio a lo público, pues si todos los beneficios sociales son privatizados por el capital, el ámbito de ejecución y de decisión públicas queda reducido al mínimo, de modo que la política termina por ser una convergencia necesaria de intereses exclusivamente privados, y la democracia, una forma de reparto del poder entre élites dominantes. El vaciamiento de los contenidos políticos del Estado como esfera de decisión de los asuntos públicos viene determinado por una expansión espectacular de la esfera económica en todos los órdenes de la vida, pues todo ha quedado ya, por obra de la labor subterránea del capitalismo, mediado en términos económicos[20].

3. El modelo estatal en la era del capitalismo transnacional

Resulta, así, que el Estado como estructura de poder ha quedado rebasado por la expansión del capitalismo, al quedar constituido como elemento estructural de una instancia de poder superior, a cuyas leyes se ha de subordinar. De modo que las estructuras estatales son utilizadas por el capitalismo internacional para asentar su dominio, y las leyes inexorables del mercado a nivel internacional determinan la esfera

---

[19] Concuerdo con el sentido que confiere a la dignidad humana el prof. Pérez Luño no sólo como "garantía negativa de que la persona no va a ser objeto de ofensas o humillaciones, sino que supone también la afirmación positiva del pleno desarrollo de la personalidad de cada individuo. El pleno desarrollo de la personalidad implica, a su vez, de un lado, el reconocimiento de la total autodisponibilidad, sin interferencias o impedimentos externos, de las posibilidades de actuación propias de cada hombre; de otro, la *autodeterminación* que surge de la libre proyección histórica de la razón humana, antes que de una predeterminación dada por la naturaleza de una vez por todas." (Pérez Luño, A.E., Sobre los valores fundamentadores de los derechos humanos, en Muguerza *et alii*, *El fundamento de los derechos humanos*, cit., p. 280).

[20] Sobre este particular puede verse Barcellona, P., *Postmodernidad y comunidad. El retorno de la vinculación social*, Trotta, Madrid, 1992.

de lo posible en el ámbito de las políticas internas[21]. La transnacionalización de los intercambios comerciales y de los procesos productivos, de las estructuras de poder económico y el establecimiento de instituciones económicas a nivel internacional, constituye la definitiva consolidación de una nueva ordenación del capitalismo que, al globalizarse, escapa a todo control político. La expansión del capitalismo a nivel mundial, la integración de los circuitos económicos y la generalización de los flujos comerciales internacionales han venido a redimensionar problemas que hasta hace unos años podían parecer controlables y que escapan ahora a toda posibilidad de control. La imprevisibilidad de los flujos económicos, de la oferta y la demanda a nivel planetario, coloca a los Estados ante la perspectiva del sometimiento servil a los dictados de la economía mundial, manejada como siempre por los paises ricos en su propio beneficio. El capitalismo entra así en una fase expansiva especialmente virulenta, que recrudece las tensiones entre los paises más ricos y los más pobres, y acrecienta los desequilibrios en el reparto y acceso a los bienes. De esta forma, los paises pobres se han ido hundiendo cada vez más en un pozo sin fondo del cual difílcilmente podrán salir, a no ser que cambien profundamente las estructuras de un orden internacional abiertamente inicuo que favorece el enriquecimiento de los que más tienen a costa de los que tienen menos, imponiendo reglas de intercambio desde foros internacionales cuya lógica es atribuida a las propias exigencias técnicas del sistema, y que permite, por ejemplo, que paises suministradores de materias primas se vean compelidos a vender y a comprar los productos ya manufacturados en condiciones de flagrante injusticia.

La asimetría de estas relaciones comerciales llega a límites insospechados y pone sobre el tapete cuestiones ante las cuales no se puede permanecer impasible. Pero nada mejor para constatar cuanto estoy diciendo que la remisión a algunos datos incontestables. Así, de 1950 a 1970 el nivel de vida de los paises subdesarrollados ha aumentado en términos muy inferiores a como lo ha hecho en los paises ricos: si en 1950 la renta media per cápita entre el Tercer Mundo y los paises desarrollados estaba en una proporción de 1 a 9, en 1970 la proporción aumentaría de 1 a 14, aproximadamente. En ese mismo año, el 71% de la población mundial recibió tan sólo el 15% del producto bruto mundial, mientras que el restante 85% de la riqueza sería disfrutado por el 29% de la población mundial[22]. En la década de los ochenta el producto interior bruto en Africa ha descendido en un 30%, mientras que el gasto medio en educación en ese continente descendió en 1990 a menos de la mitad de lo que se gastó en 1980[23]. Esta situación ha puesto en evidencia las grandes desigualdades, las injusticias más lacerantes y escandalosas y los masivos atropellos contra la dignidad humana en nombre de la productividad, de razones técnicas de eficacia o de cualquier otro mito vergonzante creado por el capitalismo para cubrir sus horrores.

Las grandes masas de excluidos del sistema, carentes de los más elementales recursos para vivir dignamente, son un aldabonazo a nuestras conciencias. Por

---

[21] El efecto del fenómeno de la globalización de la economía sobre las democracias latinoamericanas ha sido analizado por Faría, J. E., en un lúcido e instigante trabajo publicado en la revista Travesías (Cfr. Faría, J. E., *Democracia y gobernabilidad: los derechos humanos a la luz de la globalización económica*, en Travesías. Política, pensamiento y cultura en España e Iberoamérica, Universidad Internacional de Andalucía (España), núm. I, 1996, pp. 19-45).
[22] Vid. Berzosa Alonso-Martínez, C., *Dos demandas sociales ampliadoras del desequilibrio: subsistencia en el Sur y trabajo en el Norte*, en el volumen colectivo *El derecho al desarrollo o el desarrollo de los derechos*, cit., pp. 103-104.
[23] Cit. por Contreras Peláez, F. J., *Derechos sociales: teoría e ideología*, Tecnos, Madrid, 1994, p. 125.

doquier, en Occidente y en Oriente, en el Norte y el Sur, el capitalismo va dejando atrás una escandolosa estela de sufrimiento y de frustraciones. "El capitalismo constituye - son palabras de Ágnes Heller - la primera sociedad que mediante la fuerza y su estructura social condena a clases enteras de la población a luchar cotidianamente por la satisfacción de las necesidades puras y simples, desde la época de la acumulación originaria hasta hoy"[24].

Sin embargo, la lista de méritos no se agota con la exposición de unos cuantos datos, ya que la situación se ha visto particularmente agravada por la crisis de la deuda externa de los paises subdesarrollados iniciada en la década de los 80 y cuya solución no parece mínimamente vislumbrarse. Las dificultades que estos paises encuentran a la hora de hacer frente a los pagos de la deuda residen también en razones estructurales del capitalismo internacional que les aboca a una situación de imposible salida, y les hace caer en un círculo vicioso ya que sin crecimiento económico es imposible afrontar el pago de la deuda, pero a su vez el pago de la deuda está frenando las posibilidades de crecimiento económico[25]. Lo curioso de ello es que el principal de la deuda del Tercer mundo ha sido ya devuelto con creces y lo que ahora impide el desarrollo de estos paises es el pago de los intereses[26]. Se comprueba, con ello, que el capitalismo salvaje del siglo XIX no ha dejado de existir sino que simplemente se ha desplazado de contexto geográfico: a la explotación del hombre por el hombre sucedió la explotación de los paises pobres del Sur por los paises industrializados del Norte[27].

Todo este fenómeno se está produciendo en el marco de unas relaciones internacionales asimétricas ya que los paises pobres no están en condiciones de igualdad con respecto a los paises ricos, ya sea en los grandes foros económicos como en los políticos a nivel internacional. Es más, se puede decir que los paises del Tercer Mundo son convidados de piedra de un orden internacional al que no les gustaría pertenecer pero, al mismo tiempo sus posibilidades de maniobra están tan limitadas que no tiene más remedio que seguir perteneciendo a él. Si en los paises ricos los espa-

---

[24] Heller, A., *Teoría de las necesidades en Marx*, Península, Barcelona, 1978, p. 171.

[25] Vid. Berzosa, C., op. cit., p. 107. Sobre el problema de la deuda puede verse también el trabajo de Pi Anguita, J., *Causas de la deuda externa, estado actual del problema y alternativas*, en el volumen colectivo *El derecho al desarrollo o el desarrollo de los derechos*, cit., pp. 111-129.

[26] Kessler, W., *Justicia económica para todos*, en AA.VV, *Muerte del Tercer mundo o solidaridad*, Edersa, Madrid, 1992, p. 53, cit. por Contreras, F. J., Op. cit., p. 125. Añade Contreras algunos datos de interés: "La cantidad que los acreedores de los paises industrializados ingresaron, sólo en 1988, en concepto de *servicio de la deuda...* superaba en 52.000 millones de dólares la cuantía total del capital que había fluido del Norte al Sur ... durante los años sesenta y setenta. Desde 1983, los paises del Sur se han convertido, por tanto, en exportadores netos de capital (contribuyendo así por cierto al relanzamiento de las economías del Norte). Se ha establecido un flujo *contra naturam* de capital ...: el Sur transfiere dinero al Norte. En los últimos diez años sólo América Latina ha transferido 120.000 millones de dólares netos. Actualmente los paises pobres dedican como media, un 30% de los ingresos de sus exportaciones al pago de deuda exterior (ingresos que, por otra parte, no hacen sino descender, debido al hundimiento de los precios de las materias primas).
El Fondo Monetario Internacional, movido por el noble propósito de garantizar el cobro... de los *intereses* de sus créditos, ha impuesto a los paises deudores ...políticas de "ajuste duro". El "apretón de cinturón" ha repercutido, naturalmente, sobre los presupuestos asistenciales de los paises pobres.... En los treinta y siete paises más pobres del mundo, el gasto público en educación y salud ha descendido, en los últimos años, en un 50 por 100. El resultado no se ha hecho esperar: enfermedades que se consideraban prácticamente erradicadas han vuelto a estragar las poblaciones (cólera en Perú, fiebre amarilla en Ghana); los índices en escolarización y alfabetización han vuelto a descender..." (Contreras, F. J., Op. cit., ibidem).

[27] No podemos olvidar tampoco que, en el interior de los paises subdesarrollados, el deficiente grado de democratización política está impidiendo fenómenos reales de democratización económica, por lo que la concentración de la riqueza en unas pocas manos es un obstáculo fundamental a la consecución de un nivel deseable en la práctica de los derechos humanos. La explotación en el interior de las economías subdesarrolladas por las élites dominantes es otra de las grandes cuestiones que están aún por resolver.

cios de decisión política han sido mermados de modo espectacular por la lógica expansiva del capitalismo, en los paises subdesarrollados los espacios de decisión política son, a veces, prácticamente inexistentes. El margen de actuación de los políticos ante la inexorabilidad de las leyes económicas en cuya fijación no pudieron siquiera participar es, con frecuencia, una quimera.

Huelga subrayar la gravedad del problema. También parece superfluo hacer ningún esfuerzo exculpatorio en beneficio del sistema económico capitalista, porque la evidencia de cifras y datos nos sitúa ante la perplejidad. Pero algo se ha de hacer si queremos recuperar los derechos humanos como horizonte. La posibilidad de recuperar el pulso de la justicia no está aún perdida, pero es cierto que nuestra reacción resulta cada vez más urgente y llega a ser incluso inaplazable. En este sentido el Estado-nación se revela como una estructura insuficiente para afrontar problemas tan inabarcables, no sólo ya por su limitada competencia territorial, sino y sobre todo por su deficiente capacidad de respuesta en el ámbito de las competencias políticas ante el fenómeno de la globalización económica. Recuperar el ámbito de la iniciativa política exige la superación de las estructurales locales de los Estados para converger hacia formas globales de cooperación y solidaridad. Si se trata de superar la "estructura política imperial"[28] que el capitalismo transnacional ha diseñado a su medida habrá que convenir que los Estados, en cuanto elementos integrantes de esa "estructura política imperial", deben ser superados en aras de espacios más amplios de cooperación y entendimiento entre los hombres. La soberanía nacional en cuanto afirmación excluyente con respecto a los demás es hoy una realidad en crisis. Sus estructuras perdieron fuerza y su ámbito competencial fue fácticamente limitado por el mercado transnacional que cercenó drásticamente sus posibilidades reales de actuación.

Sin embargo, no parece fácil esta labor de superación del Estado-nación como anacronismo histórico, difícilmente útil para una práctica democrática auténticamente emancipatoria. Y ello, porque el Estado constituye un mito del que se sirve el capitalismo para seguir manteniendo su hegemonía sobre cuerpos y espíritus. El sistema ha conseguido adaptar las estructuras para ponerlas a su servicio, dejando los grandes ideales de la democracia aparentemente incólumes en el imaginario social, pero arrinconados en la práctica. El lugar de las apariencias en la era del capitalismo maduro está lleno, sin duda, de grandes ideales, de palabras grandilocuentes y de solemnes proclamaciones de derechos. Y el Estado es, sin duda, la cobertura ideológica de todas esas apariencias cuyo mantenimiento es indispensable para el sistema porque funda el consenso y la resignación de la ciudadanía. Además, el Estado es un instrumento, un compañero de camino con el que el capitalismo compartió ya una larga andadura: sus aspiraciones de justicia no son más que delirantes pretensiones inalcanzables. El Estado forma parte de la estructura de poder que el capitalismo transnacional ha ido urdiendo a lo largo de los años y es, además, un poder fácilmente controlable: frente a las grandes instancias transnacionales de control del capital, los Estados son demasiado poca cosa y están demasiado divididos como para poder hacer frente al dominio inexorable del capital. "A la altura de nuestro tiempo - nos dice Contreras -, el egoísmo de los Estados se ha convertido, seguramente, en la más grave amenaza para el futuro de la humanidad; cada Estado se ocupa exclusivamente de sus mezquinos intereses a corto plazo, y nadie piensa seriamente en los problemas globales (ecológicos y de distribución de la riqueza)"[29].

---

[28] Tomo la expresión de Capella, J. R., Op. cit., p. 107.
[29] Contreras, F. J., Op. cit., p. 133.

Por eso, en la era de la globalización y de la economía mundializada, el capitalismo no puede tener mejor compañero de viaje que las pesadas, torpes, vacías y anacrónicas estructuras estatales. Con ello se pone de manifiesto que el principio de la soberanía no es un obstáculo a la expansión mundial del capitalismo, a la globalización del mercado y de los intereses económicos transnacionales, sino que constituye un extraordinario acicate.

Por otra parte, los procesos de integración regional que comienzan a florecer no dejan de resultar peligrosos en la medida en que están alejados de un efectivo control democrático en su construcción que hace inviables las aspiraciones emancipatorias de la sociedad. El proceso de Unión Europea es buena muestra de ello en cuanto que representa la superación de las estructuras estatales por una organización de ámbito geográfico mayor inspirada en el modelo estatal, realizada desde los propios Estados miembros y con grandes carencias en la mecánica democrática de legitimación, pues sus órganos ejecutivos - comisión europea y consejo de ministros - adolecen de una efectiva composición democrática. Por ello, no parece que los procesos de integración regional en su diseño actual puedan resolver la encrucijada en la que actualmente se encuentran los derechos humanos, pues no son más que una transposición a nivel geográfico mayor de las estructuras, instituciones e intereses de los Estados-nacionales[30].

4. La recuperacion del vinculo social como alternativa democratica

¿Cómo combatir, entonces, la precariedad de los derechos, la insatisfacción social y las demandas más elementales de justicia de los que sufren? ¿Tenemos que responder con la resignación y el conformismo ante la constatación de la "inevitabilidad del capitalismo"? ¿Acaso estamos en el fin de la historia que algunos adalides del mercado ya anunciaron?

O, por el contrario, ¿tenemos aún posibilidades de rescatar la dignidad del hombre, su propia estima y su capacidad de construir un mundo más justo? Creo que hay espacios para la reacción consciente y crítica. En un trabajo anterior[31], ya insistí en que la superación de la frustrante democracia de nuestros días y la recuperación de la emancipación humana como horizonte político sólo podía venir desde abajo, a través de los movimientos sociales en cuanto que representan un factor dinámico de legitimación de las demandas sociales que alcanzan su realizabilidad a través de luchas concretas, abriendo nuevos espacios de lo público y recuperando el discurso ideológico de las políticas sectoriales.

Frente a los proyectos globales hay que contraponer el vínculo humano más concreto encarnado en un objetivo específico. Se trata de ganar espacios de espontaneidad y de intercambio dialógico, sustraidos por la acción depredadora del mercado, de recuperar la ciudadanía pero no en su dimensión abstracta, como concreción jurídica estática, sino en cuanto ejercicio dinámico y concreto. Esto supone dirigirnos por el sendero de la solidaridad, de la alteridad, del encuentro y del diálogo frente al extrañamiento que aqueja a nuestras indolentes sociedades acomodadas.

Si hay que hacer algo por los demás, no esperemos que lo haga el Estado, no sigamos confiando en un discurso que dejó tras

---

[30] Buena prueba de ello es el diseño del orden internacional en el que la posibilidad de acceso directo de individuos y colectivos que no sean los propios Estados aparece radicalmente mermada. Esta cuestión es apuntada por Cassese, al advertir que los individuos y pueblos "sólo logran asomarse al sagrado recinto de los Estados soberanos. Fuera de toda metáfora: se les atribuyen limitadísimos poderes y derechos. Además, siguen careciendo de armas para hacer valer dichos poderes y derechos." (Cassese, A., *Los derechos humanos en el mundo contemporáneo*, Ariel, Barcelona, 1991, p. 235).

[31] Cfr. Julios Campuzano, A. de, *Problemas de legitimidad en el sistema de partidos*, en Revista de Informação Legislativa, Brasília, año 33, núm. 130, abril/junho 1996, pp. 183-201.

de sí un desolador reguero de sufrimientos incontables. Nuestra ciudadanía comienza por nosotros mismos, en nuestras decisiones concretas y en nuestros compromisos más inmediatos. La responsabilidad en la superación de los profundos desequilibrios y de la precariedad general que afecta a la mayor parte de la humanidad está apelando a las conciencias, las de un Occidente rico que sació los sentidos con lujuria desmedida. Pero la resolución de los desequilibrios, la conquista de los derechos es una tarea de todos, desde la acción inmediata de cada uno. Tiene razón Macpherson cuando advierte que "el camino de la vida libre depende, hasta un punto que no ha sido soñado aún, de que las naciones occidentales remedien la desigualdad de derechos humanos existente entre nosotros y las naciones pobres"[32]. Pero esta labor corresponde de forma inmediata a la ciudadanía, recogiendo el testigo de la justicia y de la dignidad humana, abriendo el camino de la generosidad y de la solidaridad, comprometiendo con su empeño la labor y la conciencia de sus conciudadanos, en plataformas cívicas, en movimientos sociales y en organizaciones no gubernamentales[33], desarrollando una labor plural que se debe desenvolver tanto en el plano social, como en el político y el intelectual.

Por eso, recuperar la ciudadanía es recuperar el vínculo comunitario, hacerlo tangible en nuestras vidas, a través de movimientos y de plataformas ciudadanas que concreten demandas específicas en aras de la dignidad humana. Se trata de revitalizar lo público, de reconquistar la ciudadanía y la legitimación desde la iniciativa espontánea de los ciudadanos. Frente a las estructuras cerradas que obturan el acceso democrático al poder, la reconstrucción del espacio público a través de los movimientos sociales es la recuperación de la política para la ciudadanía. Rescatando acciones específicas dirigidas a objetivos concretos, se rescata la política y el imperio de los fines de las pesadas estructuras que los aprisionan. Para ello hay que liberar espacios de ciudanía, espacios de relación intersubjetiva libre no mediados por relaciones de dominación o de poder; esto exige la desmercantilización de ámbitos de la vida y la recuperación de una subjetividad libre socialmente construida, reanudando la continuidad sujeto/sociedad como espacio colectivo y natural de la subjetividad y abandonando la praxis utilitarista de la razón instrumental. Liberar espacios es abrirse frente a la alienación cotidiana para oponer nuestras fuerzas a la mercantiliza-

---

[32] MacPherson, C. B., *La realidad democrática. Liberalismo, socialismo, Tercer Mundo*. Fontanella, Barcelona, 1968, p. 87.

[33] Se trata, como indica Capella, de constituir nuevas articulaciones sociales: estructuras o redes de relación interpersonal permanente en las que se pueda vivir de otra manera, de modo que por su acción en cuanto estructuras de vinculación social hagan posible la opinión y acción grupales y tiendan a crear un espacio público no estatal de actividad social: "El ámbito de actividad pública voluntaria existe hoy puntualmente, aunque no tiene un desarrollo consistente. Se trata de un ámbito constituido por la actividad de los nuevos movimientos sociales y por las iniciativas ciudadanas. Este ámbito puede ser el terreno de formación de nuevos poderes sociales, capaces de intervenir también en el terreno institucional, sobre las políticas estatales programáticas y de ajuste. Las políticas de conquista de poderes sociales pueden concebirse como políticas de estructuración de actividad social pública - fuera del Estado y fuera del mercado, en relaciones indirectas con ellos - que limiten la actividad estatal a la vez la determinen" (Vid. Capella, J. R., Op. cit., pp. 113-114). Sobre esta misma cuestión incide Wilson Ramos Filho quien, tras detectar la incompatibilidad entre el tiempo de la democracia y el tiempo de la economía globalizada, cuyos efectos se acentúan por el impacto de las nuevas tecnologías, aboga por los NMS ("Novos Movimentos Sociais") como alternativa. Cada uno de ellos actuaría de forma localizada, geográfica y conceptualmente, conectándose con los demás tan sólo en cuanto estrategia para capilarizar la politización de la sociedad, siendo su objetivo preponderante la politización de la vida cotidiana. A partir de la opción por los NMS, el autor apuesta por una democracia que pueda controlar los efectos de la globalización, donde los intereses de los ciudadanos no sean opuestos a los del Estado, donde el Estado no sea visto como un problema para la sociedad sino como una posibilidad de solución democrática de los problemas (Cfr. Ramos Filho, W., *Direito pós-moderno: caos criativo e neoliberalismo*, en el volumen colectivo *Direito e Neoliberalismo. Elementos para uma leitura interdisciplinar*, cit., pp. 81-113).

ción de los ámbitos vitales, creando y recreando espacios de relación humana liberados de intereses mezquinos[34]. Se trata de reconquistar el poder para la ciudadanía porque sin él los derechos pierden su fuerza como instrumentos de emancipación y liberación.

Frente a la razón instrumental, hay que contraponer la respuesta ciudadana de una razón teleológica con objetivos específicos y bien delimitados. La solidaridad humana se puede reconstruir desde el vínculo comunitario y, desde ahí, la democracia parece una realidad algo más cercana. La apertura de la ciudadanía a un proceso colectivo de autoconsciencia y de reconquista del espacio público es la alternativa real a la universalización y abstracción de procedimientos y reglas generales que terminan por vaciar de contenidos específicos la propia convivencia humana. Por eso, es necesario, nos recuerda Barcellona, liberar los espacios intersubjetivos de normas y de relaciones económicas a partir de la recuperación de la disponibilidad individual, del "desarme unilateral" como "gesto ético"[35].

Se trata de converger desde abajo, desde los ahora reducidos espacios de la ciudadanía a través de proyectos que revelen al ser humano su propia dignidad y autoconciencia y su capacidad para cambiar situaciones concretas en tareas emancipadoras específicas. Si la emancipación es un proceso vital, necesita sobre todo del aliento de lo vivo y no del empuje de vacías estructuras y huecas instituciones. Esta recuperación de la ciudadanía es sobre todo recuperación de la humanidad capaz de galvanizar los espíritus - como dice Contreras Peláez - para hacerlos converger hacia la idea de la comunidad internacional como "mito profético"[36]. Pero la recuperación del vínculo comunitario ha de realizarse desde abajo, desde el terreno firme del compromiso y la lucha de individuos y no desde arriba, desde los espacios despolitizados de un Estado-maquinaria porque, en ese caso, estaríamos ante la transposición de dinámicas abstractas carentes de contenidos emancipatorios. La solución aportada por Contreras, a saber: el arrinconamiento progresivo del Estado y su sustitución por

---

[34] En esta línea se mueve Cabo Martín cuando apuesta por una estrategia política de transformación que supere la crisis del Estado del bienestar que, a su juicio, debe basarse en la negación de los tres supuestos fundamentales en los que se ha basado hasta ahora la política de la crisis: la aceptación de la lógica del mercado, la inexistencia de una política de clase y la aceptación de la lógica de la internacionalización del capital. Ello supone esencialmente:
"1)Rechazar la lógica del mercado como punto de partida y abrir procesos alternativos. Porque si se acepta, esa lógica es implacable e impone necesariamente unos límites intraspasables, el marco de maniobra es mínimo y las políticas...no pueden ser muy distintas como no lo son los mecanismos capaces de poner en marcha el nuevo proceso de acumulación.
La apertura de procesos alternativos tiene que basarse por tanto en la negación del mercado, en ir consiguiendo espacios donde el mercado no funcione, es decir, en potenciar los procesos de desmercantilización con vistas a conseguir ámbitos de control democrático y por consiguiente a romper la lógica capitalista." (Cabo Martín, C. de, *La crisis del Estado social*, P.P.U., Barcelona, 1986, p. 81).

[35] "Aproximarse al otro significa entonces renunciar a desarrollar la propia voluntad de poder, que llevaría fatalmente a la negación o a la asimilación del otro: significa ejercitarse en la pasividad de dejar sitio al otro, incluso dentro de -y junto a- nosotros. Esta reducción de la voluntad de poder, esta deconstrucción del sujeto único no es, sin embargo, puro ejercicio estético, y menos aún la entrega del yo a la experiencia mística de lo indecible. Es un gesto ético, una apuesta y un riesgo que exigen gran valor por parte de quien los hace. Quien realiza el gesto del desarme unilateral no se aparta de la vida social, del mundo de las relaciones, sino que permanece dentro de él con toda su provocación inerme para interrumpir para siempre la historia de la violencia y de la explotación del hombre por el hombre y del hombre sobre la naturaleza".
Para que esta propuesta de deconstrucción del sujeto único se haga posible, Barcellona no duda en defender un nuevo modelo de socialidad construído estructuralmente en una relación entre el yo y el otro, como un espacio de reciprocidad no mediado y ordenado por "normas". En definitiva, una forma de reconocimiento asimétrico que interactúe, sin dejarse reducir por él, con el reconocimiento simétrico de la igualdad en droit, de la igualdad formal ante la ley (Barcellona, P., Op. cit., pp. 117-118).

[36] Vid. Contreras, F. J., Op. cit., p. 137.

la idea "mítico-profética" de la comunidad internacional como idea capaz movilizar las fuerzas disponibles para la lucha, ha de librar su más importante batalla en el terreno de las conciencias y no en el de las estructuras. Mi propuesta pretende abundar en esta línea, al entender que la autoconsciencia ciudadana se debe recuperar en el terreno de las conciencias individuales pero también en el de las acciones colectivas específicas, insertando en la dinámica estática de la legitimación indirecta, mecanismos directos de democracia participativa que representen movimientos e intereses sectoriales de grupos de la sociedad. La labor que está por realizar, requiere recuperar la dimensión dinámica de la legitimación democrática como algo que está haciéndose contínuamente a través de los vínculos directos entre los ciudadanos. Recuperar el espacio de ciudadanía es recuperar la idea de comunidad en cuanto grupo de individuos unidos a través de la cooperación, la empatía y la asistencia mutua. La conquista de las conciencias sólo puede realizarse desde la conquista de espacios de acción que reaviven el sentimiento de ciudadanía entre los individuos y rompa con la concepción periclitada de una ciudadanía-institución, concretada estáticamente en la concreción de un conjunto reglado de facultades.

La alternativa es la profundización en los derechos a través de la recuperación de la ciudadanía, otorgando, con nuestra acción común, contenidos concretos al formalismo abstracto de la reglamentación jurídica de derechos, facultades e instituciones. Y junto a los derechos económicos, sociales y culturales, los derechos humanos de la tercera generación pueden ser ese catalizador de las conciencias en cuanto que representan luchas concretas y específicas de determinados sectores de la sociedad: el derecho al medio ambiente, los derechos de la tercera edad o de los minusválidos, el derecho a la calidad de vida, el derecho a la paz, a la autodeterminación de los pueblos y, muy especialmente, el derecho al desarrollo[37], entre otros. La lucha por los derechos concreta así los contenidos de la democracia, suministrando direcciones objetivables de la demanda social y abriendo perspectivas para discursos políticos particulares como respuesta sectorial a los discursos globales de vocación universal que inauguró el proyecto ilustrado. No se trata de desplazar con ello la vocación de universalidad de los derechos sino de rescatar su dimensión esencialmente democrática y, por ende, concreta, esto es, espacio-temporalmente exigibles, bien sea desde la reivindicación, bien desde el ejercicio, reavivando, con ello, los cauces de la participación democrática. Se trataría, pues, como apuntan Ballesteros y de Lucas, del recurso a la moral del respeto recíproco que presupone el principio de universalización, partiendo de la afirmación del individuo como sujeto moral, titular de unos derechos que nadie concede sino que cada uno afirma, y entre ellos, la pretensión primaria de no ser objeto, de desalienarse, de reconocerse como tal sujeto moral. "Una consecuencia de todo ello es que no puede dejarse en las solas manos del derecho y de los juristas, la tarea universal de luchar por la realización de esos derechos"[38].

---

[37] Sobre el derecho al desarrollo, su desarrollo normativo a nivel internacional y sus consecuencias prácticas en el diseño de un nuevo orden económico internacional, puede verse Pérez González, M., *El derecho al desarrollo como derecho humano*, en el volumen colectivo *El derecho al desarrollo o el desarrollo de los derechos*, cit., pp.79-97.
[38] Ballesteros, J., y de Lucas, J., *Sobre los límites del principio de disidencia*, en Muguerza et alii, *El fundamento de los derechos humanos*, cit., p. 87.

19
Males civilizatorios como nuevos males del alma
Breve descripción de este fin de siglo y de una crítica a la generalizada sensación de ilusión de este siglo del fin

David E. Kronzonas

Modelo para armar
El amor, una respuesta frente al narcisismo colectivo

El siglo XX ha creado y parcelado a la vez, un tejido planetario único e irrepetible, pero a pesar de todo ello, sus fragmentos se aíslan, se erizan, se combaten entre ellos y tienden a destruir esa compleja trama sin la cual no habrían podido existir, ni tampoco desarrollarse. Estos fragmentos nos llevan a pensar el hoy en términos antagónicos, hay que producir el esfuerzo de pensar en una ambivalencia profunda y en alguna medida irreconciliable, pensar lógicas duales, en términos de: Modernidad / Tradición; Modernidad / Fundamentalismo; Democracia / Totalitarismo; Democracia / Dictadura; Occidente / Oriente; Norte / Sur, Migraciones / Xenofobias.

La cultura trasmoderna pretende un mínimo de coacciones y un máximo de elecciones privadas posibles, un mínimo de austeridad y un máximo de deseo, menos represión, más comprensión. Es descentrada, extraña e irregular, materialista y psi, porno y discreta, renovadora y retro, consumista y ecologista, espectacular y creativa. El futuro desarrollará permanentes lógicas duales, "la correspondencia flexible de las antinomias" en términos de G. Lipovetszky.

¿Cómo debemos pensar el presente?. Solamente en su relación: pasado / presente / futuro. La crisis del futuro provoca la hipertrofia del presente y su inmediato recurso al pasado. Provoca reenraizamientos étnicos y/o religiosos; fundamentalismos que responden rizomáticamente a la crisis del futuro y a la miseria del presente. Estamos asistiendo al desarrollo de la Trasmodernidad donde todas las finalidades de la "liberación" quedan ya, detrás de nosotros y lo que nos persigue y obsesiona es la anticipación premonitoria de todos los resultados, simple disponibilidad de todos los signos, de todas las formas, de todos los deseos. Estado de simulación, de utopía realizada. Pero "ya que lo son - afirma J. Baudrillard - ya que no podemos mantener la esperanza de realizarlas, sólo nos resta hiperrealizarlas en una simulación indefinida...". Vivimos afirma este autor francés, en una reproducción indefinida de ideales, de fantasías, de imágenes, de sueños "... que ahora quedan en nuestras espaldas y que sin embargo, tenemos que reproducir, en una especie de indiferencia fatal".

Nos hallamos frente a una crisis universal del futuro, aquella fe en el futuro identificado con la propia historia humana como movimiento de ascenso propulsado por los desarrollos de la técnica, la ciencia y la razón - paradigma de los siglos XVIII y XIX - como un dinamismo optimista y donde la idea de nuevo (nuevo = mejor = necesario = progreso) ha eclipsado o estallado calidoscópicamente en innumerables pedazos. Mc. Luhan nos decía, ya hace más de treinta años que, la Aldea Global está unida y atravesada de incomprensiones y enemistades.

La crisis del futuro determina un gigantesco reflujo hacia el pasado - como veníamos diciendo -, tanto mayor cuanto que el presente es miserable, angustioso y desdichado. Es absurdo pensar que una ley de la historia como su correlato lineal, aseguraría automáticamente "el progreso". El progreso tecnológico ya no es la referencia. El porvenir no es necesariamente desarrollo. En adelante, el futuro se llamará incertidumbre, un azaroso navegar en la turbulencia de un mar nietzscheano. Procesos entrecruzados, conflictos interdependientes, aleatorios, interacciones y retracciones en cadena hacen no poder apostar sobre un futuro seguro.

La Sociedad Trasmoderna da cabida a un individualismo hedonista y personalizado, sociedad donde domina el sentimiento de reiteración y estancamiento, donde la autonomía privada no se discute, donde lo nuevo se recepta tanto como lo antiguo, donde la innovación se banaliza. El futuro no se asimila más a un proceso ineluctable. Es más, la confianza y la fe en el futuro se disuelve, ya nadie cree en el porvenir. La gente quiere vivir enseguida, en un "aquí y ahora". Es una sociedad que consiguió neutralizar en la apatía aquello en que se funda: el cambio. Esta no posee ni ídolos ni tabúes, ni imagen gloriosa de si misma, ni siquiera ningún proyecto histórico movilizador, fin de las ideas fuerza, fin de lo ideológico, fin de los grandes relatos. Estamos regidos por el vacío, un vacío que no comporta sin embargo, ni tragedia ni apocalipsis. Hoy más que nunca la exclusión social es sinónimo de muerte, desesperanza generalizada, cuadriculado entre ricos y pobres. A partir de aquí, me pregunto si en verdad ¿Es posible una sociedad tras-moderna en países que no tuvieron modernidad como en el caso de Latinoamérica?. Quiero aventurar que sí, todo es más lento pero inevitablemente todos estos signos están a nuestro alrededor.

Estamos destinados a consumir. Al diversificar las posibilidades de elección, al anular los puntos de referencia, al destruir los sentidos únicos y los valores superiores de la humanidad se pone en marcha una cultura personalizada y hecha a medida que permite al átomo social "emanciparse". En la Sociedad del Espectáculo, la seducción regula el consumo, las organizaciones, la información, la educación, las costumbres. La seducción es la destrucción cool de lo social por un proceso de aislamiento que se administra ya no por el ejercicio de la fuerza sino por el hedonismo, la información y la responsabilización.

Dios ha muerto, las grandes finalidades se apagan pero a nadie le importa; esta es la alegre novedad, ese es el límite del diagnóstico de Nietzsche respecto del oscurecimiento europeo. El vacío de sentido, el hundimiento de los ideales no han llevado - como cabría esperar - a más angustia, más absurdo, más pesimismo. Nuestra bulimia de sensaciones, de sexo, de placer, no esconde nada, no compensa nada, y aún menos el abismo de sentido. Indiferencia, no angustia metafísica. Es más, nada, ni siquiera Dios desaparece, ya por su final o por su muerte, sino por su proliferación, contaminación, saturación y trasparencia, extenuación y exterminación, por una epidemia de simulación. Transferencia a la existencia secular de la simulación.

El ideal ascético ya no es la figura dominante del capitalismo tardío. El consumo, los placeres, la permisividad ya no tienen nada que ver con las grandes operaciones de la mediación sacerdotal: hipnotización de la vida; no afirmación de las sensibilidades por medio de actividades secuenciales y obediencia estricta; intensificación de las emociones atravesadas por las nociones de pecado y culpabilidad.

Todas las instituciones, todos los grandes valores y finalidades que organizaron las épocas pasadas se encuentran progresivamente viciados en su sustancia. El saber, el poder, el trabajo, el ejército, la familia, la iglesia, los partidos, etc., ya han dejado globalmente de funcionar como principios absolutos e intangibles, como valores absolutos y en diferentes grados, ya nadie cree en ellos.

Los valores superiores se vuelven paródicos, incapaces de dejar ninguna huella emocional profunda. La sin razón vence en todos los sentidos: ahí está el principio del mal. Bajo el empuje de valores hedonistas y narcisistas las referencias eminentes se vacían de su sustancia, los valores que estructuraban el mundo en la primera mitad del siglo XX (ahorro, castidad, conciencia profesional, sacrificio, esfuerzo, puntualidad, autoridad) se vuelven paródicos ya no inspiran ningún respeto, invitan más a la sonrisa que a la veneración, vetusta mueca, fantasma de un pasado que ya no está y cuya simple y monótona enunciación evoca el ridículo.

Nuestra sociedad no conoce prelación, normas definitivas, centro, sólo estimulaciones y opciones equivalentes. El bien ya no está en la vertical del mal, ya nada se alinea en abcisas y coordenadas. Cada partícula, sigue su propio movimiento. Cada fragmento de valor brilla por un instante en el cielo de la simulación y después desaparece en el vacío. Las cosas han encontrado un medio de escapar a la dialéctica del sentido. De ello proviene la indiferencia trasmoderna, indiferencia por exceso, no por defecto, por hipersolicitación no por privación. Asistimos a la fase fractal - viral del valor: ya no hay ninguna referencia, el valor irradia en todas las direcciones, en todas las intersticias, sin referencia a nada por pura contigüidad.. Sólo existe una especie de epidemia del valor de metástasis general del valor de proliferación y de dispersión aleatoria.. Ya nada se refleja, ni en el espejo, ni en el abismo que sólo es el desdoblamiento al infinito de la conciencia.

Los tiempos ya no corresponden a los derrumbamientos grandiosos y a las resurrecciones, a los juegos de la muerte y de la eternidad, sino a los pequeños eventos fractales, a las aniquilaciones silenciosas, mediante deslizamientos progresivos y ahora sin futuro, puesto que este nuevo destino borra las mismas huellas. Esto nos introduce en la era horizontal de los eventos sin consecuencia, donde el último acto es representado por la propia naturaleza.

¿Quién cree aún en las virtudes del esfuerzo, del ahorro, de la conciencia profesional, de la autoridad, de las sanciones?. Ola de deserción despojando a las instituciones de su grandeza anterior y simultáneamente de su poder de movilización emocional. A pesar de ello, el sistema funciona, las instituciones se reproducen y desarrollan pero por inercia, en el vacío, sin adherencia ni sentido. Cuando las cosas, los signos, las acciones están liberadas de su idea, de su concepto, de su esencia, de su valor de su referencia, de su origen y de su final entran en una autoreproducción al infinito. ¿Es posible que todo sistema, todo individuo contenga la pulsión secreta - reflexiona J. Baudrillard - de liberarse de su propia idea, de su propia esencia, para poder proliferar en todos los sentidos, extrapolarse en todas las direcciones?. Consecuencias fatales: Una cosa que pierde su idea, es como el hombre que ha perdido su sombra; cae en un delirio en el que se pierde.

No hay ya nada que decir, fin de la metáfora. El sentido se convierte en juego puro ofrecido al único placer de la apariencia y del infinito espectáculo. Ya es posible vivir sin sentido, todo es vértigo, pura aceleración. "Es mejor cualquier sentido que ninguno" decía Nietzsche; hasta esto ya hoy, no es verdad. La propia necesidad de sentido ha sido barrida y la existencia indiferente al sentido puede desplegarse sin patetismo, ni abismo, sin aspiración a nuevas tablas de valores. La indiferencia crece.

La posibilidad de la metáfora se desvanece en todos los campos. Para que exista metáfora, es preciso que existan unos campos diferenciales y unos objetos distintos. Se nos ha impuesto la ley de la confusión de los géneros. Todo es sexual. Todo es político. Todo es estético. Dice Baudrillard con acierto que "... Cuando todo es político, ya nada es político y la palabra carece de sentido. Cuando todo es sexual, ya nada es sexual, y el sexo pierde cualquier determinación. Cuando todo es estético, ya nada es bello, ni feo y el mismo arte desaparece". Este estado de cosas que es tanto la realización total de una idea -la perfección del movimiento moderno- como su denegación, su liquidación por su mismo exceso por su extensión, más allá de sus propios límites.

Ya no existe vanguardia política, sexual, ni artística que responda a una capacidad de anticipación y por consiguiente a una posibilidad de crítica profunda en nombre del deseo. Grado cero de lo político, lo sexual, lo estético que es también su reproducción, de su simulación indefinida.

¿Dónde se encuentra la fuerza de la ilusión, pregunta este sorprendido ser humano?. Hoy, me contestan, tan sólo fin de la ilusión, sólo vértigo, contemplación, abismo y estupefacción. Lo real no se borra en favor de lo imaginario, se borra en favor de lo más real que lo real: lo hiperreal. Más verdadero que lo verdadero: la simulación, afirma el filósofo. La reacción ante este nuevo estado de cosas no ha sido un abandono resignado de los antiguos valores, sino más bien una loca sobredeterminación, una exacerbación, de referencia, de finalidad, de causalidad. En un sistema en que las cosas están cada vez más entregadas al azar, la finalidad se convierte en delirio y desarrollan elementos que saben perfectamente superar su fin, hasta invadir la totalidad del sistema. Los fenómenos de inercia se aceleran. Las formas inmovilizadas proliferan y el crecimiento se inmoviliza en la excrecencia.

¿Dónde está entonces el otro?; ¿Con quién negociar lo que quedaba de libertad?; ¿Con quien jugar el juego de la subjetividad y de la alienación?, ¿Con quién negociar mi imagen reflejada?. El sujeto ya no puede interpretar su propia fragilidad o su propia muerte. Hoy la posición del sujeto ha pasado ha ser simplemente insostenible. Nadie es capaz de asumirse a sí mismo como sujeto de poder, sujeto de saber, sujeto de la historia. Nadie asume hoy este papel inconmensurable. Hay simplemente, trasparencia e indiferencia. La problemática de la alienación se ha desmoronado. Y la evidencia del deseo se ha convertido en un mito. La única posición posible es la del objeto. El objeto no cree en su propio deseo, el objeto carece de deseo. No cree que nada le pertenezca en propiedad y no cultiva ninguna fantasía. de autonomía. No conoce la alteridad y es inalienable. No esta dividido en sí mismo, cosa que es el destino del sujeto. No conoce el estadio del espejo con lo que acabaría por confundirse con su propio imaginario.

El principio del mal es el encubrimiento del orden simbólico. Rapto, violación, encubrimiento del orden simbólico. Es ahí, donde el objeto es translúcido al principio del mal.

Para la ciencia clásica, la naturaleza era un conjunto de fenómenos automáticos, mientras el hombre pertenecía al reino de la inteligencia. Un fenómeno dualista muy occidental. En oriente siempre se ha entendido la naturaleza como autónoma, libre y armoniosa. Pero ese dualismo no se ha olvidado del todo. En su libro, "La Historia del Tiempo", S. Hawking explica que el mundo es una geometría, habla de ser no de devenir. Esta visión no es correcta - crítica con certeza I. Prigogine -. La ciencia ha trazado el camino de la complejidad, la no linealidad, el caos y que lejos de ser un autómata la naturaleza es creativa y está en un permanente devenir. Es una narración de textura y de final abierto.

El Renacimiento, consideraba que el hombre se desplazaba en un universo inmutable y geométrico dotado de atributos permanentes. El hombre, un ser casi sobrenatural que progresivamente toma el lugar vacío de Dios y que tiene como misión: dominar la naturaleza. El Romanticismo, inscribe umbilicalmente al ser humano en la naturaleza madre. Tanto poetas como escritores, técnicos y científicos relatan la materialización de la Tierra, su cosificación; simplemente constituida por objetos a dominar, a manipular sin misericordia alguna.

Sin embargo, el mundo exterior, incluso infinito y abierto a la acción, obedecía a "leyes fijas", "eternas" que el hombre sólo podía registrar. Con los modernos, la idea de una realidad que impone sus leyes es incompatible con el valor de la mónada individual, ontológicamente libre. Desafío a las leyes, a lo real, al sentido, el ejercicio de la libertad no admite límites. Una sociedad por inventar, una vida privada por administrar, una cultura por crear. El modernismo no puede aprehenderse independientemente del individuo libre y origen de sí mismo.

En la primavera - otoño de 1887 - en el "El Nihilismo Europeo" -, F. Nietzsche, describe el "espíritu moderno": "tolerancia" (por ineptitud al no o al sí); la "amplitud de simpatía" (1/3 de indiferencia, 1/3 de curiosidad, 1/3 de excitabilidad mórbida); "la objetividad" (falta de personalidad, falta de voluntad, inaptitud para el amor); "la libertad" (contra la regla) Romanticismo; "la verdad" contra la falsificación y la mentira (Naturalismo); "el cientificismo" / el "documento humano" en alemán la novela a entregar y la acumulación que substituye la composición.

Octavio Paz define el "Arte Moderno" y nos dice: ..." repeticiones, rituales, rebelión convertida en procedimiento, la crítica en retórica, la transgresión en ceremonia. La negación ha dejado de ser creadora". Agotamiento de la vanguardia, todo es retro. Predominio de lo individual sobre lo universal, de lo psicológico sobre lo ideológico, de la comunicación sobre la politización, de la diversidad sobre la homogeneidad, de lo permisivo sobre lo coercitivo.

La indiferencia designa una nueva conciencia no una inconsciencia, una disponibilidad no una exterioridad, una dispersión no una depreciación. Indiferencia no significa pasividad, resignación o mistificación. El hombre cool no es el decadente - pesimista de Nietzsche, ni el trabajador oprimido de Marx. Cuando lo social está abandonado, el deseo, el placer, la comunicación se convierten en los únicos "valores". Indiferencia por saturación, información y aislamiento. La indiferencia no se identifica con la ausencia de motivación, se identifica con la escasez de motivación con la "anemia emocional" (Reisman).

El hombre indiferente no se aferra a nada, no tiene certezas absolutas, nada le sorprende y sus opiniones son susceptibles de modificaciones rápidas. Las conciencias ya no se definen por el desgarramiento recíproco, el reconocimiento, el sentimiento de incomunicabilidad, el conflicto ha dejado paso a la apatía y la propia intersubjetividad se encuentra abandonada. No más alienación, sólo apatía.

La modernidad lleva marcado en su seno la emancipación individual, la secularización general de los valores, la diferenciación de lo bello, de lo verdadero, del bien. Si bien la secularización ha producido sin duda alguna la liberación en relación con los dogmas religiosos; como movimiento simultáneo de reflujo ha producido la pérdida de fundamentos, la angustia, la duda, la nostalgia de las grandes certidumbres. Por otra parte y como su corolario, el Individualismo y sus valores de autonomía y emancipación han desencadenado atomización y anonimización por doquier. El eclectisismo como tendencia natural.

La diferenciación de los valores desemboca en una autonomía moral, en una exaltación estética, en una libre indagación de la verdad pero también en la desmoralización, el estetismo frívolo, que desemboca necesariamente en un modernismo incapaz de concebir el futuro. La vida cotidiana sin embargo, puede amortiguar el sentimiento de esa crisis de futuro y hacer que a pesar de las incertidumbres se tengan esperanzas individuales quizás, sólo para uno mismo, ya no sociales.

Cuando el futuro se presenta amenazador e incierto queda la retirada sobre el presente. Vivir en el presente, sólo en el presente y no en función del pasado y del futuro. Enunciación por la pérdida de sentido de la continuidad histórica. El narcisismo contemporáneo se extiende en una sorprendente ausencia de nihilismo trágico, sólo apatía frívola. Nos acostumbramos sin desgarramiento a lo peor. El narcisismo ha abolido lo trágico y aparece como una forma inédita de apatía hecha de sensibilización epidérmica al mundo a la vez, de una profunda indiferencia hacia él.

Narciso trabaja asiduamente para la "liberación del Yo", para su gran destino de autonomía e independencia: "renunciar al amor", el fin del amor. El narcisismo es una respuesta al desafío del inconsciente: conminado a reencontrarse, el Yo se precipita a un trabajo interminable de liberación, de observación, de interpretación. Circularidad regida por la sólo autoseducción del deseo. Cuando el significado deja paso a los juegos del significante y el propio discurso a la emoción directa, cuando las referencias exteriores caen, el narcisismo ya no encuentra obstáculos y puede realizarse en su radicalidad, el yo se convierte en preocupación central: se destruye la relación, el otro. Extraña "humanización" ahondando en la fragmentación social. Cuanto más se invierte en el Yo - como objeto de atención e interpretación - mayores son la incertidumbre y la interrogación. El Yo se convierte en un espejo vacío a fuerza de "informaciones", una pregunta sin respuesta a fuerza de asociaciones y de análisis, una estructura abierta e indeterminada que reclama más terapia y diagnóstico.

El espacio público se vacía emocionalmente por exceso de información, de reclamos y animaciones, el yo pierde sus referencias, su unidad, por exceso de atención. El fin de la voluntad coincide con la indiferencia pura, con la desaparición de los grandes objetivos y grandes empresas por las que la vida merece sacrificarse. Hoy simplemente un "todo y ahora". El narcisismo debilita la capacidad de jugar con la vida social, hace imposible toda distancia entre lo que se siente y lo que se expresa. " La capacidad de ser expresivo se pierde porque intentamos identificar la apariencia a nuestro ser profano y porque ligamos el problema de la expresión a la de su autenticidad" afirma Lipovetsky.

El Narcisismo se define por el encierro sobre sí mismo, discreción, signo e instrumento de autocontrol. Nada de excesos, de desbordamientos, de tensión; es el replegarse sobre sí mismo, "reserva" o interiorización es su característica. Amor centrado en sí mismo, aunque atraído hacia el Otro ideal. Será el amor que magnifique al individuo como reflejo del Otro inaccesible al que amo y que me hace ser. Recordemos el esquema del mito: "... Mientras bebe, seducido por la imagen de su belleza que ve, se enamora de un reflejo sin consistencia, toma por cuerpo lo que sólo es una sombra". Vértigo de un amor sin otro objeto que un espejismo. Exaltación ante un no-objeto, simple producto de un error de los ojos, el poder de la imagen.. Esta sombra que ves es el reflejo de tu imagen, "no es nada por si misma, ha aparecido contigo, contigo persiste y tu marcha la disipará, si tuvieras el valor de marcharte", en palabras de Ovidio.

En el momento en que sus lágrimas agitan el agua de la fuente, Narciso, se da cuenta de que no sólo esa imagen amada es la suya, sino de que además, puede desaparecer: como si hubiera pensado que, ya no podía tocarla, podía al menos contentarse con su mera contemplación, lo que resalta también imposible. Desesperado "golpea su pecho desnudo con la palma de sus manos de mármol". Narciso muere así, al borde de su imagen.

El laxismo substituye al moralismo o al purismo y la indiferencia a la intolerancia. Narciso demasiado absorto en si mismo, abandona las grandes ortodoxias. La personalización conduce a la desinversión del conflicto, a la distensión. Los cismas, las herejías ya no tienen sentido. Ya no hay tal cosa como el carácter objetivo de la acción. Se pone en marcha un proceso de desubstanciación de acciones y doctrinas.

Desde Plotino, la reflexión teórica ha olvidado que rodaba sobre el vacío para lanzarse amorosamente a la fuente solar de la representación, "la luz que nos hace ver y a la que aspiramos a igualarnos de idealización, de perfeccionamiento en perfeccionamiento". Narciso es culpable, en suma de ignorarse como origen del reflejo. Falta de conocimiento de sí: el que ama a un objeto sin saber que es el suyo, ignora de hecho, quien es él. Simples simulacros sin arte en un simulacro. Sin embargo, los psicóticos nos recuerdan, si es que lo habíamos olvidado, que nuestras máquinas de representación, que nos hacen hablar, construir o creer, reposan sobre el vacío. Siendo narcisista se yugula el sufrimiento del vacío. El objeto de Narciso es el espacio psíquico; es la propia representación, la fantasía. Pero él no lo sabe, y muere.

Frente a este desgarrador esquema: del posible quiebre del orden simbólico y del fin del proceso de hominización - y a modo de esbozar una crítica al pensamiento de J. Baudrillard y G. Lipovetszky, desarrollado en los párrafos precedentes - resulta necesario - quizás como asignatura de este fin de siglo - reconstruir, preservar, extender, cultivar y desarrollar la unidad pero también, preservar, extender, cultivar la diversidad. Recrear el encuentro, la relación, la alteridad, la asociación, el sincretismo, el mestizaje: universalidad mestiza y cosmopolita, diversidad e intercomunicación. En definitiva, es el amor el que constituye la unidad interior del alma, el alma se constituye amándose en el ideal.

Hay que abandonar la ficción de un universo ordenado, perfecto, eterno por un universo en devenir: complementario, concurrente y antagonista donde la experiencia de la subjetividad busque la auto-organización de la complejidad que lo atraviesa en una dialéctica universal entre orden, desorden y organización como una respuesta adecuada a la turbulencia y al caos. Hay que construir, sin duda alguna y como forma de hacer frente a todo esto, un lazo sustancial y complejo entre desorganización y reorganización, entre desorden y creatividad. Pensar al "individuo / sujeto como auto-eco-organizador" en términos de Edgard Morin.

Desgarramientos, conflictos interiores, compromisos bastardos. La occidentalización progresa a través de la tecnificación, la mercadización y la ideologización. En sentido contrario progresa la balcanización, la barbarie y el retorno a la identidad etno-religiosa. El altruismo dejó su lugar al egoísmo. Un antiguo modo de vida, se ha muerto en aras de una profunda e inevitable mercantilización del cotidiano - aquello que Marx ya había intuido - en una debilitación del don, de lo gratuito, del ofrecimiento, del servicio, la casi desaparición de lo no monetario, desaparición de valores que no sean el afán de ganancias, el interés financiero, la sed de riquezas. Llegó como moneda de cambio el bienestar doméstico, el alcoholismo, la droga, la desidia, el aburrimiento. Las actuales megalópolis son a la vez ciudad luz pero también, ciudad tentacular donde la existencia irremediablemente, se ahoga.

Hay que resistir contra la gran barbarie, contra la crueldad del odio, representada por los asesinatos, la tortura, los furores individuales y colectivos y contra la barbarie tecnoburocrática de la compartimentación, la hiperespecialización, la anomización, la abstracción y la mercantilización. Hay que afirmar la supervivencia de la humanidad en la conservación de la diversidad cultural y natural y en continuar el proceso de hominización creando las condiciones de perfeccionamiento en tanto tal en una sociedad - comunidad de naciones.

El "desarrollo" destruye más o menos rápidamente las solidaridades locales. Hay que saber que toda evolución implica abandono, toda creación implica destrucción, todo avance histórico se paga con una pérdida. La vida democrática retrocede. El hombre productor se halla subordinado al hombre consumidor, el consumo desordenado se transforma en consumo bulímico que alterna con curas de privación, la obsesión dietética por la línea multiplican los temores narcisistas y los caprichos alimentarios. Los individuos viven al día, consumen el presente, se dejan fascinar por mil espejismos, charlan sin jamás comprenderse, una Babel moderna.

El individuo puede ser a la vez autónomo y atomizado, rey y objeto, soberano de sus máquinas y manipulado por lo que usa. Satisfacciones, alegrías, placeres y felicidades convergen en un mar común de insatisfacciones, angustias y desdichas. Son los males de la civilización: una permanente degradación de las relaciones personales, la soledad, la pérdida de certidumbres unida a la incapacidad para asumir la incertidumbre y finalmente, la complicada miopía de no percibir estos males.

Frente a todo esto y retomando la crítica anterior: Eros en sus múltiples caras (amor, erotismo, sexualidad, amistad) como respuesta fundamental al vacío. Los impulsos del amor rechazan el mal del alma. Sin embargo, el amor se debilita al multiplicarse, se fragiliza con el tiempo. El mal de la inestabilidad, de la descartabilidad, de la insolvencia, de la prisa, de la superficialidad reintroduce el mal que el mismo destierra. El amor rechaza el vacío con su empuje a la plenitud, pero el mismo resulta roido y desintegrado por el vacío de lo que resulta un complejo vacío lleno que es muy difícil de captar.

Necesitamos desesperadamente dar cuenta de lo imaginario. Dar cuenta de la poesía como modo de vivir en la participación, el amor, el fervor, la comunión, la exaltación, el rito, la fiesta, la embriaguez, la pasión, la danza, el canto que, efectivamente transfiguran la vida prosaica, que reinvindican la figura del otro. Trabajar en favor de todo lo asociativo, del acuerdo, de la conjunción por la solidarización, como nuevo motor de la historia. Buscar la universalidad concreta, superar aggiornamentos, modernizaciones, trasmodernismos miopes y superficiales. Abandonar la descripción de la catástrofe, su irremediable destino, sin esforzarse por proponer salidas conjuntas a la crisis.

Vértigo de identidad, vértigo de palabras: el amor es a escala individual, esa súbita revolución ese cataclismo irremediable del que no se habla más que después. El amor siempre nos quema, este desfallecimiento exquisito está en el corazón de la experiencia.. En el amor "yo" ha sido "otro". Esta fórmula que nos conduce a la poesía o la alucinación delirante sugiere un estado de inestabilidad en el que el individuo deja de ser indivisible y acepta perderse en el otro, para el otro. El amor es el tiempo y el espacio en el que el yo se concede el derecho de ser extraordinario. Soberano sin ser ni siquiera individuo. Divisible, perdido, aniquilado; pero también por la fusión imaginaria con el amado, igual a los espacios infinito sed de un psiquismo sobrehumano.

La tragedia mítica se ha convertido en recogimiento e introspección. En lo sucesivo habrá un dentro, una vida interior que oponer al fuera. Propongo lo imaginario como antídoto de la crisis. No mediante la imaginación al poder" que es el grito de los perversos que aspiran a la ley - J. Kristeva. Sino mediante una saturación de los poderes y contrapoderes por construcciones imaginarias: fantasiosas, osadas, violentas, críticas, exigentes, tímidas, ... Lo imaginario triunfa allí donde el narcisista se vacía y el paranoico fracasa. Pienso en el amor como constructor de espacios de palabras, como lugar por excelencia de la metáfora, como un espacio de silencio y de complicidad.

Lo imaginario es un discurso de amor. Sólo aspiro a reinventarlo...

Referencias bibliográficas

Baudrillard, Jean. *Estrategias Fatales*. Editorial Anagrama. Colección Argumentos. España. Primera Edición. 1991.

———. *La Trasparencia del mal*. Editorial Anagrama. Colección Argumentos. España. Primera Edición. 1992.

———. *La ilusión del fin. La huelga de los acontecimientos*. Editorial Anagrama. Colección Argumentos. Segunda Edición.1995.

——. *El crimen perfecto*. Editorial Anagrama. Colección Argumentos. Primera Edición. 1995.

Deleuze Gilles y Rizoma. *Introducción*. Pre-Textos. España. 1977.

Kristeva, Julia. *Historias de Amor*. Editorial Siglo XXI. España. Segunda Edición. 1988.

Lipovetsky, Gilles. *La era del vacío: Ensayos sobre el individualismo contemporáneo*. Editora Anagrama. Colección Argumentos. Barcelona - España.. Octava Edición. 1995.

Morín, Edgard. *Introducción al Pensamiento Complejo*. Editorial Gedisa. Barcelona - España. 1991.

20
Los "valores superiores" y los derechos fundamentales en la constitución española: significado y operatividad

J. Javier Santamaría Ibeas
Universidad de Burgos - España

Al Prof. L. Alberto Warat. Con mi estima y agradecimiento por lo sugerente que su pasión por las relaciones que mantienen el Derecho, la Filosofía y la vida resultan para los racionalistas que aún creen en el mito del Derecho y la justicia.

"Toute société dans laquelle la garantie des droits n'est pas assurée, ni la séparation des pouvoirs determinée, n'a pas de Constitution". Déclaration des Droits de l'homme et du citoyen, 1789.

1. Introducción: Antecedentes de la referencia axiológica de la Constitución española.

La Constitución española, en el primer apartado de su artículo 1 dice: *"España se constituye en un Estado social y democrático de Derecho, que propugna como valores superiores de su ordenamiento jurídico la libertad, la justicia, la igualdad y el pluralismo político."*

Si esta declaración se hubiese situado en el Preámbulo de la Constitución nadie hubiera dudado de su carácter programático o, más aún, meramente retórico. Pero su colocación en el artículo 1 del texto constitucional, es decir, en el inicio mismo de la parte "normativa" de la Constitución, evidencia la intención del legislador constituyente de dotar de efectividad jurídica práctica y real tanto a la descripción que hace de España como un "Estado *social y democrático* de Derecho" como a los "*valores superiores*" que establece habrá de propugnar dicho Estado: nada menos que la libertad, la justicia, la igualdad y el pluralismo político.

Según lo anterior, resulta posible afirmar que la referencia axiológica que se incluye en el referido art. 1.1 CE es novedosa tanto en la historia del constitucionalismo español como en Derecho comparado. Y ello es así porque si bien es cierto que existen antecedentes más o menos remotos de referencias axiológicas hechas a través de textos constitucionales, también lo es que en ninguna de esas constituciones los valores a los que se alude tienen auténtico carácter normativo.

En concreto, dejando aparte los antecedentes en la tradición constitucional española[1], los otros textos constitucionales - hoy vigentes - en los que hallamos referencias axiológicas tienen una nota característica común: en cada uno de los países en que son promulgados son el punto de inflexión que marca el regreso del sistema político que regulan al Estado de Derecho tras haber sido abandonada tal fórmula y haber sido utilizado el poder político de forma autoritaria y antidemocrática. Nos estamos refiriendo, en primer lugar, a las Constituciones que ven la luz en Europa inmediatamente después del fin de la II Guerra Mundial y que tienen como objetivo articular el aseguramiento de la fórmula jurídico-política del Estado de Derecho en aquéllos países en los que los mecanismos de dicha articulación han sido utilizados

---
[1] Estos antecedentes constitucionales españoles son la Constitución ("revolucionaria") de 1869, el Proyecto de Constitución de 1873 y la Constitución republicana de 1931.

'perversamente' en contra de los fines más evidentes de tal forma de Estado (es decir, la Constitución francesa de 1946, la italiana de 1947 y la alemana de 1949) y, en segundo lugar, a la otra Constitución europea además de la española que es elaborada tras el paso por un sistema de gobierno autocrático (una dictadura militar) y en la que se pretende reafirmar la voluntad democrática de los creadores-destinatarios del texto constitucional: la Constitución portuguesa de 1976.

La otra característica común de todos los textos constitucionales con referencias axiológicas es el lugar en que estas referencias se hacen: junto a la formulación del Estado.

Así, la Constitución francesa de 1946 dice: "*La Comunidad está fundada en la igualdad y la solidaridad de los pueblos que la componen*" (párrafo 21 del artículo 11) y, en el mismo sentido, que "*Francia es una República indivisible, laica, democrática y social que garantiza la igualdad ante la ley de todos los ciudadanos sin distinción de origen, raza o religión y respeta todas las creencias*" (párrafo 11 del artículo 21); la Constitución italiana de 1947 en el párrafo 11 de su artículo 1 dice: "*Italia es una República democrática fundada en el trabajo*"; y finalmente, la Ley Fundamental de Bonn de 1949 en su artículo 20[2] dice: "*La República Federal de Alemania es un Estado federal, democrático y social*". Mucho más próxima cronológica, social, cultural y políticamente a la Constitución española de 1978 resulta la portuguesa de 1976, en cuyo art. 11 se puede leer: "*Portugal es una República soberana, basada en la dignidad de la persona humana y en la voluntad popular y empeñada en su transformación en una sociedad sin clases*".

Tras comparar lo establecido en el artículo 1.1 CE con las anteriores reseñas obsérvese, primero, que la novedad de la referencia axiológica de la CE es sustancial, pues absolutamente ninguno de los otros textos califica a los valores a que se refiere como tales, sino que se limitan a positivarlos sin entrar en su articulación técnico-jurídica efectiva; y, segundo, que podría afirmarse que todos los textos constitucionales de donde han sido extraídos los preceptos citados no son sino elaboraciones estrictamente positivistas que parten de la premisa del más puro normativismo formalista, lo que es una consecuencia lógica de la falta de preocupación del legislador constitucional por la introducción de criterios materiales que dotaran de contenido a los procedimientos jurídico-formales establecidos en la Constitución, y, sin embargo, la acusada preocupación manifestada por articular una reacción contra el positivismo formalista al que se considera responsable de la fundamentación jurídico-política de los regímenes totalitarios que llevaron a la política internacional al callejón sin salida que culminó en la Segunda guerra mundial. Así, no podremos sino deducir que todos los textos señalados lo que tratan es de positivar y dar fuerza normativa, además de a procedimientos formales de defensa del Estado de Derecho, a criterios materiales que doten de contenido efectivo a tales procedimientos.

2. La polémica introducción de los "valores superiores" en el texto constitucional.

La novedad de la referencia axiológica contenida en el art. 1.1 CE y su desarrollo a través no sólo de otros preceptos sino sobre todo de otras categorías jurídicas como

---

[2] La colocación de este precepto en el artículo 20 en vez de en el primero se éustifica en el caso de la Ley Fundamental de Bonn por el interés del legislador constitucional en, después de los trágicos sucesos del nazismo hitleriano, dar un especial protagonismo a los Derechos fundamentales, ocupando éstos los 19 primeros artículos y quedando la definición del Estado colocada en el primer artículo inmediatamente posterior a ese listado de derechos.

son los principios y los derechos fundamentales provocó ya desde el momento de la redacción de la Constitución Española una importante polémica doctrinal que podría sintetizarse en dos posturas: por una parte, la de quienes consideraron que la referencia axiológica de la CE era una aportación original al constitucionalismo moderno que permitiría la superación de la ya tradicional dicotomía iusnaturalismo-iuspositivismo y, por otra, la de quiénes escépticamente no concedieron más valor que el puramente retórico a dicha referencia axiológica, considerando que los "valores superiores" que positivaba no eran sino una redundancia innecesaria desde el momento en que dichos valores se hallaban ya desarrollados - y protegidos jurisdiccionalmente - en forma de derechos fundamentales y, subsidiariamente, de principios generales del Derecho o "principios constitucionales".

Lógicamente, la anterior polémica se encuadra en un enfrentamiento aún mantenido en la actualidad entre quiénes consideran que la Constitución (cualquier Constitución) no es (o no debe ser) más que una norma jurídica especialmente protegida en virtud de la extraordinaria importancia que su contenido tiene para un Estado democrático y quiénes defienden que la Constitución sí es una norma jurídica, pero también es "algo más", al cristalizar en ella el binomio "poder político" - "ordenamiento jurídico" y darse en virtud de tal cristalización legitimidad al primero y efectividad al segundo.

Esta polémica suscitada en España en 1978 y mantenida en la actualidad hunde sus raíces en la aparición de la Constitución de la República de Weimar ya en 1919 y la verdadera relevancia de la discusión no es tanto la fundamentación que utiliza cada postura en sus alegatos como las consecuencias que cada una de ellas tiene de cara a la interpretación de las normas constitucionales, lo cuál resulta evidente que tiene una enorme importancia práctica de cara al acceso de los ciudadanos a la justicia efectiva[3].

La primera posición, al defender como único contenido legítimo de la Constitución la organización formal del poder, lo que está favoreciendo es una interpretación del texto constitucional que podríamos denominar "formal" o mejor "formal-liberal", que deja en manos del titular del poder político en cada momento histórico la determinación, el desarrollo y la realización del "universo axiológico" del grupo al que se aplica el ordenamiento, siempre, eso sí, conforme a los procedimientos y límites formales marcados en la norma fundamental.

Mientras, la segunda posición pretende una interpretación constitucional que podríamos denominar "material" y que considera que al estar dicho "universo axiológico" positivado en la norma suprema del ordenamiento jurídico lo que debe procurar el titular del poder político es el desarrollo normativo y la realización de dichos valores, siendo en todo caso evaluable su actuación (política) a través de órganos ju-

---

[3] A este respecto, el autor que genera esta polémica es Carl Schmitt, que años después de la promulgación de la Constitución de Weimar publica su *Teoría de la Constitución* (en la que, por ejemplo, afirma: "*El elemento propio del Estado de Derecho, con los dos principios: derechos fundamentales (como principio de la participación) y división de poderes (como principio orgánico), no implica, considerado en sí mismo, forma de gobierno alguna, sino sólo una serie de límites y controles del Estado, un sistema de garantías de la libertad burguesa y de la relativización del poder del Estado. El Estado mismo, que debe ser controlado, se da supuesto en este sistema. Los principios de la libertad burguesa pueden, sí, modificar y templar un Estado, pero no dan lugar por sí mismos a una forma política (...) De aquí se sigue que en toda Constitución hay un segundo elemento, de principios político-formales, unido y mezclado con el elemento del Estado de Derecho*"). A partir de la década de los 30, la discusión se vio avivada por la intervención en ella de Kelsen; así, bibliográficamente esta polémica cristaliza en una primera obra de Kelsen publicada bajo el título *El guardián de la Constitución* y la contestación que ofrece después Schmitt con su obra *Quién debe ser el guardián de la Constitución?*.

risdiccionales (tales como el Tribunal Constitucional) y, por supuesto, susceptible de ser declarada inconstitucional en caso de que vulnerara dichos valores positivados (quedando en tal caso anulada tanto la decisión política como sus posibles consecuencias jurídicas).

Con el paso del tiempo, la polémica iniciada en Europa se traslada a Norteamérica, donde autores tan relevantes como R. Dworkin (y sus "casos difíciles" en los que se aplican preceptos vagos" que provocan laxas interpretaciones constitucionales)[4] se ven contestados desde el formalismo liberal por autores como J. Ely[5].

En España, con la promulgación de la Constitución, la polémica se suscita básicamente por la positivación de los referidos "valores superiores" en el art. 1.1. Debido a la actualidad de la cuestión resulta difícil especificar los autores que intervienen en la polémica pero, como poco, podemos señalar al Prof. Peces-Barba Martínez[6] en el polo de los que defienden el carácter normativo de la referencia axiológica de la CE y en el polo opuesto al Prof. Rubio Llorente, que considera redundante la referencia axiológica al condensar los derechos fundamentales también expresados por la Constitución.

Precisamente como superación práctica de la polémica, lo que a continuación vamos a tratar de hacer es un esbozo sintético de lo que ha sido la actividad jurisdiccional del Tribunal Constitucional español en relación con los valores superiores, tratando de deducir de dicha actividad el carácter concedido a los "valores superiores" del art. 1.1 respecto de los derechos fundamentales, reconocidos en la sección primera del Título segundo del capítulo primero de la CE (arts. 14 a 29).

3. La operatividad de los valores superiores respecto de los derechos fundamentales en la jurisprudencia del Tribunal Constitucional español.

Lo primero que ha de advertirse es que los cuatro "valores superiores" que propugna el "Estado social y democrático de Derecho" en que se constituye España conforme al art. 1.1 CE ni son homogéneos, en el sentido de que no todos tienen el mismo grado de desarrollo, ni *a priori* tienen la misma efectividad, ni *a posteriori* han sido igualmente utilizados por el Tribunal Constitucional.

Así, la doctrina española ha distinguido entre lo que ha denominado los valores "fuertes" y los valores "débiles", y ha entendido que los primeros son aquéllos cuya invocación podría justificar y fundamentar por si misma una decisión legislativa (y judicial) en los supuestos controvertidos en los que la solución no aparece determinada expresamente en el articulado de algún texto legal, sino que para hallarla hay que recurrir a la interpretación de los principios materiales que posee el ordenamiento y especialmente la Constitución. Mientras, los valores superiores débiles serán aquéllos cuya invocación no justifica las decisiones antedichas o, al menos, no las justifica por si misma, es decir, que si bien se entiende que podrán ser invocados como justificación de un acto o, sobre todo, de una decisión judicial determinada, tal invocación si se pretende efectiva habrá de ir acompañada de una fundamentación en otro tipo de preceptos constitucionales, sean estos los principios generales recogidos expresamente en el artículo 9.3 CE, los principios de cada una de las ramas del ordenamiento

---

[4] En este sentido, vid. R. DWORKIN, "Los casos constitucionales" y "Los casos difíciles", en su *Los derechos en serio*.

[5] *Vid.* ELY, É. H., *Democracy and Distrust. A Theory o Judicial Review*, Cambridge, Massachusetts, Harvard University Press, 1980.

[6] Teniendo en cuenta la importancia de su posición desde el momento en que fue uno de los siete ponentes que redactaron el Proyecto de Constitución que luego fue discutido y aprobado por primero por las Cortes y después por el pueblo español y específicamente quien aportó el contenido del art. 1.1 CE y su referencia axiológi:a.

o bien, más frecuente y sencillamente, los derechos fundamentales desarrollados en los artículos 14 a 29 CE.

Pero a pesar de que la anterior diferenciación es mayoritaria, lo que ya no resulta incontrovertida es la adscripción de los valores a una u otra categoría, de modo que algunos autores defienden que los valores fuertes son la igualdad y el pluralismo político frente a los débiles que serían la libertad y la igualdad mientras que otros defienden que los fuertes son la igualdad y la libertad (que además resultar ser una especie de "compendio" o "síntesis" de todos los principios y derechos fundamentales) frente a la justicia y el pluralismo político (que podrían entenderse ya incluidos en una interpretación laxa de los dos "fuertes").

Desde el punto de vista práctico, el Tribunal Constitucional aunque en alguna de sus resoluciones ha reconocido que "... *como regla general los valores superiores del ordenamiento y los principios constitucionales pueden bastar para promover recursos o plantear cuestiones de inconstitucionalidad...*"[7], lo cierto es que, como se verá más adelante, en la práctica ha sido enormemente cicatero en la aplicación directa - o, mejor, "exclusiva" - de los valores superiores, no basando ninguna resolución únicamente en alguno de ellos sino que siempre los ha utilizado en combinación con "principios constitucionales", y las más de las veces ha usado directamente los derechos fundamentales positivados constitucionalmente[8], desarrollando una "integración" terminológica y conceptual de los valores superiores, los principios generales y los derechos fundamentales específicamente aplicables a los supuestos que se le han planteado.

Conforme a la diferenciación a la que se ha aludido y a que consideramos correcta entre valores fuertes y valores débiles, a continuación se va a hacer una brevísima alusión a la operatividad de los valores igualdad y libertad en la práctica jurisdiccional del Tribunal Constitucional español.

3.1. La libertad y la igualdad

Estos dos "valores superiores" son la piedra clave sobre las que se levanta y sustenta la arquitectura del ordenamiento jurídico español o, si se prefiere, la base de la fórmula del "Estado social y democrático de Derecho" en que España se constituye de acuerdo con el art. 1l de su Constitución.

La dificultad de la determinación del contenido de estos dos valores radica en el hecho de que son dos clásicos de la literatura del Estado de Derecho (piénsese en la formulación que reciben ya desde 1789 y la Declaración de Derechos del Hombre y del Ciudadano) y en que consecuentemente han sido utilizados no sólo desde posiciones técnico-jurídicas diferentes (como pueda ser la que ofrece el Estado "liberal" de Derecho frente a la del Estado "social" o el Estado "democrático" de Derecho), sino también desde posiciones ideológicas no sólo diferentes, sino radicalmente opuestas (recuérdese la frecuencia con la que férreas y sangrientas dictaduras justifican la usurpación y utilización absoluta del poder con la alusión sobre todo a la libertad del pueblo pero también a la necesidad de lograr la igualdad entre los ciudadanos).

---

[7] STC 116/1984, de 7 de Julio, fundamento 61. Esta STC resuelve una cuestión de inconstitucionalidad presentada contra varios arts. de la Ley 37/1984 por entender que dichos preceptos vulneraban los arts. 1.1, 9 y 14 CE al excluirse del ámbito de aplicación de dicha ley a los militares profesionales que habían ingresado en el Ejército republicano con posterioridad al 18 de Julio de 1936, fecha del alzamiento militar que provoca la Guerra civil. El TC reconoce la inconstitucionalidad de algunos de los preceptos cuestionados.

[8] Excepción hecha de la STC 53/1985 en la que, al decidir la constitucionalidad de la reforma del Código penal que despenalizaba el aborto para determinadas circunstancias, sí basa el fallo definitivo en un "valor", aunque éste no es siquiera uno de los "valores superiores" del art. 1.1 CE, sino que se trata del valor "vida" derivado del derecho fundamental recogido en el art. 14 CE.

Respecto de la igualdad, en su tradicional versión liberal-burguesa resultaba posible distinguir dos dimensiones: la que podríamos denominar "institucional" (Estado-ciudadano) y la "particular" (ciudadano-ciudadano). En cuanto a la primera, la libertad consistirá en que el individuo tenga la posibilidad de llevar a cabo, sin la oposición del Estado, todas aquellas actividades que hasta la articulación del Estado de Derecho no habían sido posibles. Las dos preguntas que se pueden acompañar siempre al concepto de libertad son "libertad respecto de quién?" y "libertad para qué?"; y el liberalismo responde a ambas: "libertad frente al Estado" y "libertad para poder hacer todo aquello que hasta ahora había sido considerado como peligroso" (para el Estado): es decir, libertad ideológica, religiosa, de expresión, de circulación y de residencia y establecimiento de garantías procesales-penales que aseguren esa libertad.

La dimensión "particular" de la libertad puede ser también calificada como "contractual", pues lo que pretende, a *sensu contrario* de lo que sucedía en Épocas anteriores, es permitir la libre contratación de bienes y servicios propios, actividades éstas que habían estado sujetas a muchas limitaciones en los Estados "preliberales"[9].

Mientras, la igualdad, también en su interpretación liberal, hace referencia a lo que actualmente se denomina igualdad "formal". Resulta obvio que desde la perspectiva actual del Estado social y democrático de Derecho esta igualdad formal contiene un contenido excesivamente tosco y limitado para ser operativo en la práctica respecto de todos los miembros de una comunidad, quedando siempre unos más favorecidos que otros, pero también es cierto que esta igualdad formal no es sino un primer paso que permite recorrer con mayor o menor celeridad el camino que separa la igualdad formal de la igualdad material[10]. Obsérvese también lo paradójico que resulta que la primera dimensión de la igualdad cuya positivación preocupa sea la igualdad formal: históricamente, los primeros pasos de la lucha por el reconocimiento del derecho a la igualdad se centran no tanto en lograr la denominada igualdad "en" la ley como la igualdad "ante" la ley, es decir, que lo que realmente preocupa (al iusnaturalismo racionalista que da a luz textos como la DUDH) es evitar la discreccionalidad en la interpretación y aplicación de la ley. Y sólo será más adelante, en el momento en que la evolución del Estado liberal de Derecho conlleve su transformación en Estado social de Derecho, cuando se muestre una cierta preocupación no sólo por el resultado de la aplicación sino también por la posición de partida de quienes se enfrentan a dicha aplicación, entendiendo que si ya se parte de una situación de desigualdad (sobre todo económica, pero también social, cultural, política...) difícilmente se podrá llegar a la aplicación de la norma en condiciones igualitarias.

---

[9] C. Schmitt escribe en 1929; "*De la idea fundamental de la libertad burguesa se deducen dos consecuencias, que integran los dos principios del elemento típico del Estado de Derecho, presente en toda Constitución moderna. Primero, un* principio de distribución: *la esfera de la libertad del individuo se supone como un dato anterior al Estado, quedando la libertad del individuo* ilimitada en principio, *mientras que la facultad del Estado para invadirla* es limitada en principio. *Segundo, un* principio de organización, *que sirve para poner en práctica ese principio de distribución: el poder del Estado (limitado en principio) se divide y se encierra en un sistema de competencias circunscritas. El principio de distribución - libertad del individuo, ilimitada en principio; facultad de poder del Estado, limitada en principio - encuentra su expresión en una serie de derechos llamados fundamentales o de libertad; el principio de organización está contenido en la doctrina de la llamada división de poderes, es decir, distinción de diversas ramas para exercer el Poder público, con lo que viene al caso la distinción entre Legislación, Gobierno (Administración) y Administración de Justicia.*"; en C. SCHMITT, *Teoría de la Constitución*, Madrid, Alianza, 1982, p. 138.
Dicen los arts. 41 y 51 de la DUDH: "*La libertad consiste en poder hacer todo lo que no daña a los demás (...) Todo lo que no es prohibido por la ley no puede ser impedido...*"
[10] Dice el art. 61 de la DUDH: (La ley) "*debe ser la misma para todos, tanto si protege como si castiga. Todos los ciudadanos, al ser iguales ante ella...*"

Lógicamente, entre la formulación clásica (formal-liberal) de estos dos conceptos y la que se propugna desde textos constitucionales contemporáneos, tales como el español, la diferencia (técnico-jurídica e ideológico-política) es sustancial.

Respecto de la libertad, el actual Estado de Derecho permite distinguir, como ya hiciera I. Berlin entre la libertad de los antiguos y la de los modernos o, si se prefiere, entre la libertad negativa, que es la libertad de acción y que implica la garantía de la no-intervención de otros en las decisiones propias de cada individuo (específicamente, por lo que respecta al ordenamiento jurídico, la garantía de que el titular del poder político no intervendrá en la vida de los ciudadanos a través de medidas limitativas); y la libertad positiva o libertad de decisión, que se refiere a la autonomía de la voluntad, configurándose como aquélla que permite decidir a cada cuál acerca de su proyecto vital, de forma tal que cronológicamente esta libertad positiva se convierte en un *prius* de la libertad negativa, pues difícilmente se podrá *actuar* libremente si no se ha podido también *decidir* libremente acerca de la actuación que se va a desarrollar.

En todo caso, este concepto omnicomprensivo de la libertad se halla diseminado en todo el texto constitucional español, aunque no todos están igualmente garantizados[11]. Por ello, en la práctica resulta mucho más efectivo ante los órganos jurisdiccionales la alegación de una vulneración de la libertad positivada en forma de derechos fundamentales que la de cualquier otra, debido al procedimiento especial que protege muy rígida y eficazmente la vulneración de estos derechos[12].

La igualdad, desde la óptica del moderno Estado de Derecho, también puede ser observada desde diferentes dimensiones: a la tradicional igualdad ante la ley se suma la igualdad "en" la ley y, realizando lo que el Prof. Peces-Barba denomina "proceso de especificación" de los Derechos humanos[13], esa igualdad se hace efectiva ofreciendo (jurídicamente) un tratamiento desigual a aquéllos que no se hallan en una posición de igualdad *ab initio*, de manera que además de resultar ilegítima la discriminación negativa se legitima la discriminación positiva, es decir, la utilización del ordenamiento para "compensar" con determinados "privilegios" la situación de aquéllos que tradicionalmente se han visto insertos en una situación de inferioridad (cualquiera que sea su tipo: política, económica, social o cultural)[14].

---

[11] Así, la libertad aparte de como "valor superior" expresado en el art. 1 y de consecuentemente operar como informador del conjunto del ordenamiento, aparecer recoge recogida en la CE en los arts. 9.2, como "principio" que exigiendo de los poderes públicos las actuaciones que sean necesarias para que la libertad sea real y efectiva ("*Corresponde a los poderes públicos promover las condiciones para que la libertad y la igualdad del individuo y de los grupos en que se integra sean reales y efectivas; remover los obstáculos que impidan o dificulten su plenitud y facilitar la participación de todos los ciudadanos en la vida política, económica, cultural y social*"), y en la sección dedicada a los derechos fundamentales, reconociéndose específicamente la libertad ideológica, religiosa y de culto (art. 16), la personal (art. 17), la de circulación y residencia (art 19), la de expresión y prensa (art. 20), la de asociación (art. 22), la de enseñanza (art. 27) y la sindical (art. 28 CE).

[12] Ello es así en base al sistema de justicia constitución concentrada que diseña la CE, dando la posibilidad a cualquier ciudadano de que reclame cualquier vulneración de derechos fundamentales conforme a un procedimiento especial. Art. 53.2 CE: "*Cualquier ciudadano podrá recabar la tutela de las libertades y derechos reconocidos en el artículo 14 y la Sección primera del Capítulo segundo ante los Tribunales ordinarios por un procedimiento basado en los principios de preferencia y sumariedad y, en su caso, a través del recurso de amparo ante el Tribunal Constitucional.*"

[13] Vid. G. PECES-BARBA MARTÍNEZ, *Curso de derechos fundamentales (I). Teoría general*, Madrid, Eudema, 199, pp. 154 y ss.

[14] En este sentido la CE no sólo positiva a la igualdad como derecho fundamental en su art. 1.1, sino que también la da forma de derecho fundamental y, como antes ya se ha visto respecto de la libertad, también la articula en forma de principio "constitucional" o "del ordenamiento", de manera que obliga a los poderes

Por último, considérese que conforme a estas articulaciones de la libertad y la igualdad en niveles normativos distintos, con diferentes grados de concreción y, sobre todo, diferentes procedimientos de garantía, el supremo intérprete del texto constitucional español, es decir, el Tribunal Constitucional, ha elaborado desde su puesta en funcionamiento en 1981 una minuciosa doctrina conforme a la cuál poder aplicar adecuadamente cada uno de los conceptos a los que aquí nos hemos referido. Eso sí, hasta la depuración de dicha doctrina el Tribunal Supremo ha seguido una línea zigzagueante[15] por el borde mismo del límite con la seguridad jurídica que ha provocado algunas sentencias más que discutibles conforme a la doctrina hoy ya asentada. Y ello ha sido así principalmente en las resoluciones que han llegado hasta el TC con un "alto contenido político", recurriendo precisamente entonces a lo que R. Dworkin podría denominar también "preceptos vagos" para fundamentar resoluciones que desde el punto de vista de la estricta técnica jurídica no hubiesen resultado tan aceptables.

Afortunadamente, tanto si se considera correcta como equivocada, la uniformidad es en la actualidad la práctica habitual en las resoluciones del TC. Al menos hasta que se plantee otra resolución de "alto contenido político".

---

públicos no sólo a no provocar discriminaciones bajo ningún tipo de circunstancia (art. 14: "*Los españoles son iguales ante la ley, sin que pueda prevalecer discriminación alguna por razón de nacimiento, raza, sexo, religión, opinión o cualquier otra condición o circunstancia personal o social*"), sino también a "*promover las condiciones para que (...) la igualdad del individuo y de los grupos en que se integra sean reales y efectivas*" (*vid.* lo ya dicho en la nota n1 sobre el art. 9.2 CE).

[15] Considérese que no existe un único responsable de esa línea que hemos denominado "zigzagueante" pues se debe por una parte, como ya se ha dicho, a la positivación de la libertad y la igualdad en preceptos distintos con diferente grado de protección y efectividad, por otra, a que el Tribunal Constitucional inicia una actividad que no tenía absolutamente ninguna tradición, pues no había existido un órgano comparable al Tribunal Constitucional durante casi medio siglo e, incluso, se debe a la variación en la composición del mismo Tribunal, pues la misma Constitución prevé que los doce Magistrados son nombrados por nueve años, renovándose por terceras partes cada tres, de tal forma que en su primera etapa de funcionamiento (1981-1993) varió tres veces de composición, modificándose ésta totalmente.

21
Notas sobre moral, psicoanálisis y utopia

Francisco de Asis Garrido Peña

1. La moral no es sino la organización interiorizada (subjetivizada) de las reglas sociales de construcción y de satifación del deseo:
Tiene pues un doble componente.
a) Constructivo: produce por medio de la norma (el inconsciente jurista: la institución de la prohibición) la prohibición y la censura (que en la moral moderna, pero también en la judeo-cristiana adopta la apariencia, creída por el sujeto, de autocensura). La figura de la "conciencia moral" (la voz de la conciencia) representará perfectamente esta función.
b) Satifación: La regulación de unos causes legítimos de satifación y de expresión del deseo.Estos causes consisten esencialmente en mecanismos de represión y de ocultación.el deseo se expresa moralmente camuflándose (véase la expresión-satifación del deseo sexual en esa institución canónica y jurídica del matrimonio). De ahí que el incumplimiento de las noemas morales implique la idea de "falta moral" o de "mancha moral" (en clara alusión al amcha de las sustanciass derramas incorrectamente que son la sangre y el semen)
Esta función dual es inseparable: no existe moral que sea exclusivamente constructiva sin regulación, ni existe regulación que no suponga construcción.Al reprimir (regular la satifación, censurar) construye y al construir no esta sino regulando restringida mente la satisfacción.

2. La moral supone el reconocimiento y la afirmación como "deber ser" de todo aquello que el inconsciente permite que sea dicho y sabido (la evidencia de que eso no es todo ni es seguro conduce a la distinción moral entre "ser" y "deber ser").

Es por esto que saber y moral coinciden siempre, aunque sea como dice aquel:"Si no crees en mi Dios es que crees en mi demonio".

3. Lo *inmoral* no es aquello que no debe ser dicho y que ha sido dicho: sino aquello que ni se puede decir:
La irrupción de lo que "ni se puede decir" en lo dicho aparece como "mal dicho" (pero no esta "mal dicho" sino que es un "dicho del mal").
Es por esto que lo inmoral se muestra como síntoma en el error y en el incociente (en los "actos fallidos", en las perversiones, en el sueño, en el síntoma neurótico y patológico).
Pero no es la moral la que dice lo que se puede decir o no (la moral dice que se debe decir), sino que ella misma es le resultado (la organización) de la distinción entre lo que puede o no puede ser dicho.
La forma en que la moral realiza explícitamente distinciones en su interior pueden ser entendidas como síntomas de las distinciones ocultas.

4.¿Como entender, por ejemplo, la exigencia de universalidad e imparcialidad de la ética kantiana?:
Supone un cierre categorial de la moralidad al espacio del lenguaje. Solo lo que puede ser universalizable, es decir verdadero y comprensible, puede ser morales el espacio de lo dicho.
Previamente se ha expulsado de la lengua todo lo que es inmoral. Lo "no dicho" es presentado como "mal dicho (irracionalidad, sin sentido, absurdo, enfermedad).
Solo hay ciencia de la necesidad (la causalidad) no hay ciencia del accidente (de la

195

singularidad) decía Aristóteles.De ahí que en Aristóteles razón y ética se confunda (la ética intelectualista): toda moral es, debido a esta restricción a "lo dicho", intelectualista.

La universalidad es la universalidad de la verdad (lo reconoce Kant en varios ejemplos en la Crítica de la Razón Pura) que es una propiedad de los enunciados y los juicios lingüísticos.

El requisito de universalidad kantiano es un requisito producido, no productor; es una consecuencia de la distinción oculta y primera entre "lo dicho" y lo no-dicho".El requisito de universalidad implica la orden de pertenencia al ámbito moral de lo dicho. Es pues analítico y tautológico, pues solo nos dice explícitamente :"Todo lo moral ha de ser moral". Su valor hermenéutico reside solo si lo analizamos desde el estatuto del síntoma.

5. Lo contrario pues de lo moral no es aquello que esta describe como inmoral sino lo absurdo (ab-surdo, sin sonido, sin sentido, sin palabra, sin dicho):

O mejor dicho aquello que la censura profunda designa como absurdo lo no dicho , lo reprimido): el deseo, el incociente, la perversión.

Es por esto que el nihilismo ontológico en cuanto que devien en absurdo no es tal sino la ideologización de la condena la absurdo por parte de la moral contra los málditos.

El maldito tiende al nihilismo en cuanto se encuentra en un mismo territorio de afinidad (el territorio de lo absurdo) y hace del nihilismo la ideologización de su propio exilio.Pero con ello n o es sino funcional al objetivo de la moral que es eminentemente nihilista, destructivo, máquina de producción del absurdo.

6. La función de la moral es producir lo absurdo, o lo que es igual, oculta lo no-dicho; o mejor, producir como absurdo todo aquello que "no puede ser dicho" por medio de la ocultación producida a través de la dialéctica entre lo que "debe y no debe ser hecho":

Hay que resaltar que no es un problema moral la imposibilidad concertar de que algo sea dicho.Se trata de poder no de querer, de las condiciones sociales de aceptabilidad de los enunciados, de la voluntad social de aceptarlos.

Quiere esto decir que la censura profunda que subyace al discurso moral es ignorada hasta por la misma moral.

7. La moral "maldice" todo aquello que le excede.De ahí la figura del "maldecir" y del "maldito" como aquellos que han sido expulsados de la comunidad moral (recupera la figura del destierro como pena máxima en muchas culturas).Mal-decir es expulsar del sentido:

El maldito es aquel que es expulsado por empeñarse en meter dentro de "lo dicho" aquello que la moral se empeña en sacar ("lo que no puede ser dicho").

En esto consiste el malditismo en la intención de reactualizar un discurso imposible desde el mal.La trampa del malditismo también reside ahí en la voluntad de ser complementarios (enemigos) del bien.

Y no alternativos a la dialéctica moral del bien y del mal.Nietzche que fue un maldito lo entendió bien cuando formulo aquello de "más allá del bien y del mal".El amoralismo marxiano también era maldito.Como el amoralismo de Freud o de Heidegger , otros dos malditos cuya suerte integradora ha sido desigual.

8. La organización moral pretende ocultar e ignorar la imposibilidad e imcompletud del deseo:

Por eso la necesidad de expulsar del decir aquel decir que nos lo recuerda y nos vuelve la mirada hacia la falta. Maldito es todo el saber de la incompletud y toda la ética de la incompletud (los saberes primitivos, la brujería, la magia, la enfermedad, los saberes de lo cotidiano, el discurso poético como discursos vitales etc).

La conversión del malditismo en "utopía negativa" es el intento de hacer de lo maldito un discurso que tenga "un lugar bajo el sol". Si lo maldito es el complemento-enemigo de lo moral (los luchadores se abrazan entre si, nos recuerda Hegel) el malditismo aparece como un nueva tierra invertida de provisión; la reconstrucción de nuevo del mito historicista y geotópico de la "tierra prometida" como espacio y tiempo de la completud.Todas las versiones del satanismo y del ocultismo esotérico y sectario son productos de la conversión del malditismo en una "utopía negativa".

Por eso nada de extraño hay en que la moralidad dominante allá convertido en satánico (y por tanto desposeído de lo esencial) a muchas prácticas y saberes populares, vernáculo, anclados en el matriarcado.El caso paradigmático es el de las brujas que son introducidas en el orden moral a través de su conversión en satánicas.La brujería expresión de una experiencia no fálica del goce es reintroducida en el discurso fálico y en el delirio falocrático de la completud a través del falo del macho cabrio (del diablo). El tratado del "malum maleficarum" es claramente una obra de conversión (y por tanto de invención-construcción) de una categoría homogénea de "utopía negativa" que es el satanismo femenino (brujería).

El maldecir individual consiste en desear al otro algún mal: es pues usar el deseo como arma o atacar con el deseo.La maldición implica la repetición involuntaria (incausada) de un suceso, esta repetición es compulsiva. Repetición y compulsividad van unidos en el suceso de la maldición: estas son dos expresiones clásicas de la pulsión de muerte.La maldición es una expresión absurda de la pulsión de muerte.La prohibición moral de la maldición individual obedece a la prohibición sobre la facultad toda de maldecir.Maldecir es arrogarse un poder inmoral.El sujeto moral está sometido como tal a la prohibición de maldecir; es decir a la prohibición de hacer un uso autónomo del deseo como arma (de la pulsión de muerte) y por tanto a convertirse en legislador moral y establecer que puede y que no puede ser dicho.

Esta prohibición de la maldición es constitutiva con el sujeto moral y no hay posibilidad alguna de pensar un sujeto moral que estuviera a salvo del interdicto de maldecir. Solo a Dios, o a las instituciones, en cuanto personas jurídicas le está consentido el maldecir.El sujeto moral es el mismo producto de la maldición que distingue lo que se puede decir y lo que no se puede decir.

Pero esta prohibición de la facultad de maldecir la sujeto moral individual genera la perversión de la maldición como acto de deseo negativo.Pero la maldición es también un síntoma de como al maldecir se hace un uso interesado de la pulsión de muerte.La maldición individual es un acto económico sometido al cálculo la rentabilidad: hay una inversión desnuda de odio (de pulsión de muerte).

Hay que diferenciar el maldecir de lo maldicho (síntomas) y el maldecir de lo maldecido (un uso económico, en el sentido de utilitarista, de la pulsión de muerte).Este uso económico de la pulsión de muerte es entrópico, y tiende a aumentar las tendencias autodestructivas del sujeto moral.La maldición solo esta permitido como absurdo y síntoma (lo mal dicho) o como sentencia de la institución (el padre podía maldecir).

Las instituciones se reservan el monopolio del uso moral de la maldición. La existencia y la exigencia de ese monopolio es consustancial con la supervivencia de la institución pues afectaría a su soberanía en la censura.Cuando la institución se reduce a la prohibición misma tiene que ser recubierta en su vaciedad y ocultada (esto es el tabú) o la vaciedad y ocultación radical que afecta a los núcleos duros de lo símbolos y las encarnaciones del poder constituyente (la invisibilidad y la inombrabilidad del dios judío, la invisibilidad y la informalidad del dios musulmán, la aparente irracionalidad de la trinidad católica, etc.).

La moral es pues una industria de transformación y producción del malditismo en pecado y en "utopía negativa". La técnica es entre otras, la del desplazamiento que describe el sicoanálisis.La expresión de esta conversión-expulsión es a través del síntoma (los pecados y las "utopía negativas" no son síntomas). De ahí el gozo incontenible del censor ante hallazgo de cualquier pecado. Este gozo puede llegar al paroxismo cuando se trata del descubrimiento de una falta nueva.

9. *El escándalo y la tentación.* El escándalo no es sino la emergencia pública insoportable de una norma oculta. En la emergencia de esa norma hay goce tanto en el escandalizado como en el escandalizador.

Lo que verdaderamente escandaliza no es ni el hecho en sí publicado, ni siquiera su estado oculto sino su naturaleza normativa.Es por eso que es la normatividad del hecho lo que trata de ser negado a traves del mecanismo del escándalo.La reducción de la norma a acto es lo que el escándalo persigue.

Funciona así el escándalo como un "doble cierre de seguridad" de la norma moral. Construyendo la excepcionalidad del hecho como acto (responsabilizado en una actor-sujeto) se busca la singularidad de la responsabilidad moral personalizada frente a cualquier compresión normativa o institucionalista: "Roldán no es la Guardia Civil, Rubio no es el Banco de España, Juan Guerra no es el PSOE, el caso Arny no identifica a todos los homosexuales."

El escándalo es necesariamente escandaloso porque es escandalosamente necesario. Y eso es lo que se trata de ocultar con el griterío, la alaráca, los improperios, los culpabilismos, el moralismo de cruzada que se dan en el escándalo.Quién más grita más teme (y más desea ocultar y olvidar).

El escándalo es un mecanismo típicamente humanista que hace de la voluntad del sujeto un agujero negro que solo se explica y comprende tautológicamente: a partir de si mismo.En el escandalo se reprime con crueldad infinita el caso para que pueda vivir la norma; se destruye al individuo para que persista la institución.

Siempre va unido al sexo y al crimen; es decir, a norma ocultas constituyentes como son l incesto, la propiedad, la venganza etc.

Existe una prenda interior femenina que ha adoptado la denominación genérica de "tentación".De tal manera que hay mujeres se visten con un "tentación".El uso del término tentación para definir una prenda íntima no es caprichoso, ni está exento de sentido. Esta prenda está asociada a un movimiento interior de la conciencia moral cual es la tentación.

La asociación no es vanal y tiene más concomitancia de las que a simple vista parecen existir. ¿Pues no repite la prenda aquello que el movimiento hace? No consiste la tentación y el "tentación" en atraer y enervar al deseo mediante la semiocultacion (y por tanto de semimostración) de la piel (carne-cuerpo).

La conciencia es la "prenda íntima" de la subjetividad, es el "tentación" del "espíritu":la barera cuasitransparente y cuasiopáca que descubre y oculta la posibilidad de realización táctil (material y por tanto total) del deseo proyectado en un cuerpo.La conciencia moral es la barrera que separa y que filtra la relación entre el sujeto-deseante y el objeto-deseado.En este hiato es donde se produce la enervación del deseo y la producción del sujeto deseante y del objeto deseado.

Sin "tentación" no hay tentación.Puede haber tacto , e incluso toque y roce pero no habrá tentación.Si la separación (semiocultación y semimostración) no habrá deseo.No habrá la oferta-norma de transgresión de los límites en la ilusión carnal del satifación (realización) plena del deseo.

La tentacioón ofrece una sensibilidad dominada por completo por el delírio moral de una transgresión que sea toda dominio de lo "a la mano" y "ante los ojos" (en palabras de Heidegger). Las tentación es "concuspicencia oculorum" y "concuspicencia táctil". La tentación es siempre la tentación de hacer. (no hay tentación del no-hacer o de oir).

Consentir en la tentación.Si el escándalo es el "segundo cierre de seguridad" de la norma moral oculta; el consentimiento en la tentación (constitutivo en sí de pecado) es la primera que se resuelve en el plano estrictamente fatasmagórico deseo puro y desencarnado) e imaginario de la conciencia.La prevención contra el caracter real (culposo) del consentimiento moral en la tentación castiga el goce obtenido por la simple representación imaginaria de la realización de la tentación.

La prevensión moral contra el consentimiento es un potente dispositivo de reforzamiento de la enervación del deseo.La ilusión que genera este goce funciona como un anticipo de lo que vendrá cuando la transgresión (la caida en la tentación) sea total y real (no mera fenomenología de la conciencia del pecado).

La representación del pecado como "falta" y como "caída" nos remite a la imaginación de lo inmoral como corolario de lo incompleto, lo inferior (de abajo); lo contrario a la geometría de la rectitud y la completud (las geometrías euclideas) y del orden.El sujeto que cae ya no es bípedo (y por tanto tampoco es racional, ni puede hablar) ha vuelto a la necesidad ineludible de la animalidad .El hombre caido ha abandonado la aspiración ascendente a la rectitud (a la plenitud).

10. Dos fantasmas de las transgresión: el homosexual y la puta. El fantasma masculino de la transgresión es el homosexual.(¡Franceces un esfuerzo más...!) El olvido y la negación de la diferencia encarnada en la mujer:"No necesitamos mujeres, nosotros somos también mujeres": bestialismo masculino o afeminamiento.

La homosexualidad como negación de la mujer, ya sea por la ignorancia radical o por la simulación de la misma,aspira a un completud cerrada, a la construcción de la fortaleza patriarcal (cuyo mejor ejemplo es el monasterio, el cuartel o el barrio-guetto homosexual).

El homosexual es ya el Ecce Honmo (el hijo del hombre): el super-hombre nietzscheano (que al final resulta que es homosexual y transexual).

La condición homosexual esta inscrita en el emblema indeleble de la condición de género masculina. El cierre, sobre si mismo, del sujato deseante tiende ignorar cualquier objeto de deseo que reintroduzca, aunque sea infinitesimalmente, la diferencia.Si ser hombre es "negar a la mujer" el homosexual cree en su delirio que ha realizado en el autodeseo (en el deseo autista) este mandato identitario.

Por esto se comprende que la identidad negativa que otorga la injuria y el insulto situe en la homosexualidad la esencia verdadera del hombre (lo que la norma masculina oculta, mandata):¡maricón¡, este es el insulto más frecuente y grave. Como lo es también ¡hijo de puta¡ en cuanto implica ser hijo de nadie, que es lo que son todos lo hombres en cuanto hombres hijo de su propia negación: hijos de nadie. *Todo hombre en cuanto que es hombre es un hijo de puta.*

El hombre al ser hombre deja de ser "hijo de su madre" y aspira a ser "hijo del hombre": la constante fustración de esta aspiración genera el miedo a que se sdepa aquello que se sopecha que es la verdad (aunque la sospecha sea inocciente): que se es un hijo de puta.El hombre al nacer como hombre nace negando la fuente de su nacimiento, negando su propio origen.La moral en cuanto moral y sacrificio reconstruye un origen no nihilista del hombre. La moral sustituye a la madre perdida y fantaseada. Si el Estado era para Hobbes un dios mortal y artificial; la moral es para el hombre una madre inmortal y artificial .

El fantasma femenino de la transgresión no es la homosexualidad sino la prostitución.Convertirse en lo que ya se e sabe que se es: un objeto de consumo, un ser indiferenciado más cercano a la indiferenciación de lo inorgánico que a las diferencias del mundo.

La puta es la justicia, la mujer (los ojos vendados para que no distinga) imparcial ("la que no tiene nombre, la que a nadie le interesa") que es de todos (¡la mujer pública¡): Adios a la singularidad (tan dificilmente mantenida), adios a la imposibilidad del amor (vivido en su imposibilidad más allá del intercambio: la madre), adios a la homologación masculina (tan desgarradora: ser hombres, dejar de ser mujer para ser un hijo de puta), adios a la autonomía de lo vernáculo (siempre vivida en la clandestinidad y en el símbolo). El goce de la prostitución se produce por el abandono, la descerga del peso de la culpa y del coste de la ocultación (represión) de la norma oculta.

La puta es la identidad negativa de la norma-mujer.Ser cosa entre las cosas. Ser una "cosa preciosa" (ser una cosa con precio): no querer, no ser,dimitir del terrible estauto de la diferencia que marca a la mujer como la no-toda. El delirio de la prostitución reintegra al orden cerrado de los masculino la diferencia insalvable de lo femenino a través de su cosificación.

La puta es, como dice la copla:"la que miente cuando besa".¿Como se puede mentir al besar?¿está sometido el beso a la dicotomía significado/significante ?.Solo así se puede entender que un beso mienta, entendiendo que el beso es un signo (un signo del amor).El beso dice, dice :"te quiero".Un beso es un acto de información. ¿pero y el beso del deseo? ¿puede mentir el beso del deseo?.En este caso no se puede hablar de mentira porque tampoco hay significación; hay solo realización de un roce, de una caricia humeda y profunda por superficial.Pero que ocurre cuando se dá el beso sin desear darlo, por dinero, por ejemplo:ocurre que entonces no estamos ante un beso.La puta no miente cuando besa, es que sencillamente ya no besa sino que es besada. La atracción de la prostitución no consiste en besar sino en ser besada.Al hombre no le atare el beso de la prostituta sino su disponibilidad a ser besada.

La moral afirma que la prostituta "miente cuando besa" porque ignora la tentación del beso, o mejor, el beso como tentación, como tacto en contacto que marca la diferencia y la imposibilidad de la com-penetración.Para la moral el beso es solo el signo de la intención al igual que la palabra perro es el signo de un animal que ladra.El signo perro no ladra, ni muerde pero el signo beso si ama, si toca, si goza. El goce del beso no esta desplazado a algo que está fuera del beso. La prostituta no miente cuando besa es que no besa, aquí reside su goce y su función. Si la puta pudiera mentir nada en ella habría de atractivo pero mucho menos atractiva sería si dijera siempre la verdad: solo por estar, indiferentemente, más allá de la verdad y la mentira, la prostituta puede soñar con ser "pasión pura" ya por siempre pacificada.

Prostitución y Homosexualidad son dos fantasmas morales de realización de la promesa moral de la satifación total mediante la negación de la diferencia y la incompletud.Son espejismo de emancipación altamente funcionales para la moral:ser radicalmete aquello que radical y ocultamente se impone ser.

11. La moral comporta un intento de superar negando la castración por medio de la invocación del Edípo (en el nombre del padre):

La moral es pues moral patriarcal, moral que persigue la Totalidad.

Por lo tanto desvía, y califica como desviada, a toda experiencia del goce que este más allá del falo (del Edipo) este es el caso del "amor entre mujeres" (que puede ser realizado entre hombres y hombres; y entre mujeres y hombres); en el que es especialmente cómodo ese goce que está más allá del falo por la pluralidad de zonas de contacto, la diversidad de practicas posibles y la construcción de un "pene negociado" (un objeto externo con el que se penetra o el uso de los dedos, que ambas poseen).

En el "amor entre mujeres" no hay ningún acto normativo (de obligado y natural cumplimiento) el "acto sexual" se muestra más claramente como un acto imposible (por interminable) y difuso donde la imaginación (la lengua en acción) ha de construir sin quererlo un conjunto de ficciones y de representaciones. La pasión desordenada que es lo que confiere naturaleza de pecado a cualquier acto es evidente y casi inevitable en el "amor entre mujeres".

"Lo que a mí me gusta no es follar sino que me la metan", esta frase dicha por alguien, una mujer en este caso; tiene el valor de enseñarnos la etiqueta del traje moral-sexual. Detrás de la retórica cortes del "hacer el amor", de la retórica sexualista o bestialista del "follar"; lo que resuena en el oído del deseo de la mujer es las "ganas de que se la metan", de estar completa, de olvidar, a través de un delirio masoquista de abandono, la castración. Y es en este delirio de evasión donde reside el goce.

El goce de esta penetración desnuda de retórica sentimentales (amor) o pulsionales (follar) se centra en la economía de esfuerzo necesaria para alcanzar la esencialidad normativa del deseo: *"cuando te la meten, entonces ella ya no te permite nada"*

Lacan nos ha hablado que de este goce de la mujer que está mas allá del falo nada sabemos, por que nada se ha dicho, por que de él las mujeres nada dicen (por que quizás tampoco las mujeres lo sepan). Perro la moral no permite que esta palabra sobre el goce distinto sea solo expresada como lo maldicho (síntoma).

12. Como la totalidad es imposible ante la presencia del acto (ningún acto es ni produce totalidad) se opta por la ausencia de todo acto (en especial por la abstinencia de la actividad sexual) produciendo así la represión del deseo en beneficio del deber:

De todas formas el deber acabará produciendo una forma específica del goce. En la sustitución del goce por el deber esa forma de goce será la sublimación delirante de la completud por medio de la renuncia y el orden.

En la milicia se produce un síntesis de esta doble sustitución por medio de la renuncia y el orden. En este sentido el orden militar es esencialmente un orden homosexual, más o menos sublimado. El clero es también una organización que se construye sobre la sustitución del deseo por el deber, de tal forma es también una organización homosexual. A ambas le resulta insoportable la falta (y por tanto cualquier forma de pluralismo que es representado como caótico y observado como finito) y en la negación de esta clausuran cualquier apertura hacia la diferencia y la alteridad.

En la organización militar y eclesiástica la mujer esta negada radicalmente por medio de su construcción como fantasma de la diferencia. En términos de teoría de sistemas la mujer es el ambiente del sistema militar y eclesiástico.

El clero imita a la mujer, es el esperpento del fantasma femenino encarnado en la figura de la "gran puta universal"; el ejercito chulea al mismo fantasma de la prostitución. Pero en este chuleo la mujer es solo el símbolo de intercambio en una relación de deseo que es solo masculina.

La relación de estas dos organizaciones homosexuales está atravesadas por "negocios de amor" (devoción y patriotismo) y por "negocios de temor" (castigo divino-coacción física, malos-tratos).

El ejército y el clero son dos modelos de organización moral en cuanto representan la reconstrucción de un orden cerrado que niega la entropía social y libidinal y la incompletud ontológica.

13. *El pensamiento utópico como pensamiento moral.* No pensar en lo de afuera como afuera y como inaprensible. Un pensamiento de la autonomía como autarquía (a la pregunta por que es la autonomía la respuesta es siempre la misma: no depender de nadie).

En el pensamiento no hay ilusión sino delirio, sustitución fantaseada del miembro castrado. No es que no hay pene es que el pene esta en otro lado, al que hay que ir:

ese otro lado es le progreso, el futuro, la revolución.

¿Que es el mito revolucionario del "hombre nuevo" sino un hombre que no esta castrado?¿y que es la alienación sino el equivalente a la castración?.En este sentido es por lo que el utopismo es eminentemente moralista y tiene tan buena acogida en los clérigos revolucionarios y en los militares revolucionario (guerrilla-terrorismo).

La utopía no es así sino "el lugar desde donde se pretende obtiene, a través de la ausencia como sobre-represión, la satifación del desamparo de la falta".

14. *La entropía moral de la utopía.* La moral persigue antropológicamete controlar los niveles de entropía emocional y social hasta hacerlos tolerable con estrategias de satifación y autoconservación del individuo, las comunidades y la especie.

La moral delirante genera más entropía que destruye o contiene pues supone la construcción de un escenario de posibilidades de actuación infinito sobre la base de una estructura de contención pulsional extremadamente restrictiva.

Esto significa que se ofrece mucho más de lo que hay y se permite hacer mucho menos de lo que es posible. Esa tensión es fuente infinita de dolor, de angustia, de frustración y por tanto de continua pulsión de muerte a través de la cosificación, del consumo, de la ansiedad compulsiva de tener,de llegar, de hacer: es una tendencia autodestructiva (y destructiva del entorno).

Es por esto que en la economía se produce artificialmente la infinitud de los recursos naturales y de las demandas de consumo (las llamadas necesidades artificiales; pues se produce al deseo como necesidad) vinculadas al consumo de estos recursos: mientras que se produce también, y no menos artificialmente, la escasez individual.

El robo y la explotación son las conductas normales de esta tensión insostenible.El consumo reconstruye el itinerario ideal e iniciático del utopismo.

15. *La mixtura entre ecología y sicoanálisis en la construcción de una ética ecológica.* El sicoanálisis nos brinda una oportunidad magnifica para vincular la dimensión interespecífica e intersujetiva con la dimensión específica (antropológica) y subjetiva.

La clínica y la crítica sicoanalítica de la moral nos muestra los subterráneos de la moral ; la clínica y la crítica ecológica nos muestra el universo de la moral (o mejor dicho en términos de teoría de sistemas: el mundo de la moral)

22
La legitimidad judicial en la crisis del imperio de la ley

Modesto Saavedra López

1. El principio de legalidad como fuente de legitimidad de la jurisdiccion

En el modelo constitucional del Estado de derecho, según el diseño que el liberalismo hizo de él en los siglos XVIII y XIX, el principio del *imperio de la ley* contiene todo lo que se debe exigir para un ejercicio legítimo de la jurisdicción. El imperio de la ley resume todas las propuestas que la burguesía ilustrada opone al absolutismo del antiguo régimen, y entre ellas, las que son esenciales para una función jurisdiccional irreprochable. La separación entre el derecho y la moral, la reducción del derecho a la ley y la consideración de ésta como expresión de la soberanía popular, la división de poderes, la sumisión exclusiva de los jueces a la ley, las garantías procesales, etc., todo esto puede ser deducido de dicho principio o encontrar en él su fundamento.

En el imperio de la ley, la legitimidad judicial es una legitimidad instrumental. Los jueces carecen de autonomía para crear el derecho. No pueden "inventar" las normas de justicia que consideran más adecuadas para resolver los asuntos que les son sometidos a juicio. Ni siquiera pueden aplicarles aquellos principios jurídicos que podría suponerse que tienen un valor absoluto. La jurisdicción, que en sentido general y de acuerdo con su etimología equivale a la potestad de decir o pronunciar el derecho válido para una situación concreta de la vida, significa en el Estado de derecho "pronunciar las palabras de la ley", en virtud de la identificación entre el derecho y la ley que surge a raíz del proyecto jurídico constitucional de los liberales. Por eso, todas las reglas de organización y de funcionamiento de la jurisdicción están pensadas para contribuir a una *aplicación objetiva y cierta de la ley*, es decir, para asegurar la imparcialidad y neutralidad del juez, para privarle de todo margen de discrecionalidad, y para evitar las influencias políticas e impedir los abusos de poder en el ejercicio de su función. Incluso la concepción predominante de la ciencia y del método jurídicos está influida por dicho principio. Es así como surgen o se justifican la unidad y exclusividad de la jurisdicción, la independencia e inamovilidad de los jueces, la contradictoriedad y publicidad del proceso, la dogmática jurídica y los criterios de interpretación del derecho, etc.[1]

Como se sabe, el imperio de la ley surge históricamente por oposición al *imperio del monarca*. Los liberales aspiran a sustituir el gobierno de los hombres por el gobierno de las leyes, convencidos de que este tipo de gobierno aventaja al del antiguo régimen en aspectos esenciales. Efectivamente, en primer lugar, la ley señala a cada uno de una manera objetiva su ámbito de actuación, sus posibilidades y sus límites en relación con los demás, garantizando una mediación estable y previsible entre los distintos individuos y entre los individuos y la sociedad. De esa manera, la ley define espacios de libertad y permite compaginar la seguridad con la justicia, convir-

---

[1] Me he referido ya esto en "Poder judicial, interpretación jurídica y criterios de legitimidad", en *Anuario de Derecho Público y Estudios Políticos*, nº 1, 1988, págs. 39 y ss. L. Ferrajoli ha expuesto magistralmente esta solidaridad entre legalidad y legitimidad de la jurisdicción, especialmente relevante en el campo del derecho penal, en *Diritto e ragione. Teoria del garantismo penale*, Roma-Bari, Ed. Laterza, 1989.

tiéndose en agente del progreso y de la felicidad. En segundo lugar, la ley es un límite infranqueable para el ejercicio del poder. La actuación de éste no podrá ser discrecional sino dentro de los márgenes permitidos por la ley. No hay autoridad por encima de ella. La ley es, finalmente, condición y reflejo de la soberanía popular. Es el instrumento más idóneo para garantizar los derechos y libertades individuales, sobre cuya base la voz del pueblo podrá pasar a convertirse en la voz inapelable de la divinidad. Esos derechos y libertades, definidos legalmente, serán los únicos límites de las leyes, puesto que son las condiciones "transcendentales" de una legislación racional.

Pero además de oponerse al imperio del monarca, el imperio de la ley se va a enfrentar en el ejercicio de la jurisdicción, por así decirlo, al *imperio de la justicia*. Es decir, la ley entendida como expresión de una voluntad racional va a hacer que resulte superflua como fuente judicial del derecho la idea de una justicia objetiva. La conexión inicial entre la ley y los derechos y libertades fundamentales, es decir, entre la ley y el derecho natural, se irá difuminando progresivamente, conforme avanzan los procesos de constitucionalización y codificación que consagran el dominio político de la burguesía liberal. Al hilo de estos procesos florece en el continente europeo el positivismo jurídico, el cual defenderá la tesis de que la ley contiene todos los criterios de decisión que se precisan para resolver legítimamente los conflictos jurídicos. Los jueces no necesitarán recurrir a ninguna norma o principio jurídico que no haya sido "puesto" por el legislador. Tendencialmente el orden jurídico posee la capacidad de autointegración, por lo que los jueces podrán estar sometidos exclusivamente a la ley. La administración de justicia es, en el nuevo régimen, administración de justicia legal. En el campo del derecho penal la exclusión de criterios extralegales de enjuiciamiento será mucho más estricta, prohibiéndose la penalización de aquellos actos que no sean cubiertos expresamente por una norma creada al efecto.

Es cierto que en la práctica jurisdiccional del siglo XIX no desaparece por completo la jurisdicción de equidad, e incluso en algunos códigos se permite, en caso de silencio de la ley, el recurso a los principios del derecho natural.[2] Pero esto es sólo una muestra del origen iusnaturalista de las codificaciones, que con el positivismo después imperante quedará como algo residual, sin que afecte sustancialmente al entendimiento legalista del derecho y a la consiguiente neutralidad política e ideológica de la función jurisdiccional.

Finalmente, el imperio de la ley se opone también al *imperio de la sociedad*, es decir, a la existencia de una jurisdicción administrada directamente por la sociedad, sin la mediación realizada por la ley. Es cierto también que los liberales declaran que la justicia emana del pueblo. Pero con ello lo que pretenden es arrebatarle al monarca la potestad jurisdiccional, y esa declaración es perfectamente congruente con el dogma de la sumisión de los jueces a la ley, una vez que ésta es entendida como expresión de la soberanía popular. La ley es también una garantía de protección contra el poder procedente de la mayoría, y aunque los jueces hayan de ser elegidos por el pueblo, como propugnaba Montesquieu, sus decisiones habrán de basarse en las normas establecidas con carácter general por el legislador. Ni una supuesta voluntad popular, ni la opinión pública, ni ninguna otra instancia representativa de las ideas jurídicas o ético-jurídicas socialmente dominantes pueden suministrar al juez los criterios de su decisión. A esto no se opone la consideración de la costumbre como

---

[2] Tal es el caso, por ejemplo, del código civil austriaco de 1811, cuyo artículo 7 remite al juez, en caso de insuficiencia de la interpretación y de la analogía, a los "natürlichen Rechtsgrundsätze", o principios del derecho natural.

fuente subsidiaria del derecho, que, como la ley, es una norma general cuya existencia es estable y objetivamente constatable.

Así pues, la función jurisdiccional se considera legítima en tanto en cuanto se realiza bajo unas condiciones que contribuyen todas ellas a una aplicación objetiva de la ley, de unas condiciones que garantizan que todo el proceso de búsqueda de una solución para el conflicto entre los distintos intereses en pugna, se desarrolle con la imparcialidad requerida para que la decisión pueda ser aceptada por los contendientes, y también con la precaución necesaria para que no sean violados en la búsqueda de la verdad del caso otros derechos e intereses legalmente protegidos.

2. La incidencia en la practica jurisdiccional de otros principios de legitimidad opuestos a la ley

El conocido fenómeno de la crisis de la ley producida con la evolución histórica del Estado liberal ha hecho que también entre en crisis el imperio de la ley, al menos en la versión estricta que de él dió el positivismo jurídico. Esta crisis de la ley y, junto con ella, la igualmente bien documentada crisis de la ciencia y del método jurídicos, han hecho aparecer insuficiente el modelo de legitimidad instrumental de la jurisdicción, que se ve actualmente conmovido por la pujanza de los principios de legitimidad opuestos: no el del imperio del monarca, evidentemente, pero sí el del imperio de la justicia y el del imperio de la sociedad.

El imperio de la justicia exige compaginar la ley con los principios y valores jurídicos fundamentales, con los ideales de justicia a los que debe responder toda práctica jurídica, para que el juez oriente su inevitable y ahora ya generalmente reconocido protagonismo jurisdiccional de acuerdo con ellos. Exige abandonar, no las leyes, sino el legalismo, que es una práctica jurídica basada en un concepto demasiado estrecho de la ley. Exige, en fin, leer el ordenamiento jurídico de acuerdo con la mejor versión que pueda darse de él.[3]

En los países que poseen una constitución escrita, cuya fuerza vinculante alcanza a los tribunales de justicia, las normas constitucionales proveen al juez de los criterios necesarios para una aplicación justa de las leyes. Si se entiende la ley en este su pleno sentido, impregnada de ética, política e historia, entonces queda revitalizado el imperio de la ley, sin las reticencias que podría suscitar en una mentalidad jurídica ortodoxa el recurso a pautas de decisión no positivadas. Los jueces seguirían siendo agentes de la legalidad, y las condiciones de legitimidad de su actuación serían las mismas que en el diseño liberal del Estado de derecho al que hemos hecho referencia. La legitimidad de la jurisdicción sigue vinculada a la existencia de un sistema de controles organizativos, procesales y epistemológicos. La tarea de los jueces se resolvería en una lectura de la ley en clave constitucional. Puesto que el orden jurídico, en el Estado de derecho, incluye todo un sistema de garantías para el individuo, los jueces se erigen de esa manera en un instrumento capital para su defensa y realización. El legalismo queda superado y convertido en garantismo.[4]

Sin embargo, al haber desaparecido la ideología de la certeza asociada al positivismo jurídico, se manifiesta más que nunca la necesidad de objetivar la toma de decisiones. La revitalización del imperio de la ley no exime al juez de decidir. Este podrá encontrar en el orden jurídico, ampliado constitucionalmente, las pautas de deci-

---

[3] Así es como R. Dworkin, por ejemplo, entiende la interpretación del derecho. Véase especialmente su *Law's Empire*, Cambridge, Harvard U. P., 1986. También *Los derechos en serio*, Barcelona, Ed. Ariel, 1984 (versión original: Londres 1977).

[4] Así, L. Ferrajoli: *Op. cit.* También, del mismo autor, "El derecho como sistema de garantías", en *Jueces para la Democracia*, nº 16-17, 2-3/1992, págs. 61 y ss.

sión que necesita para resolver los problemas de interpretación y aplicación de las leyes, sin que sea preciso para ello acudir a un ámbito externo de moralidad o de consenso social. Pero, en última instancia, es su conciencia la que decide. Así pues, la inserción del principio de justicia en el imperio de la ley obliga a plantearse la pregunta por los criterios de racionalización de las decisiones judiciales. ¿Son estas decisiones irracionales, como pensaba Kelsen, o son controlables intersubjetivamente, y por tanto, asumibles o criticables por los demás? ¿Son, en definitiva, racionalizables?

El imperio de la sociedad, a su vez, exige que la proclamación de que la justicia emana del pueblo no se quede reducida a una declaración formal cuya verificación se produce sólo indirectamente a través de la procedencia popular de las leyes. Exige que la libertad de enjuiciamiento de los jueces quede constreñida de alguna forma por vínculos sociales. Exige, en definitiva, que la independencia judicial no se traduzca en el privilegio de unos profesionales alejados de la sociedad, que es la única depositaria de la soberanía, o irresponsables ante ella. ¿Cómo hacer compatible el cumplimiento de estas exigencias con la fidelidad de los jueces a la ley, que a pesar de todo sigue siendo un principio irrenunciable del Estado de derecho? ¿Y cómo es posible compaginar este tipo de exigencias con las pretensiones que los principios de justicia proyectan sobre el ejercicio de la jurisdicción? Me referiré en primer lugar al problema de la racionalización de las decisiones judiciales.

3. La racionalidad de la jurisdiccion

El problema de la racionalización de las decisiones normativas es uno de los objetos de discusión más importantes en la filosofía moral actual. La teoría de la argumentación jurídica trata de extender esta discusión al campo de la aplicación judicial del derecho. La idea principal es la de que podrían calificarse como racionales aquellas decisiones judiciales que fuesen el resultado de determinadas estrategias argumentativas, que se estima portadoras de racionalidad. Así, continuando el programa de la tópica jurídica de Viehweg y de la nueva retórica de Perelman, de los años sesenta y setenta, diversos autores como N. MacCormick, R. Alexy, A. Aarnio y otros han intentado hacer un análisis de la argumentación jurídica racional, de sus posibilidades y de sus límites.

Siguiendo el tratamiento que estos autores han dado al tema, podemos decir que una argumentación jurídica es racional si reúne determinadas características, algunas de las cuales son lógicas y otras pueden ser denominadas "dialógicas".

Las *características lógicas*, tal como las interpreta MacCormick,[5] consisten en la *deducibilidad* del argumento a partir de premisas jurídicas válidas; en su *universabilidad*, si es que esas premisas no están claramente formuladas en la ley (lo cual ocurre en los llamados casos difíciles), es decir, que el argumento concuerde con alguna regla que cubra no sólo el caso particular, sino todos los casos similares posibles; en su *consistencia*, es decir, su no contradictoriedad con respecto a aquellas premisas; y en su *coherencia*, es decir, la posibilidad que tiene el argumento de ser subsumido en uno de los principios generales del sistema. Aunque MacCormick no se detiene en más consideraciones lógicas, podemos decir que todas las reglas de inferencia válidas tienen cabida aquí.

Ahora bien, la consistencia y la coherencia del argumento dependen de la exis-

---

[5] Véase su *Legal Reasoning and Legal Theory*, Oxford, Clarendon Press, 1978. MacCormick no pretende en ningún momento abordar la realización de un tratado sobre lógica jurídica, pero el análisis que hace del razonamiento jurídico racional pone de relieve precisamente este tipo de características. Sobre MacCormick y, en general, otras teorías de la argumentación jurídica, véase M. Atienza: *Las razones del derecho. Teorías de la argumentación jurídica*, Madrid, Centro de Estudios Constitucionales, 1991.

tencia de unas normas previas cuya formulación puede ser ambigua o de unos principios que pueden ser contradictorios. Por eso lo que decide sobre la racionalidad del argumento, en último término, según el mismo MacCormick, es la consistencia que posee dicho argumento en relación con el mundo tal como es proyectado por aquel que sostiene el argumento. Si las consecuencias del argumento contradicen la imagen del mundo del que argumenta, entonces su argumentación es irracional. MacCormick llama a este requisito *aceptabilidad* de las consecuencias normativas.[6]

Sin necesidad de más consideraciones, esto muestra ya que la racionalidad de la argumentación es en cierta medida subjetiva. En otros términos, muestra que la razón práctica tiene unos límites. Es cierto que la razón juega un papel en los asuntos prácticos, pero también lo es que hay desacuerdos prácticos que no pueden ser dirimidos racionalmente. Puede haber argumentos igualmente racionales que sean divergentes en sus consecuencias normativas. Sin darle completamente la razón a Hume, MacCormick admite que la afectividad, tanto como la racionalidad, está implicada en nuestra adhesión a determinados principios en vez de a otros.[7]

A las *características dialógicas* se ha referido especialmente Alexy en su teoría de la argumentación jurídica.[8] Este autor, basándose fundamentalmente en la pragmática universal de Habermas, enuncia una serie de reglas que tendría que seguir la argumentación jurídica para que su resultado, la decisión judicial, pudiera ser calificado como racional. Según él, no basta el cumplimiento de las reglas lógicas de inferencia. El discurso jurídico no sustituye al discurso práctico o moral de tipo general, sino que depende de él y necesita ser completado por él.

La racionalidad de la argumentación jurídica depende, por tanto, de las posibilidades de racionalización de los enunciados morales. De acuerdo con el paradigma de racionalidad que sigue Alexy, no hay otra forma de racionalizarlos sino mediante la aportación de buenas razones, es decir, de razones que puedan convencer a un auditorio universal (Perelman), o que puedan ser aceptadas por todos en una situación ideal de diálogo (Apel, Habermas). Tal situación está caracterizada por la posibilidad de problematizar cualquier acuerdo o convención, la libertad y la igualdad de los participantes, la ausencia de coacciones, etc. Se supone que en una situación así se impondrían las mejores razones, y el acuerdo al que se llegaría sería la expresión del interés general. Es una teoría procedimental de la razón práctica la que constituye para Alexy el fundamento de la racionalidad jurídica.

Cualquiera puede entender que no hay una situación ideal de diálogo a no ser en la imaginación filosófica. Es una situación "contrafáctica". Ahora bien, si es cierto que tales condiciones no son algo real, también es cierto que no son algo absurdo. Al contrario, tienen sentido: su sentido es el de orientar la práctica de la argumentación y medir con respecto a ellas los procesos de argumentación real para ver hasta qué punto son racionales o racionalizables. Una argumentación es racional si cumple los requisitos procedentes de esa situación ideal de diálogo.

Entre las reglas que Alexy formula como reflejo de las exigencias derivadas del proceso de racionalización de los enunciados prácticos pueden mencionarse las siguientes: "Cualquiera que pueda hablar

---

[6] *Op. cit.*, págs. 100 y ss.
[7] *Op. cit.*, págs. 5 y ss., y 265 y ss.
[8] Véase, sobre todo, su *Teoría de la argumentación jurídica. La teoría del discurso racional como teoría de la fundamentación jurídica*, Madrid, Centro de Estudios Constitucionales, 1989 (versión original: Francfort, 1978). Además, *La idea de una teoría procesal de la argumentación jurídica*, en E. Garzón Valdés (comp.): *Derecho y filosofía*, Barcelona, Ed. Alfa, 1985, págs. 43 y ss.; "Sistema jurídico, principios jurídicos y razón práctica", en *Doxa*, n° 5, 1988, págs. 139 y ss.

puede tomar parte en el discurso", "cualquiera puede problematizar cualquier aserción, introducir cualquier aserción en el discurso, y expresar sus opiniones, deseos y necesidades", "no se puede impedir a cualquier hablante ejercer esos derechos mediante coacción existente dentro o fuera del discurso", "las consecuencias de una norma para la satisfacción de las necesidades de cualquier individuo deben poder ser aceptadas por todos", "la interpretación de las necesidades como aceptables de manera general debe poder resistir la comprobación en una génesis crítica", etc.[9]

Se comprende que estas reglas difícilmente pueden ser cumplidas en contextos reales de argumentación. Sin embargo, junto con las reglas lógicas de consistencia e inferencia, indican el sentido de la crítica expresada en una argumentación jurídica racional. Cuando alguien ejerce la crítica de una aserción, o de un argumento, debe dirigirse a todos y estar abierto a las razones de todos, y debe igualmente examinar las consecuencias y las causas de las normas y de las decisiones. Este "debe" no es simplemente un debe moral, sino un debe lógico, que aclara el sentido de toda crítica que merezca el calificativo de racional.

Uno puede concluir, sin embargo, que la crítica siempre quedará adherida, en último término, a un juicio personal acerca del cumplimiento hipotético de los requisitos de racionalidad. Dado que la situación ideal de diálogo es contrafáctica y no se da en la realidad, uno tendrá que preguntarse: ¿sería aceptable por todo el mundo tal argumento en un contexto ideal de argumentación? Y tendrá que ser uno mismo el que conteste esa pregunta. La respuesta dependerá de las propias convicciones.

Aarnio, por su parte, no acepta el criterio de la situación ideal de discusión, ni el de audiencia universal, como punto de referencia para la racionalidad de la argumentación.[10] El parte de una posición de relativismo axiológico y se adhiere a las tesis de Wittgenstein acerca de la infranqueabilidad racional de las formas de vida. Según él, todo enunciado valorativo está conectado con una forma de vida. Los enunciados valorativos pueden ser racionalizados argumentativamente, pero hasta un cierto punto: hasta el punto en que los que argumentan participan de la misma forma de vida. La forma de vida es, en última instancia, acción. No es asunto de elección racional, sino que crea la base de la elección racional. El paso de una forma de vida a otra no es asunto de argumentación racional, sino de persuasión.

Por ello Aarnio liga el criterio de la racionalidad de una propuesta normativa (evidentemente también en su caso cuando es necesario traspasar el marco del derecho válido y de la dogmática jurídica) al de su aceptabilidad por parte de un auditorio no universal, sino particular, pero no concreto y empíricamente identificable, sino ideal. El "auditorio particular ideal"[11] sería el conjunto de individuos que están en una situación cultural y socialmente determinada, es decir, que están ligados a una determinada forma de vida, pero que aceptan y siguen las reglas de la argumentación racional. Dentro de este grupo sí podría lograrse un consenso racional.

De ahí deriva Aarnio el siguiente principio regulativo: "La dogmática jurídica debe intentar lograr aquellas interpretaciones jurídicas que pudieran contar con el apoyo de la mayoría en una comunidad jurídica que razona racionalmente".[12] Es decir, debe conectar con el sistema de valores de la mayoría que razona racionalmente, o lo que es lo mismo, con el auditorio parti-

---

[9] *Teoría de la argumentación jurídica*, cit., págs. 184 y ss.
[10] Véase, especialmente, *Lo racional como razonable. Un tratado sobre la justificación jurídica*, Madrid, Centro de Estudios Constitucionales, 1991 (versión original: Dordrecht, 1987). También "La tesis de la única respuesta correcta y el principio regulativo del razonamiento jurídico", en *Doxa*, nº 8, 1990, págs. 23 y ss.
[11] *Lo racional como razonable*, cit., pág. 284.
[12] *Ibid.*, pág. 286.

cular ideal que es mayoritario en esa comunidad. Esta exigencia bastaría para satisfacer "nuestros más estrictos requerimientos con respecto al razonamiento jurídico más adecuado en la sociedad democrática moderna."[13]

Sin embargo, y con independencia de cómo puede ser delimitada e identificada esa forma de vida, también aquí la aceptabilidad de las razones y, por tanto, la racionalidad de la argumentación, dependen de un juicio hipotético y subjetivo acerca de su idoneidad para superar los controles procedentes de esas *condiciones ideales* de argumentación. Por eso, la conclusión que se puede extraer de todas estas contribuciones procedentes de la teoría de la argumentación en la actualidad es un cierto relativismo. Argumentos contradictorios pueden valer igualmente como racionales. Nada podrá sustituir, al final, la conciencia del que examina la justificación de un argumento, de una decisión o de una norma. Es decir, en el proceso de argumentación que conduce a la decisión judicial, nada podrá sustituir la conciencia individual del juez, que es el llamado a decidir la controversia jurídica.

Con todo, esta conciencia individual del juez tiene un importante criterio de orientación que puede ser deducido de las teorías de la argumentación racional. Dichas teorías proporcionan una clave para discernir la racionalidad de determinados argumentos. Efectivamente, serían racionales no sólo aquellos argumentos que pudiesen ser aceptados por todos, sino también, y especialmente, aquellos tendentes a favorecer el procedimiento de argumentación. Lo que equivale a decir: tendentes a favorecer la democracia como procedimiento. No la opción de la mayoría, que en esto no consiste la democracia, sino las condiciones (de todo tipo: económicas, culturales, políticas, procesales) que hacen posible un intercambio equitativo de razones y argumentos. Y serían racionales por ser las condiciones de posibilidad de una argumentación racional. Las características dialógicas conducen, por tanto, a la potenciación de los argumentos democratizadores, y, en ese sentido, de los derechos y garantías individuales contenidos en el ordenamiento jurídico.

¿Qué consecuencias tiene esto para la legitimidad de la función judicial? En primer lugar, proporciona una línea de argumentación para el discurso jurídico y para el razonamiento judicial. En este sentido, las teorías de la argumentación racional conducen forzosamente a una crítica del derecho, orientada sobre todo a la denuncia de aquellas disposiciones jurídicas que impiden u obstaculizan la autonomía individual, que es sobre todo autonomía para participar racionalmente en cualquier proceso de toma de decisiones. Esta crítica del derecho, basada en los derechos fundamentales, es interna al orden jurídico, y por tanto asumible por los jueces y tribunales;[14] y es racional por el sentido de los derechos fundamentales en los que se basa: efectivamente, éstos pueden ser entendidos como presupuestos o condiciones de posibilidad del procedimiento de obtención de consenso y de manifestación del disenso, antes que como resultado del consenso mismo.

En segundo lugar, proporciona una nueva fundamentación de las condiciones políticas y procesales que configuran el marco en el que tiene lugar la función jurisdiccional, confirmándolas y reinterpretándolas como condiciones argumentativas que posibilitan u obstaculizan el uso e intercambio de razones jurídicas. La división de poderes, la independencia e inamovilidad judicial, la publicidad y contra-

---

[13] *Ibid.*, pág. 287.
[14] De la necesidad de una crítica del derecho basada en los derechos fundamentales, y realizada por jueces y tribunales, habla también L. Ferrajoli en las obras anteriormente citadas. Véase *Diritto e ragione*, cit., págs. 892 y ss., 912 y ss.; *El derecho como sistema de garantías*, cit., págs. 67 y ss.

dictoriedad del proceso, la igualdad de las partes, la motivación de las resoluciones judiciales, la crítica de las sentencias por la opinión pública, etc., tienen este sentido. No son ya las condiciones de objetividad y certeza de la aplicación judicial de las leyes, sino los controles de racionalidad de la función jurisdiccional. Lejos de agotarse en la aplicación objetiva y cierta de las leyes, la jurisdicción realiza una labor de integración de las leyes con los ideales de justicia, de donde éstas obtienen siempre su significado sustancial y a los que deben estar constantemente referidas. Para ser legítima, esa labor de integración ha de realizarse bajo condiciones procedimentales, el mismo *tipo* de condiciones bajo las que es posible predicar en el Estado de derecho la legitimidad de la ley misma, una vez desaparecida la creencia en valores absolutos.[15]

4. Vinculos sociales e independencia judicial

De esta manera es como puede resolverse la pugna del imperio de la justicia por arrebatarle al imperio de la ley el poder de legitimación de las decisiones judiciales. La legitimidad de la jurisdicción viene dada por los presupuestos de justificación racional de la obtención judicial del derecho.

Pero también el imperio de la sociedad, hemos dicho antes, compite por desplazar al imperio de la ley como paradigma de la legitimidad judicial. Si la aplicación del derecho no es ni puede ser la averiguación objetiva del significado de la ley, si los jueces tienen un poder autónomo de decisión, si el imperio de la justicia es incierto y depende de las convicciones de los jueces, ¿no habrían de reforzarse los vínculos sociales de la función jurisdiccional?

De varias formas puede ejercer la sociedad una influencia sobre las decisiones judiciales. Por un lado, los vínculos sociales a los que alude la pregunta pueden ser simplemente epistemológicos, y obligarían a los jueces a tener en cuenta las opiniones dominantes en la fundamentación argumentativa de sus decisiones. Como acabamos de ver, en su esfuerzo por encontrar la solución justa de la controversia jurídica, el juez debe buscar la aceptabilidad de su decisión por parte de los que participan en el proceso de argumentación jurídica. Debe orientarse por un posible consenso en torno a las razones de enjuiciamiento. Este consenso no es, o no es sólamente, el de los que participan directamente en el proceso judicial, sino el de todos los que pueden participar teóricamente en el proceso de argumentación jurídica, sea todo el mundo, o sean todos los que viven una misma forma de vida.

Así pues, la aceptabilidad de la decisión por parte de la sociedad es lo que guía al juez en su búsqueda del derecho. Pero, si bien el juez tiene este criterio de orientación, también es cierto que no posee ninguna receta para aplicarlo, ni ninguna clave que le asegure de haber encontrado su objetivo. La aceptabilidad de la decisión judicial no se puede medir a base de encuestas. No es una simple cuestión de hecho. Una estadística tampoco puede sustituir la decisión del juez, que en el Estado de derecho tiene la potestad de juzgar con independencia y "sometido únicamente a la ley". El juez no es el representante de la mayoría de la sociedad, ligado por un mandato imperativo que le obligaría a adoptar los puntos de vista más extendidos o de alguna forma socialmente aceptados. La sociedad ha conferido al juez la función de aplicar la ley, y en ocasiones la fidelidad a la ley puede exigirle defender frente a las mayorías los intereses legítimos del indivi-

---

[15] Véase J. Habermas: "¿Cómo es posible la legitimidad por vía de legalidad?", en *Doxa*, nº 5, 1988, págs. 21 y ss. También *Faktizität und Geltung. Beiträge zur Diskurstheorie des Rechts un des demokratischen Rechtsstaats*, Francfort, Suhrkamp, 1992.

duo o de las minorías, adoptando puntos de vista que, si en un momento dado no son ampliamente compartidos, se hacen merecedores del reconocimiento social por sus valores democráticos. Los vínculos sociales de carácter epistemológico no pueden ser, por tanto, sino aquel tipo de argumentos que, como hemos visto antes, tienden a reforzar la democracia como procedimiento de adopción de decisiones. Converge, en este sentido, el imperio de la justicia con el imperio de la sociedad, dando lugar al imperio de la democracia como fundamento de legitimidad de la jurisdicción.

Pero los vínculos sociales de la función jurisdiccional pueden ser de otro carácter que simplemente epistemológico. También pueden ser institucionales, y deben serlo dado el dominio que el juez ejerce sobre el proceso de argumentación. Puesto que éste acaba con una decisión que el juez toma en conciencia, la sociedad no puede dejar de exigir una estructura judicial que acerque la persona que decide a la amplitud de las necesidades e intereses sociales. El control social ha de hacerse efectivo más allá de la ampliación del ámbito argumentativo sobre las razones del juicio. El que decide no puede ser alguien ajeno a los intereses en juego, cuya imparcialidad se convierta en incomprensión, y cuya sensibilidad no se vea motivada por las necesidades de la sociedad que le ha conferido la misión de administrar la justicia. Por eso, para un planteamiento exhaustivo de la legitimidad judicial no basta la reivindicación de las garantías procesales de la argumentación. Es vital la presencia de la sociedad misma en la institución encargada de tomar las decisiones.

De este modo es como encuentran justificación las pretensiones de democratización de la institución judicial. Por ejemplo, la pretensión de que se introduzcan en el proceso judicial agentes sensibles a las convicciones y expectativas sociales (el problema del jurado tiene su inserción aquí, evidentemente); que se abra la carrera judicial a miembros procedentes de otros ámbitos ajenos a la profesión; que la sociedad elija a sus jueces, al menos en algunos casos; que la estructura del poder judicial sea políticamente representativa, etc. Es cierto que una proximidad excesiva a la sociedad y a la política puede poner en peligro la independencia judicial. Pero no debe olvidarse que todas esas medidas tienden a asegurar que la racionalidad de las resoluciones judiciales se vea enriquecida por la aportación de argumentos procedentes de un espacio social más amplio que el de la burocracia profesional de los tradicionales jueces de carrera.

23
La complejidad del ordenamiento jurídico

José Luis Serrano Moreno
Profesor Titular de la Universidad de Granada.

Para Luis Alberto Warat, maestro de tantos juristas y jurista en el inconsciente de tantos maestros, en el treinta y cinco aniversario de su docencia.

1. El concepto elemento/relación

Una definición general de ordenamiento diría que *el ordenamiento jurídico es un conjunto de normas*. Al decir que el ordenamiento jurídico es un "conjunto" y no un "todo" establecemos la primera cualidad del objeto de estudio, porque - como sabemos - mientras que la suma de los elementos no es igual al conjunto, la suma de las partes sí es igual al todo.

Y también, al decir que el ordenamiento jurídico es un *conjunto*, afirmamos que tiene *elementos* (las normas jurídicas) y que esos elementos se *relacionan* entre sí. Conjunto, elemento y relación son, por tanto, tres palabras claves de la teoría del ordenamiento jurídico.

No trataré algunos de los problemas que vienen del ordenamiento como conjunto nos centraremos en las otras dos palabras: elemento y relación.

Los elementos del sistema jurídico son las normas y, por lo tanto, en el interior del sistema jurídico la palabra elemento puede utilizarse como sinónimo de *norma jurídica*. Relación, sin embargo, no designa únicamente lo que en la Teoría de la Norma jurídica denominábamos *relación jurídica intersubjetiva*. Con esta expresión nos referíamos allí a una relación entre sujetos jurídicamente relevante. Aquí, sin embargo relación significa *todo contacto entre elementos del sistema jurídico*. Así, porejemplo, la validez es una relación entre al menos dos normas, la jerarquía normativa otra, la antinomia otra, etcétera... Tanto el concepto de sistema/entorno como el concepto de elemento/relación son conceptos constitutivos del sistema jurídico: de la misma manera que no existen sistemas jurídicos sin entorno social, tampoco existen normas sin conexión relacional con otras, ni relaciones jurídicas - sean intersubjetivas, sean institucionales - sin normas.

En ambos casos (sistema/entorno y elemento/relación) unimos palabras diferentes, la diferencia es así *una* categoría y, por tanto una unidad, pero actúa sólo como diferencia. Para entender esto podemos poner el ejemplo de una frontera: podemos decir que la línea fronteriza separa/une a dos países. Unimos dos verbos contradictorios (separar y unir) y sin embargo la frase tiene sentido. Así sucede con sistema/entorno y con elemento/relación al juntarlas, las unimos creando una sola categoría de sentido, pero esa categoría nos sirve sólo cuando la utilizamos dándole la función de diferenciar.

Esto es lo que tienen en común sistema/entorno y elemento/relación, un cierto parecido formal. Pero ahora es muy importante distinguir entre sistema/entorno y elemento/relación. Nosotros tenemos dos maneras de descomponer el sistema jurídico: la primera apunta a la construcción de subsistemas en el sistema. La segunda lo descompone en normas (elementos) y relaciones. En un caso se trata de las habitaciones de la casa; en el otro de las piedras, vigas, clavos, etc. En un caso se trata por ejemplo de distinguir entre derecho público y privado, en el otro de distinguir por ejemplo entre principios y normas. El primer tipo de descomposición se lleva a cabo mediante una teoría de la diferenciación sistémica. El segundo desemboca en una teoría de la complejidad sistémica.

2. Cantidad y calidad de las normas

La definición que hemos dado antes de ordenamiento jurídico como conjunto de normas presupone otras dos cosas: (a) que a la constitución de un ordenamiento concurren varias normas (al menos dos) o que no existe ningún ordenamiento compuesto por una sola norma y (b) que las normas jurídicas se pueden contar.

A) ¿Podemos imaginarnos un ordenamiento compuesto por una sola norma?. Dado que una regla de conducta puede referirse a toda posible acción humana y dado que reglamentar consiste en cualificar una acción con una de las tres modalidades normativas de lo obligatorio, de lo prohibido o de lo permitido; para concebir un ordenamiento compuesto por una sola norma sería necesario imaginar una norma que se refiriese a todas las acciones posibles y las cualificase con una sola modalidad. Puestas estas condiciones, sólo hay tres posibilidades de concebir un ordenamiento compuesto por una sola norma: 1. Todo está permitido: pero una norma de este género es la negación de todo ordenamiento jurídico, incluso aquel que la contiene. 2. Todo está prohibido: una norma de este género tornaría imposible cualquier clase de evolución social, sería una especie de muerte térmica por juridificación de la sociedad. 3. Todo está ordenado: también una norma semejante haría imposible la vida social, porque las acciones posibles estarían en conflicto entre sí, y ordenar dos acciones en conflicto significa volver una u otra, o las dos, inexigibles.

Si es inconcebible un ordenamiento que regule todas las acciones posibles con una sola modalidad normativa o, en otras palabras, que abarque todas las acciones posibles con un único juicio de cualificación, no lo es un ordenamiento que ordene (o prohíba) una sola acción. Se trata de un ordenamiento muy simple que considera como condición para pertenecer a un determinado grupo o asociación el cumplimiento de una sola obligación (por ejemplo, pagar la cuota). Pero, ¿un ordenamiento como éste puede considerarse como un ordenamiento compuesto de una sola norma?. No, por que la norma que prescribe pagar la cuota implica la norma que permite hacer cualquier otra cosa diversa de pagar la cuota. Con una fórmula podemos decir que si "X es obligatorio", implica que "no X está permitido". Como se observa, en realidad son dos normas, una particular y otra general exclusiva, aunque se halle formulada en una sola. En este sentido se puede decir que, aunque el ordenamiento más simple es el que consiste en la sola prescripción de una acción particular, está compuesto al menos por dos normas.

Es necesario agregar que un ordenamiento jurídico no es nunca tan simple. Esta es la conclusión: los ordenamientos jurídicos son *complejos*. En seguida veremos qué quiere decir el concepto de complejidad.

B) En principio, las normas jurídicas - como las palabras de un idioma - pueden contarse, y el número posible de relaciones de validez, de medio/fin, de antinomia... entre las normas podría calcularse matemáticamente a partir del primer número. No obstante, el cálculo de la *cantidad* de elementos que integran el conjunto jurídico sólo tendría sentido si lo exigiese la solución de un caso jurídico. Sería estúpido que alguien se pusiese a contar normas, salvo que ese recuento estuviese exigido para solucionar un caso concreto. Es decir, que sólo sería la particular *cualificación* de este caso la que nos exigiría el método cuantitativo. De forma que la cantidad adquiriría sentido únicamente cuando lo exigiese la calidad. Esto demuestra también que el ordenamiento jurídico es un sistema complejo.

En cuanto a la posibilidad de calcular el número de relaciones (contactos entre elementos del sistema) a partir del número de elementos, debemos decir lo siguiente. A partir de un caso jurídico cualquiera, el cálculo de las relaciones relevantes sólo puede hacerse dejando a un lado otras relaciones imaginables: por ejemplo las contrarias. Es decir sólo es posible hacerlo mediante *selección*, de manera selectiva. Pongamos un ejemplo: a partir de un caso en el que A mata a B, el calculo de las relaciones relevantes (por ejemplo, tipo básico penal de homicidio en relación con agravantes = sanción por asesinato) sólo puede hacerse dejando de lado otras imaginables al menos la contrarias (por ejemplo, tipo básico homicidio en relación con eximentes = absolución). La opción por una u otra relación se llama en la Teoría General de sistemas: *selección*. Todo sistema real a partir de un cierto tamaño (relativamente pequeño) exige la selección de relaciones. La complejidad exige selección - como más adelante veremos. La cualidad - la cualidad que hace diferente a un sistema de outro - surge sólo mediante la selección; pero sólo hay selección si antes hay complejidad. La conclusión ahora es de nuevo que los ordenamientos jurídicos son sistemas complejos, pero además por serlo necesitan seleccionar sus relaciones, reducir su complejidad.

3. El quantum de energía y las normas jurídicas

Por el contrario, muy a menudo se habla de las normas como si fueran elementos identificables de modo puramente analítico; como si su unidad fuese unidad en virtud de la mera observación. Como si las pudiésemos contar. No es casual aunque sea un gran error que en el lenguaje jurídico se usen las palabras "artículo" o "ley" como sinónimas de norma. Así se llegan a oír expresiones disparatadas tales como "la Constitución española tiene 169 normas (*sic*)" o "el derecho privado cuenta con dos normas (sic) fundamentales: el Código civil y el de comercio". Este uso del lenguaje no ha sido lo suficientemente justificado por la Metodología jurídica y la Teoría de la Norma jurídica. Parece remontarse a la imagen matemática del mundo propia de los principios de la época moderna, donde sí era válido que las unidades de medición, las escalas y agregaciones, se pudieran escoger arbitrariamente y sólo con la intención de usarlas. Tan pronto como la teoría cuantitativa va más allá de sí hacia lo cualitativo, ya no se puede obviar por más tiempo que el sistema mismo cualifica los elementos de los que consta como elementos.

Esta afirmación abre una brecha formidable en la tradicional teoría del derecho. Brecha análoga a la que supuso el llamado "desarreglo microfísico" [1] para las ciencias físicas. En efecto, antes de 1900 se pensaba que el átomo era un pequeño sistema solar constituido por partículas que giraban alrededor de un núcleo de forma tan ordenada como los planetas en el sistema solar, como las piezas de un reloj. Parecía que el orden microfísico era simétrico al orden macrocósmico. Y, sin embargo, apenas sobrevino el descubrimiento del quantum de energía (Max Planck), las partículas perdieron los atributos del orden: se descomponen, se desunen, se disocian, se indeterminan, se polideterminan. bajo la mirada del observador. En la física contemporánea las partículas que aparecen en la observación ya no pueden ser consideradas como unidades que no se pueden dividir (átomos) ni objetos elementales, definibles, identificables o medibles.

Desde el "desarreglo microfísico" ya es insostenible la tradicional idea del carácter de sustancialidad última y ontológica de los elementos. A diferencia de lo que suponía la tradición, la unidad de un elemento

---

[1] Así llama a la física cuántica Edgar MORIN (1977:55). La lectura de los volúmenes de *El método* es, en estos temas, imprescindible para los no iniciados en ciencias físicas y matemáticas.

no está ónticamente dada. Más bien empieza a constituirse como unidad a través del sistema, el cual recurre a un elemento en tanto que elemento para establecer relaciones.

En las ciencias sociales se ha tardado más tiempo en poner en marcha esta desontologización y funcionalización de la idea de elemento, pero al final tanto la teoría de la norma jurídica como la teoría de la acción propia de la Sociología se han unido a esta perspectiva. Los sociólogos ya saben que las acciones de los protagonistas sociales deben su unidad a la red de relaciones del sistema social en el que se constituyen[2]. Y los juristas, por su parte, ya saben también que las normas son unidades conceptuales, existen gracias a la trama de relaciones de validez del sistema jurídico.

Sin embargo, ha de pasar mucho tiempo todavía para desterrar del imaginario colectivo la tesis escolástica en virtud de la cual el *uno* es ontológicamente superior a la relación (el dos), porque el uno para existir sólo necesita de sí mismo, mientras que la relación necesita del otro. El paradigma de la complejidad sostiene por el contrario la superioridad del pluralismo sobre el monismo, de la diversidad sobre la unidad, del sistema sobe el elemento, de la relación sobre la sustancia, etcétera.

Son evidentes las connotaciones ontológicas e incluso religiosas de este enfrentamiento entre lo viejo (que no acaba de morir) y lo nuevo (que no acaba de nacer). Pero en un curso de Teoría General del Derecho lo importante es, sobre todo, subrayar la necesidad de relativizar el concepto de norma jurídica. Si uno se pregunta qué "son" los elementos (por ejemplo: átomos, células, acciones o normas) de un sistema, en un primer momento podrá responder que un elemento podría definirse como la unidad que ya no puede descomponerse. Así por ejemplo la unidad de la norma podría ser entendida como un hecho psicológico que proviene de la fragmentación de la voluntad del legislador o del soberano en unidades minimales que ya no pueden descomponerse más. Pero, en un segundo momento, ese orden interno del sistema jurídico se desvanecerá: basta con comprobar que las normas a veces son enunciados y a veces proposiciones, que a veces un mismo enunciado forma parte de dos normas, que otras veces no hay norma aplicable (laguna), que a veces la norma se disocia en varias, que nunca el aplicador del derecho *elige* entre unidades, sino que *selecciona* entre relaciones posibles de enunciados, que como el quantum de energía la norma se polideterminada bajo la mirada del observador, que dos observadores determinan dos normas con los mismos elementos, etc.

En conclusión, la identidad de la norma jurídica - como la del átomo - está dislocada, dividida entre el estatuto de unidad básica y particular del ordenamiento jurídico y el estatuto de generalidad. Su sustancia se disuelve, no es un pilar estable, sino un evento que puede suceder así o de otra forma. Por tanto, el concepto de norma jurídica no se puede construir como emergencia "desde abajo", sino por constitución "desde arriba"[3]. Las normas son jurídicas sólo

---

[2] Así, muy claramente, Talcott Parsons, (1937:43): "*Just as the units of a mechanical system in the classical sense particles, can be defined only in terms of their properties, mass, velocity, location in space, direction of motion, etc., so the units of action systems also have certain basic properties* [aquí se hubiera tenido que decir: relaciones] *without which it is not possible to conceive of the unit as 'existing'*".

[3] Una consecuencia de esto es que los sistemas de orden más alto (por ejemplo el sistema jurídico-político) pueden tener menor complejidad que sistemas de orden más bajo (por ejemplo el sistema de fuentes) ya que cada sistema determina la unidad y el número de elementos que lo constituyen; es decir, que en su propia complejidad son independientes de su base real. Esto significa asimismo que la complejidad necesaria, o sea, suficiente de un sistema no está predeterminada "materialmente", sino que puede determinarse nuevamente para cada nivel de formación del sistema en relación al correspondiente entorno. La "altura" de un sistema en el plano de generalidad que veremos en el §98, no es simplemente una acumulación de complejidad, sino una interrupción y nuevo comienzo de la construcción de complejidad.

para los sistemas que las utilizan como jurídicas, y lo son únicamente a través de estos sistemas.

4. La noción de complejidad

Es posible ya dar una definición operativa de complejidad[4] a partir del concepto de elemento/relación[5]. Si se parte de este concepto de elemento/relación enseguida resulta evidente que al aumentar el número de elementos que deben englobarse en un sistema[6] muy pronto se alcanza un punto a partir del cual se hace imposible que cada elemento se relacione con todos los demás.

Esta conclusión permite una definición del concepto de complejidad: definiremos como complejo a un conjunto interrelacionado de elementos *cuando ya no es posible que cada elemento se relacione en cualquier momento con todos los demás*, debido a limitaciones inmanentes a la capacidad de interconectarlos[7].

Desde este punto de vista, la complejidad es algo que se autocondiciona y que recorre en cascada todos los planos del sistema: si pensamos que las normas jurídicas ya deben constituirse de modo complejo para poder funcionar como normas en los niveles superiores[8] del sistema jurídico, entonces comprenderemos que su capacidad de interconexión con otras normas queda autolimitada[9]; y así, la complejidad se reproduce en cada uno de los sucesivos niveles del sistema como un hecho inevitable.

De acuerdo con esto, los ordenamientos jurídicos son complejos. La imagen de un ordenamiento integrado solamente por dos personajes, el legislador, que crea la norma, y los súbditos que las reciben, es puramente escolástica. El legislador es un personaje imaginario, que esconde una realidad más complicada.

Aún un ordenamiento restringido, poco institucionalizado, aplicable a un grupo social de pocos miembros, como la familia, es generalmente un ordenamiento complejo puesto que no siempre las reglas de conducta que rigen a los miembros del grupo tienen como fuente única la autoridad de una persona, ya que ésta puede acoger reglas ya formuladas por sus antepasados, por las tradiciones familiares o bien por reenvío a otros grupos familiares.

La complejidad de un ordenamiento jurídico proviene del hecho de que su entorno social le exige unos grados tales de regulación de conductas, de intervención en la sociedad, que no hay ningún poder (u órgano) capaz de satisfacerla por sí mismo. La formación y mantenimiento de la diferencia entre sistema y entorno se convierte en problema porque el entorno para cada sistema resulta más complejo que el propio

---

[4] La complejidad quizá sea el punto de vista que mejor exprese los problemas de la nueva investigación sistémica. En esta función de catalizador de experiencias se emplea normalmente de un modo no definido porque se ve en el problema de la complejidad el único punto de consenso para las muy diversas teorías de sistemas. Para evitar dar una definición de complejidad se podría dar un argumento riguroso derivado de la autorreferencia: la complejidad es demasiado compleja para su traducción conceptual. Esta afirmación haría de la complejidad un concepto inservible para un trabajo riguroso.

[5] Una definición así dada tiene dos ventajas: por un lado resulta aplicable a los nosistemas (por ejemplo entorno o mundo), y, por otro, al no utilizar el concepto de sistema, puede enriquecer los análisis de la teoría de sistemas con otros puntos de vista. Para más indicaciones, véase LUHMANN, N., (1975), p. 204220.

[6] "Deben englobarse" significa aquí que para el sistema existen situaciones en las cuales una pluralidad de elementos debe tratarse como unidad.

[7] El concepto de "limitación inmanente" remite a la complejidad interior no disponible para el sistema que permite, a la vez, su "capacidad de unidad".

[8] Los niveles superiores del sistema jurídico son los momentos de la decisión: fundamentalmente dos, la decisión legislativa y la decisión judicial.

[9] Esta autolimitación compleja de cada norma jurídica tiene lugar normalmente mediante las prescripciones que determinan el ámbito de aplicación de una norma. Por ejemplo la prescripción del Estatuto de los trabajadores que limita su ámbito de aplicación a la relación laboral.

sistema. Al sistema jurídico, como a cualquier otro sistema, le falta la elasticidad suficiente como para poder reaccionar frente a cada exigencia de su entorno. Dicho con otras palabras, no existe correspondencia completa entre el sistema jurídico y su entorno moral, económico, político...[10]. Precisamente por esto se hizo difícil formar esta diferencia y precisamente por esto es difícil mantenerla. La inferioridad de complejidad del sistema jurídico debe ser compensada por estrategias de selección de normas aplicables, ejecutables y elaborables. Que el sistema jurídico esté obligado a la selección, es consecuencia de su propia complejidad. Y la diferencia de complejidad respecto al entorno, condiciona cuál será la ordenación escogida en las relaciones entre sus elementos[11].

5. La reducción de complejidad.

Si aceptamos la tesis general según la cual ningún elemento puede determinarse con independencia del sistema o, la tesis particular de que no hay norma sin ordenamiento jurídico; entonces se confirmará otra tesis muy conocida en diferentes ramas de la ciencia según la cual la "complejidad organizada" sólo se da a través de la formación de sistemas; todos los sistemas no son en el fondo más que una manera de organizar la complejidad o si se prefiere de ordenar el caos. El concepto de "complejidad organizada" no significa, pues, más que complejidad con relaciones selectivas entre los elementos[12].

La combinación anteriormente propuesta entre problema de complejidad y teoría de sistemas obliga a reconsiderar el tratamiento del concepto de complejidad. La medición de la complejidad y la comparación de complejidades puede hacerse tanto a partir del número de elementos como del número de relaciones posibles entre ellos. Se debería hablar, en cambio, de reducción de complejidad en un sentido más restringido, sólo si la estructura de relaciones de una formación compleja puede reconstruirse mediante otra formación compleja con menos relaciones[13]. Al igual que cada interrelación, la reducción de complejidad arranca de los elementos. Pero el concepto de reducción designa tan sólo el relacionar de las relaciones. Dicho de otra manera "reducir" - como medir o comparar - es una operación cuantitativa, sin embargo la primera operación - a diferencia de las otras dos - sólo es posible de forma cualitativa, cuando un sistema posee la suficiente complejidad como para reconstituirse con menos. Solamente la complejidad puede reducir complejidad.

Esto puede ocurrir en la relación exterior, pero también en la relación interior del sistema consigo mismo. Hay que compensar, entonces, la pérdida de complejidad con una selección mejor organizada.

Desde el punto de vista de la historia del pensamiento, esta versión tan complicada del problema de la reducción se hizo necesaria por el hecho de tener que renunciar al concepto ontológico de elemento como la unidad del ser (átomo) más simple e indivisible. Si se acepta que existen unidades tales como para proporcionar una garantía del ser, entonces se puede concebir la reducción de complejidad simplemente

---

[10] Situación que, si se diera, negaría la diferencia entre sistema y entorno. Imaginemos por ejemplo la introducción del análisis costes/beneficios (o del Corán, o del Catecismo) como criterio único de decisión jurídica, el efecto inmediato sería la desaparición del sistema jurídico por desdiferenciación con respecto a su entorno.

[11] De esta manera se pueden explicar analíticamente ambos aspectos. Sin embargo, sólo son dos caras de un mismo hecho, pues un sistema puede ser complejo únicamente a través de la selección de un orden.

[12] Véase RAPOPORT, 1973 vol. I, p. 438: "*The systemtheoretic view focuses on emergent properties which these objects or classes or events have by virtue of being systems [es decir], those properties which emerge from the very organization of complexity*".

[13] Habla también a favor de esta restricción la historia de la fórmula, por ejemplo, su uso en Jerome S. Bruner y otros, *A Study of Thinking*, Nueva York, 1956.

como reconducción a dichas unidades y a sus relaciones. Sin embargo, la base teórica de dichas discusiones desapareció en cuanto se debió asumir que los elementos se constituyen siempre a través del sistema que los incluye, y que adquieren su unidad únicamente a partir de la complejidad de este sistema[14] Hubo que renunciar, entonces, a la suposición de una asimetría ontológica entre "lo simple" (lo indivisible, por tanto, indestructible) y "lo complejo" (lo divisible, por tanto, destructible).

En consecuencia hubo que sustituir los tradicionales problemas subsiguientes (por ejemplo: cómo se constituye un "todo" de las "partes" y en qué se ve su plus de valor), se encuentra un concepto de complejidad muy distinto, que debe formularse en su globalidad como diferencia de complejidades. Hay que distinguir la complejidad inaprensible del sistema (o bien, de su entorno), que aparecería si se interconectase todo con todo, de la complejidad estructurada de una manera determinada. Esta, no obstante, sólo puede seleccionarse contingentemente. Y además, se tiene que distinguir la complejidad del entorno (en ambas formas) de la complejidad del sistema (en ambas formas), siendo inferior la complejidad del sistema, lo que debe compensar aprovechando su contingencia, es decir, sus modelos de selección. En ambos casos el principio que realmente obliga a la selección (y en esta medida lo configura) es la diferencia entre dos complejidades. Y hablando no de estados sino de operaciones, ambos son reducción de complejidad, es decir, reducción de una complejidad por otra[15].

Desde el punto de vista de estas necesidades de reducción (consecuencia de la complejidad) se ha formulado un segundo concepto de complejidad. Según dicho concepto, la complejidad es una medida de la indeterminación o de la falta de información. Vista de este modo, *la complejidad es la información que le falta a un sistema para poder comprender y describir completamente su entorno (complejidad del entorno) o bien a sí mismo (complejidad del sistema)*[16]. Para los elementos aislados, por ejemplo, para determinadas acciones o procesos de tratamiento de información del sistema, la complejidad se hace relevante solamente en este segundo sentido, es decir, únicamente como horizonte de selección. Y esta segunda versión se puede utilizar en los sistemas de sentido para reintroducir la complejidad del sistema en el sistema, como concepto, como variable incógnita y precisamente por eso eficaz, como factor de miedo, como concepto para inseguridad y riesgo, como problema de planificación y decisión, como excusa. La distinción de los dos conceptos de complejidad indica, por tanto, que los sistemas no comprenden su propia complejidad (y menos aún la de su entorno) pudiendo, en

---

[14] Blauberg y otros (1977), op. cit., pág. 16 y sigs. ofrecen una buena exposición de este cambio, pero no llegan a una teoría de sistemas autorreferentes. De modo parecido, pero teniendo en cuenta los problemas de la autorreferencia, Yves Barel, Le paradoxe et le systeme: Essai sur le arltastique social, Grenoble, 1979, especialmente pág. 149 y sigs.

[15] Sólo una nota para indicar ya aquí que se darán más diferencias entre relaciones de complejidad en cuanto un sistema realice autodescripciones (o bien descripciones del entorno). La cibernética habla aquí de "modelos". Véase Roger C. Conant/W. Ross Ashby, *Every Good Regulator of a System must be a Model of that System*, International Journal of Systems Science I (1970), págs. 8997. Entonces se tiene que concebir la complejidad, que subyace a una planificación del sistema, frente a la complejidad estructurada del sistema, como su reducción, y ésta a su vez como reducción de la complejidad global indeterminable del sistema.

[16] Véase, por ejemplo, Lars Lofgren, *Complexity Descriptions of Systems A Foundational Study*, International Journal of General Systems 3 (1977), págs. 97214; Henri Atlan, Erltre le cristal et la fumée: Essai sur l'organisation du vivant, París, 1979, especialmente págs. 74 y sigs.; el mismo autor, "Hierarchical Self-Organization in Living Systems: Noise and Meaning", en Milan Zeleny (comp.), Autopoiesis: A Theory of Living Organization, Nueva York, 1981, págs. 185208. Compárese también Robert Rosen, "Complexity as a System Property", International Journal of General Systems 3 (1977), págs. 227232, para quien complejidad significa la necesidad de una pluralidad de descripciones del sistema según las relaciones de interacción.

cambio, problematizarla. El sistema, por un lado, produce, y por otro lado, reacciona ante una imagen borrosa de sí mismo.

6. Complejidad, selección, contingencia y riesgo

La complejidad, en el sentido aquí mencionado, significa obligación a la selección, obligación a la selección significa contingencia, y contingencia significa riesgo.

Traduciendo a términos jurídicos *en sede judicial*: la complejidad de un ordenamiento diferenciado obliga a la selección de la norma aplicable a cada caso, la selección de la norma aplicable a cada caso significa contingencia (posibilidad de soluciones distintas para el mismo caso) y la contingencia significa riesgo de arbitrariedad de la decisión.

Traduciendo a términos jurídicos *en sede legislativa*: la complejidad del sistema jurídico obliga a seleccionar la norma elaborable de entre diversas soluciones posibles, la selección de la norma elaborable (política legislativa) significa contingencia (posibilidad de decidir de manera distinta) y la contingencia significa riesgo de irracionalidad (lingüística, jurídico formal, pragmática, teleológica o ética).

La función de selección de la norma aplicable (elaborable o ejecutable) es la que la califica. La norma es siempre resultado de un proceso de selección aunque toda norma podría siempre haber sido construida mediante otra relación. A esta posibilidad de construcción diferente de una norma la llamaremos contingencia. Este término indica, al mismo tiempo, la posibilidad (riesgo) de que no se logre la mejor decisión.

La obligación de seleccionar y el condicionamiento de las selecciones explica que se puedan originar sistemas jurídicos muy distintos a partir de un nivel inferior de normas muy parecidas. He aquí otra explicación para el fenómeno que describíamos en la lección primera cuando hablábamos de países diferentes que usaban categorías jurídicas muy similares.

Cuando hablamos de sistemas complejos, también cambia el concepto de selección. Y ello, porque ya no se puede concebir la selección como iniciativa de un sujeto, ni tampoco de manera análoga a una acción. No se puede pensar que la selección es algo que hacen las voluntades individuales "el soberano" o "los jueces". La selección es un proceso sin sujeto, una operación producida por la existencia de una diferencia que no realiza "el soberano" sino, en todo caso, la función legislativa del Estado; no los jueces, sino la función jurisdiccional del sistema jurídico-político.

En ningún caso puede pensarse que los sistemas jurídicos son sistemas psíquicos. Darwin en general y Jhering en la dogmática jurídica se muestran, también en esto, como los precursores más importantes al concebir la selección evolutiva no desde una voluntad de orden, sino desde el entorno, en el caso del primero, y al introducir la idea de la lucha por el derecho como trama de intereses, en el caso de Jhering. La filosofía de la contingencia y el pragmatismo se basaron en este punto y dieron a esta idea de selección la máxima trascendencia ontológica posible. En la sociología, dicha idea también ha dejado huella. Desde entonces, la selección ocupa la función de concepto básico para cualquier teoría del orden, evitando de esta manera el recurso a un sistema que explique la génesis del orden basándose en un poder de orden propio superior[17].

7. Límites materiales y límites formales (Norberto Bobbio, 1987, p. 176-179)

Cuando un órgano superior atribuye un poder normativo a un órgano inferior, no le atribuye un poder ilimitado, puesto que al

---

[17] Véase Robert B. Glassman (1974), pp. 149165.

hacerlo establece también los límites dentro de los cuales puede ser ejercido dicho poder normativo. Tanto el ejercicio del poder negocial como el ejercicio del poder jurisdiccional están limitados por el poder legislativo, y éste, a su vez, está limitado por el poder constitucional. A medida que se desciende a lo largo de la pirámide, el poder normativo está cada vez más circunscrito. Piénsese en la cantidad de poder atribuido a la fuente negocial con respecto a la atribuida a la fuente legislativa.

Los límites con los cuales el poder superior restringe y regula el poder inferior son de dos tipos diferentes: a) Relativos al contenido. b) Relativos a la forma.

Por esto se habla de límites materiales y de límites formales. El primer tipo de límites tiene que ver con el contenido de la norma que el inferior está autorizado para dictar, y el segundo tipo se refiere a la forma, esto es, al modo o al procedimiento por medio del cual el inferior debe dictar la norma. Desde el punto de vista del inferior, puede observarse que éste recibe un poder limitado, en relación con aquello que puede mandar o prohibir, o respecto de cómo puede mandar o prohibir. Estos dos límites pueden ser impuestos al mismo tiempo, pero en algunos casos se puede imponer uno u otro. Es importante destacar estos límites porque delimitan el ámbito en el que la norma inferior puede ser preferida legítimamente; una norma inferior que exceda los límites materiales, esto es, que regule una materia diferente de la que le ha sido asignada o en forma diferente de la prescrita, o bien que exceda los límites formales al no seguir el procedimiento establecido, es susceptible de ser declarada ilegítima o de ser expulsada del sistema.

En el paso de la norma constitucional a la ordinaria son frecuentes y evidentes tanto los límites materiales como los formales. Cuando la ley constitucional atribuye a los ciudadanos, por ejemplo, el derecho a la libertad religiosa, limita el contenido normativo del legislador ordinario, o sea, que le prohíbe dictar normas que tengan por contenido la restricción o la supresión de la libertad religiosa. Los límites de contenido puede ser positivos o negativos, según que la Constitución le imponga al legislador ordinario dictar normas en una materia determinada (mandato de ordenar), o bien le prohíba dictar normas en una determinada materia (prohibición de ordenar o mandato de permitir).

Cuando una Constitución establece que el Estado debe proveer a la instrucción hasta una cierta edad, le atribuye al legislador ordinario un límite positivo; en cambio, cuando atribuye ciertos derechos de libertad, establece un límite negativo, consistente en la prohibición de dictar leyes que limiten o eliminen cualquier ámbito de libertad. En cuanto a los límites formales, éstos están constituidos por todas aquellas normas de la Constitución que regulan el funcionamiento de los órganos legislativos, y que representan una parte importante de una Constitución. Mientras los límites formales generalmente nunca faltan, en las relaciones entre Constitución y ley ordinaria pueden faltar los límites materiales; esto se comprueba en los ordenamientos en los que no hay una diferencia de grado entre leyes constitucionales y leyes ordinarias (las llamadas constituciones flexibles). En estos ordenamientos el legislador ordinario puede legislar en cualquier materia y en cualquier dirección. En una Constitución típicamente flexible como la inglesa se ha dicho que el Parlamento puede hacerlo todo con excepción de transformar un hombre en mujer (que, como acción imposible, está por sí misma excluida de las acciones regulables).

Si observamos ahora el paso de la ley ordinaria a la decisión judicial, entendida como regulación del caso concreto, en la mayor parte de las legislaciones encontramos los dos límites. Las leyes relativas al derecho sustancial pueden ser consideradas bajo un cierto ángulo visual (en cuanto se entienden como reglas dirigidas a los jueces antes que a los ciudadanos), como límites de contenido al poder normativo del juez; en otras palabras, la existencia de las leyes de derecho sustancial hacen que el juez, al decidir una controversia, deba buscar y encontrar la solución prevista en las leyes ordinarias. Cuando se dice que el juez debe aplicar la ley, se dice, en otras palabras, que la actividad del juez está limitada por la ley, en el sentido de que el contenido de la sentencia debe corresponder al contenido de una ley; si esta correspondencia no se da, la sentencia del juez puede ser declarada sin valor, como cuando una ley ordinaria no es conforme con la Constitución. Las leyes relativas al procedimiento constituyen, en cambio, los límites formales de la actividad del juez. Esto quiere decir que el juez está autorizado para dictar normas jurídicas en cada caso concreto, pero siguiendo un rito preestablecido en gran parte por la ley.

En general, los vínculos del juez en relación con las leyes son más amplios de los que tiene el legislador ordinario en relación con la Constitución. Mientras que en el paso de la Constitución a la ley ordinaria vimos que se podía presentar el caso de ausencia de límites materiales, en el paso de la ley ordinaria a la decisión del juez es difícil que en la realidad se presente esta ausencia. Imaginemos la hipótesis de un ordenamiento en el que la Constitución establece que en todos los casos el juez debe juzgar según la equidad. Se llaman "juicios de equidad" aquellos en los cuales el juez está autorizado para resolver una controversia sin recurrir a una norma legal preestablecida. El juicio de equidad puede definirse como la autorización que tiene el juez para producir derecho más allá de todo límite material impuesto por las normas superiores. En nuestros ordenamientos este tipo de autorización es muy raro. En los ordenamientos en los que el poder creador del juez es más amplio, el juicio de equidad es, no obstante, excepcional. En estos casos los límites materiales al poder normativo del juez no derivan de la ley escrita, pero sí de otras fuentes superiores, como pueden ser la costumbre o bien el precedente judicial.

En el paso de la ley ordinaria al negocio jurídico, esto es, al ámbito de la autonomía privada, generalmente prevalecen los límites formales sobre los materiales. Las normas relativas a los contratos generalmente son reglas destinadas a fijar el modo como debe desarrollarse el poder negocial, para que produzca consecuencias jurídicas, más que la materia que se debe desarrollar. Se puede formular el principio general según el cual, en relación con la autonomía privada, al legislador ordinario no le interesa tanto la materia sobre la cual puede ejercerse cuanto la forma como debe desarrollarse. En la teoría general del derecho esto ha conducido a afirmar, con una extrapolación ilícita, que al derecho no le interesa tanto lo que los hombres hacen cuanto el modo como lo hacen; o también, que el derecho no prescribe lo que los hombres deben hacer, sino el modo, es decir, la forma de la acción; en síntesis, que el derecho es una regla formal de la conducta humana. Una tesis de este género tiene apariencia de verdad sólo si está referida a la relación entre ley y autonomía privada. Pero también en esta materia restringida está muy lejos de tener fundamento. Piénsese, por ejemplo, en el poder atribuido al particular para disponer de sus propios bienes mediante testamento. No hay duda que la ley, precisamente por una actitud de respeto hacia la voluntad individual, prescribe, inclusive minuciosamente, las formalidades relativas a la redacción del testamento para que éste pueda ser considerado válido. Pero, ¿se puede decir que la ley renuncia completamente a impartir reglas relativas al contenido? Cuando la legislación establece cuáles son las partes del patrimonio de las que el testador no puede disponer (la denominada "legítima"), nos encontramos frente a límites no sólo formales, sino de contenido, como quiera que son límites que restringen el poder del testador no sólo en relación con la forma sino también con el contenido.

8. Límites y sistemas en el entorno

Determinados sistemas como el jurídico tienen la necesidad de una mayor eficacia y una mejor delimitación de sus límites. Esto se debe a dos cosas: en primer lugar el sistema jurídico tiene base territorial, el ámbito espacial de aplicación de las leyes, y en segundo lugar el sistema jurídico no es el único sistema de decisión, no tiene el monopolio de la decisión social sino que la comparte con los sistemas económico, político y moral principalmente.

El punto de vista desde el cual los límites se ven forzados a ser eficaces, es decir, el punto de vista desde el cual se hacen necesarios una determinación y mantenimiento más exigentes es resultado de la distinción mencionada arriba entre el entorno del sistema jurídico y los sistemas en el entorno del sistema. Los límites del sistema jurídico excluyen siempre el entorno unificándolo; por ejemplo, una frontera de un Estado convierte a todo lo exterior en "el extranjero". Sin embargo esto se hace ilusorio cuando las relaciones con "un determinado país extranjero" en su sentido económico, político, científico y educativo ya no se pueden definir con los mismos límites que para cualquier otro. Entonces las exigencias de matización y eficacia de los límites aumentarán porque será preciso distinguir otros sistemas (y sus entornos) en el propio entorno de un sistema jurídico y adaptar sus límites a esta distinción. En el caso más sencillo la mayor exigencia de eficacia se resolverá mediante el tratamiento del entorno como otro sistema. Así, por ejemplo las fronteras de Estados se conciben, a menudo, como fronteras en relación a otros Estados (sistemas políticos) determinados no agrupables bajo la categoría única de "extranjero".

9. Selección y tiempo

Cualquier teoría del derecho que pretenda referirse a un sistema jurídico real debe tomar en consideración que el Derecho cambia. Hay cambios, y en el sistema jurídico hay una sensibilización especial para los cambios; por tanto, para el sistema jurídico existe el tiempo en el sentido de un concepto de agregación para todos los cambios. Dejamos abierto lo que el tiempo "es", ya que se puede poner en duda si algún concepto de tiempo que vaya más allá del mero hecho del cambiar, puede fijarse sin referencia al sistema. Por otro lado, no nos bastará un concepto de tiempo simplemente cronológico en el sentido de medida del cambio legislativo en relación con un antes y un después, pues no es capaz de reconstruir enteramente los problemas que el Derecho tiene en el tiempo y con el tiempo. Abordaremos estos problemas apoyándonos en los puntos de vista que hasta aquí nos han servido como hilo conductor: la diferencia sistema/entorno, la complejidad y la autorreferencia.

La relación entre complejidad del sistema jurídico, contingencia del sistema, selección de la decisión y riesgo de arbitrariedad en la cual nos basábamos, no es una descripción de situaciones estáticas. Implica ya el tiempo, y se realiza solamente mediante el tiempo y en el tiempo. El tiempo es lo que obliga a la selección en los sistemas complejos, pues si dispusiéramos de un tiempo infinito todo podría concordar con todo. Visto así, "el tiempo" siempre simboliza que si algo determinado sucede, otra cosa también sucede, de tal manera que ninguna operación está aislada. En el sistema jurídico esta primera aparición del tiempo significa que si se elabora una ley, se dicta una sentencia, se aplica un reglamento, en definitiva si se decide, entonces algo ocurre y si ese acontecimiento sucede otro sucede, de manera que ninguna decisión es aislable.

Además, la selección (de la norma aplicable, de la ley elaborable, del acto ejecutable.) es un concepto temporal: es inminente, es necesaria, será entonces realizada, y después, habrá sucedido. Por ello, la selección reclama tiempo para afirmarse en un entorno ya temporalizado. Se podría decir que la selección es la dinámica de la complejidad. Todo sistema complejo debe, por tanto, tener en cuenta el tiempo, reconduciendo como sea esta exigencia a una forma operativa inteligible para el sistema.

10. La búsqueda de la reversibilidad

En el tiempo, el sistema jurídico opera fundamentalmente con el criterio de la reversibilidad. Una sanción no es sino un intento de revertir acontecimientos. Sin embargo, no se puede marcar un límite nítido entre lo reversible y lo irreversible, dado que el hacer algo reversible supone un gran gasto de tiempo, costes y la aceptación de ciertas irreversibilidades. Esta falta de nitidez no afecta al problema de la existencia de lo reversible y lo irreversible, sino que, al revés, la confirma. Sea el tiempo lo que fuere: no conlleva necesariamente irreversibilidad. El tiempo jurídico se presenta por ello simultáneamente de modo reversible e irreversible[18], es decir no se nos presenta de forma nítida y, por eso, deja espacio para realizar la principal operación jurídica, el intento de transición de irreversibilidades a reversibilidades de otro orden y al revés[19].

En cualquier caso, el tiempo no se presenta como indiferente en relación a un hacia adelante o hacia atrás respecto a cada punto del tiempo. La posibilidad del retórno o de la reconstrucción no contradice el tiempo, pero se superpone a un curso del tiempo irreversible "en sí". Sólo en la medida en que el tiempo aparece como irreversible, puede ser interpretado como un presente en curso hacia una diferencia de futuro y pasado.

11. El desnivel del tiempo

Dado el desnivel de complejidad en relación con el entorno, un sistema complejo no se puede apoyar, ni siquiera desde un punto de vista temporal, en una correspondencia punto por punto con el entorno. La diferenciación de un sistema desde un punto de vista temporal significa que los acontecimientos en el sistema no son ya paralelos con los acontecimientos de su entorno, sino que los preceden o los suceden. Si aplicamos esta regla al sistema jurídico, podemos deducir que el Derecho, en cuanto sistema diferenciado, se desarrolla en un plano del tiempo - en términos musicales se podría decir que tiene un *tempo*, un *ritmo*, un *swing* - diferente del de su entorno y de cualquiera de los otros sistemas en su entorno. Además este dato actúa como condición de posibilidad, es una condición de la propia existencia del Derecho, dado que si los acontecimientos jurídicos fuesen paralelos en el mismo nivel del espacio-tiempo con los acontecimientos de su entorno, no habría más diferenciación y el sistema desaparecería. El sistema jurídico debe, por lo tanto, renunciar a una completa sincronización con el entorno.

Ahora bien, también debe ser capaz de compensar de alguna forma los riesgos surgidos por esta falta de correspondencia temporal[20]. En la relación del sistema jurídico con su entorno deben poderse introdu-

---

[18] Hoy se supone a menudo que la irreversibilidad del tiempo es también una abstracción de un continuo espacio-tiempo que comprende lo irreversible y lo reversible; como abstracción, sin embargo, no es solamente un concepto sino un hecho del orden macroscópico de la naturaleza. Véase Ilya Prigogine, 1973, págs. 6771: una simetría original (¿autorreferencial?) se asimetriza temporalmente por la aparición de la irreversibilidad.
[19] A pesar de ello, y a causa de la ordenación prefijada del mundo macrofísico, se prefiere una descripción y experiencia del tiempo que emplee metáforas de la irreversibilidad. Esto incluso ha llevado a que se imaginara un segundo mundo con un tiempo en sentido inverso inaccesible para nosotros, porque todo lo que entra de este mundo en el nuestro, retorna allí según nuestro tiempo. Véase Ludwig Boltzmann, 1898, págs. 253 y ss.
[20] "*The processes which maintain this distinctiveness* [posibilidad de distinción] *cannot presume to involve only instantaneous adjustment, but 'take time'*". PARSONS, Talcott (1970) *Some Problems of General Theory in Sociology*, en John C. McKinney/Edward A. Tiryakian (comps.), *Theoretical Sociology: Perspectives and Developments*, Nueva York, 1970, pp. 27-60.

cir también transformaciones del tiempo, existe un cierto margen de juego con el tiempo, el sistema jurídico puede preparar reacciones y puede tenerlas a su disposición para eventualidades; de hecho cualquier norma forma parte de este arsenal de respuestas jurídicas a la evolución del entorno. Puede también reaccionar ante perturbaciones momentáneas con largos procesos, por ejemplo una ley general de consumo, que inaugura toda una línea jurisprudencial, doctrinal y reglamentaria después de un caso aislado de intoxicación. Pero también puede responder a largos procesos sociales con soluciones momentáneas, por ejemplo del tipo de integración de lagunas

12. El diagnóstico de la aceleración civilizatoria

Dentro del proceso de autorrealización de lo que se ha llamado "sociedad mundial" o "Capitalismo Mundial Integrado" (GUATTARI, 1989) es posible observar un cambio en la percepción del tiempo. Es verdad que la fascinación por el cambio ha existido siempre, ha movido mitologías[21] y ontologías desde hace siglos. Y es verdad que los humanos no vivimos en el tiempo, somos tiempo. Se vive siempre aprendiendo a vivir con cambios. La novedad contemporánea no es, pues, el tiempo, sino la aceleración del mismo[22]. He aquí uno de los posibles diagnósticos de la crisis ecológica en virtud del cual ésta sería en realidad una crisis civilizatoria. Crisis que a su vez tendría su síntoma en destrucción por profusión, aceleración o proliferación, no sólo de los bienes ambientales, sino también de los bienes culturales, incluida la propia memoria. Las sociedades occidentales sólo pueden percibir el futuro como algo mejor, el moderno derroche de energía e ingenuidad ha transformado la historia en algo discontinuo con el pasado.

Comentario de Texto "Ecología social en el fondo es oncología social. Lo ecológico es el estudio de las desapariciones por las profusiones. Las propias proliferaciones en los tres ámbitos [ambiental, social y mental] dan que pensar: las algas invaden los canales de Venecia, los spots de televisión están saturados de mensajes degenerados; Donald Trump se apropia de barrios enteros de New York, Atlantic City, etcétera, restaura las viviendas aumenta los alquileres, expulsa a decenas de miles de familias, de las cuales muchas se convertirán en *homeless*, el equivalente de los pescados muertos de la ecología ambiental. No solamente las especies desaparecen también las palabras, las frases, los gestos de la solidaridad humana. Todo actúa para enterrar bajo una capa de silencio o de griterío las luchas de emancipación de los nuevos proletarios, los marginados, los inmigrantes, las mujeres... los diferentes". (Felix GUATTARI)

13. La aceleración del entorno como desafío jurídico

Los sistemas de decisión heredados que llamamos racionalidad práctica (el derecho, la ética y la política) se enfrentan al desafío de la aceleración de la racionalidad técnica. El sistema jurídico se encuentra hoy con crecientes exigencias de los protagonistas sociales en el sentido de aumentar su celeridad y su eficacia en adecuación a los cada vez mayores desafíos sociales. Y, en efecto, comparados con la rapidez de los acontecimientos del entorno, los procesos

---

[21] *"Change and decay in all around I see; O thou who changest not, abide with me"*

[22] Se dice que en nuestras sociedades occidentales habita la mitología y la ontología del tiempo de los antiguos hebreos que percibían una historia dirigida hacia un fin. En efecto, ellos celebran anualmente la liberación del éxodo y miran hacia un futuro que siempre es diferente del presente y del pasado. Y, sin embargo, esto tiene poco que ver con la fé en el progreso que caracteriza lo contemporáneo, para los judíos el futuro podía ser tanto un tiempo de juicios y desgracias como un tiempo mesiánico de salvación.

jurídicos de elaboración, aplicación y control jurisdiccional de las normas internas e internacionales resultan verdaderamente lentos. Socialmente se sabe además que, por muy rápido que trabajen las instituciones, tribunales y poderes públicos, su lentitud como productores de estructuras de protección jurídica es alarmante.

El entorno social complejo y acelerado está cambiando la orientación de los sistemas jurídicos (también de los éticos y de los políticos) desde el pasado hacia el futuro, desde el horizonte del *input* hacia el del *output*. Esto significa que el consenso parlamentario y el consenso internacional como principales fuentes materiales del Derecho encuentran su justificación y buscan su orientación, más en las consecuencias políticas de la decisión, que en el acervo de datos de naturaleza científica que les provee la dogmática. Más en la velocidad de que en la prudencia. Ello genera en el sistema problemas muy internos, de autorregulación que, lejos de lo que piensan las instancias políticas del consenso, a medio plazo pueden aumentar gravemente las actuales dificultades de adecuación. La "desjuridificación" del entorno social, inserta en los más amplios procesos de *deregulation*, no garantiza una mejor tutela política del equilibrio social, pero sí garantiza un tránsito de la decisión jurídica a la técnico-económica, que puede poner en entredicho la diferenciación del sistema jurídico y, con ella, su propia existencia tal como la heredamos de la Ilustración apenas hace dos siglos

No es seguro en este momento que los sistemas jurídicos puedan acelerar autónomamente sus procesos de decisión legislativa, administrativa y judicial para sincronizarse con los procesos sociales internacionales, ello necesitaría más bien un fuerte impulso político cuya fuente y cuyos orígenes hoy por hoy no se ven. Tampoco es seguro que nos estemos acercando a un futuro estructurado mediante un tipo de planificación jurídica, las líneas evolutivas del Derecho Internacional son especialmente desoladoras en este momento.

Y, sin embargo, sí es bastante probable que asistamos a una reducción del rigor de la Dogmática y de la Jurisprudencia como reacción del sistema jurídico ante el exceso de exigencias del entorno. Si la Dogmática se relaja hasta desaparecer, será muy probable que el sistema jurídico no pueda resistir la pérdida del elemento que le determina las condiciones de lo que realmente se puede hacer sobre el entorno y que él mismo en su totalidad deje de tener relevancia en orden a la protección del equilibrio social, que desaparezca como instrumento de la planificación.

Esta perspectiva pesimista acerca del futuro del sistema jurídico es correlativa a aquella otra que en los campos filosófico, ético, político y sociológico tendería a sostener que la racionalidad práctica de nuestra civilización no será capaz de soportar su actual crisis y que con ella perderemos nuestros mejores instrumentos de control de la razón técnica. Lamentablemente esta perspectiva no es sólo pesimista es también realmente seria y rigurosa; y es, por ello, una hipótesis real para las generaciones del presente que puede que asistamos a una explosión bárbara. Hace apenas veinte años que los juristas se preocupaban sobre todo por el desmantelamiento de los Estados del bienestar, se decía entonces por ejemplo que las normas del recién aprobado estatuto de los trabajadores consolidaban avances de décadas del movimiento obrero. Hoy, (si alguien observa por ejemplo los juicios televisivos que combinan el maquinismo con el sueño de la verdad, o los debates "éticos" de intelectuales subsidiados, o los "juicios" acerca de si alguien debe volver o no a casa) no es absurdo pensar en el desmantelamiento de los Estados de derecho, que por cierto no tienen décadas como los Estados del bienestar sino aproximadamente dos siglos de existencia y veinticinco de historia del pensamiento. El mantenimiento del rigor de la Dogmática y de la Jurisprudencia en defensa de las viejas garantías liberales sería una pequeña pero necesaria aportación de los juristas ante la catástrofe.

14. Instrumentos jurídicos para enfrentarse al tiempo

Para terminar en positivo hablaremos ahora de los tres mecanismos de los que tradicionalmente disponía el sistema jurídico para enfrentarse al problema del tiempo. Después dejaremos abierta la duda acerca de su viabilidad frente a la aceleración. Estos tres mecanismos son fundamentalmente los principios (las estructuras del Estado de derecho), las líneas jurisprudenciales o doctrinales (la ciencia del derecho), y la fuerza coactiva sobre el futuro (la planificación de las conductas). Estas tres posibilidades tienen nombre en el territorio de las virtudes: la memoria, la prudencia y el coraje.

Existen, en primer lugar, dispositivos que permiten el almacenamiento de soluciones jurídicas exitosas para su reutilización. Los principios del derecho que hacen posible esta especie de memoria jurídica, son abstracciones de casos críticos, casos o situaciones en las que han concurrido el peligro y la oportunidad. Estos principios reaccionan ante el problema del tiempo en el nivel de una atemporalidad, el mecanismo es comparable al de la congelación porque sus posibilidades quedan quietas pero disponibles para el momento en el que una combinación crítica de sistema y entorno les ofrezca la oportunidad de realizarse.

Una segunda manera de solucionar el problema del tiempo podría denominarse agregación e integración de relaciones temporales y, en el caso del sistema jurídico, es la operación propia de la Doctrina y la Jurisprudencia. En principio, se trata de la capacidad de actualizar lo temporalmente inactual asumiendo el riesgo de recordar inoportunamente o de predecir incorrectamente. La reconstrucción de tales posibilidades produce entonces, como condiciones marco, una idea de agregación del tiempo, una interpretación de la irreversibilidad en el sentido de una diferencia entre lo pasado y lo futuro, y un aprovechamiento del presente para la integración de discrepancias comprendidas en su relación con el tiempo. El título clásico para ella era la *prudentia*, una característica que distinguía al hombre del animal[23]. En las sociedades más antiguas una prudencia tal parecía suficiente. Sólo en sociedades altamente complejas, sólo en tiempos recientes, el interés por las aceleraciones supera el interés por una *prudentia* intemporal: el siglo XVIII descubrió que el deseo puede juzgar más rápidamente que la razón, porque es capaz de individualizar sus criterios y legitimarlos mediante autoobservación.

La tercera forma de resolver los problemas del tiempo es la anticipación que sería comparable a la velocidad de los sistemas físicos: dispositivos tales que permiten al sistema jurídico otorgar a sus propios procesos de decisión una velocidad mayor que la de los procesos del entorno. El ejemplo claro es el de las normas de planificación, que suceden antes de que sucedan los acontecimientos del entorno, así una norma de planeamiento urbano puede declarar un espacio como jurídicamente urbanizable antes de que la ciudad (el entorno urbano del derecho urbanístico) lo urbanice de hecho.

---

[23] Cuentan los hermanos Grimm que un erizo se encuentra con una liebre que se burla de sus cortas y arqueadas patas. El erizo, ofendido, decide apostar a que él es más veloz. Comienza la carrera, pero antes de que la liebre haya hecho más de cuatro zancadas, la mujer del erizo que de acuerdo con él se hallaba al final del recorrido grita "¡Ya he llegado!". La liebre, sorprendida, decide volver a competir, y entonces es el erizo el que grita su llegada. La carrera se repite una y otra vez hasta que la liebre cae extenuada. El erizo y su mujer poseían prudencia como sistema social respecto a la liebre: sabían comunicarse rápidamente y de modo altamente selectivo, mientras que la liebre sólo sabía correr deprisa. Eran enormemente iguales ante el adversario y nítidamente diferentes entre ellos.

Una superioridad en velocidad puede utilizarse para fines muy diversos: por ejemplo, para simular en el laboratorio jurídico posibles variaciones del entorno o para prepararse frente a eventualidades o para evitar una dependencia demasiado fuerte del entorno, modificándolo antes de que el entorno modifique al sistema.

Si se piensa con los viejos esquemas del todo y la parte, entonces alguien dirá que la prudencia y el coraje son alternativos. Es decir, que debe elegirse o radicalidad o gradualismo, *tertium non datur*. La Ecología contemporánea enseña en cambio que el dualismo es una forma encubierta de monismo y mecanicismo. El pluralismo contiene la posibilidad de enfrentamiento entre los opuestos. La ontología pluralista sostiene la superioridad de la relación sobre el elemento. Así radicalidad y gradualismo (o, si se prefiere, prudencia y coraje, conservación y cambio, memoria y perspectiva, reformismo y rupturismo, igualdad y diferencia, acción y reflexión) son funcionalmente equivalentes; de ahí que puedan excluirse mutuamente bajo condiciones estructuralmente complicadas, pero que también puedan complementarse. Todas las posibilidades son limitadas por sí mismas, pero su combinación hace posible un progreso inmenso de la evolución.

24
O homem com o tempo contado

José Luis Bolzan de Morais
Mestre e Doutor em Direito pela UFSC.

Considerações preliminares

Quando a ética fizer seu percurso protestante, transformado o trabalho em suprema virtude, o vício não mais será a covardia, mas a vadiagem. De medrosa a vadia, a plebe não será menos perigosa, pois, a vadiagem plebéia aparece como causa dos entusiasmos sectários[1].

Este texto propõe o estudo do tempo em seus vínculos sociopolítico-jurídicos. Oriundo de pesquisa desenvolvida já há algum tempo, aparece nesta obra coletiva em homenagem ao Prof. Dr. Warat, como expressão de um momento em que trabalhamos lado a lado – ele como mestre, eu, ainda, um aprendiz de feiticeiro. Neste sentido, reflete bem o espírito deste projeto, bem como as preocupações de uma fase de nossa formação que, como muitas das jovens gerações de estudiosos do Direito, sofreu a marcante influência do pensamento waratiano e dos autores com os quais compactuava – em especial, neste caso, Foucault e Guattari.

Subdivide-se este trabalho em três grandes linhas que se ocupam em refletir acerca do tempo tomando como pressupostos a máquina, o lazer (tempo livre) e o trabalho/labor.

Com isto, apesar de sua temporalidade pretérita – e assim deve ser lido – buscamos, sobretudo, explicitar uma preocupação que permanece presente e se aprofunda contemporaneamente com as possibilidades pro(im)postas pela informatização do quotidiano. Mais do que isso, buscamos, como já dito, resgatar uma memória.

1. A transformação do trabalhador: fragmentos de um processo

Tomando como pano de fundo uma tal assertiva, pode-se, então, arrancar no sentido da compreensão de toda uma estrutura que conforma o espectro global do agir humano, desde o interior do processo de trabalho, bem como pelos vínculos externos à fábrica que este projeta, tanto a nível objetivo, quanto, sobre a figura do ser humano-trabalhador-cidadão.

Um duplo aspecto vai interessar neste momento e, para estes fins. De um lado o papel desempenhado pela chamada "ética protestante" no que diz respeito à introjeção de uma conduta ascética e metódica; necessárias para a introdução, manutenção e expansão do sistema fabril, o qual (...) requer a transformação da natureza humana e os "paroxismos de trabalho" do artesão ou do trabalhador externo devem ser metodizados até que o homem se adapte à disciplina imposta pela máquina[2]. De outro, interessa a percepção das alterações ocorridas, tendo como ponto de inflexão aquelas acontecidas com a mudança da estrutura produtiva. Ou seja: a introdução de um modo de produção fabril, proposto em larga escala, a partir da ocorrência da Revolução Industrial, principalmente.

Dessa forma, esse duplo aspecto interage, no sentido do estabelecimento de uma estrutura de esquadrinhamento do viver, desde a perspectiva do trabalho e de sua organização. Forma-se, assim, uma cadeia tríplice que irá dar configuração ao quadro intrincado e complexo de formação e amol-

---
[1] CHAUÍ, Marilena. Sobre o medo. *In: Os sentidos da paixão.* Ver p. 43.
[2] Cf. THOMPSON, E. P. *A formação da classe operária inglesa: a maldição de Adão.* Ver p. 293.

damento de um homem-trabalhador, avesso aos "perigos" do tempo livre, da ociosidade.

Tem-se, ao final, três itens conexos:

– uma ideologia do trabalho via ascetismo protestante;

– uma disjunção das relações lúdico-produtivas, através da transformação das relações de produção; e

– uma nova estrutura de produção onde um olhar, externo ou internalizado[3], irá acompanhar todos os momentos da vida do trabalhador, por intermédio de um arquiteturismo físico-material e político-ideológico a panoptismo.

Este quadro que vai se construindo parece caracterizar claramente os formatos, os contornos iniciais de configuração de um homem que tem, no processo de trabalho – em especial em um específico processo produtivo – o seu espaço vital e, também, delimita o complexo caminho que se inicia para a compleição, a restrição, o enquadramento da vida, dentro de parâmetros estreitos.

O que se pretende com isso é viabilizar a demonstração de um enfoque explicativo da transformação de todo o processo vital humano, inserido no interior da ideologia do trabalho e, além disso, embrenhado em uma forma de produção que não permite tempos subtraídos à sua lógica. Um conjunto produtor de um determinado modelo de subjetividade.

Vive-se nestes momentos a (de)formação do homem como trabalhador vinculado ao sistema fabril e sua lógica. Desfazem-se as relações tradicionais do homem com o seu trabalho, pela atuação conjunta da ideologia do trabalho, via ascetismo protestante e pela inserção, via Revolução Industrial, de um sistema produtivo de fábricas.

1.1. A revolução maquínica

No processo de industrialização, com a introdução da máquina, objetiva-se, na perspectiva da análise aqui proposta, estabelecer um disciplinamento da mão-de-obra. Atua, assim, conjuntamente com a introjeção ideológica de uma ética do trabalho.

Ocorre, naqueles tempos de Revolução Industrial, uma transformação completa nos modos de vida incrustados no contexto social. Estabelece-se um rearranjo no processo produtivo que incorpora "a disciplina, a monotonia, as horas e as condições de trabalho; a perda do tempo livre e do lazer; a redução do homem ao *status* de instrumento"[4], entre outras coisas.

A máquina é introduzida "claramente como meio de domar os operários" e, neste contexto, o que se objetiva é o controle, entre outros, dos ritmos dos homens e deles próprios, através do ritmo da máquina, uma vez que ela atua como "instrumento de disciplina cujos efeitos precisam ser vistos concretamente: materialmente no espaço remodelado da fábrica e no emprego do tempo (...)"[5]. A luta, aqui, se dá, concretamente, em face, não, ou, pelo menos, não exclusivamente, da contrariedade aos avanços da técnica, mas frente às conseqüências advindas de sua introdução e do desaparecimento, em decorrência, das estruturas produtivas de velho estilo, ou seja, "a oposição às máquinas, à produtividade industrial e seus ritmos é aqui a defesa de um estilo de vida mais folgado e autônomo".[6]

No processo de estabelecimento da sociedade industrial, impõe-se, no conjunto, a

---

[3] Afinal, um dos requisitos é de o trabalhador tornar-se o seu próprio feitor, se autocoagindo no sentido da laboriosidade, como salienta THOMPSON, E. P. op. cit., p.234, assentado em Weber e *seu A ética protestante e o espírito do capitalismo.*

[4] Ver THOMPSON, E. P. op. cit., p.27.

[5] Cf. PERROT, Michele. *Os excluídos da história.* Ver pp. 23-24.

[6] Id., ibid., p. 36. Ver também pp. 39 e ss., acerca da resistência dos trabalhadores a domicílio.

conformação de uma nova estrutura disciplinar que consiga transformar o tempo dos homens em tempo de trabalho, seja como produção propriamente dita, seja como recuperação das forças para uma nova jornada. O que importa é que o tempo do trabalhador, a sua vida toda, seja utilizada da melhor forma pelo aparelho produtivo[7], pois o controle não é feito somente no interior da fábrica, mas estendido à vida cotidiana.

Embora com uma separação estanque entre tempos diversos – produtivo e livre – como se verá abaixo, tendo só um retorno sob a forma de reorganização das energias para a produção, percebe-se a colocação de toda a complexidade da estrutura temporal da vida a partir da elevação do trabalho à suprema virtude, bem como da alteração de conteúdo, ocorrida, desde a passagem de um processo artesanal para a fábrica e sua linha de montagem. Altera-se não só o conteúdo como a simbologia do ato produtivo. Vê-se nisto que "a tecnologia da manufatura artificializou os ambientes físicos do trabalho, obtendo com isso uma regularidade do tempo produtivo antes intermitente e variável segundo as circunstâncias do clima natural"[8]. E não só isso, como também regularizou todo o cotidiano externo aos limites físicos da fábrica, na seqüência com a Revolução Industrial.

Nesta linha compreende-se que o processo técnico e a transformação do sistema produtivo produziram uma reviravolta nas características básicas que configuravam o dia-a-dia da vida dos homens, impondo "o sofrimento e a destruição de modos de vida estimados e mais antigos", o que, embora possa ter ocasionado uma "melhora" no padrão de vida de muitas pessoas, acarretou um reformulação radical no modo de vida de grandes massas. Todavia, devemos ter claro que:

Um incremento *per capita* em fatores quantitativos pode ocorrer simultaneamente a um grande transtorno qualitativo, no modo de vida do povo, no relacionamento tradicional e sanções sociais[9].

A apresentação trazida por E. P. Thompson para o caso da formação da classe operária inglesa é bastante ilustrativa no que diz respeito a esta situação. As alterações introduzidas pelo sistema fabril quebraram definitivamente com um estilo produtivo que, apesar dos pesares, permitia aos trabalhadores o gozo de um modo de vida onde um controle do processo de produção oportunizava-lhes a disposição e a regulação mais adequada de seu viver diário. É ilustrativo que:

(...) mesmo antes do advento da energia do vapor, os tecelões de lã não gostavam das fábricas de teares manuais. Eles ressentiam-se, em primeiro lugar, da disciplina, mas também da campainha, da sirene da fábrica e do controle do tempo que esgotava os mais debilitados, prejudicava as atividades domésticas e impedia a dedicação a outras ocupações[10].

Ocorre, assim, a interação de dois fatos. Por um lado, a incorporação da máquina, introduzindo uma nova disciplina e, por outro, a estrutura fabril com sua organização do trabalho que representou o desmantelamento do controle sobre o processo produtivo até então desempenhado pelo próprio homem, concretizador da tarefa, pelo trabalhador[11].

Nesta batalha, o sistema fabril vitorioso carregou consigo apenas "as piores feições do sistema doméstico, um sistema em que inexistiam as compensações do lar", além

---

[7] Ver FOUCAULT, Michel. *A verdade e as formas jurídicas*. pp. 87 e ss. Também, do mesmo autor, *Vigiar e punir*. pp. 136 e ss.

[8] Cf. CUNHA, Newton. *A felicidade imaginada*. Ver p. 32.

[9] Ver THOMPSON, E. P. op. cit., pp. 29 e 37.

[10] id., ibid., p.166.

[11] Dois detalhes devem ser anotados: 1. contra todo o disciplinamento ocorrem resistências e, 2. a "evolução", no caso para o sistema fabril, não ocorre em linha reta. Ver PERROT, M. op. cit., p. 55 e THOMPSON, E. P., op. cit. pp. 294 e ss; M. FOUCAULT. *Microfísica do poder*. p. 225.

de que "(...) a principal fonte de crueldade era a disciplina imposta pelas máquinas, prodigamente contemplada pelo comportamento dos contramestres ou do patrão (nas fábricas menores)"[12].

Toda esta transformação vinha ao encontro das pretensões de quebra de toda a relação que era mantida pelo trabalhador com a sua atividade. O caso típico dos tecelões ingleses serve para ilustrar uma tal situação:

Durante a "idade de ouro" os patrões queixavam-se freqüentemente de que os tecelões guardavam a segunda-feira (*Saint Monday*) – e folgavam, às vezes, também na terça-feira – terminando o trabalho nas noites de sexta-feira e de sábado (...)[13]

Uma quebra desta relação com o trabalho e seus tempos era o ponto crucial para a implementação definitiva da fábrica. Nela – com sua lógica – não se poderia permitir o controle do processo produtivo pelos trabalhadores. A estrutura maquínica impunha um tempo homogêneo que não poderia ficar sujeito aos sabores e gostos do operário. Ao contrário, ela deveria produzir o sabor ao qual ele deveria aferrar-se inquestionadamente. As fugas para a colheita, como ocorriam no passado, não poderiam acontecer.

Ou seja: a lógica do trabalho fabril e sua disciplina deveriam impor uma docilidade laboriosa que acabasse em definitivo com o gosto dos tempos alheios a ela, bem como dos tempos mortos. A quebra dos ritmos antigos deve ser imposta pela disciplinarização, onde a preferência pela liberdade seja substituída pela busca de ganhos suplementares, nem sempre obtidos[14].

1.2. Do olhar e outros controles

Percebe-se nesse devir que a implementação da fábrica não se deveu a necessidades de ordem técnica, mas, isto sim, a uma imperiosidade organizativa que permitisse o arranjo disciplinar dos trabalhadores durante o processo de trabalho manual, mas "àquelas que tornam inevitável a concentração das atividades produtivas sob a forma de Fábricas".

Assim, supõe-se que:

(...) a fábrica surgiu muito mais por imperativos organizacionais capitalistas de trabalho do que por pressões tecnológicas (...) a tecnologia teve papel decisivo onde e quando a sua utilização facilitava e obrigava a concentração de trabalhadores e, portanto, a afirmação do sistema de fábrica. Mas ainda valeria introduzir, aqui, uma outra questão, a saber: a inovação tecnológica como resposta contundente do empresário capitalista ante as pressões de trabalhadores que já estavam acostumados com o regime fabril.

Essa nova utilização da maquinaria não só visava a conseguir a docilização e a submissão do trabalhador fabril e, nesse sentido, a assegurar a regularidade e a continuidade da produção, mas representou, também, um forte obstáculo aos movimentos de resistência do trabalhador fabril, já no século XIX[15].

Ressalve-se, todavia, outro fator importante que deve ser considerado, ou seja: o que vimos considerando acerca do sistema de fábrica diz respeito, quanto àquilo que lhe é inerente, tanto a um "ambiente capitalista" como a qualquer outro, "pois ele traz, em seu bojo, todas as implicações relacionadas à hierarquia, disciplina e controle do processo de trabalho, ao mesmo tempo em que se dá uma separação crucial: a produção de saberes técnicos, totalmente alheia àquele que participa do processo de trabalho"[16].

---

[12] Ver THOMPSON, E. P. op. cit., pp. 207 e 211.
[13] Id. ibid., p.166.
[14] Ver PERROT, M. op. cit., p.40.
[15] Cf. DECCA Edgar S. de. *O nascimento das fábricas*. Col. Tudo é História. Ver pp. 25 e ss, em especial p.32.
[16] Id. ibid., p.38.

Ademais, tem-se que considerar a fábrica em seus aspectos globais que dizem com a produção de relações sociais, com a apropriação do(s) saber(es), onde ocorre, para além da acumulação de capital, o desenvolvimento de "mecanismos responsáveis pela concentração do saber e, conseqüentemente, de dominação social"[17]. Dessa forma, as bases técnicas organizativas do processo produtivo tiveram uma característica prioritária de disciplinarização e controle do trabalho e de seus atores.

Neste processo de disciplinarização, que se coloca ao lado e em concomitância ao desenvolvimento progressivo – histórico – das formas produtivas, que desemboca no sistema fabril e sua continuidade, tem-se a atuação contemporânea ou sucessiva de vários sistemas de controle e adestramento. Em primeiro lugar, a adoção de um panoptismo benthanminiano onde a visibilidade e a vigilância são as características básicas. Ver sem ser visto e sentir-se vigiado, sem saber de onde, como e por quem, formam os princípios gerais desta postura.

A necessidade de produção de "corpos dóceis" exige uma "coerção ininterrupta e constante, que vela sobre os processos da atividade mais que sobre seu resultado, e se exerce de acordo com uma codificação que esquadrinha ao máximo o tempo, os espaços, os movimentos"[18]. Aqui interagem estruturas que visam a transformar e a adaptar o homem ao sistema produtivo fabril. A visibilidade contínua e dissimulada, aliada a princípios organizativos que moldam os mínimos detalhes, através de um "quadriculamento" cerrado, seja referentemente aos espaços ocupados, aos tempos gastos ou aos modelos organizativos das atividades, deixam refreada qualquer capacidade de resistência – o que não quer dizer que não tenham ocorrido – via garantização da obediência permitindo uma otimização de resultados em face dos tempos consumidos e das atividades desenvolvidas.

Neste sentido, a "doutrina da disciplina e da restrição foi, desde o princípio, mais importante do que a doutrina do 'menor atrativo' material"[19]. Esta "necessária" disciplinarização parece ter a ver com a total repugnância sentida pelos trabalhadores, face ao sistema de fábrica. Caso típico é o dos tecelões ingleses que, como demonstra E. P. Thompson, eram extremamente arredios a se entregarem a uma tal organização produtiva, onde era quebrada a harmonia que praticavam entre trabalho e lazer, onde inexistiam os sinos marcadores dos ritmos e havia a possibilidade de um controle dos tempos. Apesar do atraso que se pode imputar a essas comunidades, percebe-se ou sente-se a inadequação de noções sobre o que seja esse ou o que seja progresso[20].

A fábrica precisa, então, implementar a sua estrutura produtiva. E o faz efetivamente. Para a disciplinarização dos trabalhadores lança-se mão de um arcabouço disciplinante que modela a figura do operário fabril. Os regulamentos, uma estrutura administrativa paternalística, a constituição de um corpo de vigilantes, são algumas das características paradigmáticas desta modelização do homem ao sistema de fábricas.

Com a máquina, a disciplina se torna mais sutil, fixando o trabalhador e impondo o seu ritmo, dispensando, de certa forma, a necessidade do olhar panóptico[21].

Além disso, o seu braço disciplinante se estende para fora dos seus limites, atingindo a vida cotidiana via esquadrinhamento

---

[17] Id. ibid., pp. 39, 67 e ss.
[18] Ver FOUCAULT, M. *Vigiar e punir*, pp. 126 e ss. Também ver MURICY, Kátia. Os olhos do poder. In: *O olhar*. pp. 475 e ss.
[19] Ver THOMPSON, E. P. op. cit., p. 114.
[20] Id. ibid., pp. 117-177, em especial p. 146.
[21] Ver nota 12 supra. Também ver PERROT, Michelle, op. cit., pp. 53 e ss.

dos períodos extramuros, seja por intermédio de estruturas jurídico-políticas de regulação dos espaços físicos e temporais, seja pela própria circunscrição dos trabalhadores às chamadas vilas operárias, seja, ainda, pelo controle e adestramento do "tempo livre" do trabalhador por intermédio de associações de lazer, sociedades esportivas, etc., que, em sua acepção rudimentar, em seus primórdios, se apropriam desses espaços temporais para evitar a fuga ao condicionamento produtivo, à docilidade laboriosa.

As resistências opostas a este sistema mostram as marchas e contramarchas que caracterizam toda a luta entre a implantação definitiva de um modelo de vida dominado pela lógica do trabalho fabril e a (re)conquista dos espaços perdidos. Os processos de humanização das relações de trabalho ilustram, significativamente, estes embates.

Entretanto, a disciplinarização persiste por intermédio de uma "nova disciplina do trabalho" que diz com procedimentos salariais, via incentivos, reorganização técnica anterior à implementação das idéias de Taylor, intervenção estatal e, por fim, da entrada em cena da figura dos profissionais técnicos especializados e da "neutralidade científica" na organização e regulamentação do trabalho e suas relações.

Neste viés, uma reestruturação parece ocorrer no sentido da otimização da ocupação das forças físicas do trabalhador em face da liberação crescente oportunizada pela adoção de novas máquinas – o que se percebe novamente com a informatização –, bem como uma transformação objetiva nos espaços fabris e no processo de trabalho via taylorismo e sua Organização Científica do Trabalho (O.C.T)., no sentido de acabar com o desperdício de tempo e com a "preguiça operária". Entra em cena "um corpo instrumentalizado – operário de massa", pois:

Uma vez conseguida a desapropriação do know-how, uma vez desmantelada a coletividade operária, uma vez quebrada a livre adaptação da organização do trabalho às necessidades do organismo, uma vez realizada a toda poderosa vigilância, não restam senão corpos isolados e dóceis, desprovidos de toda a iniciativa[22].

Chega-se, enfim, à transformação do trabalhador em executante de tarefas definidas alhures.

Esse tipo de disciplina acaba por despojar o trabalhador qualificado de seu saber e, portanto, do seu poder; reduz os riscos de conflito com os contramestres, cujo papel se reduz consideravelmente: aos seus berros, ao estilo de um sargento, substitui-se o frio rigor dos cronometristas de camisa branca. A nova disciplina se quer científica e, portanto, menos passível de contestação[23].

A via das políticas sociais também atua "positivamente", conjuntamente a uma política estatal, que não se identifica com aquelas, no sentido da integração da força de trabalho no mercado. Após o processo de proletarização passiva – "destruição das formas de trabalho e de subsistência até então habituais" – é necessário assegurar-se da submissão da massa de trabalhadores a uma orientação e a um controle externo integral. Esta situação, de certa forma, é garantida "na medida em que os riscos existenciais associados ao trabalho assalariado estejam cobertos por formas institucionais de seguros sociais", garantindo-se, ainda, o não-atingimento estrutural do sistema industrial. É, todavia, evidente que esta é uma situação que se apresenta com variáveis consideráveis de país para país. Entretanto, é algo considerável quando se procura vislumbrar a sistematização de um processo de amoldamento do trabalhador ao sistema industrial[24].

---

[22] Cf. DEJOURS, C. A loucura do trabalho. Ver pp. 37 e ss, em especial pp.39 e 42.
[23] Ver PERROT, M. op. cit., p.79.
[24] Cf. OFFE, Clauss. *Problemas estruturais do estado capitalista*. Ver pp.15 e ss, em especial pp.19 e 27.

Deve-se ter claro que o *Welfare State* americano, na sua caracterização global, apresenta(ou)-se e formaliza(ou)-se praticamente pelo oferecimento de benefícios sociais autênticos, materializadas "quaisquer que sejam suas verdadeiras motivações. Isto faz com que se apresente uma realidade aceitável, num certo sentido, como sua própria legitimação".

Por outro lado, este oferecimento de benefícios atua fortemente, de uma maneira subjetiva, para o estabelecimento definitivo da figura do trabalhador aferrado ao processo produtivo, impedindo-o de repensar sua vida cotidiana. Esta forma de produção de subjetividade – ou ideologia – como diz Guattari, consegue, assim, introjetar-se definitivamente na vida do operário – do ser humano trabalhador – legitimado-se, por intermédio de benefícios reais derivados do próprio processo técnico do qual faz parte este mesmo homem.

É mais uma faceta na regularização da vida diária do ser humano. À imputação de uma laboriosidade descomunal adiciona-se a conquista, em nada imaginária, em especial no "primeiro mundo", e garantia de benesses materiais. É a própria rotina do processo e progresso técnicos que exigem sua manutenção como forma de permitir e garantir a continuidade e expansão dos favorecimentos obtidos[25].

Com o processo de automação, atinge-se um outro patamar, quando, então, se desfazem, ainda mais, as possibilidades de iniciativa do trabalhador – "o operador substitui o operário" – bem como as imposições de vigilância são maximizadas. "O olhar do senhor, agora, é a calculadora eletrônica. Ela tem a forma da lógica matemática e a violência da calmaria"[26].

Cabe salientar, ainda, que:

Cada vez mais invisível e distante, a disciplina também é cada vez mais interiorizada. Pela educação (em sentido muito amplo), os valores da utilidade e do trabalho modelaram a consciência dos homens que se definem pelo seu lugar num processo de trabalho. A consternação dos desempregados (operários ou principalmente funcionários) diante do desemprego, e não só por razões materiais, mostra como por vezes é difícil viver um "tempo livre". Os operários do início do século XIX ficavam desconcertados com o trabalho; nós ficamos desconcertados com a liberdade! Nosso contramestre é nossa consciência. Pode-se perguntar, nessas condições, se a autogestão, por sedutora que seja, não constitui uma última astúcia da razão[27].

1.3. A via espiritual para... o gozo futuro

Para além do que se pode pensar, a importância e influência de, ao menos, um determinado segmento do pensamento da doutrina religiosa atuou de forma saliente na performance do trabalhador.

Noutro sentido, que não o de "simples" bênção das máquinas e, além de inserir, no trabalho, os pobres e "delinqüentes", fornecer supervisores confiáveis ou, "prestar-se à fase de experimentação técnica" – como salienta M. Perrot – temos a igreja, via protestantismo e suas ramificações, atuando de forma simbólica como propagadora de uma doutrina do trabalho, da laboriosidade, como meio de atingimento de uma felicidade que, no entanto, fica resguardada para uma vida futura. As atribulações desta seriam o cartão de passagem para uma bem-aventurança posterior.

Se a possibilidade de um ganho superior não era suficiente e eficiente o bastante

---

[25] Neste sentido ver: ROUANET, Sergio Paulo. *Teoria crítica e psicanálise*, pp. 277 e ss. Também: ROLNIK, Felix Guattari e Suely. *Micropolítica: cartografias do desejo*, p. 147. Entretanto, este autor vê potencialidades de contestação abertas por tal quadro (p.190).
[26] Ver. PERROT, M. op. cit., p. 80. Com outro enfoque: MARCUSE, H. vê a automação abrindo espaços de tempo livre (*In: Ideologia da sociedade industrial*, p. 53). Ainda: ALBORNOZ, S. *O que é: trabalho*, pp. 23-24. Também ver GORZ, A. Adeus ao proletariado : para além do socialismo. pp. 39-40.
[27] Id. ibid., p. 80.

para atrair para mais trabalho, então, seriam necessárias outras formas de persuasão para que isto se configurasse. Para tanto a solução só viria a partir de um processo educativo longo e penoso que inculcasse na "plebe vadia" o dever vocacional, e o "gosto" do trabalho. Torna-se imprescindível que este seja assumido como um fim em si mesmo para que desapareçam as antigas relações do homem com ele, quando a sua extensão era assumida conforme as necessidades e, eventualmente, de acordo com as estações climáticas como salientado anteriormente. Estas relações tradicionais permitiam, assim, que, ao lado do trabalho, se estabelecesse um conjunto de atividades desinteressadas.

Com a qualificação moral da atividade secular, pelo protestantismo, tem-se uma base de apoio para o desenvolvimento daquilo que Max Weber chama de "espírito do capitalismo". Tomando o protestantismo ascético como um todo – embora o calvinismo sobressaia como forma mais compacta dessa noção de vocação – percebe-se que a grande chave para a compreensão do que se propõe aqui, vincula-se à condenação ao descanso, à perda de tempo de trabalho, ao gasto de tempo nas "atividades desinteressadas", pois isto significa uma diminuição, uma subtração de tempo para a glorificação de Deus. Pecado maior não há, mesmo porque a ociosidade significa a não-ocorrência do estado de graça. O princípio da conduta ascética afasta, repele, qualquer possibilidade de prazer, buscando uma uniformidade do viver cotidiano que não esteja sujeita a qualquer perversão, garantindo, assim, um comportamento sóbrio, diligente e normal (normalizado) a todo o tempo, dentro ou fora do espaço fabril.

No que diz respeito aos trabalhadores, deve-se compreender que o "poder da ascese religiosa..., punha à sua (do empreendimento fabril) disposição trabalhadores sóbrios, conscientes e incomparavelmente industriosos, que se aferraram ao trabalho como a uma finalidade de vida desejada por Deus"[28]. Afinal, as conseqüências de uma atitude diferente significavam, além da perda do trabalho, a "condenação" às chamas do inferno[29].

Assim é que se percebe uma influência significativa, para a produção do moderno trabalhador fabril – e não só dele – aquela desempenhada pelo ascetismo protestante. Na análise, em específico, do metodismo, E. P. Thompson[30] deixa clara esta situação, colocando explícita a sua não-exclusividade no que diz respeito à disciplina no trabalho, situação que dividiu com a maioria das seitas heterodoxas durante a Revolução Industrial.

Salientar algumas das colocações deste autor torna-se, assim, de particular interesse para o delineamento deste quadro.

A principal característica que se busca nesta obra é a definição especial da relação do ascetismo protestante – aqui, no caso, o metodismo – com o processo de disciplinarização do trabalhador, desenvolvido pelo autor. Isto, no que tange a este ponto específico.

A introjeção de uma "coerção interna" para o trabalho regular parece ser imprescindível para a consecução dos resultados de adaptação do trabalhador tradicional às novas relações de produção, onde ele perde o controle sobre sua vida diária.

Uma dificuldade crucial que para isto se apresenta diz respeito à necessidade de fazer com que os homens renunciem à sua indisciplina face ao trabalho e, ainda, assimilem a lógica invariável do automatismo maquínico. Tarefa de extrema dificuldade, à qual somava-se o arredio maior, quanto maior fosse a qualificação do trabalhador.

---

[28] Cf. WEBER, Max. *A ética protestante e o espírito do capitalismo*. Ver p. 127.
[29] Ver THOMPSON, E. P. op. cit., p. 249.
[30] As referências e citações feitas aqui se encontram em *A formação da classe operária inglesa*, v. II, pp. 225 a 289.

Para isto, capital e ciência aliaram-se no sentido de facilitar as tarefas e permitir o seu controle sem nenhuma exigência de capacitação física ou intelectual.

Como, então, ao fim e ao cabo, inculcar esta mentalidade de disciplina naqueles que teriam pouca ou nenhuma possibilidade de tirar proveito de um tal sistema produtivo? Papel de destaque é dado à máxima de que o homem deve aguardar por sua maior felicidade na vida futura, não na presente. Com isto, estabelece-se o laço faltante para aprisionar o trabalhador à máquina, levando-se em consideração que, para que essa felicidade pudesse ser alcançada, havia a necessidade de passagem por esta vida, aceitando e acatando os parâmetros de uma "disciplina metódica", em especial em relação ao trabalho realizado como um puro ato de virtude.

Aliado a uma estrita condenação às emoções e prazeres, o metodismo condicionou o consumo de energias às tarefas do trabalho produtivo diário. Um objetivo de tal natureza, para ser alcançado, deveria contar com sua assimilação pelos trabalhadores o que ocorreu, segundo E. P. Thompson, em razão de três componentes essenciais: a doutrinação direta (como no caso das escolas dominicais); o sentido comunitário do metodismo e as conseqüências psíquicas da contra-revolução.

Entretanto, interessa-se, aqui, pelo fato caracterizador do papel desempenhado pelo ascetismo protestante como um todo, no sentido da impregnação de uma ideologia do trabalho e sua disciplina: "uma disciplina de vida metódica combinada com a estrita repressão a todas as alegrias espontâneas". Esta era a base sobre a qual poderia ser desenvolvido o projeto de um sistema fabril que destroçava todas as caraterísticas, até então caras aos trabalhadores, desfazendo as relações do homem com seu tempo.

Fecham-se, assim, os laços que transformam o trabalhador. O de antigo tipo cede lugar àquele vinculado ao sistema fabril, ao qual deve obediência e disciplina. Quebram-se as suas relações com a vida – por precárias que fossem – e estabelecem-se os primeiros vínculos com a máquina. Destrói-se um quadro de interação para estabelecer-se um ritmo único de vida. Um empobrecimento.

(...) para o trabalhador rural, a perda dos direitos comunais e dos resquícios de democracia nas aldeias; para o artesão, a perda do seu *status*; para o tecelão, a perda do seu meio de vida e da sua independência; para a criança, o fim do trabalho e do lazer domésticos; para os diversos grupos de trabalhadores, cujos salários reais aumentaram, a perda da segurança e do tempo livre, ao lado da deterioração das condições ambientais urbanas[31].

2. Lazer, palavra triste

Em específico, pode-se perceber ao que se reduzem as relações temporais do homem, com o advento e implementação seqüencial de um trabalho de novo tipo, em consonância com a transformação operada pela chegada e implantação da máquina e do sistema fabril dela conseqüente.

A questão do horário, ou melhor, a questão dos espaços temporais, referentemente ao trabalhador sujeito à disciplina fabril, e não só ele, como todo homem engajado no processo produtivo, se eleva como ponto crucial na batalha para a regularização sistemática da força de trabalho.

Trata-se de estabelecer, fixar definitivamente a estrutura do viver humano em compatibilidade com as prerrogativas do tempo industrial, formando-se, assim, algo que se pode chamar, com M. Foucault, um tempo disciplinar que, aqui, se conforma como a busca da fixação de um cotidiano qualitativa e quantitativamente controlado, instituído.

---
[31] Ver THOMPSON, E. P. op. cit., p. 345.

Neste quadro, sente-se, afinal, que o controle do tempo, e não só daquele empregado na produção de forma imediata, é uma prerrogativa para a garantia do domínio da massa de trabalhadores, aumentada dia-a-dia. Trata-se, enfim, "de construir um tempo integralmente útil"[32]. diria mais: de edificar um tempo impermeável a oscilações perigosas, um tempo homogêneo.

Assim, não basta que se limite à elaboração de regras precisas, delineadoras dos movimentos, em relação aos atos produtivos. Requer-se, outrossim, a possibilidade de se garantir o amoldamento integral da vida diária, onde, inclusive, as possibilidades dissipativas fossem compatíveis com a lógica disciplinar da produção. Os prazeres ficam também sujeitos à sua aproveitabilidade produtiva[33].

Vivifica-se um "quadriculamento cerrado" dos espaços temporais, seja daqueles diretamente vinculados à esfera do trabalho nomeado produtivo, seja daqueles vivenciados nos períodos de sobra, nos espaços ocorrentes entre os períodos de trabalho. Por um lado, no sentido da agilização das tarefas produtivas, tanto por sua decomposição, quanto pela imposição de um ritmo externamente imposto (cronometragem, sinais, máquinas, etc.). Por outro, na garantia de que, quando irá extravasar-se em atividades incompatíveis, ou seja, que o "tempo livre" siga uma trajetória previamente estruturada, no sentido da manutenção do condicionamento produtivo.

Deve-se, portanto, estabelecer uma desqualificação do "tempo livre" como forma conexa de manutenção da lógica da produção. Isto se dá tanto pela estruturação de uma ideologia do trabalho que vincula o ser humano ao processo produtivo, bem como pela própria rotina infligida por este, que destrói as possibilidades de um gozo dos momentos vividos fora da fábrica ou do local de trabalho. A linha de montagem e sua lógica cercam e amarram sob sua ótica o tempo integral do homem. Os momentos de folga se resumem à tentativa, quando muito, de recuperação das forças para uma nova jornada. Da não-ociosidade avança-se para a utilização integral e qualificada do tempo.

Na batalha da Revolução Industrial, a vitória ficou com aqueles que pretendiam a imposição dessa disciplinarização do espaço vital. Todo o conjunto do viver não poderia escapar à ordenação exigida pelo ritmo de produção. Assim é que dos horários de trabalho propriamente ditos, os "lazeres", nenhum recanto sobrou imune ao condicionamento da campainha, marcando os limites das jornadas, os ritmos, etc. Nenhum momento poderia ser desperdiçado em atividades consideradas impróprias. Garantia-se, dessa forma, um controle eficaz sobre a totalidade do dia e, com isso, formava-se e conformava-se a carapaça que revestiria um corpo dócil e laborioso.

2.1. Os tempos de um tempo único

Nesta transformação global, acabou prevalecendo e dominando, um sentido geral que estabelece a "ruptura" entre trabalho e tempo livre/lazer. Perde-se a característica de unidade que havia anteriormente no modo de vida de antigo tipo. A ludicidade que existia desaparece, cedendo lugar a uma lógica que prefigura momentos distintos para trabalho e prazer. Daquele some o mínimo de possibilidades criativas, à exceção daquelas que permitam uma quantificação e qualificação de seu próprio fluxo.

Esta disjunção é seguida de uma prioritarização do momento de trabalho. Agora, além da separação formal deste, do resto da vida, tem-se que os momentos extrajornada vinculam-se à lógica da produção para servirem como espaços de recuperação das capacidades laborativas. Consubstancia-se um jogo, onde o domínio do tempo de trabalho estabelece-se para além dos muros

---
[32] Ver FOUCAULT, M. *Vigiar e punir*, p. 137.
[33] Ver FOUCAULT, M. *História da sexualidade I : a vontade de saber.*

da fábrica, quando as ações são mediatamente vinculadas à produção, tornando-se como meios compensatórios desta. É dessa forma que "o tempo não-produtivo ainda conserva um valor socialmente produtivo, pois resgata as condições mínimas de retorno da força viva de trabalho e liberta os indivíduos para o consumo"[34] (grifo nosso).

Pode-se agregar, aqui uma caracterização do tempo como forma de propor uma separação conceitual do mesmo. Assim é que se fala em tempo produtivo, como aquele vinculado à atividade, ao trabalho, seja ele qual for, e tempo não-produtivo ou residual como aquele que (...) se subtrai ao tempo produtivo. Ele é residual justamente pelo fato de o tempo produtivo ser o principal e o determinante das sociedades atuais. Existe em função e como decorrência do tempo produtivo, porque este tem mais valor econômico e social; porque o tempo produtivo cria ou reproduz as condições materiais de existência. E, aqui, não importa muito a grandeza do tempo produtivo. Comparando-se ambos, verifica-se que o tempo residual pode, muitas vezes, ultrapassar em extensão o tempo produtivo. Mas o tempo residual, não-produtivo, se distribui em torno do tempo produtivo, como se esse fosse o núcleo de uma molécula, pois, de fato, corresponde ao centro de nosso sistema vital[35].

Ainda, deve-se trazer à tona, transversalmente, uma referência relativa à questão do OTIUM que (...) está em contraste com o sentido atribuído à palavra "divertimento", entendido como "distração", como "alienação do inalienável", pelo qual o homem se desliga da realidade da vida, elevando o 'passatempo' a uma sombria vontade de libertar-se do tempo, enchendo-o com uma existência feita de horas deliberadamente não vividas, paradas nos átimos prolongados da frivolidade... assumida num desejo de banalização.

Nisso considera-se que há uma diferenciação entre tempo livre e OTIUM no sentido de que aquele, e não este, tem um vínculo imediato com o trabalho, sendo o seu contrário, mas sem desligar-se dele, podendo, todavia, haver um liame entre o mesmo e a noção de ócio como inércia e vazio, quando aparece na forma de "antitrabalho", embora este propicie o desenvolvimento de atividades dependentes e associadas ao trabalho. OTIUM teria, portanto, em seu núcleo, o caráter festivo, sem implicar uma temporalidade física e quantitativa, mas uma atitude conscientizada, uma disponibilidade participativa, criativa e enriquecedora[36].

Embora, na literatura, se tenham inúmeras proposições para a caracterização dos momentos da vida, percebe-se que a diferenciação entre espaços em que se trabalha, em que se mantém a vida (comendo, descansando, participando de eventos sociais, etc.) e em que se está "liberto" para uma utilização qualquer, coloca-se como desprovida de uma significação maior quando se atém à visualização do domínio daquilo que se chama tempo produtivo, o qual espraia a sua lógica no âmbito de todo o espaço vivencial. Nota-se, assim, que uma dicotomia (tempo produtivo/tempo não-produtivo ou residual; tempo de trabalho/tempo livre) serve para caracterizar melhor o controle da vida a partir da lógica da produção. Não se abre margem para idealizar a aparição de um terceiro tempo imune à sua influência.

Com isto se quer salientar que as divisões temporais que se apresentam têm, na produção, o seu eixo catalisador. Produzem-se outros espaços temporais que servem tão-só para a manutenção da estrutura laborativa em funcionamento.

---

[34] CUNHA, Newton. op. cit., p. 13. Ver, ainda, acerca da divisão dos tempos de vida, DE VARINE, Hughes. *O tempo social*. pp. 66 e ss.
[35] CUNHA, Newton. op. cit., p. 15.
[36] Para esta leitura: BAGOLINI, Luigi. *O trabalho na democracia*. Ver em especial p. 51 para a citação e, pp. 49-59 e 111. Sobre o ócio, ainda, FOURASTIÉ, Jean. *Ócio e turismo*.

Na questão relativa ao terceiro tempo, onde se situariam as possibilidades de um agir mais livre, em razão de as atividades diretamente vinculadas à produção, bem como àquelas mediatamente relacionadas a ela (consumo, descanso, alimentação) estarem satisfeitas, percebe-se, contudo, a permanência da imposição de uma subjetividade que marca indelevelmente o cotidiano do trabalhador. Apesar de constatar-se, em especial ou exclusivamente nos países de desenvolvimento avançado, uma possibilidade de flexibilização na escolha das atividades deste "terceiro tempo" – tempo de lazer – sente-se que esta nunca pode se afastar de um padrão de condicionamento[37]. Mesmo porque é clara a identificação que assume o lazer, em regra passivo, com "uma espécie de compensação que o sistema permite, de modo que não se queira transformar o mundo do trabalho que eficientemente continua a dar lucro a seus donos"[38].

Ter-se-ia dado um passo adiante, pois: passamos de uma condenação da atividade como contrária ao "espírito" do conceito de tempo fora do trabalho, para um processo de algo que poderia ser nominado como "atividade passiva". Os processos de lazer, assiduamente se mostram como práticas sem sentido, preenchedoras dos espaços vazios. Complementam, assim, a pobreza característica do processo produtivo. O lazer se institucionaliza sob a característica de evasão, com projetos de um tempo morto na forma de hobbies alienantes, como consumo passivo de tempo, etc. Serve como agente compensador e mantenedor do tempo de trabalho.

Por isto, não se pode desvincular a leitura acerca das possibilidades temporais do contexto ao qual se acha vinculada, onde uma ideologia do trabalho o coloca como suprema virtude e condena o ócio como o pior dos vícios. Associados – ideologia do trabalho e disciplinarização – não há que se falar sequer na possibilidade de um tempo liberto das pressões e configurações da produção. Há, em realidade, um tempo único, apesar de sua composição parcelada em momentos distintos e complementares, que é o da produção. Aquilo que lhe é subtraído permanece a ele vinculado, atuando como espaço de compensação, tanto das forças físicas do trabalhador para uma nova jornada, quanto como meio compensatório e animador das relações econômicas via consumo.

As lutas pela humanização do trabalho, especificamente as voltadas para uma fixação diminuída das jornadas de trabalho (a luta pelos três oito, e.g.) embora de relevância incontestável, não atingem o núcleo capaz de gerar transformações substanciais neste processo de laborização. Os ganhos quantitativos nas horas de "folga" não significam uma qualificação dos espaços temporais, sequer uma fuga substancial à subjetivização imposta pela era industrial. A possibilidade de uma automação progressiva – possibilidade real nos países do primeiro mundo – não constitui a garantia de uma transformação radical nesta situação. Ao contrário, em muitas ocasiões, o progresso técnico, como até agora se verifica, proporciona ou impõe o desaparecimento de espaços e lugares de participação, de atividade descompromissada, de criação. Imagine-se a libertação do trabalho como a destruição da última atividade do homem: seria a sua colocação no domínio de seu tempo, mas sem saber o que fazer com ele ou, pior, tendo-o heterodeterminado por completo.

---

[37] Voltaremos a isso, detalhadamente, quando do desenvolvimento do capítulo segundo desta dissertação. Para a questão do lazer ver: CAMARGO, Luiz O. L. *O que é lazer*. PARKER, Stanley. *A sociologia do lazer*. DUMAZEDIER, Joffre. *Lazer e cultura popular*. Estas obras servem de base para o tipo de leitura que se propõe aqui, embora sem a mesma perspectiva.

[38] Ver ALBORNOZ, Suzana, op. cit., p.40. Outro fator a ser considerado é o referente às diferenças em face do lazer nos grupos sociais distintos. Nota isso CUNHA, N. op. cit., p.20. Para o caso brasileiro, ver texto de FORJAZ, Maria Cecília S. *Lazer e consumo cultural das elites. In*: RBCS, nº 06, pp. 99-113.

A busca pela humanização do tempo de trabalho, reconquistando espaços anteriormente perdidos, não conseguiu garantir uma qualificação deste tempo liberado, uma vez que a "Religião do Trabalho" permanece dominando de forma completa. Ou seja: há uma sobrecarga ideológica que impede que a recuperação dos períodos de ócio sejam transformados qualitativamente, permanecendo a quantificação temporal adstrita ao tempo principal da produção.

Mesmo sendo fruto de uma luta emancipatória, o que se tem notado é que a assimilação de uma quantificação do padrão de vida vem ganhando espaços cada vez maiores sobre as possibilidades emergentes de qualificação de um modo de vida que entre em choque com as regras preestabelecidas da sociedade industrial. Os ganhos crescentes advindos com a automação e todo o tipo de progressos, transformam-se em uma progressividade monetária crescente, em detrimento de uma redução do tempo produtivo. Uma atitude neste sentido denota um comprometimento dos homens com as amarras de um sistema produtivo que se transfigura num hábito cujos atrativos impedem uma fuga à sua lógica. É possível até que o distanciamento do tempo livre signifique o temor frente à possibilidade de um *homo ludens* vivendo um *dolce far niente*.

Observe-se, com C. Castoriadis, que:

Os homens submetem-se a pressões cada vez maiores por parte daqueles que organizam a produção. Trabalham como loucos na fábrica ou no escritório, durante a maior parte de sua vida em estado de vigília, para obter um aumento de salário de 3% ou um dia a mais de férias por ano. No final – e isto é cada vez menos uma ficção – a felicidade do homem será realizada por um engarrafamento monstruoso, com cada família vendo televisão no carro e tomando sorvetes feitos pelo refrigerador do carro.

O consumo pelo consumo não tem sentido para o homem. O lazer pelo lazer é vazio. Na sociedade atual quase não há pessoas mais miseráveis do que os velhos sem ocupação, mesmo quando não têm problemas materiais. Em todas as partes do mundo, os operários esperam impacientemente, durante toda a semana, que chegue o domingo. Sentem a necessidade imperiosa de escapar da escravidão física e mental da semana de trabalho... são alienados tanto durante o lazer quanto durante o trabalho. Os domingos refletem toda a miséria da semana de trabalho que chega ao fim e o vazio daquela que vai começar[39].

Em um novo estágio brindar-se-ia com quem sabe quanto de tempo livre, sem ter-se a possibilidade de utilizá-lo de forma criativa, pois é "o homem inteiro que é condicionado ao comportamento produtivo, pela organização do trabalho, e, fora da fábrica, ele conserva a mesma pele e a mesma cabeça". Deve-se considerar, ainda, que

(...) o ritmo do tempo fora do trabalho não é somente uma contaminação, mas antes uma estratégia destinada a manter eficazmente a repressão dos comportamentos espontâneos que marcariam uma brecha no condicionamento produtivo[40].

Desta forma torna-se evidente (...) nesta atitude o círculo vicioso sinistro da alienação pelo sistema Taylor, onde o comportamento condicionado e o tempo, recortados sob as medidas de organização do trabalho, formam uma verdadeira síndrome psicopatológica que o operário, para evitar algo ainda pior se vê obrigado a reforçar também. A injustiça quer que, no fim, o próprio operário torne-se o artesão de seu sofrimento[41].

Esta síndrome de temor aos "perigos da ociosidade" pode ser observada em muitas oportunidades, entretanto, uma, particularmente, parece paradigmática desta situação. Trata-se daquilo que C. Dejours cha-

---

[39] Ver CASTORIADIS, C. *Socialismo ou barbárie*. p. 173.
[40] Ver DEJOURS, C. op. cit., pp. 46-47.
[41] Id., ibid., p. 47.

ma de ideologia da vergonha, no aspecto relativo aos vínculos da doença com o trabalho, uma vez que adoecer significa, entre outras coisas, a necessária ausência ao processo produtivo, a falta ao emprego. Como caso ilustrativo esta atitude, demostra até que ponto chega ou pode chegar a força de uma estrutura conformativa de um determinado modo de vida. Reflete, assim, no caso particular, uma situação que se verifica em nível global, quando se supõe a possibilidade de uma maximização dos espaços do tempo livre.

Por outro lado, ainda, mesmo quando se fala do lazer como liberatório de obrigações, obriga-se a admitir a impossibilidade, a ilusoriedade de uma tal postura, desde que se pense no nível das grandes massas populacionais atingidas de forma direta por uma extenuação de suas forças físicas, seja por uma excessiva jornada de trabalho, seja pelo consumo de tempo despendido em grandes deslocamentos em transportes coletivos, desproporcionais às necessidades, seja, ainda, pela incessante busca de ganhos extras (sobrejornada, biscates, segundo emprego etc.), na tentativa de assegurar a sobrevivência física, aumentar as possibilidades de consumo etc. Esta situação objetiva, realidade para expressivos contingentes populacionais, associada a um processo de subjetivização do viver, torna inacreditável pensar-se em tempos livres, libertos da lógica produtiva. Períodos temporais subtraídos à sociedade industrial, permanecem a ela vinculados mesmo quando consumidos por outras atividades – mesmo lazeres – ou por atividades conexas a ela. Esse tempo de "sobra" assimila o velho caráter de recuperador de energias, somado às necessidades de consumo de que se ressentem as indústrias.

De outro prisma deve-se reter a idéia de que toda esta caracterização temporal caminha rumo ao despropósito, na medida em que "o reino absoluto da medida do tempo de trabalho está prestes a desaparecer..." sem que isso signifique qualquer transformação sintomática face às relações laborais.

Vislumbra-se, com Guattari, que:

Infelizmente, é perfeitamente concebível que o próprio capitalismo seja levado a suavizar cada vez mais a medida de tempo de trabalho e a levar uma política de lazer e de formação aberta, quanto melhor ele a controlar (quantos operários, empregados, quadros, passam assim, hoje em dia, suas noites e fins de semana preparando sua promoção de carreira) o remanejamento da quantificação do valor a partir do tempo de trabalho não terá, então, sido, como pensava Marx, o operário de uma sociedade sem classes. E, de fato, através dos modos de transporte, dos modos de vida urbano, doméstico, conjugal e pelos meios de comunicação de massa, a indústria dos lazeres e até dos sonhos... em instante algum, tem-se a impressão de que poderá escapar ao controle do capital.

Não se paga ao assalariado uma pura duração do funcionamento de "trabalho social médio", mas para que ele fique à disposição, uma compensação para um poder que excede aquele exercido durante o tempo de presença na empresa[42].

Assim, molda-se a figura de um tempo único, compartimentalizado em períodos sob o domínio de uma subjetivização produzida pela estrutura da sociedade industrial. Um tempo instruído, previsto e previsível, disciplinado, utilitário, consumista, apático, alheio, alienado e alienante. Um tempo triste, sem dúvida.

3. Do labor como método de trabalho... ou vice-versa

É mister que se tracem alguns contornos referentemente à questão do significado do trabalho. Nestes vieses, busca-se um referencial teórico que estabeleça uma caracte-

---
[42] Cf. GUATTARI, F. *Revolução molecular: pulsões políticas do desejo.* p. 194.
(Parodia-se, aqui, o título de um livro do poeta Mário Quintana: *Da preguiça como método de trabalho.*

rização, sobretudo conceitual – entre outras mais – acerca da noção de trabalho e seus vínculos simbólico-teóricos com a estereotipação de um "modelo obrigatório de felicidade"[43].

3.1. Do trabalho e do labor ao trabalho como labor

A percepção do conteúdo semântico que cerca as noções trabalho e labor coloca-se como um foco de luz na compreensão da estrutura produtiva que vimos desenvolvendo desde, em especial, o advento da sociedade industrial, bem como, transpondo estes limites, permite o entendimento de sua lógica intrínseca.

As ligações trabalho-labor, e sua distinção, situam-se no interior de um quadro teórico que dá pistas no tocante à transformação das relações produtivas dentro de um processo histórico e permite a visualização do que, com Hannah Arendt, distingue-se como laborização do cotidiano.

É interessante a relação que se pode estabelecer entre esta noção de laborização e o seu conteúdo semântico, tornando claro que, de par com a "evolução" dos sistemas produtivos e da disciplinarização temporal do viver/agir humano, segue um intrincado rearranjo da questão do trabalho/labor.

Da delimitação precisa de significados, quando se permite a percepção do caráter da noção trabalho, passa-se a uma desdiferenciação que impõe uma univocidade, referentemente ao conjunto do processo produtivo.

Assim, estaríamos frente a frente com a superposição de duas situações: a disciplinarização do cotidiano e o processo de laborização do sistema produtivo no interior da sociedade industrial.

3.1.1. Da semântica e outras falas

Eis uma situação que se pode vislumbrar a partir da utilização de palavras distintas, designando conteúdos diferenciados para o trabalho, tomado em sentido amplo.

Desta forma é que se tem, por um lado, uma palavra relacionada mais de perto a uma atividade rotineira, de esforço e cansativa, de dor e atribulação – veja-se o LABORARE, do latim; TRAVAILLER, do francês, LAVORARE, do italiano; LABOUR, do inglês e ARBEIT, do alemão. Ao contrário, por outro lado, há termos diferentes prenhes de um significado atrelado à criação ativa, como: OPERARE, OUVRER, WORK e WERK[44]. No português, apesar de vocábulos distintos – LABOR e TRABALHO – há uma conjunção significativa dando a trabalho ambas as caracterizações tendo, ainda, uma raiz etimológica – como o TRAVAILLER, francês, em TRIPALIUM (latim) – um instrumento que serviu como meio de tortura.

Neste jogo de significações, embora a eclosão do *homo faber*, é a equivalente a labor que se impõe. Assim, se em um caminho temos a glorificação teórica do trabalho e seu consectário de disciplinarização, noutro – mas sobreposto – vemos a vitória de uma forma de trabalho com conteúdo de labor. Estabelece-se, então, um vínculo tanático: a impossível fuga à atividade (trabalho) na integralidade cotidiana, sendo ela, conteudisticamente, labor, ou seja, pena, dor e atribulação (como dito acima).

Tem-se, caracterizadamente, conforme H. Arendt, uma "alma operária", a qual está associada a uma atividade rotineira e fastidiosa. A "docilidade laboriosa" impõe-se, assim, como a assimilação da dor, do esforço e da atribulação diária, dos ritmos e das rotinas do dia-a-dia, no fabrico e no consumo do processo vital.

Esta imposição heterônoma de um conteúdo de vida - no caso, vida de trabalho - vincula-se a um determinado tipo dele. Ou seja: impõe-se uma vida de labor.

---

[43] Expressão cunhada por ECO, U. *Viagem na irrealidade cotidiana.* Ver p. 123.
[44] Neste sentido ver ALBORNOZ, S. op. cit., pp. 7 e ss. Também ARENDT, H. *A condição humana.* Ver pp. 58 e 90 e ss.

Saliente-se, todavia, que não há, aqui, uma tomada de posição frente a esta dicotomia trabalho-labor, no sentido daquele, como capaz de resolver todos os males propostos e impostos por este. Trata-se, isto sim, da constatação de uma configuração que se assenta no cerne das sociedades industriais.

Uma polarização única e exclusiva entre animal *laborans* e *homo* faber não tem o condão de sobrepujar o arcabouço modelador do dia-a-dia do ser humano. Embora o labor daquele signifique a atividade desenvolvida no sentido do asseguramento das funções vitais, destinando-se ao consumo imediato, enquanto o trabalho deste esteja relacionado à criação de objetos duráveis[45], experimenta-se a sujeição de ambos a um processo produtivo maquínico, ritmado, parcelado, sujeito à Organização Científica do Trabalho (OCT) e que se espraia por todos os momentos da vida humana, homogeneizando-a e estereotipando um modo próprio de ser e estar no mundo.

Portanto, não basta a ilusão do trabalho como emancipação do homem, mesmo que isto signifique a liberação de toda a atividade esfalfante – de todo o labor – como pressupõe uma era da automação, onde a possibilidade do *homo ludens* é uma perspectiva real. Vive-se numa sociedade de trabalhadores "que já não conhece aquelas outras atividades superiores e mais importantes em benefício das quais valeria a pena conquistar essa liberdade". Diz-se mais: que já não conhece a possibilidade de optar pelo o quê fazer ou não fazer, pois a noção de SKHOLE como apatia, inação etc. juntamente com a ingestão de uma subjetivação proposta pela industrialização, envolveram completamente o conjunto da vida humana[46].

3.1.2. O trabalho como labor

No que tange em especial ao trabalho como labor, ou melhor à laborização do cotidiano, ocorre que foi tão completa que, praticamente, exclui da *vita activa* o *homo faber* e a ação. Foi a vida da espécie que afinal, se afirmou. Tudo o que não necessário para o metabolismo da vida passou a ser visto como supérfluo ou como alguma particularidade da vida humana, em oposição à vida animal. Desapareceram as atividades e passaram a preponderar as rotinas e os processos[47].

Crer como transparece da citação acima, no potencial do *homo faber*, sem transpor os limites da sociedade maquínica em que está inserido, faz parecer ser possível aceitar a inevitabilidade de uma estrutura produtiva que, apesar de garantir a manutenção das necessidades básicas (o que nem sempre o faz) e algo mais, infantiliza o todo do processo vital humano, impedindo qualquer possibilidade de ação que não seja previamente estabelecida em conformidade com os padrões vinculantes da sociedade industrial. O que ocorre, com isso, é o impedimento da percepção de que a separação – ou superação – da dualidade trabalho/labor tenha-se "simplificado" na unidade fabril, em sua linha de montagem e OCT, na conformação do labor. As "rotinas e os processos" servem tanto à manutenção do "metabolismo" quanto para a produção do "supérfluo" ou daquilo inerente ao homem em sua comparação na escala zoológica.

---

[45] "Ao contrário do processo de trabalhar que termina quando o objeto está acabado, pronto para ser acrescentado ao mundo comum das coisas, o processo do labor move-se sempre no mesmo círculo prescrito pelo processo biológico do organismo vivo, e o fim das 'fadigas e penas' só advém com a morte desse organismo". Cf. ARENDT, H. op. cit., p. 109.

[46] Para a noção de Skhole ver CUNHA, N. op. cit., p.53; ARENDT, H. op. cit., p.23, nota 10, e BAGOLINI, L. op. cit., p. 52.

[47] Cf. LAFER, Celso. *A reconstrução dos direitos humanos: um diálogo com Hannah Arendt*. Ver p. 226 (O poeta em questão é Fernando Pessoa que busca a frase de navegadores antigos, transformando-a no sentido de que viver não é necessário, mas sim criar. Com a laborização inverter-se-á: mantendo-se a "vida", perde-se o seu aspecto criativo.

Importa notar que, seja como animal *laborans*, seja como *homo faber* o homem atrelado à estrutura da sociedade industrial e à subjetividade por ela induzida gera um esforço em sua sustentação e manutenção. A transformação da *vita activa* em labor, permeia o primeiro entrave deste caminho. E a emancipação do mesmo, a partir da emancipação da necessidade, não parece ter o condão de produzir uma alteração radical, ou suficiente, desse quadro. Não esquecendo que o *homo faber* permanece ligado ao mercado de trocas, produzindo valores de uso – mesmo que sua produção tenha o condão da durabilidade, e não do consumo imediato como é o caso do labor – dentro de uma lógica utilitária de mundo, trabalhando não pela satisfação de fazer algo. Talvez se possa dizer que ocorre uma laborização do processo de feitura dos objetos resultantes da atividade do trabalho.

Ainda: apesar de o trabalho, como afirma H. Arendt, não requerer, "para melhores resultados, uma execução de que, para as coisas do mundo moderno (que) se tornaram produtos do labor, cujo destino natural é serem consumidos...", um processo de laborização atinge, também, aquilo que seria produto da atividade do *homo faber*. Apesar da dicotomia proposta pela autora de *A condição humana*, separando a "especialização do trabalho" e a "divisão do labor" o que se vislumbra é que esta, "e não um aumento de mecanização, substitui a rigorosa especialização antes exigida para todo o tipo de artesanato" (p.137). Dessa forma, impõe-se que se pense numa laborização do processo produtivo de objetos perenes – não imediatamente consumíveis – frutos do trabalho. o fazer (do latim *facere*) é agora visto como apenas forma de labor (p.335).

A vitória do labor, apesar da prodigalidade na invenção de instrumentos capazes de tornar exíguas, diminuir a limites extremos, as dores e esforços da vida diária, tornará plausível a sua eliminação, pode-se considerar iminente, se pensar que se está caminhando no sentido da "passividade mais mortal e estéril que a história jamais conheceu" (p.336). Assim, a disciplinarização, via detalhes, adicionada à internalização de um modelo de subjetivação, pode ser considerada substitutiva das dores e penas tornadas, agora, superáveis pelo trabalho maquínico da era da automação, pois o que vislumbra – o que se efetiva – é a assimilação do homem ao que "pareceria um processo de mutação biológica na qual o corpo humano começa, gradualmente, a revestir-se de uma carapaça de aço". O labor passado para a máquina, retorna ao homem transformado em robô, cuja subjetividade – ou objetividade(?) – é, agora, aquela produzida e imposta pela sociedade industrial.

No trabalho como labor – ou vice-versa – ao final só resta labor. E o homem, nesta rotina, vai levando a "vida", pois, parodiando o poeta, lembrar é preciso...viver não é preciso.

Bibliografia citada

ALBORNOZ, Suzana. *Trabalho*. Col. *Primeiros Passos*. São Paulo: Brasiliense, 1986.
ARENDT, Hannah. *A condição humana*. 3. ed. Rio de Janeiro: Forense Universitária, 1987.
BAGOLIN, Luigi. *O trabalho na democracia: filosofia do trabalho*. São Paulo: LTr; Brasília: UnB, 1981.
CAMARGO, Luiz Lima. *Lazer*. Col. *Primeiros Passos*. São Paulo: Brasiliense, 1986.
CARDOSO, Sergio (org.). *Os sentidos da paixão*. São Paulo: Cia das Letras, 1987.
CASTORIADIS, Cornelius. *Socialismo ou barbárie: o conteúdo do socialismo*. São Paulo: Brasiliense, 1983.
CUNHA, Newton. *A felicidade imaginada: a negação do trabalho e do lazer*. São Paulo: Brasiliense, 1987.
DECCA, Edgar S. de. *O nascimento das fábricas*. Col. *Tudo é História*. 4. ed. São Paulo: Brasiliense, 1986.
DEJOURS, Cristophe. *A loucura do trabalho: estudo de psicopatologia do trabalho*. 2. ed. São Paulo: Cortez-Oboré, 1987.
DUMAZEDIER, Joffre. *Lazer e cultura popular*. São Paulo: Perspectiva, 1976.
ECO, Umberto. *Viagem na irrealidade cotidiana*. 6. ed. Rio de Janeiro: Nova Fronteira, 1987.

FORJAZ, Maria Cecília Spina. *Lazer e consumo cultural das elites*. RBCS, v. 3, no 6, São Paulo: Vértice/ANPOCS, fev-1988. p. 99-113.

FOUCAULT, Michel. *A verdade e as formas jurídicas*. 4. ed. Rio de Janeiro: PUC, 1979. (mimeogr.)

——. *História da sexualidade I: a vontade de saber*. 7. ed. Rio de Janeiro: Graal, 1985.

——. *Microfísica do poder*. 6. ed. Rio de Janeiro: Graal, 1986.

——. *Vigiar e punir: nascimento da prisão*. 4. ed. Petrópolis: Vozes, 1986.

FOURASTIÉ, Jean. *Ócio e turismo*. Rio de Janeiro: Salvat, 1979.

GORZ, André. *Adeus ao proletariado: para além do socialismo*. Rio de Janeiro: Forense Universitária, 1982.

GUATTARI, Felix. *Revolução molecular: pulsações políticas do desejo*. 3. ed. São Paulo: Brasiliense, 1987.

—— e ROLNIK, Suely. *Micropolítica: cartografias do desejo*. 2. ed. Petrópolis: Vozes, 1986.

LAFER, Celso. *A reconstrução dos direitos humanos: um diálogo com Hannah Arendt*. São Paulo: Cia. das Letras, 1988.

MARCUSE, Herbert. *A ideologia da sociedade industrial*. Rio de Janeiro: Zahar, 1967.

NOVAES, Adauto (org.). *O olhar*. São Paulo: Cia. das Letras, 1988.

OFFE, Claus. *Problemas estruturais do estado capitalista*. Rio de Janeiro: Tempo Brasileiro, 1984.

PERROT, Michelle. *Os excluídos da história: operários, mulheres e prisioneiros*. Rio de Janeiro: Paz e Terra, 1988.

ROUANET, Sergio Paulo. *Teoria crítica e psicanálise*. 2. ed. Rio de Janeiro: Tempo Brasileiro, 1986.

THOMPSON, Edward P. *A formação da classe operária inglesa*. 3 vols. Rio de Janeiro: Paz e Terra, 1987.

WEBER, Max. *A ética protestante e o espírito do capitalismo*. 5. ed. São Paulo: Pioneira, 1987.

25
Fundamentos fenomenológicos da crítica social

Luiz Fernando Coelho
Professor da Universidade Federal do Paraná.

1. Introdução

A Fenomenologia identifica uma das mais fecundas correntes da Filosofia contemporânea, constituindo ponto de referência indispensável para a elaboração de algumas das categorias fundamentais do pensamento crítico; a própria noção de categoria como instrumento de um saber prospectivo e construtivo, bem como o caráter de imanência atribuído à dialética como princípio inerente ao ser social, noções que vieram enriquecer o conceito de sociedade como estrutura total e dinâmica, são elaborações que receberam seus contornos mais nítidos através da Fenomenologia.

Neste estudo, em homenagem a Luis Alberto Warat, pretende-se articular algumas noções dimanadas da Fenomenologia, com essas categorias, particularmente os conceitos de ser social, trabalho e práxis, que constituem o núcleo da crítica social contemplorânea.

2. Fenomenologia do ser social

Edmundo Husserl trata de superar a aporia kantiana da incognoscibilidade do *noumenon*, introduzindo a noção de *a priori* material, essência a ser descoberta pela consciência para além de sua originalidade e contingência. Essa estrutura objetiva e material, contanto apriorística, é que forma o conceito, pois trata-se da própria experiência que preenche de significado o conceito.

A Fenomenologia husserliana propõe uma reconstrução do objeto, mas através de uma intuição eidética derivada do encontro entre o *a priori* material, que fornece o sentido da objetividade, com o *a priori* formal, denominado por Husserl de intencionalidade, que igualmente fornece o sentido da subjetividade. A mútua dependência entre a objetividade e a subjetividade só pode portanto ser explicada pela constituição da objetividade na subjetividade[1].

A partir daí a Fenomenologia abre o caminho para uma aproximação ao conceito de estrutura social como objeto que envolve o próprio sujeito que a conhece, aproximação completada por outra distinção, a que ela mesma estabelece entre essência e fenômeno, a qual fundamenta a basilar separação no universo do social entre aparência e realidade; a primeira constitui o mundo imaginário, que os fenomenólogos denominam real imaginário, o qual substitui os fatos sociais na mente dos indivíduos que compõem determinada sociedade; e a segunda se identifica com esses mesmos fatos, não mais como o imaginário os absorve, mas encarados em si mesmos, pelo que a fenomenologia os designa como "real concreto".

Por que "real" imaginário? Ocorre que, nas representações individuais, ele é parte integrante do mesmo fato, na medida em que constitui o núcleo da comunicação intersubjetiva dos atores sociais, que não podem furtar-se às influências de suas representações em seu próprio comportamento em função do grupo; esse real imaginário é

---

[1] HUSSERL, Edmund. *Investigações lógicas*. Sexta Investigação. Elementos de uma elucidação fenomenológica do conhecimento. Seleção e tradução de Zeyko Loparic e Andréa Maria A.C. Loparic. 2a.ed. São Paulo: Abril Cultural, Col. "Os pensadores". 1980.

a própria realidade social vislumbrada através das imagens mentais, conceitos, categorias e raciocínios utilizados pelos indivíduos para apropriarem-se do mundo dos fatos.

Esse mundo imaginário - lugar privilegiado da teoria jurídica do senso comum - pode ser considerado do ponto de vista, tanto do sujeito do processo de conhecimento, quanto de seu objeto e, da mesma forma, sob o ponto de vista dos paradigmas conceituais que articulam sujeito e objeto. São os três estratos que em unidade dialética identificam a fenomenologia do ser social.

Do ponto de vista do sujeito cognoscente, o imaginário social pode ser pensado inicialmente como conjunto de representações, imagens mentais e conceitos, constituindo o mundo psicológico individual e também no plano psicológico-social, compreendendo as representações comuns fixadas em mitos, lendas e idéias mais ou menos generalizadas, inclusive os valores elaborados em determinados momentos históricos; num segundo momento, como manipulação, por determinados atores sociais, dessas representações individuais e coletivas, tendo em vista os interesses circunstanciais dos mesmos atores, agentes dessa manipulação; e como ação social determinada pela conscientização desse mundo imaginário.

Do ponto de vista do objeto, esse mundo imaginário se manifesta no plano das aparências fenomênicas, na medida em que encobrem os processos reais, a coisa-em-si do objeto; no plano da dinâmica natural do mundo circundante em suas repercussões no homem e na sua circunstância, ou seja, a ação da própria natureza enquanto modificadora dos comportamentos individuais e coletivos; e no plano da dinâmica social, isto é, a própria sociedade como fato natural determinante de modificações comportamentais.

E do ponto de vista dos paradigmas conceituais do processo de conhecimento, o imaginário se manifesta no plano estático das categorias formais do pensamento, no plano dinâmico da comunicação intersubjetiva dessas categorias, formando modelos ou paradigmas de conhecimento objetivo; e no plano da objetivação dessas categorias e modelos em coisas pseudoconcretas, tais como as instituições político-jurídicas, ou os valores que constituem fundamentos da arte, da técnica e da ciência.

Tudo isso configura o mundo das aparências, um real imaginário que substitui o real concreto como objeto do conhecimento. Este mundo de formas e representações, que tem seu aspecto dinâmico quando incorporado ao complexo das relações sociais, nelas interferindo e sendo ao mesmo tempo parte delas, um imaginário em constante mutação; ele opõe-se ao universo da concreticidade, o qual não se manifesta direta e imediatamente ao sujeito, mas através do imaginário individual e coletivo, que tanto pode ter sido construído pela ciência, quanto pela filosofia e pela religião, bem como pelo senso comum.

Na concepção da fenomenologia, tal oposição entre aparência e concreticidade conduz à maniqueísta destruição da objetividade, eis que, manifestando-se esta no fenômeno, ambos se completam na medida em que o sujeito tem acesso ao real através da aparência. A diferença está em que a aparência é sempre parcial, enquanto a concreticidade é total e, justamente em virtude dessa parcialidade, a aparência presta-se à manipulação por parte dos atores sociais; mas a concreticidade, ao contrário, ou resplandece como real perante a compreensão gnósica, ou é substituída por sua aparência.

A verdade do conhecer está, portanto, no concreto, e este é o real, que se distingue da representação na medida em que esta se refere à aparência. Mas na experiência de acesso ao concreto ocorre a identidade entre o sujeito e o objeto, pois aquele neste interfere e com ele se articula, atuando de forma dinâmica em suas transformações; essa atuação pode ser considerada científica quando consciente e racional, exercitada mediante as categorias e paradigmas que configuram o saber de hierarquia científica, ou ideológica, quando traduz a atitude passiva do sujeito, enquanto mero espectador das transformações essenciais ou simples receptáculo da consciente ou inconsciente atuação dos outros sujeitos. E aqui ele se transforma em vítima da manipulação exercida pelos atores sociais, traduzindo seu nível de inconsciência o fenômeno da alienação, a qual igualmente ocorre em diferentes graus.

Penso que esse dualismo entre essência e fenômeno, entre a coisa-em-si e sua aparência, entre a essência e sua manifestação, não deve persistir quando se trata do ser social; o social é um só, e essa identidade compreende sua representação, constituindo ambas uma unidade passível de ser conceitualmente apreendida, vale dizer, cientificamente apreendida. Na verdade, o dualismo enfatizado pela fenomenologia sói abrir o caminho para um maniqueísmo que opõe aspectos do mesmo objeto como se ocorressem em oposição, atitude epistemológica tão ao gosto do positivismo e facilmente manipulável pelos donos do saber.

O problema metodológico então emergente é o de elaborar os instrumentos de um pensar racional, que se dê conta da sua aporética peculiar e cumpra a função de transformar o ser social e sua auto-representação em concreto pensado, assumindo como inerente ao processo gnósico a participação do próprio sujeito no ser social.

Esse mundo das aparências portanto, na medida em que substitui o mundo concreto no processo de conhecimento, caracteriza-se como pseudoconcreticidade, constituindo o próprio imaginário social a instância ideológica da sociedade.

Ainda com fulcro nas contribuições da Fenomenologia impõe-se estabelecer outro recorte, o qual vai delimitar, no universo das representações, os conceitos de empírico e abstrato, os quais não se confundem com os de concreto, referido à essência, e imaginário, referido ao fenômeno.

O empírico é o dado, o qual passa pelas formas de pensamento que caracterizam o abstrato para chegar ao concreto; e o concreto é o histórico que se revela na atuação racional do homem como ser individual e social.

Na tradição da filosofia européia, o empírico e o concreto se confundem na visão empirista do real. O pensamento crítico recupera então aquele dualismo da essência e do fenômeno e os projeta numa categorização do real como concreto-essência e empírico-fenômeno. E o empírico passa a ser não somente o dado onde tem início o processo de conhecimento, como também vem a ser algo que, estruturalmente integrado ao concreto, não se exaure nos elementos atomísticos da sensibilidade.

E assim, o processo dialético do conhecimento está apto a partir do concreto para a ele retornar como concreto pensado. Esse esclarecimento é de Kosic, asseverando que, se o empírico ocorre como relação imediata entre o pensamento e o concreto mediante a intermediação do abstrato, as categorias desse pensamento abstrato devem articular-se com o real para chegar ao concreto pensado; e portanto o empírico e o abstrato também participam do processo dialético, de que constituem apenas "momentos".[2]

Poder-se-ia objetar que se trata de novas roupagens do velho realismo metafísico que estabelece a identidade entre pensar e ser; mas contra essa objeção deve-se considerar que a realidade a ser apropriada não poderá jamais identificar-se com as formas estáticas do pensamento abstrato, as quais apreendem somente as aparências, sendo que o concreto se caracteriza justamente por uma dialeticidade que lhe é imanente e que se comunica às categorias que o pre-

---

[2] KOSIC, Karol. *Dialética do concreto.* trad. Célia Neves e Alderico Toríbio. 2a. ed., Rio de Janeiro: Paz e Terra. 1976. p. 30.

tendem apreender quando o objeto do conhecimento é o ser social. E também porque o concreto envolve o conhecimento como um todo, configurando-se como aporética a abstração absoluta do pensamento metafísico, no sentido de que ele possa isolar-se do real concreto, para apreendê-lo de maneira ideologicamente neutra, como se estivesse situado fora dele.

Segundo Léfevbre e Guterman nem todas as manifestações são essenciais, pois podem configurar uma explosão das contradições da essência, bem como esta pode permanecer latente e esgotar-se, ou então, reforçar-se em suas manifestações, ou seja, "a situação relativa da essência e do fenômeno é sempre histórica e concreta".[3]

Observa Kosic que a essência é mediata em relação ao fenômeno, manifestando-se em algo diferente daquilo que é, sendo justamente por isso que o fenômeno revela a essência. Em outras palavras, a manifestação da essência é a própria atividade fenomênica, concluindo o autor que a compreensão da coisa identifica-se com seu conceito, isto é, que compreender a coisa significa conhecer-lhe a estrutura"[4]

Essa fundamentação do pensar dialético revela o vício da fenomenologia, a noção de que as coisas têm uma essência irredutível e invariável, cuja estrutura determina suas manifestações, ainda que contraditórias, como *a priori* material; ela elide o núcleo do problema dialético, que as aparências dos fenômenos não são engendradas pelo objeto, mas são objetivações psicológico-sociais tendentes a ocultar alguns aspectos do real enquanto privilegia outros, segundo um projeto de conhecimento que tanto pode consistir numa hipótese de pesquisa quanto num objetivo a atingir. E quando se assevera que a investigação científica dimana dessa contradição entre essência e fenômeno, esquece-se de que as aparências não são manifestações do objeto no sentido de que este possui uma aptidão para as revelar, mas sim, que podem ser criadas por operadores sociais, no sentido de que se prestam a ser manipuladas através da ideologia, no sentido da elisão do real concreto e para servir aos interesses, ideais, valores enfim, desses operadores que se beneficiam das aparências.

Por isso, a realidade não é somente o puro fato como algo em si, mas envolve sua representação, formada não somente pelo conjunto das representações individuais, que tendem a certa unidade em virtude da atuação de indivíduos e grupos microssociais hegemônicos, como também pelas representações mesmas dos sujeitos desse processo de manipulação ideológica, o qual acaba por submergir também na ideologia, traduzindo a alienação da sociedade como um todo.

3. Fenomenologia do trabalho

As considerações acima levam a uma distinção conceitual entre a teoria e a experiência, que vai repercutir na fenomenologia do trabalho..

A teoria pretende ser uma representação cognoscitiva da experiência, mas esta admite dois momentos, o da atividade prática do ser humano que age na natureza e no meio social, e com eles interage, e o momento psicológico da representação dessa atividade; ambos ocorrem de maneira unitária e caracterizam o que pode ser denominado "conduta".

O primeiro abrange desde o momento lógico da pré-representação dessa conduta, em função de seus próprios interesses e valores, até a atribuição de significações intersubjetivas aos resultados da ação propriamente dita, as quais podem não corresponder àquela pré-figuração; trate-se do momento vital da conduta, que pode ser designado como trabalho.

---

[3] LÉFEBVRE, Henri e Guterman, N. *Que es la dialéctica?* Buenos Aires: La Pleyade, p. 102.
[4] KOSIC, Karol. Op. cit., p. 14.

É pois a representação de todo esse conjunto que se articula no espaço da teoria, quando esse "teórico", ou se confunde com aquele momento da pré-figuração, ou então fornece o material objetivo que vai ser "trabalhado" pelos atores sociais.

E quando se alude ao trabalho dos atores sociais entendemos não somente a manipulação ideológica das representações - e aqui evidencia-se o espaço dos "mitos" - no interesse dos indivíduos e grupos que detém o poder social, como também a tomada de consciência desse processo - quando se vislumbra o trabalho que objetiva a transformação do ambiente natural e social que envolve os atores, segundo um projeto político definido e assumido.

Essa fenomenologia do ser social, não obstante vocacionada para uma metafísica que a distancia do real, vai repercutir na elaboração do conceito de práxis, categoria que procede de Hegel mas que tem seu pleno desenvolvimento teórico no contexto da filosofia marxiana. Trata-se da atividade consciente e transformadora, isto é, do próprio engajamento consciente do homem na tarefa de reconstruir-se como ser individual e social, isto é, pleno em sua dignidade ôntica.

A etimologia da palavra nos revela o significado, em grego, de uma atividade dirigida a um fim, sentido que se mantém na semântica da palavra, mas acrescido da idéia de conscientização e tranformação. A partir das vertentes marxianas da crítica social, a práxis pode ser considerada em três planos: como atividade teórica, como atividade produtiva e como atividade política.

A práxis que se realiza na atividade teórica resulta da unidade entre teoria e prática.

Deve-se distinguir entre a práxis e a simples prática: esta designa, no senso comum, a atividade humana no sentido estritamente utilitário, a ação que produz um objeto exterior ao sujeito e seus próprios atos, e que os gregos designavam como "poiesis"

A práxis como ação conscientemente transformadora exige um momento teórico que se inicia como teoria crítica, tratando de elucidar o objeto do saber em sua verdade real, e não como imaginamos. Adentra-se portanto a questão da ideologia, introduzindo-se a noção de real imaginário, a qual articula, conforme se expôs, as vertentes propriamnente marxianas do pensamento crítico, com as fenomenológicas.

A atuação meramente teórica, o saber pelo saber, o conhecimento como contemplação, é em si inoperante e deve ser superado. O verdadeiro conhecimento só se justifica quando sua eficácia se comprova na prática, e esta prática que se traduz em práxis é a transformação da sociedade pela emancipação da massa dos dominados.

Esta dimensão teórico-prática do saber está resumida na famosa undécima tese sobre Feuerbach onde Marx exclama: Os filósofos limitaram-se a interpretar o mundo de diferentes maneiras, o que cumpre é transformá-lo.[5]

Segundo Castoriadis, a práxis implica um condicionamento recíproco entre o saber e o fazer, pois a elucidação e transformação da realidade progridem articuladamente. Ele esclarece que o fazer se apóia sobre um saber, mas este é fragmentário e provisório. Fragmentário, porque não pode haver uma teoria exaustiva do homem e da história, e provisório, porque a própria práxis faz surgir constantemente um novo saber. Em suma o saber lúcido voltado para a transformação, e a própria atividade objetivamente tranformadora, enriquecem-se mutuamente.[6]

Assim, o saber articulado com o fazer, liberto de seus obstáculos epistemológicos e voltado para a transformação da socieda-

---

[5] MARX, Karl. *Manuscritos econômicos e filosóficos*. Pág. 93. O texto citado foi extraído de POPITZ, Heinrich. *El hombre alienado*. Buenos Aires: Ed. SUR, p. 136.
[6] CASTORIADIS, Cornelius. *A instituição imaginária da sociedade*. Trad. de Guy Reynaud. 1982. Rio de Janeiro: Ed Paz e Terra, pp. 315 e seg.

de, é um aspecto da práxis como teoria crítica e que se articula com a praxis revelada na atividade produtiva e na ação política.

Ao tratar da práxis como atividade produtiva, Marx resgata o trabalho como atividade digna e o transforma em categoria básica da práxis social, pois é pela atividade produtiva que o homem se transforma a si mesmo, a natureza e a sociedade.

Na crítica que faz ao capitalismo, revela que a expropriação do produto do trabalho do operário cria o trabalho alienante e, conseqüentemente, é este o fator principal da alienação, não somente do operário, mas de toda a sociedade, pois estas condições de trabalho transformado em mercadoria criam também um modo alienado de os homens se relacionarem. Este modo alienado, que contamina toda a sociedade, é um processo de inversão pelo qual as abstrações, conceitos e categorias se coisificam, e as relações entre pessoas aparecem como relações entre coisas. No âmbito das relações de trabalho, Marx chama a este processo de "fetichismo" da mercadoria. A mercadoria transformada em algo-em-si, um "fetiche" a catalizar as louvações de toda a sociedade alienada.

Marcuse denuncia esse fetichismo na sociedade tecnocrática contemporânea, onde, a despeito da extraordinária melhoria dos padrões de vida nos países economicamente mais ricos, a alienação se faz presente através do consumismo. É que a sociedade tecnológica tende a criar falsas necessidades e satisfações também falsas, necessidades que são impostas ao indivíduo por interesses particulares, como diz Marcuse, a maioria das necessidades comuns de descansar, distrair-se, comportar-se e consumir de acordo com os anúncios, pertence a essa categoria de falsas necessidades

.O consumismo é a forma sofisticada que o fetichismo da mercadoria tomou nas camadas mais ricas da população.

O que significa então, na prática, alienação do trabalhador?

A resposta advém da relação do trabalhador com o produto de seu trabalho. O trabalho é algo "externo" ao trabalhador que não guarda nenhum vínculo com sua essência humana, ou seja, o trabalhador não se afirma no trabalho mas sente-se abandonado pela sorte, pelo destino, por Deus. "O trabalhador sente-se por isso em seu próprio ambiente somente quando está fora do trabalho, mas no trabalho sente-se fora de si. Está em casa quando não trabalha e quando trabalha não está em casa. Seu trabalho é trabalho forçado, não é imediatamente a elaboração do produto - como atividade e manifestação da vida - satisfação de um mister, mas somente meio para satisfazer misteres que se encontram fora do trabalho. Não se encontram em nenhum contexto e relação com a espécie de sua atividade: maneja uma coisa indiferente, estranha, à qual está entregue durante um tempo determinado, seu horário de trabalho"

A própria energia espiritual e física do trabalhador, sua vida pessoal, tem o significado de uma atividade que se volta contra ele, independente dele e que não lhe pertence.

Mas, assim como vê Marx o lado negativo da atividade laboral, que é o trabalho como alienação, vislumbra o aspecto positivo, que é o trabalho como categoria básica da práxis social. O trabalho, como práxis produtiva, é fator e instrumento de libertação quando a sociedade desenvolve uma base material apta a comportar o novo ser humano, o homem desalienado. Vislumbra ele aqui que o homem, pelo trabalho, na medida em que desenvolve sua consciência individual como consciência de classe, conquista aos poucos sua autonomia, substituindo os comandos, as falsas necessidades, os fetiches, os mitos provindos do exterior, por determinações de seu próprio ser: e o homem então se afirma como ser ontocriativo.

Castoriadis dedica a maior atenção a essa dimensão utópica do socialismo marxiano que vislumbra a conquista da autonomia do indivíduo que se projeta no social, processo a que esse autor denomina de auto-instituição da sociedade. Ele define a autonomia individual em termos psicanalíticos, como a possibilidade do domínio relativo do consciente sobre o inconsciente, do Ego sobre o Id, e a auto-instituição da sociedade como a capacidade de uma coletividade assumir, em contraposição ao discurso do outro, o seu próprio discurso e um modo próprio de fazer o social; ou ainda, a capacidade de alterar a sociedade constituída, com suas heteronomias e formas de alienação, instituindo uma nova sociedade que respeite a vontade democrática. Em suma, a práxis como atividade produtiva é o próprio trabalho que desaliena, autonomiza e liberta o indivíduo, bem como auto-institui e liberta sociedade

Mas, para que esse desiderato seja conseguido, é necessária a busca da consciência de classe, expressando a possibilidade de ação humana consciente interferir nos rumos da transformação social. E com isso desembocamos no terceiro aspecto da práxis, a da atividade política.

A atividade política é a mediação necessária para a realização do projeto de transformação social, ou seja, a busca de autonomia pressupõe um projeto político, que pode ser uma ideologia racional, mas sobretudo uma proposta e uma tomada de decisão.

No contexto da filosofia marxista, exige-se que os movimentos sociais, o operário em especial, sejam organizados. Quanto a essa organização, e também à direção dos movimentos sociais, dividem-se os que optam pela prevalência das bases - basismo - reduzindo ao mínimo as lideranças intelectuais e políticas, consideradas como formas de elitismo no seio dos movimentos, e os que defendem a necessidade de uma elite intelectual - vanguardismo - que, além de orientar e direcionar os movimentos sociais, têm um importante papel na conscientização dos membros do grupo.

Gramsci, por exemplo, amplia o conceito de intelectual, e o considera como toda a massa social que exerce funções de organização na sociedade, seja no plano da produção, da cultura ou da administração pública e sugere uma aliança entre o proletariado e os intelectuais, como massa, onde serão recrutados aqueles que se integrarão organicamente no movimento proletário, sentindo-se parte integrante do proletariado

Althusser, por sua vez, duvida do êxito dos movimentos de emancipação do proletariado sem a contribuição dos intelectuais.

De qualquer forma, ainda que um tanto obscura na obra de Marx, a práxis política é um corolário da práxis teórica e produtiva.

E, o que para uns é mais importante, a práxis política valoriza o papel da organização dos trabalhadores, principalmente a sindical, como instrumento de libertação, na medida em que independem das organizações patronais e do Estado.

A dimensão política da práxis pressupõe um projeto político que tanto pode ser um programa de metas quanto uma utopia, tanto pode consistir na definição de objetivos imediatos do grupo social, quanto num ideal valorativo mais amplo.

Para a definição do projeto, considero muito importante as contribuições da chamada filosofia dos valores, bem como as reflexões sobre os ideais políticos de liberdade, igualdade e direitos humanos, desde que não se deixem exaurir por meras palavras e não se desvaneçam em noções abstratas e vazias, mas se integrem à práxis como instrumento de libertação.

Para Castoriadis, o projeto é um elemento da práxis, e consiste numa intenção de transformação do real, que contém uma representação do sentido dessa transformação. O projeto pressupõe a autonomia enquanto meio e fim da criação histórico-social: visa à transformação da sociedade pela ação autônoma dos homens e a instauração de uma sociedade organizada para a autonomia de todos.

Outro corolário da práxis que se realiza como atividade política é a organização.

Já nos referimos ao "basismo" e ao "vanguardismo" como posturas opostas quanto à necessidade ou não de uma direção para os movimentos sociais.

A organização como fator ou elemento da dinâmica social é implicada pelo grau de racionalidade do movimento. A autonomização dos indivíduos sociais não é uma evolução tranqüila, ao sabor de forças cósmicas ou sobrenaturais ou mesmo naturais. É uma conquista à custa de muito suor, sacrifícios e mártires. O homem é diferente do animal porque pensa e raciocina, e sua conquista da autonomia, sua busca da libertação, é uma atividade racional.

Ora, racionalidade implica ordem, que é a disposição de seres em função de seus objetivos comuns, e ordem implica organização.

Por isso, qualquer projeto político de transformação social pressupõe a auto-instituição do proletariado como organização autônoma, independente das organizações típicas de uma situação social de dominação.

E assim, a práxis se completa como essência dos movimentos sociais, cujo sentido é a libertação e cujo meio é a conscientização.

4. Práxis e transformação social

Essa fenomenologia do trabalho possibilita formular um conceito de práxis apto a instrumentalizar o pensamento crítico com uma de suas categorias fundamentais; para tanto, cumpre retomar a vertente fenomenológica desse pensamento.

A compreensão e a extensão do conceito de práxis, no plano da teoria do direito são implicadas pela práxis mais abrangente da sociedade, a qual revela aqueles três planos de articulações, numa totalidade que envolve o sujeito, o objeto e o conceito, e também o concreto, o empírico e o abstrato. Sánches Vasques a erige em categoria filosófica central, identificada com a atividade, embora nem toda atividade seja práxis. Segundo o autor, "a atividade propriamente humana só se verifica quando os atos dirigidos a um objeto para transformá-lo se iniciam com um resultado ideal, ou finalidade, e terminam com um resultado ou produto efetivo, real. Nesse caso, os atos não só são determinados casualmente por um estado anterior que se verificou efetivamente - determinação do passado pelo presente - como também por algo que ainda não tem uma existência efetiva e que, não obstante, determina e regula os diferentes atos antes de culminar num resultado real, ou seja, a determinação não vem do passado, mas sim do futuro. Essa atividade teleologicamente determinada, a qual envolve os momentos de representação ideal da atividade em si, enquanto prática voltada para um futuro também representado, é que constitui a práxis.

Mas o autor distingue entre a atividade cognoscitiva e a teleológica, restringindo a práxis a esta última, enquanto vocacionada para a transformação do objeto. Neste contexto, a atividade-práxis incide sobre diferentes objetos, os quais constituem a matéria-prima da práxis, a saber: a própria natureza como dado, o produto de uma práxis anterior e o próprio humano, individual ou social, ou seja, em alguns casos "a práxis tem por objeto o homem e, em outros, uma matéria não propriamente humana: natural nuns casos, artificial em outros"

Essa conceituação da práxis como atividade transformadora, o autor a desenvolve a partir da proposta da Tese XI sobre Feuerbach, de Karl Marx, mas estabelecendo a oposição entre a atividade cognoscitiva e a teleológica, como correspondendo a duas situações teóricas igualmente opostas, uma eivada de idealismo outra dialético-materialista.

Penso todavia ser possível superar esta antinomia.

A atividade característica da práxis envolve sempre um momento cognoscitivo que, pelo fato de não estar teleologicamente comprometido com uma práxis política, nem por isso deixa de implicar um sentido crítico de participação do sujeito no objeto do conhecimento, que pode ser definido como reconstrução conceitual, articulada com o engajamento consciente na transformação social. Essa dimensão epistêmica transformadora é que precisamente caracteriza a dialética da participação do sujeito no objeto que conhece, constituindo o estrato teórico da práxis, a qual envolve o processo de distinção e internalização dos esforços reais correspondentes à atividade social em si, como atos de conduta intersubjetiva, e os esforços correspondentes à representação conceitual dessa atividade nos e pelos sujeitos da práxis.

Verifica-se portanto que é a própria atividade cognoscitiva que se insere na práxis, traduzindo a dimensão transformadora do conhecimento, implícita no novo paradigma elaborado pela atual epistemologia das ciências sociais.

A práxis é precisamente a reunião dialetizada dos planos da atividade social e dos planos da representação dessa atividade: pela práxis, a ciência se funde com a técnica enquanto ideologia, a sociologia se funde com a política e o direito se transforma em criação e conquista.

O conhecimento passa então a ser vislumbrado em outro plano, primeiro, como totalidade, depois, como dinamismo, isto é, movimento imanente, e finalmente como participação, a consciência de que o próprio sujeito do conhecimento é parte da totalidade que visa a conhecer e, em a conhecendo, nela interfere como agente transformador. Supera-se a velha distinção aristotélica entre conceito e representação, bem como a redução do conceito à simples representação ideal do objeto. O conceito passa a ser entendido como entidade lógica, pela qual o sujeito tem acesso à realidade do objeto definida como essência, no sentido de que esse objeto existe em si, mas que não se confunde com sua manifestação ou representação, os quais todavia a integram.

Recupera-se a noção hegeliana do conceito como manifestação da idéia em si e também o antigo dualismo do fenômeno e da essência, mas excluindo seus fundamentos e alcance metafísicos, para projetá-los na consideração objetiva do social, cujos sujeitos fazem a história. Essa participação do conhecimento é que leva Kosic a definir a representação como extrato teórico que ocorre no plano da pseudoconcreticidade ou real imaginário, ou simples mito, cujo núcleo é a ideologia, e conduz também a novo modo de encarar o conceito como forma de pensamento que, na medida em que adquire consciência do caráter ideológico das representações, constitui uma tentativa consciente de aproximação do real, cuja meta é a identidade entre o concreto e o pensado.

Do ponto de vista das ciências sociais, a realidade passa a ser encarada como o social, não como ideologicamente se representa, mas dentro de uma ótica de participação do sujeito do conhecimento desse ser social, sujeito que passa assim a ser também o sujeito da práxis.

Nessa relação dialética de conhecimento como participação o sujeito não permanece de maneira alguma passivo e imutável, mas exerce papel constitutivo em relação ao objeto; não à maneira kantiana, impotente quanto às categorias de que se vale, mas à maneira marxiana como sujeito da própria práxis em que o conhecimento se constitui como teoria crítica, isto é, criando suas próprias categorias, as quais não permanecem como simples meio de acesso à verdade formal, mas servem de meio de criação e transformação dessa verdade-realidade.

A atitude imediata do sujeito em face da realidade não é a de um abstrato sujeito cognoscente, nem espectador neutro e desinteressado das transformações de seu objeto. Sua atitude primordial é a de um indivíduo histórico que atua no contexto natural e social em que está inserido. A famosa citação orteguiana - "eu sou eu e minha circunstância" - tem alcance dinâmico e não meramente especulativo. O homem atua no mundo exterior em vista de suas próprias finalidades e a partir de uma circunstância social formada pelo conjunto das relações sociais de que ele é um dos termos, direta ou indiretamente.

Por outro lado, o sujeito também recebe a impressão sensorial ou emocional do objeto e, com isso, experimenta uma modificação. O sujeito se transforma em função da atitude receptiva que assume e, sob esse aspecto, a situação do objeto é determinante, e o modo como ocorre a alteração do sujeito é a criação das representações do objeto e dos conceitos, a partir da abstração dessas imagens e conceitos menos gerais.

A circunstância social que envolve o sujeito é o fundamento sobre o qual ele cria suas próprias representações das coisas, representações que portam o alcance teleológico-prático ou valorativo das próprias coisas, como meios de satisfazer interesses objetivos e necessidades dimanadas da inserção do sujeito naquele conjunto de relações, isto é, na sua circunstância.

Essas representações, em virtude mesmo de sua relatividade circunstancial, tendem a diferençar-se em maior ou menor grau das próprias coisas, de sua essência real, do em-si do objeto, o que impossibilita a identidade entre as representações e os objetos, ou seja, entre o conhecimento e as coisas de que pretende ser a conceituação racional. No processo psicológico de abstração das representações quem atua é o sujeito, é ele quem decide quais características individualizadoras do objeto devem ser omitidas, e qual o grau relativo de generalidade do conceito. Assim é que o sujeito não tem a certeza de que o seu conhecimento seja um representação exata da realidade objetiva, mas tão-somente que se trata de uma tentativa de aproximação dessa realidade.

Deste modo, essa tentativa caracteriza-se como experiência, a qual não se exaure na mera prática, mas é também vivência, caracterizada por uma participação do sujeito no objeto. Nas ciências sociais o objeto só se constitui em função do sujeito, não sendo este mero espectador, mas partícipe do processo imanente de transformação do objeto. O sujeito conhece o objeto na medida em que o cria.

Husserl distingue entre a experiência originária e a derivada, a que permanece na memória e na imaginação. Pode-se afirmar que a experiência como simples prática é a originária, e que a vivência corresponde à união de ambos. Quando o objeto é o fenômeno social, o sujeito estabelece com ele o contato originário, fático e circunstancial, como também o vive ao retê-lo em sua consciência.

Esse processo é que precisamente constitui a crítica social, a qual envolve em síntese compreensiva os estratos teórico e experiencial do indivíduo humano no contexto da sociedade, que com ele se ontocria.

O ser humano, em sua dimensão individual e coletiva, como portador de uma dignidade que lhe é imanente, pode então ser concebido como ser ontocriativo no sentido da fenomenologia existencial, isto é, de que não se cogita de uma essência humana previamente dada, mas o sentido de que cada homem e cada sociedade criam sua própria essência.

26
Derecho y la teoría de los juegos
Newton V. Panizzi

Eduardo Angel Russo
Profesor Titular de Derecho en el Ciclo Básico Común y de Teoría General del Derecho en la Facultad de Derecho y Ciencias Sociales de la Universidad Nacional de Buenos Aires.

1. Los presupuestos básicos de la teoria de los juegos

La relación entre la teoría jurídica y la teoría de los juegos no constituye, en sentido estricto, un enfoque original o novedoso. Desde muy antiguo se ha intentado ver al Derecho y a otros conjuntos de relaciones sociales, como las que pueden ser analizadas por la sociología, la política, la economía, etc., como un juego, dando a esta palabra una significación más amplia que la relativa a los pasatiempos o entretenimientos infantiles o sociales.

Los elementos que permiten la comparación son la existencia de jugadores que interactúan – vale decir, que la jugada que uno realice influir en la jugada del otro – y un marco normativo que regula al juego, dentro del cual se desarrollan las estrategias de los jugadores. En el caso del Derecho y, especialmente en el proceso judicial, la similitud aparente entre los conceptos de "juego" y "proceso" se presenta como muy fuerte: las partes como jugadores, la ley como marco y el juez como árbitro del encuentro.

Sin embargo, en este trabajo procuraremos mostrar algunas diferencias lo suficientemente relevantes como para concluir que tal similitud es sólo aparente y, como noción auxiliar, confunde más que lo que ayuda a esclarecer la estructura del juicio.

No existen inconvenientes para caracterizar, en uno y otro caso, a los jugadores como tomadores de decisiones ni en aceptar que el juego resulta de una combinación de reglas y estrategias. Pero la analogía, como veremos, termina allí.

La función de la teoría de los juegos apunta a la delimitación de un modelo de tipo matemático – como el cálculo de probabilidades – a fin de reducir la incertidumbre respecto del desarrollo y del resultado del juego. Tal modelo determina la existencia de límites espacio-temporales, de modo que se dibuja un "adentro del juego" y un "fuera de juego". Aún cuando un determinado juego pueda trasladarse físicamente y desarrollarse en tiempos sucesivos, como en el caso de un torneo con sedes y fechas distintas, la unidad del torneo, delimitado también espacio-temporalmente, es resultado asimismo, de la sumatoria de encuentros cumplidos en espacios y tiempos determinados.

Este "dentro" y "fuera" requiere, en primer lugar, del presupuesto de la simetría externa, lo que obliga a aceptar que ninguna variable exterior puede incidir en el desarrollo y en el resultado del juego. Los "jugadores" del modelo son piezas intercambiables – no necesariamente idénticas – definidas por una racionalidad y valoración común. No sólo no se presupone que los jugadores no presenten diferencias entre ellos – como si se tratase de dos mecanismos construidos en serie –, sino que las diferencias, son una justificación del juego en tanto este se encamina a determinar como ganador al jugador que desarrolle una mejor estrategia de juego. Pero la mayor idoneidad o habilidad de un jugador se determina en el desarrollo del juego y se materializa en el resultado final. Cuando las diferencias de capacidad son reconocidas antes del juego, se agrupa a los jugadores en zonas o etapas atendiendo a un *ran-*

king o precalificación para nivelar sus capacidades, pero no para igualarlas absolutamente.

La simetría externa presupone, entonces, que frente a una decisión a tomar los jugadores tienen similares preferencias y procedimientos para evaluarlas, a partir de un conjunto de datos e informaciones, también semejantes. Si un grupo de corredores debe cubrir una distancia predeterminada a campo traviesa en el menor tiempo posible, se supone que elegirán el camino más corto y más llano. De no darse de manera conjunta estas dos condiciones, elegirán el más corto entre los caminos llanos o el más llano entre los caminos cortos. Otras variables, tales como la existencia de depresiones insalvables o zonas pantanosas, también deberán ser tenidas en cuenta. Para tomar la decisión sobre el camino a recorrer a partir de la información sobre el estado del campo, la evaluación se dirigir hacia aquel terreno que ofrezca menor resistencia a la fuerza del corredor. Sería "irracional" para esta lógica que el corredor eligiese el camino más dificultoso a la espera de que alguna divinidad lo premie con la victoria por su sacrificio u otro pensamiento similar.

La simetría externa también supone que ningún jugador se apartar de las reglas que determinan el modelo. El transgresor que hace "trampas" – salteando procedimientos, fraguando situaciones o recurriendo a estimulantes –, vale decir, estableciendo desigualdades en su favor prohibidas por las reglas, queda "fuera de juego", no es considerado un jugador ni se admiten como válidas sus jugadas.

El presupuesto de la simetría externa trae aparejado una serie de suposiciones colaterales, como, por ejemplo, la no incidencia de las coaliciones accidentales entre jugadores (v. gr. que un jugador decida obstaculizar a otro para favorecer a un tercero), el no ocultamiento de información ni la transmisión de información errónea entre jugadores y la invariabilidad de las condiciones externas en el desarrollo del juego.

Tampoco puede incluirse, en el cálculo tendiente a la reducción de incertidumbre, a los jugadores que la teoría de los juegos denomina títeres, es decir aquellos que si bien toman decisiones que interactúan con el juego de los otros jugadores no participan sino ocasionalmente en el juego, como sería el caso de un perito independiente en un juicio.

Por último, también cabe señalar el presupuesto de éxito que acompaña al modelo: los jugadores juegan para ganar, sea a expensas del contrincante, como en los juegos de suma cero, o en forma objetiva, independientemente de la suerte de los otros jugadores. Por ejemplo, en un juego de inversiones, si el universo de juego incluye compradores y vendedores del mismo objeto, la ganancia de uno ser equivalente a la pérdida del otro, mientras que si dicho universo incluye solamente a inversores durante un lapso, todos ellos podrán recibir distintas ganancias según su suerte en el mercado sin que las ganancias de uno dependan de las pérdidas de otro.

Todo modelo requiere, obviamente, de presupuestos para cumplir con su función de representar el sistema o campo temático de que se trate. Esos presupuestos delimitan al modelo, lo definen y determinan como funciona a los efectos de explicar o predecir sucesos que se producen dentro del objeto representado por ese modelo. La elección de los presupuestos implica una forma de reduccionismo respecto de las características del sistema o campo temático, dado que se privilegian algunas que se consideran relevantes y se descartan otras que, a juicio del teórico no revisten tal característica. Así, por ejemplo, en un modelo a escala se tendrán en cuenta la forma y el color de aquello que se representa y (salvo que el modelo sea en escala uno a uno) se prescindir del tamaño real del objeto y de otras cualidades. Pero si la elección de las cualidades relevantes es desafortunada, su capacidad representativa se verá menguada o excluir a ciertos objetos que posean como características relevantes algunas de las recortadas por el modelo.

Que algo sea o no una característica relevante depende, desde luego del interés que el teórico le preste a dicha característica. Se trata, pues, de una cuestión netamente valorativa, y esa valoración impregnar a la supuesta objetividad del modelo.

Como veremos enseguida, los presupuestos reconocidos por la teoría de los juegos, que hemos reseñado más arriba, no son compatibles con una teoría jurídica que trate de englobar toda la vida del Derecho y no solamente su aspecto procesal-normativo.

2. Ese otro juego llamado Derecho

Como dijéramos al principio de este trabajo, podemos considerar a los sujetos de derecho como jugadores que toman decisiones producto de una combinación de reglas y estrategias, que son apuestas, en el sentido que se proyectan hacia el futuro y entrañan una posibilidad de ganancia o pérdida según que las espectativas sean confirmadas o defraudadas por los hechos venideros.

Sin embargo, en la vida del Derecho no puede delimitarse el número de jugadores que intervienen en el juego. Se trata de un juego de "n" jugadores. La teoría de los juegos ha analizado esta modalidad solamente en la medida en que pueda predeterminarse la incidencia de cada jugador de una forma matemática. Si el número de jugadores es infinito o indeterminable, el valor de cada jugada será infinitesimal. Tal es el caso del valor de un voto en elecciones políticas, donde cada elector representa una unidad igual a la de cada uno de los restantes electores. Si se trata de la asamblea de una sociedad anónima por ejemplo, la identidad no se dará entre votantes, sino entre acciones, por lo que el voto de un accionista valdrá tantas veces más que el de otro según sea la diferencia de acciones que ambos posean. En el otro extremo, la exigencia de unanimidad en el resultado, determinará que cada voto sea equivalente a la totalidad de los votos restantes por la posibilidad de que ese voto anule el consenso de todos los anteriores.

Si el valor de los jugadores o de sus jugadas no puede predeterminarse matemáticamente, el juego queda fuera de los modelos matemáticos utilizados por esa teoría.

Veamos un ejemplo del Código de Comercio argentino: el artículo 438 de dicho cuerpo legal expresa:

"Cuando se entrega la cosa vendida sin que por el instrumento del contrato conste el precio, se entiende que las partes se sujetaron al corriente, en el día y lugar de la entrega. En defecto de acuerdo, por haber habido diversidad de precio en el mismo día y lugar, prevalecerá el término medio".

En este supuesto hay dos jugadores que realizan una jugada conjunta: el contrato de compra venta mercantil en cuestión. Pero el precio de la operación, a falta de acuerdo, queda supeditado a otras jugadas que en el mismo día y lugar han realizado otros jugadores, que ni siquiera tenían idea de que sus operaciones incidirían en el juego de aquellos. Además, ese día pudieron ocurrir circunstancias excepcionales en el mercado que determinaran que el precio promedio fuese notoriamente diferente al de las jornadas anteriores. Esta excepcionalidad – que hace intervenir en el juego a los jugadores que actuaron en esas jornadas anteriores –, puede dar lugar a un litigio entre las partes, conflicto que se debe resolver determinando cuales son las jugadas externas al contrato que deben ser tomadas en cuenta. En otras palabras, cuales son las jugadas de mayor valor.

Otro ejemplo tomado del mismo Código: el inciso 6 del artículo 218 dice que:

"El uso y práctica generalmente observados en el comercio, en casos de igual naturaleza, y especialmente la costumbre del lugar donde debe ejecutarse el contrato prevalecerán sobre cualquier inteligencia en contrario que se pretenda dar a las palabras".

Aquí tenemos nuevamente dos jugadores principales y un sinnúmero de jugadores periféricos cuyas jugadas acostumbradas incidirán el resultado de las que realicen aquellos.

En casos similares a los ejemplificados a la existencia de "n" jugadores debe agregarse el hecho del diferente valor de los mismos, valor que depender también del resto de las jugadas que los demás realicen. Para determinar el precio promedio en el primer caso y para considerar ciertas prácticas como "generalmente" observadas en el segundo, algunos jugadores, aquellos que se acerquen al promedio o a la generalidad, serán más relevantes que aquellos casos aislados lejos de la media requerida.

Lo mismo ocurre con la limitación espacio-temporal del modelo. En el caso del Derecho, tales límites no existen o son totalmente difusos. Si bien es posible determinar los ámbitos de validez espacial y temporal de una ley aislada, incluso de una norma constitucional, no se pueden trasladar estas limitaciones al Derecho. Un bien puede ser trasmitido *mortis causae* entre varias generaciones aunque durante ese lapso las leyes sucesorias hubiesen variado. Un contrato celebrado en un país puede hacer referencia a un mercado extranjero para la cotización de mercaderías o divisas, independientemente del ámbito espacial de las distintas leyes que entren en juego.

Esta ilimitación en el espacio y en el tiempo también incide en el fenómeno de la existencia de "n" jugadores no iguales, distribuidos en épocas y territorios diferentes, regidos por distintas reglas.

La supuesta racionalidad del jugador requerida por la teoría de los juegos, y su objetivo de éxito tampoco tiene parangón en el juego del Derecho. La decisión que motive la celebración de un matrimonio, a la celebración de un contrato, a la comisión de un hecho ilícito no suele estar siempre motivada en un deseo de éxito o en la correcta evaluación de la relación medios-fines, por lo que la conducta posible no puede representarse en un cálculo de probabilidades. Además, tampoco puede establecerse un único concepto de éxito en el juego del Derecho. Un jugador podrá aspirar a un ideal de justicia, aunque deba pagar un alto costo para ello, otro estar movido por un afán de venganza, donde no importará el fracaso propio si con ello se logra perjudicar al otro. Mientras alguien preferir una solución menos ventajosa en lo económico pero más rápida en el tiempo, otro optar por el resultado opuesto.

Diferentes conceptualizaciones del éxito también implicará diferentes posibilidades de coaliciones, dado que partes con intereses contrapuestos pueden acordar una jugada que, desde algún criterio, represente una ganancia para uno y una pérdida para otro, pérdida que no ser tal para este.

3. Reglas y estrategias

Pero, a nuestro juicio, la diferencia esencial entre los juegos estudiados por la teoría respectiva conforme modelos matemáticos y el juego del Derecho no radica únicamente en la inadecuación del presupuesto de la simetría externa y sus suposiciones colaterales, sino en la diferenciación entre las reglas del juego y las estrategias que se desarrollan dentro del juego mismo. Las primeras, para los juegos analizados por la teoría, son establecidas antes del juego y deben permanecer inalterables durante su desarrollo, mientras que las estrategias quedan libradas a la creatividad del jugador y a la situación en que debe efectuar su jugada.

En el juego del Derecho, en cambio, dado su carácter de juego ilimitado con múltiples jugadores no iguales, las reglas del juego se modifican durante su desarrollo y no resulta posible diferenciarlas nítidamente de las estrategias utilizadas. Un caso límite sería el de aquel jugador que haga su apuesta a favor de la posibilidad de la derogación o modificación de una norma, de su declaración de inconstitucionalidad, de la declaración de la invalidez de un contrato, de una moratoria fiscal, de un indulto, de una variación en las costumbres, etc. En estos y otros casos similares se percibe claramente que no puede establecerse una nítida distinción entre reglas y estrategias. Así, a la incertidumbre estratégica, propia de todos los juegos, proveniente de la ignorancia acerca de lo que los otros jugadores harán, debe sumarse una incertidumbre normativa. Esta incertidumbre proviene habitualmente de los problemas de interpretación de la ley, de los conflictos entre normas – llamados piadosamente "aparentes" por la doctrina – y de la discrecionalidad otorgada por toda norma jurídica al juez – según señalaba Frank[1] – por el cual este, al determinar la existencia y la relevancia de los hechos a los que aplicar la norma, esté decidiendo si aplica una u otra.

Conforme con ello, el juez no resulta comparable al árbitro previsto en algunos juegos para decidir sobre la aplicación del reglamento durante su desarrollo y, en su caso, el resultado de los mismos, sino que en el decurso del juego del Derecho aparece como un jugador más, jugador fuerte y privilegiado, pero jugador al fin. La decisión judicial, aunque ponga fin al pleito (y no todas las cuestiones jurídicas pasan por un pleito), no pone fin al juego, el que continuará posteriormente y por tiempo indefinido, dependiendo de la forma en que se de cumplimiento a su decisión. Resulta ejemplificativo, entre otros supuestos, la prescripción de la pena impuesta por una sentencia penal y de los derechos concedidos en una sentencia civil; la indemnización a favor de un condenado como consecuencia de un error judicial; la aplicación retroactiva de la ley penal más benigna; el acuerdo resolutorio de las partes involucradas en una sentencia, respecto de los derechos y obligaciones que aquella determinó, etc.

Esta conceptualización del Derecho, como un juego ilimitado practicado por "n" jugadores de valor desigual, dominado por una incertidumbre normativa y estratégica, guarda similitud con la idea de carnavalización desarrollada por Warat. El carnaval, según señala, es un especátculo sin escenario, sin la división entre actores y espectadores, ya que todos son partícipes. Al respecto, recuerda este autor, por contraposición, la noción griega de "teoría" proviene de la denominación dada a los espectadores que no tenían interés en las olimpíadas. Pero, añade irónicamente Warat, "nuestros teóricos se diferencian un poco del espectador griego. Ellos adquieren poder gracias a los juegos".[2]

De donde, siguiendo esta idea, habría que concluir que los teóricos del Derecho también realizan su jugada cuando aparentan describir al fenómeno jurídico desde "fuera" (el famoso observador externo de Hart), siendo que, consciente o inconscientemente, influyen en el comportamiento de los otros jugadores a través del consejo de los abogados de estos últimos y de las decisiones judiciales.

Respecto de los teóricos como jugadores, conviene repetir lo indicado por Lyotard en el sentido que:

"las cosas no siempre son así en la realidad. No se tienen en cuenta a los investigadores cuyas 'jugadas' han sido menospreciadas o reprimidas, a veces durante decenios, porque desestabilizaban demasiado violentamente posiciones adquiridas, no sólo en la jerarquía universitaria y científica, sino en la problemática. Cuanto más fuerte es una 'jugada', más cómodo resulta negarle el consenso mínimo justamente porque cambia las reglas del juego sobre las que existía consenso".

---

[1] FRANK, Jerome. *Derecho e incertidumbre*, Buenos Aires: Centro Editor de América Latina S.A. 1968. p. 74.

[2] WARAT, Luis Alberto. A la fortune du pot, *In: Introdução geral do Direito*, T§ II, A Epistemologia jurídica da modernidade. Porto Alegre: Sergio Antonio Fabris Ed. 1995. pp.333 y sgts.

El mismo autor denomina como terror al sistema en el cual se obliga al jugador a jugar de determinada manera – nuestro jugador títere – o a abandonar el juego. Dice: "se entiende por terror la eficiencia obtenida por la eliminación o por la amenaza de eliminación de un 'compañero' del juego de lenguaje al que se jugaba con el. Este 'compañero' se callará o dará su asentimiento, no porque sea rechazado sino porque se le amenaza con ser privado de jugar".[3]

Dentro de este esquema de juego ilimitado, el único límite es el que se impone al jugador que, mediante esse "terror", tiene la posibilidad de quedar fuera de juego o de convertirse en un jugador "títere". Dentro del juego habrá mejores o peores jugadas, jugadores más "fuertes" y jugadores más "débiles", ganancias y pérdidas parciales, pero el juego en su conjunto, se seguirá jugando en tanto no aparezca el terror. Con todas sus incertidumbres, jugarlo representa una mejor estrategia que la de ser eliminado del mismo.

---

[3] LYOTARD, Jean-François. *La condición postmoderna*, Buenos Aires: Ed. R.E.I. 1991. p. 114.

27
Maximalismo neoliberal, minimalismo democrático

José Maria Gómez
Profesor de la PUC/RJ (Instituto de Relações Internacionais e Departamento de Direito) y de la UFRJ (Programa de Pós-Graduação em Serviço Social).

Para Luis, ese incorregible cazador de ideas, que vive abriendo caminos y siempre nos descubrimos del mismo lado.

Desde la paradojal década pasada (según se sabe, "perdida" en términos económico-sociales y "ganada" en términos de democratización), se plantea en América Latina la dramática cuestión de cómo compatibilizar democracia política y desarrollo económico. Las "duras réplicas de la historia" se encargaban de demostrar que la democracia no aseguraba por si misma el crecimiento económico (al contrario, a menudo alimentaba o no conseguía controlar graves crisis de gobernabilidad) y que este último no garantizaba automáticamente el fortalecimiento de la democracia (pues allí donde se alcanzaba estabilización o vuelta del crecimiento, ello era más bien producto de reformas económicas aplicadas por gobiernos autoritarios anteriores o por gobiernos democráticamente elegidos que debilitaban las instituciones representativas y las prácticas participativas). Al entrar en los noventa, sin embargo, se constata un cambio súbito y radical en la percepción de lo que hasta entonces era una relación problemática, al abrirse camino la afirmación de que entre democracia y desarrollo económico la compatibilización pasa a ser automática. La hegemonía intelectual y política del discurso neoliberal había llegado finalmente a estas latitudes, redefiniendo de manera muy precisa el contenido de cada uno de esos términos y de su relación

Hegemonía neoliberal

De la mano de este fenomenal movimiento ideológico de refundación del capitalismo, llegaba la celebración incontestable de que entre el principio de organización democrática del poder político de los Estados nacionales y el mercado capitalista abierto o sin fronteras hay una relación de necesidad y de mutuo reforzamiento, por ser los vectores valorativos dominantes del pretendido "orden" mundial liberal post-Guerra Fría. En realidad, por detrás de esa celebración hegemónica y sobrepasando su significado, deben reconocerse profundos, acelerados y aun inacabados procesos de transformación histórica: intensificación de la transnacionalización y de los patrones de interdependencia de una economía global de mercado; la crisis del capitalismo organizado y redefinición de las relaciones entre mercado, Estado y empresas; la transformación del escenario estratégico mundial con el fin de la bipolaridad; el fracaso de modelos alternativos de política económica, sea del socialismo real, sea del nacional-populismo o del *Welfare State* socialdemócrata; la desintegración política y económica de países y bloques y el surgimiento de otros; la convicción, por diversos motivos, de actores internacionales influyentes de que la pareja "democracia liberal-libre mercado" es la fórmula más previsible y adecuada; en fin, la percepción creciente de amenaza de problemas globales (seguridad, medio ambiente, derechos humanos, salud, tecnología, migración, terrorismo, droga, etc) que requieren soluciones también globales.

Modernización vía internacionalización

Pero lo que aquí importa señalar es que esta ofensiva ideológica triunfante postula para los países capitalistas del Sur como para los post-comunistas del Este, confrontados con gravísimas crisis económicas de Estado y de sociedad, la existencia de una única alternativa de desarrollo que los conduciría al selecto club de los países democráticos y prósperos del "Primer Mundo" (al Norte para unos, al Oeste para otros): la estrategia de "modernización vía internacionalización", al decir de Przeworski, mediante la cual se adoptan los patrones políticos, económicos y culturales (democracia, mercado e individualismo consumista) dominantes en los capitalismos centrales. Una estrategia que, en términos específicos de crecimiento económico, se identifica con un conjunto de propuestas de estabilización y ajuste estructural orientadas hacia el mercado, patrocinado por el así llamado "Consenso de Washington", y que comprende medidas de liberalización del comercio y las finanzas, promoción de las exportaciones y de la inversión extranjera, desregulación del sector privado, flexibilidad del mercado laboral, privatización de las empresas públicas, reforma fiscal, equilibrio macroeconómico, etcétera. En suma, una estrategia que no obstante el costo político y social elevado que inicialmente debe pagarse al implementar políticas que afecten intereses y estructuras "estado centristas", se mostraría al fin y al cabo como la única con capacidad de cerrar el "círculo virtuoso" que liga las reformas económicas de libre mercado y de minimalismo estatal con la democracia liberal. Las primeras, generando resultados materiales positivos (estabilidad, crecimiento, eficiencia en los servicios públicos, etc.) para la población que, a su vez, terminará apoyando electoralmente gobiernos competentes y honestos que respetan las reglas del juego democrático. Y la segunda, salvaguardando los derechos de propiedad y civiles del individuo, la vigencia de la ley y hasta una redistribución de oportunidades y resultados a mediano y a largo plazo.

Democracia y mercado

Sucede que ese postulado *urbi et orbi* sobre las relaciones constitutivas entre democracia y mercado no resiste al análisis teórico y empírico. Desde el punto de vista teórico, poco es lo que todavía se sabe acerca de si la democracia política promueve el desarrollo económico, lo obstaculiza o le resulta indiferente. Menos aún podría afirmarse que ella consiste necesariamente en una salvaguardia de los derechos de propiedad, ya que bajo el capitalismo los individuos son al mismo tiempo agentes del mercado y ciudadanos, y en cuanto tales, al ejercer el poder político que deriva del sufragio universal, siempre pueden influenciar la asignación de recursos, redistribuyendo riquezas a través del Estado y decidiendo cuáles bienes fuera de aquellos maximizados por el mercado deberían ser priorizados para el desarrollo de una sociedad. Además, contra el falso debate "mercado versus Estado" que sostiene el núcleo doctrinario de la ideología neoliberal, hasta la propia teoría económica neoclásica -que le ha servido de base para sustentar la absoluta eficiencia de la mano invisible- cuestiona crecientemente las virtudes de los mercados (carácter inevitablemente incompleto de la información, papel fundamental para el crecimiento económico de un conjunto de externalidades como educación, salud, inversión pública, políticas industriales selectivas, etc.) y realza el rol decisivo de una intervención apropiada del Estado mediante diseños organizacionales específicos.

Ya desde el punto de vista empírico, las objeciones al postulado neoliberal de las relaciones mercado-democracia se muestran más que contundentes. En efecto, un conocimiento elemental de la historia de los paises capitalistas avanzados de Occidente revela que el "circulo virtuoso" entre los dos términos sólo se consiguió a lo largo de un demorado y accidentado proceso, repleto de tensiones y contradicciones constitutivas y externas (por ejemplo, el "miedo" al comunismo como motor de reformas democráticas al capitalismo). Sin olvidar el hecho de que la democracia política fue durante un enorme espacio de tiempo de participación limitada (exclusiones varias en función de la propiedad, instrucción, sexo), y que el tipo de mercado que logró convivir con una democracia de participación ampliada después de la 2a. Guerra Mundial fue regulado y restricto por diversos mecanismos estatales (inversión, políticas sociales, etc.). En otras palabras, el enraizamiento y estabilidad allí alcanzados por el régimen democrático y el mercado capitalista fue el efecto de un conjunto de luchas políticas, condiciones económicas culturales y sociales y arreglos institucionales específicos, entre los que cabe destacar el Estado de Bienestar Social. Ese mismo Estado de Bienestar que, después de 15 años de hegemonía neoliberal en el Norte, en lo esencial todavía resiste, no obstante haber sido desde el comienzo objeto de su ira ideológica pro-mercado.

Endeblez democrática

En cambio, si se toman en consideración los países latinoamericanos y del este europeo, rápidamente se constata que nada más alejado de sus realidades pasadas y sobre todo presentes que esa pretendida identidad entre democracia y mercado. Por un lado, parece evidente que numerosas nuevas democracias no constituyen formas de gobierno consolidadas. Frágiles y con frecuentes problemas de estabilidad, ellas muestran en su funcionamiento efectivo las marcas y distorsiones que les imprimieron los procesos de transición política desencadenados al entrar en colapso diversos regímenes autoritarios (residuos institucionales del antiguo régimen, indefinición de instituciones básicas, dudas sobre la adhesión espontánea y aceptación de los resultados inciertos de la competición por parte de fuerzas políticas relevantes, etc.). Razón por la cual, nadie pude ofrecer garantías - ni siquiera el propio contexto internacional, hoy favorable a la continuidad de lo que Huntington denominó la "3a. onda de democratización" - de que las democracias nacientes no sucumban ante crisis políticas graves y formas regresivas de dominación. Por otro lado, las nuevas democracias enfrentan turbulencias e incertidumbres políticas crecientes originadas en las radicales transiciones económicas orientadas hacia el mercado, que son impulsadas por gobiernos elegidos democráticamente a través de políticas de ajuste y reformas estructurales de cuño neoliberal, en respuesta a crisis económicas sin precedentes y con el objetivo de alcanzar la estabilidad, el crecimiento económico y la solvencia del Estado. Pero como tales reformas promercado no constituyen un proyecto de resultados garantizados sino un verdadero "salto al vacío" que la ideología dominante escamotea, y como además existe la evidencia histórica de que ellas sempre pueden ser implementadas a la fuerza por dictaduras - después de todo, Chile de Pinochet fue la primera experiencia de "laboratorio" en Occidente -, la pregunta que inevitablemente debe plantearse es hasta qué punto será posible llevar adelante la transformación estructural de la economía en condiciones políticas democráticas, cuando se sabe de antemano los pesados costos agregados y distributivos que en el corto y mediano plazo implican las estrategias de "tratamiento de choque" (provocan más inflación con la liberación de los precios, aumento de la desocupación y la concentración de los ingresos, incremento de la corrupción con las privatizaciones en masa, disciplina presupuestaria con cortes severos en los gastos sociales, etc.).

Más mercado que democracia

Aunque a menudo las estrategias de "tratamiento de choque" son impuestas "desde arriba y de sorpresa" a la población por los tecnócratas y políticos, independientemente de promesas electorales, identidades ideológicas y bases sociales (como ocurrió con Menem y Paz Estensoro, esas figuras emblemáticas de conversión súbita del viejo populismo latinoamericano en ultraliberalismo), ocurre también que los propios electores - muchos de ellos víctimas del ajuste - pueden escogerlas, como ya lo revelaron conocidos ejemplos recientes (el voto del "míedo" en Argentina y Perú con las reelecciones de Menem y Fujimorí, los planes Collor y Real en Brasil, el plan Balcerowicz en Polonia), por la simple razón que ellas pasan a significar la ruptura deseada con un pasado próximo considerado insoportable de inflación descontrolada e ingobernabilidad de la economía. De todos modos, ese apoyo popular que desde el comienzo obtiene la estrategia radical también puede reducirse drásticamente, sea cuando los costos inherentes a la apertura de la economía, reducción del empleo público, aumento de los impuestos o reajuste forzado de las economías provinciales dan lugar a reacciones a veces violentas, sea cuando se pierde la confianza en las reformas a raíz de la propia vulnerabilidad externa del modelo de desarrollo emergente y de errores en la previsión arrogante y casi religiosa de los tecnócratas. Lo cierto es que conseguir amplios consensos populares sobre el reduccionismo dicotómico de continuidad de ajuste y reestructuración o vuelta al caos no significa que la trayectoria de las reformas orientadas hacia el mercado estará inmune a elevados niveles de conflictividad social e inestabilidad política, como lo demuestran las actuales crisis políticas de México y Argentina. Y mucho menos significa que sus consecuencias e implicaciones de diversa índole favorezcan a la consolidación de la democracia. Si uno se atiene al panorama latinoamericano, la conclusión más bien tiene que ser otra. Es que en las nuevas democracias, lo que prevalece son gobiernos comprometidos a ultranza con las reformas pro-mercado que, en lugar de buscar el apoyo más amplio posible a través de negociaciones y pactos y un fuerte envolvimiento de las instituciones representativas, se empeñan en enflaquecer y tornar ineficaces las oposiciones partidarias y sindicales y el propio juego de las instituciones democráticas en beneficio del más puro decisionismo autoritario y estilo tecnocrático de gobierno. En ellas, el proceso político queda reducido al ritual electoral, decretos-leyes y explosiones fragmentadas de protesta; la participación declina y el debate político desaparece; el Estado se achica y la política espectáculo se entroniza de la mano de los medios de comunicación como una práctica más de consumo simbólico; los partidos políticos, sindicatos y organizaciones representativas enfrentan la alternativa del consentimiento pasivo o las explosiones extraparlamentarías; la corrupción y la falta de responsabilidad en el manejo de los asuntos públicos va de la mano con la degradación de la cultura cívica y el aflojamiento de los lazos de solidaridad en el propio seno de la sociedad civil, contribuyendo así a configurar una ciudadanía de "bajísima intensidad". De ese modo, lejos de avanzar en el camino siempre difícil del afianzamiento de las instituciones, prácticas y valores democráticos, la democracia en estas latitudes se torna, como dice O'Donnell, cada vez más "delegada" en las figuras presidenciales y los equipos técnicos y, consecuentemente, cada vez menos representativa y participativa con relación al ciudadano común. Ocurre que en el Sur como en el Norte, aunque aquí de manera más dramática y perversa porque se intenta desmantelar lo casi inexistente en materia de mecanismos de bienestar social, el neoliberalismo ha conseguido obtener sus mejores triunfos más en los planos de la política e ideología que en los de la economía y lo social. Pues, en general, después de la estabilización alcanzada con bastante éxito, la vuelta del crecimiento con los beneficios económicos de la globalización todavía sigue siendo un espejismo para muchos. Sin ignorar las conocidas consecuencias de las políticas de ajuste y reestructuración en términos de agravamiento de los déficits en las balanzas comerciales y de pagos, efectos desindustrializantes, contención salarial, elevadas tasas de desocupación y profundos desequilibrios regionales, violenta reducción del patrimonio y de las acciones reguladoras y redistributivas del Estado. A su vez, la desigualdad, la exclusión, la desintegración social y nacional, el individualismo posesivo y competitivo, y la despolitización inherente a la estrategia predominante de "modernización vía internacionalización" continúan con su insensata carrera de profundización y legitimación en el propio Estado y en la sociedad.

La urgencia de otras preguntas

A primera vista y hasta ahora, el neoliberalismo parece tener razón al afirmar que mercado y democracia política continúan y tal vez continuarán por algún tiempo juntos en América Latina. Pero a costa de silenciar bajo una estruendosa ideología las preguntas incomodas sobre qué sociedad, qué mercado, cuál Estado y qué tipo de democracia permiten, al final de cuentas, esa tan festejada compatibilización. Plantearlas bajo otro compromiso valorativo y práctico que aquellos impuestos por la modernización conservadora neoliberal, hacen parte de la indispensable tarea de repensar y hacerse cargo de la complejidad y multidimensionalidad de la crisis actual de nuestras sociedades y de su salida simultánea con desarrollo económico, democracia política y equidad social.

28
"... Quien mira fijo dentro de un abismo, el abismo también ve dentro suyo..."

Tradução: Eduardo Trajano dos Santos

Ana Noemi Berezin
Psicanalista argentina

*Llegar a no tener miedo,
esta es la meta última del hombre."
Ítalo Calvino*

Repetidas vezes, ao longo deste século, algumas interrogações alcançaram sua máxima exasperação. Diversos fatos históricos suscitavam, no seu decurso, uma pergunta: quem somos?

Pergunta que fazemos e que impõe outras, já que a mesma se formula a partir da realidade do terror e da crueldade que aconteceu e acontece neste século.

Sabemos que não é algo novo, percorre a história humana, mas neste final de século retorna ansiosamente, porque este século nasceu com a esperança de que a razão e o progresso nos fariam mais éticos, mais solidários, mais humanos. E o progresso também se estendeu à técnica do terror.

Não defendo aqui o mito de um passado anterior a 1914, de um mundo mais civilizado. Os movimentos da história escondem, muitas vezes, em seus relatos, sagas ou historicidades, deixando transparecer somente mitos de um passado mais benévolo.

Mas este século, insisto, foi e é no ápice da razão civilizadora o século mais cruel, utilizando a técnica científica e o saber acumulado para tais atos. O que foi que não pudemos perceber em nós mesmos? Como explicar a crueldade e o horror?

Cena I

Uma menina de sete anos corre, de madrugada, do seu quarto ao de seus pais. Está angustiada, grita, chora. Abraçada a sua mãe pergunta: por que nascemos, se vamos morrer? A mãe responde a partir de suas próprias perguntas acerca da condição mortal dos homens. Intenta afirmar o valor da vida e a distância que esse valor abre frente à realidade da morte. A menina segue gritando: "Diga-me outra coisa, isso não me acalma"...Não há outra resposta; acabam brincando na água da banheira como busca de sossego.

Cena II

No filme "A noite de São Lourenço", dirigido pelos irmãos Taviani, um adolescente italiano de uns 14 anos, num pequeno povoado ocupado pelos nazistas durante a Segunda Guerra Mundial, pratica – sob as ordens, dentre outros, de seu pai colaboracionista – os atos mais cruéis contra seus vizinhos. Quando é aprisionado pelos militantes da Resistência, oferece um ataque de pânico. Grita, retorce-se, agita-se, "desmancha-se" em dor. Agora é ele quem está enfrentando seu próprio terror, antes havia praticado atos para que seu próprio terror fosse sofrido pelos outros e não por ele.

Estas duas cenas, uma num contexto micro-histórico e outra num contexto macro-histórico, expressam, de algum modo, antigas e atuais problemáticas humanas: a existência da morte, o desamparo, a vulnerabilidade, o medo...

Expressão também a formas mais ou menos precárias de encontrar saída tentadas pelos homens. Algumas saídas construtivas de afirmação da vida, e outras terríveis e cruéis.

Às vezes me pergunto: como pode ser que milhares de homens e mulheres realizam (executem, apóiem ou consintam) atos cruéis individual e coletivamente? Que mola da subjetividade de cada um dos que participam foi mobilizado? Que potencialidade latente é ativada na profundeza do seu ser e do seu ser com os outros?

Como se pode observar, só abordarei a dimensão psíquica, para aportar uma intelecção maior, tendo presente que estou fazendo um recorte e que não pretendo explicar o todo de uma complexidade maiúscula[1].

Parte I

Durante todas estas décadas, desde o surgimento da psicanálise, os psicanalistas nos centramos – em nossas apreciações sobre a vida psíquica – na configuração do desejo, conflito fundante de diversos percalços. Percalços imaginários e simbólicos nos estados de encontro de cada subjetividade com os outros e com o mundo. Diversos modos de conflito inconsciente no eixo da complexidade do aparato psíquico em seu conjunto. Potencialidade de outra cena nos diferentes modos de cumprimento do desejo desde sua expressividade sublimatória até a sintomática neurótica, psicótica e perversa.

Parece-me que "esquecemos" ou reprimimos a confrontação com a problemática da crueldade, ou que respondemos muito "rapidamente" apelando à pulsão de morte ou a pulsões destrutivas inerentes ou essenciais à condição humana.

Eu tento questionar o caráter explicativo desta "naturalidade" ou desta essência que, ao menos para mim, e creio que a muitos mais, nos deixa insatisfeitos ou pelo menos com as mesmas perguntas[2].

Parte II

Freud explica como no início da vida vão se constituindo as representações psíquicas. Ou seja, como se inscreve psiquicamente o perceptivo-sensorial proveniente do encontro com a psique-corpo materno e proveniente do próprio corpo. Corpos que portam as marcas da memória vida das gerações sucessivas e atuais. Gestualidades libidinais e simbólicas dos tempos, sinais do recordado e do esquecido.

Eu coloco uma terceira vivência inaugural: a vivência de desamparo, que passarei a descrever.

Nas variações dos diferentes modos de sustentação psíquico (e físico) acepções se inscrevem no Registro Originário[3] como representações pictográficas, mas que no caso da vivência de desamparo são representações iconográficas. Os modos de descarga de ditas representações são: 1) descargas motrizes facilmente observáveis (agitação, temor, grito, pranto sem motivo, nem fome nem dor); 2) descargas afetivas

---

[1] Não só são imprescindíveis os valiosíssimos aportes de outras disciplinas, que nos ajudam a entender diferentes dimensões da questão, abordando outros níveis de análises, senão que nos permitem e têm me permitido pensar melhor nos limites da minha própria abordagem. Nomearei somente alguns autores: Elias Canetti, George Steiner, Karl Marx, Léon Rozichner, Michel Foucault e uma longa lista de diversidade de enfoques e de linhas de pensamento. Assim também os escritos de Freud atinentes ao tema, como de outros psicanalistas (Bruno Bettelheim, Gilou Garcia Reinoso e outros, em especial os que trabalharam com traumatizados).

[2] Além disso, a generalização que remete a uma essência última, impede uma diferenciação necessária de uma multiplicidade de fenômenos complexos ligados, neste caso, a algo tão amplo como é a destruição.
Impõe-se um trabalho de minuciosa historicidade. Os movimentos da história possuem protagonistas, não são abstratos, cada singularidade subjetiva historiza e se historiza na micro e na macrocoletividade. Sem desconhecer que o faz a partir de condições materiais como são a natureza, o biológico e o marco sociocultural que a antecede.

[3] Sigo os avanços de Piera Aulangnier em relação a sua conceitualização sobre este registro.

(transbordação de angústia, pânico ou terror). Toda esta vivência da percepção à descarga fica inscrita no que chamo de vivência dedesamparo.

As representações pictográficas se forjam nas vivências de satisfação-dor, e se caracterizam pela presença de uma zona-objeto complementar: boca-seio, figura da oralidade de assinala a centralidade libidinal do primeiro encontro psique-mundo, no qual se efetivam os afetos de prazer e desprazer. Centralidade libidinal que é condição para seguir investindo o trabalho psíquico para a vida. Sobre o fundo libidinal de um "mínimo prazer necessário" e de um "mínimo desprazer necessário" se debate a psique para sustentar o desejo de viver.

Na vivência de desamparo, a zona-objeto complementar é o corpo/psique do bebê-corpo/psique materno. A representação que este encontro forja é uma representação iconográfica.

O ícone, segundo Ch. Peirce, é "o que exibe a mesma qualidade ou a mesma configuração de qualidades que o objeto denotado (por exemplo: uma mancha negra por uma cor negra)". Reproduz ou copia as relações entre as diferentes qualidades do objeto.

Em dita representação iconográfica, fica abarcada a qualidade percentual do objeto (queda da sustentação psíquica do outro), semelhante à qualidade sentida no corpo-psique do bebê (terror ou pânico). Quando me refiro à queda da sustentação psíquica materna, devo estabelecer desde as "ausências" e as variações de prazer-desprazer-terror esperáveis em qualquer outro, e que me permite generalizar esta vivência até a queda da sustentação psíquica, mantido o predominante de ausência, desprazer, privação, desconexão, etc. da mãe. Diversos modos de "queda" emocional persistente e/ou predominante, com o risco de graves conseqüências já conhecidas, para o bebê, como por exemplo no autismo precoce.

A inscrição da vivência de desamparo no Registro Originário (momento de indiferenciação eu – não eu) junto às vivências de satisfação formam uma tríade de afetos e representações que abrangem o prazer e o terror. Configurações patrimoniais da vida psíquica.

Estou estabelecendo uma dinâmica complexa de afetos e representações, que tecem uma conflitividade entre desejo e desamparo. Esta trama complexa deve ser considerada na estruturação do narcisismo, na possibilidade de preservar-se a si mesmo, do qual deriva – como sabemos – a possibilidade de preservar aos outros, assim como sabemos que ambos os termos jogam em uma relação dialética.

Da intensidade, freqüência e dos modos de tramitação psíquica da vivência de desamparo depende em grande medida, o potencial de efetividade cruel sobre si mesmo e sobre os outros. O terror que a psique padece nos estados de desamparo é expulso para fora da psique, até um si mesmo dissociado e/ou até os outros, através dos atos cruéis.

Crueldade em relação a um si mesmo dissociado, como, por exemplo, em certas crises psicóticas. Todos nós que temos presenciado a angústia catastrófica e o pânico de tais crises, sabemos do terror que compartilhamos com aqueles que as sofrem. O pânico e o terror os transborda, e em muitas ocasiões as mesmas culminam em automutilações corporais e outras culminam em ruptura de objetos e/ou agressões violentas contra nós.

Crueldade em relação aos outros – convalidada por suportes sociais, encarnando discursos alienantes – como por exemplo na tortura; a matança de crianças; os horrores crematórios etc.[4]

Cada vez que nós, seres humanos, somos expostos a situações limites de desam-

---

[4] As não-públicas, ou que raras vezes se fazem públicas: crueldade de pais com filhos, professores com alunos etc., também devem ser consideradas.

paro, indefesos e propensos a atacar a vida individual ou coletiva, se reativam e se mobilizam as vivências inaugurais de desamparo e – como eu dizia – dos modos prévios de tramitação psíquica, pode desencadear-se a crueldade frente ao terror novamente experimentado nessas situações.

Tal vivência de desamparo inaugural vai ser misturada posteriormente no caminho de apropriação do universo simbólico, ao nosso reconhecimento de nossa condição de seres finitos-diferentes-discretos, condição da alteralidade (angústia da castração) e mortais. Mas esse trabalho de mistura ou entrelaçamento tem um problema, já que as representações iconográficas possuem na sua modalidade de inscrição como ícone, pouca possibilidade de deslocamento. São como representações fixas, como se fossem fotografias, reduzindo a possibilidade de sucessivas mediações ou encadeamentos de representações psíquicas.

Isto eu deduzo das respostas ou ações de alguns sujeitos que ficam postos em situações limites já mencionadas. Em especial, se tais situações são surpreendentes ou inesperadas para o sujeito ou se são prolongadas no tempo e sem esperanças de saída.

Continuando com essa caracterização geral da problemática que coloca o tipo de inscrição iconográfica, alguns outros sujeitos que conseguiram simbolizar em amor grau – pelas condições nas quais se desprendeu a sua vida prévia a tais condições limite – podem encontrar outras respostas frente a estas. E até oposta a qualquer forma de crueldade.

Mas, insisto: estas são características gerais; às vezes também nos surpreendemos com os outros e conosco mesmos e nem sempre negativamente.

As diferentes coletividades humanas estão marcadas pelas paisagens e pelas condições socioeconômicas em que habitam; e em que vão habilitando o seu sonho, seus mitos, as suas lutas pequenas e grandes, seus relatos e seus atos. Através de muitos aspectos desse conjunto de produções, também tentam expressar e elaborar seus terrores inaugurais e sucessivos das suas próprias vivências de desamparo.

Muitas vezes, tais coletividades humanas desprendem diversos modos de negação e/ou o desmentir da precariedade que atravessa o humano. Negação e/ou o desmentir da precariedade na qual nos coloca o desamparo, o estar indefeso; a morte, que cada sujeito encontra e reencontra na realidade de si, dos outros, do corpo e do mundo.

E não há que esquecer, além disso, que esta potencialidade de crueldade humana é utilizada para promover o terror de uns até outros, com o fim de garantir o domínio e a opressão.

Ao longo deste texto, tentei dar conta da crueldade que cada ser humano está no risco de efetivar, já que as condições para a sua realização estão inscritas na sua vivência desde cedo. Tenho considerado muito especialmente que tal crueldade não é só a possibilidade ou potencialidade de certas patologias, perversas ou outras, senão que se origina em todos a partir da vivência do desamparo. E que se articula ao longo da vida psíquica com diversas e complexas tramas ao desejo e seus avatares, tais como a proibição e a culpa. Estes e muitos outros fios aqui estendidos ficam para continuar trabalhando. Já que está sendo realizado como parte de um projeto no qual há muito por percorrer.

29
Ética administrativa num país em desenvolvimento

Tercio Sampaio Ferraz Jr.

Em homenagem a Luís Alberto Warat, grande mestre, maior amigo

Em junho deste ano, uma explosão num *shopping center* nas imediações da cidade de São Paulo provocou a morte de dezenas de pessoas, e mais de uma centena sofreu ferimentos graves. Constatou-se depois que os encanamentos de gás para o centro de alimentação do local eram clandestinos, malvedados e por isso formaram, sob o edifício, uma verdadeira câmara de gás, que explodiu. Advogados e peritos disputam sobre a imputação da culpa. De um lado, técnicos-engenheiros que dizem não saber da origem de tantos canos. De outro, donos de lanchonetes e restaurantes que apenas mandaram puxar canos-extra para atender suas necessidades. E ainda fiscais da prefeitura que negligenciaram na fiscalização. Há suspeita de que estes fiscais tivessem feito vistas grossas, como também se suspeita que os proprietários escondessem da administração do *shopping* os encanamentos clandestinos. Por todo o fato perpassa uma suspeita de negligência misturada com pequenas corrupções e com a condescendência de técnicos mais capacitados. Haveria nessa complacência entre os agentes um problema de mentalidade? de mentalidades subdesenvolvidas?

Erhard Blankenburg, professor na Freie Universität Amsterdam, em um artigo sobre "Corrupção e Escândalo" (v. *Corrupción y Control*, Perdomo, Caracas 1991, p. 51), nos mostra que a imagem que os homens de negócio têm do mapa do mundo divide-o em um grupo de países puritanos que desfrutam de uma honestidade perfeita: Europa do Norte e América do Norte pertencem a eles. Por outro lado, há países de economia pouco desenvolvida em que a corrupção parece alcançar, desde o suborno persistente em pequena escala (somas modestas, presentes pessoais), os mais altos escalões políticos e administrativos.

A evidência histórica mostra, no entanto, que esta divisão não tem fundamentos claros. Afinal, como diz o mesmo autor, a administração pública na Prússia, tida como um tipo ideal de perfeita sobriedade, nunca foi tão correta e séria como sua idealização propõe. Sabe-se, por exemplo, que a classe média proprietária de terras praticou a evasão sistemática de impostos e que esta prática era convenientemente ignorada pelos *Landräte* encarregados de cobrá-los. E mesmo na atualidade, não faltam exemplos de escandalosa corrupção nos países do norte europeu ou nos Estados Unidos. Não obstante, o brasileiro de classe média diria que nesses países a corrupção ao menos é punida, ao contrário do que sucederia no mundo abaixo do Equador. Apesar do recente *impeachment* do Presidente da República, essa idéia persiste.

É meu propósito apresentar, em poucas linhas, uma reflexão sobre esse tema da corrupção, mormente da corrupção administrativa, a fim de esclarecer talvez estas projeções persistentes do imaginário social.

Corrupção tem a ver com percepções sociais. Estas percepções sociais são, por sua vez, importantes na formação das dimensões éticas da sociedade e, assim, do modo como os atos públicos são avaliados e julgados. Elas podem ser apresentadas na forma de estereótipos que são facilmente assimilados pela sociedade e mesmo por estrangeiros que com ela entram em contato. Num país subdesenvolvido não é difícil detectar esses estereótipos. Destaque-se, assim, por exemplo, a importância das relações pessoais na escolha de muitos funcionários públicos. Embora a Constituição do país exija concursos públicos para habilitação a cargos públicos, existem milhares de cargos chamados *de confiança*, que são preenchidos por indicação pessoal. Estes funcionários tendem a atuar com perspectivas de reciprocidade, fenômeno conhecido como "apadrinhamento", estabelecendo-se uma relação de amizade e compadrio que pode envolver largos espectros: o amigo do amigo, a recomendação de uma pessoa importante etc. Quando essa relação não é possível, ela tende a ser substituída por redes informais em que o dinheiro conta. Isto é, à falta do padrinho ou do amigo, surge a compra direta do favor.

Esse pagamento em dinheiro de favores é, obviamente, ilegal e antiético. Não obstante, a corrupção não chega a ser percebida como tal quando o pagamento é de valor pequeno e usual. Aceita-se socialmente como uma espécie de compensação pelos baixos salários de funcionário. Neste caso, como no caso das relações por apadrinhamento, uma suspeita de corrupção não teria por base a moral, no sentido kantiano, pois não viria de um imperativo categórico puro, mas, talvez, de um sentimento de justiça distributiva violada, em termos aristotélicos, no sentido de que uns teriam vantagens sobre outros, sem obediência às razões de uma igualdade proporcional. Esta percepção, no entanto, vem acompanhada de sentimentos negativos, como a inveja, que desnaturam a reprovação moral da corrupção.

Para um bom entendimento destes sentimentos confusos e dos correspondentes estereótipos éticos, seria interessante uma avaliação teórica da ética administrativa conforme seus tipos históricos.

Falar de uma ética da administração exige, inicialmente, uma delimitação da própria administração. No ocidente, como se sabe, a idéia de atribuir subjetividade a uma entidade abstrata chamada *administração* aparece apenas na experiência tardia do Direito Romano; ganha contornos, porém, na Idade Média, por força da atribuição de personalidade jurídica à gestão permanente dos patrimônios monacais (das abadias) e depois pela separação entre as corporações de ofício e a personalidade de seus membros. Daí seguiram-se duas tendências: nas ilhas britânicas, a personalização jurídica dos *officia* e o aparecimento da administração como conjunto de *officia* personalizados e marcados pelo *ethos* da eficiência e da legitimidade utilitária; no continente, a entificação da coletividade por meio de estatutos, donde a administração como abstração estatutária marcada pelo *ethos* da legalidade.

Destas duas tendências podemos extrair também dois tipos básicos de Estado como organização burocrática: o Estado-ente, isto é, como uma única pessoa jurídica constitucionalmente relevante (caso da França, de Portugal) e o Estado-complexo-coordenado-de-entes, caso em que a personalidade jurídica se atribui a diversos entes constitucionalmente relevantes, e sua coordenação exige tantas organizações administrativas quanto sejam aqueles entes (caso da Grã-Bretanha).

Assim, o Estado-entes complexos (Grã-Bretanha) é regido por um direito comum (*common law*) de natureza privada, sendo público tudo aquilo que pertence à coletividade. Já no Estado-ente único vê-se a organização como dotada de um direito próprio (direito público), com tendência a um caráter fortemente autoritário e a maximização do princípio *quod principi placuit legis habet vigorem.*

Na formação da administração pública do Estado Moderno observamos assim uma passagem das organizações sociais na forma da *polis* para amplas organizações burocráticas. Na *Polis*, política e administração não se diferenciavam, o *ethos* político administrativo tinha ainda uma dimensão conforme medidas humanas, sendo as virtudes dos dirigentes virtudes do tipo prudência, coragem, honra, glória, piedade etc. Já nas organizações burocráticas da Era Moderna, política e administração se separam, já pela exigência posta por comunidades nacionais de serviços dotados de permanência, profissionalismo, perícia técnica e cujo estatuto foge à medida humana, pois exige objetivos coletivos próprios, finalidades globais, distintas das individuais.

A ética da administração no Estado Moderno, contudo, não foi desde logo marcada pelo *ethos* burocrático. Seus contornos iniciais definiram-se, numa primeira fase, com o absolutismo e com o despotismo esclarecido. Sua manifestação mais importante é o *Polizeistaat* como *Wohlfahrtsstaat*. Neste ocorre uma espécie de convivência coordenada de várias entidades comunitárias de serviços voltadas para o bem comum (lazaretos, casas de misericórdia, hospitais, escolas). No espírito dessa coordenação, o princípio ético diretor é a imagem do bom rei, do bom senhor, ao que corresponde a imitação como principal virtude cortesã. Administrar exige honra ou disposição para manter a palavra e os próprios princípios, magnanimidade ou disposição à clemência, magnificência ou liberalidade, disposição de estar acima das mesquinharias do cotidiano. Esse *ethos* administrativo, porém, é ligeiramente diferente no continente e nas ilhas birtânicas.

Nas ilhas britânicas, em que o Estado é do tipo ente complexo, regido pelo direito comum (*common law*), de natureza privada, o sentido público dessa ética administrativa tem por base o bem comum como aquilo que pertence à coletividade, sendo o fisco um ente a serviço da coroa na administração dos bens desta. Já no continente, a coroa assume desde logo um caráter de direito público, sendo que o fisco aparece como um ente de gestão dos bens do Estado, isto é, da coletividade, comandado pelo aparelho de poder do Executivo. Segue-se que a base da ética administrativa no continente é o bem comum como bem do Estado, isto é, identificado com a coroa. Com isso, o fisco alarga suas funções, mas ocorre, simultaneamente, uma confusão entre o interesse da coroa e o interesse da comunidade.

Mais tarde, este alargamento do espaço público conviverá e, depois, entrará em conflito com o alargamento da sociedade civil vista como um grande mercado. E com isto chegaremos, no continente, à Revolução Francesa e ao advento do Estado burguês. Afinal, a sociedade se tornara de tal modo complexa que o sistema de poder teria de se diferenciar.

Assim, a grosso modo, o século XIX conhecerá o advento da administração estatal *stricto sensu*, como algo distinto do governo e, por conseqüência, a separação entre política e administração. O próprio princípio da divisão dos poderes funcionará como um instrumento de neutralização política da administração, permitindo uma espécie de controle do arbítrio público no exercício do governo. Na administração isto significará a prevalência da legalidade, donde a administração como organização sob império da lei e aparecimento do Direito Administrativo como um ramo autônomo.

Em contraposição à ética do bom rei, senhor do interesse coletivo e do patrimônio estatal, surge uma ética da legalidade. Com respeito a isso surgem duas importantes tendências no continente: a alemã e a francesa.

Na Alemanha do século XIX, o poder do governo (*Regierungsgewalt*) tem seu princípio positivo nos interesses cuja prossecução lhe é deferida. Os particulares têm o direito de que seja omitida, por parte do Estado, enquanto governo, qualquer atividade que prejudique a esfera da liberdade deles. Fora desses limites, tudo o que for requerido pelo bem comum é consentido à iniciativa do governante o qual, nesse âmbito, é *livre*. Assim, as leis constituem os limites da liberdade de ação da administração, razão pela qual esta não é livre nos mesmos termos em que o é o Legislativo. Dentro dos limites impostos pelos direitos de cada membro da comunidade estatal, escreveria Otto Bähr em 1864, os órgãos dirigentes desfrutam de uma atividade livre mediante a qual, e segundo o seu próprio juízo, eles são *chamados* a realizar os fins da comunidade (donde a noção de Berufung). Em conseqüência, é na própria administração, como atividade essencialmente livre, que se manifesta a vida própria e positiva do organismo estatal. Neste caso, a ética da legalidade aparecerá como cura do bem público como se se tratasse de um tutor a quem coubesse representar o bem pessoal do pupilo, tendo o direito e a lei como seus limites.

Na Alemanha, portanto, a ética da legalidade tem por base a administração como atividade livre nos limites da lei, na prossecução do interesse público. Em suma, a ética germânica da legalidade verá a administração como um poder do Estado essencialmente livre nos limites da lei, isto é, dos direitos dos cidadãos por ela traçados. Só autorizado pela lei prévia pode o administrador exigir o sacrifício daqueles direitos. Mas, quanto ao mais, pode realizar tudo quanto julgue necessário à prossecução do bem público (*Gesetzmässigkeit der Verwaltung im weiterem Sinn - Othmar Bühler: Die subjektiven öffentlichen Rechte und ihr Schutz in der deutschen Verwaltungsrechtsprechung*, 1914, p. 153).

Destarte, a ética da legalidade prussiana passa a ter um sentido autoritário, pelo qual mesmo no campo deixado livre ao administrador, este não deve guiar-se por caprichos ou interesses pessoais, mas pela moral, pela *Sittlichkeit* e pela adequação ao dever a ser cumprido. Como, porém, aquele campo de liberdade, pela complexidade das tarefas do Estado, se alargasse, seguiu-se a necessidade de que o legislador, cada vez mais regulasse até os mínimos detalhes, donde a tendência em aproximar legalidade e *Sittlichkeit - gesetzmässige Verwaltung im engeren Sinn -* em que a liberdade de apreciação (*Ermessen*) é vista como exceção.

Na França, o alcance do *principe de legalité* foi diferente. A lei foi vista como *condição*, e não apenas como *limite* da atividade administrativa. Esta, qualquer que fosse o seu objeto e os seus efeitos, quer interferisse com os direitos dos administrados, quer tivesse efeitos fora desse campo, só poderia exercer-se com fundamento na lei. O primário e essencial é a norma legal. Assim, nunca haveria um *freies Ermessen*, mas este estaria difuso em todos os atos administrativos. Em conseqüência, é o próprio legislador que concede ao administrador a margem de livre apreciação, cujo sentido não pode ser controlado pelos tribunais, salvo quanto à forma, não quanto ao mérito do conteúdo. Segue que a observância da legalidade se torna mais formalista e assim mais flexível por via da interpretação. Destarte, a ética da legalidade à moda francesa cria a hipótese de que dentro da lei é *sempre* possível encontrar variações, assumindo que essas variações são, por definição, permitidas. Daí a idéia de que legalidade se aproxime de cumprimento formal do dispositivo e a aproximação entre *Sittlichkeit* e formalismo.

No século XX, porém, o advento do chamado Estado interventor (na vida econômica e na vida social) acabou por alterar a ética da administração. No lugar da ética da legalidade, tanto na versão prussiana como na versão francesa, entra uma ética econômica (*Wirtschaftsethik*) francamente dominada pelo utilitarismo: a administração como gestora do desenvolvimento social e econômico.

Não se trata mais da administração do Estado nas suas funções clássicas - Estado regulador, árbitro, gendarme - mas de uma administração chamada a desempenhar funções muito mais intrusas, como protetor e agente econômico direto, que controla como acionista principal ou único uma boa parte de importantes empresas do país.

Esta intervenção estatal se realiza por um emaranhado de regras que prevêem requisitos e condições para a obtenção de vantagens fiscais, concessões, financiamentos, proteções alfandegárias, e que estabelecem procedimentos para os funcionários, aos quais se atribuem competências ainda marcadas pela legalidade, mas carregadas de um forte componente discricionário.

O fundamento ético dessa administração intervencionista não é mais a *sittliche Gesetzmässigkeit*, no sentido de uma ética de convicção, mas a moral da conveniência e da adequação, no sentido de uma ética de resultados (*Zweckethik*). Isto é, a legalidade deixa de ser o núcleo ético da administração, tornando-se apenas um freio que direciona os procedimentos guiados pela exigência de bons resultados.

Em países em desenvolvimento, como o Brasil e outros países latino-americanos, o advento desse Estado intervencionista e da correspondente *Zweckethik* na administração veio marcado por algumas peculiaridades históricas.

A primeira e mais importante delas está em que nesses países uma ética da legalidade nunca chegou a fortalecer-se decisivamente. Não que neles não se conhecesse o princípio da legalidade. Este foi aceito e proclamado desde os primórdios do século XIX, à imitação mais forte da legalidade administrativa francesa. Contudo, a ética que continuava subjacente ao formalismo legal era muito mais de contornos absolutistas. Mesmo atuando formalmente com a lei, o administrador conservava nos seus atos as qualidades marcantes do paternalismo, da magnanimidade senhorial, do compadrismo, da amizade etc. Assim, aos olhos dos administrados, mesmo uma administração sob o império da lei aparecia muito mais como um pai, bastante imprevisível, irascível, mas influenciável e de coração brando, com cuja magnanimidade se podia contar apesar de tudo.

Ora, a ligação entre a ética administrativa absolutista com a ética da administração gestora da intervenção na economia e da promoção do desenvolvimento sem passar por uma ética da legalidade gerou uma situação muito peculiar. Com um enorme contingente de funcionários escolhidos para cargos de confiança por ato discricionário do supervisor, a administração admite entre os funcionários e seus padrinhos relações de companheirismo político, amizade pessoal, compadrio, relações estas decisivas para sua estabilidade. Assim, as decisões administrativas, mesmo no âmbito da legalidade à moda francesa, admitem certa flexibilidade, que coloca funcionários e cidadãos dentro de uma rede de favores recíprocos, de tal modo que o bom êxito numa operação proposta seja vista como um favor do funcionário, e não como resultante do mérito legal. Isto exige a construção, por parte das empresas, de verdadeiras redes de relações pessoais de confiança, que não são percebidas como violações à ética administrativa. Ao contrário, o comportamento estritamente legalista é visto como prejudicial ao bom êxito dos objetivos econômicos e, por conseguinte, como falta de solidariedade e compreensão.

Nesse quadro, os pagamentos por favores em quantias módicas não são percebidos como corrupção, mas como forma indireta de complemento salarial e, deste modo, *tolerados* eticamente. Só quando as quantias ultrapassam o módico, superando o usual e o costumeiro, é que surge a consciência da extorsão e a percepção de quebra da justiça distributiva.

Há que se observar, ademais, como um reforço social desta ética administrativa absolutista-intervencionista, que, nos últimos cinqüenta anos, a corrupção tolerada significou uma certa ascensão econômica para a classe média, desempenhando uma função econômica que cobria uma deficiência estrutural do sistema que não era de livre concorrência.

Ao lado desta corrupção endêmica, que cumpre uma função redistributiva e irregular em face da massa mobilizada no desenvolvimento econômico e que atinge funcionários de nível médio, responsáveis por pequenos contratos, permissões de construções, concessões e outros serviços administrativos rotineiros, e que é tolerada por uma ética administrativa paternalista e intervencionista, há também o caso de grandes fraudes na compra de bens e serviços *pelo* Estado e *do Estado*.

Neste caso, uma ética paternalista, em que as exigências formais da legalidade são frágeis, e que privilegia o prestígio pessoal, variável e instável, a notoriedade das pessoas que cometem tais atos de corrupção as sujeita ao rumor social e ao escândalo. Mas as correspondentes denúncias dependem muitas vezes da rentabilidade política para o denunciante, suas vantagens pela exposição na imprensa escrita e falada. Uma ética que valoriza as disputas pessoais e as rivalidades, o arrojo e a audácia em detrimento da segurança e da certeza, tende, no entanto, não a tolerar, mas a justificar tais corrupções como coisa dos senhores, assunto alheio aos súditos. Segue daí que, muitas vezes, tais fraudes, se denunciadas, têm punidos apenas os culpados menores, os bodes expiatórios, cujo castigo serve para apaziguar os escândalos (cf. La Corrupción al Servicio de un proyecto político económico, por Ruth Capriles Mendez, *in Perdono - Capriles Corrupción y Control*, Caracas 1991, p. 42).

Por fim, há de se perguntar se o processo de globalização da economia, se a forte tendência à privatização, se a retração do intervencionismo estatal não levarão os países subdesenvolvidos a uma alteração na sua ética administrativa. De qualquer modo, o fato de que a ética da legalidade tenha sido historicamente saltada sem ser assimilada pelo *ethos* administrativo desses países lança para o futuro uma interessante indagação sobre como serão formados os princípios éticos de sua administração quando a fase intervencionista tiver sido superada.

30
Os momentos político-jurídicos na busca da norma justa

Osvaldo Ferreira de Melo

Para Luis Alberto Warat, cuja obra inspirada e inspiradora vem iluminando os caminhos político-jurídicos que procuro trilhar, na difícil busca do novo.

"Os sociólogos distinguem a criatividade significativa, baseada numa gramática de produção governada por regras instituídas e a criatividade que muda as regras de uma gramática de produção significativa. Analogamente, a Política e o Direito que politizam se orientam para construir uma gramática política e jurídica que não existe."
Luis Alberto Warat. *Introdução Geral ao Direito.* Vol. II. Porto Alegre: Sergio Fabris Editor, p. 258.

1. Considerações preliminares

A prescrição de determinada conduta humana, com caráter bilateral atributivo, tutela estatal e adequada posição geométrica no sistema, apresenta-se, numa visão positivista, como a norma por excelência.

Quando a cultura jurídica de uma nação, como é o caso do Brasil, absorve a tradição do Direito escrito e codificado, as tarefas do político-jurídico[1] estarão voltadas imediatamente para a análise axiológica do Direito posto ou para a proposição de normas positivas.

Não importa seja ele, o político do Direito, advogado, parecerista, doutrinador, professor, procurador ou juiz, a norma será sua constante preocupação e objeto de trabalho.

No entanto, diferentemente do que ocorre com a Ciência do Direito, não é tarefa da Política Jurídica descrever a norma com suas implicações lógicas nem teorizar sobre o Direito vigente com preocupações de neutralidade axiológica, indiferente ao pulsar da vida em seu ambiente.

No campo da práxis, a Política Jurídica se interessa pela norma desde a sua forma embrionária no útero social. Os valores, fundamentos e conseqüências sociais da norma são suas principais preocupações. Para ela, dentro dessa dimensão prática e imediata, importante é alcançar a norma que responda tão bem quanto possível às necessidades gerais, garantindo o bem-estar social pelo justo, pelo verdadeiro e pelo útil, sem descurar da necessária segurança jurídica e sem pôr em risco o Estado de Direito.

Para conseguir a norma adequada a objetivos tão abrangentes e de ricas matizes humanistas, e ainda atender a estimulantes utopias que nos conduzam à busca de um futuro sem alienações, violências e preconceitos, em que predominem a ética e a justiça, a tarefa passa por várias etapas, os momentos seqüenciais de positivação, a que chamaremos os momentos jurídico-políticos na produção da norma.

Creio que se possam distinguir quatro momentos característicos: O primeiro deles significa a fase pré-normativa em que se ressalta uma investigação nas manifestações da consciência jurídica, como tentativa de detectar a ocorrência da adesão ou de repulsa social com referência a fatos e,

---

[1] Sem prejuízo de cuidar da dimensão mediata e utópica de sua disciplina, ou seja, "como processo produtor de subjetividade coletiva em permanente estado de mutação", conforme afirma Warat ao prefaciar nosso trabalho intitulado *Fundamentos de Política Jurídica*, Porto Alegre: Sergio Antonio Fabris, 1994.

se for o caso, às normas correspondentes. Também se verificará a existência ou não de representações jurídicas que possam orientar o Político do Direito. O segundo momento é o das convicções que se formam na mente do Político Jurídico, a partir das constatações havidas na fase anterior e devidamente testadas com a realidade, a racionalidade e os fundamentos éticos. O terceiro momento é o das proposições, o que acontece quando as convicções impulsionam o Político Jurídico à práxis. Interligado ao anterior. O quarto momento é o da cuidadosa arquitetura das normas propostas, para que a idéia, o conteúdo, a essência, não sejam prejudicados pela forma imperfeita.

No entanto, quando venha a configurar-se no sistema com força vinculante, quer tenha o caráter de *lex ferenda* ou de *sententia ferenda*, toda norma jurídica revelará sua história, pois jamais uma delas surge do nada, mas sempre de um interesse, de uma necessidade, de um anseio, de uma utopia ou de manifestação de conjuntura política. O Direito é fenômeno cultural, contingenciado pela experiência social e pelos juízos de valor. E por isso nada que se passa no mundo jurídico é sem história.

No plano empírico, a experiência jurídica nos revela que o direito positivo, se por um lado depende de critérios de conveniência e de oportunidade, por outro lado depende de uma conformação com exigências axiológicas, na perspectiva de algo sempre melhor.

Por isso cabe sempre discutir se a norma, mesmo com todas as características formais que lhe garantem vigência, vier a produzir situações injustas, pode ser ela considerada plenamente válida. Esse tema tem sido polêmico na história da Filosofia, e a resposta à questão acima formulada dependerá da posição ideológica de cada um.

Claro que o positivismo exacerbado dirá que validade e vigência se confundem e que uma norma positiva, formalmente válida, é perfeitamente válida. Outra posição, que perceba os valores como fundamento e legitimação,tenderá a considerar a norma positiva injusta como imperfeita, por faltar-lhe validade material.

Essa questão que, para a Filosofia do Direito é interessante no plano da especulação, para a Política Jurídica é crucial, quando se trate de escolhas, de juízos e de respostas concretas visando à correção de norma imperfeita, à criação da norma nova ou à exclusão de norma indesejável, por uma questão de legitimação.

Por isso se pode dizer que a ação do Político do Direito[2] na arquitetura do direito positivo é extraordinariamente complexa e delicada, pois deve ele fazer também considerações práticas quando estiverem em jogo questões de segurança jurídica e de justiça política, buscando resolver questões desse tipo com atilado senso teórico e prático, na busca do equilíbrio possível para o dissenso e o conflito.

Foi assim que, em decorrência dessas considerações e configurações, pudemos distinguir quatro fases (a que chamaremos momentos) na evolução da norma, desde sua tese embrionária até sua formulação lingüística, conforme veremos a seguir.

2. Primeiro Momento (a fase pré-normativa)

2.1. A consciência jurídica e o arbitramento axiológico dos dados normativos

Alf Ross, tratando desse tema, lembra que, embora os interesses, pela sua natureza, tenham origem em experiências individuais, nada impede que ocorram, nos gru-

---

[2] Em nossa obra *Fundamentos da Política Jurídica* conceituamos o político do Direito como "o advogado, o parecerista, o professor de Direito, o Juiz, o legislador, enfim todo aquele que, impregnado de humanismo jurídico e treinado na crítica social, apresente-se com a perspectiva das possibilidades, pondo sua sensibilidade e sua experiência a serviço da construção de um Dir̃ito que pareça mais jsuto, legítimo e útil. Será, finalmente, aquele que proponha a Ética e a Estética da convivência como fulcro do novo a ser construído". Op. cit. p. 100.

pos sociais, interesses comuns à consciência do grupo, o que significa "que cada um sente como se estivesse atuando em seu próprio nome e em seu próprio interesse, senão como órgão de um todo, de uma comunidade".[3]

Essa coparticipação de interesses sobre normas jurídicas revelaria a consciência jurídica da comunidade.

Em nosso ensaio *Fundamentos da Política Jurídica*[4], lembramos que as relações sociais exigem dos indivíduos o desenvolvimento de algumas funções psicológicas da consciência, ou sejam: a memória como função de integração; a atenção como função de assimilação e o juízo como função de atribuição de valor. Ora, as persuasões, a partir da infância, estabelecendo códigos morais, vão aumentando sua influência nas fases posteriores do desenvolvimento psicológico dos indivíduos, quando se manifesta a aprovação ou desaprovação de atos e fatos da convivência humana, desde que vejamos tal fenômeno não como algo vago e indemonstrável (como apresenta Savigny a sua *volksgeist*), mas como algo real, capaz de arbitrar os valores e antivalores das normas jurídicas. Nesses casos se está manifestando a consciência jurídica, quer individual, quer coletivamente (no caso de ocorrerem experiências e interesses comuns e solidários).

Não resta dúvida de que a experiência obtida com o desempenho dos papéis sociais e a receptividade dos discursos recebidos, forma, em cada um de nós, a consciência jurídica individual. Mas ocorre que toda comunidade retém memória social, numa série de experiências acumuladas, tradições culturais e alocações de valores. Esta é a consciência jurídica social, categoria que reputamos da mais alta importância nas tarefas da Política Jurídica com vistas às necessidades sociais.

Assim a Consciência Jurídica se apresenta não só como a tradição pré-normativa da sociedade, mas ainda como readequação de valores prevalentes em seu estrato político (o estrato da consciência, da experiência, da cidadania). O que desejamos enfatizar é que, embora o sentimento e a idéia do justo e do útil não se expressem por consenso, em face de conflitos de interesses e de atitudes ideológicas no interior dos grupos sociais, é possível verificar o que deseja a maioria das pessoas sobre questões de interesse comum e portanto já configuradas em representações jurídicas do imaginário social. Tal verificação se dá nas manifestações de opinião pública, conforme veremos.

2.2. Opinião e Opinião Pública

O conceito de opinião teve acidentado percurso na história do pensamento ocidental. Primeiramente, prosperaram significados ligados a crenças, o que não lhes daria suficiente garantia de validade. Dessa maneira de ver, Parmênides, Platão, Aristóteles e outros filósofos da antigüidade opunham o conceito de opinião ao de verdade.

Aos poucos, no entanto, à medida que as "verdades" e a natureza metafísica ou científica passaram a ser relativizadas pelos resultados dos avanços da pesquisa e pelo ceticismo epistemológico, foi-se tendendo a admitir a opinião como asserção ou conhecimento do possível, espécie do conhecimento sensível. Se, em face da dogmática política e religiosa, foi considerado aquele conceito como algo afeto a uma verdade revelada ou admitida pelo conhecimento de determinada época, o mesmo não se deu com a Ciência. John Dewey, em sua *Lógica*, escreve que, "se a opinião for fundamentada, será produto de investigação e portanto, um juízo".[5]

---
[3] *Sobre o Direito e a Justiça*.. Buenos Aires: Editorial Universitária,1974, p. 348.
[4] Op. cit., p. 126.
[5] Dewey, John, *Lógica*, Capítulo VII.

Antes já o Iluminismo ampliara o significado de opinião, introduzindo-lhe um elemento político (público) como sendo o juízo exteriorizado pelo povo, sendo que este, na verdade, deve entender-se como a burguesia informada e politicamente ativa.

John Locke, em seu "Ensaio Acerca do Entendimento", dedica o capítulo XIV do livro IV a aspectos metodológicos do que seja entendimento e opinião. Segundo ele, o julgamento (que pressuporia a opinião) seria a operação mental capaz de suprir conhecimento.

Finalmente Kant, que, embora tratasse a categoria opinião (publicidade), dentro da tradição filosófica, como algo oposto à verdade, escreveu que somente a razão pública levaria a política "a dobrar os joelhos diante da moral".

J.J. Rousseau dedica parte de seu *Contrato Social* a uma interessante *Teoria da Opinião Pública*, a qual entende como "uma espécie de lei gravada no coração dos homens"[6], e que estaria sempre expressando juízos morais.

Mesmo após as depreciações do conceito de opinião pública, por vários pensadores do século XIX, os sociólogos jamais deixaram de ver naquele fenômeno uma importante forma de controle social ou seja, um elemento considerável da interação social.

De qualquer forma, quer considerada como verdade geral, ou como termo de controvérsias, é fenômeno que só pode ser considerado num Estado democrático e pluralista.

O sujeito da opinião pública é o povo, ou seja, a parte politizada do povo que esteja atenta ao que se passa no complexo universo das interações políticas e portanto capaz de emitir juízos de valor sobre as questões públicas, sendo o seu objeto, portanto, a coisa pública.

A opinião pública, por ser fenômeno cultural, tem um caráter relativo, pois muda conforme as circunstâncias que assim o determinam. Ao expressar juízos de valor que nascem na Consciência Jurídica, ela é a voz da sociedade ou de parte dela, a parte politizada onde se desenvolve a consciência da cidadania. Mas embora esteja no campo da doxa, e não da episteme porque é mais julgamento que puro conhecimento, não significa isso que se expresse, ingenuamente. É em geral produto da informação e, mais que isso, da experiência.

Para que a opinião pública se torne construtiva, exige alguns requisitos do ambiente em que se desenvolve, como liberdade de expressão, publicidade dos atos do Governo, do Parlamento e do Judiciário e condição de formação e expressão da cidadania.

Paulo Bonavides, que vê nesse fenômeno "a mais eficaz forma de presença indireta do corpo social na formação da vontade política"[7], é sensível às restrições dos cientistas políticos contemporâneos que vêm o enfraquecimento da opinião pública, em decorrência de alguns fatores característicos deste fim de século, sendo os de maior relevância o surgimento da chamada sociedade de massas, a tecnologia da propaganda e a manipulação dos valores individuais.

Segundo vários autores estudados por Bonavides e por ele citados, a Opinião Pública estaria deixando de ser espontânea e livre para tornar-se artificial e irracional, em decorrência dessa manipulação crescente dos indivíduos pelo Estado e pela mídia, ambos imbricados por interesses comuns.

Embora essas observações de teóricos contemporâneos contenham muitas verdades, é importante considerar que, como voz da Consciência Jurídica, a Opinião Pública não perdeu sua utilidade e sua importância. Ela se faz ouvir sempre que esteja em jogo o arbitramento do justo e do injusto, E, conforme se comprova neste estudo, ela é

---

[6] Rousseau, Jean-Jacques. *Contrato Social*. Livro IV, cap. VII.
[7] Bonavides, Paulo. *Ciência Política*, Forense, Rio de Janeiro, 3a. ed., p. 566.

fundamental para compreendermos as reações sociais perante as normas jurídicas, dando-nos até a medida de comportamentos aparentemente obscuros, como o caso de reiterada e consciente obediência ou desobediência a determinados comandos normativos.

Na consciência jurídica social se formam as representações jurídicas referentes às normas que devam existir e como as normas devam ser. Mas é a Opinião Pública que revela para o Estado a fotografia dessas representações sem as quais o Direito ficaria cristalizado, anacrônico e mesmo desfuncionalizado.

2.3. As representações da norma desejável

A formação, no imaginário social, de uma representação jurídica, é o primeiro fato a ser considerado. Tudo começa a acontecer quando se dá o arbitramento axiológico de uma relação de convivência capaz de gerar uma convicção jurídica. Tal incidência pode corresponder ou não a uma norma vigente. Se se concretizar uma situação nova, portanto fora de experiência anterior do grupo social e assim ainda não normada, nasce um representação jurídica de nova norma. Se se tratar de juízo sobre norma existente, podem ocorrer duas situações: uma, de ordem prática, quando se trata da norma cuja eficácia se revela insuficiente ou mesmo esgotada; outra quando os juízos de valor apontarem a presença de norma injusta ou socialmente desvantajosa (inútil).

Em ambos os casos ocorrerá a representação da correção necessária que pode até apontar para a exclusão, do sistema normativo, da norma julgada indesejável ou inadequada.

Por representação pode entender-se uma manifestação cognitiva, um processo mental que, embora independa de similitude a algo existente, pode expressar o sentimento ou mesmo a idéia de algo desejado. Segundo tal entendimento, o conceito de representação se aproxima mais do de "percepção" que do de "imagem", pois é também um processo que determina preferências quanto ao que se percebe, como expectativas construídas sobre probabilidades e não sobre certezas

Uma representação se forma na consciência como resultado de um somatório de experiências relacionadas a conhecimentos e a juízos de valor, entendidos estes como faculdade de avaliação e escolha que podem levar a uma proposição ou a uma decisão.

Os juízos de valor podem até confundir-se com o desejável ou, como percebeu Dewey, ensejando uma esfera normativa.

Se entendermos a consciência moral, da qual a consciência jurídica é espécie, como um processo adaptativo do homem a seu universo cultural, poderemos estudar esse fenômeno, numa percepção antropológica, não só como tradição pré-normativa, mas também como repositório de valores subjacentes no estrato político da sociedade num processo evolutivo e adaptativo permanente. Assim, a consciência jurídica teria a ver com o senso comum valorativo do indivíduo ou da sociedade, no que se refere à capacidade de decidir sobre o justo ou o injusto, o que seja útil ou inútil, com incidência sobre as normas de conduta. Tal entendimento pode nos dar a dimensão das representações jurídicas na projeção da norma que deva ser e como deva ser.

As representações jurídicas foram objeto de especial interesse de Miguel Reale que delas trata em várias de suas obras.

Entende aquele autor que, segundo o jogo das circunstâncias, surgem na sociedade "certas exigências particulares de justiça ainda não concretizadas plenamente em regras de Direito, mas que já se apresentam dotadas de uma incipiente normatividade. São verdadeiros esboços de Direito Positivo, designados expressivamente, como representações jurídicas".[8]

---
[8] Reale, Miguel. *Teoria do Direito e do Estado*. São Paulo: Martins, 3a. ed., p. 88.

No cuidadoso estudo que faz aquele autor, no capítulo IV da sua *Teoria do Direito e do Estado*, podemos extrair algumas das principais características das representações jurídicas que, a meu ver, podem ser assim resumidas:

1 - O grau de validade dessas representações seria proporcional aos valores que exprimem. Maior, portanto, será a validade quanto mais se ordenem segundo o valor do justo.

2 - São, via de regra, elementos materiais do ato legislativo.

3 - Refletem atitudes de aprovação ou desaprovação pelos componentes de um grupo diante de fatos da vida coletiva.

4 - São dados da experiência jurídica, ainda não consubstanciados em juízos normativos.

5 - Não se confundem com aspiração a um direito ideal, por serem dados culturais. Assim não significam necessariamente a criação de um "direito melhor", mas o direito que "se quer naquele momento e naquelas circunstâncias".[9]

3. Segundo Momento (a fase da convicção)

Embora vejamos nas tarefas do Político do Direito algo mais complexo que o simples desempenho de um técnico que "se limite a pôr seu conhecimento e habilidade à disposição daqueles que tenham as rédeas do poder político"[10], não nos deixamos imbuir dos laivos de romantismo dos que nele vêem um ser iluminado capaz de resolver, num passe de mágica, as velhas antinomias do Direito.

Desde que o jurista assuma responsabilidades na construção de um direito melhor e mais adequado a responder às necessidades sociais, ele desempenha papéis de Política Jurídica, que podem ir de um simples aconselhamento até a responsabilidade por um projeto de reforma constitucional ou por uma sentença inovadora. Mas também é preciso considerar que raramente se oferecem oportunidades de soluções rápidas e convincentes. No mais das vezes trata-se de um trabalho lento de convencimento e persuasão após um também lento e penoso processo de convicção pessoal, a partir de julgamentos de valor e de considerações práticas. Por isso ensina Alf Ross[11] que "a tarefa da política jurídica, nesses campos, consiste em lograr um suave ajuste do Direito às condições técnicas e ideologicamente modificadas, servindo a consciência jurídica de estrela polar".

O aconselhamento para a decisão terá de partir de uma convicção. Esta se configurará, para alguém que se valha de seu senso crítico, após alguns requisitos serem garantidos[12]. Para um político do direito isso poderá ser representado pelo saldo das considerações práticas e pelo conhecimento da realidade. Significa isso dizer que o conhecimento das tendências sociais é absolutamente imprescindível se se quiser propor uma legislação que corresponda às novas realidades em vez de aceitar que ela já nasça envelhecida.

O estudo das tendências é empírico e racional, não se confundindo jamais com previsões ou com doutrinas que pretendam garantir o destino. Não há fatalismo nos atos e decisões humanas, mas sim um devir a ser construído pelo homem, através de sua capacidade de escolha. Ainda é Alf Ross quem nos ensina: o estudo das tendências é relativo e empírico, enquanto a filosofia do destino é absoluta e metafísica. O estudo das tendências, diz aquele autor, "ilumina o legislador acerca das condições

---

[9] Idem, idem. pp. 90 e ss.
[10] Ross, Alf. op. cit. p. 364.
[11] Idem, idem. p. 364.
[12] Entendemos o conceito de convicção, na formulação que nos dá Kant em sua *Crítica à Razão Pura - Cânon da Razão Pura*, secção III, como a crença objetivamente fundamentada.

em que deve atuar, define sua tarefa e estabelece certos limites à política possível".

O desenvolvimento das ciências sociais está permitindo excelentes estudos preditórios sobre o futuro próximo, com base em tendências históricas que são devidamente analisadas e projetadas com o necessário rigor científico. Evidentemente tais projeções servem para nos advertir sobre o que provavelmente acontecerá se não houver intervenção humana para modificar o rumo das tendências[13].

Dalmo de Abreu Dallari, considerando o tema das predições tão importante para o Direito, escreveu: "é precisamente o acerto das predições que, via de regra, assegura a geral obediência às normas jurídicas sem a necessidade de qualquer medida coercitiva".[14]

Assim, examinada(s) a(s) representação(ões) jurídica(s) detectada(s) nas manifestações de opinião pública e conhecidas as tendências cientificamente projetadas, será possível fazer a investigação final que pode levar a uma convicção. Só então poderá o Político do Direito passar às proposições propriamente ditas.

4. Terceiro Momento (a fase das proposições)

Como já vimos, uma proposição de Política Jurídica, no campo da positivação do Direito, pode recomendar:
- a manutenção da norma vigente, sem alterações;
- a manutenção da norma vigente, se devidamente corrigida;
- a exclusão da norma do sistema jurídico;
- a criação de norma para disciplinar novo direito.

Dar-se-á o primeiro caso quando uma norma que foi sujeita à crítica e à manifestação de desagrado por parte de segmentos sociais, submetida a uma análise de suas conseqüências (já ocorridas e as predizíveis), e a considerações práticas de natureza político-jurídica, ainda se tenha mostrado útil e justa, portanto eticamente legítima.

Muitas vezes a reprovação de uma norma (ou de um conjunto sistêmico de normas) se manifesta em determinados grupos sociais por contrariar interesses muito particulares. Numa análise de casos desse tipo, pode-se concluir que ela esteja disciplinando de forma adequada e sem resvalos de natureza ética, uma relação jurídica. Tal norma pode ser antipática a interesses particulares feridos ou ameaçados, mas pode interessar à sociedade como um todo.

Dentro dos marcos teóricos que fixamos para embasar o juízo do Político do Direito, sendo a norma considerada útil e justa e não conflitante com os conhecimentos científicos relativos ao assunto de que trata (identificação com a realidade), não carece, naquele momento, de qualquer correção. Trata-se apenas de fazer prevalecer sobre interesses individuais ou de grupos o interesse geral.

No segundo caso, fazemos alusão a normas que, embora sejam julgadas inadequadas pela opinião geral, por não atenderem ao bem comum, parecem disciplinar, com relativa eficácia e adequação, específicos conflitos de interesses e serem capazes, se devidamente corrigidas, de se caracterizar como materialmente válidas. A correção será a conclusão lógica da respectiva proposição. Com relação a esse aspecto, deve ficar claro que apenas estamos formulando hipóteses sobre normas formalmente válidas, das quais não se possa argüir ilegitimidade do comando, inconstitucionalidade, assimetria no sistema, ou outra situação que ponha em risco sua vigência. É bom

---

[13] Em meu *Dicionário de Direito Político*. Rio: Forense, 1987, defini a predição como "exercício apoiado na projeção de tendências detectadas e examinadas metodicamente, com vistas a prognosticar acontecimentos. Utiliza-se esse método...porque, ao predizer possíveis resultados de ações alternativas, pode-se incluir a escolha de objetivos a perseguir e tomar decisões que corrijam o resumo de tendências julgadas indesejáveis.

[14] Dallari, Dalmo de Abreu. *O Futuro do Estado*. São Paulo: Ed. do autor, 1972. p. 23.

lembrar que a correção de normas com problemas de validade formal, se opera no interior da Dogmática Jurídica pela aplicação das regras e conceitos próprios que esta produz.

No terceiro caso de nossa hipótese de trabalho, se forem percorridas todas as fases mencionadas no momento prenormativo da produção jurídica, firma-se, no Político do Direito, a convicção de tratar-se de norma destituída de validade material ou flagrantemente em desacordo com os conhecimentos científicos pertinentes - é então o caso de propor a sua retirada do sistema.

Como se vê, para a Política Jurídica, não é apenas a não-observância da norma que recomenda a sua exclusão do direito vivo, mas também a sua incapacidade de responder aos anseios sociais por falta de fundamentação ética (injustiça, no caso), por inutilidade social ou por inadequação com a verdade.

Mas ainda restam os casos em que inexistem normas para disciplinar novos direitos e novas formas de convivência, fato que obriga o juiz a decidir, invocando princípios gerais de direito, segundo a sua interpretação pessoal, o que nem sempre oferece a necessária segurança jurídica.

Entendemos que a mais desafiante das tarefas do Político do Direito no que concerne à produção normativa seja aquela em que, identificando um novo direito, verifica ele a necessidade de normatizá-lo, ou seja, tem a convicção de que é importante incluí-lo no sistema dogmático para garantir sua exibilidade.

O que se costuma chamar novos direitos é um dado complexo que exige investigação ampla com o auxílio das disciplinas coimplicadas, como a Economia, a Biologia, a Sociologia, etc. São geralmente direitos que vão surgindo em razão da crescente complexidade das novas relações econômicas, de melhor percepção do universo cultural, dos avanços científicos e dos impactos tecnológicos deles decorrentes.

Nesses casos em que o objetivo é disciplinar novos direitos, a tarefa político-jurídica se torna mais complexa, porque as representações formadas a partir de normas existentes não existem, e as que se formam como desejo de normar assuntos fora da experiência social são, via de regra, nebulosas, confundindo-se com meros ideais ainda difusos.

As considerações teóricas e práticas do jurista político têm então que levar em conta, mais que em outros casos, a opinião dos expertos nas respectivas áreas. Só depois se farão as considerações pertinentes à fundamentação ética, capazes de legitimar as proposições.

No que concerne aos fundamentos oferecidos pela pesquisa científica e referentes aos fatos em estudo, parece recomendável que o político jurídico tenha em mente que nem sempre a ciência trabalha com certezas, o que significa nem sempre oferecer elementos para decisões em caráter definitivo.

O que, em determinado momento, é pesquisado na área acadêmica, pode tratar-se apenas de uma hipótese sendo testada ou apenas uma opinião que disputa com outras opiniões um conhecimento final. De qualquer forma, para dar suporte a uma proposição do que deva ser e de como deva ser a norma, jamais poderemos dispensar a busca da racionalidade científica, pois se as ciências nem sempre são positivas, elas, como salienta Höffe, "possuem uma espécie de direito racional de veto com base na multiplicidade de seus conhecimentos materiais e procedimentos metódicos...". Por isso, diz ainda aquele autor, "a deliberação político-científica somente pode ter bons resultados, quando os dois lados, ciência e política se aproximam reciprocamente sem uma se apoderar da outra".[15]

Finalmente, queremos referir-nos aos critérios axiológicos utilizados para o aconselhamento, para a proposição ou para a decisão. Em qualquer desses casos, levar-

---

[15] Höffe, Otfried. *Justiça Política*. op. cit. p. 389.

se-á em conta não só a fundamentação ético-política como também o chamado paradigma do cálculo de vantagens da tradição doutrinária do Utilitarismo[16]. A experiência jurídico-política nos ensina que justiça e utilidade social não são conceitos antitéticos. Se é verdade que, dependendo da natureza do assunto em estudo, o juspolítico tenha, em certos casos, que optar por um ou outro critério (do justo ou do útil), a verdade é que geralmente justiça e utilidade social são qualidades da norma perfeita, que apresenta validade material e eficácia jamais comprometida pelo dissenso ou pela desobediência reiterada.

5. Quarto Momento (a fase da estética funcional da normatização)

Quando a proposição de nova norma já esteja esboçada, chega o momento de dar-se-lhe a forma definitiva. Nesse passo, o Político do Direito vai buscar, na técnica legislativa, os preceitos mais adequados. Os especialistas nesse campo do formalismo jurídico apontam as qualidades do estilo legislativo, qual deva ser a estrutura da lei e como se devam compatibilizar suas partes constitutivas, desde o preâmbulo, passando pelo articulado até chegar ao fecho.

Alguns autores como François Geny[17], chegam mesmo a propugnar por qualidades literárias na redação das leis. Dentro dessa linha, Perez recomenda que a estética jurídica consista essencialmente em uma estética funcional, pois "uma estrutura de regras de Direito, ainda que seja bela, deve funcionar bem, se não se quer convertê-la em um dano efetivo".[18]

A busca das qualidades lingüísticas na redação das normas não pode, no entanto, significar a impregnação do estilo pessoal, a criatividade vocabular ou arroubos metafóricos a exemplo do que ocorre na prosa literária ou na poesia.

Como nos ensina Antônio Hohaiss, vários problemas de comunicação decorrem do "esquecimento de que uma língua é uma norma, um contrato social entre o falante e o escrevente - e o ouvinte e legente, únicos e múltiplos, que não pertence particularmente a ninguém, mas à coletividade que nela se exprime".[19]

O Político-jurídico há de ter em conta que todo o esforço empreendido para alcançar a norma mais útil e mais justa, pode ser colocado em risco se, ao vestir a idéia, o abrigo lhe for inadequado. Mas, acima de tudo, ele cuidará para que o estilo e a estética não resvalem para o pedantismo, a obscuridade e a imprecisão.

Numa fase histórica em que se define a Democracia como o lugar político da plena cidadania, muito bom será que todo o cidadão medianamente educado possa ler e entender as leis que lhe digam respeito. Essa observação é também válida para as decisões judiciais, cujas normas concretas, assegurando ou negando pretensões, devem ser entendidas pelas partes interessadas. Tal postura deveria fazer parte das reflexões hoje tão em voga sobre a deontologia judiciária e suas relações com a ética geral e com os valores democráticos.

6. Critérios para o arbitramento axiológico da norma

6.1. Considerações preliminares

Em textos anteriores, já manifestei minha convicção de que é possível trabalhar com critérios racionais e objetivos para ar-

---

[16] Sobre a posição do Autor quanto ao Utilitarismo, veja-se a obra *Fundamentos de Política Jurídica*, que trata dos aspectos doutrinários desse tema.
[17] Veja-se do autor: *La technique legislative dans la codification civile moderne*.
[18] Perez, Paschoal Marin. *La Política del Derecho*. Barcelona: Bosch, 1963. p. 102.
[19] Hohaiss, Antônio. *Sugestões para uma Política da Língua*. MEL/INZ, 1960.

bitrar a norma segundo os valores que lhe dão legitimidade ética e a necessária validade material. Entendo assim que cabe à Política do Direito, livre de comprometimentos com quaisquer concepções de natureza metafísica, examinar a justiça como categoria cultural, ou seja, como um valor que a consciência jurídica social atribuiu à norma posta (ou à norma proposta), na direção do entendimento e do sentimento de que um valor designa o grau de aptidão de um objeto com vistas a satisfazer necessidades e interesses eticamente legítimos.

A pesquisa que descrevo no já mencionado texto "Fundamentos de Política Jurídica" revelou quatro concepções de justiça que, em termos muito gerais, poderemos assim resumir: A norma será considerada injusta por manifestação da consciência jurídica social, sempre que ocorram, isolada ou concomitantemente, as seguintes circunstâncias: a) impedimento às aspirações de compartilhamento e co-participação que são decorrentes dos ideais de liberdade e igualdade; b) inadequação na desejada simetria entre reivindicações sociais e respostas normativas de *lex ferenda* ou de *sententia ferenda*; c) dessintonia entre a verdade (conhecimento empírico da realidade) e os mandamentos ou impedimentos ocasionados por disposições normativas; d) conflito entre norma jurídica e norma moral, o que provoca forte sentimento de ilegitimidade ética; e) flagrante inutilidade de disposições legais que venha gerar perturbações em práticas sociais consagradas.

A presente pesquisa confirma essas situações através do estudo de alguns casos que apresentaremos como exemplificação. Através deles poderemos observar que o sentimento sobre justiça ou injustiça das disposições normativas é um fato que decorre de situações vivenciadas no cotidiano, e não, como muitos alegam, decorrentes de uma inadequação entre a norma vigente e um pressuposto direito natural.

6.2. Sobre o direito de exigibilidade

6.2.1. O princípio da exigibilidade.

É uma natural decorrência do caráter bilateral-atributivo[20] das relações jurídicas o chamado direito de exigibilidade, umas das garantias individuais mais solenes, a única que não precisa ser declarada expressamente numa constituição, porque é a razão da existência da própria norma jurídica, nela está subtentendida e dela é a principal característica distintiva.

Sabemos que são inerentes às normas jurídicas alguns elementos que as distinguem de normas de outra natureza. Assim releva considerar que:

a) a norma jurídica é uma prescrição como sentido de ato de vontade de órgão competente;

b) é bilateral-atributiva, pois se refere à interação de pelo menos dois sujeitos vinculados numa relação jurídica da qual decorrem direitos e deveres;

c) para garantir que a conduta prescrita seja efetivamente devida, a norma jurídica estatui uma sanção (pena ou execução civil) a ser aplicada coercitivamente contra o sujeito de direito cuja conduta violar a prescrição;

d) atribui àquele que for prejudicado pela violação da norma o direito de reclamar do Estado o exercício da força (coerção) para que a ele seja garantido o direito pretendido (exigibilidade).

Pode-se pois dizer que uma norma efetivamente existe (vigência) se, quando não cumprida, for aplicada, e nesse jogo pretensão X prestação aquele que tiver a expectativa da realização de um direito puder exigir essa garantia. A sanção prescrita terá de ser garantida pelo aparelho judiciário do Estado. Por isso diz Reale que "o direito é coercível porque é exigível e é exigível porque é bilateral-atributivo."

Isto, na prática, significa que existe a faculdade de ação judicial sempre que o di-

---

[20] "Podemos dizer que bilateralidade-atibutiva é uma relação objetiva que, ligando entre si dois ou mais seres, lhes confere e garante, de maneira recíproca ou não, pretensões ou competências". REALE, Miguel. *Filosofia do Direito*, Saraiva, 1983, p. 692.

reito subjetivo for ferido por ação ou omissão ilícita ou mesmo quando houver ameaça de ilicitude. E o chamado direito adjetivo ou formal (processo) seria o caminho, o instrumento da viabilização dessa pretensão.

Decorre, assim, do que estamos a ver, que se releva uma nota essencial para que se realize a bilateralidade atributiva, que é a garantia para o sujeito ativo de que o seu direito de exigibilidade terá conseqüência. Teoricamente, conforme já vimos, cabe-lhe exigir a forma competente da aplicação coercitiva da sanção. Mas essa garantia, como toda e qualquer garantia, tem que estar apoiada em elementos devidamente aptos para conduzir à certeza. É o que se espera do processo judicial, entendido este como um sistema de preceitos normativos destinados a dar vida e movimento à ação, e sirvam de meios adequados para conduzir o feito até a concretização do direito pretendido.

6.2.2. O princípio da segurança jurídica.

Ora, sabemos que, na prática judiciária, as coisas são bem diferentes do que nos aponta a esperada racionalidade da dogmática jurídica. Por um lado, a coercibilidade pressupõe a interveniência de terceiros que estão fora da relação jurídica primária (bilateral-atributiva), como o sistema policial, e os atores judiciários. Além disso, todo o rodar dessa engrenagem só entendida pelos iniciados é coberta e recoberta pelos ritos formalíssimos do processo (procedimentos), incidentes que se enovelam, muitas vezes, em um ambiente kafkiano. Por outro lado, a complexidade dessa engrenagem, que deve teoricamente garantir o direito de exibilidade, é tal que, em várias circunstâncias, em vez de garantir, esfumaça a pretensão legítima.

Garantia exige responsabilidade de quem a oferece. Mas, pode-se perguntar: há esse tipo de responsabilidade por parte do Estado, ou seja, dos aparelhos próprios destinados ao exercício das garantias? No Estado Moderno costumava-se priorizar, retoricamente, como um dos fins do Direito, a segurança jurídica, mas essa é moeda de duas faces. Numa está gravada a preocupação com os fins políticos, que Bobbio chama a Política do Poder: a preocupação nítida do Estado com a paz social, pois, no alcance desse objetivo, reside a própria estabilidade dos govenos, cujos objetivos, então, se confundem com os do próprio Estado. Sob tais pressupostos, se os interesses do poder estiverem protegidos, terá êxito o modelo. Predominam então os fins políticos do Estado e não os fins do Direito, os quais não são necessariamente coincidentes.

O outro lado da moeda estampa a necessidade de os indivíduos contarem com a certeza de que seus direitos "garantidos" pela ordem jurídica sejam efetivos. E isso é muito mais complicado do que os acenos de "segurança" que nos faz a dogmática jurídica através de uma de suas áreas mais conservadoras: a processualística.

Quando se trata de segurança jurídica individual, não basta que a lei hipotética e abstratamente garanta esse direito só porque estabeleça a hipótese de sanções. É preciso que os instrumentos coercitivos do Estado sejam suficientemente eficazes para que a norma substantiva seja aplicada. Mas, como já nos referimos, o próprio processo com suas armadilhas procedimentais, verdadeiras areias movediças no que concerne a prazos, exceções, prescrições, uma paradoxal "finalística das preliminares"[21], pode fazer com que o exercício da exigibilidade se torne uma terrível frustração para o sujeito de direito.

6.2.3. Os óbices de natureza legislativa e judiciária.

Nos meus muitos anos de magistério em cursos de Direito, tenho ouvido constante-

---

[21] "No direito processual, argumento que, sem referir-se diretamente ao mérito da causa, objetiva apontar vícios processuais ou fatos impeditivos do regular andamento da ação, de modo a favorecer o réu, *ensejando a não apreciação do mérito pelo juiz*." (grifos nossos). Acquaviva, Marcos Claudio. *Dicionário Jurídico Brasileiro*, Jurídica Brasileira, São Paulo, 1995.

mente dos estudantes a expressão de algumas de suas perplexidades a respeito de tudo isso. Essas inquietações com referência às inadequações entre a Teoria Jurídica, especialmente a Política Jurídica, e a prática forense, poderiam, segundo penso, resumir-se assim: seriam óbices à consecução do princípio da justiça:
- a falta de clareza do texto legal (textos que guardam silêncios ou são equívocos),
- a crescente primazia do direito adjetivo em face do direito substantivo, nos resultados da lide,
- ausência de regulamentação quando exigível ou regulamentação contrafactante (restritiva ou expansiva),
- conflitos normativos.

Na esfera jurisdicional:
- falhas funcionais dos serventuários,
- os acidentes processuais (questões ligadas a prazos, prescrições e outras),
- a força definitiva do caso julgado, mesmo quando a decisão seja injusta ou em desarmonia com outros fins do direito, ou mesmo com normas do direito processual,
- decisões prolatadas no curso de processo (preparos, honorários, etc.),
- tendência de resolver as lides já preliminares, com ênfase ao direito adjetivo,
- a cultura da chicanice, ou seja, das práticas ardilosas, eivadas de sutilezas capiciosas ou interposições de má-fé muitas vezes realizadas em conluio com atores da prática judiciária.

Quanto aos aspectos puramente normativos, é importante considerar que o legilador, no Estado contemporâneo de características democráticas, não é o detentor de um poder irrestrito que o coloca na posição de estabelecer sua vontade através de mandamentos cujos sentidos sejam normas de conduta.

O legislador hoje está, como diz Alf Ross, "sob uma subordinação relativa frente a forças sociais que limitam seu poder soberano. O legislador não é como um Deus cuja palavra cria um mundo do nada ..." A fonte de seu poder consiste na ideologia ou mitos políticos que lhe conferem autoridade jurídica".[22]

Ora, todas as disfunções normativas oriundas de um ato de vontade do legislador, por erro de estratégia político-jurídica, ou por simples omissão, têm que merecer reações das forças sociais que dão vida política à sociedade e caracterizam o dinâmico exercício da cidadania.

As forças sociais, partindo dos valores predominantes, dos indicadores econômicos e das relações de poder, vão ajudar a compor a consciência jurídica da sociedade. E quando esta se manifesta, as mudanças são possíveis e se operam não só nos conhecimentos, mas nas atitudes dos homens. Se é verdade que a consciência jurídica da sociedade pode influenciar a tarefa do legislador, parece fundamental que ela se expressa com vigor, coerência e conseqüência. Afinal, queremos uma legislação capaz de garatir as pretensões jurídicas legítimas, ou essas antinomias e contradições interessam à rotina forense e por isso é bom deixar tudo como está?

Se os interesses da comunidade jurídica em mudanças de rumos legislativos não forem canalizados como legítimas pressões sobre o legislador, nada mudará. Continuaremos com as leis obscuras que são convites às regulamentações restritivas ou expansivas, aos conflitos normativos, às omissões quanto às leis complementares, às sentenças prolatadas, etc. etc.

No que concerne aos óbices decorrentes da esfera jurisdicional, muita coisa há para considerar.

Antonio Carlos de Araújo Cintra *et allii*, em sua obra *Teoria Geral do Processo*, conceituam o processo como "instrumento por meio do qual os órgãos jurisdicionais atuam para pacificar as pessoas conflitadas, eliminando os conflitos e fazendo cumprir o preceito jurídico pertinente a

---
[22] ROSS, Alf. *Sobre o Direito e a Justiça*. Editorial Universitário, Buenos Aires, Trad. de Genaro Carrió, 1974, p. 343.

cada caso que lhes é apresentado em busca da solução". É um bem-elaborado conceito de um direito processual idealizado, mas que infelizmente nem sempre se aplica à prática forense.

Creio merecer uma reflexão especial a questão do conflito verificado no cotidiano das lutas forenses entre os objetivos do direito substantivo e os procedimentos formais, sempre que estes se constituam em óbices à realização da justiça.

Não se trata de constatar a consagrada autonomia do processo numa visão epistemológica como um conjunto indispensável de regras jurídicas capazes de interligarem os sujeitos processuais e de justificarem atos de procedimento com vistas a uma decisão justa a um conflito do tipo pretensão x prestação. Aliás sua etimologia é inspiradora a uma visão teleológica (*procedere* significa seguir, ir adiante). O brado de alerta é com a primazia que na prática forense tomam os atos procedimentais, formalismo de meios que podem tornar-se fins, os quais, quando isso acontece, ameaçam abortar o próprio direito de exigibilidade que motivou a ação e desta é razão de ser.

Sabem os advogados experientes que muito mais que o conhecimento do direito material ou substantivo será de utilidade para eles o conhecimento dos meandros processuais e suas possibilidades para decidir as lides já nas preliminares. Ao Estado que nos seus pressupostos pragmáticos só interessa a ordem, não importa que o direito contido na norma substantiva tenha sido resguardado ou não. Afinal os procedimentos se inscrevem em sua ordem jurídica e aparentemente tudo está conforme ao fim político de assegurar a paz social.

Entretanto, qualquer pesquisa realizada no seio da sociedade revela que o grau de insatisfação daqueles que viram abortadas suas legítimas pretensões é muito grande. E o sentimento de insegurança perante esse quadro é fomentador de revolta e de desobediência civil às leis e à autoridade.

Ora, historicamente, o direito processual nasceu como possibilidade de oferecer meios seguros e justos para o arbitramento externo dos conflitos, substituindo as práticas primitivas da autotutela e mesmo da autocomposição constrangida. Mas, porque as coisas não se passam da forma ideal, Gustavo Radbruch adverte: "a independência do direito adjetivo em frente ao direito substantivo, mesmo que o primeiro deixe de preencher a sua função para alcançar a realização do segundo, acha a sua mais vigorosa expressão na bem conhecida distinção dogmática entre a relação jurídica processual ou formal e a relação jurídica material, para cuja verificação *a primeira deve servir*"[23] (grifos nossos).

Mas como essa autonomia dos atos do processo, cada vez mais ostensiva, traz riscos constantes, o mencionado filósofo do direito demonstra sua preocupação nas seguintes palavras: "o direito processual tem por fim, como é sabido, auxiliar a realização do direito substantivo e contudo ele vale pelo que é; é obrigatório não só no caso de não auxiliar coisa alguma, como até mesmo no de prejudicar essa realização"[24].

E como isso acontece, estamos perante riscos de desequilíbrio entre o dever jurisdicional e o direito de exigibilidade, sem o que o sistema jurídico, como um todo, perde força e confiabilidade. Como ensina Aurélio Wander Bastos "esta imprescindível correlação de equilíbrio entre o dever jurídico e direito de exigir o cumprimento do dever jurídico é que viabiliza a ordem jurídica". O rompimento dessa correlação desestabiliza a ordem jurídica e provoca efeitos na convivência social"[25]

O Código Civil brasileiro assegura, em seu artigo 75, que "a todo direito corresponde *uma ação que o assegure* (grifos

---
[23] Radbruch, Gustavo. *Filosofia do Direito*, Armênio Amado Editor, Coimbra, 1979, p. 344.
[24] Idem, idem, p. 343.
[25] Bastos, Aurélio Wander: *Introdução à Teoria do Direito*, Rio, Editora Liber Juris, 1992, p. 91.

nossos). O que temos aí se não mera idealização?

Como impedir que tal dispositivo de nosso código fique letra morta, sempre que ocorrem as conhecidas disfunções das práticas judiciárias que impedem a consecução do processo numa sentença final e justa? E as conseqüências psicossociais que serão inevitáveis, corroendo esperanças, destruindo interesses legítimos e provocando desencantos com a ordem jurídica?

Aurélio Wander Bastos, reunindo sua experiência teórica com permanente vivência na prática da vida forense, com bastante realismo fala destas conseqüências indesejáveis, com as seguintes palavras: "Quando os recursos da ordem não são suficientes para resolver as contradições da desordem" e "não existem condições coercitivas de recuperação da ordem, os planos de enfrentamento político deslocam-se completamente da órbita judiciária. Os padrões de valores juridicamente definidos passam a ser violados e instaura-se a conturbação social".[26]

Evidentemente uma situação assim exacerbada não decorre da simples existência do direito adjetivo autônomo, mas sim de práticas e omissões contrafactantes. Porém não temos dúvida em supor que no fato de muitas vezes se transformar o processo de "meio" em "fim", resida o responsável maior pela turbação do direito de exigibilidade.

6.2.4. O papel da Política do Direito.

O Estado comete um grande equívoco quando se omite com o alcance da justiça na aplicação de uma norma, sobre o pressuposto de que o fim a ser por ele alcançado é apenas o da segurança política ou paz social, como se esta pudesse ser alcançada fora de um ambiente em que não predomine o sentimento do justo e do útil.

Sabemos que na ótica pragmática do poder político, conforme ensina Bobbio, "o fim mínimo da política é a ordem pública nas relações internas e a defesa da integridade internacional nas relações de um Estado com outro"[27]

Claro que essa é a posição corrente quando nos referimos à política como expressão do poder, ou seja, da política como manifestação do Estado. Porém, como expressão de desejo de alcançar a realização de um interesse, ou seja, como espaço reivindicatório, temos as diversas formas da "ação política". Assim, determinar como deva ser a educação resulta na política educacional. Para alcançar o direito que deva ser e como deve ser, temos a Política do Direito, segundo a conhecida lição de Hans Kelsen.

O caráter ideológico e axiológico próprio da Política do Direito exige que uma norma, além dos requisitos para sua validade formal, se conforme com os valores justiça e utilidade social, pois só assim poderá ostentar a sua validade material. Uma norma que não assegure esses valores não pode ser chamada jurídica e melhor será que não faça parte do sistema normativo. Da mesma forma o processo que não leve a uma decisão capaz de assegurar esses valores no seu desiderato, será politicamente ilegítimo, em que pese sua validade formal. Essa é posição inarredável da Política do Direito.

Partindo desse postulado, não se pode admitir que a exigibilidade que surge do direito subjetivo ferido por não-cumprimento de norma válida, possa sofrer restrições, bloqueios e frustrações, não importa em nome de que isso ocorra. Esse tipo de problema, quando detectado, deveria ser pelo político do direito, devidamente identificado quando à sua natureza e causa, analisado e corrigido, pois cabe à Política Jurídica "a problemática dos valores jurídicos que deles trata, no plano empírico e imediato".[28]

---
[26] Bastos, Aurélio Wander, op. cit. idem, idem.
[27] Bobbio, Norberto *et allii*. *Dicionário de Política*, Verbete Política.
[28] Reale, Miguel. *O Direito como Experiência*, Rio, Saraiva, 1968, pp. 58 e 59.

Por sua vez, Alf Ross nos lembra que "o Direito tem seu objetivo em si mesmo: aperfeiçoar a idéia de justiça a ele inerente, e que "a Política Jurídica é a doutrina que ensina como alcançar esse objetivo", pois ela "abarca todos os problemas práticos que origina o uso - para o alcance de objetivos sociais - da técnica do Direito em especial da legislação".[29]

Outrossim, se aprofundarmos essa questão do espaço reivindicatório da Política Jurídica no aperfeiçoamento, quanto a valores e fins, do Direito Positivo, vale invocar a lição do Luis Alberto Warat, que assim é apresentada: "Não se pode implementar a democracia com um Direito que juridifica a Política. A situação oposta é que permite a realização da sociedade democrática. A democracia se implementa através de uma prática política que possibilita ao Direito que outorgue aos centros produtores das significações jurídicas, a capacidade de criação permanente de novos hábitos e rotinas".[30]

Tendo esses ensinamentos como ponto de referência para nossas utopias, poderemos encarar as dificuldades apontadas neste texto, como passíveis de solução. Assim, investigando o problema e definida a correlação entre os fatos e as atitudes de valoração, poder-se-á propor a correção de rumos, tendo como balizamento os valores-fins do Direito. Da mesma forma, embora num rasgo de criatividade tardia, fossem consagrados no texto constitucional do nosso país, os juizados de pequenas causas, poderiam ser propostos outros instrumentos capazes de resolver alguns óbices procedimentais que põem os feitos em risco de morrer já nas preliminares. Mas as próprias leis que regulamentam o dispositivo constitucional que autoriza os juizados de pequenas causas (Art. 98, incisos I e II) ainda carecem de aperfeiçoamento, pois ao dispensarem a presença, no processo, de um dos atores do sistema jurisdicional, o advogado, cometem três erros básicos: atribuem indevidamente só ao advogado a causa das demoras e dos custos; mutilam o processo com a ausência de um dos seus componentes essenciais (o que realmente dá vida e dinâmica ao feito) e ainda frustram os direitos de uma classe, *ex vi* do Estatuto da Advocacia (e outras leis pertinentes). Bastaria a exigência de uma tabela especial de custas e de honorários para esses casos e de uma regulamentação segura para evitar o uso abusivo de procedimentos formais para que a presença obrigatória do advogado pudesse permanecer, dando maiores garantias ao direito de exigibilidade.

Tudo está a nos indicar que precisamos aperfeiçoar constantemente o nosso Direito, especialmente o processual, que deve ser o que sempre deveria ter sido: o grande instrumento da realização da justiça. Quando conseguirmos essa correção de rumos, estarão superadas as causas principais dos abismos que se situam entre as legítimas reivindicações da sociedade e direitos individuais, de um lado, e a prepotência da vontade do legislador (imbricada esta com os fins políticos do Estado ou mesmo de grupos e classes) e o poder majestático dos Tribunais, de outro lado.

Se a confiança dos cidadãos no Direito, no legislador e nos atores judiciários encontrar razões para se firmar, o próprio valor segurança, tão caro ao Estado, estará garantido em bases racionais e legitimado ideologicamente pela adesão da Sociedade.

6.3. Quando os privilégios legais provocam sentimentos de injustiça

O sentimento de que a norma seja injusta por criar desigualdades se revela acentuadamente quando esta vai gerar privilégios pessoais em detrimento do partilhamento social.

---

[29] Ross, Alf. *Sobre o Direito e a Justiça*. Editorial Universitária, Buenos Aires, 1963, pp. 317 e 318.
[30] Warat, Luis Alberto. *Introdução Geral ao Direito*. Sergio Antonio Fabris Editor, Porto Alegre, 1995, II volume, p. 259.

O assunto se prende preliminarmente ao conceito de desiguldades como conseqüência de desequilíbrios nas regras de distribuição.

A questão das regras de partilhamento às quais a tradição do pensamento filosófico atribui os valores eqüidade ou o antivalor iniqüidade, foi tratada por Aristóteles (princípio da igualdade numérica que recomenda partes iguais aos iguais); pelos utilitaristas clássicos (todos contam por um, ninguém por mais de um), pelos iluministas (a igualdade é direito fundamental do homem) até os filósofos contemporâneos com novas fórmulas mais sofisticadas.

A igualdade de oportunidades é apresentada hoje como postulado da democracia social. Entretanto, como as pessoas têm condições físicas e mentais muito diferenciadas, o nivelamento pretendido para igualar o ponto de partida não pode ser resolvido só pelas oportunidades econômicas e outras oferecidas pelo Estado.

Discute-se, por outro lado, o princípio da retribuição pelo qual deve ser oferecido a cada um segundo a sua capacidade. O conceito excluiria os privilégios de nascimento e herança, para criar o ambiente da meritocracia fundada no talento. É a tese defendida, entre outros, por Young em *L'avento della meritocracia*, Milano, 1962. Contra esse princípio, no entanto, levantam-se as vozes socialistas que nele vêm formas mascaradas de privilégios.

Outrossim, o princípio "a cada um segundo as suas necessidades" se apresenta abstrato e relativizado, pois não se poderia, com um mínimo de êxito identificar as variáveis que expressem os vários tipos de necessidades que forem além daquelas básicas e indiscutíveis como alimentação, vestuário, saúde e moradia. Quanto às necessidades espirituais (apetites culturais) do ser humano, no entanto, a imensa gama de reivindicações se torna, do ponto de vista do Estado, de satisfação impossível.

Somente, pois, pode-se encontrar consenso, no que se refere às normas de distribuição, nos casos de satisfação das necessidades fundamentais da vida. Assim transparece que o papel prioritário da Política Jurídica, nesse campo, seria propugnar por situações políticas de imediatas conseqüências jurídicas que permitam, paulatinamente a eliminação da miséria, da fome e da marginalidade.

Porém, numa sociedade que se dispõe a enfrentar essa luta, apresentam-se como elementos de resistência a essa busca de eqüidade, uma legislação atribuinte de privilégios pessoais que geram profundo sentimento de injustiça e mesmo de revolta.

A questão de conceituar privilégios como categoria unívoca é geradora de confusões, pois há aqueles que se referem ao exercício funcional ou profissional e aqueles que são apenas vantagens pessoais conferidas a uns, com exclusão de outros.

Privilégio, do latim *privilegium* (*privus* + *legem*) é um benefício desfrutado por alguém ou por um grupo e que não é partilhado socialmente. Há entretanto dois tipos de situações privilegiadas: uma delas, que mais acertadamente deveria sempre ser denominada *prerrogativa* (do latim *prae-rogativa*, benefício de ser abonado antes), é uma espécie do gênero privilégio, instituída por lei para garantir uma imunidade ou uma competência. Temos assim as prerrogativas dos juízes, dos advogados, dos parlamentares, etc.

Tais prerrogativas não são pessoais. Referem-se às funções exercidas pelos seus eventuais titulares e desaparecem com a perda da respectiva função. Em termos de aceitabilidade social desses privilégios, a situação é pacífica. Reina o entendimento de que os mesmos são necessários ao exercício das funções a que se referem, ou seja, que são eles a garantia do exercício profissional ou do cumprimento das obrigações funcionais.

Quando, porém, o privilégio, além de ferir princípios de eqüidade, não se refere à necessidade de garantir o exercício de funções específicas de interesse público, mas visa tão-somente o favorecimento pessoal ou de grupos, mesmo decorrente de lei, não tem ele qualquer aceitabilidade social. Pelo contrário, é procrastinado, repudiado e se constitui em elemento fomentador do sentimento do injusto e, por via de conseqüência, de revolta.

Ninguém reclama do privilégio do parlamentar a ter assegurado o livre exercício da palavra ou o monopólio da votação de um projeto de lei. Mas toda a sociedade contesta que, legislando em causa própria, aquele parlamentar amplie suas vantagens pessoais com relação a mordomias que nada têm a ver com os requisitos indispensáveis ao exercício de sua função pública, para a qual foi eleito.

A esses tipos de privilégio que fraudam os princípios de isonomia, de eqüidade e de harmonia nas regras de distribuição, para diferenciá-los das prerrogativas, deveremos chamá-los privilégios pessoais ou privilégios ilegítimos.

Tais privilégios são mais comuns e exorbitantes exatamente nas sociedades menos desenvolvidas, nas quais se formam estamentos dominantes com poder suficiente para excluir do partilhamento socioeconômico a maioria da população. Somente uma ação estratégica de desenvolvimento que alcance a meta do pleno exercício da cidadania poderá sanar tal tipo de desequilíbrio nas relações sociais.

É assim metapolítico-jurídica impedir que normas legais garantam tal tipo de iniqüidade em benefício da paz e da justiça social.

6.4. O sentimento de injustiça pelas disfunções do sistema penal ou pelos desvios éticos da execução penal

6.4.1. Nota Introdutória.

Quando, por volta de 1765, Cesare Beccaria publicou a sua revolucionária obra *Dei Delitti e delle Pene*, dentre muitas outras interessantes questões, introduziu, na incipiente ciência penal, a importância do questionamento sobre os valores justiça e validade no conteúdo da pena. Quando reconheceu, já no prefácio daquela obra, que cabe ao homem público determinar os limites do justo e do injusto, concebendo as relações do bem e do mal que uma ação possa trazer à sociedade, prescreveu, na teoria penal moderna, o papel do político do Direito.

Tal posição vai ficar enfatizada ao escrever que "só com boas leis" se pode impedir a tendência de "acumular na minoria os privilégios, o poder e a felicidade, para deixar à maioria miséria e debilidade"[31]

A observação inicial de tal característica da natureza humana levaria Beccaria à formulação de alguns princípios da justificação da pena.

Em primeiro lugar, observa que os homens, "cansados de uma liberdade que a incerteza de conservar a tornava inútil, sacrificaram parte dela para gozar do resto com maior segurança"; em segundo, que a soma de todas essas liberdades cedidas ao bem comum forma a soberania nacional; em terceiro, que aquele a quem se reservou a guarda do depósito das parcelas das liberdades cedidas pelo contrato social era o Governo; em quarto, que não bastava provar o depósito das liberdades cedidas no pacto social: seria necessário protegê-lo contra agressões e usurpações, pois o homem, "com seu natural egoísmo, tende a retirar do bolo comum sua porção da liberdade cedida e ainda ursurpar a dos outros."

Eis a teoria contratual da sociedade, reapresentada com certas cores do utilitarismo clássico. Para o genial jurista milanês, se o fundamento do Direito (e da obrigação) de punir está na responsabilidade da guarda dessa massa de liberdades individuais cedidas para o bem comum, a força seria o meio eficaz de comprimir esse espírito transgressor, desestimulando os eventuais interesses infringentes. Assim as penas que ultrapassarem a necessidade de "conservar

---

[31] Beccaria, Cesare. *Dei Delitti e della Pena*, Introdução, 1º.

esse depósito de salvação pública, são injustas por natureza[32].

Abria-se pois, em plena era do formalismo, a discussão sobre a justiça e a utilidade da pena, seus limites e sua validade. Beccaria deixaria claro que o fim da pena não é atormentar alguém, nem, pelo óbvio, desfazer um crime que já foi cometido e portanto a crueldade é inútil e não se atém ao fim último da pena que outro não é senão "impedir o culpado de continuar sendo nocivo à sociedade".[33] Também reconhece que é muito difícil estabelecer justa proporção entre os débitos e as penas correspondentes e, para que a pena seja justa, deve ter apenas "o grau de rigor suficiente para afastar os homens da senda do crime". Por pensar assim, Beccaria, no final de sua obra, adverte que, para não ser um ato de violência contra o cidadão, a pena deve ser pública, necessária, a menos cruel nas circunstâncias, proporcional ao delito determinado por lei[34].

Estavam configuradas as bases para o direito penal moderno, com sua forte inspiração liberal. Isso não significa, no entanto, que tenha havido pacificação na doutrina penal que, ao longo dos séculos XIX e XX, vem discutindo a eterna questão da justiça e utilidade da pena e dos procedimentos ligados à forma e duração do castigo e muito menos que tenham ocorrido, na prática, resultados mais humanistas ou mais eficazes.

6.4.2. A conduta *mala in se* e *mala prohibita*.

Historicamente se tem concebido a pena como sanção contra a conduta considerada má, perversa, ou anti-social e portanto proibida. Mas a conduta "má", bem o sabemos, é juízo que se forma a partir da experiência humana, produto cultural, portanto. O que é má conduta em uma cultura, ou mesmo num estamento social em determinado tempo, poderá não o ser em outras circunstâncias temporais e espaciais. A agressão à natureza é hoje considerada, na maioria dos Estados contemporâneos, como crime inafiançável, mas há poucas décadas não era sequer *mala prohibita*, o que explica a omissão das leis penais a respeito, até um passado recente. Por sua vez há exemplos inúmeros de condutas proibidas e sancionadas pelo direito positivo sobre as quais os juízos de valor da sociedade se dirigem no sentido de sua descriminalização, o que tem ensejado infindáveis discussões sobre questões como o adultério, a sedução, o aborto, os jogos de azar, a eutanásia, o uso de determinadas drogas, a pena de morte, e tantos outros.

Do ponto de vista do político do Direito, essas questões passam constantemente pelo crivo dos valores aceitos pela sociedade, valendo sempre a discussão sobre "pena justa e útil". Observa-se que a consciência jurídica coletiva manifesta seu sentimento de estar ocorrendo injustiça tanto em casos em que a repulsa social a uma conduta não é correspondida por uma sanção legal adequada, como também nos casos em que essa sanção exista para dados de convivência, quando determinada conduta humana não é onsiderada *mala in se*.

Kelsen, em sua *Teoria do Direito e do Estado*[35] procurou resolver esse impasse alertando que não interessa à teoria do direito a discussão sobre o juízo *mala in se* pois, diz o autor, a distinção entre *mala in se* e *mala prohibita* "não pode ser mantida, pois não pode ser comprovada cientificamente a pressuposição de que certos padrões de conduta humana sejam, por sua própria natureza, delitos". Decorre, no entanto, que os valores morais existentes na sociedade têm essa capacidade de deter-

---

[32] Idem, idem, 2°, da origem das penas e dos direitos de punir.
[33] Idem, idem, XV.
[34] Idem, idem, XLII.
[35] Kelsen, Hans. *Teoria do Direito e do Estado*, p. 55 em diante.

minação no campo da moral. O que vai sustentar que a conduta seja "má em si" é o código ético de determinada sociedade. Com base nesses elementos subjetivos, realmente torna-se muito difícil decidir o que significa conduta a ser sancionada pelo Direito. Há sempre a possibilidade de que questões ideológicas arraigadas na sociedade venham cristalizar, na consciência jurídica, velhas questões religiosas e outras que por certo irão influir no campo individual ou coletivo na hora de aprovar ou desaprovar determinadas condutas.

6.4.3. A evolução doutrinária: sobre o castigo.

A partir de David Hume, Bentham e Filangieri e posteriormente com a contribuição de outros pensadores como John Stuart Mill e Harri Sidgwick, que iriam construir, ao longo do tempo, a vigorosa escola utilitarista, procurou-se, doutrinariamente, a justificação para o castigo. Sabemos que as doutrinas ultilitaristas fazem repousar o direito não mais sob as questões de justiça, mas de ultilidade social. Buscava-se, então, sob essa nova ótica, quais seriam as conseqüências benéficas da pena. Era esse o marco fundamental. As premissas da culpabilidadede no Direito e na Moral eram questionadas sempre em razão do fim a ser buscado e da eficácia comprovada.

Bentham, em sua *Teoria da Legislação*, escreveu que "o útil é a propriedade com a tendência de prevenir um mal e de procurar um bem". Logo, parece lógica a conclusão ultilitarista de considerar válida uma pena se suas conseqüências visarem à prevenção de males à sociedade e portanto devendo-se adotá-la se for mais benéfica que a sua não-adoção.

Eduardo Rabossi lembra que parece haver uma insanável antinomia entre o postulado de Benthan (todo castigo é um mal em si mesmo) e o fato de existir um mal na ação delituosa.

A resposta, diz aquele autor, "é que se se quer oferecer uma justificação moral adequada ao castigo, não se deve mirar o passado e sim o futuro: o castigo só pode justificar-se naturalmente quando se tomam em conta conseqüências valiosas que sua aplicação pode chegar a produzir".[36]

O Retributivismo é a outra grande corrente que sempre buscou a justificação do castigo. Para esse corpo doutrinário do pensamento jurídico aplicado ao Direito Penal, o castigo seria " a erradicação de um mal físico por causa de um mal moral" e portanto a justa retribuição pelo mal ou ação culpável." [37]

Em decorrência, todo o castigo implicaria a retribuição necessária pela violação do Direito, desde que esta última tenha sido realizada de forma livre e culpável. Segundo ainda essa escola, a intimidação e a correção seriam os fins legítimos e desejáveis a serem alcançados pelo castigo.

O retributivismo não discute a utilidade ou não das penas: mas sim considera, *a priori*, que o castigo deve ser dado ao delinquente porque só assim se evitará que outros, por medo, se abstenham de ato delituoso.

Tais doutrinas, quer focalizem o tratamento generalizado (prevenção geral) ou o delinqüente em particular (prevenção especial), têm um aspecto positivo e um negativo. O primeiro é a tentativa de reeducação do criminoso para a vida social, e o segundo é o fatal encarceramento do criminoso, obrigando o Estado a um seqüestro legal do apenado, o que é sempre uma violência contra a pessoa.

A culpabilidade, de qualquer forma, é a condição necessária para o castigo, e este não necessita ser justificado por suas conseqüências conforme exigência doutrinária dos utilitaristas.

---

[36] Rabossi, Eduardo. *La justificacion moral del castigo, apud* Farrel, M.D. in *Utilitarismo, Ética Política*, Abeledo Perrot, Buenos Aires, 1983, p. 216.

[37] Brugger. *Dicionário de Filosofia*, Editora Herder, São Paulo, 1969, Tradução em língua portuguesa de Antonio Pinto de Carvalho.

Ambas as correntes que pretendem a justificação das penas apresentam, em confronto com a realidade, graves falhas e insuficiências que vêm sendo apontadas pelos estudiosos que se têm aprofundado nessa área da ciência jurídica.

Otfried Hoffe, referindo-se ao conhecido cálculo de vantagens do utilitarismo, observa que, "se olharmos para os temas da Política do Direito que desencadearam no último ou nos dois últimos decênios, grandes paixões, veremos que esse paradigma encurta perigosamente a estrutura para encontrar decisões públicas. Em discussão estavam e estão sempre a humanização do Direito Penal e do cumprimento da pena."[38]

Por sua vez, referindo-se à obsessão da corrente retributivista, com o encarceiramento, Mássimo Cavarini escreve que "a crise do modelo custodial, no que concerne ao setor das respostas sociais frente à desviação criminalizada, deve ser entendida como uma perda da centralidade do cárcere, nas políticas criminais."[39]

Há hoje uma inegável crise doutrinária quanto à justificação do que deva ser o castigo e como deva ser, sua oportunidade e fins. Não bastam as doutrinas de legitimação do poder pela legalidade. Discute-se até que ponto o poder de castigar se confunde com o direito de fazê-lo. As velhas teorias não parecem suficientes aos eficazes para resolver questões propostas pelo humanismo jurídico contemporâneo, nem para o enfrentamento da nova tipologia dos crimes que são chamados hediondos e inafiançáveis, como destruição da natureza, seqüestros, tráfico de drogas, terrorismo, extrema corrupção nas áreas governamentais e outros que envolvem até a ação de sinistras e complexas organizações paramilitares de caráter internacional.

Por sua vez, causam ainda maior comoção social as estatísticas sobre execução penal e principalmente sobre o perfil dos sentenciados que estão de fato cumprindo pena. Para exemplificar, no Brasil, segundo dados do Censo Penitenciário Nacional de 1994, realizado pelo Ministério da Justiça, havia 275.000 mandados de prisão expedidos e não cumpridos, enquanto a população carcerária era de 129.000. Por sua vez, 85% do total dos presos não tinham condições econômicas de contratar advogado; 95% deles eram originariamente pobres ou miseráveis e desses praticamente a totalidade não possuía 1º Grau de instrução; um terço dos condenados cumpria pena em estabelecimentos penais em situação precaríssima, ocorrendo um *deficit* de vagas de 70.000. Dos encarcerados 60% não tinham qualquer atividade laboral nos presídios. Tais dados estarrecedores nos dão conta ainda de que são ilícitos comuns, no sistema prisional, a alta corrupção (sabe-se que os mais ricos, como assaltantes de bancos e traficantes de drogas, têm fuga facilitada), maus-tratos, tortura, tráfico de drogas, etc. Não espanta pois que numa estrutura desse tipo tenham ocorrido no ano de 1994, dentro dos presídios brasileiros, 131 homicídios e 45 suicídios, além de fugas em massa sempre crescentes. E tudo isso ao custo de 16 mil dólares por vaga nos estabelecimentos prisionais, fora a manutenção, num custo de cerca de 4 salários mínimos por cada preso ao mês.

Quando algum desses dados é divulgado pela mídia, a opinião pública - voz difusa da consciência jurídica da sociedade - identifica nas distorções e nas mazelas, que seja a lei penal algo ineficaz, injusto e de utilidade absolutamente duvidosa.

Nessa altura, lamenta-se que, malgrado o elevado nível doutrinário a que chegou o Direito Penal, está ocorrendo um abismo entre a teoria e a prática. A situação vexatória, deprimente, demonstrada pelas estatísticas oficiais, exige uma ação política se-

---

[38] *Justiça Política*, Vozes, 1991, p. 383.
[39] "Fora dos muros do cárcere: a deslocação da obsessão correcional, *in Poder y control*, nº 0, Publicaciones Universitárias, Barcelona, 1994.

riamente pensada, e de urgente implementação.

Esse conjunto de estratégias incluirá, no mínimo: uma política demográfica sensata que influencie o controle de natalidade com referências às famílias incapazes de criar decentemente ou de educar um número grande de filhos; políticas de pleno emprego, oferta de vagas gratuitas a toda a população carente, pelo menos a nível de 1º Grau, com a devida garantia de formação profissional complementar e outras metas na área socioeconômica, bem como exigirá exemplos de conduta ética por parte dos que, a qualquer nível, são agentes públicos. Quanto àqueles que, com todas as oportunidades de exercerem sua cidadania, preferiram o caminho da ilicitude, há que, com base no melhor que oferecem as escolas doutrinárias de Direito Penal, prescrever-lhes penas alternativas, sempre que possível, ao modelo carcerário. E quando este se apresentar como o único adequado em determinados casos, que se organizem instituições em que se busque, com toda a tecnologia pedagógica disponível, a reeducação do delinqüente, fazendo desta a medida da duração da pena. A implementação de medidas assim é um desafio ao jurista que não se pode limitar a recompor doutrinas e/ou a descrever textos legais obsoletos, mas que, ao contrário, vá além, na busca incessante de soluções que tornem o instituto da pena, em toda a sua amplitude, como algo realmente justo e útil, segundo os padrões éticos das sociedades contemporâneas.

6.5. O sentimento de injustiça pelo não-cumprimento de promessas normativas

Tenho insistido em meus escritos que, vista do mirante da Política do Direito, a validade das normas jurídicas é questão que vai além do que pretende o normativismo lógico, pois tem este o entendimento de que a norma será válida se obedecer aos ritos que a legitimem e também estiver em harmonia com disposição normativa superior que a autorize. Mas esta é simplesmente a validade formal que pode garantir a vigência da norma, mas não necessariamente a sua eficácia.

Assim tenho sustentado que igualmente importante é a validade material da norma que há de ser buscada pela sua capacidade de adequar seus fins ao sentimento e à idéia do justo e do socialmente útil (validade ética), bem como apresentar-se como expectativa segura de certa conduta em uma relação legítima de pretensão x prestação (validade funcional).

Considerar a importância da validade material faz com que percebamos que a perda da eficácia de uma norma jurídica possa se dar por motivos outros que não apenas os decorrentes de questões técnicas como a derrogação ou a dessuetude.

Por exemplo, o descompasso entre os objetivos (e conseqüências) da norma e os valores aceitos pela sociedade em dado momento pode levar à desobediência reiterada. E norma desobedecida é norma com eficácia reduzida ou inexistente. Também pode ocorrer que um direito prescrito pelo legislador seja de realização impossível e também, nesse caso, a eficácia é no mínimo inconsistente.

Tudo isso nos leva ao entendimento de que assunto de tal relevância na vida das pessoas deva ser tratado em caráter prioritário pela Política do Direito, pois enquanto o normativismo lógico cria as condições para uma análise anatômica da norma, aquela entende que uma norma jurídica integralmente válida não deva ser simples verbalização do sentido de um ato de vontade do legislador ou do juiz, mas uma resposta adequada (possível) destes agentes do Estado a uma legítima expectativa social.

A eficácia, nesse contexto, passa a ser entendida não só em relação à adequação ao agir, mas também em função de adesão à conduta esperada e a possibilidade de que as relações entre as respectivas presunções (pretensão x prestação) sejam objetivamente realizáveis.

Na verdade, a Política do Direito entende que não é qualquer conteúdo que possa animar uma norma jurídica. Tal conteúdo deve conformar-se com os valores inerentes aos princípios gerais do Direito, os quais, por sua vez, devem sintonizar-se com os direitos fundamentais do ser humano, dentre eles o direito de ser tratado com respeito e dignidade pelos agentes do Estado. O engodo e a falácia escondidos numa norma (mesmo constitucional), impedem a sua validade material, e conseqüentemente, sua eficácia.

Mais além da questão da eficácia, há o fato da prestação social, quando uma norma gera expectativas não passíveis de realização. Tal sentimento difuso é revelado como forma de injustiça emanada do Poder.

Examinaremos, a partir desses fundamentos e dessas constatações, a questão das normas constitucionais vinculadas a um dever prestacional do Estado, nos exemplos dos casos em que o cumprimento dessa prestação se torna impossível por razões econômico-financeiras e outras delas decorrentes.

Discorrendo sobre o princípio da eficácia, afirma Tercio Sampaio Ferraz Júnior que a capacidade de a norma produzir efeitos "depende de certos requisitos. Alguns são de natureza prática, outros de natureza técnico-normativa"[40]. E acrescenta: "Se a efetividade ou eficácia social depende de certos requisitos inexistentes, a ausência deles pode afetar não a validade da norma, mas a produção dos efeitos, conforme conhecida regra de calibração (*ad impossibilia nemo tenetur* - ninguém é obrigado a coisas impossíveis)"[41].

Acredito que o tema seja controverso, mas também penso que não tenha ele sido devidamente enfrentado na doutrina. Digo que não é pacífico porque há os que entendem seja válida e eficaz uma norma que não possa ser obedecida, desde que ela contenha todos os elementos formais. Haveria uma eficácia contida, independente do comando que a originou, mas que se manifestaria de uma forma difusa. Alguns autores entendem ser eficaz a norma constitucional que dispõe sobre o salário mínimo (Constituição brasileira de 1988, art. 7º, IV), porque, embora não possa ser efetivamente aplicada de acordo com o que promete, produziria, por ser vigente, efeitos ideológicos e simbólicos. No entanto, Kelsen nos ensina que eficácia "é uma qualidade da conduta efetiva dos humanos", ou seja, significa "que os homens realmente se conduzem como, segundo a norma jurídica, devem se conduzir", significa que as normas são efetivamente aplicadas e obedecidas".[42]

Ora, se partirmos desse entendimento tão universal, a norma constitucional brasileira que dispõe sobre o salário mínimo não tem eficácia. Nem é efetivamente aplicada, nem é obedecida. Admitir que sua eficácia seja indireta, refratária, porque alcança um sentido simbólico (que poderia ser mesmo a intenção mascarada do legislador) é algo que a Ética, como justiça política, rejeita *in limine*.

Assim a ilegitimidade ética alcança na origem o dispositivo constitucional, pois o direito de exigibiliddade daquele que não vê satisfeita a prestação prometida, esbarra em efeitos surpreendentes, que não correspondem a qualquer prestação exigível e garantida.

Essas questões de dispositivos constitucionais de aplicação impossível começaram a surgir no Direito dos povos ocidentais, quando se procurou elencar, nas constituições, os chamados direitos coletivos, que têm por característica gerar ônus contínuos e crescentes ao erário. Nos paí-

---

[40] Seqüência, Revista do CPGD/UFSC, no. 28, p. 86.
[41] Idem, idem, p. 87.
[42] Hans Kelsen, op. cit., p. 44.

ses em penoso processo de desenvolvimento, procura-se copiar desastrosamente preceitos constitucionais de países desenvolvidos e isso se transforma muitas vezes em pura demagogia e falácia.

Os direitos humanos têm sido classificados em três categorias que são, pela ordem em que surgiram, os direitos civis, os direitos políticos e os direitos coletivos, estes últimos também chamados sociais, econômicos e culturais.

Os primeiros - os civis - que foram a consagração dos ideais iluministas do século XVIII, são também conhecidos como direitos da personalidade e se referem às liberdades individuais, como a de reunião, de religião, de expressão do pensamento e outras que têm como limite apenas a ordem pública, os bons costumes e principalmente a esfera dos direitos dos outros. O Estado perante esses direitos é absenteísta, numa clara postura de *non facere*.

Os chamados direitos políticos, também ditos de 2ª geração, se referem principalmente aos ideais e conceitos da democracia representativa. São os que dizem respeito à formação do regime democrático no que tem ele de essencial, implicando uma participação ativa dos cidadãos na vida política (liberdade de votar, de participar de partido político, etc.) . Com relação a esses direitos, o Estado apenas fixa algumas regras para o seu exercício.

Quanto aos direitos da 3ª geração (socioeconômicos e culturais), já não se trata só de permitir e garantir liberdades individuais, para sua concretização. Dependem de capacidade financeira, tecnológica e de infra-estrutura da administração pública, pois são crescentemente onerosos e assim vinculados às receitas públicas. Agora já não basta ao Estado permitir o exercício das liberdades públicas e individuais. Deve ele assistir, prover, fornecer, organizar, até agir empresarialmente para assegurar novos serviços assistenciais e gratuitos que atuem diretamente sobre a qualidade de vida de todos os cidadãos.

Numa economia avançada, isso já se constitui em tormentoso problema que agita parlamentos e ministérios; numa economia incipiente, tal promessa é mais um elemento gerador de frustrações para administradores, bem como para a população em geral, pois agora já não se trata mais de direitos entendidos como garantias positivas do exercício das liberdades, ou seja, da defesa contra as restrições opostas pelo Estado, mas de direito à prestação do próprio Estado, que fica obrigado a criar os mecanismos necessários ao atendimento das sempre crescentes expectativas sociais.

Esses direitos sociais vinculam o Poder Público, ao qual se veda o recurso da omissão, porque há remédios jurídicos aplicáveis pelos interessados, como o do mandado de injunção ou a ação direta de inconstitucionalidade. Tal situação nova criada pelos direitos sociais exige do Estado não só a prestação econômica, mas também uma seqüência de atos normativos para torná-los concretos. Se os direitos individuais gravitavam na esfera política, os direitos sociais se movem fundamentalmente na esfera econômico-financeira, cujos óbices não se podem resolver com a lei.

A realidade então parece configurar que o conceito de validade formal seja insuficiente para justificar uma norma de realização impossível[43].

Tais dificuldades começaram a preocupar a ordem internacional já na década de

---

[43] Eros Roberto Grau, em *Direito, Conceitos e Normas*, ed. Revista dos Tribunais, São Paulo, 1988, pp. 129-30, obra publicada pouco antes da promulgação da Constituição de 1988, sustenta que "Todas as normas constitucionais... têm aplicação direta, sendo inteiramente compatível com o sistema constitucional vigente, a declaração, pelo Poder Judiciário, da inconstitucionalidade por omissão..." E também vaticina que "a Constituição que virá determinará a aplicabilidade direta dos preceitos constitucionais..." O que o ilustre autor por certo não poderia predizer é que os constituintes, imprudentemente, incluíram dispositivos de aplicação impossível, e nenhum remédio constitucional poderia obrigar o legislador ordinário a resolver o impasse das falácias demagógicas através da regulamentação de dispositivos da carta Magna.

60. Efetivamente, nesse período, a ONU discutia a necessidade de um pacto internacional sobre os direitos econômicos, sociais e culturais, reconhecendo as dificuldades de os países em processo de desenvolvimento se comprometerem com os direitos da prestação altamente onerosa e incompatível com o estágio da sua economia.

Muitas foram as discussões a respeito, nos organismos da ONU, e as conclusões respectivas tendiam para o não-estabelecimento de prazos para as ações sociais dos Estados-Membros, recomendando que estes apenas se comprometessem a desenvolver esforços no sentido de que as condições para tais ações sociais fossem paulatinamente obtidas.

Comentando esses pactos internacionais, Paolo Mengozzi observa que "somente em relação às liberdades tuteladas pelo pacto sobre direitos civis e políticos são previstos procedimentos de controle do tipo contencioso que podem ser levados a cabo mediante comunicação por parte do Estado ou por parte dos indivíduos contra o Estado"[44]. Essa preocupação das Nações Unidas ficou clara quando da fixação, em separado, do pacto internacional sobre os direitos econômicos e sociais, do pacto sobre os direitos civis e políticos, desde a aprovação do *International Bill of Human Rights*, de 1966.

Sabe-se que, naquele momento, não se pode ir além de normas programáticas e de mera declaração da intencionalidade, pelo reconhecimento de que os países em desenvolvimento não poderiam assumir, sem riscos de inexeqüibilidade, quaisquer garantias quanto aos chamados direitos sociais, econômicos e culturais. Por isso esse pacto não fixou prazos e faz referências realísticas à necessidade do "empenho de os Estados-Membros empregarem o máximo de recursos possíveis".

Assim, várias decisões da ONU incidiram sobre esse tema. Em 1948, a Assembléia Geral aprovou a declaração referente ao direito ao desenvolvimento. Em 1969, ocorreu a declaração sobre o progresso e o desenvolvimento social. Em 1974, surgiram as declarações sobre a erradicação da fome e sobre o direito ao desenvolvimento, adotadas pela Resolução 41/128, em 4 de dezembro de 1986. Nessas declarações, ficou sempre subtendido o seu caráter programático, e explicitada a necessidade da cooperação internacional por parte dos Estados mais desenvolvidos, como condição de sua exeqüibilidade.

Leonardo Nemer Caldeira Brant, em artigo publicado na Revista Brasileira de Estudos Políticos, nº 81, à p. 110, lembra que o mais forte argumento que se levanta contra a forma pela qual, nos países em processo de desenvolvimento, se tem normatizado os direitos sociais, não é com relação aos fundamentos desses direitos, mas quanto à sua exiqüibilidade : "Quando se trata de enunciá-los, o acordo é obtido com relativa facilidade"..."quando se trata de passar à ação, ainda que o fundamento seja inquestionável, começam as reservas e as oposições".[45]

No Brasil, o açodamento em querer comparecer no cenário mundial como País de 1º mundo ou por outras razões menos idealistas levou o constituinte de 1988 a exorbitar dos compromissos internacionais assumidos.

Assim, o art. 6º da Carta vigente prescreve que são direitos sociais a educação, a saúde, a previdência social, a proteção à maternidade e à infância, a assistência aos desamparados "na forma desta Constituição". Ora, na forma da Constituição só pode ser o contido no capítulo da ordem social que, com maior detalhamento assegura objetivamente direitos de todos os cidadãos à saúde (art. 196) e à assistência social a quem dela necessitar (art. 203);

---

[44] *Dicionário de Direito Político*, Bobbio *et allii*, Verbete.
[45] Revista Brasileira de Estudos Políticos, n.81, p. 110.

à educação gratuita em todos os graus como direito de todos (art. 205), ao acesso de todos às fontes da cultura (art. 215); garantia ao trabalhador de salário mínimo "capaz de atender às suas necessidades vitais básicas e às de sua família, com moradia, alimentação, educação, saúde, lazer, vestuário, higiene, transporte e previdência social"; dever do Estado quanto ao atendimento em creches e pré-escola às crianças de zero a seis anos de idade... e outras coisas mais.

Ora, nada disso está posto como programa a ser perseguido, como estrela polar de uma administração. Está formalmente colocado como direitos vinculados à imediata prestação do Estado. E ninguém precisa ser detentor do Prêmio Nobel para saber que a economia brasileira não tem condições de assegurar esses direitos, nem a curto nem a médio prazo, infelizmente.

Então o que acontece? Uma generalizada frustração, constituindo-se verdadeiro tabú a regulamentação daqueles dispositivos constitucionais, de nada adiantando os remédios jurídicos como o mandado de injunção, pois, no fim, o direito de exigibilidade que seria o resultado prático e conseqüente esbarra na *impossibilia nemo tenetur*.

6.5.1. O papel da Política Jurídica.

A posição da Ciência do Direito, à qual compete descobrir, através da análise lingüística e lógica, a interpretação mais acertada da norma, não ajuda muito nesta questão. Por seu lado, a postura tradicional do humanista preocupado com o grau axiológico da norma, vendo nela uma possibilidade de abrir o leque dos direitos coletivos esbarra nos óbices socioeconômicos. Então se revela claramente que o papel da Política Jurídica não pode ser apenas corretivo, mas antes de tudo prescritivo, com a necessária capacidade de predição de um futuro próximo.

É necessário antes de tudo verificar se há direito subjetivo configurado quando a prestação é faticamente impossível.

A velha e sempre lembrada lição de Yering de que a essência do direito subjetivo é o interesse juridicamente protegido não encontra harmonia nos casos que estamos comentando.

Nenhuma teoria nos ilumina quando o problema real é a impossibilidade da prestação pelo devedor numa relação jurídica. Em vez de direitos subjetivos fica o aceno de uma vaga expectativa de direito, expectativa que somente se realizará quando os obstáculos da ordem econômica forem superados. Nem mesmo o chamado princípio da proporcionalidade[46] que se insere fortemente no Direito Constitucional contemporâneo, como proteção da liberdade e dos direitos fundamentais, nos parece aplicável na espécie. É verdade que tal princípio se aplica aos atos vinculantes e que ele, segundo Paulo Bonavides, "contribui notavelmente para conciliar o direito formal com o direito material, em ordem a prover exigências das transformações sociais extremamente velozes, e doutra parte juridicamente incontroláveis caso faltasse a presteza do novo axioma constitucional".

O princípio da proporcionalidade pressupõe que a lei complementar (reserva da lei) não possa restringir o conteúdo medular da norma constitucional. Isso nos casos de restrição ao direito da liberdade ou direito político é medida importante. Mas no caso de disposição que vise a assegurar prestação inexeqüível do Estado, não parece poder aplicar-se o princípio da proporcionalidade, pois a reserva legal poderia ser remédio para males maiores de natureza psicossocial. Entretanto, entendo que o caminho para resolver o impasse com dispositivos de execução impossível, isto é, de normas carentes de inoportunidade, não haja uma regulamentação restritiva. Melhor que não haja regulamentação alguma,

---

[46] A propósito, v. Paulo Bonavides. *O princípio constitucional da proporcionalidade e a prestação dos direitos fundamentais*". In R.T.D./ UFMG, pp. 275 e ss.

caracterizando-se tal norma constitucional como puramente programática, formulação lingüística de uma utopia ou de esperanças no devir. Utopia que enseje vontade de lutar para que se mude a realidade e se criem as condições necessárias para a concretização dos direitos inevitavelmente postergados.

Por outro lado, parece recomendável que os dispositivos constitucionais que atribuem direitos sociais e econômicos tenham uma redação adequada e principalmente inequívoca que lhes revele a sua legítima natureza de normas programáticas, eivadas de intencionalidade e de fé no futuro. Entendo que seja também papel do político do Direito não permitir que normas mascaradas de jurídicas (puros ornamentos constitucionais), que tudo prometam sem oferecer garantias, venham a entorpecer ainda mais o povo como forma cruel de institucionalizar novas situações injustas.

Por isso vale insistir que, para a Política do Direito, o conceito de norma válida não se esgota com as suas caracterísitcas formais. Norma sem validade plena é norma sem eficácia. Oferecer normas sem eficácia como resposta política a legítimas aspirações sociais é enganar. E o engodo é uma forma cruel de praticar injustiça.

7. Caminhos da mudança político-jurídica

7.1. Considerações preliminares

A grande motivação deste estudo decorreu das conclusões a que nos levou pesquisa anterior sobre os fundamentos da Política Jurídica. Dentre essas conclusões, salientamos as seguintes que, resumidamente, apresentamos:

1. A tarefa da Política do Direito não é de natureza descritiva, mas sim configurada num discurso prescritivo que se legitima na justiça política, ao se comprometer com as necessidades vitais do homem, a partir de pressupostos axiológicos e deontológicos.

2. A função epistemológica da Política Jurídica recai em duas atividades distintas. A primeira se realiza na crítica ao direito vigente, cujos princípios, normas e enunciados devem ser cotejados com critérios racionais de Justiça, Utilidade e Legitimidade, sem que seja preciso apelar para quaisquer justificações de natureza metafísica ou para proposições neo-anarquistas que posssam desconstruir o território duramente já conquistado do Estado de Direito. A segunda atividade é buscar, em fontes formais e informais, as representações jurídicas do imaginário social que se legitimem na Ética, nos princípios de Liberdade e Igualdade e na Estética da convivência humana. Para isso haverá que rever a doutrina tradicional das fontes de Direito para privilegiar aquelas que realmente possam alimentar um Direito novo, desejável, criativo, libertador, racional e socialmente conseqüente.

3. Além de suas ligações com a Filosofia, a Sociologia e a Epistemologia Jurídica, a Política Jurídica tem um claro compromisso com o agir, que é sua dimensão operacional, pois classicamente se define ação como uma operação do fazer, ou seja, o conjunto de procedimentos que levem o agente à realização de uma idéia, de um querer. Os elementos básicos de uma ação dotada de eficácia se configuram na existência de um agente (ente capaz de determinar-se); de meios hábeis (estratégias sob orientação normativa); e de um fim desejado (o desenho do devir ou da utopia). Esses três elementos pois terão que estar presentes em toda ação político-jurídica.

Ora, prosseguindo nessa investigação sobre o papel da Política Jurídica, quisemos por em relevo as possibilidades dessa disciplina na procura de novos caminhos para a solução das crises entre o Direito e a Ética, ou seja, entre o Direito vigente e o Direito justo. Como já dissemos noutra ocasião, embora não se possa prever (ou seja, ver o que ainda não aconteceu), é possível e recomendável realizar exercícios preditórios com vistas à percepção teórica de modelos possíveis que se poderão formar, mantidas as tendências detectadas. À Política Jurídica cumpriria, a partir dessas tendências, propor as correções necessárias com vistas a mudanças de rumo.

Os exercícios de que trata este capítulo e as reflexões sobre eles incidentes pretendem apresentar sugestões de temas prioritários para as estratégias político-jurídicas, em busca do novo, do mais correto e mais adequado às reivindicações sociais legitimadas nos ideais democráticos.

7.2. Dogmática e Política Jurídica, segundo a visão da Política Jurídica

7.2.1. A natureza da Dogmática Jurídica.

Ficou célebre a polêmica ocorrida pelos idos de 1814, no âmbito da Universidade de Heilderberg, entre Antoine Thibaut e Charles Savigny. O primeiro, entusiasmado com o sucesso do recente Código Civil de Napoleão, publicou, a propósito, *De la necessité d'un Droit Civil général pour L'Allemagne*. Nela Thibaut preconizava um esforço de codificação do direito civil germânico pela necessidade, segundo ele, de obter precisão na aplicação de normas então dispersas e às vezes conflitantes entre si.

Savigny, contestando a obra de Thibaut, publicou, a seguir, *De la vocation de Notre Temps pour l"Égiferer et pour Cultiver la Science du Droit*. Essa obra tinha a natureza de um manifesto que iria fundamentar o início de um movimento doutrinário que veio a ser conhecido como Escola Histórica. Opunha-se Savigny à técnica da codificação, pois esta imobilizaria o Direito, pondo em risco o seu necessário dinamismo e o afastaria da sua fonte legítima, que seria a consciência popular, ou sejam, os costumes e convicções populares.

Em que pesem os antogonismos ideológicos entre as posições desses dois renomados mestres de Heilderberg, uma coisa foi curiosamente comum: a noção do Direito como sistema. Tanto a codificação do Direito positivo proposta por Thibaut, quanto a concepção de Savigny referente à interfacies ciência histórica e sistema jurídico, ou seja, entre apreensão dos valores historicamente guardados na consciência popular e o saber jurídico como ciência da construção do edifício normativo a partir daqueles valores, oferece um conjunto coerente de métodos e técnicas interagindo em favor de um fim.

Essa noção de um sistema de conceitos e de regras técnicas iria oferecer ao mundo jurídico um modelo dogmático que atravessaria os séculos XIX e XX, sofisticando-se pela contribuição da Lógica e dos princípios construídos pela Ciência do Direito.

Ihering, um pouco mais tarde, fundamentando seu conceito de sistema jurídico como subsistema social, iria, segundo Radbruch, ultrapassar o programa da Escola Histórica, "realizando-o na medida em que, no seu Espírito do Direito Romano, conseguiu mostrar a íntima ligação que existe entre o Direito e a consciência coletiva..."[47]

Aceita a colocação de Ihering de que a interpretação não era a principal função do jurista, mas sim a construção de um sistema jurídico, nacional, fincava-se o principal pilar de sustentação do que viria chamar-se Dogmática Jurídica.

Enrique Zuleta Puceiro, nessa linha de raciocínio, nos ensina que "a tarefa da Dogmática Jurídica é a construção de um sistema conceitual capaz de dar razão rigorosa da totalidade da experiência jurídica, elaborada a partir do material que oferecem as regras positivas."[48]

A Dogmática se estabeleceria como um saber teórico (construção de um sistema

---

[47] RADBRUCH, Gustav. *Filosofia do Direito*. Trad. de L. Cabral de Moncada. Coimbra: Armênio Amado, 1979, p. 74.
[48] PUCEIRO, Enrique Zuleta. *Paradigma Dogmático y Ciencia del Derecho*. Madrid: 1981, p.41.

conceitual), mas também como uma atividade funcional e por isso comprometida com a práxis. Para Vera Regina Pereira de Andrade "se por um lado a Dogmática Jurídica responde à separação entre teoria e praxis e a conseqüente afirmação de um modelo de saber jurídico como atividade essencialmente teórica, presidida por uma atitude axiologicamente neutra e tendencialmente descritiva, há nela, por outro lado, uma evidente funcionalização prática da teoria."[49]

Esboçam-se assim as duas vertentes teóricas que distinguem um sistema dogmático da Ciência Geral do Direito. Em primeiro lugar, dependendo da fonte de alimentação que repousa com exclusividade no Direito Positivo, tal sistema só pode existir nos limites da soberania de um Estado, ou seja, um sistema dogmático diferirá de outros similares pelas peculiaridades da realidade normativa de cada Estado. Em segundo lugar, esse aspecto prático mencionado pelos autores citados, que se compadece diretamente com a atividade dos operadores do Direito, é característica suficientemente para diferenciá-lo da natureza da Ciência Jurídica, cujos conceitos e princípios lhe dão a necessária armadura para descrever rigorosamente o seu objeto que é o direito positivo como uma realidade jurídica, segundo a conhecida lição de Kelsen.

Numa síntese precisa, Luis Alberto Warat alerta que a vigência de uma dogmática geral é questão muito discutível. E explica: "As dogmáticas positivistas se baseiam em conceitos e princípios que extraem dos textos legais. Encontram os sistemas a partir das normas. Em troca, uma teoria geral do direito percorre um caminho inverso: vai da teoria à norma."[50]

O pensamento dogmático, em que pese sua inestimável e permanente tarefa de sustentar o Estado de Direito, pelo inflexível compromisso com o princípio da segurança jurídica, tendo sido submetido a uma crítica cada vez mais perturbadora, em razão de pretender insistir na fonte normativa para a decisão sobre a norma, o que significa tão só o estudo do Direito vigente, abstraindo-se de emitir juízos de valor, como se bastante fosse explicar e ampliar a norma sem justificá-la. A Dogmática seria assim "uma atividade que não só acredita produzir um conhecimento neutralizado ideologicamente, mas também desvinculado de toda a preocupação, seja de ordem sociológica, antropológica, econômica ou política."[51]

7.2.2. A função da Dogmática Jurídica.

Na decidibilidade dos conflitos parece estar a função essencial da Dogmática Jurídica. Pelo menos aquela declarada e visível, pois ainda se pode falar de uma função encoberta, assim identificada por Warat: "A Dogmática com seu discurso persuasivo e retórico consegue apresentar os problemas axiológicos como problemas semânticos e assim cumprir a importante função de reformular o Direito Positivo sem provocar uma inquietude suspeita de que esteja realizando esta tarefa."[52]

De qualquer forma, na orientação das decisões e na mediação articulada entre a instância normativa e a judicial, está a práxis cotidiana das tarefas dogmáticas e isso significa que o desejado pelo legislador vai ganhar vida nas decisões de quem julga. Tal expectativa é continuamente alimentada por todo um sistema conceitual que pretende garantir e controlar sua racionalidade.

---

[49] ANDRADE, Vera R. P. de. *Dogmática jurídica: escorço de sua configuração e identidade*. Porto Alegre: Livraria do Advogado, 1996, p. 52.

[50] WARAT, Luis Alberto. *Introdução geral do Direito (II)*: A Epistemologia jurídica da modernidade. Porto Alegre: Sergio Antonio Fabris, 1995, p. 20.

[51] WARAT, op. cit, p. 41.

[52] WARAT, op. cit., p. 25.

Viehweg nos ensina que, além de um núcleo conceitual estável, a Dogmática apresenta uma "suficiente flexibilidade de pensamento... a fim de poder mantê-lo nas distintas e mutáveis situações."[53]

Comentando esse pensamento de Viehweg, Vera Andrade considera que "no marco desta função a dogmática necessita neutralizar os conflitos, isto é, abstraí-los da problemática real e global... e torná-los conflitos abstratos, interpretáveis, definíveis e decidíveis...".[54]

Assim o pensamento dogmático não se dirige apenas - como geralmente se imagina - à sistematização do Direito posto, mas também com uma estratégia de persuasão, apresenta regras e proposições que visam a orientar, com alto grau de certeza, as decisões dos tribunais.

A visão desses aspectos da Dogmática pode nos revelar o seu papel fundamental que é o de prover a segurança jurídica, pilar central do Estado de Direito. Tão forte é esse objetivo que Radbruch escreveria: "certamente a lei, mesmo quando má, conserva ainda um valor: o de garantir a segurança do Direito"[55] e Kelsen, na mesma linha, prescreveria que "do ponto de vista de um conhecimento dirigido ao Direito Positivo, uma norma pode ser tida por válida, ainda quando contradiga a ordem moral".[56]

Chegamos assim ao ponto em que a estrutura dogmática se torna mais vulnerável, quando, em nome do princípio da segurança jurídica, não só põe em segundo plano o princípio da justiça, mas sobretudo, pelas próprias razões de sua lógica, mascara as situações conflitantes com um discurso pretensamente neutro, mas que, em verdade, tem forte conteúdo ideológico.

7.2.3. O papel corretivo da Política Jurídica.

Se nos aprofundarmos no estudo das possibilidades da Política Jurídica, ou seja, na sua função mediadora de intercomunicar Política e Direito, como espaços suscetíveis de permanentes e desejáveis influências recíprocas, veremos que o papel dessa disciplina é muito mais amplo do que habitualmente se imagina.

A Política Jurídica atua em três dimensões: a epistemológica, a ideológica e a operacional.

Na primeira, seu papel é crítico e desmitificador e isso porque não só se opõe ao mito do poder das significações jurídicas, como também porque levanta dúvidas quanto às certezas apontadas pela pretensa racionalidade do positivismo jurídico. Em vez de compromissos tão-só com o método, prefere a inserção do Direito na História, portanto na vida social, com todos seus imprevistos. É a lição waratiana: "Agora a tarefa que se impõe ao investigador do Direito é a de construir uma nova prática objetiva que, desmascarando a auréola de abstração das teorias dominantes, mostra sua história efetiva como fundamento de sua existência e possibilidade."[57]

Essa posição epistemológica da Política Jurídica tem enormes implicações, pois, admitindo uma racionalidade fora do positivismo, e trabalhando com abordagens interdisciplinares, redimensiona a visão tradicional das fontes do Direito, buscando, na consciência jurídica social e nas reivindicações dos movimentos e práticas sociais, fundamentos para seus juízos axiológicos.

Em decorrência, os valores justiça e utilidade passam a fundamentar-se nos conteúdos éticos buscados no mundo da cultu-

---

[53] VIEHWEG, Theodor. *Tópica y Filosofia del Derecho*.. Trad. de Jorge Seña. Barcelona: Gedisa, 1991, p. 101.
[54] ANDRADE, op. cit. p. 8.
[55] RADBRUCH, op. cit. p. 417.
[56] KELSEN, Hans. *Teoria Pura do Direito*. Universidade Nacional do México, 1979, p. 81.
[57] WARAT, op. cit. p.104.

ra, e não na nebulosa metafísica do chamado Direito Natural. Trabalha assim com novos critérios de racionalidade na identificação do justo e do útil.

Norberto Bobbio observa que o positivismo, alicerçado por sua preocupação epistemológica, pretende ressaltar "uma cosmovisão jurídica da política e do Estado e um imaginário mecanicista da atividade judicial".[58] Em direção contrária ao positivismo, a Política Jurídica, que antes de tudo é estratégia política para abordagem do jurídico, se preocupa mais com a necessidade de politização do Direito do que com a jurisdicização da Política.

Com referência à dimensão ideológica dessa disciplina, podemos ressaltar, por um lado, a recuperação do conceito de ideologia como sistema aberto, com finalidade de orientar comportamentos e seleção de alternativas; por outro lado, trabalha com o conceito de utopia como a ideologia que desconstrói paradigmas colocados em ambientes fechados e os reconstrói, adiante, como devir desejado. É utopia enquanto força transformadora de criatividade na busca do melhor possível. Nessa dimensão, a Política Jurídica trabalha com predições de novas realidades desejadas e possíveis, e não como previsão de certezas. Por isso é sistema aberto, por isso é ideologia que se realiza na ação: por isso, enfim, é Política.

Ainda dentro dessa dimensão que, *lato sensu*, chamamos de ideológica, é que se dá a possibilidade de convivência entre Política e Ética, a fim de que os meios (as estratégias) da primeira sejam iluminados pela segunda. Legitimar quaisquer estratégias porque alcançados os fins não será portanto o caminho reto para justificação do Poder. Esse caminho somente poderá ser apontado pela ética da responsabilidade, a qual nos levará ao lugar da tolerância, do pluralismo e do respeito ao outro, ou seja, o lugar da estética da convivência de que nos fala Platão.

A terceira dimensão da Política Jurídica é o agir, que é a operação do fazer, a realização de uma idéia, de um querer. Os fins da Política Jurídica visarão à desconstrução de paradigmas que negam ou impedem a criatividade, entendida esta como um agir permanente de mediação entre os núcleos de poder e a sociedade, criando-se espaço para um ambiente de novas possibilidades que serão as exigidas pelos projetos de solidariedade e cidadania.

Com referência, especificamente, às tarefas de produção do Direito Positivo, ou seja, o agir do Político Jurídico como uma atividade legislativa, haverá uma complexa gama de expectativas. A tarefa de propor correções na legislação vigente ou de descobrir as regras de convivência exigidas pelos chamados novos Direitos, não se alcançará pela realimentação dos sistemas jurídicos nas fontes tradicionais com que se reproduz o sistema fechado da Dogmática. O Direito a ser produzido com vistas à legalidade do futuro terá que, por um lado, buscar renovar-se nas legítimas fontes das utopias sociais e, por outro lado, estabelecer limites claros aos projetos do Estado tecnocrático que desdenha a ética dos meios, em função de fins que prioriza, para o fortalecimento da burocracia, da tecnocracia e da centralização.

A atividade criativa da Política Jurídica será o sopro vivificador que deve bafejar os sistemas dogmáticos. Ao exigir a justificação não só da norma, mas também seus processos de elaboração e aplicação, a Política Jurídica provocará não apenas normas corrigidas, mas um direito reconceituado para servir às reais necessidades do viver.

Tem-se observado que a Dogmática Jurídica, para manter sua principal característica - um sistema lógico de conceitos, princípios e regras - em meio às tempestuosas mudanças provocadas, por um lado, pelos avanços da Ciência e da Tecnologia e, por outro, pela tomada de consciência da

---

[58] BOBBIO, Norberto. *El problema del Positivismo Jurídico*. Buenos Aires: Endeba, 1965, p. 108.

população quanto a seus direitos de cidadania, tende sempre a elevar os níveis de abstração daqueles seus elementos. Esse inevitável aumento do nível de abstração, princípios e regras para acomodar-se a novas situações, provoca conceitos mais abertos e portanto mais influenciáveis pelo que ocorra no ambiente do sistema. Constata-se assim maior possibilidade de interações da Dogmática com a proposta jurídico-política de um sistema de normas que, além de prover a segurança, garanta outros valores básicos da convivência humana.

O jurista, quer seja ele um teórico ou um operador do Direito, deverá estar prevenido para a importância desse papel teleológico da Política Jurídica e para isso deverá ser devidamente preparado com os conhecimentos necessários. Não será demais, portanto, insistir na oportunidade de abrir-se, nos currículos dos cursos jurídicos, a nível de graduação e pós-graduação, espaços próprios para tais reflexões.

Alguma coisa tem sido feita. A Política Jurídica já comparece em alguns currículos dos cursos de Direito em várias Universidades do País, não só em nível de Graduação e Mestrado, como até em Seminários em nível de Doutorado, como ocorre na Universidade Federal de Santa Catarina. O caso mais interessante parece ser o verificado na Universidade do Vale do Itajaí, no Estado de Santa Catarina. Lá existe, no Curso de Mestrado, uma área de concentração em Dogmática Jurídica devidamente articulada com um núcleo de estudos e pesquisas em Política Jurídica. Trata-se de experiência pioneira que merece ser acompanhada em razão das novas possibilidades teóricas e práticas que a mesma sugere.

7.3. Abordagem sistêmica da Dogmática Jurídica segundo a visão da Política Jurídica

Por tudo o que vimos na precedente digressão teórica sobre o papel da Dogmática Jurídica e sobre as possibilidades da Política Jurídica como um conjunto de estratégias visando à correção de rumos e o aperfeiçoamento daquele sistema dogmático, podemos concluir que:

1. A Dogmática Jurídica funciona como um sistema de categorias, conceitos, princípios e normas e portanto podemos, para melhor compreensão de seu comportamento e inter-relação com o ambiente social, utilizar a abordagem sistêmica como referência teórica.

2. O objetivo imediato desse sistema é a decidibilidade dos conflitos que vão comparecer, na estrada do mesmo, como demandas definidas.

3. Os objetivos mediatos são promover a segurança jurídica e, por via de conseqüência, respaldar o Estado de Direito, mantida a configuração histórica que lhe deu o Iluminismo.

4. Em decorrência de seus objetivos históricos e inarredáveis, a Dogmática Jurídica procurou sempre operar como sistema relativamente fechado, protegendo seu ambiente interno (seus limites) das assim consideradas agressões de natureza política, ideológica ou doutrinária, oriundas do ambiente externo, as quais procuram elevar o nível da abstração dos conceitos tradicionais para tornar mais aberto o sistema às mudanças e aos novos paradigmas da transmodernidade.

5. Essa posição de resistência e de defesa explicaria a sua aparente neutralidade em face das reivindicações sociais, a indiferença pela questão de buscar norma justa e socialmente útil, bem como a sua fidelidade com os rígidos princípios da legalidade e da segurança, o que a vem dificultando aceitar categorias e conceitos iluminados pela Filosofia e propostos pela Política do Direito.

6. Essas resistências podem ser quebradas por estratégias político-jurídicas cuidadosamente conduzidas, que visem, sem prejuízo dos objetivos históricos do sistema dogmático, a agregar outros que, relacionados com os valores justiça e utilidade social, sejam direcionados para a ética e a estética da convivência humana.

7. Para tanto, é indispensável propor, com fundamentada argumentação e necessária sensibilidade, uma conceituação mais aberta das categorias dogmáticas, direcionando-as para melhor compatibilização com os anseios sociais.

8. As ações jurídico-políticas que há poucas décadas têm influído ainda que timidamente na abertura do sistema dogmático às transformações sociais, vêm impedindo que o próprio sistema entre em crise e seja ameaçado de substituição por paradigmas alternativos gerados não por uma nova racionalidade, mas por ideologias neo-anarquistas descompromissadas com o Estado de Direito.

9. Se não desejarmos o caos que adviria de rupturas do Estado de Direito, o bom-senso recomenda que busquemos contribuir para resolver o descompasso entre a rigidez do sistema dogmático e as novas exigências sociais, com propostas político-jurídicas adequadas.

10. A inter-relação entre a Política do Direito e a Dogmática Jurídica se apresenta como algo não só possível, mas também altamente desejável, conforme tentaremos demonstrar no exercício de abordagem sistêmica, a seguir.

Um exercício de abordagem sistêmica: o sistema da Dogmática Jurídica sob a ótica da Política Jurídica

Representação gráfica do modelo

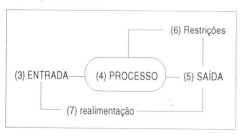

(1) Ambiental Externo
(8) funções de controle

(2) ambiente Interno ou limites do sistema
(1) Ambiente Externo

Decodificação do modelo proposto:

1. A sociedade com sua dinâmica: seus conflitos, aspirações, mudanças e juízos de valor.
2. Conjunto de categorias, conceitos, princípios e normas interdependentes em função dos objetivos do sistema.
3. Casos a serem decididos, resultantes de demandas provindas do ambiente externo.
4. Atividade que possibilita a transformação dos insumos no produto desejado. O processo é totalmente influenciado pelos elementos dominantes no ambiente interno.
5. O resultado do processo, ou seja, a decisão.
6. Confronto das informações de saída com critérios de correção interna, visando à manutenção dos objetivos do sistema.
7. Informações corrigidas segundo o resultado das restrições internas, que vão reingressar no sistema.
8. Áreas de controle axiológico onde se verifica a possibilidade de influência das ações político-jurídicas sobre o ambiente interno.

8. Conclusões

Os resultados do estudo que desenvolvemos, visando a detectar, com a devida fundamentação, os temas prioritários para a investigação sistemática na área da Política do Direito e portanto obter conhecimento necessário para programar o ensino dessa importante matéria, levaram-nos a concluir o seguinte:

1. Ficou exaustivamente confirmada constatação preliminar feita em pesquisa anterior - quando tratamos de buscar os fundamentos teóricos sobre as possibilidades e a oportunidade da Política Jurídica - qual seja a de que a falta dessa disciplina, nos currículos das nossas escolas de Direito, provoca lacunas muito sérias no que concerne ao conhecimento global sobre a norma jurídica. Isso porque, incidindo as preocupações acadêmicas quase que exclu-

sivamente sobre questões dogmáticas, estuda-se exaustivamente a norma apenas a partir de sua configuração formal, a nível descritivo, sem preocupação com sua história ou com as suas adequações ou inadequações aos critérios de justiça e utilidade social.

2. Pretendemos haver demonstrado, no capítulo que trata sobre os momentos político-jurídicos na busca da norma justa e socialmente útil, que esta inicia sua vida no útero social, em forma embrionária de representações jurídicas captadas na consciência jurídica da sociedade. Esse caminho evolutivo da norma até sua positivação passa por várias fases que podem ser acompanhadas por uma ação político-jurídica, com vistas a mantê-la adequada às legítimas aspirações sociais.

3. O arbitramento axiológico da norma jurídica há que ser entendido como manifestação cultural, racional e objetiva. Uma norma não é justa ou injusta como resultado de seu confronto com um proclamado e suposto direito natural, mas o será porque se coadune ou não com critérios de valor prevalentes na sociedade, conforme procuramos demonstrar através de algumas situações que foram trabalhadas com o possível rigor teórico. O resultado desses exercícios sugere a existência de um número significativo de casos que mereceriam investigações sistemáticas por parte dos juristas. O conhecimento decorrente de tais pesquisas certamente oferecerá um elenco muito rico de temas a serem abordados prioritariamente nos programas de ensino, em nossas escolas de Direito, os quais, sem prejuízo da descrição do "direito que é", deveriam preocupar-se também com as possibilidades e oportunidades de construção do "direito que deve ser e como deva ser".

4. Todos os exercícios realizados nos capítulos II e III, à medida que eram trabalhados, induziram-nos a uma constatação que, de certa forma, pode parecer surpreendente. Revelou-se que os caminhos político-jurídicos que possam levar a uma legislação mais avançada - mais rica, mais justa e mais oportuna - passam necessariamente pela compreensão da Dogmática Jurídica como um sistema de conceitos, princípios e normas que está sujeito a correções, aperfeiçoamentos e adequações constantes proporcionados pelo ambiente externo ao sistema, e não apenas pelas restrições e controles do ambiente interno, estes últimos muito lentos e nem sempre eficazes.

5. Através da abordagem sistêmica da Dogmática Jurídica, é possível observar as possibilidades das inter-relações entre os objetivos daquele sistema e as estratégias corretivas da Política Jurídica que se dirigem aos comandos normativos - quer *de lex ferenda*, quer de *sententia ferenda* - visando a garantir, por fim, decisões que correspondam às expectativas sociais.

6. Manter as diretrizes da pesquisa e do ensino jurídico voltadas somente para a descrição e aplicação da norma vigente, numa atitude de neutralidade axiológica, é desconsiderar um mundo de possibilidades teóricas e práticas capazes de formar o jurista do futuro, que deve estar atento às mudanças socioeconômicas, às opressões da comprometida burocracia estatal e às agressões aos mais preciosos valores humanos que vêm dos núcleos de poder formados, geralmente, para garantir interesses de pessoas e grupos.

7. Em razão de tudo que vimos no transcorrer desta pesquisa, cremos ser possível concluir que, em vez das alegadas crises do Direito, o que existe são crises no ensino do Direito e que estas podem ser superadas desde que nós, os juristas, estejamos conscientes de nosso papel como partícipes privilegiados na construção do devir, o que nos obriga a dar atenção ao que prioritariamente se deva pesquisar e ensinar.

Referências bibliográficas

I- Livros:

ANDRADE, Vera Regina Pereira de. *Dogmática Jurídica: escorço de sua configuração e identidade*. Porto Alegre: Livraria do Advogado, 1996.

ACQUAVIVA, Marcus Cláudio. *Dicionário jurídico Brasileiro*, São Paulo: Jurídica Brasileira, 1995.

BASTOS, Aurélio Wander. *Introdução à Teoria do Direito*, Rio: Editora Liber Juris, 1992.

BECCARIA,Cesare. *Dei delitti e della Pena*, Introdução, §1.

BOBBIO, Norberto *et allii*. *Dicionário de Política*, Brasília: UNB,1996.

BONAVIDES, Paulo. *Ciência Política*, Rio de Janeiro: Forense, 3ª ed.

BRUGGER. *Dicionário de Filosofia*. São Paulo: Editora Herder, 1969.

DALLARI, Dalmo de Abreu. *O Futuro do Estado*. São Paulo: ed. do autor, 1972.

DEWEY, John. *Lógica*. Capítulo VII.

GRAU, Eros Roberto. *Direito: conceitos e normas*, São Paulo: Editora Revista dos Tribunais, 1988.

HÖFFE, Otfried. *Justiça Política*, Petrópolis: Vozes, 1991.

KELSEN, Hans. *Teoria Pura do Direito*. México: Editora da Universidade da Cidade do México, 1979.

———. *Teoria do Direito e do Estado*. Rio: Martins Fontes Editora, 1992.

MELO, Osvaldo Ferreira de. *Fundamentos da Política Jurídica*, Porto Alegre: Sérgio Fabris/ UFSC, 1994.

———. *Dicionário de Direito Político*. Rio: Forense, 1987.

PEREZ, Paschoal Marin. *La Política del Derecho*, Barcelona: Bosch, 1963.

PUCEIRO, Enrique Zuleta. *Paradigma Dogmático y Ciencia del Derecho*. Madrid, 1981.

RADBRUCH, Gustavo. *Filosofia do Direito*, Coimbra: Armênio Amado Editor, 1979.

REALE, Miguel. *O Direito como Experiência*, Rio: Saraiva, 1968.

———. *Filosofia do Direito*. São Paulo: Saraiva, 1983.

———. *Teoria do Direito e do Estado*. São Paulo: Martins, 3ª ed.

ROSS, Alf. *Sobre o Direito e a Justiça*, Buenos Aires: Editorial Universitária, 1974.

ROUSSEAU, Jean-Jacques. *Contrato Social*, Livro IV, Cap. VII.

VIEHWEG, Theodor. *Tópica y Filosofia del Derecho*, Trad. de Jorge Seña, Barcelona: Gedisa, 1991.

WARAT, Luis Alberto. *Introdução Geral ao Direito, I e II*. Porto Alegre: Sérgio Antônio Fabris Editor, 1995.

II- ARTIGOS:

BONAVIDES, Paulo. *O Princípio Constitucional da Proporcionalidade e a Proteção dos Direitos fundamentais*, in R.F.D./UFMG, n. 34, 1994.

CALDEIRA BRANT, Leonardo N. *In Revista Brasileira de Estudos Políticos*, n.81, pag. 110.

CAVARINI, Mássimo. *Fora dos Muros do Cárcere, in* Poder y Control, n. 0, Barcelona: Publicaciones Universitárias, 1994.

FERRAZ JUNIOR, Tercio Sampaio. *in Seqüência*, Revista do CPGD/UFSC, n. 28, junho de 1994.

31
O ensino jurídico no Brasil e as suas personalidades históricas
Uma recuperação de seus destinos para reconhecer Luís Alberto Warat

Aurélio Wander Bastos
Advogado. Professor Livre Docente da Universidade Gama Filho e da UniRio - Secretário de Direito Econômico do Ministério da Justiça

Este ensaio destina-se a estudar as principais contribuições de juristas e professores para definição das estruturas dos currículos jurídicos. Procuramos no desenvolvimento do trabalho ater-nos aos diferentes segmentos e períodos da história brasileira, procurando destacar as personalidades de maior destaque e as suas contribuições para as mudanças curriculares e para as diferentes sugestões de natureza metodológica.

O objetivo deste estudo, todavia, foi ambientar historicamente algumas observações sobre as contribuições de Luis Alberto Warat para o ensino jurídico no Brasil que especialmente se destacaram nos estudos de contra-dogmática, metodologia de ensino e linhas de conexão interdisciplinar importantes para o ensino jurídico.

A questão do ensino jurídico no Brasil perpassa pela questão da Universidade brasileira, especialmente porque a história e a origem da nossa Universidade está na história e na origem dos cursos de Direito. Por outro lado, a questão dos cursos jurídicos traduz e retrata o desenvolvimento e a consolidação curricular dos direitos civis e de cidadania no Brasil: é a consciência jurídico-curricular que consolida e firma a cidadania brasileira. Por isto, estudar a evolução do ensino jurídico é estudar a história da cidadania e das instituições jurídico-políticas brasileiras: instituições que os cursos jurídicos conservam e consolidam, e devem contribuir para a sua mudança à medida que representam os nossos e interesses, as nossas ilusões e a nossa expectativa democrática.

Os cursos jurídicos surgiram e se desenvolveram no Brasil exatamente com a definição do Estado nacional (imperial) brasileiro. O primeiro projeto de criação e implantação do Curso de Direito no Brasil foi apresentado durante a Assembléia Constituinte de 1823, após a proclamação da independência, em 1822. Foi durante as suas sessões que se iniciaram as discussões sobre as propósitos de um Curso de Direito no Brasil; qual o seu papel e objetivos na sociedade brasileira e principalmente da perspectiva curricular e metodológica, quais os limites de influência da Universidade de Coimbra na sua formação e estruturação. Foi exatamente neste momento que começamos a debater a importância institucional e o significado político dos cursos jurídicos para a organização do Estado nacional brasileiro. Estes debates estão permeados pelos pronunciamentos sobre a formação curricular doutrinária, inclusive bibliográfica, do bacharel em Direito[1].

Por outro lado, foi imediatamente após a Constituição Brasileira de 1824 que se encaminhou (1826) ao Parlamento Imperial a primeira proposta de criação de um Curso de Direito no Brasil. Esta proposta, após período de profundos debates, se tornou vitoriosa a 11 de agosto de 1827, quando se cria no Brasil o Curso de Ciências Jurídicas e Sociais da Academia de São Paulo e o Curso de Ciências Jurídicas e Sociais de Olinda, hoje Faculdade de Direito de Recife. Estes cursos são os marcos referenciais da nossa história. Todavia, a ques-

---
[1] Ver de A. W. Bastos: *As Elites Políticas e os Cursos Jurídicos no Brasil*. Câmara dos Deputados. BSB. 1977.

tão central das discussões sobre o ensino jurídico, no Parlamento brasileiro, foi a sua finalidade social e institucional: formar bacharéis, não propriamente formar magistrados, mas, principalmente, preparar a nossa elite administrativa. Este quadro nos permite afirmar que o papel originário do Curso de Direito, e este foi o seu papel preponderante durante todo o Império, era a formação da elite administrativa brasileira.

A partir da República, quando iniciaram-se as discussões sobre o papel social dos cursos jurídicos, e qual a formação intelectual mais conveniente aos bacharéis, tomou corpo a idéia, sem que se abandonasse o ideário anterior, de se desenvolver um curso voltado para a formação de advogados e militantes da atividade forense: advogados, magistrados e promotores. Com a República, o curso começou realmente a destinar-se à formação de bacharéis-advogados, mas continuava com sua marca indelével: um curso que forma advogados, mas que também destinado a formar a elite institucional e política brasileira, e a nossa elite do pensamento humanístico. Estes são, por conseguinte, os compromissos do Curso de Direito formar advogados e formar a elite administrativa brasileira, dentro do pensamento humanístico.

É verdade que, com os tempos mais recentes, na convivência cotidiana com o advogado, destacaram-se outras profissões que a vida moderna gerou, tais como: administradores, economistas, contadores, sociólogos e outras atividades. Estes profissionais, juntamente com os advogados, passaram a compor os quadros da nossa administração pública e empresarial e a influir no quadro de nossa sociedade civil e da nossa vida econômica organizada. Por outro esta influência teve, da mesma forma, seus efeitos curriculares, contribuindo para as modernas tendências da formação interdisciplinar do advogado.

Desta forma, a análise dos currículos jurídicos e de seus conteúdos demonstram que o ensino do Direito, na verdade, discute a natureza do Estado, a sua linguagem e os seus propósitos oficiais. Quer dizer: como no Brasil se desenvolveram as instituições brasileiras, como o Estado se manifesta e decide e como o Brasil se organizou. Os currículos jurídicos estudam a linguagem oficial do Estado, e este foi o problema central da nossa história curricular: transmitir e reproduzir o conhecimento oficial. Por estas razões, o conhecimento formativo dos advogados, por um lado, deve ser destinado ao aprendizado dos códigos (a fala oficial do Estado) e, por outro, absorver padrões de instrução que permita à formação jurídica conviver com o conhecimento social interdisciplinar (a fala crítica e avaliativa do Estado).

No primeiro período da formação dos advogados esse problema aparecia na questão do ensino do Direito Romano. O primeiro currículo aprovado em 1827, com a memorável Lei de 11 de agosto de 1827, assinada por José Feliciano Fernandes Pinheiro (Visconde de São Leopoldo) não tinha na sua estrutura a matéria Direito Romano, mas, imediatamente após, ao definir-se, como seu regulamento, o Estatuto do Visconde da Cachoeira, que fora preparado anteriormente em março de 1825, introduziu-se o Direito Romano como disciplina fundamental e básica. Logo, na origem legal, o ensino jurídico não era romanista, mas na sua origem prática, o fora, mesmo porque o Estatuto se aplicou por muitos e muitos anos sucessivos, com rápidos intervalos. Na verdade, a história dos currículos jurídicos no Brasil permite-nos afirmar que temos 170 anos de discussões sobre a importância do ensino do Direito Romano para os advogados.

Essa questão do ensino do Direito Romano perpassou toda nossa história, até recentemente. No ano 1972 ainda discutíamos se os advogados deveriam ou não aprender e apoiar na formação no conhecimento do Direito Romano. Alternativamente, sempre que nossos currículos não incentivavam o ensino do Direito Romano, nos momentos de maior abertura do ensino do Direito para conhecimentos sociais mais engajados, vinculado também a estudos que não fosse de estrita preparação para a advocacia, incentivava-se o ensino inicialmente do Direito Pátrio (Império), mais tarde Direito Público (República) e, mais recentemente, Teoria do Estado e Direito Constitucional, como seguiu nominado e, na forma das últimas reformas, Teoria e Sociologia do Direito.

Assim, conclusivamente, sempre que se pensava que o advogado deveria ser um bacharel mais voltado para as questões da origem do conhecimento jurídico, incentivava-se a questão do ensino do Direito Romano e, quando se pretendia abrir a sua formação para as questões gerais do Estado e da Sociedade, incentiva-se o aprendizado do Direito Público. Do ponto de vista político, os períodos mais conservadores da história do ensino do Direito apoiaram-se no ensino do Direito Romano, e nos períodos mais inovadores, ou mais abertos, ou voltados para questões sociais mais amplas, incentivava-se a questão da formação jurídica com base no Direito Público. Esta situação dicotômica mostrava, exatamente, o dilema dos nossos cursos de Direito: formar as elites administrativas e civis ou formar advogados e juízes, ou ambos, como na prática veio a ocorrer. Se o curso estava voltado para a formação de advogados e juízes, incentiva-se o Direito Romano; se o curso estava voltado para a formação da elite administrativa, incentivava-se o ensino do Direito Público, muitas vezes das disciplinas ligadas à diplomacia, até porque, também, no curso de Direito, prepararam-se os funcionários da diplomacia, ou, até, os notários dos Cartórios.

Essa questão toma, interessantemente, nos últimos anos do Império, e início da República, uma conotação epistemológica mais ampla com os pareceres e opinamentos de Rui Barbosa[2]. Este ilustre jurista firma-se no cenário brasileiro do ensino de Direito com uma proposta absolutamente inovadora, mas, também, com uma lição sobre os efeitos remotos das idéias originais, isto é, os efeitos históricos da inovação são retardatários ou têm o seu tempo de espera. Rui, em 1878, quando faz a primeira grande proposta de inovação e modificação no Curso de Direito, propôs a substituição da disciplina de Direito Romano pelo ensino da disciplina de Sociologia, a primeira proposta formal e parlamentar na história da educação no Brasil de ensino da Sociologia e da substituição do Direito Romano pela mesma matéria. Com conseqüências graves sobre o seu projeto de ensino para o Brasil.

Esta postura, propor o ensino de Sociologia, ainda naquela época, fim de Império, levou Rui a viver uma das contradições mais complicadas da sua história, provocando um conflito jornalístico e acadêmico com o professor da Academia de São Paulo, que sempre representara as idéias defensistas do Direito Romano, Sá Benevides. Rui atribuía a Sá Benevides o ensino insuficiente das instituições do Direito Romano, sem os cuidados necessários para o ensino do *Corpus Juris Civilis*[3]. As reações à proposta de Rui Barbosa levaram-no a retirar o seu projeto prematuro de incentivo do ensino da Sociologia e reconhecer os pressupostos formativos do Direito Romano, que predominará por todo o período da 1ª República, inclusive nas reformas de Rivadávia Correa (1911) e Carlos Maximiliano (1915).

Essa proposta de Rui só será uma realidade para o ensino jurídico em 1972. Somente 100 (cem anos) depois da proposta de Rui Barbosa, propôs-se o ensino da Sociologia nos Cursos de Direito, como disciplina básica e importante para a formação jurídica, apesar das resistências instaladas até os anos de 1980. A Resolução CF nº

---

[2] Ver de A. W. Bastos. *O Ensino Jurídico no Brasil*. Tese de Livre-Docência defendida em Concurso Público na Universidade Gama Filho. 1995. 1000pp.
[3] Ver de A. W. Bastos. *Evolução do Ensino Jurídico no Brasil - Império*. Câmara dos Deputados. 1985.

03/72 do Conselho Federal de Educação é o primeiro documento formal da história brasileira que estabelece o ensino da Sociologia, não ainda da Sociologia Jurídica, que foi implantada inicialmente na Faculdade de Direito Cândido Mendes de Ipanema e na sua divulgação geral muito deve a José Eduardo Faria, da Faculdade do Largo São Francisco, da USP como disciplina importante e formalmente necessária para a formação dos advogados.

Outras iniciativas foram de caráter exclusivamente particular, como aconteceu com o currículo jurídico da Universidade de Brasília (UnB), a partir de 1962, com a introdução de disciplinas como Introdução às Ciências Sociais, Sociologia, Administração, etc., onde se destacaram as contribuições de Hermes Lima, (que mais especialmente contribui para a definição do currículo da UnB, absorvendo os ideais da antiga Universidade do Distrito Federal, de Anísio Teixeira e Leva Carneiro), Vitor Nunes Leal (que muito contribui para os estudos de sistematização de jurisprudência) e A. L. Machado Neto (grande inovador do ensino da Teoria e da Sociologia do Direito) e Roberto Lira Filho (de tantas fases diferenciativas, mas de visível contribuição para os estudos da criminologia e da teoria social do Direito.

A partir de Rui, vamos encontrar um dado muito importante na formação moderna dos advogados, que repercutirá pelos anos sucessivos. Rui questionou o conhecimento de natureza estritamente dogmático e positivista do advogado. Rui Barbosa é dos nossos grandes juristas o primeiro a questionar o conhecimento exclusivamente dogmático e positivista da formação do advogado: o conhecimento do advogado deve concentrar-se na busca da origem gramatical ou filológical, dos nossos institutos, mas não deve desprezar a formação do advogado no processo interpretativo mais voltado para as questões circunstanciais da vida. É nesta dimensão que a Sociologia transformar-se-ia numa disciplina importante para a formação do advogado.

Esta postura de Rui Barbosa influenciará em muito as propostas de ensino jurídico no Brasil a partir de 1930. Durante a Primeira República, Rui Barbosa não tomou a questão do ensino jurídico, da formação do advogado, como questão de suas preocupações centrais, muito embora a introdução da disciplina História do Direito Nacional no currículo reflita uma de suas opiniões. Aliás, a Primeira República brasileira não deu contribuições significantes à formação do advogado foi um período de grande esvaziamento formativo, apesar de, paradoxalmente, ter sido denominada de República dos bacharéis[4].

Os currículos jurídicos da Primeira República foram realmente retrógrados sem qualquer preocupação inovadora no que se refere à proposta republicana. Os currículos jurídicos na República foram ainda determinados e amarrados pelas questões do ensino jurídico imperial e pelos seus estereótipos. Nada mais imperial do que ensino jurídico na República. Quem, em verdade, atuou, digamos assim, eficientemente na desmontagem da estrutura de formação tradicional do advogado, foram, Francisco Campos, após o ano de 1930, no governo revolucionário e, no Parlamento, Leva Carneiro, após a instalação da Constituinte em 1933.

Francisco Campos, reformador do ensino de Direito, não contribuiu apenas para modificações nesta área, mas para a mais profunda reforma da educação no Brasil, enquanto Leva Carneiro, ex-Presidente da Associação Brasileira de Educação e do Instituto dos Advogados Brasileiros, e primeiro presidente da Ordem dos Advogados Brasileiros, após 1930, proferiu significativos pronunciamentos sobre o fracasso das bases romanistas do ensino jurídico numa sociedade que se pretendia industrial. De origens e formação intelectuais diferenciadas inflaram, todavia, decisiva-

---

[4] Ver de A. W. Bastos. *O Ensino Jurídico no Brasil.*

mente para provocar rupturas nos fundamentos tradicionais (e feudais) do ensino jurídico para aproximá-lo das necessidades de industrialização e urbanização do Brasil.

A reforma de 1931 de Francisco Campos teve uma importância epistemológica muito grande para os advogados brasileiros. Francisco Campos admitia que o conhecimento jurídico não é exclusivamente verborrágico, bacharelesco, de natureza retrógrada e verbal, mas, como tantos outros ramos do conhecimento, é um conhecimento de natureza científica. A Ciência do Direito é uma forma científica de raciocinar e conhecer o Direito (objeto de conhecimento e não ciência) tradução visível da influência de Hans Kelsen[5], pensador da maior importância e qualidade à época (após 1930): período dos contrastes sociais democratas, socialistas comunistas e nacionalistas.

Francisco Campos, apoiado nesta postura, acreditava que o ensino do Direito deveria abandonar os parâmetros românicos e também aquela crença na determinação naturalista ou jusnaturalista, procurando aproximar-se de novas áreas do conhecimento, especialmente da economia, do comércio e da teoria política. As posições de Francisco Campos eram fundamentalmente contra o ensino do Direito Romano e do ensino do Direito Natural no bacharelado. Com sua reforma, Francisco Campos eliminou o ensino do Direito Romano e do Direito Natural do currículo do bacharelado em Direito e introduziu a disciplina Introdução à Ciência do Direito. 1931 é marco referencial do início do ensino da Introdução à Ciência do Direito nos currículos dos cursos de Direito, como disciplina de formação propedêutica.

Na formação do Advogado, para a reforma de 1931, o prioritário não era discutir as leis e a sua origem divina, ou discutir as leis e o racionalismo iluminísta, ou mesmo as leis e os costumes. O problema do advogado é discutir o Direito enquanto ciência, a Ciência do Direito enquanto conhecimento sistemático, um conhecimento neutro sobreposto às contradições e às divisões de natureza ideológica, política e pessoais. Esta priorização do ensino do Direito como ciência valeu a Francisco Campos o apelido reconhecido e carinhoso de Chico Ciência, sapiência que tantas vezes demonstrou nas suas atividades nas áreas do Direito Público e do Direito Comercial.

Essa questão da relação Direito e Ciência, se o Direito é ou não uma Ciência, tomou os mais diferentes foros e ganhou as mais diferentes variações de posicionamento, alguns aceitando que o Direito realmente é um conhecimento científico, apoiando-se principalmente em Hans Kelsen, outros admitindo-o apenas como um conhecimento de natureza ideológica, outros, inclusive, como ideologia da classe dominante feita em normas, outras tantas correntes classificando-o como uma mera retórica, ou uma linguagem[6]. De qualquer forma, Francisco Campos marca esse papel na história brasileira influindo sobre mudanças no currículo jurídico, mudanças às quais acresceu a necessária vinculação entre o aprendizado do Direito e das bases econômicas da sociedade, introduzindo as disciplinas à Economia Política e Ciência das Finanças.

Não nos cabe aqui discutir a validade, digamos assim, a correção da reforma por ele proposta. A correção histórica do ato político só o tempo define e dimensiona a

---

[5] Hans Kelsen era um jurista austríaco judeu. Foi ele que, não propriamente elaborou, mas influenciou decisivamente na Constituição da República do Weimar de 1929, o marco referencial da história das constituições democráticas ou sociais-democráticas do mundo moderno. Hans Kelsen tinha uma posição muito clara com relação à Ciência do Direito como conhecimento científico que tem uma lógica de pensar e realizar. Para ele a Ciência do Direito é uma teoria lógica, seria uma forma de pensar e de conhecer e ver o Direito, este sim objeto impuro e ideológico, determinado pelos interesses políticos e econômicos. Sua obra clássica denomina-se *Teoria Pura do Direito*.

[6] Ver de A. W. Bastos. *Teoria do Direito*. Liber Juris. RJ. 1992.

sua conveniência ou inconveniência. Se o tempo permite a sua absorção, ela foi conveniente; se o tempo ou a história rejeitou a proposição, foi inconveniente. No tempo a Introdução à Ciência do Direito tomou novos nomes, vindo a se denominar Introdução ao Estudo do Direito, em 1972, e, agora, com a nova reforma (Portaria/MEC nº 1.886/94) ela passou a denominar-se Introdução ao Direito, já excluindo a palavra Estudo, como excluíra a palavra Ciência em 1972. Mas, de qualquer forma ela foi instituída no currículo jurídico a partir da concepção de Direito de Francisco Campos, a necessidade de a formação jurídica apoiar-se numa disciplina propedêutica.

Paralelamente a esta e outras inovações esta disciplina precisa retomar seu carácter propedêutico e enciclopédico, tendo em vista que nos últimos anos assumiu uma tendência positivista e discursiva, transformando-se em mera introdução aos ramos do Direito ou dos institutos do Direito Civil, assim como, nos parece conveniente que, antes mesmo do ensino da nova Teoria do Processo e mesmo do Direito Processual, a Introdução deveria tratar, mesmo que preliminarmente, dos institutos deste Direito adjetivo, assim como da própria estrutura de organização judiciária.

Às reformas da graduação (bacharelado), Francisco Campos acrescentou a criação curricular do Doutorado em Direito no Brasil. Até 1931 nós não tínhamos nenhuma experiência no ensino formal de pós-graduação em Direito, organizado, sistemático dentro de um plano geral de ensino. Obtinha-se o título de doutor no Brasil, até 1931, mediante a apresentação de proposta e defesa de uma tese, posteriormente avaliada por uma banca de catedráticos. O curso de Doutorado não era um curso sistemático, chamemos assim, era uma curso vago, era um curso aberto em que o indivíduo preparava sua tese com seus alfarrábios, sem orientação, com seus problemas e sua bibliografia. A defesa era de natureza discursiva sobre institutos do conhecimento jurídico e, na verdade, a vida jurídica criativa das faculdades desenvolvia-se com os concursos de Livre-Docência, fortalecida após 1911 com a Reforma Rivadávia Correa.

O Doutorado na forma da Reforma de 1931 que não eliminou a Livre-Docência, redefinindo o seu papel nas faculdades, passou a ser um curso de quatro anos, dividido em três seções: uma seção de Filosofia do Direito, onde também aparece a disciplina Filosofia do Direito; uma seção de Direito Penal e outra seção de Direito Privado, onde ficara vinculado o Direito Romano. Aliás, esta subdivisão vista na forma das futuras organizações de Cursos de Pós-Graduação em Direito, demonstra que não temos tradição no Brasil do ensino do pós-graduação em Processo ou Direito Judiciário, como se denominava. Não existe tradição brasileira de pós-graduação em Processo. A comissão de avaliação do pós-graduação em Direito da CAPES, nos últimos 20 anos, não autorizou nem avaliou nenhum pedido de mestrado com área de concentração em Processo, apesar de a tradição jurídica brasileira ser processualista, e não filosófica ou civilista, assim como as teses de mestrado ou doutorado, nesta área jurídica, são pouquíssimas.

A pós-graduação ou a sua estruturação formal sofreu modificações profundas, mas o seu modelo durou cerca de trinta anos, apesar da reforma de 1935, patrocinada por Gustavo Capanema, ter retornado com o ensino de Direito Romano para o bacharelado, subtraindo-o do Doutorado. O papel de Gustavo Capanema, neste sentido, foi para refluir as mudanças anteriores, aproximando o currículo das demandas da Congregação da Faculdade de Direito de São Paulo de tradição romanista, assim como suspendeu a obrigação das universidades oficiais oferecerem o Doutorado[7]. Esta nova posição permite-nos reafirmar o que anteriormente observamos: o

---

[7] Ver A. W. Bastos. *O Ensino Jurídico no Brasil.* op. cit.

problema do ensino do Direito no Brasil é o problema do ensino do Direito Romano.

Todavia, resta observar que apesar de não ter ocupado função governamental executiva, Levy Carneiro, parlamentar atuante na Constituinte de 1933, e na Câmara do Deputados em 1934, e membro da corte de Haya, é o mais expressivo parlamentar brasileiro nas críticas ao ensino baseado no Direito Romano. Muito embora, não estivesse perfeitamente sintonizado como o ideário de Francisco Campos, são notáveis os seus discursos críticos sobre o desgaste histórico e social dos institutos românicos e as dificuldades que representavam para a modernização urbana e industrial do país, responsabilizando-os mesmo, pelo conceito retrógrado de propriedade agrária e família patriarcal. As posições de Levy Carneiro, que sofreu grande influência de Anísio Teixeira, que também influenciou Darcy Ribeiro na Criação da Universidade de Brasília (UNB), e o próprio Hermes Lima, seu contemporâneo na Universidade do Distrito Federal (1935/39), na verdade não tiveram sucesso. A posição de Gustavo Capanema, reintroduzindo o ensino do Direito Romano no bacharelado é a mostra da reação institucional contra o currículo de Francisco Campos e a postura de Levy Carneiro[8].

Só recentemente a questão do ensino do Direito Romano transportou-se desta questão ideológica para a questão do raciocínio jurídico, por indicações do romanista F. C. de San Thiago, para a questão do método de ensinar e da formação interdiciplinar, quando se destaca a escola da PUC/RJ (1971/75). Dentre tantos que poderiam aqui estar citados, marcaram posição Carlos Alberto Direito, Joaquim Falcão, Gabriel Lacerda e outros que vieram a se somar como o professor paulista Tercio Sampaio Ferraz Jr. e ainda o professor da Universidade de Buenos Aires, Luis Alberto Warat.

O desenvolvimento do conhecimento jurídico no mundo moderno demostra que o aprendizado jurídico vincula-se ao mesmo tempo ao ensino da aplicação e da interpretação da lei, mas também deve estar afeiçoado às novas conquistas do conhecimento e às novas questões sociais. Temos que buscar interpretar as leis não apenas em função da sua origem, da sua formação ou dos institutos originais da formação jurídica, mas, também, em função do mundo e do conhecimento exterior. Esta é a questão do ensino do Direito em nossos dias e, quem sabe, seja a nossa preocupação em qualquer conversa que venhamos a ter nos dias que estejamos vivendo. Estas observações, na verdade, indicam os vínculos de recuperação das proposições de San Thiago, pelos professores da PUC/RJ que atuaram nos seus movimentos de reforma do ensino jurídico. Deve-se ressaltar que sofreram significativas influências da PUC/RJ após os anos de 1972 a Faculdade Cândido Mendes de Ipanema, a Faculdade de Direito da Universidade do Ceará (onde se destaca Álvaro Melo Filho) e a Pós-Graduação em Direito da Universidade de Santa Catarina, com a participação de Osvaldo Ferreira de Melo e Paulo Blasi,

Todavia, do ponto de vista histórico, o mais importante das discussões sobre o ensino jurídico foram as influências que Francisco Campos e Gustavo Capanema exerceram sobre F. C. de San Tiago Dantas, que se transformará no marco referencial do moderno ensino do Direito. San Tiago Dantas começa sua vida profissional não propriamente com Francisco Campos, mas começou-a no nosso Palácio Gustavo Capanema, Rio de Janeiro, nos amplos salões dos painéis de Portinari e da genialidade de Oscar Niemeyer, que a vida pública e académica deu-me a oportunidade de dirigir como delegado do MEC (1985/1990), antevendo dali como pensara ali o poeta Chefe do Gabinete de Gustavo Capanema: Carlos Drumond de Andrade,

---

[8] Ver A. W. Bastos. *O Ensino Jurídico no Brasil*. op. cit.

317

após a minha contribuição para o currículo e a implantação da Faculdade de Direito Cândido Mendes de Ipanema.

San Tiago Dantas começou a sua vida pública com Gustavo Capanema, Ministro da Educação. Diferentemente de Francisco Campos e Levy Carneiro, era um romanista que sabia das restrições dogmáticas do Direito Romano, mas identificava a importância do Direito Romano como instrumento de reflexão, como instrumento de pensamento, como forma de compreensão dos institutos jurídicos. San Tiago demonstrou que o raciocínio jurídico deve ser a base do aprendizado jurídico, o que demonstra também que a modernização metodológica não necessariamente reflete uma modernização substantiva.

Pessoalmente, tenho um grande admiração por San Tiago, porque ele foi inspirador e fundador da pesquisa jurídica, na Casa Rui Barbosa, onde também estiveram Caio Tácito e outros juristas, onde tive a oportunidade de reimplantar e dirigir o Setor de Pesquisas Jurídicas (1976/85). A CRB foi a primeira instituição brasileira e, quem sabe, por muito tempo, a única instituição brasileira que desenvolveu pesquisas jurídicas, tendo produzindo obras como o *Mandado de Segurança e sua Jurisprudência* e, mais recentemente, sob minha Coordenação, pesquisas como o *Advogado e a Grande Empresa no Brasil*, na vertente da Sociologia Jurídica e, incentivando a recuperação de sua tradição de estudos jurisprudenciais, com trabalhos de relevância que conseguimos publicar, tais como: *Jurisprudência de Direito Administrativo; Transferência de Tecnologia; Títulos de Crédito, Sociedade Econômica Mista*, em Convênio com a Fundação de Direito Econômico, dirigida pelo criador da disciplina Direito Econômico e seu introdutor nos currículos jurídicos especialmente de pós-graduação e sua Jurisprudência; *Sociedade por Quotas: Doutrina e Jurisprudência*[9].

San Tiago permaneceu no Conselho de Pesquisa Jurídica da Casa Rui Barbosa durante muitos anos, até sua morte em 1965, mesmo durante sua vida parlamentar, cassado de seus direitos políticos. San Tiago iniciou as primeiras experiências dessa tão moderna questão: a questão da pesquisa jurídica que temos feito tantos esforços para aprofundar. Esta busca aprofundada do conhecimento jurídico fora dos autos e da casuística. San Tiago incentivou este trabalho, principalmente, em textos jurisprudencias, cuja influencia sobre o SPJ - CRB, modernamente, contou, também, com a experiência de Vítor Nunes Leal. Todavia, San Tiago, não propriamente dá uma contribuição, apenas nessa questão da pesquisa jurídica, ou na questão dos currículos, como veremos, mas a sua grande contribuição para o ensino do Direito, na verdade, foi introduzir a discussão sobre o problema do método da reflexão jurídica, seu aprendizado e desenvolvimento.

Como se deve ensinar Direito? Essa é a grande mensagem de San Tiago, e não o *que* ensinar em Direito. Isto porque, em geral, sabemos o *que* se deve ensinar em Direito: deve-se ensinar o Código, deve-se ensinar as Leis e sua interpretação, mas, nunca fica transparente *como* se deve ensinar Direito, ou quais as diferentes formas de se ensinar Direito. Para San Tiago, a base do aprendizado é o desenvolvimento do raciocínio jurídico, como observamos, ensinar o aluno a pensar juridicamente, a refletir juridicamente sobre os fatos e situações ou sobre a própria lei. Eu costumo sintetizar as preocupações de San Tiago com relação à questão do ensino de Direito com a seguinte frase: o importante para o estudante de Direito não é aprender a pensar com o Código, mas é aprender a pensar o Código.

---

[9] Recentemente, através do recém-criado Instituto Brasileiro de Pesquisas Jurídicas, publicamos outros trabalhos de natureza jurisprudencial procurando resguardar estas tradições. Dentre suas publicações estão: *Propriedade Industrial: Doutrina, Política e Jurisprudência* e *Sociedade por Quotas: Doutrina e Jurisprudência*. Agora no prelo estamos por editar *Dicionário Brasileiro de Propriedade Industrial*.

Esta nova estratégia significa uma mudança profunda do ponto de vista metodológico, porque pensar com o Código significa dizer o seguinte: você deve ter uma conduta, a conduta está prescrita aqui e você errou, ou você acertou. Assim, o problema da formação do advogado não é apenas aprender a pensar com o Código, mas aprender a pensar o Código. Mas, para pensar o Código é preciso conhecer lógica jurídica, assim, por exemplo: na forma da atual Constituição, esse determinado Código ou dispositivo é válido ou corresponde mesmo à orientação de outro texto legal? Este Código é expressivo das teorias jurídicas da época ou vigentes à época? O conhecimento da hermenêutica, técnica de interpretação, não pode restringir-se à tradicional interpretação gramatical. As teorias da interpretação ampliaram-se profundamente, quem sabe seja hoje o ramo mais rico do conhecimento jurídico. Foram abertos amplíssimos espaços de reflexão através da teoria da interpretação com apoio na interpretação histórica, lógica sociológica e lingüística.

Foi no contexto circunstancial destas questões, a partir de 1972, que destacaram no moderno ensino jurídico Tercio Sampaio Ferraz Jr. e Luis Alberto Warat, ambos de formação diferenciada e de escolas jurídicas distintas confluíram para a identificação das questões sistemáticas do Direito: o ensino dogmático em confronto como o ensino Zetático na linguagem do primeiro, ou o reforço da contradogmática na linguagem Cênica e lúdica do segundo. Tantos caminhos, para tantos desvios.

A' novas teorias lingüísticas do Direito podem provocar alterações profundas em toda a estrutura interpretativa gramatical tradicional. As teorias da interpretação ampliaram significantemente, os métodos de verificação comparada tornaram-se incansáveis com os novos recursos informáticos. Conseqüentemente, o novo problema do ensino de Direito é como pensar a norma, é como pensar o Código. Modernamente, a reflexão jurídica não pode restringir-se ao Código, à correlação de normas entre si, é preciso pensá-las também em função da lógica jurídica, da hermenêutica, dos recursos sociológicos e de dinâmica da própria sociedade. A compreensão dogmática da norma oferece um resultado, e a sua compreensão sociológica ou histórica ou mesmo sistemática, outro efeito de conhecimento do fato juridicamente relevante.

Por outro lado, nos momentos de mudança tornou-se impossível evitar a percepção política do fenômeno jurídico. Todos estes fatores influíram sobre a reforma de 1972 do currículo jurídico, que procurou alcançá-los formalmente, mas não obteve resultados substantivos esperados. O currículo de 1972 provocou uma redução disciplinar, digamos assim, na estrutura curricular, restringindo os âmbitos teóricos, filosóficos e humanistas dos nossos cursos, mas ele introduziu como pré-requisito da formação do advogado a Sociologia, a Economia e já manteve a Introdução, não mais à Ciência do Direito, mas ao Estudo do Direito. A estrutura geral do curso, no entanto, tinha uma natureza, chamemos assim, positivista, muito embora tivesse inovado criando os ciclos de habilitação específica e as disciplinas eletivas opcionais.

Este currículo de 1972, apesar de outras experiências intermediárias, como em 1962, é o currículo que mais profundamente se diferencia do currículo de Francisco Campos, do currículo de 1931, e mudanças subseqüentes, inclusive a de 1962. Elaborado já no contexto da universidade e do sistema de créditos, e não das faculdades isoladas de sistema seriado, incentivou, de qualquer forma, a importância do advogado desenvolver uma convivência interdisciplinar como os outros cursos de formação dentro de uma universidade. O advogado não deve se enclausurar, ele precisa conviver com outras disciplinas de outros cursos, tanto é que as disciplinas básicas da formação do advogado eram exatamente no sentido de encontrar uma forma, um caminho, um meio de fazer com que o advogado saísse do seu isolamento formativo, para conviver com as estruturas universitárias já em desenvolvimento ampliado no Brasil a partir de 1968.

Contribuíram para elaboração deste currículo professores como Alberto Deodato, Alfredo Levy Filho, Caio Tácito, J. Carlos Moreira Alves e Lourival Vilanova, devendo se destacar a contribuição institucional de Edson Machado, então vinculado ao Departamento de Orientação Universitária do MEC, assim como o apoio acadêmico de Carlos Alberto Direito na PUC/RJ, foi fundamental.

O Ciclo básico do Curso de Direito de 1972 apoiava-se na introdução ao Estudo do Direito, Economia e Sociologia, disciplinas básicas de formação. Economia e Sociologia, fundamentalmente, disciplinas fora de área. Apesar da influência metodológica remanescente de Santiago Dantas, novamente voltou-se a excluir o ensino do Direito Romano, como disciplina obrigatória, tornando-se optativa. No ano de 1994, quando foi promulgado o novo currículo, vinte e dois anos depois, a disciplina Direito Romano fica definitivamente excluída do quadro curricular básico. Do ponto de vista formativo esta disciplina, no passado, perdeu espaço para o Direito Público e, mais recentemente, para Economia, Ciência Política, Teoria do Estado (que retorna agora como uma disciplina importante na formação do advogado), História do Direito, Sociologia Jurídica Lingüística, etc., disciplinas mais abertas ou contexto da formação humanística.

De qualquer forma, apesar de seus efeitos positivos, de não ter alcançado os resultados esperados, este currículo de 1972 tem, do ponto de vista metodológico, esta importante expectativa: o importante para o advogado é aprender a pensar o Código mas, para pensá-lo pressupõe-se o conhecimento do Código. Por outro lado, o currículo de 1972 passou, também, esta mensagem: os advogados devem ter um destino formativo especializado além da formação interdisciplinar básica e profissionalizante de Direito Positivo. A Habilitação Específica foi uma importante proposta para o processo de formação do advogado, mas, lamentavelmente, pouco implementada ou não implementada nos nossos cursos de origem seriado e de apressado sistema de crédito. De 1972 a hoje não mais que um ou dois cursos jurídicos implementaram as habilitações específicas como proposta de formação especializada do advogado. Isto é, além da formação básica, as escolas deveriam oferecer alternativas especializantes para o advogado.

Lamentavelmente, a formação especializada não tem sido oferecida por várias razões, e dentre essas razões duas são importantes: a grande expansão dos cursos jurídicos a partir de 1971 e 1972 e a ausência de programas de formação de professores de Direito. Nós tivemos um crescimento vertiginoso a partir de 1972. Não vejo pessoalmente nenhum problema na expansão de qualquer curso, mas nós tivemos problemas de natureza estrutural graves, tivemos uma grande expansão nos cursos de Direito e expansão mínima dos cursos de mestrado e formação de docentes. Este foi o grande problema da formação dos advogados no Brasil, o crescimento dos cursos sem que houvesse incentivo à formação docente, no exato momento em que a questão central é a formação docente. A estes fatores se somou a suspensão das Livres-Docências, base da formação acadêmica nas áreas de Direito e Medicina, cursos de natureza pragmática, e não apenas investigativa, a partir de suas experiências.

De qualquer forma, neste período, deve-se destacar a iniciativa pioneira da PUC/RJ criando o primeiro mestrado em Direito no Brasil (1972/73) dentro de uma perspectiva dominantemente voltada para a formação docente; implantando fora das preocupações dogmáticas da formação tradicional. Destacaram-se no desenvolvimento de suas atividades renovadoras os professores Tércio Sampaio Ferraz Jr., Joaquim Falcão e, muito especialmente, Luis Alberto Warat, na verdade a grande inspiração na introdução de novos métodos de ensino e avaliação da atividade jurídica. Deste curso advieram muitos professores que têm contribuído para a avaliação da questão do ensino jurídico no Brasil, dentre eles se destacando Álvaro Melo Filho da UFCe.

No conjunto das questões metodológicas levantadas apartir do mestrado da PUC/RJ (1972/75), deve-se ressaltar a vertente especialmente preocupada com os métodos de ensino representada na sua técnica por Luis Alberto Warat.

Inspirador e criador da Associação Latino-Americana de Metodologia do Ensino do Direito (Almed) firmou uma nova escola de magistério jurídico com ampla influência no Brasil e na Argentina[10], muito especialmente na Universidade Federal de Santa Catarina (UFSC) e do sul brasileiro.

O curso de Direito é um curso que se explica e se justifica em qualquer sociedade democrática. O processo de crescimento de expansão do curso de Direito é pouco relevante, ele é importante para que se resguardem as instituições democráticas, mesmo porque nem todos que se formam em Direito vão ser juízes/promotores ou vão ser advogados. Mais recentemente os mecanismos de controle e absorção profissional tornaram-se mais rígidos, de tal forma que não se é juiz ou promotor sem concurso público e, mesmo para o exercício da advocacia, é preciso aprovação no Exame de Ordem. Neste sentido, na forma do novo Estatuto da OAB, o Exame de Ordem transformou-se no instrumento seletivo e avaliativo do conhecimento jurídico ministrado pelas Faculdades.

Essa questão da expansão marcou o Curso de Direito, mas a contracena que efetivamente problematizou o ensino do Direito foi a ausência de programas eficientes de formação docentes. A situação brasileira na área de Direito em termos de formação de docentes é uma das mais graves, senão a mais grave do ensino superior brasileiro. Enquanto, por exemplo, os cursos de Medicina, ou os cursos de Engenharia, que são cursos que também tem problemas de formação de docentes, têm uma relação média de 25 (vinte e cinco) alunos para um mestre-doutor, o curso de Direito tem uma relação de 500 (quinhentos) alunos para um mestre-doutor. Esta relação percentual é um fator determinante de perda do potencial reflexivo das Faculdades de Direito. Esta situação precisa de imediata reversão para evitar que as Faculdades sobrevivam como simples reprodutoras do conhecimento dogmático-normativo. As possibilidades de sobrevivência dos cursos jurídicos no cumprimento de seu papel social de formar profissionais especializados sem que se adapte às novas exigências de ensino, pesquisa e investigação, dentro do contexto universitário brasileiro, são frágeis, especialmente porque sabemos da sua importância para a sociedade democrática e para a liberdade, como pré-requisito da convivência humana.

As Faculdades de Direito não podem estar alheias aos desafios da sociedade científica e ao processo de formação e reflexão jurídica, social e política proposto pela nova Constituição Brasileira de 1988, que introduziu novos institutos de garantias da cidadania individual e coletiva, assim como fortaleceu o papel do Ministério Público e do Poder Judiciário e abriu espaços para a avaliação de novos e importantes âmbitos da vida jurídica, como a proteção aos direitos econômicos, dos direitos difusos, o problema dos índios e do uso da terra, as questões do meio ambiente, a da proteção da vida privada e da intimidade individual. A Faculdade de Direito precisa retomar o seu lugar de reflexão e não apenas de ocupação de espaços institucionais, na vida da sociedade brasileira moderna. As sociedades que não incentivam o desenvolvimento do pensamento jurídico serão

---

[10] Ver de Dilsa Mondardo: *Vinte Anos Rebeldes: O Direito à Luz da Proposta Filosófica-Pedagógica* de L. A. Warat. Florianópolis. 1992.

sempre simulação de sociedades democráticas.

Finalmente, os cursos de Direito têm uma longa história de ensino jurídico, 179 (cento e setenta e nove) anos, mas temos incipientes experiências de pesquisa jurídica e adaptação dos nossos cursos aos novos métodos de ensino e aprendizagem. A Pesquisa se transformou num método essencial do processo de formação dos outros cursos superiores de nossas universidades, lamentavelmente, nos nossos Cursos de Direito, no Brasil inteiro, mesmo nos mestrados e doutorados, não tem ocupado papel formativo de relevo, com a visível priorização do ensino prático. Se perguntarmos aos nossos alunos da graduação e mesmo aos nossos pós-graduandos o que é pesquisa jurídica eles responderão que trata-se de localizar um acórdão, arranjar alguma doutrina para elaborar um trabalho de classe, exatamente como o advogado faz sua petição ou o juiz dá sua sentença, ou elaborar trabalhos, muitas vezes sérios, de longas citações bibliográficas. Esta atividade, todavia é importante na formação jurídica. Como instrumento de formação aberta e plural do advogado. A pesquisa jurídica está intimamente associada à resposta sistemática a problemas de relevância em todo o seu âmbito e universo de manifestação. A pesquisa sistemática é a base da reflexão jurídica como instrumento de encaminhamento e solução de problemas, utilizando-se do conhecimento jurídico ou do conhecimento interdisciplinar.

No futuro o ensino de Direito definir-se-á pela busca da solução para problemas que, aliás, é o cotidiano da vida do advogado. No futuro o professor não vai chegar na sala para mandar o aluno abrir o Código Civil e ler determinados dispositivos. Ele narrará ou colocará um problema para ser solucionado juridicamente. O ensino de Direito no futuro partirá do estímulo para resolver problemas. O Professor de Direito chegará em classe não para ensinar propriamente as leis, mas para ensinar o aluno a resolver problemas com base nas leis e no conhecimento jurídico interpretativo. Esse é o futuro de nosso aprendizado. O objeto do conhecimento da medicina é o corpo humano, e o objeto do conhecimento do advogado é o problema, é o problema à luz do Direito, no seu sentido amplo. Nós somos profissionais que aprendem leis para encaminhar soluções de problemas. Ninguém nos procura para ensinar leis, mas para saber a lei que se aplica na solução daquele específico problema. Os advogados são profissionais de problemas humanos nos seus diferentes âmbitos, este é o nosso drama e a nossa matéria-prima. Ninguém procura o advogado rindo, todos os que vão ao seu escritório vão em momentos de amargura de sua vida. Só vamos ao Poder Judiciário no desespero, ninguém procura o Poder judiciário em momentos de alegria.

Não somos profissionais de qualquer revelação divina, mas somos profissionais destinados e voltados para resolver problemas. Quando nos convencermos desta realidade, a medida que os advogados forem se convencendo que a sua função, a sua finalidade social, está mais voltada para a solução de problemas (lembremo-nos de San Tiago Dantas, que procurou trazer esta questão para o cotidiano da formação do advogado), estaremos dando uma contribuição enorme para a modernização do país e para adaptação das nossas normas à vida e não às idéias puras. O melhor caminho para resolver problemas são os caminhos da própria vida, e não os caminhos das nossas pressuposições.

Recentemente estas propostas, os projetos dos últimos vinte anos de estudos e debates sobre o ensino jurídico, tomaram corpo formal com a publicação da Portaria MEC nº 1886/94, que traduz significativamente, as novas esperanças para o ensino jurídico. Neste sentido, procurando difundir a nova proposta de currículo e ensino a Comissão de Ensino Jurídico, do Conselho Federal da OAB, publicou coletânea de artigos (OAB - Ensino Jurídico Novas Diretrizes Curriculares) sobre o ensino jurídico, com trabalhos de Paulo Lobo (que é o Presidente da Comissão), de Adriano Pinto, Álvaro Melo Filho, João Maurício Adeodato, José Geraldo de Souza Jr., Loussia P. Musse Felix, Aurélio Wander Bastos e de Roberto de Aguiar, onde também está anexa toda a legislação que trata do novo currículo jurídico, as portarias e decretos.

Este Livro mostra as novas tendências do ensino de Direito no Brasil e as novas expectativas da Ordem dos Advogados, que espero, pela consciência de seu papel na Sociedade brasileira, haverá de incentivar e contribuir para a formulação de novas diretrizes para a formação e titulação de docentes no Brasil, permitindo a superação do problema atual central do ensino jurídico[11].

O novo currículo da Portaria nº 1884/94, e o quadro evolutivo que apresentamos demonstram que os cursos jurídicos não estão apenas voltados para a formação de nossas elites administrativas e judiciais, como acontecera no passado, nem muito menos para a estrita formação do advogado, mas para a formação de profissionais aptos a responder às demandas da cidadania e do desenvolvimento econômico e científico.

Finalmente, e conclusivamente, este ensaio demonstrou que a evolução curricular do ensino jurídico no Brasil está vinculada não apenas às suas necessidades de adaptação às novas dimensões dos conhecimentos jurídicos e da exigências sociais e institucionais, mas também à ação das personalidades que se dedicaram a sua modificação e redefinição social.

---

[11] Ver de A. W. Bastos: *A Livre-Docência no Brasil - retrospectiva e perspectivas*, texto de conferência no XXIV Encontro Nacional de Faculdades de Direito realizado em Aracajú/SE, nos dias 1º e 3 de dezembro de 1996.

32
A mediação do futuro e o futuro da mediação inspirado em Warat

Texto em homenagem aos trinta e cinco anos de docência de Luis Alberto Warat

José Alcebíades de Oliveira Junior (Organizador)
Professor Titular de Epistemologia Jurídica no CPGD/UFSC.

Este breve trabalho pretende apontar para a importância da discussão sobre mediação no mundo jurídico. E com tal reflexão, homenagear a um pesquisador que sempre esteve à frente do seu tempo, Warat, que entende a mediação como o futuro de um direito psicanalizado. Grandes conflitos internacionais de hoje - Bósnia, por exemplo -, têm sido tratados por mediadores com capacidade até mesmo reconhecida pela ONU. Mas a importância da mediação já está sendo demonstrada também para outros direitos, alguns velhos, como o direito de família, e outros novos, como os de defesa do consumidor, proteção do meio ambiente e os relativos ao controle da manipulação genética.

Diante disso, faz-se urgente compreender em toda a sua extensão o que seja um processo mediatório, o que o distingue da justiça tradicional e, sobretudo, o que cientificamente poderia ser feito para a melhor formação dos mediadores. Este trabalho pretende iniciar essa discussão. Para tal, descreverá com brevidade a emergência dos ditos novos direitos, buscará caracterizar a idéia de mediação e defenderá, ao final, a importância da utilização de uma visão transdisciplinar para a solução de determinados conflitos. Os denominados "campos semânticos", descoberta básica da Ontopsicologia, uma nova corrente na área da psicologia, poderá vir a ser um importante instrumento a serviço dos mediadores.

Mediação e novos direitos é uma relação oportuna na medida em que ela - a mediação - pode ser vista a partir de novos pressupostos epistemológicos. Os do direito tradicional estão em crise, senão vejamos. O Jusnaturalismo, com suas características básicas de imutabilidade, universalidade e revelação, tornando-se inadequado face à realidade do Estado moderno. O Positivismo Jurídico, sobretudo na versão de Hans Kelsen, considerado o maior teórico do direito deste século, que sustenta primordialmente a norma jurídica estatal como objeto privilegiado e único da descrição neutra e objetiva do cientista, recebendo forte contraposição de uma realidade globalizada, de um direito regido muito mais por princípios do que por normas legais, e de uma atuação dos operadores, teóricos e práticos do direito, muito mais politizada do que neutra.

Diante desses desarranjos teóricos renasce, ainda que de modo muito confuso e desarticulado, o debate sobre as condições de possibilidade da Ciência Jurídica. Seria a mediação um interessante canal de discussão desse novo paradigma? O que seria efetivamente uma alteração paradigmática? A resposta não é fácil, pois ela teria de considerar, por exemplo, a existência de uma tensão entre uma também denominada crise da modernidade e a emergência do que alguns autores denominam pós-modernidade. Como não se pode falar ainda de uma ruptura entre modernidade e pós-modernidade, a mediação aparece hoje em meio a um contexto que, por um lado é marcado por um direito legal e estatalista, e que por outro, é marcado pela crise desse tipo de direito. Com efeito, a mediação nasce em meio a esse direito, mas distingue-se dele em suas finalidades.

Enquanto o direito tradicional moderno tem por finalidade dar uma solução jurídica - legal - a um conflito, sem nenhuma responsabilidade com a sua extinção, a mediação - num plano sociopsicológico para além do legal -, renasce com essa pretensão. E isto é essencial aos novos direitos, embora não somente. Com efeito, no direito ambiental, por exemplo, não basta dar uma solução jurídica - indenização pecuniária -, é preciso extinguir o conflito, na medida em que a sua permanência pode se tornar em dano irremediável para a natureza. Mas o que são os novos direitos, dentre os quais se insere o direito ambiental?

A idéia nasce da observação de que os direitos evoluem. Sucedem-se em gerações, e a sua emergência está fortemente marcada pelos avanços científicos e tecnológicos. Norberto Bobbio, em "A Era dos Direitos"[1], falava em três gerações. Em função das revoluções tecnológicas, falamos em cinco, senão vejamos:

1) geração dos direitos individuais, que pressupõem a igualdade formal perante a lei e consideram o sujeito abstratamente. Tal como assinala Bobbio, esses direitos possuem um significado filosófico-histórico da inversão, característica da formação do Estado moderno, ocorrida na relação entre Estado e cidadãos: passou-se da prioridade dos deveres dos súditos à prioridade dos direitos do cidadão, emergindo um modo diferente de encarar a relação política, não mais predominantemente do ângulo do soberano, e sim daquele do cidadão, em correspondência com a afirmação da teoria individualista da sociedade em contraposição à concepção organicista tradicional[2].

2) geração dos direitos sociais, nos quais o sujeito de direito é visto enquanto inserido no contexto social, ou seja, analisado em uma situação concreta. Trata-se da passagem das liberdades negativas, de religião e opinião, por exemplo, para os direitos políticos e sociais, que requerem uma intervenção direta do Estado[3].

3) geração dos direitos transindividuais[4], também chamados direitos coletivos e difusos e que, no geral, compreendem os direitos do consumidor e os direitos relacionados à proteção do meio ambiente, respectivamente.

4) geração dos direitos de manipulação genética, relacionados à biotecnologia e bioengenharia, e que tratam de questões sobre a vida e a morte, sobre cópia de seres humanos, e que requerem uma discussão ética prévia.

5) geração dos direitos da realidade virtual, que nascem do grande desenvolvimento da cibernética na atualidade, implicando o rompimento das fronteiras tradicionais, estabelecendo conflitos entre países com realidades distintas, via Internet, p.ex.

No livro "A Era dos Direitos"[5] antes referido, Bobbio mostra como, nos últimos anos, tem-se acelerado o processo de multiplicação dos direitos, e o justifica com base em três razões principais: primeiro, porque teria havido um aumento de bens a ser tutelados; em segundo, porque teria aumentado o número de sujeitos de direito e, enfim, por terceiro, porque teria havido também uma ampliação dos *status* dos sujeitos.

O primeiro aspecto significou que dos direitos individuais passou-se a considerar também os direitos sociais, isto é, do indivíduo enquanto membro de um grupo (di-

---

[1] Cfe. Norberto Bobbio. *A Era dos Direitos, trad. Carlos Nelson Coutinho*, RJ, Edit. Campus, 1992.

[2] Idem, op.cit. pp. 2 e 3.

[3] Idem, op.cit. p. 69.

[4] Para maior esclarecimento, consultar Morais, José Luis Bolzan *Do Direito Social aos Interesses Transindividuais: O Estado e o Direito na Ordem Contemporânea*. Porto Alegre: Livraria do Advogado, 1996.

[5] Idem, op. cit. p. 69.

reitos do trabalhador, etc.). Em segundo lugar, a titularidade de alguns direitos foi estendida dos sujeitos individuais aos grupos, como minorias étnicas, religiosas, humanidade (no caso do meio ambiente), além de ter sido atribuída a sujeitos diferentes do homem, como os animais, a natureza, etc. Por fim, na medida em que o homem não é considerado como sujeito genérico ou homem abstrato, mas sim visto na especificidade ou concretude de suas diversas maneiras de ser em sociedade, como criança, velho ou doente, ocorreu uma ampliação dos *status* a serem guarnecidos pelo direito.

Todos esses novos direitos mostram um grande aumento da complexidade social que o direito tem de dar conta, bem como assinalam enormes dificuldades para a Ciência Jurídica de caráter positivista-estatal. E quando dizemos que a Ciência Jurídica atual não está apta para dar conta dos ditos novos direitos é porque ela, por um lado, centrou a problemática jurídica no âmbito dos Estados nações e de suas soberanias, e isto precisa hoje ser relativizado; por outro, porque em nome da democracia e do relativismo valorativo, fundou-se num isolamento disciplinar que hoje não se sustenta, pois os conflitos que o direito tem que dar conta requerem um visão inter ou transdisciplinar. E a mediação parece apresentar-se como uma alternativa a um direito estatal em crise e como uma solução transdisciplinar.

O prof. Wolf Paul, em festejado artigo sobre a "Irresponsabilidade Organizada"[6], tal como já utilizei em outros textos, mostra o paradoxo dos Estados industriais de hoje: por um lado, devem garantir condições para a manutenção da produção industrial e tecnológica de ponta; e, por outro, devem conservar e preservar o meio ambiente.

Utilizando o exemplo da destruição de lobos marinhos no mar do norte da Alemanha, o prof. Wolf analisa certas aberrações processuais que foram tornadas em argumentos principais para a opção do Estado pelos interesses da indústria em detrimento da preservação do meio ambiente. A história é sinteticamente a seguinte: "os lobos marinhos do mar do norte impetraram uma ação contra a RFA para obter a proibição da chamada marinha dos resíduos venenosos - colocar dejetos tóxicos em alto mar", situação autorizada pelo direito positivo alemão, mas que estava eliminando esses lobos. O fundamento, portanto, de dita ação era o de evitar a destruição dessa população. O que sentenciou o Tribunal alemão?

Nos considerandos da sentença, como nos traz o prof. Wolf Paul, pode-se ler dentre outros os seguintes argumentos:

1) "os lobos marinhos como animais selvagens habitam em alto-mar, isto é, fora do território soberano da República Federal da Alemanha e, conseqüentemente, não estão submetidos a sua jurisdição;

2) os lobos marinhos são animais, lobo não possui subjetividade jurídica. Somente as pessoas naturais ou jurídicas possuem capacidade jurídica e, dela derivada, a capacidade de ser parte em juízo. A dogmática pandectística considera os animais como coisas. Onde há coisa, não há pessoa, tampouco demandante e, portanto, também não há juiz;

3) os animais que - segundo a ficção jurídica são 'coisas' - desprovidos de personalidade jurídica, de fala e de direitos próprios são também incapazes de constituir um representante processual humano;

4) ainda que se aceite a hipótese de que as associações estejam legitimadas para demandar como objetivo de proteger as águas e os animais da contaminação e com a condição inexistente, neste caso, de que elas tenham sido lesadas em seus direitos próprios, mantém-se sem perspectivas a pretensão, visto que na exposição dos fatos

---

[6] A "Irresponsabilidade Organizada", *In O Novo em Direito e Política*, organizado por José Alcebíades de Oliveira Junior. Porto Alegre, Livraria do Advogado, 1997.

da demanda é estabelecida uma relação causal que não foi comprovada de maneira concludente. Não se tem provado plenamente que existe a necessária causalidade entre a contaminação do Mar do Norte pelo despejo de matérias tóxicas e a morte dos Lobos marinhos".

Ora, diante do exposto, conclui o prof. Paul que "o Estado moderno e a Sociedade Industrial configuram uma Comunidade de interesses que realiza o que denomina de Organizada Irresponsabilidade". São muitas as análises e conclusões do referido professor, dentre as quais destaco as seguintes: a) tal destruição sistemática do mar ocorre enquanto aumentam os debates internacionais sobre o tema ecológico, enquanto políticos prometem medidas salvadoras e enquanto são baixadas leis ou contraídos convênios internacionais para proteção do meio ambiente; b) nem argumentos puramente econômicos que provam que a contaminação é uma insensatez econômica, nem argumentos éticos que levam a concluir que a destruição da natureza é um ato imoral e nem ainda estabelecida e provada a causalidade de um círculo danoso que começa e acaba no próprio homem, visto que ele se alimenta da natureza, tem podido deter a iminente catástrofe. Resulta paradoxal que ao mesmo tempo em que a sociedade e o Estado organizam a destruição, sejam arrecadados impostos para saneamento do mar, limpeza das praias e resgates de navios naufragados com matérias tóxicas ou petroleiras. Enfim, segundo o professor alemão, o direito ambiental apenas atua em sua dimensão simbólica, ao sublimar, se for permitido o termo, a realidade da contaminação.

Do exemplo, é possível demonstrar de maneira insofismável que conceitos como Estado, soberania, cidadania, disciplinaridade científica precisam ser revistos diante dos problemas hodiernos de sobrevivência.

O novo paradigma científico que deve ser erguido diante dos escombros do positivismo deve considerar um primado que já existia ao tempo do jusnaturalismo e que afirma que a existência deve ser pensada num plano de coexistência. O direito só existe no plano das relações humanas, devendo então ser pensado não como um instrumento que opõe um homem contra o outro, mas como um instrumento que harmoniza a convivência de ambos. E é esta ampla revolução na mentalidade que ainda está por ser feita, para que a Ciência Jurídica possa dar conta dos novos direitos[7], e que talvez a mediação possa contribuir.

Sem descer a muitos detalhes, a mediação caracteriza-se, dentre outras coisas, por ser uma solução não adversarial, possuindo também como características a voluntariedade, a rapidez, a economia, a informalidade, a autodeterminação e, principalmente, uma visão de futuro. Não se trata unicamente de uma solução jurídica ascéptica em relação ao conflito existente, mas uma tentativa de resolução desse mesmo conflito, o que denota sua visão face ao futuro.

Há um exemplo que pode ajudar a compreender o seu caráter sociopsicológico. Quando um vizinho atira uma pedra e quebra a janela do outro, ao direito tradicional interessa isolar esse fato e tratá-lo com o objetivo de responsabilizar e indenizar o prejudicado. Não lhe interessa saber dos motivos e muito menos dissolver o problema. Mesmo que exista algum tipo de ódio entre os dois que já não lhes permite dialogar senão que partir para a pura agressão, o direito tradicional não está interessado. Ao contrário, com a mediação, diante desse ódio haveria a tentativa de se repor a dimensão simbólica - para usar uma expressão lacaniana - enquanto uma semiótica do diálogo, uma linguagem do entendimento.

---

[7] Tal revolução requer uma visão interdisciplinar da Ciência Jurídica, entendida como a passagem da norma jurídica enquanto objeto dessa ciência, para as relações humanas e sociais, vistas na completude do seu acontecer, o que envolve uma dimensão natural e outra cultural em constante interpenetração.

Em termos de Ontopsicologia, poder-se-ia falar numa substituição de imagens que, em última análise, são o alfabeto da energia.

Como se trata de através da linguagem restabelecer o dialógo, argumentos e contra-argumentos com vistas à resolução do conflito, claro está que quanto mais preparado estiver o mediador, maior êxito alcançará. Daí que tal mediador deveria ter conhecimento amplo não somente da chamada linguagem verbal e consciente, mas também de linguagens não-verbais e inconscientes[8]. A Ontopsicologia, ao ter descoberto os denominados Campos Semânticos - que expõem a comunicação base que precede o sentido lógico, verbalizado e consciente entre duas ou mais pessoas - poderia vir a contribuir substancialmente para o êxito dos processos mediatórios, quer em relações aos novos direitos, quer em relação a direitos antigos, tais como o Direito de Família[9].

Para finalizar, como diz Warat, acompanhando a Luhmann, com a mediação estamos diante de um novo tipo de direito e, mais propriamente, diante de um efetivo direito alternativo ao do Estado, e que por isso mesmo está a requerer muitos estudos futuros, na direção da construção de um fundamentado arcabouço teórico. E é o que temos a convicção que o professor Warat está levando a efeito, com seu espírito inovador, e que aguardamos com entusiasmo.

---

[8] No Brasil já existem estudos sobre A Intuição e o Direito, como é o caso do livro de Luiz Antonio Rizzatto Nunes. Belo Horizonte, Edit. Del Rey.
[9] A obra do Professor Antonio Meneghetti é hoje vastíssima. Em relação ao tema específico, trabalharemos a sua obra Campo Semântico. Porto Alegre, Associação Brasileira de Ontopsicologia, 1993.